KB033449

역사의 교훈,
우리 민족의 미래

역사의 교훈, 우리 민족의 미래

초판 1쇄 발행 2016년 5월 20일
초판 2쇄 발행 2016년 10월 20일

지은이 | 이 기 홍
펴낸이 | 윤 관 백
펴낸곳 | 도서출판 선인

편집주간| 김명기
편 집 | 박애리, 이경남, 김지현, 심상보, 임현지

등 록 | 제5-77호(1998.11.4)
주 소 | 서울시 마포구 마포대로 4다길 4 곳마루 B/D 1층
전 화 | 02)718-6257   팩스 | 02)718-6253
E-mail | sunin72@chol.com
홈페이지| suninbook.com

ISBN 978-89-5933-975-4 93900

정가 35,000원

민족운동가 이기홍 선집 2

역사의 교훈
우리 민족의 미래

이기홍

도서출판 선인

▋이 책이 나오기까지

1980년 광주항쟁이 신군부에 의해 처참하게 진압된 후 광주시민 뿐만 아니라 대한민국 국민들은 깊은 시름에 빠져들었다. 박정희의 사망으로 유신정권의 사슬에서 벗어나자마자 또 다른 군부정권이 국민의 인권을 유린하고 자유를 억압하는 시대를 맞이하게 된 것이다. 대학생들 사이에 우리의 왜곡된 사회구조를 이해하자는 분위기가 퍼지면서 해방전후사의 인식 등 한국 현대사를 올바로 이해하기 위한 노력들이 진행되었다.

광주항쟁의 아픔을 겪은 8년 후, 송기숙 교수 등이 광주항쟁의 진실을 기록하기 위해 한국현대사사료연구소를 설립한 것도 이러한 역사적 맥락이었다.

1988년 광주광역시 월산동 한국현대사사료연구소에 백발이 성성한 노인 두 분이 방문하셨다. 그분은 이기홍 선생과 김세원 선생이었다. 두 분 다 한국현대사의 격동기를 관통하면서 살아오신 분들이었고 한국현대사사료연구소가 5·18 광주민중항쟁의 생생한 이야기를 채록하고 있다는 소식을 듣고 오셨다고 하면서 역사의 진면목을 정확하게 기록해줄 것을 주문하셨다. 내가 처음으로 이기홍 선생을 만난 순간이었다.

그 이후 광주·전남 지방의 해방공간에 대한 정치 상황을 박사학위 논문으로 정리하면서 궁금한 점이 있으면 시도 때도 없이 찾아가서 여쭙는 관계로 발전하게 되었다. 해방공간의 지방 상황을 기록해 놓은 자료들이 빈곤했기 때문에 당시 활동했던 인사들의 구술이 중요한 근간이 될 수밖에 없었다. 해방 직후 광주·전남 지역에서 발간된 광주민보, 동광신문, 호남신문 등에 보도되었던 상황들을 체크하고 거기에 활동했던 주요 인사들의 성향이나 활동들을 알기 위해 당시 활동가들의 구술은 대단히 중요했다. 이기홍 선생과 김세원 선생의 구술은 이렇게 해서 본인의 박사학위 논문 작성에 결정적 공헌을 한 셈이다.

이후 이기홍 선생과 나의 관계는 본격화되었다. 이기홍 선생은 75세부터 시력이 약화되기 시작하다가 80세가 되면서 시력을 완전히 상실하여 문자를 볼 수도 쓸 수도 없는 상황이 되었다. 이에 따라 1990년대 초부터 이기홍 선생의 구술 작업은 본격적으로 진행되었다. 대학을 졸업한 이경미 씨 등 여러 명의 여학생들이 이기홍 선생의 구술을 받아 적는 방식의 작업을 수년간 계속하였다. 지금 생각하면 녹음을 해두지 않았던 것이 너무 아쉬운 점이다. 이러한 작업에는 수고비가 드는 일이라서 이기홍 선생은 주변 사람들에게 많은 도움을 받았다. 이기홍 선생의 막내딸인 전남대 영문과 이경순 교수, 광주안과 원장이었던 윤장현 원장, 의사 전홍준 박사, 국산부인과 국원영 원장, 하심의료기 김상윤 사장, 문수당 한약방 봉필복 원장, 일신당 한약방 제강모 원장, 이기홍 선생의 조카인 이심일, 화순이서 우체국장인 이영복, 문빈정사 지선 스님, CBS 방송기자인 김영태 기자, 남풍출판사 남평오 등의 물적 지원이 있었기 때문에 구술, 채록 작업이 가능했다.

이 작업은 선생의 시력이 상실된 상태에서 진행된 것이었기 때문에 기억을 더듬어야 했고 이 때문에 논리가 정연하고 체계적인 완전한 문장은 애초에 생각할 수 없었다. 이렇게 구술된 내용을 이정미 씨가 워드로 친 파일이 본인에게 넘겨진 상황에서 이기홍 선생은 1996년 12월 작고하고 말았다.

이 파일을 받아 열어본 본인은 엄청난 양의 구술에 깜짝 놀랐지만, 전체의 내용을 꿰뚫고 있는 나로서는 내용을 체계화해야 하고 일반인들이 쉽게 읽을 수 있는, 정리된 체계의 문어체로 바꿔 나가는 것이 급선무였다. 그러나 아쉽게도 당시 나는 광주광역시청 전문직으로 채용되면서 5·18 관련 업무에 매진할 수밖에 없었다. 이렇게 해서 국가인권위원회에서 퇴직할 때까지 그 파일은 내 컴퓨터에서 18년 동안 잠자고 있을 수밖에 없었다. 그 후 내가 2015년 모든 공직에서 퇴직하고 한가한 시간을 이용하여 전남대에서 현대사를 공부하고 있던 사학과 대학원생 류경남과 같이 원고를 검토하기 시작하였다. 큰 틀에서는 어느 정도 정리가 되었지만 4,000여 매의 원고를 질서 있게 정리하는 것은 무리였다.

본격적으로 유고집 간행에 박차를 가하기 시작한 것은 2015년 초 이홍길 교수님과 전홍준 원장 그리고 본인이 여러 차례 만나 유고집 간행에 대한 논의를 하면서부터였다. 이어 2015년 11월 이홍길, 전홍준, 안종철과 이기홍 선생의 유족인 이경순 교수가 함께 만나서 논의하고 이후 수차례의 만남을 통해 20년 동안 미뤄둔 이기홍 선생의 유고집 간행을 마무리하기로 합의하였다. 이러한 결정을 바탕으로 간행위원회에 많은 분들이 동참토록 하기 위해 11월 25일 전남대에서 개최된 전남대학교 민주화운동 심포지움 행사 후 참여한 다수의 인사들을 포함하여 간행위원회를 출범시켰다.

간행위원회가 본격적으로 가동되면서 저와 오래 전부터 관계를 유지해오던 한국 근현대사 전문 출판사인 선인출판사 윤관백 사장에게 출판을 의뢰하기로 결정하였다. 실무 과정은 선인출판사 편집실에서 원고 검토 및 최종 정리를 진행하기로 하고 안종철이 광주 간행위원회와 출판사의 중간 점검을 책임지도록 하는 체계를 갖추었다. 문제는 구술을 예정대로 꿰어낼 수 있는가 하는 점이었다.

방대한 원고 중 이기홍 선생 스스로 목차를 정한 내용의 상당 부분에서 목차의 설명만 있을 뿐 실제 내용은 담겨있지 않고, 기존 원고에 있던 내용들도 일반인이 이해할 수 있는 체계를 갖추고 있지 않을 뿐만 아니라 기억에 의한 구술인 관계로 많은 부분에서 중복은 물론 상이한 부분이 많고, 사실 관계에 대한 확인들이 적잖게 필요했다. 구술 원고인 만큼 어법에 맞는 전면적인 재정리는 말할 필요도 없는 것이었다. 상당한 시간들이 필요했기에 당초 예정된 출간일을 맞추는 건 불가능하게 여겨졌다.

솔직히 이기홍 선생의 원고를 가장 많이 보았던 나 역시 그분의 사상에 공감하며 이 책의 발간을 간절히 원했지만 누구라도 읽어볼 수 있는, 정리된 책자로 탄생할 수 있을 것인지 극도의 회의감이 들었다. 다행히 선인출판사 김명기 편집주간의 작업실에서 주야 불문하고 여러 차례 만남을 거치면서, 20년이나 미뤄온 숙제를 반드시 끝내야 한다는 각오와 이번 기회가 아니면 영영 묻혀버릴 수 있는 우리 역사 복원의 작은 역할을 한다는 데 서로 간에 깊은 공감을 나누며 총력을 다하기로 함으로써 이 작업이 가능했던 게 아닌가 생각한다. 그렇게 약 6개월 동안 주제별로 내용을 재분류하고 목차를 전면 재조정하고 문장을 다듬는 과정을 거쳐, 선생의 숨결이 그대로 담겨 있는 유고집으로 『내가 사랑한 민족, 나를 외면한 나라』, 『역사의 교훈, 우리 민족의 미래』 두 권이 완성되었다.

한일합방 2년 후에 태어난 이기홍 선생은 고달픈 우리 민족 역사의 한가운데서 오로지 민족 본위의 바른 길을 걷고 행동했던 분이셨다. 그는 일제 강점기는 물론 해방과 그 이후 미군정, 이승만 정권, 인민 정권, 박정희 독재정권을 거치면서 매번 투옥과 탄압의 어두운 시간을 보냈다. 단 한 번도 양지의 생활을 누린 적이 없었다. 선생이 음지를 유독 좋아해서 택한 인생 경로가 아니라 우리 역사 자체가 드리웠던 음영이었고, 선생이 활동하던 때에 진즉 해결됐어야 할 민족적 과제가 백 년의 세월이 경과되어가는 동안에도 여전히 해소되지 않고 남아있었기 때문이었다. 어떤 권력, 어떤 정권하에서도 늘 박해받는 자의 입장에 있던 선생의 삶은 우리 민족이 온전한 자주적 독립국가를 여전히 이루지 못하고 있다는 현실의 반영일 뿐이었다. 그래서 선생이 염원하던 자주 민주 조국 건설의 과제는 후대의 몫이 되어버렸다.

그런 의미에서 선생이 남긴 회한의 삶 자체에 대한 기록과 사상은 후대들에게 들려주는 중요한 지침이자 교훈이다. 선생의 삶은 선생 개인이나 가족의 수난사에 그치지 않고 우리 현대사의 모순과 폭력성을 여실히 보여주는 민족수난사의 축소판이다. 민족사를 바로잡기 위한 민족운동의 과정에서 역사에 변변한 이름도 남기지 못하고 평가도 받지 못한 채 사라져간 수많은 동지들의 이름 하나라도 빠짐없이 기록에 남기는 것을 선생은 당신이 해야 할 마지막 의무라고 생각하셨던 것 같다.

특히 합방 망국 이후 친일 반역세력의 득세와 해방 후는 물론 군사정권으로까지 이어지는 친일세력에 의한 부와 권력의 독점 구조는 반드시 해소, 극복해야 할 민족적 숙제가 되고 있다는 점이 선생이 가장 가슴 아파하던 우리 역사의 현주소였다. 선생은 일평생을 이러한 모순을 극복하기 위해 한결같이 일선 대중과의 생활 관계를 통한 교감과 실천을 했을 뿐만 아니라, 고정적인 관념론에 머물지 않고 객관세계에 대한 부단한 탐구와 사색을 통해 역사발전 법칙에 상응하는 민족운동의 방향을 유연한 시각으로 고민하며 정립했다.

때문에 3·1운동 이후 현대사의 각 사건에 대한 해석 및 역사와 민족 문제를 보는 선생의 관점은 주의와 주장만 요란한 일부 시민단체 사회운동가나 정치인의 공허한 외침과도 다르고, 주어진 책과 자료를 통해 도달하는 강단 학자들의 이론적 경지와도 다르다. 아주 객관적이고 실질적이고 구체적이다. 또한, 이 유고집을 통해 확인할 수 있는 선생의 관심사는 우리 현대사에 머물지 않고, 베트남을 비롯한 세계 각국의 민족 문제, 종교 문제에 대한 깊은 분석은 물론 민족의식에 관한 탁월한 분석까지 광범위한 영역에 달한다.

정보 습득 경로에 있어 오늘날과 비교할 수 없는 열악한 조건과 개인적 고난 속에서도 최신의 세계정세를 파악하기 위해 친지를 통해 부탁하여 일본 서적과 정기간행물을 끊임없이 습득했음은 물론, 단파방송을 청취하며 세계 각국의 국제정세를 파악하고 이를 기록하여 우리 실정에 맞게 재해석했던 선생의 지적 호기심과 노력은 말로 설명하기 어려운 경외심까지 느끼게 한다. 이 유고집에 담긴 기록들은 누구보다도 치열하고 성실한 삶을 살며 실천가와 이론가의 모습을 겸비했던 탁월한 인물이 몸소 한국의 현대사를 체험하며 우리에게 남긴 소중한 유산이라 말해도 과언이 아니다.

이 유고집이 나오면서 한국 현대사는 물론 광주·전남 지역의 현대사 중 상당 부분은 새로 쓰여야 할 대목이 많다는 점에서 한국 근현대사 연구자들에게는 매우 귀중하고 반가운 자료가 될 것이다. 뿐만 아니라 민족의 올바른 미래를 위한 교육적 차원에서 일반인들에게도 가치 있는 가르침이 되리라고 감히 생각해본다.

책이 나오기까지 오랜 세월 동안 물심양면으로 지원하며 격려를 아끼지 않은 간행위원회 관련 선생님들, 그리고 선인출판사 관계자들 모두에게 감사의 말씀을 드리며, 저 또한 이기홍 선생에 대한 마음의 짐과 제 인생의 큰 숙제 하나를 내려놓는다는 안도감이 든다. 부디 이 책이 연구자들뿐만 아니라 일반인들에게 많이 읽혀 오늘의 한국현대사를 다시 재조명하는 계기가 되었으면 하는 바람이다.

2016년 5월
간행위원회 집행위원장 안종철

▌간행사

이기홍 선생의 유고를 정리하여 『광주 학생독립운동은 전국 학생 독립운동이었다』는 책을 1997년 출판한 안종철 박사는 이 선생에 대해 설명하면서 "1929년의 광주 학생독립운동에 중추적 역할을 하였으며 1930년대 일제의 사상탄압이 극치에 이를 때는 대중 속에서 조직운동, 교육운동을 통해 나라를 되찾기 위한 일에 앞장섰다. 해방이 된 후에는 분단되어 가는 조국을 바로 세우기 위해 온갖 탄압과 질시 속에서도 꿋꿋한 자세를 굽히지 않았다"고 말했다.

필자는 선생이 타계한 다음 해에 1997년 월간 『사회문화』에 「좌파 민족 이론가 이기홍 선생」이라는 제목으로 선생님을 추모하는 글을 쓴 적이 있었다. 당시 필자 또한 선생의 유고를 일별할 기회를 가져 선생의 시대인식에 대한 탁견을 접할 수 있어 외람되게도 좌파 민족이론가로 선생을 소개하였다. 필자는 말년의 그가 특히 소련을 주축으로 한 공산권의 사회주의 폐기를 합법칙적인 역사적 현상으로 받아들여 평생 그를 지탱해 온 과거의 인식을 과감하게 청산하려는 것이 역사과학적 태도임을 피력함으로써, 일부 미숙한 후배들의 감상적 비판을 받기도 했다고 당시 운동권의 일부에 대해 부정적인 평가를 내비치기도 했다.

그는 소련권 붕괴로 "지진을 당한 것과 같은, 말로 표현할 수 없는 일대 충격을 받았음"을 말하고 "1988년까지 털끝만치의 결함도 없는, 추호도 비판의 대상이 될 수 없는 절대 진리로 맹신해 왔던 마르크스 레닌주의를 객관화하여 연구할 것을 다짐"하면서 그 결과물로 유고를 남겼던 것이다.

선생은 유고집에서 사회주의 붕괴에 따른 그의 인식의 전환을 말하였다. "나는 75세가 되던 1986년까지 어느 누구보다도 ML사상을 진리로 확신하면서 심도 있는 이론을 탐구하고 진리성에 의심을 두지 않는 사람이었다. 대중과의 실천운동에서 주로 ML사상을 교양의 주제로 하여 의식화에 역점을 두며 평생을 살아왔다. 나는 ML사상만이 인류를 해방시키고 미래지향의 공평한 복지생활을 담보해 주는 유일하게 과학적이고 객관적인 진리라 믿고 이해와 각성의 차원을 넘어 절대 진리로 맹신하였다"고 저간의 심사를 피력하였다.

이어서 그는 "생산력의 발전을 가로막는 기본모순에서 파생된 숨막히는 독재와 여기에 따른 국민의 불만, 불평, 부자유가 억제된 상태에서 축적되어 양의 증대는 질의 변화를 가져온다는 유물변증법의 발전법칙에 따라 필연적으로 폭발한 결과가 사회주의 폐기라는 결론으로 귀결됨"을 말하였다. 아울러 소비에트연방이 폐기되고 나서 각 종교가 비약적으로 부활한 점에 착목하여, 종교가 통일된 민족역량 형성의 원천임을 밝히면서 이왕의 유물론자와는 다른 견해를 보여주고 있었다. 그러면서도 종교가 민족성의 기반에서 멀어지면 자기중심, 자기본위의 신앙생활로 되돌아가 그 역량이 축소될 것을 염려하였다.

우리들은 폴란드 민주화의 주요 동력이 종교였던 점과 독일 통일을 이룩하는 데 있어 기독교가 조성한 결정적 역할을 상기할 때, 유물론자였던 이기홍 선생의 종교에 대한 새로운 탁식에 경의를 표하게 된다. 그는 민족과 종교는 서로 모순되기는커녕 상승의 효과를 거두게 됨을 말하였다.

필자는 이기홍 선생이 ML주의를 절대 진리로 맹신하게 된 내력을 유추하여 항일운동에 정진하였던 좌파 민족운동가들에 대한 세간의 범속한 인사들의 섣부른 폄훼를 조금이나마 불식하고자 한다.

본디 조선은 독서인, 곧 선비들이 엘리트인 나라였다. 선비들은 그 의식과 정서에 있어서 공동체에 대한 책임감을 부과 받아 충과 효가 그 기본 덕목이 되고 있다. 그런데 그들이 책임을 갖고 담보해야 할 나라가, 그것도 쪽발이라고 하시했던 일본에 의해서 망했다는 사실은 시쳇말로 멘붕을 넘는 자아소멸의 지경에 이르지 않았을까? 망국의 현실에서 새로운 주인들에게 투항하는 것은 생존을 보장받고 활로를 얻어 잘하면 과거의 그냥 독서인들이 소망했던 입신양명의 기회를 얻기도 하지만, 독서인의 가치적 삶에서는 금수로의 추락이 된다.

미국 대통령 윌슨의 14개조에 고무되어 전국을 진동하는 3·1 운동을 일으켰지만 참담한 학살을 당한 것 외에 미국은 물론 자본주의 열강 어느 나라의 후원도 얻을 수 없는 조건에서, 식민지 국가의 독립을 정책적으로 돕겠다고 나선 반제, 반자본주의 신흥 소련의 접근은 당시 복음이었고, 이것은 모든 식민지에 일관되게 나타난 현상이었다. 싸워야 하는 독립투쟁에서, 더구나 동학혁명, 의병투쟁, 민중항쟁의 투쟁 전통만을 가진 당시의 조건에서 노동자·농민을 역사발전의 주류 동력으로 제고하는 볼셰비키의 주장이 복음일 수 있음을 충분히 인정할 수 있을 것이다.

망국의 트라우마를 앓을 수밖에 없던 이 땅의 민족운동가들에게 훗날 볼셰비키가 인간을 열린사회가 아니라 닫힌 사회로 가두는 교조임이 폭로되기 전까지, 그 이후를 성찰하는 예지까지를 기대하는 것은 과욕이 아니었을까? 이기홍 선생의 객관을 중시하는 과학적 태도와 실질을 수용하는 정직한 자세에 경의를 표한다.

2016년 5월
간행위원회 공동위원장 이홍길

▌머리말

이 글을 쓰면서 나는 다음과 같은 부류의 사람들은 이 글을 읽어 줄 독자층에서 원천적으로 배제하고자 한다. 곧 기성 이론에 고착되어 한시도 쉬지 않고 발전을 계속하고 있는 역사를 자신들의 이론에 억지로 맞추어 적용하려는 사람들, 또 어떤 사상 집단이나 정치 세력을 정당한 것으로 합리화하기 위해 조리사가 밀가루 반죽을 주물러 자기 구미에 맞는 음식을 만들듯이 역사를 왜곡하고 날조하여 자기 주장과 이론에 맞추어 해석하려는 집단들이다.

내가 기대하는 독자층은 사회 계층의 어디에 있건 어느 한편에 서지 않고 우리 민족을 위해 무엇을 어떻게 해야 민족에 도움을 주고 보람 있는 삶을 살 수 있게 할까를 고민하는 순수하고 충실한 민족의식을 가진 사람들이다. 즉 우리 민족의 현실과 장래를 민족을 중심으로 민족을 본위로 민족이 바라는 국가 사회와 그 발전 방향이 무엇이냐를 우리나라뿐만 아니라 다른 민족의 역사에서도 찾아내어 이를 우리 민족을 위해 창조적으로 적용하여, 조금이라도 우리 민족에 도움을 주는 것에 삶의 보람을 느끼며 가치 있는 생활을 하려는 순수하고 투철한 민족의식을 가진 사람들이다.

여기에서 민족 중심, 민족 본위라는 말에 대해 보수적인 국수주의 또는 배타적인 고립주의로 평가할 사람도 있을 것이다. 하지만 내가 말하고자 하는 진정한 민족주의는 자기 민족의 주권과 국경을 존중하고 수호하는 것과 마찬가지로 크고 작은 다른 민족의 주권과 국경을 존중하는 국제정세가 확립되어야만 자기 민족의 보존과 발전을 보장받을 수 있다는 의미의 세계주의적 민족주의다.

이 세계주의는 배타적이고 국수주의적인 민족 패권주의와는 양립할 수 없을 뿐만 아니라 오히려 그 정반대의 반독재적인 것임을 분명히 말해둔다. 우리가 추구하는 우리 민족 본위의, 우리 민족 중심의 민족주의는 모든 나라가 동등한 위치에서 대등한 자격으로 유무상통의 원칙에 의해 충실하게 서로 주고받으며 배우고 가르쳐주는 개방적인 우호선린을 바탕으로 한 민족주의임을 밝혀둔다. 그러한 점에서 이 글이 우리 민족을 위해 순수하고 충실한 민족의식을 가진 사람들에게 다소나마 참고가 되고 도움이 된다면 다행이라고 생각한다. 아울러 참고로 한 가지를 더 덧붙여 말해두려 한다.

앞에서(선집 1권을 말함) 나는 나의 아버지와 그 동지 어른들이 일제에 의한 합방 당시부터 8·15에 이르기까지 그 나름으로 쉬지 않고 민족의 독립을 위해 노력해 왔음을 구체적으로 객관적 사실을 들어 설명했다. 이 어른들은 일제 식민지에서 해방되기 위해 싸우는 우리 민족의 목적은 계급해방이 아니라 민족해방이라는 점을 분명히 하고 있었다. 즉 전 민족 구성원 가운데 극소수의 친일 반역자를 제외하고는 경제적 사회적 차이, 또는 지식과 권력의 차이에도 불구하고 이 차별과 차이를 초월하여 우리 민족의 공동운명체인 우리 조국의 독립을 달성하기 위해 민족을 최우위로 삼고 여기에 맞추어 단결해야 한다는 이론을 끝까지 주장해왔다.

계급의식은 민족을 경제적 이해관계에 따라 적대적으로 대립시킴으로써 민족 간에 서로 뛰어넘을 수 없는 깊고 넓은 폭의 분열의식을 초래한다. 이 어른들은 합방 당시에 고등교육을 받으며 계속 민족문제를 연구하고 학습해 왔으며, 중국 북부와 만주 또는 일본에까지 가서 국제정세와 민족문제를 연구하는 시찰 여행을 되풀이했다. 국내정세와 세계정세를 세심하게 파악하면서 이 어른들이 내린 결론은 계급의식만으로는 우리의 독립과 통일의 문제를 해결할 수 없다는 것이었다.

이 어른들은 합방 당시에는 7인으로 시작되었다가 계속 동지들이 증가되어 갔지만 후일까지도 한 사람의 희생자를 내지 않았다. 일제의 법망을 피하기 위해 그리고 불필요하게 희생당하지 않기 위해서는 당시의 치안유지법이 불법으로 규정한 조직 형태를 가져가서는 안 된다는 것이 이 어른들의 생각이었고, 개별적인 접촉으로도 충분히 조직적인 효과를 낼 수 있다고 보고 이를 철저히 실행했기 때문이었다.

그러나 북조선 인민군대가 진주한 이후 신중한 전략도 없이 성급하게 인민위원회를 구성하여 지방 정권을 교체하고, 민족 독립운동을 민주적 체계하에 진행하던 조직을 반당분자로 몰고 후일 무책임하게 퇴각한 뒤에는 이들을 이승만 정권의 군경세력에 그대로 노출시킴으로써 민주 통일세력의 뿌리마저 없애버렸다. 우리 역사에서 결코 정당화될 수 없는 일이었다.

여기에서 기록하여 남길 것은 이 어른들의 민족의식이다. 독립을 위해서는 민족세력이 조직적으로 구성되어야 한다. 이렇게 조직된 세력이 일제를 능가할 수 있는 단계까지 성장 강화되어야만 독립이 가능하다. 그 역량의 원천은 전 민족 구성원이 개발적인 차별과 차이를 초월하여 공동운명체인 조국의 독립을 위해 단결하는 민족 통일 역량이다. 계급의식은 민족을 계급적으로 대립시켜 분열시키므로 독립을 위해서는 절대로 받아들여서는 안 된다고 보고 이를 철저하게 배격했다. 이 어른들의 민족의식과 이론은 아버지가 타개한 지 23년 후인 1975년에 베트남 민족이 독립과 통일을 이룸으로써 그 정당성이 분명하게 입증되었다. 우리 민족이 독립하고 통일하기 위해 받아들여야 할 의식은 분열 없는 민족 통일 의식이라는 것이 객관적으로 증명된 것이다.

우리 민족의 자주독립을 보지 못하고 걱정과 근심을 가슴에 안은 채 1952년에 마지막 숨을 거둔 아버지와 이를 전후하여 타개하신 다른 동지 어른들은 오늘의 분단된 조국과 미완성인 자주독립을 지금도 지하에서 걱정스럽게 불안하게 바라보면서 하루속히 민주화된 자주 통일 조국이 실현되기를 두 손 모아 빌고 있을 것이다. 이 어른들의 민족의식과 투쟁 방법이 무엇으로도 부정될 수 없는 진리였음은 베트남 민족의 투쟁과 승리의 결과가 분명하게 말해주고 있음을 참고로 남겨둔다.

* * *

나의 선집 제2권의 제목인 『역사의 교훈, 우리 민족의 미래』의 주제는 합방 망국과 3·1 운동의 교훈을 통해 오늘과 내일을 조명하려는 것이다. 조선의 망국이 표면화된 19세기 말 청일전쟁, 러일전쟁 전후에 조성된 동북아시아의 국제정세와 일본의 제국주의 발전 및 한반도 침략을 뒷받침해준 미국의 건국과 동북아시아에 대한 미국의 일본 지지 지향의 외교 정책의 발전에 대해서도 역사단계를 거슬러 역사, 현실 속에서 발생학적으로 기술했다. 일제 침략에 편승하여 앞장섰던 친일세력의 형성과 그 역할에 대해서도 당시의 국제정세와 중국 정권과 결부시켜 구체적인 역사 사실을 근거로 기록했고,

이것이 원인이 되어 우리 민족이 일제의 식민지 노예로 전락한 국가적 비운 관계도 구체적인 사실을 들어 기술했다. 나의 사관은 어떤 학설이나 이론에 맞추어 그것을 합리화시키려는 것이 아니고 구체적이고 객관적인 역사 자체를 분석 검토하여 그 역사가 남긴 경험과 교훈 및 앞으로 역사의 창조적인 발전의 방향과 지침을 찾아내는 것이며 이 원칙에 따라 역사 자체를 분석, 검토하면서 기술했다.

역사는 때때로 개념 형태로 파악되지만 현실의 존재와 역사 자체는 매우 구체적이다. 올바른 역사 개념을 가지려면 역사의 구체적인 내용을 인식해야만 그 역사에 내재하고 있는 실천으로 증명된 경험과 거기에서 출출한 구체적인 교훈을 찾아낼 수 있다. 우리가 역사를 배우고 연구하는 목적은 역사에 대한 지식만을 얻는 데 있지 않고, 이후의 역사를 창조적으로 만들기 위한 교훈을 얻는 데 있다. 즉, 지나간 역사에 담긴 역사 발전 법칙과 발전 과정에서 제시된 과학적 지침을 찾아내어 미래 역사의 진로와 방향에 대해 역사 발전 법칙에 따른 합법칙적인 역사를 만들어가기 위한 것이다.

이 글은 역사의 객관적인 발전 법칙을 근거로 기술했으므로 세련된 문장과 표현의 측면에서는 미흡한 면이 많지만, 우리 민족의 비운사를 인과적인 관련성과 과정을 입체적으로 파악하면 앞으로 우리 민족의 자주적 역사 발전에 교과서적인 교훈이 되리라고 본다. 19세기 말경부터 시작했던 망국사의 경험 속에는 우리 민족이 오늘 지향하고 있는 역사 발전에 있어 민족 악의 교훈으로 받아들여 두 번 다시 되풀이해서는 안 될 교훈이 너무도 많다.

그 당시 조성된 망국 원인은 중단 없이 이어져 오면서, 그때마다의 국내외 정세에 맞추어 외형적인 형태와 수단과 방법을 바꿔가면서 반민족세력이 민족의 애국자로 둔갑하여 민족정기를 짓밟고 민

족사를 거꾸로 흘려놓고 있음이 6공화국까지의 현실이다. 합방 망
국 당시부터 싹이 트고 성장하기 시작하면서 오늘날까지 이어지고
있는 민족정기의 부정에 대해 서술하는 것은 민족사의 올바른 흐름
을 염원하며 민족의 앞날을 걱정하는 애국 민족에게 나름의 도움이
되리라 믿고 조금의 보탬도 뺌도 없이 객관적 역사 자체를 사실 그
대로 기술했음을 자신 있게 말해 둔다.

1996년
이기홍

▎차례

제2부 민족운동사의 명암과 과제

제4부 민족의 종교와 민족역량

제1부

베트남 민족에게
배운다

제1장 베트남 독립운동의 이해

1. 두 민족의 같은 경험, 다른 결과

이 글은 앞으로 우리 민족문제 해결에 도움을 주기 위해 베트남 민족의 여정에 대해 서술한 글이다. 우리 민족사와 현실 속에서도 풍부한 자료와 근거가 있음에도 불구하고 굳이 베트남 민족문제까지 인용하는 것은 필요 이외의 비약이라고 생각할지도 모른다. 그러나 거기에는 그럴만한 이유가 있다.

식민지에서 독립한 민족들의 독립운동과 독립 후 자주 민주 조국 건설을 위해 투쟁해온 민족들의 경험과 그 투쟁을 뒷받침해 주는 이론과 노선 및 정책은 동일한 역사와 운명을 걸어온 민족들에게 직접 또는 간접적인 영향과 공통점이 있음은 역사의 상식에 속한다. 하지만 식민지에서 독립한 민족들의 교훈적인 경험은 대부분의 경우 근사치적인 참고의 범주를 벗어나지 못한다. 다만 그 가운데 우리 민족과 매우 유사한 경로를 겪었던 사례도 있다. 내가 이야기하려는 베트남이다.

우리 민족과 베트남 민족은 걸어온 역사가 상당히 흡사하다. 우연이라고 하기에는 너무도 공통점이 많다. 두 민족 간의 투쟁 과정과 투쟁 목적은 참고 사항의 범위를 넘어서, 복사판처럼 밀착된 일체감의 공통점을 남기고 또한 보여주고 있다.

베트남 민족의 비극과 투쟁은 프랑스가 식민지 통치를 포기하고 후퇴한 이후 조국을 분단시켜 친불 정권을 세워 놓고 나간 뒤부터 본격적으로 시작되었다. 프랑스가 물러난 다음 미국이 대신 들어와 친불 정권을 친미 정권으로 바꾸면서 북쪽의 월맹을 말살 통일하려는 전쟁을 강행했다. 우리 민족을 식민지 지배하던 일제가 연합국의 승리로 물러가자 연합국의 결의에 의해 북은 소련이, 남은 미국이 점령하고 군사 통치를 하면서 남에는 친일세력을 중심으로 한 친미 정권을 세운 점과 일치한다. 분단된 조국을 통일하기 위해 군사력을 사용한 점도 동일하다. 그러나 두 민족이 각각 벌인 투쟁의 결과는 정반대로 나타났다.

베트남 민족이 가진 무기는 우리 민족의 그것보다 열악했고, 베트남에 대한 외부 원조는 소련이 도와준 소량의 경무기에 불과했다. 외부의 직접적인 군사력 도움은 단 1인도 없었다. 반면 6·25 당시 군사력을 동원하여 남진한 조선민주주의인민공화국(북한)에 대한 소련의 원조는 중무기 중심이었고, 전해지는 바에 따르면 일부 군사력과 함께 공군 폭격까지도 지원해 주었다. 전쟁 경과 후, 미군을 필두로 한 UN군 깃발하의 연합군이 압록강까지 도달하자 중국은 50여만 명의 군대를 보내 인해전술을 통해 개전 후 그간 점령당했던 실지(失地)를 38선까지 회복시켜 주었다.

우리에 비하면 베트남 민족에 대한 동맹국의 군사력 원조는 단한 사람도 없었을 뿐만 아니라 가장 가까운 동맹국으로 믿었던 중국은 베트남 민족의 반대편에 서서 국경에 군사적 위협을 계속했다. 때문에 월맹군은 부족한 군사력의 일부를 중국과의 국경 지대에 고정시켜 배치해야만 했다.

그리고 미국은 UN군 깃발을 내세워 사상 최대의 군사력을 베트남 전역에 동원했다. 미국과 UN군과 월남군의 군사력을 합하면 6·25 당시 한국에 투입된 군사력의 3배를 능가하는 것으로 알려졌다. 특히 현대전의 성패를 좌우하는 무기에 있어, 미군이 베트남에 투입한 무기의 수량과 종류 및 성능은 한국전쟁에 투입된 무기에 비해 몇십 배를 능가하는 것이었다.

이처럼 두 민족이 처한 여건이 유사했지만 그 결과는 달리 나타났다. 북한은 베트남 민족보다 훨씬 유리한 조건과 강력한 외부 원조를 받으면서도 전쟁에서 패배하여 결과적으로 겨우 원상 복귀한 것에 지나지 않았고, 통일은 먼 뒷날로 미루어졌다. 남과 북은 분단된 채 분열하여 수십 년 넘게 앙숙으로 남아있고 통일의 길은 요원하다. 이에 비해 베트남 민족은 열악한 여건을 극복하고 통일하여 완전한 자주독립을 이루어냈다.

두 민족이 빚어낸 상반된 결과는 결코 우연이 아니다. 거기에는 필경 원인이 있을 것이다. 그 원인은 지도자의 사상과 노선과 정책 및 방법론에서 찾아야 한다는 게 필자의 생각이다. 이런 다양한 원인들이 결합된 방정식을 풀어서 과학적이고 객관적인 해답에 도달해야 한다. 앞으로 통일과 완전한 자주적 민주적 조국 건설을 지향하는 우리 민족이라면, 그간 실패의 원인이 된 이론과 노선과 정책은 깨끗이 흔적도 남기지 않고 갈아치우고 반성하면서 새로운 길을 모색해야 한다. 즉 그 길에 이르기 위해 확신을 줄 수 있는 합법칙적인 방법론으로 바꾸는, 민족의 혁명적인 결단이 필요하다는 자각을 갖고 실행하는 것이 그간의 실패를 겪은 우리가 마주해야 할 과제가 아닐 수 없다.

우리에게 미해결의 숙제로 남겨진 민족문제를 해결하려면, 베트남 민족이 투쟁하여 승리에 도달한 지도노선과 정책과 과정을 받아들이고 적용해야 한다. 그것이 당연한 논리적 귀결이라고 필자는 믿는다. 구체적인 내용에 대해서는 다음에 근거를 들어 설명하겠다.

흔히 6·25 전쟁의 실패 원인을 미 제국주의의 식민지 야욕으로 돌리는 경향이 있다. 하지만 식민지 야욕에 관해 말하자면, 미국이 베트남에 대해 갖고 있던 식민지 야욕은 우리의 경우보다 더욱 강력하고 광범위하고 적극적으로 나타났다는 점을 직시해야 한다. 베트남 민족은 미국의 그러한 강력한 야욕을 꺾고 완전한 승리를 쟁취해 냈던 것이다.

식민지 민족의 해방과 자주독립은 강력한 제국주의의 야욕을 꺾고 이겨야 하는 것이므로, 실패를 민족의 내부 역량에서 찾으려 하지 않고 오로지 제국주의의 야욕 탓으로 돌리는 것은 민족해방투쟁을 정확하게 보지 못한 데서 나온 비합리적인 결론이다. 아직도 북한과 그 지지 세력은 조선민주주의인민공화국의 노선과 정책과 방법이 정당했음에도 불구하고 미 제국주의의 식민지 야욕 때문에 6·25 전쟁에서 실패했다는 논리를 편다. 그러나 실패의 결정적인 원인이 불가항력인 제국주의 세력의 힘 때문이라고 실패를 합리화하는 논리를 편다면, 우리의 꿈인 통일과 완전한 자주 민주 조국 건설은 앞이 보이지 않는 안개 속의 목표로 전락하고 말 것이다.

학자도 아니고 전문가도 아닌 무명의 필자가 단호하게 이런 주장을 하는 것에 대해 이의를 갖고 있는 사람도 있을 것이다. 물론 이해가 간다. 그래서 필자는 가능하면 이 글에서 그에 관한 객관적인 근거들을 제시하려고 한다.

내 고향은 김을 비롯한 수산물의 주산지인 전라남도 완도다. 나는 8·15 해방 후 고향 선배와 내 보통학교 동창생 몇이서 함께 수산물의 대일 수출을 위해 무역회사를 설립한 적이 있다. 삼광무역이라는 상호의 회사였는데, 여수에 본사를 두고 국내 각지와 일본에 지점을 둔 꽤 큰 규모의 회사였다. 당시 기준으로 본다면 국내 10대 무역회사에 들어갈 정도의 회사였을 것으로 추정된다. 이 회사는 무역선 3척을 보유하고 있었고 일본 시모노세키에서 도쿄에 이르기까지 연안 주요 항구를 누비며 우리 수산물을 실어 날랐다.

그 회사 중역 중 한 사람이 나와 같은 고향 출신인 보통학교 동창생이었다. 이 친구는 일제 강점기부터 내가 하고 있던 독립운동에 깊은 관심과 지지를 보내던 동조자 중의 하나였다. 이 친구는 항일독립운동에 관한 이론 서적도 비교적 많이 읽을 정도로 지적인 소양을 갖추고 있었고, 세계정세에 대해서도 객관적인 정보를 얻고자 노력하던 친구였다. 때문에 우리나라 밖의 소식에 대해서도 서로 관심의 끈을 놓지 않고 있었다. 바깥 세상에 대한 관심은 6·25 전쟁이 끝난 이후까지도 계속되었다. 특히 제2차 세계대전 후 식민지에서 해방된 나라들의 정황은 주목되는 대목이었다.

그러던 중인 1954년, 놀라운 소식 하나가 들려왔다. 베트남의 북부 월맹이 호지명의 지도 아래 프랑스군을 디엔비엔푸에서 포위하여 격퇴하였고, 이것으로 프랑스의 식민 지배를 실질적으로 끝내게 되었다는 소식이었다. 이후 프랑스는 제네바협정을 통해 베트남에 대한 70년간의 식민통치를 끝내고 공식적으로 베트남으로부터 물러나게 되었다. 이때부터 세계 각국의 관심이 여기에 집중되었고 언론들도 다양한 소식들을 보도하기 시작했다. 동시에 각국 정부의 정치인과 학자와 평론가들이 베트남에 대해 연일 논평과 해설을 내놓았고, 이에 관한 책자의 출판도 뒤를 이었다. 일본의 경우는 더욱 적극적이었다. 아마도 식민지 피지배 민족이 무력으로 당당하게 지배세력을 몰아낸 상황에 대해 자신들 스스로 돌아봐야 할 내용들이 많았기 때문이었으리라.

나 역시 베트남에 대해 더욱 관심을 갖고 주시했다. 일본말로 방송하는 세계 각국의 뉴스와 해설을 들으면서 기록하였고, 앞서 말한 삼광무역회사 중역인 친구를 통해 일본 내에서 발행되는 최신 자료와 책자를 입수해서 빌어 보았다. 그중에서도 베트남에 대해 중립의 입장에서 비교적 정확하고 충실한 기사를 매월 싣고 있던 '세계'라는 잡지가 주요한 정보의 통로였다. 이 책은 일본의 출판사인 이와나미서점(岩波書店)이 발간하던 월간지였다.

당시는 제2차 세계대전이 끝난 후, 승전국과 패전국의 차이를 넘어서 이데올로기적 차이로 소위 동(東)과 서(西)의 양 진영이 새로운 패권의 향배를 놓고 다투던 시기였다. 당연히 세계의 주요 문제들에 대해 양 진영의 견해는 다를 수밖에 없었다.

이 잡지는 소련을 중심으로 한 동방 세계와 영국, 미국, 프랑스를 중심으로 하는 서방 세계의 입장을 반영한 다양한 학설과 이론과 뉴스를 편향되지 않게 각각 50%를 배분하여 게재했다. 베트남 문제에 관해서도 동일했다. 때문에 베트남에 대한 전 세계의 관심, 정책 및 연구 논문, 그리고 주요 뉴스들이 이 잡지에 집약되어 실렸다. 내가 접한 '세계'라는 잡지는 어느 한쪽에 일방적으로 치우치지 않고, 접수된 정보와 해설을 균형 있게 다루는 내용을 담고 있었다. 때로는 동일한 팩트에 대해 전혀 다른 해설이 올라왔다. 나는 그게 좋았다. 판단은 오로지 내 몫이었다. 나는 이 월간지를 통해 베트남 문제를 입체적으로 이해할 수 있었고, 판단할 수 있었고, 평가할 수 있었다. 이 글을 쓰면서 활용하게 된 상당수 내용도 과거에 내가 기록하거나 정리한 그러한 과정을 통해 얻었음을 밝혀둔다.

2. 베트남 민족의 독립운동 개요

베트남 민족의 독립과 통일을 그 발전 과정에서 입체적으로 파악하기 위해 독립운동의 역사 과정을 간단히 살펴본다.

19세기 후반은 제국주의 국가들의 식민지 확대 경쟁이 치열하게 이루어지던 시기였다. 인도를 식민 통치하며 일찌감치 동남아시아에서 주도권을 잡고 있던 영국과 경쟁하던 프랑스는 아직 제국주의 세력의 손이 미치지 못했던 인도차이나 진출을 추진하였다. 프랑스는 인도차이나 반도 내에 있는 가톨릭 신도를 보호한다는 명분을 내세워 1858년에 다낭을 공격하고 1859년에는 사이공을 점령함으로써 식민화의 첫발을 내디딘 후 베트남의 북부와 중부 지역을 공략하며 1884년에는 베트남의 전 국토가 프랑스의 식민지가 되었다.

베트남인들의 독립운동은 20세기에 들어와 활발하게 이루어졌다. 중국과 일본 등지의 해외에 독립운동 단체가 만들어졌고, 제1차 세계대전 후반기에 표명된 윌슨의 민족자결주의의 영향을 받으면서 독립운동이 더욱 활발해졌다. 1927년에는 베트남 국민당이 설립되고 1930년에는 호지명의 주도로 혁명세력의 통합을 위한 베트남 공산당이 조직되었다. 베트남 공산당은 1930년 코민테른의 지침에 따라 인도차이나 공산당으로 명칭이 바뀌었는데, 이는 베트남뿐만 아니라 라오스, 캄보디아 등 인도차이나를 형성하는 국가들의 혁명을 함께 추진하기 위한 목적이었다.

제2차 세계대전이 발발한 뒤에는 인도차이나 반도 북부에 일본군이 침입하여 민족 독립투쟁의 대상이 복잡해졌다. 베트남의 민족주의 세력 중 조직력이 뛰어났던 공산주의 계열은 베트민(베트남 독립동맹, 월맹)을 결성하여 식민 지배의 주 세력인 프랑스를 상대로 싸움을 이어갔다. 월맹(越盟)이라는 이름은 호지명이 북부에 정권을 세우고 독립투쟁을 하면서 만들어진 조직의 이름이었으나, 후일 분단이 되면서 베트남 북부를 월맹으로 남부를 월남으로 부르는 것이 일반화되었음을 참고로 말해둔다.

1945년에 제2차 세계대전이 종전되자, 베트민을 중심으로 베트남 민주공화국이 성립되었으나, 프랑스는 전쟁 전의 지배권을 다시 회복하고자 하였고, 이로 인해 베트남과 프랑스 사이에 전쟁이 발발하였다. 제1차 인도차이나 전쟁이라 불리는 이 전쟁은 10년 가까이 지속되다가 1954년 5월 호지명이 주도한 월맹군의 포위 공격으로 프랑스 군의 거점인 디엔비엔푸가 함락되었다. 프랑스 군은 물러갔고 식민지 지배의 완전한 종식이 거의 눈앞에 다가왔다.

하지만 그해 7월 제네바에서 열린 종전협정에서 인도차이나 반도의 공산화를 막고자 했던 서방 세계의 견제에 따라 북위 17°선을 경계로 베트남은 남과 북으로 양분되었다. 베트남 남부에는 우파 정권이 들어섰다. 제네바협정에 따르면 협정 체결 2년 후 전국 단위의 총선거를 규정하고 있었지만, 이 조항은 끝내 이행되지 않았고 베트남의 남북은 분단 상황이 고착화되었다. 남부에 들어선 우파 정권은 서방 세계의 이해를 반영하면서 반쪽짜리 정권 유지에 주력하였고, 이에 반해 북부 베트남은 통일을 지상 목표로 삼으면서 남베트남과 북베트남 사이에 민족 내부의 싸움이 지속적으로 진행되었다.

그 후 1964년 통킹만 사건을 빌미로 미국이 베트남에 본격 개입하면서 베트남은 제2차 세계대전 이후 최대의 전쟁터로 변한다. 프랑스를 대신하여 들어온 또 다른 제국주의 세력과 맞서 민족해방투쟁과 통일 운동을 전개해야 하는 베트남 민족의 고된 운명이었다. 세계 최강의 나라인 미국에 맞서 식민지 해방과 통일을 지향하던 베트남의 민족주의 세력이 맞붙은 이 대결은 1975년 미국이 완전 철수하며 패배를 인정하는 순간까지 계속되었다. 이로써 베트남의 남과 북은 통일되었고, 식민주의 상태에서도 완전히 벗어났다.

이상이 프랑스의 식민지 지배 이후 여러 과정을 거쳐 미국이 철수하기까지 베트남 민족이 겪었던 투쟁의 간략한 역사다. 이하에서는 베트남 민족해방운동이 조직화되기 시작한 제2차 세계대전 발발 이후 호지명을 중심으로 한 투쟁의 세부 내용과 이를 이끌었던 호지명 중심의 지도 노선에 대해 살펴본다.

3. 민족의식을 기반으로 통일전선 구축

1) 제국주의 간 모순을 창조적으로 활용

프랑스가 함포 공격의 엄호하에 인도차이나 반도를 점령하여 식민지로 삼아 강점 통치를 하게 되자, 베트남 민족을 비롯하여 당시 인도차이나에 거주하던 여러 민족들은 새로 등장한 지배자의 낯선 통치를 감수해야 했다. 오래 이어오던 왕정은 붕괴되었고 이민족의 지배와 가혹한 수탈이 이어졌다. 이에 저항하던 뜻 있는 인사들은 가혹한 탄압을 피해 해외에 거점을 두고 독립의 의지를 이어나갔다. 윌슨의 민족자결주의가 식민지 피지배 민족들의 독립 의지를 타오르게 하는 역할을 했지만, 그것이 독립을 보장해주는 것은 아니었다. 수십 년에 걸쳐 통제 체제를 구축해온 식민 지배세력의 힘은 강고했고 이에 따라 싸움은 장기전이 되었다.

그러던 중 제2차 세계대전이 발발하면서 틈이 생기기 시작했다. 프랑스의 경우 유럽의 전선에 총력을 기울여도 충분치 못한 상황에 처한 데다, 일본이라는 변수가 새로이 등장했기 때문이다. 동아시아 전역을 장악해가던 일본은 전선을 확대하여 중국의 남경을 비롯한 남중국 일대는 물론 당시 프랑스령이던 인도차이나의 북부 지대를 점령하기에 이르렀다. 프랑스와 일본의 전쟁 국면으로 상황이 바뀌게 된 것이다.

한편 이러한 상황 변화가 전개되고 있는 가운데 중국에서 호지명을 중심으로 베트남독립동맹(베트민, 약칭 越盟)을 결성했다. 이 조직은 인도차이나 공산당 등 공산주의 세력을 주력으로 했지만, 민족주의 계열의 정당과 중국으로 망명한 독립운동가 등 다양한 정파가 참여한 통일전선 조직이었다. 베트남독립연맹의 당면한 목표는 당연히 프랑스로부터 베트남의 독립을 쟁취하는 일이었다.

베트남 독립운동을 지하에서 지도하던 호지명을 비롯한 지도자들은 프랑스와 일본이 적이 되어 싸우는, 제국주의 국가 간의 이러한 모순을 최대한 이용할 수 있는 기회가 왔다고 보았다. 베트남 민족의 적인 프랑스 군과 치열한 전쟁을 치르고 있는 일본의 편에 서서, 전선의 일부를 담당하고 이를 확대하면서 지하 독립운동을 표면화하기 시작했다. 일본 역시 제국주의 세력이라는 점에서는 프랑스와 다를 바 없었지만, 베트남의 독립을 위해서라면 충분히 활용해야 할 대상이었다. 베트남 독립운동 세력의 이 같은 전략은 매우 현실적일 뿐만 아니라 유능하고도 영웅적인 지도 노선이었다고 할 수 있다.

베트남독립동맹은 호지명을 최고 지도자로, 교육자 출신인 지압을 군 지휘자로 삼아, 일본군과 함께 프랑스와 싸운다는 명분을 내세워 일본군으로부터 지원을 얻어냈다. 이들이 일본으로부터 처음 얻어낸 무기는 구식 소총 27정이었다.

이 조직은 밑으로부터 상행하는 민주주의 중앙집권적인 민주 조직이었다. 또한 베트남 독립에 공감하는 각 정파가 참여한 통일전선 조직이었다. 호지명의 탁월한 지도 노선의 시발도 여기에서부터 시작된다. 호지명은 처음부터 민족통일전선은 민주주의적이고 자발적이고 자진적이어야 한다는 것을 시종일관 강조했다. 호지명은 생을 마칠 때까지 지도자 일방의 권위주의나 관료주의적인 것에 대해서는 민족 단결의 적이라 강조하며 이를 추호도 허락지 않고 철저하게 배격했다.

한편 베트남독립동맹이 일본군 전선의 일부를 맡아 프랑스 군과 대항하기 시작하자 베트남 민족에게는 희망이 생겨 한층 더 민족 결속이 고무되었다. 이에 따라 점차 민족이 조직화되어 가는 토대 위에서 탁월한 전술가로 국제적으로 인정받은 지압 장군의 지휘하에 프랑스와의 전투마다 승리를 거듭하면서 프랑스 군으로부터 노획한 무기가 늘어나며 군사력의 확대와 무장 강화가 급속히 이루어졌다. 프랑스군에 대한 연이은 승리는 일본군의 대환영을 받았고, 이에 따라 일본으로부터 직간접적인 도움을 끌어내며 베트남독립동맹의 군사력 강화에 큰 도움이 되었다.

이처럼 호지명 중심의 베트남독립동맹 지도 세력은 제국주의 국가 간의 적대적 모순을 변증법의 법칙에 따라 창조적으로 이용하며 역량 강화를 이루어내었다. 지도자가 교조적인 원칙에서 벗어나 객관적인 현실을 바탕으로 냉철하게 적용하는 탁월한 지도노선은 영웅적인 것이라 할 수 있었다.

2) 초기 독립운동 노선으로서의 ML사상

프랑스 식민지로 예속된 베트남 민족은 세계 어느 식민지에서도 찾아볼 수 없는 가혹하고 비인간적인 탄압을 받았다. 그중 몇 가지 사례를 들어보자. 동일한 노동에 대한 베트남인의 노임은 프랑스인의 1/17, 즉 6% 미만에 지나지 않았다. 미곡 등 곡물 생산의 주된 생산수단인 상당수의 토지는 프랑스의 대 농업회사에 강탈 당했다. 그밖에 식민지 이전에 베트남 민족의 상위층들이 소유하고 있던 토지 또한 베트남이 프랑스의 식민지로 전락하자 민족에 등을 돌린 친불 인사들이 소유하고 있었으므로, 절대 다수의 베트남인들은 소작인이나 농업노동자로 근근이 생명을 유지했다.

식민지가 되기 전까지 공업이 전무하던 베트남에 프랑스 지배 이후 식민지 공업이 도입되었으나, 식민지 공업의 발전으로 착취는 한층 더 강화되었다. 베트남 인민은 프랑스인의 소작인이 되거나 공업노동자가 되는 것 이외에는 다른 살길이 없게 되었다.

이렇게 베트남 민족의 절대다수는 식민지적 수탈과 자본주의적 착취가 가중되는 악조건하에서 친불세력이 된 동족 출신의 상위층에 의한 사회 신분적인 차별에서 오는 법외적인 수탈과 탄압과 모멸이라는 3중의 억압을 받고 살아왔다. 이는 식민지 민족에게 공통되는 운명이었고, 우리 민족 역시 예외가 아니었다.

호지명을 중심으로 한 독립운동 지도부는 이와 같이 숨 막히는 생활에 허덕이는 베트남 민족을 정치적으로 각성시켜 독립세력을 형성하려면, 자본가와 봉건 지주와 식민지 관료의 재산을 모조리 국가 소유로 전환하여 인민의 소유로 하는 제도를 도입해야 하고, 이것이 베트남 인민을 경제적 착취와 정치적 억압에서 벗어난 인간다운 생활을 할 수 있게 하는 방법이라 생각했다. 이들이 ML사상(마르크스-레닌주의)을 민족 지도이론으로 받아들인 것도 그 때문이었다. 따라서 당시 호지명을 비롯한 베트남 민족진영의 지도자들의 대다수는 공산주의자들이었고, 베트남의 독립운동이란 곧 사회주의적 이념을 바탕에 두고 있던 민족해방운동이었다.

3) 계급해방이 아닌 민족해방으로 노선 전환

호지명은 독립운동 초기에 ML사상을 영구불변의 절대 진리로 받아들이며 충실한 공산주의자 노선 아래 민족의 계급의식 각성에 중점을 두고 운동을 추진해왔다. 그러나 계급의식 각성이 민족의식 각성으로 이어지기 보다는 민족의식을 저해하여 민족의 단결을 저해하는 요인이 되고 있음을 문제점으로 느끼게 되었다.

호지명은 베트남 민족이 당면한 문제를 극복하고 이루내야 할 목표는 계급해방이 아니라 민족해방이고, 투쟁의 상대는 계급의 적이 아니라 베트남을 식민지로 삼아 지배하는 민족 전체의 적이라는 점을 전부의 적이라는 사실을 절감했다. 따라서 프랑스에 승리하려면 민족 내부의 다양한 차별과 이해관계가 상반된 차이를 초월한 민족 공동운명 의식이 있어야 함을 인식했고, 반역자를 제외한 모든 민족은 개별적인 차이를 민족 앞에 후퇴시켜 민족 공동운명체를 위한 독립운동의 차원에서 단결해야만 독립이 가능하다는 인식을 깊이 하게 되었다. 이러한 인식은 각이하고 다양한 사고를 갖고 있는 민족 구성원의 의식 저변에 깔려있는 잠재된 형태의 민족의식에 대한 발견을 통해 이루어진 것이었다.

호지명이 찾아낸 근저에는 바로 민족해방의 어떤 이념보다 우위에 있는 민족 내부의 동질적인 합의라는 것이 있었다. 때문에 지도자가 할 일은 잠재해 있는 공감대 의식인 민족의식 각성을 촉구하고 자극하여 자각시켜 민족통일전선 조직에 자발적으로 가담하게 하는 일이었다. 그것은 강요가 아닌 자각과 자발의 문제였다. 호지명이 강조한 것은 언제나 그런 자발성이었다. 중앙에서 하부에 이르기까지 각급 민족 지도자들은 이 원칙을 생활화하여 행동과 처세를 여기에 맞추어 철저하게 실천해야만 자진하여 협력하는 민족통일전선이 가능하다는 것을 호지명은 언제나 강조했다.

호지명은 초기에 ML노선을 받아들이기는 했지만 계급해방이 우선이 아니라 민족해방을 단연 우선순위에 두고 있었다. ML사상은 당시의 베트남 민중의 곤경을 타개하기 위한 하나의 방편이었다. 그런 점이 호지명이라는 지도자에 대해 간단한 평가를 넘어선 복합적인 평가를 해야 하는 이유가 된다. 그리고 이는 당시 베트남 민중들이 갖고 있던 가장 중요한 사상체계, 특히 불교의 세계와 무관치 않다.

베트남 민족 독립운동의 궁극적인 목적은 식민지에서 해방되는 민족 독립이었다. 독립을 위해서는 프랑스 식민지 지배 역량을 능가하는 민족역량이 형성되어야만 가능하다. 그 역량은 전 민족의 힘을 하나로 집결한 통일전선이었다. 이 통일전선 형성을 위해서는 민족 반역자를 제외한 전 민족의 역량을 모아 독립을 위해 빈틈없는 하나의 바윗덩이와 같이 단결하여야 하며, 이럴 때 비로소 식민지 세력을 능가하여 독립할 수 있는 역량이 형성된다.

독립운동의 지도부는 베트남 민족의 투쟁 목적이 계급해방이 아니라 민족해방임을 철저하게 강조했다. 이 지도노선은 공산주의자인 호지명과 지도자들이 1941년 베트남독립동맹을 결성한 이후 공산주의자로부터 철저한 민족주의자로 전환하면서 끝까지 지켜온 지도노선이었다.

호지명은 민족의식을 학설 또는 사상 형태의 개념으로 그치는 것에 만족하지 않고 그 근거를 다양한 형태의 민족 사고와 생활 속에서 찾아냈다. 진리는 구체적이라야 한다는 생각 때문이었다. 그 결과 민족 각자는 욕망과 생활 사고와 이상이 다양하고 각이하며 지역 또는 이해관계로 형성된 집단의식도 다원적인 것임을 알아냈고, 이 것을 헤쳐서 심부에 도달하여 분석한 결과 개인 각자의 다양한 복지는 외세의 탄압과 수탈에서 벗어나 민족을 위하고 민족을 본위로 한 조국이 수립될 때에만 실현이 가능하다는 의식이 잠재해 있음을 알아냈다. 또 일부 각성한 계층은 이 의식을 깨닫고 있지만 대부분의 사람들은 깨닫지 못하고 잠재 형태로 남아있음을 알아냈다. 호지명은 그것이 전 민족이 살기 위해서 반드시 지켜져야 하는 공동운명체 의식 속에 있음을 찾아냈다.

4) 민족주의 노선 정립과 계승

1920년대 후반 미국의 월가를 중심으로 촉발된 세계 대공황이 확산되기 시작한 1930년대 초부터 ML사상은 전 세계에 급속도로 보급 확대되어 갔다. 1917년의 볼셰비키 혁명이 단지 유럽 변방의 차르 체제에서 벌어진 예외적이고 우발적인 사태가 아니라, 일찍이 마르크스가 예견한 자본주의의 붕괴로 이어지는 것 아니냐는 물음을 지식인들은 새삼 상기하지 않을 수 없었다.

이에 따라 ML사상과 그 체계에 대한 출판이 세계 출판계를 압도했다. 당시 일본 동경의 예를 들어보면 귀족과 고관, 재벌 출신의 대학생들도 사교장 출입 또는 교류 시에 반드시 ML사상에 관한 책을 그대로 손에 들고 다녔다고 한다. 이것은 발달하고 문명한 국가들의 공통된 현실이었다.

당시 일본에서는 대학 교수를 중심으로 한 지식인의 대부분과 판사 검사를 비롯한 고급 공무원과 기타 사회 지도층과 기업인들 까지도 ML사상에 대한 책자를 읽었다. 그 이유는 갈수록 보급이 확대되어가는 ML사상에 대한 대책과 반대 이론의 근거를 찾기 위한 것이기도 하지만, 또한 이 사상이 도대체 무엇인가를 알아보기 위한 궁금증 때문이었다.

따라서 당시의 분위기로 보아 어느 나라에서건 ML사상에 대한 저서의 보급이 특정 세력이나 정파를 구분하는 기준이 되지 못함은 당연한 것이었다. 1930년대에 식민지 조선에서도 마찬가지의 현상이 있었다. 세상 돌아가는 것에 대한 이해와 그 어떤 돌파구가 되어 줄 이론적 토대에 굶주려 있었던 것은 식민지 민중들에게 공통된 현실이었고, 그때 가장 합리적인 설명과 미래의 대안을 해줄 수 있는 이론과 사상이 ML사상이었다.

베트남의 경우, 1930년에 호지명을 중심으로 베트남공산당(이후 인도차이나 공산당)이 결성되고, 중심적인 논리로 ML사상을 채택한 것도 그 시대에 적합한 판단에서 나왔을 것이다. 다만 호지명은 베트남 민족이 처한 현실에서 민족 지도자가 해야 할 기본 임무가 무엇인지를 알아냈고, 그것을 지속적으로 실천했다는 것이 주목할 점이다.

호지명은 초기 노동조합 운동에서 출발할 때부터 80%가 불교 신자인 베트남의 현실에서 ML이론에 근거한 계급의식 이론을 지도 노선으로 한 노동자 단결이 현실적으로는 차질이 빚어지는 것을 보았고, 이때부터 ML사상을 객관적 현실에 맞추어 비판적인 눈으로 보기 시작했다. 때문에 ML사상이 식민지 민족의 민족해방운동에는 받아들이기 어려울 것이라는 결론에 도달했다.

1941년에 베트남독립연맹을 결성하면서 독립운동을 지하에서 지상으로 노출시켜 무장투쟁을 시작하면서부터 민족통일전선의 형성이 모든 것에 우선해야 한다는 것을 깨닫고 모든 분야의 지도와 조직에 철저한 민족주의 이론을 근거로 한 민족의식 교양에 총 역량을 집중했다. 특히 모든 조직의 지도와 운영에 있어 투철하고 선명한 민족주의자를 임명했다. 대중들의 눈에 보기에 조금이라도 ML사상의 흔적이 보이는 지도자에 대해서는 철저하게 민족의식을 통일적인 지도이론으로 각인시키며 교육시켰다.

그 후 대불, 대미 전쟁에서 승리를 거듭하여 영토가 확대되어 갔으므로 모든 분야의 조직도 확대되어 갔다. 전시 하 점령지의 통치에 정치, 경제, 군사, 사회, 교육, 문화, 예술 등 각 분야의 조직과 운영을 담당한 인사에게는 민족주의 노선을 더욱 철저하고 분명하게 견지하고 실행하도록 했다.

호지명의 민족주의 노선은 호지명이 사망한 후에도 지도부가 호지명의 노선을 충실하게 이어 받아 결국 승리를 쟁취하였고, 통일국가 수립 후에도 지도노선이 이어지고 있다는 점에서 올바른 진리였음이 확인되고 있다.

제2장 베트남의 불교와 민족해방운동

1. 베트남에서 불교의 의미

1) 외세 침략의 역사에서 정립된 민족불교

모든 종교에서 권선징악은 그 종교 절대자의 교시이며 신앙의 중심 문제다. 특히 부처님의 가르침은 선과 정, 의를 추구하고 모든 의식과 생활을 여기에 맞추어 살아야 한다는 것을 신앙의 중심 문제로 삼아왔다. 이것을 뒤집어보면 누구보다도 악과 부정과 불의를 철저하게 추방하고 배격해야만 해탈, 성불하고 극락왕생할 수 있다는 것이 절대적인 진리이자 신앙의 중심인 것이다. 삼보 중 하나인 승려는 이 진리를 포교하여 중생을 깨우치고 제도(濟度)하는 것이 사명과 임무로 되어있다.

예로부터 중국의 역대 왕조는 남방의 민족들을 멸시하여 남쪽의 오랑캐를 뜻하는 남만(南蠻)이라고 불렀는데, 여기에는 중국의 천자(天子) 사상이 반영되어 있었다. 중국의 은나라, 주나라 시대에는 왕을 천자로 불렀고 이는 하늘로부터 위탁받은 세계 유일의 존재를 의미했다. 진나라가 통일한 후에는 천자를 황제로 칭했다.

이렇게 천자 사상에 입각한 정권이 들어선 이후 중국은 지속적으로 인도차이나와 유구(琉球, 오늘날 오키나와) 일대는 식민지로 예속시켜 지배하려 했고 중국의 천자 정권에 따르게 하는 정책을 강행했다. 중국 천자 정권의 지배하에서 불교가 불교 독자적인 의식과 행사를 여기에 맞추어야 하고 천자 사상을 받아들이는 것을 강요당하는 조건하에서 억압과 탄압을 당했음은 상상하고도 남음이 있다. 이 과정에서 베트남 불교는 조국이 자주독립하는 조건하에서만 불교가 제 모습을 찾고 제 역할이 가능하다는 것을 뼈저리게 느꼈다.

불교의 가르침에도 국가와 왕에게 충성하라는 대목이 있다. 부처님의 이 말씀은 모든 나라의 불교는 국민의 생존 테두리인 국가의 독립이 유지될 때에만 불교 기반이 형성된다는 말이다. B.C 400년경에 받아들인 베트남 불교는 중국 천자 정권에 예속되었던 경험과 아울러 19세기 말경에 프랑스 식민지 지배하에서 민족적인 탄압과 수탈을 받는 과정에서 민족종교인 불교를 약화시키기 위한 탄압을 당한 쓰라린 경험을 가지고 있었다. 프랑스인들은 베트남인들에 대해 기독교도로 전환을 강요하면서 불교를 탄압하기 시작했다. 이 사실은 프랑스의 식민 지배의 명분이 되었던 것이 선교사들의 안전을 보장받아야 한다는 것이었음을 돌이켜 보면 된다.

여기에서 베트남 불교는 조국이 있어야 부처님의 가르침을 받아들여 중생 제도(濟度)가 가능하다는 것을 깨닫기 시작했다. 즉 민족 불교로 발전해 갔다. 호지명은 민족의 80%인 승려와 신자들에게 불교 신앙은 민족의 바탕 위에 있어야만 민족적 가치가 있다는 것을 각성시키는 데 초점을 맞추어 모든 역량을 집중시켰다. 이를 위해 호지명을 비롯한 전 지도자들은 스스로가 투철한 민족주의자라는 점을 불교 신자 앞에 투명하게 보여줄 때에만 민족의 각성을 이끌어 낼 수 있다고 보았다.

ML사상에 근거한 사회주의가 유물론을 바탕으로 한 반종교적 사상이라는 것은 전 세계 인민이 다 알고 있는 상식이다. 호지명이 만일 ML사상과 이론만을 배타적인 지도이론으로 내세웠더라면 불교와는 상호 부정적인 대립이 되어 민족통일전선은 상상조차 할 수 없는 불가능한 일이 되었을 것이고, 베트남 민족의 독립투쟁과 승리는 꿈도 꾸지 못했을 것이다. 호지명은 ML사상의 계급의식은 민족통일전선을 분열시키므로 민족 통일이 절대적으로 요구되는 베트남 민족에게는 배격해야 한다는 것을 강조하면서 지도자들의 좌우명으로 삼게 했다고 한다.

불교가 베트남 민족의 독립운동에서 자기희생적인 적극적 투쟁으로 앞장서서 승리로 이끌었음은 베트남 전쟁 당시 전 세계 언론에 매일같이 계속 보도되었던 승려들의 분신자살이었다. 이것은 미국과 티우 정권에 대한 민족의 반항을 대표함과 동시에 승려를 비롯한 모든 민족에게 더 한층 자기희생적인 투쟁을 촉구하는 기폭제가 되었다. 승려 한 사람의 분신자살을 계기로 우리도 여기에 따라 투쟁을 강화하자는 목소리가 높아졌다.

호지명은 불교뿐만 아니라 전 민족세력을 강력한 유대로 결속하여 통일전선을 이룩하는 데 있어 지도자 중심으로 지도자의 일방적인 지시에 따르라는 권위주의적인 권력을 배경으로 한 하강식 지시는 자각적, 자발적으로 구축된 민족전선을 산산조각 내는 부정적인 것임을 마지막 눈을 감을 때까지 강조했다. 권위주의를 배격한 거짓 없는 민주주의만이 전 민족을 민족통일전선에 자기희생적으로 자진 참가시키는 무엇으로도 바꿀 수 없는 노선임을 시종일관 강조하며 이를 지도노선과 기본 정책으로 고수해 왔다.

호지명이 1941년 베트남독립동맹을 결성하고 전시 정권인 민족해방전선을 지도하여 승리를 거두어 오다가 1969년 9월에 타개할 때까지 베트남 민족 단 한 사람도 호지명을 공산주의자로 본 사람은 없었고 오늘날에도 철저한 민족주의자로 숭배받고 있음은 분명한 사실이다. 그 후 호지명을 이어받은 지도자들 역시 더욱 철저하게 호지명의 민족지도자 노선을 지킴으로써 궁극적인 승리를 쟁취했던 것이다. 호지명은 세상을 떠났으나 그 지도노선과 정책은 더욱 강화되면서 계승되어 오늘에 이르고 있다.

호지명의 지도노선과 정책을 뒷받침하는 이론은 호지명 혼자의 머리에서 만들어낸 창작품이 아니다. 이것은 베트남의 역사를 통해 얻은 민족의식 각성을 바탕으로 이루어진 것이고 호지명은 이를 적절한 이론으로 삼아 민족의 역량화를 이루어낸 것이다. 따라서 이는 객관적인 결정이므로 지도자가 죽고 정권이 바뀌어도 바꾸거나 변화시킬 사람은 아무도 없었다. 호지명이 죽은 다음 6년간 계속된 전쟁에서 미국에게 압도적으로 승리한 민족역량의 창출은 지도자 중심이 아니고 전 민족의 창조적 총의가 민주적으로 결집한 결정체이므로 지도자가 죽거나 정권이 바뀌어도 끝까지 이어나간 객관적인 절대 진리였다.

이는 마치 중국 삼국시대에 천재적인 전략가인 제갈공명이 죽은 후 유비공이 제갈공명의 큰 초상화를 앞세워 진격해오자 압도적으로 강한 군세를 자랑하던 조조가 이를 멀리서 바라보고 제갈공명이 온다고 외치며 도망쳐 버린 일화와 비견된다. 이렇게 유비의 군대가 손쉽게 승리한 것을 삼국지의 한 구절에는 "죽은 공명이 산 조조를 쫓았다"고 기록되어 있다. 호지명 사후 월맹군이 미국을 패주시키고 결정적인 승리를 거둔 것도 삼국지의 논리와 맥락을 같이 한다고 보아야 할 것이다.

2) 평화적인 불교에서 전투적인 불교로

베트남의 민족문화와 민중의 의식구조는 불교의 유심론을 바탕으로 하고 있다. 이러한 결론은 불제자 80%가 승려라는 조건하에서 나올 수 있는 것이지만, 너무 개론적인 결론이라서 좀 더 구체적인 설명이 필요하다.

식민지를 점령 지배한 열강의 식민지 민족에 대한 교육 정책에는 원칙이 정해져 있는데, 그것은 식민지 민족에 대해서는 가능하면 교육을 시키지 말고 이들과는 친하게 지내지도 말라는 것이다. 다만 값싼 월급으로 고용 가능한 하수인인 다수의 일선 공무원이 필요하기 때문에 하수인 공급을 위한 목적 한도 내에서 소수에 한해 초등교육과 중등교육을 식민지 노예교육으로 실시하였다. 우리 민족의 경우에도 1930년경에는 취학 연령 아동 중에서 보통학교에 입학한 비율이 20% 미만이었다는 사실이 이를 증명하고 있다.

베트남에서 불교 사원은 식민지 상황에서 민족교육을 위한 독자적 교육기관이었다. 불교에 입문하려면 불경을 공부해야 하는데, 가장 먼저 문자부터 교육시켜야 한다. 베트남 인구의 80%가 불교신자였던 만큼 여기에 비례하여 승려의 수도 많았던 것은 당연한 사실이다. 때문에 식민지 지배하의 베트남 민족에게 있어 지식인의 절대다수, 즉 문자를 깨우치고 전달할 수 있는 지식인의 절대다수는 승려들이었다.

일단 문자를 배우고 불경 공부를 하는 승려들에게 지식의 범위는 불경에 국한되지 않고, 민족 전체가 안고 있던 삶의 전 분야에 대한 지식으로 발전해갈 수밖에 없다. 이는 지식이 지닌 보편적인 원리다. 식민지 민족들의 대부분이 빈곤한 생활을 하고 있을 뿐만 아니라, 자녀들의 학교 교육은 제도적 제약과 경제적 문제로 인해 거의 불가능했으므로 공부를 목적으로 자녀들을 사원에 입문시키는 예는 상상 이상으로 많았다. 이는 우리나라의 경우에도 그 예를 많이 찾아볼 수 있다. 이러한 지식 계층의 승려들이 베트남 민중의 계도에 있어 절대적인 영향을 끼치게 되었다.

그 결과 베트남 민족의 문화와 지식 및 의식구조 형성에 있어 불교문화의 바탕은 매우 중요한 역할을 했다. 베트남 민족의 의식구조의 밑바탕에는 의식적, 무의식적으로 불교를 토대로 한 종교 신앙적인 구조가 형성되었고, 경제적·문화적·정신적 생활에 있어서도 역시 밑바닥의 지침이 되었던 것이다.

나는 베트남 민족이 호지명의 지도하에 프랑스 식민지 군과 싸워 승리하는 것을 보고 베트남 상황에 대해 깊은 관심을 갖게 되었다. 그 이후 가능한 방법을 동원하여 각국에서 방송한 일본어 방송을 청취하며 최신 정보를 입수했고, ML사상에 관한 다수의 이론 서적들과 불교에 관한 서적들도 구입하여 읽었다. ML사상에 관해서는 일본에서도 인기가 많아 다양한 서적들이 공공연히 판매되고 있었다. 이러한 현실은 베트남에서도 예외가 아니어서 ML사상에 대한 보급이 확대되고 있는 것으로 알려져 있었다.

베트남 지식인의 중심은 승려들이었으므로 고승과 대덕들을 비롯한 고위층 승려들을 비롯하여 많은 승려들이 ML사상에 관해 많이 읽고 있었다. 그 이유는 ML사상을 받아들이기 위해서가 아니라, 유물론의 철학을 바탕으로 하고 있는 ML사상이 종교를 전면 부정하고 있고 사회주의 국가인 소련에서 종교의 신앙과 비판의 자유를 내세우면서도 실제로는 종교를 불법화하고 탄압하고 있음을 잘 알고 있던 베트남의 지도적 위치에 있는 승려들이 여기에 관심을 갖고 불교

사상의 수호를 위해 이를 읽었던 것이다.

승려들 사이에 그러한 학습이 이루어지면서 ML사상에 대한 막연한 반대를 넘어서 구체적인 내용을 제시하는 차원의 적극적인 반대가 강화되었다. 내가 앞서 언급한 불교대학 교수의 저서에는 이러한 점들에 대해 구체적인 사례들을 들어 상세히 설명하고 있다. 요컨대 베트남에 보급된 ML사상은 베트남 불교를 더 한층 반(反)사회주의적인 것으로 강화시켜 나갔던 것이다.

호지명은 1920년경부터 ML사상에 근거한 투철한 사회주의자로서 베트남 민족의 해방 투쟁에 있어 그 중심은 노동자의 조직과 투쟁이라 생각하고 당을 지도했다. 호지명은 당시 코민테른이 인정할 정도로 ML사상에 관해 세계적으로 높은 수준의 이론을 학습, 연구한 공산주의자였다. 하지만 호지명은 ML사상의 이론에 근거한 노동자의 조직과 투쟁을 내세운 결과 불교세력에 대해 부정적인 반작용을 하고 있음을 현실에서 인식하기 시작했다.

ML사상이 인류 사회의 정치 · 경제 · 문화 모든 것을 합법칙적으로 분석 검토하고 모순 해결의 방법과 방향을 제시해 주는 진리라고 믿는 것은 ML사상을 받아들인 공산주의자들의 일치된 확신이다. 민족 해방과 사회혁명도 ML사상의 이론에 따라야만 발전적으로 해결 승리할 수 있다는 과학적인 진리라고 했다. 그러므로 모든 모순 해결을 위해서는 ML사상을 구체적인 현실에 맞추어 합법칙적으로 적용하여 여기에 따라 투쟁하는 방법 외에는, 다른 어떤 이론도 ML사상과 대치할 수 없다는 것을 공산주의자들은 과학적인 진리로 확신하고 있었다.

ML사상에 충실했던 호지명은 ML사상을 베트남 현실에 합법칙적으로 적용하기 위해 열성을 다하였다. 그러나 현실에 적응하기 위해 베트남이 처한 구체적인 현실을 파악하고 분석할수록 불교의 영향이 압도적으로 강세인 베트남에서 ML사상의 이론은 모순 해결에 도움이 되지 않는다는 사실을 객관적으로 인식하지 않을 수 없었다.

여기에서 호지명은 ML사상의 개념적인 인식과는 별도로 이를 구체적인 베트남 현실에 적용하는 방향에 무게를 두고 고민하였다. 이때부터 호지명은 사상 체계와 사고는 객관세계에 대한 인식으로서 개념적인 것이지만, 객관세계의 존재 자체는 구체적인 것임을 깨달았다. 즉 진리와 원칙은 개념적이지만 존재는 구체적이므로 인식이 객관세계를 있는 그대로 반영할 수 있을 만큼 구체적일 때에만 이론이 실천의 기준 척도가 된다는 것을 투철하게 인식하게 된 것이다.

호지명의 이러한 인식 전환에 따라 베트남 불교에 대한 인식도 ML사상이 규정한 개념적인 부정적 이론의 테두리를 벗어나 더욱 구체적으로 파악하고 판단해야 한다는 결론에 이르렀다. 호지명은 ML사상에 대한 학습 이상의 정열과 노력을 불교 경전 연구에 기울였고 그 결과 1930년대 중반에는 불교학자들과 고승들의 수준에 도달하였다. 그 즈음에 이르자 호지명은 불교와 민족문제를 접근시켜 결합시키는 방향에 초점을 맞추고 자신의 전 역량을 집중했다.

불교 이론에 대해 호지명이 도달한 수준은 당시 베트남 불교계의 저명한 불교학자들이나 고승들과 대등한 수준에서 토론이 가능할 정도였다. 특히 그가 연구한 불경에 대한 지식은 고승들도 놀랄 정도로 해박하고 구체적이었으며, 무엇보다도 베트남 불교의 발전을 위해 창조적 전망을 제시하고 있었다는 점이 각별했다.

호지명이 지닌 높은 수준의 불교 지식은 자신이 초기에 공산주의 운동을 하면서 받아들인 바 있는, 세계가 인정한 해박한 ML사상과 노동운동 경험에서 축적된 교양 및 조직 운영 방법 위에서 불교를 민족세력의 중심이자 독립운동의 주도세력으로 발전시켜 독립운동의 실천과 지도이론으로 비약적인 발전을 이루게 하는 결정적인 역할을 했다. 이론은 개념적이지만 그 이론을 적용하는 객관세계에 대한 인식은 구체적이어야 한다는 원칙에 시종일관 충실했던 결과 ML 사상과 불교 사상 사이의 모순을 극복하여 평화적인 불교를 전투적인 불교로 전환시키는 역할을 한 것이다.

여기에 관해 앞서 말한 교수의 논문은 불교의 기본 사상에 관해 불교가 베트남 민족의 해방과 통일에 있어 지도이론으로서 민족의 역량을 결집시켰음을 자세히 설명하고 있다. 아울러 호지명에 대해서는, 부처님의 가르침을 베트남 민족의 전통과 현실에 맞추어 창조적으로 적용하여 그 무엇으로도 이루어질 수 없는 무한대에 가까운 민족역량을 창조한 천재적인 불제자라고 평가했다. 불경에 대한 지식과 이해가 높은 수준에 있는 사람이라면 이러한 언급에 대해 무슨 뜻인지 알 수 있겠지만, 불교에 대해 모르거나 이해가 부족한 사람들이 많아 아래에서는 불교에 관해 참고적으로 간단한 설명을 덧붙이고자 한다. 필자인 나 역시 불교에 대해 나름 독서를 하고 고명한 스님들과 접촉하면서 심도 있는 연구를 했으나 그 교수의 논문을 보면서 불교와 민족문제에 대해 깨달은 바가 컸기 때문이다.

2. 호지명의 베트남 불교에 대한 이해

1) 불교는 개인 본위가 아닌 중생 본위

불교의 십계에 대해서는 불교 입문서에 자세히 기록되어 있으므로 상세하게 설명하지는 않고, 그 뜻에 대해서만 간략히 소개한다. 모든 종교에는 신도라면 지켜야 할 특정한 계율이 있듯이, 불교의 십계 역시 절대적으로 해서는 안 될 규율인데, 이를 범하면 반드시 그에 상응한 업보를 피할 수 없다고 한다. 아래는 불교에서 말하는 십계의 내용이다.

첫째, 살생하지 말라.

둘째, 거짓말하지 말라.

셋째, 도둑질하지 말라.

넷째, 시기, 질투, 증오하지 말라.

다섯째, 금은보화 등 많은 재산을 갖지 말라.

여섯째, 얼굴 단장과 호사한 몸치장을 하지 말라.

일곱째, 음란한 행위를 하지 말라.

여덟째, 때가 아니면 먹지 말라.

아홉째, 술을 마시지 말라.

열째, 높은 자리에 앉지 말라.

이 중에서 첫 번째 계율을 어기는 것 즉, 살생이 가장 크고 무서운 계율이다. 부처님의 가르침의 요체는 자비와 평화의 정신이다.

일반 중생은 자기만 십계를 충실히 지키면 극락왕생할 것이라 믿고 이를 지키는 데 주력한다. 이처럼 개인의 해탈만을 중시하는 불교의 유파를 소승불교라 한다. 그러나 불경에 일관되게 나타나는 부처님의 가르침은 철두철미하게 중생 본위다. 계율은 중생을 제도하는 방편으로 제시되고 있을 뿐이다. 불경에는 방편이라는 말이 자주 등장하고 그에 관한 실례들도 많이 제시되고 있다. 중생 제도를 목적으로 한 십계가 부처님의 뜻이고 계율 역시 그러한 방편, 즉 수단일 뿐인 것이다. 이렇게 중생이 함께 제도되는 것을 중시하는 불교의 유파를 대승불교라 한다.

부처님은 자기 이외의 사람이 살생하는 것을 보고 자기가 하지 않았으므로 죄가 되지 않는다고 생각하여 무관심한 것은 자신이 살생하는 것과 똑같다고 가르쳤다. 불제자는 모름지기 자신이 살생을 하지 말아야 하는 것은 물론이고 타인에 의한 살생을 막고 한걸음 더 나아가 어떠한 형태로든지 살생의 원인을 제거해야 한다. 그렇게 완전한 불살생을 이루고 폭넓게 살생을 막는 것이 부처님의 뜻이다. 그러므로 부처님의 뜻을 따른다면 자신이 살생하지 않는 것은 물론이고 이를 세상에 실현하기 위해 대중에 앞장서서 실천하는 것이 중요하다.

2) 불교는 현세 지향적

흔히 불교 신앙은 사후에 극락왕생하기 위해 현세에 부처님의 뜻을 따르고 실천하는 것이라 알려져 있다. 때문에 현세의 신앙생활은 내세를 위한 과정 또는 방편으로 알고 있다. 하지만 불경을 깊이 공부해보면 내세가 아닌 현세에 극락을 건설하려는 뜻이 역력히 나타나 있음을 발견하게 된다.

석가모니가 B.C 566년에 이 땅에 오신 목적은 번뇌에서 벗어나지 못하는 중생을 제도하여 극락에 이르게 함일 것이다. 번뇌가 현세에서 벌어지고 있는데 현세를 떠난 내세의 극락만을 구하는 것이라면 무슨 의미가 있겠는가. 그래서 나는 부처님이 말하는 극락은 내세

극락 중심이 아니라 현세 극락 지향적이라고 생각한다. 부처님이 말한 내세의 극락세계 역시 현세에 이루어질, 이루어야 할 모델을 제시한 것이라고 본다.

부처님의 말씀 중에는 "그릇에 따라 물을 부으라"는 말이 있다. 즉 깨달음의 정도에 따라 설법을 하라는 뜻이다. 또한 말씀 중에는 지옥과 극락이 따로 있는 것이 아니라 내 마음속에 있다는 말도 있다. 내 마음속이라면 곧 현세의 내 마음속이다. 불교가 종교이므로 내세의 존재가 필수적으로 필요하겠지만, 부처님의 가르침의 근본은 현세 극락 건설에 있다고 생각한다.

부처님은 가르치기를 중생은 많은 은혜를 입고 세상에 태어나 존재하고 있다고 한다. 부처님은 이것을 네 가지로 분류하여 사은(四恩)이라 하였고, 여기에 보답하며 사는 것이 불제자들의 생활지침이라고 가르쳤다.

첫째는 부모은(父母恩)이다. 부모가 있으므로 태어나서 자랄 수 있다. 부모 없이는 태어날 수 없다는 말이다. 둘째는 사은(師恩)이다. 사은이라는 말은 부처님의 가르침으로부터 얻는 은혜라는 말이다. 부처님의 가르침만이 번뇌에서 벗어나 해탈할 수 있다는 말이다. 셋째는 왕은(王恩)이다. 왕은 국가의 왕이므로 왕은이라는 말은 국가의 은혜를 말하는 것이다. 왕은이라는 말은 부처님뿐만 아니라 모든 중생의 존재와 생활의 토대에는 중생인 국민을 보호하는 조국이 있어야 한다는 것이다. 넷째는 중생은(衆生恩)이다. 민족 형태로 존재하는 대중으로부터 받은 은혜라는 말이다. 개인은 개체인 동시에 전체의 부분임을 말하는 것으로 전체인 민족 없이 개인은 존재할 수 없다는 뜻이기도 하다.

여기에서 부처님이 가르친 왕은과 중생은은 민족적인 것이며 조국의 토대 위에서만 존재와 발전이 가능하다는 가르침이다. 이로부터 불교는 민족적인 것이며, 신앙은 조국과 민족의 안정과 발전을 위해 정진해야 하는 것이라는 논리가 도출된다. 즉 안전한 조국이 있어야 그 국민의 하나인 자기도 해탈할 수 있다는 말이다. 따라서 불교 신앙은 민족의식과 결합하여 조국과 민족을 위해 앞장서는 것이어야 한다는 정신이 담겨 있다. 이 정신은 자기희생적인 것이다. 호지명은 여기에서 불교가 민족역량을 결집하는 토대가 될 수 있다는 잠재력을 발견했다.

호지명은 이상에서 설명한 부처님의 가르침에서 십계와 사은(四恩)뿐만이 아니라 불경 전체가 민족적인 사상으로 일관되어 있다는 보편성을 찾아냈다. 즉 불교의 정신 안에는 가장 애국적이고 조국에 대해 자기희생적인 투철한 민족의식이 신앙과 결합되어 잠재 형태로 존재하고 있다는 것이다. 이처럼 신앙과 결합된 민족의식을 바탕으로 베트남 불교는 부처님의 가르침에 가장 충실한 지상극락을 수립하기 위한 진실한 불교로 자리매김하고, 불교 신자는 지상불국 건설을 우선적인 사명이자 당위적인 과업으로 삼아 이를 완수하기 위해 매진하게 되었다.

호지명은 식민지 지배로부터의 해방을 가능케 하는 역량의 원동력을 여기에서 발견하여 민족을 각성시키고 발전시킴으로써 승리했고, 베트남 불교를 부처님의 가르침에 충실한 불교로 만들었다. 앞서 말한 불교학자는 이런 점들을 들어 베트남 불교를 찬양하고 그 앞날을 축복했다.

베트남 독립전쟁에서 불교 신앙과 결합된 민족의식은 결정적인 역할을 했고, 베트남의 불교 신앙이 민족의식으로 혁명적인 전환을 함으로써 독립전쟁의 중심 세력이 되어 마침내 승리하는 가장 중요한 토대가 되었다.

불교의 경전 속에 담겨있는 수많은 예화 속에는 혼자만의 깨달음에 대한 강조보다도 지상불국 실현을 위한 적극적인 실천을 강조한 내용들이 많다. 불교의 최고 계명인 살생 금지와 관련해서도 남을 해치지 않는 것에 그치지 않고 살생하는 것을 보고도 외면하는 것은 자신이 살생하는 것과 다름없다는 적극적 입장을 갖고 있었다. 더 이상의 살생을 막기 위해 자기희생적인 마음으로 이를 미리 제거하는 것 역시 살생 금지의 근본 취지이자, 그것이 자기희생적인 중생 제도의 실천이이라고 보았다.

따라서 살생이 만연하는 사회를 바로잡기 위해 앞장서는 것이 불제자의 사명이자 당위적인 의무이며, 이것이 곧 대승불교의 정신이었다. 침략자들이 자행하는 살생을 멈추도록 하기 위해 투쟁에 나서야 하는 것이 바로 당시 베트남의 불자들과 민중에게 요구되던 불교의 자세였다.

불교 교리와 신자들의 신앙생활을 객관적으로 면밀하게 분석 검토한 호지명은, 불교는 조국과 민족을 위해 민족의식의 바탕 위에서 자기희생적인 모범을 보여야 하는 신앙임을 불교 자체의 본질 속에서 파악해냈다. 베트남 민족의 대다수가 불교도로서 민족의식과 불가분으로 밀착되어 있는 불교 신앙을 갖고 있다는 점에서 호지명은 가장 강력하고 철저한 민족세력의 역량을 발휘할 수 있는 자원이 잠재되어 있는 세력이 바로 불교도임을 새삼 인식했다.

때문에 호지명과 그 지도부는 무장 독립투쟁을 뒷받침하기 위해서는 통일된 민족역량 형성이 있어야 하는데 지금까지는 그 역량을 노동자와 빈농 속에서 찾으려 했으나, 앞에서 언급한 바와 같이 여러 요인으로 뜻을 이루지 못하고 머릿속의 구상에 머물러 있다가 베트남 민족의 80%를 점하는 불교세력에 눈을 돌려 베트남 민족의 불교 신앙에 내재되어 있는 잠재적 의식구조를 면밀히 분석하고 연구하여 민족해방투쟁이 가야 할 방향을 정했던 것이다.

1938년 중반까지도 베트남의 불교세력은 인구의 대다수를 차지하고 있었지만 그것은 외형적인 세력일 뿐, 그 내부에 있어서는 분파적인 분열로 전혀 세력화를 이루지 못하고 있었다. 이를 본 호지명은 분파를 초월하여 통일을 이룰 수 있는 공통의식의 설정이 필요하다고 보았다. 종교 신앙 이상의 강력한 의식이어야 하는 그것은 바로 민족의식이었다. 불교는 바로 그 민족의식의 바탕 위에서 형성되어 있었다. 여기에서 호지명과 그 지도부는 민족통일전선의 결성에 자신을 갖게 되었고, 불교 하부의 신도들과 상부의 지도층에 걸쳐 전 역량을 집중할 수 있는 조직적인 실천에 들어갔다.

3) 불교는 민주주의적이며 혁명적

불교의 교리는 유일신을 믿는 종교와 달리 절대자의 의지에 좌우되는 것이 아니라 개개인 각자가 깨달아야 한다는 점을 강조한다는 점에서 민주적이다. 이를 입증하기 위해 부처님의 가르침 중 몇 가지 사례를 증거로 제시하겠다.

오늘날 세계에 존재하는 주요 종교의 대부분은 불교를 제외하면 유일 절대자를 받드는 일신 사상을 기본으로 하고 있다. 불교는 석가모니가 밝힌 교리인 불법(佛法)을 믿고 석가모니도 오로지 이 불법만을 따랐다. 부처님은 이 법을 깨닫고 가르쳐준 창시자다. 불법에서는 중생을 제도하는 최고 목표인 부처님이 되는 길이 다른 곳에 있는 것이 아니라 각자가 갖고 있다고 한다. 부처님은 하나가 아니고, 부처님이 될 수 있는 본성은 각자마다 갖고 있다고 했다. 그래서 일신교와는 달리 불교에 대해서는 다신교라는 표현을 쓰기도 한다. 모두가 자기마다의 불성을 갖고 있다는 말이다. 그러니 무신교라고 해도 무방할 것이다.

부처님은 인간뿐만 아니라 육도(六道)를 윤회하고 있는 축생에 이르기까지 예외 없이 부처님이 될 수 있는 본체를 가지고 있다고 했다. 이것을 만유불성(萬有佛性)이라고 한다. 다만 각자가 불법의 계율을 지키지 않고 죄악을 범했기 때문에, 이것이 원인이 되어 반드시 받아야 하는 업보가 마음속 깊이 있는 불성을 가리고 덮어버려 부처님이 되지 못할 뿐이라고 했다. 그러므로 불교 신앙은 불성을 찾기 위해 불법에 충실하면서 업보인 껍질을 벗겨 없애기 위해 벗기고 또 벗기며 치고 또 쳐부숴버릴 때 부처님과 똑같은 부처가 된다고 분명히 말했다. 중생 각자가 불성을 깨닫고 성불하는 부처님은 석가모니불과 추호의 차이도 없는 동등한 부처님이라고 했다. 그러므로 만유불성의 교리는 중생은 예외 없이 성불할 수 있는 불성을 가지고 있고 그것은 각자의 신앙과 노력에 따라 이루어진다는 것, 즉 민주주의적이라는 말이 된다.

부처님도 불법을 따라야 하며 불법을 초월하거나 이탈이 절대 불허된다는 점을 불경의 여러 곳에서 말해주고 있다. 불교 교리가 민주주의라는 것을 표현한 만유불성이라는 가르침이 있고 천상천하유아독존(天上天下唯我獨尊)이라는 가르침이 있다. 이 말은 중생 각자는 태어남과 동시에 내가 가장 존귀하다는 말이다. 이것을 불경에는 부처님이 세상에 태어나자마자 손가락으로 하늘을 가리키며 한 말이라고 기록되어 있으나, 그러한 해석은 종교적인 표현일 뿐이다.

부처님이 득도 후 35세에 가르친 말이다. 부처님이 태어나자마자 했다는 이 말을 일부에서는 부처님만이 모든 중생보다 존귀하다는 말로 절대자적이고 권위주의적인 것으로 알고 있는 사람이 있으나 정반대로 중생 각자가 존귀한 존재라는 말이다. 누구나 태어나면 자기 생명과 인격의 존중은 보장받아야 하며 정당한 자유와 민주 권리와 자기 복지는 그 무엇으로도 어떤 권력으로도 억압할 수 없고 억압해서는 안 되는, 태어나면서부터 가지고 나온 본능적인 권력이라는 사실을 말해 주고 있다.

이 말은 동시에 중생 각자의 권리와 자유를 억압 또는 제약하는 모든 권력과 사회 구조는 배격해야 한다는 뜻이 내포되어 있다. 이것은 인류가 동물 무리에서 벗어나 사회생활에 들어오면서부터 형성된 본능의식임을 말해 주고 있다. 이것이 역사 발전 과정에서 계급사회가 형성되면서 억눌리고 가려져 왔으나 이 본능의식은 조금도 변하거나 말살되지 않고 이어져 내려와 오늘의 자유민주주의로 이어지고 있다. 인류 역사는 천상천하유아독존의 본능의식을 되찾기 위해 투쟁해온 민주주의 역사라고 해도 과언이 아니다.

여기에서 호지명은 인간의 본능적인 의식은 민주주의이며 이 의식이 어떠한 형태로도 억압 없이 보장될 때에 인간 각자가 가지고 있는 창조적인 역량이 있는 그대로 나타날 수 있다고 보았다. 이 역량이 사회생활을 통해서 공동운명체 의식으로 발전하여 결합될 때 비로소 사회 발전의 원동력이 형성된다는 것을 깨닫고 불교의 교리가 이것을 뒷받침하고 있음을 불교 자체에서 찾아냈다. 그러므로 호지명은 불교세력을 독립운동의 중심세력으로 발전시키려면 그 방법과 과정은 철저한 민주주의적이라야 한다는 것을 절대로 지켜야 하는 원칙으로 받아들였다.

석가모니가 탄생한 B.C. 5세기 중엽 인도인들의 고대 종교인 바라
몬교의 교리에 따르면 인간의 현재 신분과 생활은 무시(無時)의 과
거부터 정해진 영원불변의 고정적이고 운명적인 것으로 되어있다.
왕과 귀족은 죽어서 내세에 가서도 왕과 귀족이고 평민과 노예는 죽
어서 내세에 가서도 평민과 노예 신분에 머문다는 것이다. 현세로
환생되어도 신분의 변화가 없다는 것은 마찬가지다.

내세에 가서도 왕과 귀족은 그대로 신분을 유지하고 있으므로 호
화로운 생활을 해야 한다. 때문에 그들을 시중들 수 있는 노예가 여
전히 필요하다. 당시 왕이나 귀족이 죽으면 자신들이 데리고 있던
많은 남녀 노예를 생매장으로 순장(殉葬)시켰던 것도 이런 이유에서
였다. 우리나라에서도 신라 법흥왕 이전까지는 똑같은 순장으로 많
은 노예를 생매장했다. 1992년에 발굴된 가야 시대의 한 고분에서
순장된 백골 27구가 출토된 것이 이것을 증명해 주고 있다.

석가모니는 인도 가비라국 정반왕과 마야 부인 사이에서 B.C. 566
년에 태어났다. 석가모니는 일찍이 태자 시절부터 이러한 차별이 인
간 사회에서 절대 있어서는 안 되는 고통임을 인식했다. 석가모니는
당시 바라몬교의 고승과 학자를 초빙하고 찾아가서 배웠으나, 그들
은 답하길 현실의 차이와 차별은 영원불변한 천래(天來)적인 불변
법칙의 표현이므로 어떠한 힘으로도 무엇으로도 바꾸어질 수 없는
운명이라고 가르쳐 주었다. 그러나 이를 운명으로 여기고 받아들이
기에는 사람들이 처한 현실이 너무도 비참했다.

석가모니는 성장하면서 점차 인생은 왕도 귀족도 노예도 예외 없
이 벗어날 수 없는 생로병사의 사고(四苦)를 겪어야 함을 깨달았다.
그것은 누구에게도 예외가 없었다. 사회 계층 간의 차별과 비참함은
고정적인 운명이라고 가르치는 바라몬교의 교리에 만족할 수 없었

던 그는 깊은 고민을 시작했다. 그에게 있어 태자의 생활은 고민의 연속이었다. 이 고민을 덜어주기 위해 부왕이 나서서 국내 제일의 미녀를 아내로 삼게 하고 아들까지도 얻게 되었지만 태자의 근본 고민을 덜어주는 데는 조금도 도움을 주지 못했다. 마침내 그는 29세 되던 해에 왕궁도 버리고 장차 국왕이 될 지위도 버리고 밤중에 국경을 넘어 갔다. 그러고는 거추장스러운 태자의 옷을 거지의 옷과 바꿔 입고 나자 모든 부담에서 벗어나는 홀가분한 기분이 되었다고 한다.

이러한 행동으로 미루어볼 때 석가모니는 현재를 고정된 것으로 보지 않고 반드시 바꾸어 변화시켜야 하는 대상으로 생각하며 그 방법을 찾기 위해 고뇌하던 사람이었다. 왕궁과 왕자의 신분을 미련 없이 버리고 번뇌하는 중생의 제도를 위해 깊은 사색에 들어갔다는 점은 불교가 고정된 원칙을 되풀이하는 것이 아니라 진보와 발전을 지향하는 혁명적인 측면을 갖고 있음을 알 수 있다. 불교 교리에 내재된 이러한 측면이 베트남 불교가 독립전쟁에서 중심이 되어 독립에 결정적인 역할을 한 근본 요인이 되었다고 볼 수 있다.

석가모니는 29세에서 35세까지 6년간 마라다국 부다가야에 있는 보리수 아래에서 6년간의 명상 끝에 마침내 도를 깨닫고 현세의 부처님이 되었다. 불교 교리 중 핵심적인 인과응보의 업보론과 이 업보에 따라 중생의 삶이 바뀌면서 삼세(三世) 윤회한다는 윤회의 교리는 바라몬교의 고정적인 운명론을 타파했다. 불교는 변화와 발전과 전환의 교리가 되었다. 선인선과(善因善果) 악인악과(惡因惡果)를 가져오는 인과응보의 업보는 국왕도 귀족도 벗어날 수 없고, 평민도 노예도 여기에 따라 신분이 바뀔 수 있다는 것이 윤회론의 근본 취지다. 인과응보의 윤회론은 당시 인도 전 사회에 혁명적인 파문을 일으켜 정신계뿐만 아니라 정치, 경제, 사회, 문화에 혁명적인 변화를 가져오게 되었다.

여기에서 육도(六道)가 무엇인지 참고로 밝혀둔다. 육도란 깨달음을 얻지 못한 윤회전생하는 인간이 거치는 세계 혹은 단계로서 지옥, 아귀(餓鬼), 축생(畜生), 인간(人間), 아수라(싸움을 일삼는 귀신), 천상(왕족, 귀족)을 가르킨다. 이 육도는 모든 중생이 인과응보의 업보에 따라 현세의 신분이 바뀌어 태어나는 단계를 말한 것이다. 즉 고정이 타파되어 변화하는 단계를 말한 것이다.

부처님의 인과응보 교리와 삼세(三世)에서 바뀌어 태어난다는 윤회론은 당시 인도 사회에 혁명적인 파문을 일으켰다. 제일 먼저 겁을 먹은 계급은 가장 많은 사람들을 탄압하고 살해한 왕족과 귀족들이었다. 살생이 가장 큰 업보라는 부처님의 교리에 따르면 그들은 지옥 중에서도 가장 무서운 지옥에 떨어져 벗어날 수 없다는 것을 알게 되었으므로 여기에서 제도(濟度)받기 위해 부처님의 가르침을 제일 먼저 받아들여 생활화하면서 실천했던 것이다.

다른 나라의 경우에도 불교 신앙은 왕족과 귀족이 가장 먼저 받아들였다. 불교가 한반도에 전래되자 왕족이 가장 먼저 받아들여 왕족 불교로 발전한 것도 같은 이유에서였다. 이때부터 순장이 중지되었고 노예와 평민에 대한 가혹한 박해와 수탈은 완화되었다고 한다. 여기에 반해 평민과 노예는 죄를 짓지 않더라도 왕족과 귀족들의 죄의 대상이 되었을 뿐이므로 죽어 내세에 가면 반드시 극락왕생하고 현세에 환생하면 귀족도 왕족도 될 수 있다는 희망적인 신앙을 갖게 되어 절망에서 벗어나게 되었다. 이것은 신앙으로 나타난 정신 분야의 범주에 속한 것이지만 현실에 큰 영향을 주어 정치, 경제, 사회, 문화의 각 분야 생활에 혁명적인 변화를 가져왔다. 이 변화는 각 생산계급인 평민과 노예의 생산 의욕을 높여 생산력이 발전되었고 생산력의 발전은 사회 전반의 발전에 지대한 영향을 주었다.

호지명은 불교의 교리를 심도 있게 연구하고 고승들과의 접촉을 통해 불교에 혁명적인 측면이 있음을 불교 자체 내에서 찾아냈다. 여기에서 불교가 민족 혁명인 독립전쟁에 적극적으로 참여하는 것이 불교 교리의 근본적인 속성임을 깨달았다.

한편 일반적인 ML사상을 갖고 있는 사람들은, 인과응보에 따른 불교의 윤회론이 바라몬 교리에 비해 비약적으로 진전된 변화를 가져온 것은 사실이나 제자리를 맴도는 마치 다람쥐 쳇바퀴 도는 식의 발전이 없는 윤회론이므로 발전과 변화를 계속하고 있는 역사적 현실과는 완전히 유리된 허구라고 논박했다.

이 점은 합당하게 생각되는 부분이 있는 논지라서 유물론자인 나도 이에 대해 심각하게 분석 검토해 본 적이 있다. 석가모니는 고정불변의 교리인 바라몬교를 배척하고 변화무쌍한 윤회론을 각성한 점에서 혁명적임을 알아야 된다는 불교의 윤회론을 나 나름대로 분석 검토한 결과 다람쥐 쳇바퀴 돌 듯 하는 무(無)발전적인 논리가 아닌 것임을 찾아냈다.

객관세계는 물질계뿐만 아니라 정신 문화계도 부단히 발전 변화하고 있다. 종교도 역사적인 존재이므로 역사 발전 위에서 변화를 계속하며 역사와 함께 그 위에서 발전하고 있는 것이다. 교리는 불변이나 그 적용 대상과 방법은 부단히 발전을 계속해왔다. 2500년 전의 원시불교와 오늘의 불교를 대비해보면 발전을 계속해 왔음을 증명해 준다.

기독교의 경우도 예수가 탄생한 2000년 전의 기독교와 오늘의 기독교는 교리는 그대로이지만 적용의 범위와 존재 형태는 엄청나게 다르다. 즉 발전을 계속해 오고 있음을 보여주고 있다. 부처님의 윤회론에 따른다면 죽어서 내세로 열반한 사람이 100년 후에 현세로 환생할 때에는 100년 전의 사회와 달리 엄청나게 변화 발전한 사회로 환생하게 된다. 그러므로 그 사람의 생활과 활동, 사회적 지위는 엄청나게 발전 변화된 단계임을 알아야 한다. 부처님의 윤회설에 사회의 변화 발전을 거부한 교리가 있다면 다람쥐 쳇바퀴 논리가 성립되지만 사회 발전이 꾸준히 진행되므로 그 논리는 성립될 수 없다.

불경에는 사회 발전에 적응한다는 것을 여러 가지로 제시하고 있다. 부처님이 중생 제도를 위해 반드시 따라야 한다는 방편으로 제시해 주고 있는 윤회론은 동일한 역사 시점의 윤회가 아니고 역사와 함께 차원을 높이면서 발전하는 것임을 역사와 함께 걸어온 불교 자체가 증명해 주고 있다.

불교를 동시점에만 머무르는, 발전 변화가 없는 윤회론이라고 반박한 유물사관론자들의 관점은 불교가 발생하고 존재한 역사적인 배경과 측면을 보지 못한 편협한 관념론에서 나온 것이라고 분명히 말해둔다. 불교는 발전하는 역사화 함께 걸어왔고 역사의 발전과 변화에 앞장서 왔음을 그 나라의 역사와 불교의 역사가 객관적으로 증명해 주고 있다. 불교의 교리는 우리나라 정감록 비결 논리가 아님을 분명히 말해둔다. 호지명은 이 점에서 불교가 민족사의 혁명인 민족 독립운동의 지도이론이 잠재해 있음을 찾아내었다.

4) 베트남 불교는 독립전쟁의 중심

호지명은 초기의 민족해방운동을 ML사상을 바탕으로 한 노동자

계급의 운동 중심으로 전개하는 과정에서 노동자와 빈농의 의식구조가 이해관계에 따라 형성된 계급의식이 아니라 이해관계 외적인 전통의식과 종교의식에 더 큰 비중을 두고 형성되었다는 사실을 발견했다. 이에 ML사상을 객관적 위치에서 비판함과 동시에 불교에 대해서도 객관적 입장에서 분석, 검토, 평가하기 시작하여 ML사상과 불교 신앙을 베트남 민족이 반드시 해결해야 할 당면 문제인 독립과 연결시켜 철저하게 연구했다. 사실 1941년에 결성된 베트남 독립동맹 이전에는 민족통일전선이 형성되어 있지 않아 무력투쟁을 병행한 독립운동은 거의 불가능했기 때문이다. 호지명의 불교에 대한 연구 수준이 1938~39년경에는 고승과 불교학자 수준에 도달했다고 하니, 1941년의 베트남 독립동맹 결성 시에는 불교의 교리와 민족의식을 묶어내는 이론적 결론을 이미 도출해 냈을 것이다.

또한 불교의 신앙 아래 잠재되어 있는 민족의식을 자각시키고 중생의 제도를 위해 자기희생적인 혁명의식과 함께 어떤 형태의 지배나 권위주의도 거부하는 민주의식을 최우선으로 삼았고, 이렇게 잠재된 신앙과 민주의식을 결합하여 불교 신앙을 민족의식으로 발전시키고 조국 해방전쟁에서 중심 역량을 발휘하게 하여 궁극적으로 승리하게 되었다. 이 과정에서 호지명은 계급의식은 민족 분열의식임을 각성하여 ML사상을 실질적으로 폐기하고 투철한 민족주의자의 노선으로 전향했다.

신앙 형태로 잠재해 있는 민족의식을 불교신자 스스로가 각성하여 독립전쟁에 자발적으로 자진 참가하게 하는 물꼬를 연 것은 호지명의 탁월한 분석이 있었기에 가능한 것이었다. 호지명은 또한 불교뿐만 아니라 모든 종교를 막론하고 신앙의 바탕에는 민족의식이 잠재해 있음을 간파했다. 종교세력의 민족 세력화 없이는 식민지 민족의 해방이 불가능하다는 교훈을 30년간에 걸친 베트남 독립전쟁의 경험은 불변의 진리로 보여주었다.

우리 민족의 경우도 종교세력의 전면적인 참여 없이는 식민지로부터의 독립과 독립 후의 완전한 자주독립은 불가능하다는 것이 상식적인 판단이다. 오늘날 세계사의 발전 방향과 정세는 예외 없이 민주주의를 지향하고 있다. 따라서 모든 개혁과 변화 역시 민주주의적 절차와 방법을 토대로 결정되어져야 한다. 종교의 세력화 역시 민주주의적 바탕이 절대적으로 필요한 것이다. 그러할 때 비로소 종교가 민족문제 해결에 결정적인 역할을 할 수 있다는 객관적인 논리의 근거가 된다.

베트남 민족이 불교세력을 중심으로 식민지에서 해방되고 분단된 조국을 통일하는 독립 전쟁에서 통쾌한 승리를 한 경험과 교훈은 우리 민족이 그대로 받아들여야 할 밀착된 공통 문제이므로 깊이 새겨봐야 할 대목이다.

베트남 민족은 불교세력이 중심이 되어 강력한 민족통일전선을 결성하고 승리를 이루어냈다. 따라서 우리 민족이 아직 해결하지 못하고 남은 숙제의 해결을 위해 베트남 민족이 남긴 경험과 교훈 중 불교에 관한 것은 본받아야 할 역사적 교훈이므로 실감적인 인식을 위해 여기에서 좀 더 구체적으로 설명하려 한다.

한국의 불교세력은 공칭 1,200만 명이라 한다. 남한 인구의 25% 이상이며 성년을 기준으로 할 때에는 30%를 넘는 거대한 민족세력이다. 그러므로 앞으로 반드시 해결해야 할 통일과 완전 자주 민주 국가 수립 과정에서 불교가 담당하고 수행해야 할 과업의 비중은 절대적이다. 우리 불교가 투철한 민족 불교임은 3·1 독립만세운동 당시 불교를 중심으로 기독교 천도교가 신앙과 교리를 초월하여 민족

통일전선을 이룩하고 3·1 독립운동의 지도세력이 되었던 역사가 확실히 증명해 주고 있다. 오늘날에도 우리 불교에는 이 정신이 계승되어 오고 있다.

문제가 되는 것은 오늘날 한국의 불교가 민족역량 조성의 일익(一翼)을 담당하여 통일과 자주민주 운동의 실천에 적극적으로 나서고 있느냐 아니냐의 문제다. 나는 이 점이 오늘날 우리 불교에 부과된 역사적 사명이라고 본다. 때문에 우리 민족과 유사한 역사적 운명을 걸어오면서 외세와 반민족 세력과 싸워 승리하고 마침내 통일을 이룩한 베트남 민족세력의 중심이 되어온 베트남 불교의 경험은 오늘날 우리 불교가 받아들여야 할 교과서적인 교훈으로 생각한다.

3. 종교에 대한 내 관점을 전환시킨 민족의 문제

종교가 민족적인 존재임은 앞에서 설명한 베트남 독립전쟁과 불교와의 관계에서 객관적으로 증명되고 있다. 베트남 문제를 다루는 이 글에서 불교만을 제시하는 것을 보고 불교가 기독교를 비롯한 다른 종교보다 더 우월하다거나 더 심오한 진리가 담긴 우수한 종교로 높이 평가하기 위한 것이 아니냐고 볼 사람도 있을 것이다. 그러나 이는 이 글의 전체를 이해하지 못하고 불교 부분만을 확대 해석하는 데서 오는 오해이다.

단지 베트남 민족의 독립과 통일의 중심 세력이 되어 결정적인 역할을 한 것이 불교였기 때문에 그 원인과 근거를 불교에서 찾았던 것이고, 특히 우리 민족이 교훈으로 받아들일 가치가 있기 때문에 베트남 불교와 함께 불교 전체의 교리와 신앙을 분석 검토했던 것이다. 따라서 내가 불교 제일주의자의 관점에서 이 글을 쓴 것이 아님을 확실히 이해해야 할 것이다.

모든 종교 중에서 현대적으로 문명화된 고등 종교는 모두 그 종교만이 갖고 있는 교리와 신앙 및 존재 형태와 운영으로 그 나라의 정치·경제·사회·문화·예술에 큰 영향을 주고 민족적 교화의 역할도 겸하고 있다. 특히 정신문화 분야에 대해서는 종교의 영향과 역할이 다른 무엇보다 크다. 아래에서는 그러한 시각에서 종교에 관해 살펴보겠다.

민족문제에 있어 기독교는 불교 못지않게, 그 이상의 투철한 민족정신 위에서 이루어진 신앙이다. 우리 민족사를 살펴보아도 이 점이 증명된다. 식민지에서 독립하기 위해 우리의 결의를 세계에 알린 3·1 운동은 기독교, 불교, 천도교 지도자들이 교리와 신앙의 차이를 초월하여 종교가 존재하는 기반이며 토대인 조국의 독립을 위해 민족 앞에 나서서 주동했다. 그중에서도 기독교가 적극적이었으므로 희생이 컸음도 잘 알려진 사실이다.

악명 높은 일제는 침략 전쟁인 대동아전쟁을 일으켜 우리 민족의 모든 것을 말살하여 일본화 정책을 강행하면서 민족의식의 바탕인 민족 신앙을 없애려고 일본의 개국시조를 받드는 신사를 전국 3,000여 개의 읍면에 빠짐없이 설치하여 우리 민족의 참배를 의무화시키며 강요하고 협박하였다. 이는 민족의식의 뿌리를 뽑아버려 일본의 것으로 바꿔 세우려는 천인공노할 민족정신 말살 행위였다. 국내 종교계에서 여기에 유일하게 항거하고 거부하고 나선 것은 기독교뿐이었다.

표면적으로는 우상숭배를 해서는 안 된다는 교리에 따른 것이지만 그 밑바탕에는 철저하고 강력한 항일 독립 민족의식이 깔려 있음은 조금이라도 애국심이 있는 사람이라면 간파할 수 있다. 내가 만났던 사람 중, 신사참배를 거부한 기독교의 장로와 집사 몇 분은 우상숭배 반대의 교리와 함께 그 밑바닥에는 항일 독립의 민족의식이 강력하게 깔려 있음을 보여주었다. 기독교는 거의 말살적인 피해를 입으면서도 신사참배를 거부하는 형태로 항일 운동을 했던 것이다. 그 결과 기독교의 경우 많은 학교를 비롯한 모든 교육기관과 교회의 문을 닫게 되었으나 조금도 굴하지 않고 끝까지 참배를 거부했다. 이상의 역사적 사실이 기독교가 투철한 민족 종교임을 증명해 주고 있다.

내가 기독교에 대해 관심을 갖고 심도 있게 연구를 하게 된 동기는 ML사상이 부정하고 있는 기독교의 교리와 신앙의 내용이 어떤 것인가를 알기 위해서였다. 다시 말해 기독교에 대해 호감이나 관심을 가져서가 아니라 오히려 기독교를 부정하기 위한 객관적인 근거를 찾아내기 위해서였던 것이다.

그런 생각으로 나는 신약과 구약성서를 읽었고 제2의 성경이라고 하는 존 번연의 천로역정도 정독했다. 유명 목사 몇 분의 설교집도 읽었다. 또 일제시대에는 신사참배에 반대하고 6·25 전쟁 중에는 공산당에 학살당한 한국교회 초기의 대부흥사 김익두 목사에 대한 이야기도 꼼꼼하게 들어봤다. 이런 공부들을 통해 나는 기독교 교리와 신앙의 윤곽을 다소나마 알 수 있었다. 물론 신앙인으로 공부한 것이 아니라 신앙 외적인 연구였다.

아울러 유명한 기독교 이론가이자 6·25 전쟁 중 한국에서 구호활동을 전개한 세계기독교 선명회 회장인 피엘스 박사의 설교도 두 번 들었다. 그의 설교에 의하면 현대의 기독교 신앙은 물질과 정신, 유물론과 유심론의 모든 사상을 궁극적으로 포섭하여 한 차원 높은 신앙으로 발전시킨 것이라 했다. 대립 반대되는 모든 것을 긍정적으로 수용하여 하나님의 뜻에 따르게 함으로써, 영혼이 지상에서 구제되어 마음의 안정과 함께 정당한 물질생활 보장의 혜택을 받으면서 천당으로 이어진다는 내용의 설교였다. 또한 오늘날의 기독교는 대립을 화해로, 부정을 긍정으로 발전시킴으로써 지금까지 양극단으로 대립되었던 사상과 철학을 신앙이라는 높은 차원에서 합리적으로 통일 발전시킨다는 것이었다. 이것이 죄인인 전 인류를 구원하기 위해 예수를 이 땅에 보내신 하나님의 참뜻이라고 했다.

설교 후 피엘스 박사는 내용 중 의심이 들거나 이해하지 못하는 것에 대해 무엇이든지 질문하면 합리적으로 해결해 주겠다며 질의응답의 자리도 마련했다. 나도 이 모임에 참가할 기회를 얻어 한 가지 질문을 직접 드린 기억이 있다.

기독교에 대한 나 나름의 연구와 접근은 당시 ML사상에 충실했던 필자가 종교를 부정하기 위한 근거를 구체적으로 파악하기 위한 것이었다. 순수한 동기가 아니라 기독교 부정의 논리를 찾기 위한 것이니 불순한 의도였음을 부인하지 않는다. 그러나 기독교 공부를 통해 내가 도달한 결론은 기독교는 부정해야 할 대상이 아니라 긍정적으로 받아들일 부분이 많은 종교라는 결론이었다.

내가 종교에 대해 기존의 부정적인 입장에서 긍정적인 입장으로 의식을 전환한 것은 단순한 주관적인 논리의 전환이 아니었다. 종교를 부정하는 ML사상을 객관화시켜 놓고, 객관주의적 입장에서 현실이 증명하고 있는 여러 결과들을 검토한 결과 도달한 객관적인 판단이었다. 즉 유물사관의 철학에 바탕을 두고 역사의 발전법칙을 객관적 진리로 받들었던 내가 현실이 입증하고 있는 결과들을 파악하며 내린 당위적인 결론이었다. 이런 객관적 검토 끝에 나의 종교관은 부정적인 입장에서 긍정적인 입장으로 바뀌었다.

나의 이데올로기 전환에 결정적인 계기가 된 것은 1985년 소련 국민의 절대 다수에 의해 민주주의 선거를 통해 집권한 고르바초프가 시장경제를 도입하고 가격을 자율화하면서 이를 뒷받침할 새로운 이론으로 ML사상을 실질적으로 폐기하고 자유민주주의를 도입한 사건이었다. 그는 이것을 탈이념의 신사고 도입이라고 표현했다. 내가 이러한 상황을 구체적이고 체계적으로 확인한 것은 1988년에서 1989년 2월경에 이르는 시기였다. 사실상 나는 1988년 말까지도 여전히 종교를 부인하던 ML주의자라 할 수 있었다.

사회주의 종주국 소련의 변화와 동시에 그간 일방적으로 부정당하고 억압당했던 소련의 종교가 급속도로 부활하여 활기를 되찾고 발전해가고 있음을 확인하게 되었다. 소련 외의 국가들, 즉 사회주의를 폐기한 다른 국가들에서도 종교가 부활되었다. 사회주의를 폐기하고 시장경제를 도입한 사회주의 국가 대부분에서 부활된 종교는 그 나라의 재건에 도움이 되는 긍정적인 역할을 하고 있음을 알았다. 이와 같이 누구도 부인할 수 없는 객관적 현실의 변화 앞에서 내가 지금까지 부정 일변도로 평가해 왔던 종교에 대해 재평가한다는 것은 사회과학자로서 당위적인 사명이었다.

일찍부터 사전사(史前史)인 고대사 연구는 나의 관심 분야 중 하나였으므로 나는 고고학, 민속학과 함께 고대의 신앙과 종교에 대해서도 심도 있게 연구를 해왔다. 아울러 그 존재를 부정하기 위해 연구 검토해왔던 종교에 관해서도 축적된 지식이 쌓이게 되면서, 현실 상황과 연관된 구체적인 판단을 할 수 있게 되었다.

나는 이 두 방면의 지식을 바탕으로 객관적인 입장에서 발생학적으로 종교에 대해 분석, 검토, 평가했다. 그 결과 역사는 종교가 인류사회 발전에 긍정적인 역할을 해왔음은 물론이고, 오늘날의 현실에서도 종교가 각 나라의 각 민족에게 긍정적인 존재라는 사실을 발견했다. 종교가 지닌 긍정성을 현실에서 찾아낸 것이다. 민족을 위해서는 모든 것에 우선하여 종교가 필요하다는 사실은 앞에서 구체적으로 설명한 바와 같이 베트남 민족의 독립전쟁에서 불교가 결정적인 역할을 한 사실이 입증해 주고 있다.

나는 그동안 베트남 전쟁에 대해 깊은 관심을 갖고 바라보았다. 전쟁이 진행되는 과정에서 시간이 흐를수록 불교와 불교도들의 역할이 상당히 큰 것으로 알려지면서 나는 처음에는 이것이 잘못 전해진 것이 아닌가 하는 의구심을 가졌다. 그리고 앞서 말한 불교대학 교수의 논문도 불교학자의 입장에서 논술한 아전인수 식의 해석이 많았을 것으로 추측하였다.

하지만 이와 같이 종교에 내가 갖고 있던 부정적인 인식이 혁명적으로 전환된 결정적인 계기는 소련을 비롯한 주요 사회주의 국가 대부분이 사회주의를 폐기하고 시장경제를 도입하며 자유 민주사회로 전환함과 동시에 적대적인 것으로 부정, 억압당해 왔던 종교가 부활되어 급속도로 발전하면서 그 나라의 새 사회 건설에 주요한 역할을 하는 것을 인식하면서부터였다. 이때부터 종교가 모든 민족의 발전에서 주요한 역할을 했음을 긍정적으로 평가하게 되었고, 그 전의 역사에서도 종교가 어떤 역할을 했는지 다시 돌아보게 되었다.

내가 3·1 독립운동 당시 운동의 주도 세력이 된 기독교와 불교와 천도교 연합, 그리고 신사참배를 거부한 기독교의 투쟁을 민족 차원에서 높이 평가한 것도 1988년 이후였다. 이런 재평가가 이루어지자 나는, 우리 민족이 반드시 풀어야 할 숙제인 통일과 완전한 자주 민주 조국 건설을 앞에 두고 종교의 교리와 신앙에는 그 밑바닥에 민족의식이 깔려 굳게 결합되어 있음을 베트남과 기타 여러 민족의 역사 속에서 인식하게 되었을 뿐만 아니라 우리나라의 숙제를 풀기 위해서는 기독교와 불교 등 우리나라 종교의 역할이 매우 크다는 큰 기대를 갖기 시작했다.

이상에서 기독교의 교리와 신앙을 긍정적으로 분석 검토 평가한 내용을 본 사람 중에는 내가 기독교로 개종하여 기독교의 전도를 위해 이러한 글을 쓴 것이 아닐까 의심하는 사람도 있을 것이다. 그렇다면 나는 불교 신자이면서 동시에 기독교 신자라는 앞뒤가 맞지 않는 모순된 논리가 성립될 것이다. 또한 소년 시절부터 ML사상을 절대 진리로 받아들여 77세에 이르기까지 생활과 실천을 여기에 마주어 조직화해 오면서 ML사상의 절대적 진리를 강력하게 주장해오던 사람이 ML사상의 기본 원칙 가운데 하나인 종교에 대한 부정을 뒤집어 버리고 종교에 대해 긍정하는 것에 대해 납득이 가지 않을 것이다.

그러나 ML사상을 절대 진리로 받들고 수립했던 사회주의 국가 중 소련을 비롯한 주요 대부분의 국가들에게 있어 ML사상은 갈수록 진리가 아니라 허구임이 사회주의 제도의 실천 과정에서 증명되었고, 이에 당과 국민의 대다수는 평화적이고 민주주의적 방식으로 이를 폐기하고 정반대인 페레스트로이카 정책으로 전환하여 발전해 가고 있음은 부정할 수 없는 역사적 판결이다.

특히 70여 년간 사회주의 국가를 유지해온 소련의 경우 당원뿐만 아니라 일반 국민들의 ML사상에 대한 의식 수준은 여타 공산주의 국가의 지도자들에게 뒤지지 않는 높은 수준에 있는데, 이런 나라에서 ML사상을 폐기하는 일이 발생했다는 사실을 주목해야 한다. 소련은 스탈린의 1인 독재에 억눌려오다가 1953년 스탈린이 죽은 뒤 지하에서 계속된 비판이 표면화되면서 당뿐만 아니라 전 국민이 이를 철저하고 구체적으로 비판하여 1인 독재의 지도체제를 집단지도체제로 바꾸었다. 동시에 당헌과 헌법을 개정하여 모든 국민은 헌법과 당헌이 금지한 사항이라 할지라도 객관적 근거가 있으면 비판을 할 권리가 있다고 규정했다.

소련의 국민들은 ML사상과 사회주의 정책에 대해 일당독재의 기계적인 지배에 따르지 않고 비판하면서 의식을 발전시켜 왔기 때문에 ML사상과 사회주의에 대한 비판 역량은 아주 구체적이고 과학적으로 높은 수준에 있다. 이들이 도달한 결론이 사회주의의 폐기였고, 여타 사회주의 국가들의 혁명당과 지지자들 대부분도 ML사상을 비판적으로 포기하며 이탈하고 있음은 물론 서방 각국의 사회주의 세력 역시 급속도로 몰락하고 있는 현실이 오늘날 진행되고 있는 역사의 장면들이다.

상황이 이와 같음에도 불구하고 우리나라의 혁신과 진보세력의 지도자로 자처하는 사람들 가운데는 소련을 비롯한 사회주의를 폐기한 국가들의 지도자들과 국민들이 공산주의의 절대 진리인 ML사상을 배반한 것을 반역사적인 반동으로 규정하여 비판하고 있음을 나는 알고 있다. 그러나 이는 마치 한문의 천자문 입문서 한두 권을 읽고서 공자님의 논어를 비판하려는 것과 다를 바 없다.

지난날에 형성된 이론에 얽매여 역사와 현실을 여기에 맞추기 위해 엿가락 휘듯이 왜곡 변조하는 것은 주관적인 관념론의 대표적인 오류라고 하겠다. 나는 이것을 그 본질에 있어서 정감록 비결의 논리라고 평하겠다. 정감록 비결을 신봉하는 사람들은 변화무쌍하게 발전하고 있는 현실을 이 비결에 맞추어 평가하고 규정하려 하기 때문이다.

이론은 객관세계를 반영하는 것이므로 세계의 역사와 정세 변화에 따라 발전한다는 것은 유물론 철학의 핵심 이론이다. 그렇다고 이데올로기가 객관세계를 반영만 하는 경사적인 것이 아니라 객관세계에 대해 교호적인 작용을 주고받고 영향을 주면서 객관세계 본위로 발전한다는 것이 유물론 철학의 기본 법칙이다.

이 글 전체의 일관된 맥락은 주관적인 나의 이론에 맞추기 위한 설명보다는 누구도 부인할 수 없는 객관적 사실을 제시하여 그 속에 담겨있는 객관세계 자체의 법칙을 찾아내어 현실에 창조적으로 적용하는 것이다. 그것도 개념적인 추상의 논리가 아니고 구체적인 인물과 사건을 제시하여 원칙과 결부되는 과정을 발생학인 발전 단계를 거쳐 설명했다. 그러므로 나의 설명을 비진리라고 부정하려면 진리가 아님을 증명하는 구체적인 역사와 사실을 제시하여 설명하여야 부정의 논리가 성립된다는 것을 분명히 말해둔다.

오늘날 우리 민족이 추구하고 바라는 조국은 자주적인 민주사회다. 나도 이와 같은 조국을 바라는 민족의식을 가진 사람 중 하나다. 그러므로 시종일관 자주 민주 조국 건설에 조금이라도 도움을 주기 위해 이 책을 썼다는 것은 책의 내용이 말해준다. 그리고 자주 민주 조국 건설을 위한 조국의 성패를 가름하는 결정적인 역량은 다양한 형태로 존재하는 전 민족역량을 하나로 결집하는 민족 통일 조직 역량이다. 이 글도 여기에 초점을 맞추어 썼다는 것은 이글을 허심탄회하게 읽은 사람이라면 누구도 이해할 것이다.

분열은 독재와 외세의 편이며 통일은 자주와 민주의 편이라는 사실은 상식이자 절대 고수해야 할 기본 원칙이다. 오늘날 우리 민주세력이 분열되어 있는 현실을 민족적 입장에서 걱정하는 사람 중 하나인 나는 민주세력의 공고한 통일을 기원하며, 우리와 마찬가지의 공통된 운명을 헤치고 승리를 이끌어낸 베트남 민족의 경험과 교훈, 그리고 민족문제에 있어 종교의 중요성에 대해 설명했다는 사실을 밝혀둔다.

제3장 베트남에 대한 미국의 개입

1. 프랑스의 조기 철수

1945년 제2차 세계대전이 종전되면서 과거 제국주의 침탈에 의해 식민 지배를 받던 민족들의 주권 회복은 가시권에 들어왔다. 프랑스의 식민 통치를 받고 있었던 베트남 민족의 통일 역시 당연한 과정으로 보였다. 호지명을 중심으로 1941년에 결성된 베트남 독립연맹은 종전과 동시에 1945년 9월 베트남민주주의공화국을 설립하여 독립 국가로 출발함을 선포했다.

그러나 승전국인 연합군 편에 있던 프랑스의 입장은 달랐다. 식민지배의 연장 의도를 노골적으로 드러냈고, 이에 대해 베트남 민족의 반발은 당연했다. 마침내 1946년에 베트남과 프랑스 사이에 제1차 인도차이나전쟁이 발발했고, 이 전쟁은 1954년까지 계속되게 된다.

호지명이 민족지도자로 부각되어 월맹군을 이끌고 전쟁을 이끌어가는 내내 프랑스가 가장 역점을 둔 전략은 호지명을 철저한 공산주의자로 낙인찍는 일이었다. 이를 위해 언론, 교육, 출판, 강연 등에서 모든 방법을 동원하여 공산주의자 호지명을 부각하는 일에 총력을 기울였다. 프랑스는 국민 대다수가 불교 신자인 베트남에서 호지명을 반종교적인 공산주의자로 부각시켜 국민들과 이간시키는 일이야말로 군사작전보다 훨씬 중요하다는 것을 절실히 느끼고 있었던 것이다. 프랑스의 이런 선전 공세가 끊임없이 이어졌기 때문에 프랑스군 지배하의 베트남인들 가운데도 일부는 의심을 갖고 호지명의 정책과 태도와 생활의 구석구석을 살펴보았지만, 공산주의자의 냄새는커녕 흔적도 보이지 않았다. 도리어 호지명에게 귀를 기울이면 기울일수록 민족 앞에 가장 충실하고 헌신적인 애국자의 측면만 부각될 뿐이었다.

베트남 국민들은 호지명을 중심으로 단결하고 외세 추종 세력을 제외한 모든 세력과 연대하여 통일전선을 구축하고, 1954년 5월에 프랑스 군의 거점인 디엔비엔푸를 함락시켜 프랑스에 다시 회복할 수 없는 타격을 입혔다. 이 전투의 지휘자는 지압 장군이었다. 베트남 민족의 빈틈없는 통일전선 구축과 함께 프랑스군을 디엔비엔푸 계곡에서 완전 포위하여 궤멸시킨 지압 장군의 작전은 결정적인 요인이 되었다.

프랑스에서 대학을 졸업하고 교육자가 된 지압은 1941년 호지명을 지도자로 하여 베트남독립동맹을 결성한 이래, 프랑스군과 무장투쟁을 하면서부터 1975년 미군을 완전 패망시킬 때까지 총사령관을 맡아온 세계적인 명장이다. 프랑스군이 철수한 후 프랑스 육군 사령부에서 밝힌 바에 따르면 지압은 프랑스군의 작전을 미리 탐지하고 있었다. 이것은 완벽한 민족통일전선하에서 조직적인 정보선의 침투가 가능했기 때문이다. 프랑스군의 작전 계획을 알아낸 지압 장군은 그 작전의 80%까지를 작전 계획대로 승리시켜 준 뒤, 자신이 예정했던 작전 단계와 지점에 이르면 프랑스군을 완전 패배시키는, 결정적인 타격을 가하는 작전을 구사했다.

훗날 지압 장군은 말하길 적이 원하는 때는 싸우지 않고, 적이 원하는 장소에서는 싸우지 않고, 적이 생각하는 대로는 싸우지 않는 것이 승리의 비결이라고 했다. 이러한 작전 전술 이론은 손자병법에서도 1차 세계대전 중 세계적인 전쟁 이론가인 독일 육군 참모총장 클라우제비츠 장군이 저술한 '전쟁론'에서도 찾아볼 수 없는 전술이라고 하면서 당시 세계 어느 나라의 유명한 최고 작전 지휘관도 여기에 따를 수는 없다고 했다. 나는 이 전술을 높이 평가하던 프랑스 육군참모가 만일 지압 장군이 프랑스 육군의 초청을 받아들인다면 프랑스 육군의 실권 있는 최고 지위를 주겠다고 발언한 문건을 읽은 적이 있다.

10년 가까이 끌어온 프랑스와 베트남의 1차 인도차이나전쟁은 1954년 5월의 디엔비엔푸 함락으로 사실상 종결되었다. 그 후 종전 협정으로 맺은 제네바 협정에서 2년 후에 프랑스 주둔군 사령관의 관리하에 남북 총선거를 실시하여 정권을 이양하고 베트남에서 철수한다고 약속했다. 식민지 지배의 완전한 종식과 독립국가 달성이 거의 달성되는 듯이 보였다. 그러나 프랑스는 약속했던 2년에 앞서 조기 철수를 결정하여 베트남에 대한 식민지 통치를 포기했다.

프랑스군의 조기 철수의 주된 원인은 월남 민족의 분열에 실패했기 때문이었다. 즉 지배하려면 분열시키라는 대원칙이 베트남 민족 앞에서는 먹혀들어 가지 않았기 때문이다. 이에 관해서는 다양한 분석과 논평들이 나왔다.

논평을 요약하면 프랑스군의 자진 철수는 군사력의 약세가 아니라 호지명을 공산주의로 부각시켜 민족 분열을 시키는 일에 성공하지 못했기 때문이라고 했다. 이 말은 지배하려면 분열시키고 해방하려면 하나로 뭉치라는, 지배와 해방에 있어 영구불변의 논리를 증명해 준 것이다. 즉 베트남을 바다로 비유하면 그 바다에는 베트남 민족의 통일의식의 물만이 가득 차 있었기에 이 물은 프랑스 식민지 정권이 마시면 죽는 독수가 된 셈이었다. 베트남 민족을 분열시키려는 시도가 완전 실패로 돌아가면서 프랑스는 식민 지배의 연장을 추진할 수 있는 그 어떤 가능성도 없다는 것을 확인하고 베트남으로부터 완전히 발을 뺄 것이다.

하지만 결과적으로 프랑스가 물러선 자리에는 미국이 점점 영향력을 확대해 갔다. 제네바 협정에서 약속되었던 남북 총선거는 결국 이행되지 않아 베트남의 단일한 민족 독립국가 설립의 길은 훗날로 미뤄졌다. 베트남의 북과 남에는 결국 각각의 정권이 들어서면서 베트남은 분단국가의 길로 들어서게 되었다.

2. 미국의 군사 개입 결정

베트남 총선거 이후 철수라는 약속이 지켜지지 않은 채 프랑스군이 조기에 철수하여 베트남 민족 간의 투쟁으로 내맡겨진 상황이 되자 미국은 월맹군의 승리가 확실시 되는 베트남 정세를 그대로 방치할 수 없었다. 호지명이 이끄는 월맹 정부군이 승리하면 공산주의 종주국인 소련 세력이 중국에서 베트남까지 이어짐으로써 인도양과 말라카 해협까지도 공산주의 국가의 세력권에 들어가기 때문이었다. 그 결과는 서구 열강의 보물단지 같은 존재이자 미국의 이해관계가 큰 남부 아시아에 날카로운 비수를 들이대는 것과 같은 위험천만한 결과를 가져올 것이라 판단했다.

그리고 제네바 협정에서 약속했던 남북 총선거가 실시된다면 호지명 정권의 승리를 보장하는 것이라 보았던 미국은 군사적 점령만

이 향후 공산주의 세력의 확장을 막고 베트남 전역을 지배할 수 있는 정책이라고 여겼다.

당시 베트남의 남부에는 프랑스의 괴뢰 정권으로 1949년에 세워진 베트남국이 명목상으로 존재하여, 베트남 응우옌 왕조의 마지막 황제인 바오다이를 수반으로 하고 있었다. 그러나 바오다이 정권에 대한 민심 이반은 극심하여 국정 장악력은 전혀 없는 상황이었다. 미국은 이러한 베트남 내부 상황을 활용하여 남부 베트남만의 총선거를 실시하고 반공주의자인 고딘디엠을 내세워 남부 베트남공화국을 출범시켰다. 이로써 베트남의 남과 북에 각각 다른 정권이 들어섬으로써 베트남의 분단 체제는 실질적으로 고착화의 수순에 들어가게 되었다.

미국은 선거를 통해 정권을 획득한 고딘디엠 정권의 군사력 강화를 적극 지원하는 한편 고딘디엠 정권은 프랑스 식민지 통치에 적극 협력한 민족 반역세력들을 조직화하여 중용하기 시작했다. 고딘디엠 본인이 프랑스 육군사관학교 출신으로 프랑스 군의 육군 대령으로서 베트남 독립군 토벌에 앞장섰던 전력이 있었고 식민지 고위 관료를 지낸 바 있었다. 고딘디엠을 정점으로 식민지 시절의 친불 공무원들이 정부의 요직에 등용되었다. 때문에 베트남인들 가운데는 고딘디엠 정권을 프랑스 지배의 연장으로 보는 사람들이 많았다.

1954년에 체결된 제네바 협정에 의하면 2년 후에 프랑스 주둔군 사령관의 주관 아래 베트남 남북의 통일 선거를 실시하여 통일 정부를 수립한 다음 프랑스 군은 철수하기로 되어 있었으나 프랑스 군은 조기 철수하였고 베트남 내에는 일종의 권력 공백 상황이 왔다. 이 과정에서 미국의 지원을 얻은 고딘디엠 정권이 탄생했다. 그런데 제네바 협정에 의하면 통일 선거를 실시하기 까지 외국군의 주둔은 불허한다고 되어 있었으므로, 실질적인 군사 개입 정책을 추진하고 있던 미국으로서는 이 협정이 눈엣가시 같은 존재였다.

미국은 고딘디엠 정권에 대해 간접적인 원조를 진행했으나 이에 만족할 수 없어 직접적인 군사 개입의 기회를 노리다가, 1960년에 월남군 훈련을 목적으로 월남 정부의 요청에 응한다는 형식을 빌려 군사 고문단 3,000명을 월남에 파견했다. 이러한 군사 고문단 진주가 미국의 베트남에 대한 군사 개입의 시초가 되었고, 그 후에도 미국은 여러 가지 이유와 명목을 붙여 고문단을 확대해 나갔다.

미국은 고딘디엠 정권을 성립시키고 만드는 데 역할을 했으나 그는 미국의 뜻을 관철시키기에 온전히 적합한 인물은 아니었다. 무엇보다도 고딘디엠에 대한 베트남인들의 반발이 점차 커졌다는 점이 미국의 부담이었다. 가톨릭 신도였던 고딘디엠은 베트남의 다수였던 불교도들을 탄압했다. 휘하의 별동대를 동원하여 불교 사찰에 있는 석탑들을 파괴하는 만행도 서슴지 않았다. 뿐만 아니라 정권 초기부터 북쪽의 월맹에 비해 토지개혁에 실패하여 식민지 시대의 기득권층을 보호하고 소작인들의 지대를 높임으로써 원성을 사오던 터였다. 수많은 반대세력들을 반공의 이름으로 처단하면서 원성은 더욱 높아졌다. 미국의 정책을 수행하기 위한 하수인이 되기에는 정권의 기반이 너무 취약했다. 미국으로서는 새로운 대안을 모색하지 않을 수 없었다.

그렇게 찾은 인물이 구엔반 티우였다. 사실 이 인물도 베트남인들의 마음을 얻을 만한 자격이나 과거를 갖춘 인물은 아니었다. 티우는 1941년에 베트남 민족동맹 즉, 베트민이 성립되던 당시 여기에 약 3개월 정도 몸담았으나 곧 배신하고 나와 친불적인 베트남인들을 훈련시켜 부대를 만들어 프랑스 군의 지휘하에 베트남 독립을 위해 투쟁하던 동족의 토벌에 앞장섰던 전력이 있는 인물이었다. 즉, 반민족적인 행위의 최전선에 나가 있던 사람이었다. 그러나 베트남의 상황이 외세추종적인 분위기가 되면서 그는 고딘디엠 정권에 협력하여 과거부터 자신이 갖고 있던 군사적 영향력에 더하여 친 프랑스적인 관리들을 조직화하면서 정치적인 영향력까지 높였다. 그는 이런 인물이었다.

3. 티우의 등장과 베트남의 완전 분단

미국의 입장에서 고딘디엠에게 납득할 수 없었던 점은 여전히 남북 총선거를 통해 베트남 전체의 대통령이 될 수 있다는 망상을 갖고 있다는 사실이었다. 그것을 불가능한 일이라고 판단한 미국은 일찍부터 군사적 점령과 전쟁을 통한 승리만이 북쪽의 호지명 세력을 정리하고 공산주의의 남하를 막아내는 길이라고 보았다. 군사적으로 승리하여 호지명 정권을 말살하고 전국을 장악해 베트남의 대통령이 되겠다는 야심을 갖고 있던 구엔반 티우는 미국의 입장을 충실히 실행할 적절한 대리인의 조건을 갖춘 인물이었다. 미국은 티우가 군사적 실권을 장악하는 과정에서 절대적인 힘을 실어주었다. 미국에 더욱 충실한 구엔반 티우는 훗날 고딘디엠 정권에 쿠테타를 일으키고 그를 축출하는 데 성공하여 남베트남의 대통령이 된다.

미국의 입장은 당시의 소련과 이념적 세대결이 벌어지는 상황에서 인도차이나 반도에서 공산주의 세력의 확장을 막아내는 것이 최우선이었고 이를 위해서는 군사적 승리를 통해 호지명 체제하의 월맹을 군사적으로 무력화시켜야 하는 것이었다. 그러한 기조를 강행 유지하면서 막강한 군사력 개입으로 베트남을 통일하고 베트남을 미국의 지배하에 두겠다는 것이 미국의 기본 방침이었다.

고딘디엠 정권은 선거를 통해 선출되었고 명분상으로는 여전히 선거에 의해 베트남의 통일을 지향하는 정권이었으므로, 베트남이 잠정적 분단의 상황이긴 하나 완전한 분단의 고착화는 아니었다고 해석할 수 있다. 하지만 미국의 입장은 베트남의 통일 여부가 아니라 온전한 반공세력 국가를 세우는 일이었다. 그러하기 위해서는 북쪽의 호지명 세력을 완전히 몰아내는 일이 급선무였다.

베트남에서 전면전이 불가피하다고 보던 미국은 월맹군에 대한 전쟁을 본격화하기 위해 베트남 내에서 호지명의 월맹 정권과 대립하는 명실상부한 별개 국가의 수립이 필요했다. 1964년에 미국은 통킹만 사건을 일으켜 북베트남에 대한 전면적 공격 의지를 나타낸 바 있었다. 베트남에 들어서야 할 정권은 미국의 정책과 지시를 충실히 수행해야 할 인물이었다. 미국은 고딘디엠 대통령을 제거하기로 결정하고, 마침내 1967년 10월 구엔반 티우 일당의 손에 의해 고딘디엠은 살해된다. 이후 구엔반 티우를 대통령으로 하고 프랑스 육사 소령 출신인 카를 부통령으로 임명한 정부로 개편하여 남베트남은 미국의 정책과 작전에 수족과 같이 움직이게 되었다. 이때 월남 민족은 완전 분단이 된 것이다.

즉, 베트남은 미국과 구엔반 티우에 의해서 완전히 적대적인 남북 국가로 분단되었다. 그 후의 결과는 우리가 잘 알다시피 베트남 민족에게 엄청난 피를 요구했고 민족 산업의 각 분야는 물론 농토와 산림에 이르기까지 전 국토를 거의 폐허화시킨 결과를 가져왔다. 1975년까지 이어진 베트남 전쟁의 과정에 대한 설명은 생략한다.

제4장 중국과 소련의 이념분쟁

1. 베트남 원조를 둘러싼 중소 갈등의 연원

중국과 소련의 대립을 살펴보기에 앞서 미국과 대항하던 북베트남 세력의 연원을 돌아보자. 1941년에 결성된 베트남 독립동맹은 1945년 일본이 패주할 때까지 소량의 소총으로 프랑스군과 싸우다가 일본이 패주하자 일본군의 점령 지역을 병합하고 일본군이 패주하며 남겨놓은 무기로 무장을 강화하고 1945년 9월에 비로소 베트남 북부에 정식 국가를 수립하여 베트남 민주공화국을 선포했다. 이에 따라 당시까지의 게릴라전 중심의 병력을 베트남 민주공화국의 군대로 개편하여 월남에 주둔하고 있던 프랑스 식민지 군과 정면으로 대결하는 독립전쟁을 시작했다.

동서로 이어진 긴 전선에서 20만 명의 프랑스군을 대항하여 싸우기 위해서는 당시 지니고 있던 열악한 무기로는 불가능했다. 당시 베트남 민주공화국의 지정학적 위치는 남부는 프랑스가 점령하고 북부 해안권을 장악하고 있어 무기 공급로는 차단될 수밖에 없었다. 북부에 중국과 국경을 접하고 있었으나 장개석 국민정부의 지배 지역이었으므로 여기에서 무기 공급을 기대하는 것은 불가능했다. 모택동 지도하의 중국 공산군도 장개석 국민당과의 적대적인 연합전선이 무너지고 2만리 장정으로 가까스로 2만 명이 서북 연안으로 쫓겨가 장개석 군과 싸우고 있었으므로 베트남에 대한 원조는 상상도 못할 입장이었다.

원조를 기대할 수 있는 유일한 국가는 소련뿐이었다. 소련은 제2차 세계대전에서 연합국과 함께 승리했으나 연합국 중 가장 큰 피해를 입었다. 군인을 비롯한 군민 200만 명이 전쟁 기간 동안 살해되었고 부락과 도시 만여 개가 파괴되었을 뿐만 아니라 여름과 겨울에 소련군과 독일군이 서로 점령을 반복하는 전선의 변화에서 우랄산맥 서쪽의 가옥과 철도와 교량을 비롯한 모든 교통수단은 완전히 파괴되어 겨울을 앞둔 주택 문제가 가장 큰 문제였다.

그럼에도 소련은 프랑스군과 싸우는 호지명의 베트남 국민 정부에 대한 원조를 의무적인 것으로 결정하고 자신들의 여건이 충분치 못한 조건하에서도 지원을 계속해왔다. 보급로는 블라디보스토크 항을 출발한 선박을 통해 북부 월맹 정부의 관리하에 있는 하이포항을 통한 다음, 육로의 공급로만으로 제한적인 공급을 계속했다.

1949년 10월에 모택동 주도하의 중국 공산당 군이 전국을 석권하자 장개석 정부는 대만으로 도피했고, 중국 전 국토를 완전 장악한 중국 공산당은 1949년 10월 1일에 중화인민공화국을 수립했다. 소련은 베트남 원조를 진행하기 위한 호기가 도래했다고 생각하여 원조 물자를 중국 철도를 이용하여 수송하기로 모택동과 합의했다. 당시는 소련의 산업이 급속도로 회복되어 가고 있던 상황이었으므로 그전에 비해 베트남에 대한 대량 원조가 가능했다. 마침 베트남에는 프랑스 대신 미국의 군사 개입이 예견되던 시점이었으므로 무기 공급의 증가가 절실히 필요한 때였고, 이에 맞춰 소련의 원조는 가능한 한 최대한으로 증가되기 시작했다.

중화인민공화국이 수립되자 소련은 즉각 중국의 철도를 이용한 무기와 생필품 공급을 양적으로 증가시키기 위해 중국 정권의 승인을 얻어 베트남에 대한 공급을 대폭적으로 증가시키기 시작했다. 당시 장기간의 전쟁 끝에 수립된 중화인민공화국 경제로서는 자국 내 국민에 대한 수요를 충족하기에도 부족했으므로 베트남에 대한 원조는 상상할 수도 없었다. 이러한 상황에 대해 중국은 베트남에 대한 소련의 일방적인 원조가 궁극적으로 베트남을 소련의 영향권 아래 들어가게 할 것임을 우려하여 중국을 경유하는 베트남 원조에 대해 소극적인 태도를 보이고, 또 여러 가지 구실을 들어 제약을 가하기 시작했다.

중국을 경유하는 철도 수송이 활기를 띤 1959년 연말까지 중국 철도를 이용한 소련의 무기와 군 장비 수송에는 소련군의 기술자가 탑승하여 수송 책임을 맡아 이를 월맹 측에 넘겨주고 기술 지도도 해왔다. 이를 못 마땅하게 여긴 모택동은 중국 철도를 이용한 소련 무기의 관리를 소련 군인이 하는 것은 중국의 국가안전을 위해 받아들일 수 없으니 중국군이 수송을 관리해야 한다고 하여 소련 군인의 탑승을 거부하기에 이르렀다. 소련은 여기에 따를 수밖에 없었다.

그러던 중 소련에서 발송한 무기가 월남에 인계될 때 종류와 수량에 차이가 생기는 것을 본 소련은 철도를 이용한 수송은 여러 가지 분쟁의 요인이 된다고 보고 중국 정부의 허락을 얻어 철도 수송 대신 공로 수송으로 방식을 바꾸었다. 한편 블라디보스토크 항을 이용한 선박의 항로와 횟수에 대한 제한이 갈수록 강화된 조건하에서도 소련은 그 나름대로 월맹에 대한 지원을 계속하였다. 월맹으로서는 당시까지는 아직 미군의 대량 투입이 없었고 남부 베트남의 고딘 디엠 정권과의 전쟁이었으므로 무기의 부족은 느끼지 않았다.

다만 이때부터 이미 소련과 중국 사이에는 사회주의 세력의 대표성과 패권을 둘러싼 암투가 시작되었다고 볼 수 있다. 그리고 그것은 베트남전쟁이 서방세계의 중심 국가인 미국이 개입하는 대대적인 전쟁으로 비화하면서 더욱 격화된 양상을 띠게 되었다. 물론 여기에는 국경을 맞대고 있는 베트남과 중국 사이의 오랜 갈등이 역사적 연원으로 작용하고 있었다.

2. 양대 사회주의 국가의 균열의 시작

지금으로부터 30여 년 전에 일어났던 이 분쟁은 사회주의권은 물론 세계정세에도 중대한 영향을 미쳤다. 또한 세계 사회주의 혁명 노선에 있어 정반대의 입장으로 마찰을 빚은 중국과 소련의 태도는 결과적으로 베트남 민족의 독립전쟁인 베트남 전쟁에도 결정적인 영향을 주었기 때문에 여기에서 논술하게 된 것이다.

제2차 세계대전 전까지 지구상에서 국민의 자유의사에 따른 민주주의적 선거를 실시한 민주주의 국가는 영국, 프랑스, 미국, 캐나다, 호주 등 10개국 미만이었다. 오늘날에는 전체의 90% 이상이 되는 210개국 가까운 국가에서 자유 민주선거를 통한 민주주의 제도로 바뀌어가고 있다. 뒤늦게 민주주의 도입한 나라들의 경우 초기에는 독점재벌과 밀착된 독재정권에 의한 금권 및 관권 개입으로 올바른 민의가 반영되지 못하는 부정적인 측면도 있었으나 시간이 갈수록 이 문제는 민주적으로 배제되어 가고 있다. 오늘날의 국제정세는 각국에서 다당제를 채택하는 자유 민주선거가 정착되면서 민주주의를 향해 접근해 가고 있다는 것은 부인할 수 없는 현실이다.

아직도 민주선거를 거부하는 독재정권이 중남미와 카리브해 및 동남아와 아프리카 일부에 10여 개 국이 남아 있으나 이 독재는 갈수록 확대 강화되고 있는 민주세력 앞에서 사라져갈 한시적 존재가 될 것이다. 세계의 모든 나라와 민족이 자유 민주 지향으로 가면서 갈수록 정착되어 가고 있음은 오늘날 세계사의 혁명적인 발전이다.

그동안 분단되었던 민족들의 통일 및 식민지에서 독립한 국가들이 자주독립을 얻는 과정과 방법은 예외 없이 그 민족이 어떤 제약도 받지 않는 상태에서 시행된 자유선거로 이루어졌음을 알 수 있다. 그 가운데 몇몇 나라는 예전 식민지 종주국의 지배적 영향을 받은 반민족세력에 의한 군사 쿠데타로 민족 자주정권이 물러난 경우도 있었으나, 이는 반민족적인 것이므로 시간이 흐르면서 갈수록 그 민족의 역량 앞에서 설 자리를 잃어가고 있다. 이는 오늘날 세계사의 필연적인 발전 법칙이기도 하다.

따라서 우리나라의 통일도 독재정권을 배경으로 한 군사력에 의한 통일은 있을 수 없는 일이며, 우리 민족의 자주적인 의사를 정확히 표현하는 자유 민주주의 선거를 통해서만 이루어질 것이라고 보는 것이 합법칙적인 전망이 될 것이다. 이것은 논리적인 설명의 문제가 아니라 아마도 가까운 장래에 벌어질 통일 과정이 보여줄 것이라 믿는다. 내가 그때까지 살아있을지는 미지수이지만, 나는 이것을 역사의 발전법칙에 따른 객관적인 사회과학적 입장에서 자신 있게 말할 수 있다.

이러한 점에서 30여 년 전에 요란스럽게 전개되었던 중소 이념분쟁이 오늘날에도 교훈적인 영향을 주고 있다고 생각한다. 즉 정면대립한 중국과 소련의 이론 중 어느 편이 객관적인 현실과 세계정세를 정확하게 반영한 것인지, 즉 합법칙적인 것인지에 대해서는 과학적인 역사 발전 법칙에 대한 초보적인 지식만 있어도 판단할 수 있는 문제가 아닌가 한다.

이 분쟁이 우리나라의 신문과 방송에 보도된 것은 1962년 12월 말경부터였다. 국내의 신문과 방송에는 간단한 요점과 각국의 논평만이 간략하게 소개되었다. 중국과 소련의 분쟁 소식을 처음 접했을 때, 이 사건은 당시 세계 사회주의 국가의 양대 세력으로 가장 긴밀한 동지적 결합 관계가 이루어지고 있는 나라라고 확신하고 있던 나에게 청천벽력과 같은 뜻밖의 사건이었다.

당시는 군사 쿠데타로 집권한 박정희가 각종 사회단체를 반국가단체로 몰아 3년 이전의 행위들에까지 처벌할 수 있는 소급입법을 만들어 최고회의 포고령을 발표하고 민주인사들에 대해 대대적인 검거와 투옥을 실시하던 때였다. 사회대중당 활동에 연루되었던 나는 검거를 피하기 위해 은신하던 중 영등포의 동지 집에 일주일간 있는 동안 그 동지가 갖고 있던 성능 좋은 트랜지스터 라디오를 통해 각국 방송을 들으면서 중국과 소련의 이념분쟁 소식을 상세히 들었던 것이 중소 이념분쟁에 대한 바깥 세계의 사정들을 알 수 있는 계기가 되었다.

북경과 모스크바에서는 하루에 아침과 저녁 2회씩 일본어와 우리말 방송을 했는데 내용인 전문만 정확히 60분을 했으므로 하루 4번을 들을 수가 있었다. 나는 3일간 듣다가 노트에 기록했고, 그 뒤에는 하루 4번씩 방송하던 내용을 글자 하나 빼지 않고 정확하게 전문을 기록했다. 그때의 기억들이 내가 중소 이념분쟁에 대해 기록을 남길 수 있게 된 것이다. 전문적인 학자의 분석은 아니지만 당시 각국 방송에서 소개하던 내용들을 내 나름으로 이해하기 위해 거르고 해석한 내용이므로 개괄적인 파악에는 도움이 될 것이라 생각한다.

3. 중소 이념분쟁의 단초가 된 평화공존론

양측 이념분쟁의 개요를 요약하면 다음과 같다. 1953년 스탈린 사망 후 스탈린 독재에 반발하여 지하에 잠재해 있던 스탈린 비판 세력이 치열한 토론 끝에 당내 우세 세력이 되어 1인에 의한 일당독재 체제를 폐지하고 집단지도체제로 바꾸었다. 동시에 일당독재를 지지하는 당헌과 헌법을 반독재 민주적으로 개정하여 정치와 당을 민주 기반 위에 올려놓았다.

그 중에서 한 가지 기억에 남는 것은 소련의 국민과 공산당 당원은 헌법과 당헌이 금지한 사항이라도 객관적인 근거가 있으면 비판할 권리가 있다는 규정이었다. 그러므로 소련 국민과 당원은 다른 사회주의 국가에서 찾아볼 수 없는 비판의 자유를 가지고 당과 사회주의의 모든 정책을 현실에 비추어 비판하면서 독재적인 요소를 민주적으로 바꾸면서 발전해 왔으므로 다른 사회주의 국가의 국민과 당원에 비해 비판 능력과 의식 수준이 비교가 안 될 정도로 높은 단계에 도달했다. 그 결과 당원은 물론이고 국민도 정부와 당의 지도층과 큰 차이가 없는 수준에 도달했음은 그 당시의 소련을 비롯한 여러 언론이 증명한 사실이다.

이에 따라 사회주의 발전을 위해 무엇을 어떻게 해야 하느냐의 합법칙적인 이론을 정립할 수 있었다. 당의 집단지도체제에 의해 서기장에 선임된 흐루쇼프는 드디어 1962년 말에 제국주의와의 평화공존 정책을 선언했다. 평화공존 이론의 근거는 사회주의 발전은 평화 정세하에서만 가능하고, 전시 또는 전쟁 분위기가 고조된 긴장된 정세하에서는 발전이 불가능하다는 인식에 바탕을 두고 있었다.

모든 나라는 각각 경제 발전의 차이가 있더라도 평화 시기가 계속된다면 뒤따라 잡으면서 발전하고 존재할 수 있다. 그러나 국가 간에 전쟁 상태로 대립하여 전쟁의 긴장이 계속되는 동안에는 두 나라 간의 경제력 발전의 차이와 부의 차별에 관계없이 대등한 군비를 준비해야 하는 것은 물론 한 걸음 더 나아가 앞장서야 생존이 가능하다는 것은 상식에 속한 일이다. 그러므로 국가 간의 전쟁 분위기가 조성되어 고조되어 갈 때는 그 나라의 경제력을 전쟁 준비와 군비 강화에 집중 투입해야 하므로 다른 경제 분야의 발전이 중지 또는 후퇴되어야 하는 것이 필연적인 귀결이다.

제2차 세계대전 후 사회주의는 일국 사회주의에서 다국 사회주의로 확대 강화되어 어떤 세력으로도 타도될 수 없는 확고한 국제 집단 세력이 형성되어 있었다. 그러나 생산력과 생산성의 발전 및 자본의 축적에서는 미국을 비롯한 서방 각국에 비해 낙후되어 있었다. 이는 누구도 부인할 수 없는 사실이었다. 따라서 전쟁이 끝나고 세계정세가 평화적으로 조성되는 조건하에서만 사회주의는 경제 발전을 통해 자본주의 국가를 따라잡을 수 있고, 정치·경제·사회적으로 확고한 기반을 구축할 수 있었다. 즉 사회주의의 발전은 평화적 정세하에서만 가능하며 긴장이 강화되고 전쟁 분위기가 고조된 정세하에는 불가능했다. 그러므로 제국주의 국가와의 모든 관계를 평화적으로 바꾸어 공존하는 것이 사회주의 발전을 위해 절대적인 전제 조건이고, 사회주의 국가들은 평화적인 국제정세를 조성하는 데 앞장서야 한다고 인식하게 되었다. 이것은 사회주의 국가 발전을 위해 유리하기 때문이라고 했다.

흐루쇼프의 평화공존론이 발표되자마자 모택동은 즉각 여기에 반박하고 나섰다. 사회주의는 혁명으로 자본주의를 타도해야만 존재와 발전이 가능하며, 또 사회주의 제도의 유지와 발전 및 안전은 자본주의의 최후 단계에 도달한, 죽어가고 있는 자본주의인 제국주의와 끝까지 투쟁하여 이를 타도해야만 가능하다고 반박했다.

여기에 대해 흐루쇼프는 사회주의 혁명과 사회주의 국가 발전의 본질과 속성은 평화적인 것이라 말했다. 이것은 레닌이 분명히 밝힌 사회주의 노선이다. 1917년 3월 케렌스키를 도와 차르 정권을 타도하고 의회주의를 도입한 과정도 전투가 아닌 평화적 선거로 이루어졌다. 그 다음에 케렌스키 정부가 반 사회주의 노선을 지향했을 때도 레닌은 러시아 국민에게 폭력적 혁명으로 케렌스키 정부를 타도하라는 지시는 한 마디도 하지 않았다. 케렌스키 정부의 가장 반동적인 장관을 축출하기 위해 5적의 장관을 타도하라는 구호를 내세우고 러시아의 농촌과 도시의 공장과 군대를 비롯한 모든 분야에 민주주의 위원회를 평화적으로 조직한 것이 소비에트 공화국이다.

소비에트를 조직하면서 레닌은 "모든 권력은 소비에트에게로"라는 구호를 외쳤다. 이것은 평화적으로 소비에트에 가담하여 국가의 권력기관으로 강화 발전시켜 케렌스키 정권과 바꾸라는 말이었다. 러시아 국민의 의식을 소비에트 지향으로 혁명화 함과 동시에 그 과정은 평화적이며 폭력 혁명이 아닌 자유의사에 호소했던 것이다.

이 사회주의의 평화 혁명으로 1917년 11월 17일 케렌스키 정권을 타도하고 사회주의 정권을 수립했을 당시 케렌스키 정부는 상트페테르부르크(후일 레닌그라드)에 있었다. 러시아의 역대 정부는 겨울에는 상트페테르부르크로 옮겨가는 것이 관례로 되어 있었고, 케렌스키 정권도 이 관례에 따라 상트페테르부르크에 와 있었다. 당시 레닌의 지도하에 정권 교체를 위한 만반의 준비를 갖추고 있던 소련 공산당은 중앙에서 지방에 이르기까지 행정기관으로 조직된 소비에트를 중심으로 당시 상트페테르부르크와 가까운 리가 항에 정박 중인 포함 알로에 호에서 발사한 포성 세 방을 신호로 봉기하여, 정부 조직 구조를 갖춘 최고 소비에트가 평화적으로 페테르부르크에 있는 동궁으로 들어가 정권을 접수하고 러시아 사회주의 소비에트 연방을 선포했다. 이것을 10월 혁명이라고 한다. 이 과정은 권총 소리한 발이 없는 평화적인 분위기에서 이루어진 평화 혁명이었다.

이후 소비에트 정권은 평화적으로 차르 정권으로부터 중앙과 지방의 권력을 교체하려 했으나 군부는 이에 응하지 않고 백화군을 조직하여 소비에트 정권 타도를 위해 전투를 개시하였다. 이에 레닌을 수반으로 한 소비에트 정권은 보위와 안전을 위해 불가피하게 대항하게 되었고 그 후 4년간 12개 국의 제국주의 군대가 백화군에 합세하여 대립은 4년간 계속되었다. 이때 레닌은 상대방이 먼저 전쟁 수단에 호소하여 소비에트 타도 전쟁을 일으켰으므로 부득이하게 대항한 것이 국내전이라고 말했다. 이상의 구체적인 사실은 레닌의 평화 노선, 그리고 이를 이어받은 소련 지도부의 평화공존론에 대한 역사적 맥락을 설명하기 위해 제시한 것이다.

4. 모택동은 흐루쇼프를 수정주의자로 규정

여기에 대해 모택동은 사회주의와 제국주의는 같은 세계에서 공존할 수 없는 적대적인 존재이며 그중 하나는 반드시 타도되어야 하는 운명을 지니고 있다고 보았다. 타도해야 할 대상은 바로 제국주의였다. 원래 레닌은 자본주의가 최후 단계에 도달하여 빈사 상태가 되는 단계를 제국주의라 칭한 바 있다.

모택동은 막다른 골목인 빈사 상태에 도달한 제국주의가 발광적으로 군사력을 앞세워 약소민족을 닥치는 대로 점령 강탈하여 그 식민지 수탈에서 돌파구를 찾으려 하나 그 결과는 식민지 민족을 반제국주의 세력으로 단결시킴과 동시에 식민지 강탈에 경쟁적으로 발광한 제국주의 국가 간의 모순에 의해 제국주의는 스스로 매장되는 묘혈을 파고 있다고 주장했다. 그러므로 몰락의 운명이 정해진 제국주의는 무서워할 것도 겁낼 것도 없는 대상이며, 제국주의와의 평화공존은 죽어가는 독사에게 보약을 먹여 다시 살려주는 것과 같다는 논리를 폈다.

즉 제2차 세계대전으로 지칠 대로 지친 제국주의와 사회주의는 상호간의 잠정적인 이익을 위해 일시적으로 평화공존이 가능할 수 있으나, 결국에 제국주의는 사회주의를 물어 독을 쏟아놓을 독사로 되돌아간다는 것이 모택동의 생각이었다. 따라서 사회주의와 제국주의는 절대로 공존이 불가능한 적대적인 존재라고 보았다. 두 제도 사이에는 털끝만큼의 타협과 협조의 여지가 없고 관용과 융화는 바늘구멍만큼의 틈바구니도 없는 것이 사회주의와 제국주의와의 적대관계라고 규정했다. 그러므로 제국주의는 사회주의 혁명 투쟁의 마지막 순간까지 완전히 타도 말살되어야만 현재 존재하는 사회주의 국가들도 안전하게 발전할 수 있다는 것이었다.

빈사 상태에 도달한 제국주의는 겉으로 보기에는 호랑이와 같이 무섭게 보이지만 속이 텅 빈 종이로 발라 만든 종이호랑이와 같고, 이것을 무서워하여 대등하게 평가하는 것은 사회주의 혁명의 용감성과 확신성을 포기하는 비겁한 일이라는 것이 모택동의 기본 생각이었다. 그러므로 제국주의와 평화공존을 주장하는 흐루쇼프의 이론은 사회주의 존재와 발전의 절대적 수단인 투쟁적인 혁명성을 제국주의 앞에 굴복시키려고 무장 해제를 하는 것과 같다는 것이었다.

이는 또한 레닌 사상에 규정된 계급의식과 그 투쟁성을 부정하는 것으로 ML사상에 대한 배반이라고 보았다. 제국주의와의 평화 공존은 레닌 사상의 혁명성과 사회주의 국가의 철저한 투쟁성을 제국주의에 팔아넘기는 반역 행위인 것이다. 그러므로 흐루쇼프의 평화공존 이론은 소련 일국만의 일시적인 이익을 위해 공산주의의 혁명적인 투쟁을 배제하고 이탈시키면서 표면으로만 사회주의로 위장하려는 수정주의라고 폄하되었다. 이렇게 모택동은 수정주의는 ML사상을 근거로 한 공산주의에 등을 돌리고 제국주의 편에 서있는 것과 동일한 것이라는 통렬한 비판을 매일 되풀이했다.

5. 흐루쇼프는 모택동을 사회주의 분열자로 규정

흐루쇼프는 모택동의 주장이 중화사상에서 나온 중국 민족 특유의 민족 패권주의 이론이며 이것은 사회주의 세력이 하나로 뭉친 국제전선을 분열시키는 결과를 초래할 국제 혁명전선의 분열로 규정했다. 또 모택동의 이론은 전혀 객관적인 근거가 없는 주관적인 이론이라고 깎아내렸다. 모택동은 스스로를 가장 충실한 공산주의자로 자처하고 있으나 마르크스가 선언한 "만국의 프롤레타리아는 단결하라"는 사회주의 혁명의 기본 원칙인 국제 전선을 수호하는 것이 중국 공산당의 기본 임무의 하나임에도 불구하고 이 원칙을 송두리째 떨어내버렸기에, 그의 주장은 내용이 없는 텅 빈 드럼통이 굴러가는 것처럼 요란스러운 소리를 낼 뿐이라 비난했다.

그리고 모택동이 제국주의는 사회주의의 상대가 될 수 없는 속이 텅 빈 보잘 것 없는 종이호랑이라고 계속 주장하고 있으나, 현재의 제국주의는 모택동의 눈에 종이호랑이로 보이지만 실제로 그 제국주의는 가공할만한 엄청난 무기로 형성된 날카로운 발톱을 네 발에 가지고 있다고 지적했다. 즉 종이호랑이의 발톱이지만 그 발톱으로 할퀴면 어떤 나라에게든지 깊은 상처를 입혀 휘청거리게 하는 힘을 가지고 있다는 것이다. 그리고 종이호랑이는 원자핵으로 된 이빨을 가지고 있고 그 이빨이 갈수록 불어나고 있으며, 핵의 이빨에 물리면 사회주의 국가뿐만 아니라 어떤 나라든지 풍비박산이 되는 무서운 이빨을 가지고 있는 종이 호랑이임을 알아야 한다는 것이 흐루쇼프의 반론이었다.

따라서 모택동이 말하듯 보잘 것 없이 보이는 종이호랑이인 미국과 끝까지 대립하여 타도하려면, 이 종이호랑이의 발톱보다 더 힘센 발톱을 가져야 하며 모든 이빨을 핵의 이빨로 바꿔야만 미국을 타도하는 것이 가능하다는 것이 흐루쇼프가 본 상식적 논리였다. 이 종이 호랑이의 발톱과 이빨을 부숴버리고 이기려면 앞에서 말한 바와 같이 제2차 세계대전에서 지친 사회주의 국가들은 이제 막 숨을 돌리고 경제 건설 중심으로 발전하여 국민의 안정된 복지 지향으로 생활을 건설하는 일에 모든 생산수단과 생산력을 모조리 털어 투입하는 것이 우선이라고 보았다. 그렇지 않을 경우 사회주의 국가의 국민생활을 제2차 세계대전 때와 같은 궁핍과 곤란 및 불편으로 몰고 가게 될 것이라는 흐루쇼프의 생각이었다.

또 흐루쇼프는 계속 반박했다. 사회주의 국가 국민들이 사회주의를 끝까지 수호하기 위한 혁명 역량은 교양과 규율을 통한 의식 강화만으로는 이루어지지 않는다. 국민들이 굶주리는 배를 허리끈으로 졸라매고 하늘에 떠다니는 구름이 비치는 맑은 죽을 마시면서 사회주의 국가와 지도자의 만세를 부를 수는 없다. 국민들은 자본주의 체제에서보다 더 잘 살고 더 자유롭기 위해서 사회주의 혁명을 지지한 것이다. 즉 풍요한 물질적 생활로 불만과 불편, 부족이 없고 풍족하고 편리하며 안전하고 즐겁게 살기 위해 사회주의를 지지하는 것이다. 이것만이 사회주의 국가 국민들이 당과 정부의 주변에 굳게 단결시켜 무엇으로도 파괴될 수 없는 사회주의 국가의 기반을 구축하는 물질적 의식적 토대가 되는 것이다.

그러므로 사회주의 국가는 생산력과 생산성 증대에 정책의 초점을 맞추어야 한다. 세계정세가 평화적으로 조성되어 자본주의 국가들과 서로 부족한 것과 남아도는 것을 바꾸어 교류해야만 생산력 증대가 가능하게 되는 조건이 형성된다. 따라서 제국주의와의 평화공존은 사회주의 국가 발전의 토대가 되는 경제 발전을 위해서 절대적으로 필요한 국제 관계임을 강조했다.

그리고 모택동의 주장은 사회주의의 순수성을 고수한다는 명분으로 소련의 평화공존론을 공격하고 있으나 껍질을 벗겨 보면 사회주의 세력을 분열, 약화시키는 것으로 순수성과는 거리가 먼 것임을 스스로가 증명하고 있다. 모택동 이론의 근거는 중국 민족에게 수천 년 동안 이어져 내려오는 중화사상에 근거한 것이라는 것이 흐루쇼프의 비판이었다.

중화사상이란, 중국을 전 세계에서 정치, 경제, 문화, 사회, 윤리가 가장 높은 수준으로 발전한 중심 국가로 자인하면서 전 세계 국가들은 중국에 따라야 하며 동시에 중국이 세계를 지배해야 하고 중국의 천자는 종주권을 형성한다는 논리로서, 이에 의해 주변 국가들을 식민지로 예속시켜온 것이 사실이고 역사가 이를 입증해 주고 있다.

우리 조선조도 그 중 하나다. 즉 중국에는 대대로 민족 패권주의 전통이 이어져 내려오고 있다. 모택동 논리의 근거는 패권주의 테두리에서 벗어나지 못한 데에서 나온 논리이다.

소련은 세계 최초의 사회주의 국가를 수립하여 세계 사회주의 운동을 지도해 왔으며 제2차 세계대전에 연합군과 함께 사회주의 타도 세력인 독일 나치와 일본 제국주의 군대를 패망시키는 데 가장 많은 희생을 치렀다. 또 동구라파 6개국을 비롯한 사회주의 국가를 성립 또는 지원하여 제국주의와 맞서 안정화시키는 지도자 역할을 해 왔으므로 자연히 세계 사회주의 국가와 공산주의 운동의 지도적 위치에 서게 된 것은 당연한 결과이다.

중국은 소련 당 서기장이자 당의 총 비서이며 수상인 흐루쇼프가 사회주의 국가들의 지배권을 장악하고 있는 중심자라고 보았고, 중국이 여기에 종속된다는 것은 중화사상에 철저한 모택동이 절대 받아들일 수 없는 것이었다. 그러므로 모택동은 사회주의 세계 전선을 이탈 분열시켜 그 세력의 정상에 앉아 그 주변의 사회주의 국가와 사회주의 운동을 지배하여 종속시키려는 철저한 패권주의를 추구했다고 흐루쇼프는 규정했다.

사회주의 국가들은 공고한 국제전선을 결성하여 단결을 강화하는 조건을 단단히 하여 제국주의와 대등한 위치에서 전쟁과 침략을 배제하고 모든 역량을 경제 발전에 집중하는 것만이 사회주의 각국을 발전시키는 유일한 원동력이다. 서방 국가들이 모든 수단과 방법을 다해 사회주의 국가의 공고한 국제적 통일전선의 분열에 초점을 맞추고 있는 상황에서 모택동이 사회주의 국가의 통일전선에서 이탈하여 이들 국가들을 분열시키고 새로운 정점을 설정하는 것은 바로 제국주의가 바라고 원하는 바이므로 제국주의에 엄청난 이익을 가져다 준 것이다. 이것은 동시에 사회주의 국제전선을 분열 약화시켜 제국주의에 대항하는 역량을 약화시킴과 동시에 사회주의 각국에도 부정적인 영향을 주고 있다고 흐루쇼프는 규정했다.

따라서 사회주의 국가들은 국제전선을 강화하기 위해 분열을 막는 것이 사회주의 국가들의 국제적 사명이라는 필연적인 결론이 나온다. 모택동의 이론은 사회주의 국제세력을 분열 약화시키는 결과를 가져왔다. 이것은 동시에 각국 사회주의 국가와 서방세계 각국에 있는 사회주의 운동에 결정적인 타격과 피해를 주어 제국주의 세력에 엄청난 이익을 가져다주었다. 그러므로 사회주의 국가들과 그 외 국가들의 공산당들은 모택동의 분열주의를 단호히 배격해야 한다는 것이 흐루쇼프의 결론이었다. 이 이론 분쟁은 갈수록 격화되면서 상호 부정적인 적대적 양상으로 발전해 갔다.

6. 모택동의 소련 견제와 친미 정책

제2차 세계대전 말기에 독일과 이태리가 패망했음에도 중국 대륙을 비롯한 아시아에서 일본의 침략 전쟁이 뿌리 뽑히지 않자 소련은 1945년 8월 7일에 2천 킬로미터 이상이 된 소련-만주 국경 전선에서 대군을 동시에 진격하여 세칭 300만 명으로 알려진 관동군과 그 지휘하에 있는 만주군에 대해 성난 물결과 같이 밀고 들어와 이들을 일주일 후에 패망시켰다. 당시 소련군은 우리나라 함경북도 청진과 나진 전투에서 일본군과 싸워 많은 희생자를 냈다. 만일에 만주에 있는 일본군을 소련이 아니고 장개석 군대가 패망시켰더라면 모택동이 장개석을 패주시키고 전국을 통일하는 시간이 훨씬 지연되었으리라는 것이 당시의 논평이었다.

당시 소련군은 만주 각지에서 수많은 전사자와 부상자 등 많은 희생자를 냈고, 만주를 완전히 장악한 소련은 하얼빈에 거대한 소련군 전몰자 기념탑을 세웠다. 그리고 승전 10주년이 되던 해인 1955년 8월에 전몰자의 유가족들이 이 기념탑에 참배하고 화환을 올리기 위해 대표자들을 하얼빈에 보내는 문제에 대해 중국 정부에 허가를 신청했다. 하지만 이때 모택동은 중국의 안보를 위해 허가해 줄 수 없다고 이를 거절했다. 사실 이때부터 중국과 소련 간에는 대립이 심각하게 진행되고 있었고 중국의 소련에 대한 견제가 상당히 뿌리 깊은 것이었음을 알 수 있는 대목이다.

1971년 미 국무장관 키신저의 도깨비 같은 북경 비밀 방문은 핑퐁 외교로 이어지면서, 양국 간의 평화공존의 단계를 넘어선 친선 관계로 선회하면서 중국의 미국에 대한 관계는 소련보다 더 깊은 관계로 발전해 나갔다. 여기서는 사건별 요점만 기록한다.

키신저 방문에 뒤를 이어 미국 부통령과 외교사절 일행이 북경을 찾았다. 당시 북경을 방문한 미국 부통령은 방문 중 병으로 입원하여 북경에서 수술을 받기 위해 마취할 때 지금까지의 약물 마취 주사 대신 한방 의학인 침술 마취를 통해 의사와 웃으며 대화를 나누면서 수술을 받고 완치된 일이 있었다. 이러한 사실은 당시 동행했던 언론인인 뉴스위크지 부사장이 보고 난 뒤 미국에 가서 대서특필로 보도함으로써 세계적인 톱뉴스가 되었고, 이를 계기로 미국 내에서 침술이 급속도로 보급됨에 따라 사이비 침술사 등이 문제가 된 일도 있었다.

그 뒤를 이어 북경의 초청을 받고 미국 함대가 상해와 천진을 친선 방문하여 대대적인 환영을 받았다. 계속하여 친선 사절단 일행이 방문하여 중국의 각지 주요 군사시설과 군수공장까지도 시찰한 사실이 당시 세계 톱뉴스로 발표되었다. 미국 군사학자가 중국 군사대학의 초청으로 강의한 일도 있었다. 이러한 사례들은 하얼빈에 있는 소련 군인 전몰자 기념탑을 참배하겠다는 유가족 대표의 방문을 안보상의 이유로 단호하게 거절한 것과는 너무도 대조적인 일들이었다. 그리고 마침내 1972년에는 미 대통령 닉슨이 북경을 방문하여 양국 간의 친선과 각 분야의 협력을 다짐하는 협정을 체결했다. 이런 내용들은 뉴스로 전해진 표면화된 사실들이다.

미국의 국무장관은 국무총리와 같은 권한을 가진 장관이므로 키신저의 북경 방문은 사실상 양국 간의 정상회담에 준하는 의미를 갖고 있었다. 어떤 나라든지 수교가 없는 국가 간의 정상회담이 실현되기까지는 몇 년 전부터 준비 회담이 시작되어 다양한 각도에서 의제를 검토하면서 발전시킨 뒤 성숙된 단계에 이르렀을 때 비로소 실현이 가능한 것이다. 그러므로 키신저의 방문은 예고 없는 도깨비 방문처럼 보도되었지만 사실은 상당한 기간을 소급하여 외교 교섭을 계속해 왔을 것이라는 점은 외교의 상식에 속한 일이다.

이상과 같은 중국과 미국의 친선관계 진전은 중국이 앞에서 언급한 흐루쇼프의 평화공존 이론을 반사회주의적이며 제국주의에 굴복하는 수정주의라 비난하고 배격하는 이면에 미국과는 내밀하게 공존 이상의 목적을 갖고 점차 밀착해가고 있었음을 증명해 주고 있다. 흐루쇼프의 평화공존론이 제국주의와 평화적으로 살기 위해 악수하자고 내민 손이라고 본다면, 모택동은 악수를 끝내고 부둥켜안은 정도의 밀착된 관계라고 보아야 할 것이다.

미국이 소련보다 중국과의 친선을 선택한 근본 목적은 베트남 전쟁에서의 승리에 도움이 되기 때문이었다. 당시 미국 국무성은 프랑스가 베트남에서 물러난 뒤 베트남을 평화적인 선거로 통일하려는 국제정세가 조성되자 이 통일은 공산주의자인 호지명이 이끄는 민족해방전선의 승리로 끝나게 되어 베트남 전역이 공산화된다고 보고 이를 막기 위해 군사 개입을 한 것이다.

1960년 후반에 들어서면서 미국은 베트남에 막강한 군사력을 투입하기 시작했고 미국의 수족인 구엔반 티우를 내세워 남베트남을 통치하며 미국의 전략을 충실히 수행하는 역할을 하도록 했다. 이당시 미국이 가장 두려워하던 걱정거리는 중국을 통일한 뒤 군사 대국으로 커가고 있던 중국의 공산정권이었다. 더욱이 중국은 베트남과 국경을 같이 하고 있는 나라였다.

제3자인 미국이 반공 정권인 티우를 앞세워 베트남전에 개입한 것은 동시에 제3자인 중국이 공산주의 정권인 호지명의 편에 서서 개입할 수 있는 구실을 제공하고 있다는 사실을 미국은 잘 알고 있었다. 중국은 월맹과 같은 공산주의 국가임과 동시에 군사 대국이었으므로 미국이 의도하던 베트남전의 승리에 있어 가장 큰 위협 요소였다. 때문에 중국에 대해 모든 수단과 방법을 총 동원하여 미국의 편에 서게 하여 월맹 정권에 대한 지지 또는 군사적 개입을 막는 것이 월남전에 대한 미국 외교 정책의 초점이 되었다.

미국의 이러한 외교 전략은 앞에서 언급한 바와 같이 그 목적을 달성하여 중국과 친선 외교에 성공하였으므로 미국은 월맹 정부에 대한 중국 개입의 우려를 제거하고 마음 놓고 베트남 전쟁을 확대 강화할 수 있었다. 계속된 미국의 중국 접근은 심지어 중국과 호지명 정권과의 적대 관계를 유도하는 데까지 성공을 거두었다.

7. 베트남에 적대적인 중국, 우호적인 소련

1962년 12월에 폭발한 중국과 소련의 이념분쟁은 4, 5년 전부터 소련과의 대립이 계속되어 오다가 폭발한 것이다. 중소 이념분쟁은 두 나라만의 문제가 아니고 다른 사회주의 국가들과 전 세계 모든 나라의 합법, 비합법 공산주의 세력에 중대한 영향을 주었다. 양국의 분쟁이 일어나자 호지명은 중립을 취하는 것이 월맹을 위해 현명하다고 판단하여 철저한 중립을 지켰다. 중국과는 긴 국경선으로 접촉하고 있는 인접 국가이고 소련은 유일한 무기와 전쟁 물자 및 건설 자재까지도 공급해주는 국가이므로 어느 한쪽을 반대하거나 지지하면 다른 한쪽과 적대하게 될 것이므로 중립의 입장을 취하는 것은 베트남 민족과 정쟁을 위해 가장 합리적인 정책이라고 생각했다.

그러나 중국이 보기에 그러한 중립은 중립이 아니었다. 호지명이 내세운 중립은 중소 양국 간의 동일한 조건의 중립이 아니었다. 월맹은 소련의 지원 없이는 전쟁 수행에 필수적인 무기는 물론이고 국민들의 국내 생활에 있어서도 불편과 지장을 가져올 정도로 생필품 등에 대해서도 일방적으로 소련에 의존하고 있는 조건이었다. 따라서 호지명의 중립 선언은 표면적인 구실일 뿐 실질적으로는 소련을 지지하는 흐루쇼프 편이라 단정하고 중국은 이때부터 호지명에 대해 부정적인 입장을 취했다.

앞에서 언급했듯이 중국은 베트남 민주공화국이 들어서면서부터 소련의 일방적인 원조로 북베트남이 소련의 영향하에 들어간 것을 못마땅하게 생각했고, 이러한 이유 때문에 베트남에 대한 소련의 원조 물자 수송에 있어 중국의 철도와 공로 이용에 제약을 가해왔다.

그 후의 자세한 대립 관계는 생략한다. 다만 가장 결정적인 것은

1972년으로 기억되는데 중국이 월맹과 마주한 전 국경의 통로마다 많은 군사력을 배치하여 언제라도 침입할 수 있다는 공포 분위기를 조성했다는 사실이다. 중국이 내세운 표면적 구실은 베트남전이 확대되면서 중국 국경이 불안하여 안전을 위한 군사력 배치라고 했으나 기회만 주어지면 침입할 태세를 갖추고 있었다는 사실에 대해서는 나중에 지압 장군이 후일담으로 말한 바이다.

당시 베트남전의 주 전선은 중국과의 국경으로부터는 남쪽으로 수백 킬로미터 떨어진 지점이었기 때문에 국경 자체의 불안이 급박한 것은 아니었다. 또 월맹군이 고의적으로 중국 국경을 침입하여 넘어가지 않을 것이라는 점도 상식이다. 문제의 핵심은 중국이 자국 국경의 군사력을 증강 배치함에 따라 월맹 역시 부득이 하게 국경에 군대 배치를 고정시키지 않을 수 없었고, 이로 인해 베트남전에 투입되어야 할 월맹 전체의 전투력을 약화시키는 효과를 거둘 수 있었다. 지나친 추측일지 모르지만 이러한 상황 전개는 중국이 미국과의 약속 아래 이루어졌을 것이라는 추정을 가능케 한다.

그중 한 가지 사례를 들어본다. 1973년경 전쟁이 전면적으로 확대 고조되며 미국은 지상군과 공군, 해군을 최대한 투입하여 막대한 군사력으로 소수인 월맹군에 대항했으나 전선마다 멸망적인 패전이 지속되고 있을 때였다. 당시 월맹과 중국 국경의 가장 큰 통로에 중국 대군이 집결하여 침입할 태세를 갖추자 지압 장군은 월맹으로 이어지는 통로의 20킬로미터 지점까지 군사력을 후퇴시켜 들어오라는 듯이 비워 주고 나갔다. 중국 군대는 지압 장군의 전술과 신화의 군대로 알려진 월맹군 앞에 끝까지 안으로 들어오지 못했다.

전쟁이 끝난 후 지압 장군의 후일담이다. 1954년 프랑스 군을 결정적으로 몰아낸 디엔비엔푸 전투 당시에 포위된 13만 명을 풀어주는 대가로 프랑스 군 사령관의 관리하에 인구 비례에 의한 남북 총선거를 실시하여 정권을 넘기고 식민지 통치를 끝내기로 한 제네바 협정을 맺고 꿈에도 바라던 통일을 꿈꾸며 이들을 살려두었다. 반면 물에 빠진 사람이 지푸라기 하나라도 잡겠다는 마음으로 전 베트남 민족이 총력을 기울여 싸우고 있는 상황에서 민족 반역자 티우 정권을 앞세운 미군의 공격은 베트남 민족의 머리 위를 밟아 더 깊은 물속으로 밀어 넣으려는 것과 같았다. 더욱이 압도적인 미국의 무기 앞에서 대항할 수 있는 유일한 무기 공급원인 소련으로부터의 중국 영토를 통한 물자 수송을 이런저런 이유를 붙여 철저하게 봉쇄하여 우회 수송하는 결과를 가져오게 한 중국은 베트남 민족을 식민지로 지배한 프랑스나 미국은 물론이고 그 외에 베트남 민족의 독립 해방을 방해한 어떤 국가와도 비교할 수 없는 최대의 적이었다.

이 말에 대해 필자의 주관적이고 과장된 언급이라 평할 사람도 있을 것이지만, 이 글에서 내가 일관되게 주장한 논리는 이론이 아니다. 객관적으로 엄연하게 존재한 사실만을 근거로 그 사실이 존재한 역사적 배경과 이유 및 앞으로의 발전을 과학적으로 전망하면서 그 속에 담긴 사실 자체의 객관적 법칙을 담아냈다. 주관적 이론에 맞추어 왜곡 변조하지 않고 역사 자체의 발전에 객관적으로 창조적 적용을 해야 한다는 과학적 사관과 객관적인 사회과학자의 입장에서 이 글을 썼다는 것을 되풀이하여 강조한다.

따라서 베트남 전쟁을 치르면서 중국에 대한 베트남 민족의 적대적 감정도 객관적 사실에 의해 입증되어야 한다. 베트남 전쟁이 끝난 지 18년이 지난 오늘날의 시점에서, 베트남은 식민지 종주국이었던 프랑스와는 물론이고 미국과의 전쟁에서 전투 병력을 파견했던 미국의 동맹국들과도 외교 관계를 회복하여 협력 관계를 유지하고 있으며, 우리나라와도 1992년에 외교 관계를 수립하였다. 주적이었던 미국과도 친선적인 외교 관계를 유지하려고 양국에 대표부를 설치하여 머지않아 대사급의 승격이 있을 것이라고 한다.

그러나 베트남은 국경을 접하고 있는 중국과는 오늘에 이르기까지 어떠한 형태의 외교 관계도 갖고 있지 않다. 단 한 가지, 긴 국경의 양쪽 주민 간에 유무상통(有無相通)하는 물물교환 형식의 국경 무역이 갈수록 발전되어 가고 있다. 이것을 양측이 막으려고 했으나 불가능했고 또 이것은 국경을 접한 중국과 베트남 국민 모두에게 다같이 이익이 되므로 이것을 합법화시킨 국경 무역협정이 양국 간의 연결고리가 되고 있는 한 가지 협정이다.

이 사실은 오늘 전 세계 각국 중 국경을 맞대고 있는 나라 중에서도 베트남과 가장 가까운 중국만이 베트남과의 외교 관계를 수립되지 못하고 있다는 얘기가 된다. 이러한 현실은 양국의 외교 정책 차원을 넘어 그 밑에 잠재되어 있는 중국에 대한 베트남 국민의 원망과 뿌리 깊은 영구 불망의 민족 감정이 두텁게 축적돼 있음을 반영하고 있다.

소련은 1945년 호지명이 베트남민주공화국을 수립한 때부터 제2차 세계대전 전후의 곤란한 조건 속에서도 베트남에 대해 지속적인 원조를 해왔다. 한편 미국은 프랑스가 물러간 뒤 선거로 집권한 고딘디엠 정권을 지원하면서도 평화적인 통일선거 방침을 고수하고 있던 이 정권의 정책이 비현실적일 뿐만 아니라 북부의 공산주의 정권을 무력으로 제압하여 통일해야 한다는 미국의 정책 기조와도 맞지 않는 것으로 보았다. 이에 1960년에 월남군의 훈련을 돕는다는 명분으로 월남 정부의 요청을 받아들이는 형식을 빌려 3,000명의 군사고문단을 월남에 파견하였다.

이를 본 호지명과 지압 장군은 이것이 미국의 본격적인 군사 개입을 알리는 신호탄으로 받아들였다. 이런 경우를 나의 아버지는 이 상견빙지(履霜堅氷至)로 표현하시곤 했다. 이 말은 서리를 밟을 때가 되면 얼음이 얼 때가 곧 닥친다는 뜻으로, 일의 징후가 보이면 머지않아 큰 일이 일어날 것임을 이르는 말이다. 미국의 본격적인 군사 개입이 머지않았음을 직감한 호지명과 지압 장군은 여기에 대비하지 않을 수 없었다. 북베트남 내의 모든 군사시설과 장비에 대한 보강과 함께 전략적인 거점들과 자연물들을 미국과의 전쟁에 대비하여 요새화하기 시작했다. 장기전에 대비하여 식량 생산과 생필품 생산 기반의 보호 및 확대에도 전력을 기울여 준비했다.

여기에서 미국과의 실제 전쟁에 대비하기 위해 반드시 필요한 것이 전투 지휘관과 공병 장교의 양성이었고, 생산 및 건설 기술자도 요구되었다. 이러한 필요를 충족시켜 줄 수 있는 나라는 바로 소련이었다. 기록에 따르면 월맹에서는 1960년부터 매년 1,000여 명의 베트남 청년을 소련으로 보냈고, 이들은 5년제 사관학교의 전투 병과와 기술계 병과를 졸업한 뒤 1년간 소련군에 배속하여 훈련받은 다음 돌아왔다. 그중에서 가장 특기할만한 점은 매년 100여 명의 수재를 모스크바에 있는 유명한 공과대학에 입학시켜 지대공 미사일 전문가로 양성하여 1년간 실험에 종사하게 하고 세계 수준의 미사일 장치와 발사 기술자를 만들어 보낸 일이었다. 이렇게 일정 수준에 도달한 기술자는 1972년경에는 430명에 달했다.

이 미사일 부대가 위력을 발휘한 예로 들 수 있는 것은 후일 하이퐁항을 미 공군의 공습에서 완벽하게 방어한 사실이다. 하이퐁항은 통킹만 북부 월맹 정부의 영내에 있는 국제항이다. 그러므로 프랑스 식민지 시대부터 통상을 맺은 나라들의 선박이 자유롭게 입출항하였고 이는 베트남 전쟁 중에도 계속되었다. 블라디보스토크 항을 출발한 소련 선박도 자유 출입을 하고 있었다. 월남 전쟁의 공식적인 상대방은 월남과 월맹이고, 미국은 월남을 지원하는 제3국이었기 때문에 미국 공군과 해군이 직접 소련 선박에 대한 공격이나 수색을 한다면 소련과의 전쟁을 선포하는 것과 다름없었다. 때문에 미국은 소련 선박으로 실려 오는 화물의 직접 파괴가 불가능하여 하이퐁 항을 공중 폭격하지 않을 수 없었다. 호지명 군은 하이퐁 항 주변에 대공미사일 발사대 200기를 분산 은폐하여 설치해놓았고, 미군 폭격기가 사정거리에 이르면 미사일을 발사했다. 200기에서 매 분 발사되는 미사일은 하이퐁항 상공을 뒤덮어 미사일 탄막이 쳐졌다.

미군 폭격기는 100대나 200대가 파상적으로 공습하는 것이 보통이었다. 미사일은 비행 편대에 대해 무차별적으로 발사하는 대공포와는 달리, 자기 분담 구역에 들어온 한 대씩을 골라 발사되었다. 미사일의 궤적은 직선이 아니라, 미군 폭격기에서 나오는 열을 따라 유도되어 따라가는 것이므로 거의 백발백중이었다. 미사일의 사정거리에 들어오기만 하면 당할 정도로 미사일의 명중률이 높은 것을 본 미국 공군기들은 당초 목표 지점에서 10~20킬로미터 떨어진 지점이나 하이퐁 항의 먼 바다에 폭탄을 투하하고 갔다고 한다. 폭탄을 투하하지 않고 그대로 귀환하면 받을 수 있는 처벌이 두려웠기 때문이었다. 이러한 일은 당시 전 세계 전략가들이 감탄의 대상이 되어 각국 언론에 보도되었고 사설이나 논평에서도 높이 평가되던 사실이다.

이렇게 하이퐁 항이 보호되면서 만 톤급의 소련 선박들이 유유히 안전하게 들어와 화물들을 하역했다고 한다. 아울러 북베트남은 의사와 약사, 간호사의 양성을 위해 매년 수백 명의 남녀 학생을 소련에 보내 수준 높은 의학 교육을 받게 했다. 이들이 돌아오면 교사로 삼아 필요 인력들을 단기 양성해냈기 때문에 전쟁 중 부상 병사들의 진료에 있어 외부에서 우려하던 바의 곤란은 겪지 않았다고 한다. 또한 지압 장군은 소련에서 훈련을 받고 온 장교를 교관으로 삼아 단기 교육을 통해 하급 장교를 양산하였고, 이들은 훈련을 겸한 전투 과정을 거치면서 유능한 장교로서 역할을 하게 되었다.

특히 세계 각국이 주목한 것은 게릴라 전투 중 필요할 때는 청장년을 소집하여 장교 출신인 게릴라 지도자의 지휘하에 약 일주일간 무기 사용과 전투 훈련을 시키고, 중대 병력을 즉각 편성하여 미군과 맞서서 싸우는 과정에서 군사교육을 했다는 점이었다. 때문에 월맹의 정규 군인이 25만 명 정도로 알려졌지만, 실전에서 발휘할 수 있는 민병대들까지 합치면 1,000만 명이 넘을 것이라는 게 미국을 비롯한 외국의 평가였다.

소련으로부터 지원받은 무기는 소수의 대포와 박격포, 기관총, 소총 등의 범위를 넘어서지 못했지만, 호지명 군은 이것으로 제2차 세계대전 규모에 버금가는 항공기, 탱크, 군함을 비롯하여 엄청난 수량의 정예 무기로 무장한 150만 명의 미국 및 연합군의 군대와 맞서 승리를 거두었다. 그래서 전쟁 전문가들은 오늘에 이르기까지도 북베트남의 군대를 신화적인 군대라 불렀고, 지압 장군을 신장이라 불렀는데, 이는 결코 우연이 아니었던 것이다.

여기에서 이 절의 결론을 지어보자. 전쟁에서 가장 믿을 수 있고 큰 힘이 되어 줄 것으로 바랐던 공산주의자 모택동 정권은 월맹군에 대한 무기 공급을 비롯한 모든 원조 물자의 수송을 의식적으로 방해했다. 소련의 원조가 중국의 철도와 공로를 이용하는 것이 가장 효과적이라는 것을 알고 있던 중국은 이런 저런 이유를 들어 육로를 통한 소련의 물자 공급을 완전히 봉쇄해 버렸다.

즉 베트남 민족이 자주독립 하느냐, 식민지 민족으로 다시 전락하느냐를 좌우하는 독립전쟁에서 전 민족의 역량을 총동원하여 맞서고 있을 때 중국은 우방은커녕 지원을 방해하는 데서 한걸음 더 나아가 적대적인 태도로 부담을 가중시킨 부정적인 존재가 되었다. 그럼에도 궁극적으로 승리를 거둔 이면에는 소련의 적극적인 지원이 결정적인 요인이 되었고, 더 중요한 것은 이러한 원조를 창조적이고 효과적으로 활용한 호지명과 지압의 지도 역량이었다고 할 수 있다.

제5장 대단원의 막

1. 세계사적 의의

베트남은 프랑스 식민지에서 독립하기 위해 1941년 1월 베트남 독립동맹을 결성하여 게릴라전을 벌이면서 프랑스 군과 싸우다가 일본이 패망한 직후인 1945년 9월에는 국민 정부인 베트남민주공화국을 수립하였다. 이때부터 1956년 6월 프랑스가 철수할 때까지 10년간 전쟁을 벌었고 친불 민족 반역 정권인 고딘디엠 정권과 남, 북으로 분할된 채 4년간 싸우고, 1960년에 군사력을 개입하기 시작한 미국과는 15년 동안 전쟁을 벌였다. 국민 정부에서 시작하여 만 30년간의 전쟁 끝에 미국에 완전한 패전을 안겨주며 1975년 4월 길고 길었던 베트남전은 막을 내렸다.

이 전쟁은 북베트남의 완전한 승리를 가져오며 미국 및 티우 정권 그리고 그 동맹국들에게 완전한 패배를 안겨주고 끝난 세계 전쟁사에 잊지 못할 승리였다. 베트남전은 세계사의 발전에 있어 새로운 방향을 제시해주었고 특히 한국 민족에게는 큰 교훈이 되었음은 앞에서 말한 바와 같다. 이 교훈은 앞으로 통일 조국을 만들어야 할 우리에게 과거 어떤 나라의 경험이나 어떤 이론보다도 우리가 반드시 참고하고 배워야 하는 소중한 사례다.

베트남 전쟁은 베트남 민족 대 친불 민족 반역 정권인 구엔반 티우 정권 및 이에 연합한 미국과의 전쟁만으로 그치지 않는다. 병력을 파견한 나라는 한국을 비롯한 동맹국들이 있었다.

미국은 아시아 지역의 공산화를 저지한다는 명분으로 베트남에서 본격 개입하면서 25개국에 참전을 요청했으나, 한국을 비롯하여 호주, 뉴질랜드, 대만, 태국, 영국 등 7개국만이 참전하였다. 일부 국가들은 베트남의 적화 방지에는 동의하지만 직접 개입에는 신중한 태도를 보였고, 한국을 제외한 나머지 6개국은 대부분이 포병대와 공병대 등 실제 전투와는 관련이 없는 부대를 파견했다. 한국은 미국 다음으로 많은 전투 병력을 파병하여 매년 5만 명 이상의 병력을 유지시켰다.

한편 일본의 경우는 베트남전으로 엄청난 특수를 누렸다. 무기 이외에 전쟁에서 소요되는 수많은 막대한 물자를 공급했고, 한국군이 사용한 생활필수품과 심지어는 양말, 팬티는 물론 김치까지도 공급했다고 당시 언론들은 보도했다. 일본이 한국의 6·25 전쟁에서와 마찬가지로 베트남 전쟁을 통해 막대한 이윤을 얻어갔다는 점은 세상이 다 아는 사실이다.

결국 호지명 지도하의 베트남 군대는 티우 정부나 미국만 상대한 것이 아니라, 세계 제국주의의 정예 세력 및 그 우호 세력이 집결한 전쟁을 치러낸 것이고 여기에서 승리한 것이다. 따라서 이 전쟁의 의의와 영향은 베트남 및 미국에만 국한된 것이 아니라 국제정세에 지대한 영향을 준 세계사적 의의가 컸던 전쟁이었다고 할 수 있을 것이다.

미국은 군사 개입을 시작한 이래 병력과 무기, 군수물자를 홍수같이 퍼부어 베트남 전역을 전쟁터를 만들었다. 이에 비해 소위 베트콩과 월맹은 군대수나 무기에서 비교가 안 될 정도로 열세였으므로 미국을 등에 업은 티우 정권이 압승하는 것은 시간문제라고 본 것이 베트남전 초기의 국제 여론이었다. 그러나 정반대의 결과로 전쟁이 끝나자 전 세계는 경이의 눈으로 베트남 민족을 재평가하지 않을 수 없었다. 아울러 미국을 비롯한 서방 국가들은 제2차 세계대전 후 식민지에서 독립한 신생 민족 국가들에 대한 정책에 있어서도 일대 수정을 가하지 않을 수 없게 되었다.

베트남전 종전을 기점으로 하여 예전의 식민지 종주국을 비롯한 서방 각국은 군사력으로 신생 독립국을 지배하는 것은 식민지 민족의 민족의식 각성과 단결의 촉진제 역할을 함으로써 결국에는 미국처럼 불명예스러운 패망으로 끝난다는 큰 교훈을 얻게 되었다. 과거와 같은 군사적 위협과 경찰국가 방식의 탄압 정책에 수정을 가하지 않을 수 없게 된 것이다.

또한 베트남전은 식민지에서 독립한 민족들에게 경각심과 아울러 희망적인 교훈을 남겨주었다. 제2차 세계대전 후 식민지에서 독립한 민족들은 예외 없이 초기에 전 식민지 종주국의 앞잡이였던 민족 반역세력에게 정권을 넘겨주고, 여러 가지 형태의 불평등 조약으로 과거 종주국의 식민지 이권을 보장하고 있었다. 이런 현실에 대해 경각심과 교훈을 얻었던 것이다. 그 구체적인 예를 우리나라의 경우를 들어 살펴보자.

일본의 패망으로 8·15를 맞자 일본의 자리를 차지한 미군정은 친일세력을 앞세워 과거 일본이 차지하고 있던 식민지 이권을 미국에 귀속시켰고, 제6공화국에 이르기까지 친일세력과 그 후예, 그리고 그들의 지지 세력이 대한민국이라는 국가의 주권세력이 되어 왔다는 것은 명백한 사실이다.

이것을 구체적으로 설명해 보자. 미국은 미군 24사단을 진주시켜

1945년 9월 9일에 군정을 선포하면서 남조선의 유일한 합법 정권은 미군정뿐이라는 군정 명령을 발표함과 동시에 친일세력 및 그 지지 세력을 핵심 관료로 선발함으로써 미군에 의한 군정 통치를 일제의 조선총독부 복사판으로 구성했다.

그리고 일제가 강탈한 우리 민족의 재산과 이권을 우리 민족에게 돌리지 않고 일본을 대신하여 또 다시 강탈한 미국의 것으로 만들었다. 이것은 우리 민족이라면 영원히 잊을 수 없는 미군정령 발표다. 미군정은 1945년 9월 25일에 발표한 군정령에서 "남조선에 있는 일본 정부가 소유한 재산과 이권 및 일본인 개인이 소유한 재산과 이권은 미군정 소유로 한다"는 내용을 발표했다. 당시 이것을 본 일부 식자들은 개탄하며 미국은 일본보다 더 무서운 우리 민족의 지배 국가라고 했다. 일본이 을사조약부터 40여 년간의 노력 끝에 삼킨 것을 토하게 하여 순간적으로 한 입에 삼켜 버리는 더 무서운 강도라는 말을 나는 아버지와 그 동지 어른들께 들은 일이 있다.

1970년경까지도 식민지에서 독립은 했으나 이전 식민지 종주국의 영향에서 벗어나지 못한 채 완전한 자주독립을 지향하며 투쟁을 계속하고 있던 민족들은 프랑스 및 미국과의 30여 년에 걸친 투쟁 끝에 완전한 자주독립을 이룬 베트남 민족의 투쟁에서 지금까지는 보지도 듣지도 못했던 새로운 이론이 현실에서 실현되는 방법을 배웠고, 이를 지침으로 삼아 명실상부한 자주독립을 이루어내기 시작했다. 그 결과 오늘날 110여 개국에 달하는 예전의 식민지 국가들은 대부분이 완전한 자주독립을 달성했다.

2. 베트남의 승리 요인은 강철 같은 민족통일전선

　베트남 민족의 독립과 통일에 이르기까지의 과정을 비교적 상세하게 설명하려는 것은 우리 민족과 같은 운명으로 식민지에서 독립하여 통일을 목적으로 한 투쟁에서 우리 민족이 교과서적으로 본받아야 할 공통된 기본 원칙을 제시해 주고 있기 때문이다.

　베트남전 승리의 결정적이고도 기본적인 요인은 호지명을 비롯한 지압 장군은 물론 전시 중에 결성된 정치기구인 월남 민족해방전선의 지도자들이 투철하게 민족주의자의 길을 견지했다는 점이다. 만일 이러한 지도자들이 어느 한구석이라도 공산주의자의 면모를 두드러지게 드러냈다면 통일적인 전선 형성은 불가능했을 것이다. 성인 남녀의 대다수가 불교 신자인 베트남의 종교 여건에서 공산주의와 양립할 수 없는 종교 세력을 민족해방전선의 주력으로 삼기 위해서는 적절하고도 세심한 태도였다.

　여기에서 특기할 만한 점은 호지명을 위대한 지도자로 내세워 그 노선을 따르라는 식의 권력과 결부된 일방적인 지시는 어디에서도 찾아볼 수 없었다는 점이다. 그래서 호지명이 민족의 대표가 되고 지도자가 되어야만 베트남 민족이 자주 민주적으로 독립할 수 있다는 국민들의 자각적인 의식이 밑으로부터 솟아올라 강력하게 연결되면서 이 대열에 앞을 다투어 자발적으로 참여하는 자기희생적인 실천이 이루어졌던 것이다.

　이처럼 아래로부터 이루어진 민족역량의 기반이 단단했기 때문에 프랑스는 물론 미국도 베트남 민족 앞에 무릎을 꿇었다. 만약 호지명이 공산주의 사회를 건설하겠다는 목적을 위한 수단으로 활용하기 위해 민족해방전선을 결성했더라면, 거대한 미국과의 전쟁에서 민족 단결을 이루어내지 못했을 것은 당연하고 최종적인 승리를 거두는 것도 상상할 수 없는 일이었을 것이다.

호지명은 또한 정부의 각급 기관 및 군의 조직 구조에도 철저하게 투철한 민족의식으로 조국 앞에 자기희생적인 실천을 할 수 있는 모범적인 민족지도자를 요직에 기용했다. 베트남 민족이 호지명에 대해 추호의 사심도 야욕도 없는, 민족만을 위한 지도자로 여겼던 것도 그런 이유들 때문이다.

호지명은 모든 표현은 민족적인 것이어야 하고 민족의 옷을 입고 민족의 색으로 칠하라는 것을 강령으로 내세우며 이 강령에 따랐다. 베트남 민족이 모든 것에 우선하여 달성해야 할 사명은 어떠한 외세의 지배나 영향에서 벗어나 모든 것을 베트남 민족의 의사에 따라 모든 것을 결정하게 되는 자주독립을 이루는 것이었다. 이것은 말로만 되는 것이 아니고 베트남에 반대하는 내외의 모든 부정적인 역량을 능가할 수 있는 역량 축적을 통해 이루어지는 것이다. 따라서 그것은 베트남 민족 내부의 다양하고 다원적인 이러저러한 차별과 대립을 뒤로 미루고 민족 공동체 의식인 민족 차원에서 무엇으로도 파괴될 수 없는 공고한 단결이 이루어질 때 비로소 가능하다고 했다.

베트남 민족이 완전 독립을 하기 이전에 ML사상에 근거한 여러 형태의 세력화를 꾀하는 것은 민족세력을 원천적으로 분열시키고 약화시켜 또 다시 외세의 침입을 야기하고 아직도 극소수이지만 국내에 살아남아 있는 민족 반역세력에 활로를 열어주는 계기가 되는 것으로 보았다. 따라서 베트남 민족은 과거의 쓰라린 아픔과 곤란을 극복하고 이것을 후손에게 넘겨주지 않기 위해 민족 내부의 모든 대립과 차별은 제2선으로 후퇴시켜 놓고 한 차원 높은 민족의식만을 최고 진리로 받들어 생활과 처세와 정치 활동을 여기에 초점을 맞추어야만 한다고 강조했다.

호지명은 말했다. "혹자는 나를 사회주의자라고 하고, 프랑스와 미국은 나와 동지들을 우리 민족 앞에 공산주의자로 보이게 하기 위해 엄청난 비용과 모든 방법을 동원하여 선전 홍보에 전력을 기울였다. 그러나 현명한 베트남 민족은 여기에 속지 않고 나와 지압 장군을 민족지도자로 받들어 하나로 뭉쳤기 때문에 오늘의 승리를 가져왔다. 나는 절대로 사회주의자도 아니고 사회주의를 위해 전쟁을 하는 것도 아니다. 우리 민족 전부의 자유와 권리 복지를 보장하기 위해 제국주의와 민족 반역자의 수중에 들어간 우리 조국을 어떠한 외세의 지배와 간섭도 영향도 받지 않고 우리 민족 손으로 빼앗아 모든 것을 우리 민족의 의사에 따라 결정하는 영원한 자주민주 조국을 창조하는 것 외에 다른 생각은 추호도 없다."

호지명은 이것을 말만이 아니고 하나에서 백까지 실천해 왔기 때문에 베트남 민족은 호지명의 민족 사상과 노선을 성전과 같이 받들어 따르게 되었다. 베트남 전쟁이 끝나고 20년이 지난 오늘에도 베트남 민족이 호지명을 공산주의자라고 보는 사람은 거의 없다고 한다. 그렇기 때문에 그 밑에서 강철과 같은 민족역량을 발휘하여 단결할 수 있었던 것이다.

특기할 만한 사실로서, 미국이 베트남에 군사 개입하면서 수립한 주요한 전략 중의 하나는 호지명을 공산주의자로 몰고 가면서 월맹군의 전쟁 목적을 베트남에 사회주의 국가를 수립하기 위해 민족을 희생시키려 한다는 점을 부각하는 일이었다. 이를 위해 베트남의 언론은 물론 학생들의 교육 등까지 모든 수단과 방법을 동원하여 이러한 선전전을 확산시켰다. 미국은 월남 민족의 80%가 공산주의자와는 양립할 수 없는 독실한 불교 신앙을 갖고 있었기 때문에 자신을 갖고 이 전략의 승리를 위해 전투 못지않게 총력을 기울였다. 그러나 이러한 노력에도 불구하고 시간이 갈수록 베트남 민족은 호지명을 영웅적인 민족지도자로 굳게 믿고 단결과 투쟁을 강화하자 미국은 당황했다. 워싱턴 정부는 현상 모집까지 하면서 미국의 고급 두뇌를 총동원하여 기발한 아이디어를 월남에 있는 미군 사령부에 계속 전해 주었으나 효과는 정반대였다.

호지명이 갈수록 베트남 민족의 유일한 지도자로 위치가 굳어지자 미국과 티우 정권뿐만 아니라 월남군을 지원하기 위해 파견된 동맹국 군대에게도 이는 중대한 골칫거리가 되었다. 이 문제에 대해 효과적인 전략을 도출하기 위해 1966년 10월에는 필리핀 수도인 마닐라에서 미국을 비롯하여 월남에 병력을 파견한 동맹국 7개국 회의를 개최하여 지혜를 짜냈으나 호지명을 월남 민족의 눈에 공산주의자로 보이게 하는 뾰족한 묘안은 나오지 않았다고 한다. 이 나라들은 호지명이 공산주의자가 되어주기를 두 손 모아 빌었고 월남 민족에게 공산주의자로 보이도록 하기 위해 모든 수단과 방법과 지혜를 총동원했으나 앞에서 되풀이 설명한 바와 같이 월남 민족은 미군의 이 작전을 월남 민족을 내부로부터 분열시켜 승리를 못하게 하는 것임을 꿰뚫어 보았으므로 결과는 반대였다.

호지명이 공산주의자가 되어 주고 베트남 국민 역시 그렇게 보는 것은 미국을 크게 도와 승리로 이끌어 주는 보약이 될 것이었다. 그와 반대로 호지명을 투철한 민족지도자로 받드는 것은 미국을 패망케 하는 독약으로 보았다. 그렇기 때문에 미국은 분단된 남북 전 베트남 민족에게 호지명이 공산주의자이므로 속지 말라는 내용의 선전과 교양을 모든 수단과 방법을 동원하여 강력하게 추진했다. 그러나 결과는 미국에 대해 보약이 아니고 독약이었음을 세계 언론은 야유적으로 논평했다. 호주 방송국 컬럼니스트의 논평이 아직도 내 기억에 남아 있다.

앞에서 양측 전력 비교로 보여준 바와 같이 군대수와 무기의 성능과 수량으로 볼 때 호지명 군은 소총을 갖고서 대구경의 거포와 맞서 싸운 셈이었다. 이것은 절대로 과장된 비유가 아니고 양측의 군사력의 대조에서 나온 비유이다. 현대 지상전의 주력 무기는 전차, 장갑차, 야초, 기관포이고 공군과 군함의 함포 사격 엄호하에 최대한의 화력을 발휘하는 것이다. 미국은 성능과 파괴력이 최고도로 발달한 이와 같은 주력 무기들을 남아돌 정도로 투입했다. 여기에 반해 호지명 군은 극소수의 야포를 갖고 있었을 뿐, 주력 무기는 박격포와 기관총이었고 소총이 대부분이었다. 그리고 앞에서 말한 지대공 미사일이 있었으나 이것은 공격 무기가 아니고 방어 무기였으므로 간접적인 것이었다. 이상을 종합하여 평가하면 호지명 군대는 아주 기본 무기만으로 화력과 파괴력이 높은 무기를 상대해 싸웠다는 결론이 나온다. 그러나 호지명의 지도하에 공고하게 단결한 민족과 그 군대는 초강대국인 미국과 그 동맹국인 티우 군대를 제압하여 완전히 승리하고 베트남을 독립시켰다.

3. 베트남 전쟁의 피해와 전과

1) 양측의 군사력 비교

미국이 베트남에 투입한 군사력은 1970년에 최고 절정에 달했다.

그 동안 여기에 대한 기록과 뉴스를 간추려 숫자만을 기록해 보기로 한다. 먼저 군대를 비교해 보자.

미국군 53만 명, 지원 7개국 군인 7만여 명, 그리고 우리나라의 경우 1964년 월남군을 지원하기 위한 한·월 국군 파견협정 체결로 1965년부터 월남에 파견한 한국군은 38만 명에 달했다. 그리고 월남군은 75만 명이었다. 합하여 173만 명이라는 통계가 나온다.

여기에 비해 월맹 정규군은 1960년에 결성된 남베트남 민족해방전선을 측면 지원하는 형태를 취하다가 미국이 본격적으로 군대를 투입한 이후 그 강도를 높여 미국에 대항했다. 남베트남 민족해방전선은 당초에는 공산주의자가 아니라, 고딘디엠 정권에 반대하는 각계각층의 활동가들이 모여 발족되었고, 고딘디엠은 이들을 모두 베트남 공산주의자를 지칭하여 비하하는 용어로 '베트콩'이라 불렀다. 월맹에서는 1960년대를 전후하여 라오스와 캄보디아 일대를 통과하는 일명 '호지명 루트'를 개척하여 남베트남에서의 투쟁을 지원했다. 그 산하의 월맹 정규 군인은 27만 명이라고 했다. 월남군과 미군에 비해 1/6 미만의 군사력으로 대항한 것이다. 이 숫자는 미국과 월남군 6인에 월맹군 1인이 대항하여 싸웠다는 결론이 나온다.

양측의 무기를 비교해 보면 수치적인 비교를 할 수 없을 정도로 엄청난 차이가 났다. 미국과 월남군은 미국의 성능 높은 현대 무기로 완전 무장했고 공군력은 베트남 전역을 누비듯이 빈틈없이 폭격했으며 해군력은 북부 월맹 해안인 통킹만에서 남부에 이르기까지 완전 포위하여 함포 사격으로 전 해안을 봉쇄했음은 당시 세계의 언론과 한국 언론에도 상세히 보도한 사실이다.

그리고 미군은 열대 지방의 초목을 베어버리면 일주일 만에 우거지고 베트남 민족의 주식인 바나나 숲도 무제한으로 우거져 있어 이

곳이 베트콩의 은신처가 된다고 보고 제초제를 소나기 퍼붓듯이 투하하여 농토를 불모의 폐허로 만들었다. 이로 인해 군인은 물론 주민들까지 평생 제초제 중독에 시달렸다. 베트남전에 참전한 한국군의 고엽제 피해자들도 상당수가 되었다. 여기에 비해 베트콩은 현대전의 승패를 결정하는 비행기도 군함도 전차도 없었고 야포, 박격포, 기관총이 가장 주요한 무기였다. 무기에서 볼 때 공기총과 큰 대포와의 싸움이라고 해도 과장된 말은 아닐 것이다.

한편 미군의 지휘하에 있는 월남군과 연합군에 대한 무기 공급은 공로와 해상을 통해 조금의 제약도 받지 않고 남아돌 정도로 이루어졌다. 그것을 입증하기 위한 한 가지 유명한 사례를 들겠다.

미군이 공급한 무기가 공항과 항구에 도착하면 그것을 내륙 각 전선에 수송하는 과정에서 베트콩 게릴라의 습격 파괴와 약탈로 불안전한 상황이 전개되었다. 미국은 이에 대한 대비책으로 내륙 깊숙이 대규모 무기 저장고를 설치하여 이곳을 중심으로 군수물자를 안전하게 공급할 계획을 세웠다. 그것이 유명한 케산 계곡에 있는 저장고였다. 계곡 내 몇 헥타르 규모의 광대한 장소에 각종 무기 저장고를 수천 개 건립하고 수리 가공 공장도 설립하여 밀집된 무기저장고의 시가지가 형성되었다고 한다.

그리고 당시의 보도에 따르면 외부로부터 4년간 공급이 두절되어도 충분히 전쟁물자를 공급할 수 있을 정도로 각종 물자가 충분히 비축되었다고 한다. 당시 세계 언론은 미국 내의 군사 본부와 무기고가 집중된 펜타곤의 이름을 따서 월남에 있는 소 펜타곤이라고 했다. 그 결과 미군 및 월남군, 연합군들의 무장이 강화되고 무기가 안전하게 충분히 공급되면서 전투력이 강화된 것은 당연한 일이었다.

월맹과 남베트남 민족해방전선은 이를 그대로 보고만 있을 수 없었다. 케산 계곡은 몇 겹으로 완전한 경계 태세가 되어 있고 입체적인 감시망이 완전하게 설치되어 쥐새끼 한 마리만 들어가도 즉각 포착될 수 있을 정도로 삼엄한 보호 장치가 완벽하게 이루어져 있었다고 한다. 이런 곳에서 거대한 폭발이 일어났다. 당시 보도에 따르면 산더미 같은 무기와 군수물자의 폭발이 3일간이나 계속 진행되었다. 여기에 비축된 군수물자의 60%는 폭탄과 포탄, 총탄 등이었다. 한 곳에서 일어난 폭발은 다음 폭발물을 연속적으로 폭발시켜 시설은 물론이고 케산 계곡의 지형까지 바꾸어 놓았다고 한다.

당시 이 사건은 전 세계 모든 언론의 톱뉴스로 보도되었고 우리나라 방송에서도 케산 계곡에 있는 소 펜타곤이 베트콩의 기습을 받아 박살이 나서 소총탄 하나 남지 않았다고 보도하는 여자 아나운서의 목소리를 나 역시 여러 번 들었다. 이 폭발은 월남 민족해방전선과 전 민족을 결정적으로 고무시켜 승리에 대한 자신을 드높여 주었다. 반대로 미국은 이성을 잃을 정도로 발광적인 적개심을 높이면서 민족해방전선 장악 지역의 국민을 말살하고 국토와 모든 시설을 완전 폐허화시킨다는 계획을 세우고 여기에 폭탄과 함포 사격과 제초제를 소낙비와 같이 퍼부었음은 전 세계에 잘 알려진 사실이다.

이상과 같은 미군과 남베트남군은 군인과 무기의 수, 성능에 있어서 압도적인 우위에 있었음에도 전선의 주도권을 잡지 못하는 전쟁을 계속했다. 케산 계곡의 폭파는 베트콩의 소행일 것이라는 막연한 추측 외에는 누가 어떻게 했는지 정확히 밝혀지지 않고 있다.

열대 기후 지대인 베트남은 미곡 생산에서 연 2작이 가능하므로 쌀이 주된 생산품이었다. 프랑스가 수탈한 주된 부분도 미곡이었다. 미곡 생산은 월맹 전역에 걸쳐 국민의 수요를 충족하고 남아돌았고 오늘에도 주된 수출품으로 되고 있다. 뿐만 아니라 또 하나의 주식인 바나나는 밀림 속에 무진장하게 퍼져있었다. 바나나 다섯 그루만 재배하면 한 사람이 1년을 먹고 남는다고 했다. 그리고 열대림으로 덮여 있는 산에는 다양한 고급의 자연 과일이 많이 있으므로 월남을 비롯한 인도차이나 일대에서는 사람들이 먹을 것이 부족하여 굶어 죽는 일은 없었다.

그리고 열대 기후인 이곳에서는 온대 지방처럼 엄동설한이 없으므로 주택과 의복이 충분하지 못하다고 해도 얼어 죽을 염려는 없었다. 이러한 자연 조건이 프랑스군과 15년간 미국과 15년간 도합 30년간의 전쟁을 견뎌내면서 승리로 이끄는 주요한 원인 중 하나가 된 것은 분명한 사실이다.

2) 미군의 피해

베트남 민족해방전선은 단 한 사람의 외국 군대 지원 없이 베트남 민족 단독으로 독립전쟁을 수행했으나, 구엔반 티우 정권은 미국의 막대한 지원을 등에 업고 미국에 전쟁의 주도권을 넘겼다. 미국은 한국을 비롯한 동맹국의 여러 나라 군대가 파견한 연합군 형식의 거대한 군사력으로 베트콩이라는 한 세력을 상대로 15년이나 전쟁을 치렀지만 결국 손을 들고 물러났다. 전쟁의 피해는 보통 군인의 전사자나 부상자 숫자로 표현하는 것이 관례인데, 베트남전의 경우 미군의 피해에 대해서는 많이 보도되었으나 티우 군대와 기타 연합군에 대해서는 구체적인 숫자가 거의 없다. 따라서 미국이 발표한 미국 군인의 피해를 중심으로 기록한다.

미국은 베트남전의 종전에 이르기까지 54만 명의 군인을 파견한 것으로 공개적으로 발표했다. 피해 규모는 전사자 5만 4천 명, 부상자 23만여 명이었다. 파견된 군인의 10%가 전사했고 부상자까지 포함하면 거의 50%가 희생을 당한 것이다. 이러한 희생자 숫자는 제1,2차 세계대전을 비롯한 모든 전쟁과 비교해서도 월등히 높은 것으로 거의 전멸에 가까운 희생을 당한 것이다. 미군은 무기와 군사시설에서도 막대한 규모의 피해를 보았다. 앞서 언급한 케산 계곡에서 박살당한 무기뿐만이 아니라 베트남에 들어갔던 무기는 최종적으로 소총 하나까지도 고스란히 남겨놓고 도망갔다.

베트남전이 막바지에 다다른 1970년 초반부터 전세가 되돌리기 어렵다는 사실을 절감한 미국은 여러 경로를 통해 평화협상을 제의했다. 명예로운 철수를 위한 미국의 고심이었지만 평화협상 제의에 대해 베트남 민족해방전선은 이를 단호히 거부했다. 당시 외신의 보도에 따르면 베트남 민족해방전선은 "우리는 승리할 자신이 있다. 처음에는 우리가 당했으나 이제는 미국이 당할 차례다. 우리는 승리하고 미국은 패망할 따름이다"라고 주장했다.

1975년에 들어오면서 미군과 그 지휘하의 동맹국 군대는 자기들도 모르는 사이에 베트남 민족해방전선(베트콩)에 의해 분산, 포위되어 압박당하고 있음을 알았다. 베트콩은 전 해안선에 이르기까지 요새를 구축하고 노획한 미군의 고성능 대포를 배치하여 군함의 접근도 불가능하게 만들었다. 베트콩의 군사기지는 한 지점에 집중되어 있는 것이 아니라 분산되어 있었으므로 대규모 폭격으로도 이를 무력화시키기 어려웠다.

이러한 상황에 처하자 미국은 프랑스의 치욕적인 패전으로 귀결된 '신화의 군대인 지압의 전술'이 떠올랐다. 프랑스군의 작전 계획을 80%까지 성공시켜 놓은 다음, 프랑스군이 나머지 20%의 작전 계획을 수행할 때 바로 패전으로 이어진다는 두려움이 상기되었다. 미군이 그동안 수행하던 전략과 전술에 의해 만들어진 군사기지와 시설들은 전쟁 막바지에 가서는 모르는 사이에 조각조각 나뉘어져 이중삼중으로 게릴라에게 포위되어 있는 상태가 되어버렸다. 이때 미국이 선택할 수 있는 최후의 전략은 한 사람이라도 더 빠져나가 생명을 살리는 길, 오로지 한 길뿐이었다.

이렇게 방침이 정해지자 각 전선에 있는 미군에 긴급 지시하여 폭격기의 엄호 아래 군대를 철수시키기 시작했고, 대공 미사일 기지를 피해 수송기를 최대한 투입하여 철수작전에 전력을 기울였다. 당시의 보도에 따르면 항공기는 적재중량에 제한이 있었기 때문에 탑승한 군인들은 무기는 말할 것도 없이 무거운 소지품은 다 버리고 권총 한 자루까지도 버렸다는 말이 있었다. 한 사람이라도 더 태우기 위해 불가피한 일이었다. 그럴 정도였으니 미군이 월남에 투입한 무기와 군사시설은 고스란히 놔두고 알몸만으로 도피한 셈이었다.

미국이 당시 얼마나 많은 무기를 버리고 갔는지에 대해서는 구체적인 숫자로 밝혀지지 않았다. 다만 당시 언론 보도를 종합해 보면 철조망만 해도 100만 톤이 넘었고 파괴된 무기를 고철로 팔아도 베트남 경제에 큰 도움이 될 정도였다고 한다. 미군이 남겨두고 간 폭격기를 비롯한 군용기들은 베트남 정부에서 이용하고도 남아돌았다. 일부는 농업용 비행기로 개조하여 농약과 종자를 뿌리는 데 이용했다고 한다. 전차와 장갑차를 비롯한 트럭도 베트남군의 수요를 충족하고 남았다.

서방측에 가장 문제가 된 것은 탱크와 대포 같은 중형 무기는 물론이고 박격포와 기관포 기관총, 소총 등의 개인 화기에 속하는 무기들도 베트남군의 수요를 채우고도 남는다는 점이었다. 이러한 무기들이 당시 필리핀 남부의 민다나오에 있는 필리핀 해방군 기지에 보급될 것을 서방국가들은 크게 우려했다. 이러한 사태를 막기 위해 미국은 직접 베트남 정부에 권유도 하고 민다나오 해안 경비를 강화했다는 기사도 보도된 적이 있다. 그 중에서도 호주 시드니 방송국의 한 칼럼니스트가 방송한 보도와 논설이 구체적이고 정확성을 가졌던 것으로 내 기억에 남아 있다.

3) 베트남의 피해

전쟁이 끝나고 나면 승자와 패자에 관계없이 양측에 엄청난 피해가 나는 것은 불가피한 일이다. 무기와 병력의 규모에 있어 비교할 수 없었던 미군의 피해는 앞에서 설명한 바와 같다. 따라서 베트남 민족해방전선 측의 피해도 많은 피해를 입었으리라는 것은 상식적인 일이다. 그러나 실제 인명 피해는 그다지 크지 않았고, 이 점이 지압의 군대가 전술과 작전 계획에서 신화의 군대로 불리는 이유가 되었다.

당시 한국군 파병 후 우리나라의 신문에는 매일 같이 베트콩 몇 명을 사살하고 기지를 파괴했다는 등의 기사가 계속되었음을 기억하는 사람이 많을 것이다. 그런데 외신 보도에 따르면 이런 기사들은 상당히 왜곡된 것으로 보인다. 베트콩과의 작전에서 패전하고 가까스로 살아남은 군인들이 패주하는 도중 그 근처에 있는 부락에 들어가 총질을 난사하는가 하면 피하지 못하고 남아있는 노인이나 어린이, 환자들을 잔인하게 사살하고 모조리 불을 질러 마을을 불태워버리면서 이것을 베트콩의 사살 또는 은신 기지 파괴라고 보도했다는 것이다.

전 세계의 평화 진영 인사들을 가장 분노하게 한 것은 논밭에서 김을 매고 곡식을 거두고 있는 부녀자들을 보기만 하면 끌어내어 인간으로서 할 수 없는 폭행을 되풀이한 다음 대검으로 찔러 죽이는 일이 비일비재했다는 사실이다. 또한 놀라운 얘기로 당시 영국 BBC 방송과 일본 NHK 모스크바 방송이 보도한 바에 따르면 임산부의 배를 갈라 태아를 끌어내기도 했다고 한다.

사실 여부는 모르겠지만 그중 어떤 방송에 따르면 베트남 여성 동맹에서 한국부인회에 항의문을 보냈다고 한다. 내가 들은 내용을 요약하면 "우리 남편들이 당신 나라에 가서 그와 같은 폭행을 한다고 상상해보라. 민족은 다르지만 인간 생명의 존중과 인격의 존엄성은 모든 민족이 똑같이 가지고 있는 인간의 기본 권리이므로 당신들이 앞장서서 이것을 제지해 주기 바란다"는 내용이었다. 이것은 방송에서만 들었을 뿐 실제의 항의문에 대해서는 아는 바가 없다. 이와 같은 희생은 전투력이 없는 노인, 어린이, 부녀자 등 전투와는 무관한 민간인들의 희생일 뿐 베트콩군의 피해는 아니었다. 외신에 따르면 이러한 만행에 가장 앞장선 군대가 한국군이었다고 한다.

나는 당시 미국에서 발행한 '라이프'지 표지에 실린 컬러 사진을 본 적이 있다. 한국군 중사가 노쇠한 노인 하나를 철조망 용 가시철사로 꽁꽁 묶어놓고 손자인 듯한 7세가량의 소년을 함께 취조하는 사진이었다. 그 곁에는 미군이 웃는 얼굴로 보고 있었다. 그 사진 설명에는 한국인 중사의 이름까지 분명히 드러나 있었다.

이런 것을 종합해 볼 때, 대피하지 못한 민간인들의 피해는 많았지만 실제 전투대원들의 피해는 예상하는 것만큼 크지는 않았다는 것이다. 이것을 외신은 상상할 수 없는 기적이라고 표현했다. 지압 장군은 미군과의 전쟁에서 처음부터 한 번도 정면으로 대결한 일이 없다. 정면 대결한다면 무기로 보나 군대의 규모로 보나 전멸될 것이고 이는 자멸을 자처하는 무모한 결과를 가져오기 때문이었다. 대신 미국의 작전 계획을 사전에 파악하고 목표 지점에 매복한 게릴라식 공격을 감행했기 때문에 상대방의 피해는 컸음에도 아군의 피해는 적었던 것이다. 즉 미군은 자신들의 작전 계획 때문에 패했다는 논리가 된다.

4. 호지명의 사상과 지도노선

1) 베트남인들은 승리를 믿었다

미국에 대한 베트남 민족의 승리는 당시의 전쟁관이나 전략과 전술로 설명할 수 없는 세계적인 수수께끼였다. 세계 각국은 전쟁의 기적적인 결과에 대해 큰 관심을 갖고 비중 있게 다루었다. 특히 예전에 세계 각지의 식민지 종주국이었던 서방 국가들의 관심은 한층 더 컸다.

전쟁이 종식된 후 각국의 통신사들은 베트남 정부가 허용하는 합법적인 한도 내에서 하노이를 비롯한 각 지역을 방문하여 호지명을 비롯한 각급 지도자들을 만나서 승리의 요인이 무엇인가를 이모저모로 탐색했다. 여기에는 각국의 우수한 정보원들이 기자를 위장하여 들어간 사례도 많았을 것이다. 취재 대상도 고위층 인사에 그치지 않고 각계각층의 주민들도 빼놓을 수 없었다. 그런데 흥미로운 것은 전쟁에서 승리한 요인이 대한 베트남인들의 결론이 거의 동일했다는 것이다. 자신들이 반드시 승리할 것이라 믿고 있었다는 것이었다.

이것은 매우 중요한 얘기다. 베트남 민족은 상대가 아무리 강한 국가라 할지라도 부당하게 조국을 짓밟는 세력에 대해서는 끝까지 하나가 되어 싸우고 그 결과에 대해서도 확신을 갖고 있었다는 얘기가 된다. 프랑스를 물리치고 미국을 물리친 것이 결코 우연한 사실이 아님을 베트남 민족은 입증해 주었다.

이와 관련하여 1960년대에 지압 장군은 프랑스 방송과의 한 인터뷰에서 프랑스를 물리친 요인에 대해 "우리의 힘의 원천은 도덕성과 인민의 지지에서 나온다"면서 "인민의 마음만 단결시키면 작은 나라도 큰 나라를 능히 이길 수 있다"고 말했다고 한다. 외세와의 긴 싸움에서 수많은 희생을 치르고도 결국은 승리를 거둔 베트남인의 저력과 그 원천을 헤아릴 수 있는 대목이다.

베트남전 종전과 함께 세계 각국의 언론은 뉴스와 논평을 잇달아 내놓았고, 여기에 관한 책자나 논문 형식의 글들도 끊이지 않았다. 나도 일본의 어느 잡지사에서 발행한 베트남 관련 책자를 읽은 적이 있다. 이글의 초반에 얘기했듯이 1954년 디엔비엔푸 전투에서 프랑스군을 격퇴시킨 얘기를 접한 이후 베트남에 대해 지대한 관심을 갖고 있던 나는 미국과의 전쟁 과정은 물론 그 후의 경과에 대해서도 가능하면 많은 정보를 여러 경로로 수집하고 분석했다. 우리 민족과는 다른 결과를 가져온 베트남 민족에 대해서는 경외감을 느꼈고, 그 핵심 요인에 대해 더 깊이 알고 싶었던 것은 당연했다.

2) "나는 민족의 심부름꾼일 따름"

호지명은 프랑스 식민지 치하에서 독립운동을 하면서 공산당을 지도한 공산주의자였다. 이 사실은 전 세계가 다 알고 있는 사실이다. 1941년 비로소 베트남독립동맹(베트민)을 결성하여 독립운동의 최고 지도기관으로 삼고 그 밑에 무장한 군대를 편성하여 프랑스와 게릴라전을 하면서부터 계급투쟁이 아닌 민족통일 노선을 기본 강령으로 하는 철저한 민족주의자로 변신했다.

호지명의 이론과 지도노선은 철학적이거나 사회과학적인 체계적 표현이 아니라 매우 간명하고 단순했다. 언론인들이 밝힌 바에 따르면 호지명은 입만 열면 다음과 같은 얘기를 했다고 한다. 아래에서는 그 내용을 인용해 본다.

"까오 끼(티우 정권 아래서 부통령을 지냄-편자)는 민족 앞에 우리 민족을 배반하고 프랑스 편에 서서 프랑스 청년도 들어가기 힘든 프랑스 육사를 졸업했다. 따라서 끼도 동일한 반역자이다. 우리의 적은 티우다. 우리 민족이라면 제국주의 편에 서서 우리 민족을 말살하고 그 대가로 권력과 부를 장악하고 있는 티우의 손에서 정권을 빼앗아 우리 민족이 국가의 주인이 되어야 한다. 이것은 모든 것에 우선하여 이루어야 할 우리 민족의 당면한 최대 사명이고 최고의 의무이다.

그러려면 티우와 외세를 능가하는 우리 민족의 역량이 있어야 한다. 그 역량은 무기가 아닌 우리 민족의 애국심이다. 우리 민족은 나라가 있어야 개인이 안심하고 살 수 있다는 민족의식을 가지고 있다. 이 민족의식을 더 한층 각성하여 개인의 생활은 물론이고 독립을 위해 하나로 뭉칠 때 어떤 것으로도 파괴되지 않고 독립할 수 있는 역량이 형성된다.

그간 조국의 운명이 좌우되는 독립전쟁을 하면서 다소의 불편이 있고 우리 민족 간에도 대립과 견해 차이가 있는 것도 사실이다. 그러나 조국의 운명은 우리 민족 구성원 각자의 운명을 결정한다. 조국의 독립이라는 대명제 앞에서 개개인이 겪고 있는 다소의 불편과 견해 차이를 일단 후퇴시켜 뒤로 미루고 우리 후손까지도 외세에 얽매이지 않고 자유롭게 사는 운명을 만들어야 한다.

내가 민족이고 민족이 곧 나라는 밀착된 의식을 갖고 민족의식이 시키는 대로 따르고 전 민족이 하나의 운명체로 굳게 단결할 때 우리 앞에 있는 민족반역 세력도 제국주의 세력도 충분히 이겨내고 무릎을 꿇게 할 수 있다. 우리 민족은 이러한 역량을 갖고 있다. 이 역량은 여러분 각자의 생활에서 자기 본위의 개인 중심으로 행동하느냐 민족 중심으로 행동하느냐에 따라 좌우된다.

우리가 독립운동을 하는 궁극의 목적은 모든 외세와 반역세력을 몰아내고 우리 민족이 주인이 되는 자주 국가를 건설하는 일이다. 이 국가의 정책과 권력은 여러분의 의사에 따라 결정되는 민주주의 국가다. 민주주의 국가의 모든 것은 국민이 결정한다. 곧 민주주의적 질서와 절차에 따라 민족이 결정하는 것이다.

나는 공산주의자가 아니다. 프랑스와 미국은 나를 우리 국민 앞에 공산주의자로 보이게 하기 위해 온갖 수단과 방법을 다했으나 현명한 우리 민족은 여기에 넘어가지 않고 나를 투철한 민족주의자로 보고 받들고 있다.

나와 정부는 우리 민족 전체 의사에 따라 결정되는 원칙에 따라 법질서와 사회질서를 지키고 국민이 받아들일 수 있도록 모든 역량을 다하여 이를 강력하게 추진하는 민족의 심부름꾼일 따름이다. 그

것은 지금까지 나와 함께 자기희생적으로 우리 민족 앞에 나선 지도
자들의 생활 하나하나와 활동이 보여준 의심할 수 없는 사실이다.
우리는 우리 민족의 민주주의적 권력구조인 민족해방전선 밑에 굳
게 단결했기 때문에 세계 어느 민족도 이겨낼 수 없는 프랑스와 미
국을 완전히 승리하여 꼼짝 못하게 했다. 이것에 대해 세상은 우리
군대를 신화의 군대니 지압 장군을 신장이니 나를 위대한 지도자로
부르고 있으나 나는 우리 민족의 뜻에 어떤 지도자들보다 충실한 심
부름을 했을 뿐이며 이것을 우리 민족이 인정하고 따랐기 때문에 나
온 명칭일 뿐이다."

3) 잠재된 민족의식의 각성을 이끌어냄

나는 베트남에 대해 깊은 관심을 가진 이래 나의 위치에서 뉴스
와 책자를 통해 베트남에 관해 체계적으로 연구했다. 베트남 문제를
사실 그대로 보고 객관적으로 평가하여 볼 때 우리 민족이 걸어온
역사적 운명과 달성해야할 사명이 지나칠 정도로 복사판과 같은 공
통점이 많았기 때문에 우리 민족문제를 다루는 이 책에서 기록한 것
이다.

베트남 문제를 연구하면서 내가 가장 감탄하고 높이 평가한 것은
호지명이 도달한 계급의식과 민족의식을 객관적 역사를 근거로 정
확하게 평가한 이론이다. 호지명이 도달한 민족의식에 대한 이론은
베트남 민족의 단결과 승리의 기본 문제 중의 기본이므로 여기에 빼
놓을 수 없어 요약하여 기록한다.

호지명은 프랑스 식민지 치하에서 독립운동을 할 때부터 공산당

을 지도한 공산주의자다. 그러므로 호지명은 ML사상과 소비에트 혁명 및 사회주의 국가 수립에 관한 이론, 그리고 세계 공산주의 운동의 본부인 코민테른의 이론과 노선을 충분히 알고 있었다. 또한 제2차 세계대전 후 소련 일국 사회주의에서 동유럽 6개 사회주의 국가를 비롯한 다국 사회주의 국가 수립으로 사회주의 세계가 서방세계와 대등한 국제세력이 성장되어가는 과정을 누구보다도 잘 알고 있는 지도자였다.

호지명 사후에 그 동지들과 외국인들은 호지명만큼 독서를 많이 한 사람은 드물 것이라는 평가를 했는데 이는 다방면의 문제에 관해 인식의 폭과 깊이가 상당했다는 것을 말해주는 예다. 따라서 호지명이 도달한 민족이론 역시 그 내용에 있어 베트남 민족문제만이 아니라 전 세계 각 민족의 역사와 그 발전 과정을 구체적으로 연구하여 도달한 결론임을 알 수 있다.

호지명의 설명에 따르면 제2차 세계대전 전까지 세계 인구의 60% 이상이 제국주의 국가들의 직접 식민지 또는 반식민지로 예속되어 민족 주권은 물론 민족 각자의 자유와 권리를 완전 박탈당하고 식민지의 노예로서 탄압과 수탈의 제물로 제공되어 숨 막히는 고난 속에서 가까스로 생명을 유지했다. 식민지를 지배하고 있던 열강들은 제2차 세계대전 후 자국의 재기에 힘을 쏟기도 벅찬 상황에 처하자 이미 세계의 정치적·경제적 군사적 파워에서 압도적 위치로 올라선 미국에게 주도권을 넘기는 대신 자신들이 종전에 갖고 있던 식민지의 이권을 보장받으려 했고, 이 과정에서 식민지에 있던 반민족세력에게 정권을 넘겨주어 과거의 식민지를 간접적으로 지배하려 했다.

이렇게 종전의 제국주의가 형식적으로는 후퇴하고 과거에 향유하던 이권만을 장악하여 반식민지 상태를 유지하고자 했으나 이는 식민지 민족의 각성과 단결에 혁명적인 변화를 가져왔다. 식민지 치하에서는 엄두도 내지 못했던 민주주의 운동이 합법 또는 비합법적으로 발전하면서 민족세력이 주도권을 차지하기 시작한 것이다. 이 과정에서 전진과 후퇴가 거듭되는 기복은 있었으나 전체적으로 볼 때 민족 자주세력이 확고하게 승리를 향해 가고 있는 동시에 국제 민주세력이 이를 보장해 주고 있다는 세계적 정황을 호지명은 똑똑히 읽고 확신하고 있었다.

호지명의 위대한 점은 식민지에서 해방된 민족의 민족의식이 제국주의 세력이 물러나자 갑작스럽게 생겨난 것이 아니라는 점을 일찍이 인식하고 있었다는 점이다. 민족의 의식 속에 잠재하고 있던 본능적 의식인 민족의식이 억압되었던 외적 조건이 풀리면서 본격적으로 각성의 단계로 들어갔다고 파악한 것이다. 이러한 민족의식의 구성과 존재 형태와 과정은 각 민족마다 획일적인 것이 아니고 각각 다른 내용과 형태와 과정을 밟아 이루어져 갔다. 호지명은 이 과정을 객관적인 역사 과학자적인 입장에서 사실 그대로 보았던 것이다.

식민지 민족의 사회의식은 제국주의 국가의 식민지 지배에서 벗어나 독립을 바라는 의식의 바탕 위에서 성립된 의식이다. 자주 의식 등 여러 가지 형태로 표현된 사회의식은 그 저변에 자주독립 의식이 깔려있다는 점에서 공통된다. 이것은 모든 식민지 민족에게 있어 공통적인 의식의 범주다. 그러나 민족의식의 발생과 구성 내용, 발전 과정 및 현재의 의식 구성은 각 민족마다 각이하다.

호지명의 설명에 따르면 16세기부터 18세기 후반에 이르기까지 지구상의 약소민족은 모조리 제국주의의 군사적 강점에 의해 식민지로 예속되었다. 그러므로 이 민족들은 원시공동체 사회 또는 봉건

군주 사회 초기의 발전 단계에서 식민지로 강점되었다. 제국주의 국가들은 식민지 국가의 사회 발전이 더 이상 진행되는 것을 가로막고 후퇴시키는 것을 식민지 통치의 기본 정책의 하나로 삼았다. 민족자본의 형성과 여기에 따른 민족 간의 유대가 형성되어 세력화되는 것을 막아 식민지 민족을 완전 예속시키기 위한 목적에서였다.

그것은 정치 경제 사회적인 측면이다. 좀 더 본질적인 인식을 위해서는 신앙과 문화, 그리고 인간에 공통된 본능의 차원에서 보아야 한다. 인류의 역사를 과거로 소급하여 살펴볼 때, 원시사회에 가까워질수록 신앙이 생활의 주된 지침이 되었고 신앙에서 나타난 다양한 형태를 지닌 절대자의 계시에 따라 생활과 행동을 거기에 맞추어 살아왔다. 오늘날의 고등종교도 형식에서 현대화되었을 뿐이지 절대자와 신앙인의 관계는 예전과 동일한 본질적인 속성을 갖고 있다. 인간의 생활과 의식에서 신앙이 얼마나 중요한 것인지 그 본질을 파악하기 위해서는, 인간이 마주하고 있는 다양한 현실을 헤치고 그 바탕을 들여다보아야 한다.

속된 말로 표현하면 원시종교에 있어서나 현대종교에 있어서나 절대자가 금하는 일을 절대로 하지 않는 것이 기본이다. 즉 신도들의 생활의 중심에 있어 어떤 일이 있더라도 이것을 모든 것에 우선하여 맞추어야 한다는 의식이 다른 의식보다 밑바닥에 있는 것이다. 기독교의 십계명과 불교의 계율이 바로 그것이며 원시종교의 주문도 바로 그와 같은 것이다.

사람들의 의식 밑바닥에 있는 그러한 의식과 관련하여, 나는 1940년경에 마침 기회가 있어 100여 호에 이르는 한 부락의 가구에 대해 행정과 관습에 대해 구체적으로 조사한 바 있다. 이 조사 결과 주민들은 당국이 어느 날 무엇을 하라고 강력하게 지시해도 우리나라 토속신앙의 기본 바탕이라 할 오행설에 의존하고 있었다. 예를 들어 씨를 뿌리거나 지붕을 잇는 날이 천재일이면 절대로 그 일을 하지 않는다는 것을 발견했다.

사회 발전을 억제당해 오다가 독립한 식민지 민족의 사회의식은 현대화된 자본주의 국가들의 경제 문제를 바탕으로 하여 발전된 사회의식이 아니다. 여기에 도달하기까지도 앞으로 상당한 시간이 요할 것이다. 독립한 식민지 민족의 의식구조를 구체적으로 분석해 보면 공동체의식보다 혈연적인 친족의식이 더 강력하게 바탕에 깔려 있다. 우리나라의 경우 이것은 8·15 해방 후에도 족보 의식으로 나타나 큰 영향을 주었고 오늘에도 한정된 범위 내에서 이어져 내려오고 있다.

그리고 현대인이 이해할 수 없는 것은 공동체 사회 또는 봉건 전제 군주 사회의 통치 형태인 사회 신분적 예속 관계가 경제 외적으로 강력한 끈끈한 연결을 갖고 영향력을 발휘하고 있다는 점이다. 이것은 모든 식민지 민족들에게 공통된 현실이다. 그중 가장 강력한 큰 비중을 차지한 의식은 종교 신앙 의식이다. 베트남 민족은 80%가 불교 신자들이다. 그러므로 불교 신앙이 경제적 생활은 물론이고 문화생활을 비롯한 경제 외적인 생활과 의식 구조에 결정적인 영향을 주고 있다.

내가 볼 때 우리나라도 불교, 기독교, 유교, 천도교, 대종교, 기타 종교를 합치면 그 신도가 인구의 85%를 넘는다는 것을 참고로 말해 둔다. 식민지 민족의 의식의 내용과 구성 및 존재 형태는 각이하다. 그러나 이것은 표면화된 현상 형태이고 본질은 아니다. 그 저변에는 민족공동체 운명의식이 깔려있음을 호지명은 발견했다. 이 의식은 본인이 자각하지 못한 채 잠재 형태로 깔려있는 것이 대부분이다.

그러나 이 잠재의식은 어떤 기회가 와서 외적 자극에 의해 촉구되면 필연적으로 각성하는 속성을 가지고 있다.

그 근거는 각자가 추구하고 있는 각이한 형태의 소망과 이상의 실현이 식민지 지배하에서는 절대로 불가능함을 식민지의 억압과 탄압 속에서 뼈저리게 느끼기 때문이다. 따라서 그 실현을 위해서는 이것을 보장하고 수호해 주는 민족공동체의 권력기관인 민족을 본위로 하고 민족을 중심으로 한 독립국가가 존재해야만 가능하다는 것을 의식 또는 무의식적으로 인식하는 공감대를 형성하게 되는 것이다. 이것이 공동운명 의식인 민족의식이다. 그래서 식민지 지배하에서 한줌도 안 되는 반역자를 제외한 대부분의 국민은 정도의 차이는 있을망정 식민지 지배를 증오하고 벗어나려는 의식과 반역자를 증오하는 의식을 예외 없이 가지고 있었다.

식민지 지배에 대한 반대 의식이 깔려있다는 얘기는 동시에 민족 자주독립 의식이 그 이면에 깔려있음을 말해준다. 호지명은 민족의 의식과 생활이 각이하고 다양하지만 공동운명 의식인 민족의식이 바탕이 되고 그 위에 다양한 의식 형태가 있음을 발견하고, 여기에서 이 의식을 각성시키면 독립을 해야만 경제적으로 사회 문화적으로 식민지 지배에서 해방된다는 의식으로 각성된다는 필연성을 발견했다. 이 점이 호지명이 도달한 위대한 점이다.

호지명의 이론은 언제나 개념적인 개론이 아니라 누구라도 부지불식간에 이해하고 그것을 자기 생활에서 발견할 수 있는 평이한 이론이다. 이러한 평이한 이론을 제시하여 베트남 민족을 여기에 따르게 했으며 이것이 곧 실질적인 혁명 이론임을 베트남 민족은 이해하게 되었다.

여기에서 호지명과 그 동지들에게 제일 먼저 제기된 문제는 민족의 80%를 차지하고 있는 불교 신앙인들로 하여금 평화적인 자기 구제 의식을 투철한 민족의식과 결합하여 투쟁의식으로 바꿔나가는 일이었다. 그리하여 부처님의 가르침이 조금의 제한도 없이 실현되어 모든 중생이 각성하고 제도(濟度)되려면 베트남 민족이 주권을 잡는 자주독립 국가가 수립된 조건에서만 가능하다는 것에 역점을 두고 불교인들을 각성시켰고, 이를 통해 평화적인 불교 세력을 독립 투쟁의 가장 강력한 중심 투쟁 세력으로 발전시켰다. 이로써 이것이 진실한 혁명의 이론임을 증명해 주었다.

호지명은 언제나 평이한 말로 이 점이 신화적 창조의 기본 이론이며 역량임을 설득하여 모든 국민이 호지명과 동일한 내용과 수준에 도달하도록 모든 활동을 여기에 초점을 맞추어 인식하고 철저하게 생활화하였다. 나 역시도 이러한 점들을 교훈으로 받아들여 나의 사상과 의식의 저변을 확대시키고 실천과 전망의 폭을 넓히며 사상을 크게 발전시킬 수 있었다.

4) 식민지 민족은 반드시 해방된다

영국과의 식민지 쟁탈 경쟁에서 뒤지고 있던 프랑스는 인도차이나를 노리고 있던 중 베트남이 통상 교섭 요구를 거절하고 가톨릭 교도를 박해한다는 구실로 전쟁을 일으켜 1862년에는 베트남 전역에 대한 지배권을 확보했다. 이어 태국과 미얀마를 제외한 인도차이나 반도(현재의 베트남, 캄보디아, 라오스) 전체를 식민지화하여 1885년에는 프랑스령 인도차이나를 세웠고, 이로써 베트남은 프랑스령 인도차이나에 포함되었다.

베트남인들은 프랑스로부터 독립하기 위한 독립투쟁을 끊임없이 전개했다. 제1차 세계대전이 끝난 1919년 윌슨의 민족자결주의에 기대를 건 베트남 청년 호지명은 종전회담이 열리던 베르사유 조약에 베트남 대표로 참석하려 했으나 참석 자체를 거절당했다. 호지명은 식민지 지배에 대한 이해관계를 공유하고 있던 자본주의 열강들보다는 제국주의에 반대하며 새롭게 탄생한 소련과 코민테른에 기대를 걸게 되었다. 1930년에 인도차이나 공산당을 결성한 것도 그런 노선의 연장선이었다.

제국주의가 약소국을 군사적으로 강점하여 식민지로 삼는 궁극의 목적은 경제적 수탈 강화로 식민지로부터 이윤을 확대하기 위한 것이다. 식민지에서 이윤을 극대화하기 위해서는 식민지의 값싼 자원과 노동력을 동원해 1차 가공 생산하는 것이 유리하므로 단순한 기술 생산에 의해 초기 단계의 공업을 식민지에 이식하는 것이 일반적인 순서였다. 따라서 베트남의 경우에도 식민지 예속과 함께 대단위 농장을 만들어 베트남인들을 임노동자화 하는 한편 대규모 공장들이 들어서기 시작했다.

식민지 노동자의 노임은 본국 노동자에 비해 10배 이상의 차이가 났고, 특히 본국과는 달리 노동조합에 의한 견제나 규제가 없었기 때문에 제한 없는 착취로 노예 상태의 수탈을 행하는 것이 보통이었다. 이러한 방식으로 막대한 이윤을 취할 수 있었기 때문에 세계 각지의 식민지에는 5천 명 이상 또는 그 이상의 노동자를 고용하는 대단위 공장도 많이 설립되었다. 일제 식민지하의 우리나라에서도 3천 명 내지 5천 명이 종사하는 대공장이 수십 개나 되었던 사실로도 이를 유추할 수 있다.

그런데 이처럼 식민지 민족이 동일한 공간에 집결되는 상태가 되면 필연적으로 이들의 현실에 대한 자각과 함께 민족의식을 촉진시키는 계기를 제공하게 마련이다. 때문에 식민지 독립운동의 초기 단계에서는 예외 없이 노동조합 운동 또는 농민조합 운동이 촉발된다.

세계사적으로 볼 때 약소민족에 대한 식민 지배가 본격화된 것은 16세기부터였고 자본주의의 발전과 자본주의 국가들 사이의 경쟁과 식민지 쟁탈전이 치열해진 19세기 말에는 정점에 달했다. 식민지 독립운동 역시 4세기에 걸쳐 축적된 희생과 경험을 바탕으로 19세기 후반에 들어오면 민족의식의 발현과 그 방법론도 철학적 차원에서 체계화되지 않을 수 없었다. 즉 식민지 해방투쟁은 독립에 대한 확신과 투쟁에 대한 자신감을 뒷받침해 주는 혁명적인 이론으로 발전해 나갔던 것이다.

식민지 민족은 반드시 해방되어 독립한다는 혁명이론으로 발전된 민족의식은, 그 민족에 대한 통치는 그 민족의 주권에 의해 시행되어야 한다는 자주적인 주체의식으로 발전되었다. 이러한 민족 주체의식은 어느 학자나 이론가 한 사람에 의해 이루어진 것이 결코 아니며 또 그럴 수도 없는 일이다. 왜냐하면 그것은 4세기 동안 각지에서 계속된 식민지 독립운동 과정의 엄청난 희생 위에 축적된 경험을 역사의 발전법칙에 따라 체계화하는 과정에서 필연적으로 도달한 것으로 세계의 전 식민지 민족의 의식이 결집되어 도달한 의식이기 때문이다.

우리나라의 항일 독립운동도 그 중의 하나다. 식민지 민족의 일부 인사들 가운데는 이러한 것을 어느 한 사람의 전적인 공로로 돌리려는 경향이 있으나, 이는 400여 년간 엄청난 피와 생명을 민족 앞에 바치며 싸우는 과정에서 민족 구성원 다수가 합법칙적으로 일궈낸 결과를 부인하여 무(無)로 돌리고 영웅적인 지도자 한 사람의 공으로 돌리려는 부당한 행위다. 이것은 세계사 발전의 주요 부분을 차지한 각국 식민지 민족의 역사를 부인하는 것과 같은 것이므로 절대로 있을 수도 없고 있어서도 안 되며, 철저히 배격되어야 할 이론이라는 사실을 전 세계 식민지의 민족의식이 증명해 주고 있다.

이와 함께 식민지 민족의식에 대한 또 하나의 이론이 형성되었다. 제국주의 국가가 식민지를 강점하여 지배하고 탄압하고 수탈을 강화하는 것은 결국, 식민지 민족에 의해 타도되어 멸망할 운명인 제국주의라는 시체를 매장할 묘혈을 제국주의 스스로 파는 것과 같다는 이론이다. 앞에서 말한 바와 같이 식민지에 대한 군사적 지배와 수탈과 탄압의 강화는 필연적으로 식민지 민족의 단결과 자주독립 의식의 각성을 촉구하여 독립에 이르는 기폭제를 제공함으로써 제국주의 스스로 멸망의 길로 가게 된다는 이론이다.

이 이론도 어느 지도자나 이론가 한 사람에 의해서 만들어진 것이 아니라 400여 년간 계속된 식민지 독립운동의 경험과 방법론이 조직화되면서 축적된 이론이 체계적으로 발전해가는 과정에서 도달한 세계 식민지 민족의 정리된 이론임을 밝혀둔다.

5) 민족이 원하는 것은 사회주의가 아니라 자주독립

베트남이 프랑스 제국의 식민지로 전락한 이후 자연발생적으로 발생한 민족운동의 초기 형태는 경제적 이해가 집결된 농민운동이 주를 이루었다. 호지명의 청년 시기인 1910년경에는 노동자 운동이 알려지기는 했으나 각자의 급박한 상황을 벗어나는 데 초점이 맞춰진 경제 투쟁의 범주에 머무르고 있었던 때였으므로, 이때부터 호지명은 노동운동에 투신하여 지도자의 역량을 발휘하기 시작했다.

노동조합 운동의 초기 단계는 노동조합 자체를 조직하기 위한 투쟁에서부터 출발된다. 노동조합을 만들기 위해서는 반드시 지도자가 필요하므로 이때부터 여기저기에 흩어져 있던 지도자들이 집결되면서 지도세력이 형성되었다.

그때나 지금이나 노동자의 최후의 무기는 단결과 동맹파업이었으므로 지도자들은 이 무기를 최대한으로 활용하여 노동조합 운동에 착수했다. 한편 거의가 소작인인 농민들도 농민조합으로 단결하기 시작했다. 노동조합과 농민조합 운동 및 그 운영과 투쟁의 방법은 18C 말부터 시작된 산업혁명 이후 자본주의 사회로 전환된 자본주의 국가들의 노동조합 운동이 선례가 되었다.

세계사적으로 초기 노동조합 운동은 임금 인상과 노동조건 개선을 위한 경제투쟁으로 시작되었다. 자본주의의 발전과 함께 그 모순이 심화되면서 1847년에 유럽 각국의 공산주의 운동의 지도자들이 칼 마르크스를 필두로 런던에 모여 세계 최초의 공산주의 운동 정치단체인 '공산주의자 동맹'을 결성했다. 그리하여 노동조합의 경제 투쟁을 정치 투쟁으로 발전시켜 오다가 1848년 2월 2차대회에서 공산당으로 개편하고 "만국 프롤레타리아는 단결하라"는 구절로 잘 알려진 마르크스의 공산당 선언이 발표되었다. 이때부터 노동자 의식은 자본주의 사회를 사회주의 사회로 바꾸는 것을 목적으로 한 혁명적인 계급의식으로 전환되어야 함이 요구되었고, 사회주의 사회 건설을 목표로 한 지도와 단결이 강조되었다.

그 후 세계 각국의 노동운동은 곧 혁명운동이 되었고, 마르크스의 이론을 발전시킨 레닌의 이론을 토대로 1917년 러시아에서 사회주의 혁명이 성공하여 세계 최초로 일국 사회주의가 성립된 것은 오늘날 누구나 알고 있는 상식화된 역사적 사실이다. 이상의 국제정세 변화는 식민지 노동조합 운동을 촉진 확대시켜주는 국제적 배경이 되었다. 자본주의 국가들에서 발전시킨 노동조합 운영의 방법과 이것을 뒷받침해주는 이론은 식민지 노동조합 운동의 발전에 큰 역할을 했다.

호지명이 활동하던 당시의 국제 노동운동을 뒷받침하는 공산주의 이론은 고도로 발달했고 노동운동도 마르크스 이론을 지도이론으로 받아들여 발달하고 있는 단계였다. 이것을 누구보다 더 먼저 인식한 호지명은 마르크스와 레닌의 이론 교양과 이해를 위한 이론 학습에 열중하여 높은 수준에 도달했고 특히 조직과 각국의 투쟁 경험도 풍부하게 이해할 수 있는 지도자의 제1차적 조건인 열성을 보이기 시작하였다. 1920년경에는 코민테른이 인정할 정도로 우수한 ML사상의 이론가이며 지도자로 부각되었다. 이때부터 베트남 공산당을 중심으로 독립운동을 전개하는 중심 지도자가 되기 시작하여 1830년경에는 전 세계에서 인정받는 사회주의자로 발전하였고, 그 풍부한 경험과 해박한 이론은 베트남 민족이 지도자로 받드는 기본적인 근거가 되었다.

호지명은 노동운동을 토대로 한 민족해방운동을 위해 노동자들에게 계급의식인 ML사상을 기본 이론으로 교양하는 과정에서 불교 신자가 80%인 베트남에서는 이에 대한 거부반응이 크다는 점을 발견하였다. 아울러 그 거부반응은 불교라는 종교적 차원뿐만 아니라 혈연적 문제 또는 기타의 문제에서도 원인이 되고 있음을 발견했다.

이러한 상황에 대해 보통의 공산주의자라면 반동 세력의 공작에 의한 것으로 돌리고 ML사상이 진리이며 베트남 민족의 완전 해방은 사회주의 사회 건설에 의해서만 이루어질 수 있다는 것만을 강조하고 노동자의 계급의식을 촉구했을 것이다. 그러나 호지명은 거부 반응의 근거를 반동세력의 공작이라는 도식적인 사고에서 벗어나 객관적인 근거에서 찾아보기 시작했다.

그 결과 베트남 민족이 진정으로 바라는 것은 계급사회인 사회주의 사회가 아니라 민족 반역자를 제외한 전 민족을 포함하여 나라의 주권을 찾는 자주독립이라는 것이었다. 호지명은 베트남 민족의 밑바탕에 있는 이러한 의식이, 민족 구성원 사이에 존재하는 경제적 차이와 사회적 차별을 초월한 민족 범주의 포괄적인 의식이고, 개개인들이 마주치는 차이와 차별을 초월하여 독립을 목적으로 단결해야 한다는 의식임을 발견했다. 결국 ML사상의 토대만으로 사회제도를 바꾸겠다는 계급의식으로는 민족 구성원들을 단결시킬 수 없는 분파의식을 양산할 것이라는 사실을 발견했다.

6) 공산주의자에서 투철한 민족주의자로 전환

호지명은 1940년경에 이르자 계급의식은 계급 간의 대립과 분열을 일으킬 뿐만 아니라 민족을 분열시키는 결정적인 의식임을 베트남 현실에 대한 객관적이고 과학적인 분석을 통해 확신하게 되었다. 그리고 그가 다양한 경제적 문화적 생활 및 신앙에 대한 분석 끝에 도달한 민족 이론은 베트남 민족이 차이와 차별을 초월하여 바라는 것은 둘이 아닌 하나의 조국이라는 것이었고, 그것은 베트남 민족의 의식 속에 확고하게 깔려있는 공동의식이라는 것이었다. 또한 그가 결론내린 것은 이러한 의식은 베트남 민족뿐만 아니라 전 세계 식민지 민족에 공통된 것이라는 점이었다.

베트남 민족이 투쟁하여 식민지 지배에서 벗어나 수립할 자주독립 국가는 민족 내부의 차이와 차별을 모조리 포섭하면서 민족의 존재와 운명을 보장하는 권력구조를 갖는 것이어야 하며 조국과 민족을 최우위로 받드는 존재여야 했다. 이러한 독립국가를 건설하기 위해 밑바탕의 민족의식을 식민지 지배세력에 대한 저항의식으로 지도하는 것이 민족지도자의 사명이며 임무임을 천명했다. 아울러 계급의식은 민족 구성원의 경제적 이해와 사회 신분에 따라 서로 적대적 대립을 일으키는 것이며 동시에 민족세력의 통일을 원천적으로 분열시킨다는 점을 경계하여 배격했다. 그것은 호지명이 민족통일을 위해 무엇을 어떻게 해야 하느냐는 탐구 끝에 도달한 생각이었다.

호지명이 도달한 또 다른 결론은 민족을 하나로 굳게 단결시켜 제국주의 세력과 반민족세력을 능가할 수 있는 민족세력이 형성될 때 비로소 독립이 가능하다는 현실 인식이었다. 이를 위해 민족통일을 방해하고 분열하는 모든 사상과 정치 노선은 베트남 민족과 공존할 수 없을 뿐만 아니라 철저하게 배격하여 베트남 민족의 통일된 역량을 형성해야 한다는 것이었다. 이처럼 민족의식을 바탕으로 베트남 민족을 하나로 결속시켜 확보한 역량은 30년간에 걸친 제국주의 세력과의 싸움에 프랑스는 물론 미국을 물리치고 승리할 수 있었던 이론적 무기이자 원동력이 되었음을, 그리고 그것이 곧 진리였음을 역사는 증명해 주었다.

베트남 민족의 승리에 세계 여러 나라들의 정부와 언론이 놀라움과 함께 신화로까지 표현하며 그러한 승리의 본질을 알아내고자 촉각을 곤두세우고 모든 수단과 방법을 총동원하여 탐색했던 본질은 바로 위와 같은 내용들이었다. 각 언론들은 나름의 취재와 분석을 통해 베트남의 승리 요인을 정리하여 뉴스와 논평, 논설 등으로 경쟁적으로 보도했고 다양한 연구 논문이나 사실 보도의 책자 등을 발간했다.

나 역시 대일 무역회사의 중역인 보통학교 동창생을 통해 내가 당시 학습하고 있던 원자력 관련 책자와 함께 베트남 문제에 대한 책자들을 다수 입수하여 공부했다는 것은 앞에서도 언급한 바와 같다. 때문에 나 이외에도 베트남에 관해 더 깊은 지식을 갖고 있는 사람도 많이 있겠지만, 나도 나름의 깊은 관심과 노력으로 베트남에 대한 심도 있는 지식을 얻을 수 있었다고 자부해도 지나친 말은 아니다.

7) 계급적 사고는 민족통일전선을 저해하는 것

베트남 공산당을 지도해온 호지명은 실천 과정에서 민족의식의 구성과 내용 및 표현 형태를 철저하게 객관적 입장에서 구체적인 현실을 토대로 분석 검토하였다. 그 결과 확인한 결론은 식민지 민족의식의 내부에 존재하는 다양한 형태의 차별을 초월하여 공통된 민족 자주의식이 있다는 점이었다. 그리고 민족이 처한 현실에서 민족통일을 이루기 위해서는 민족의식 안에 담겨져 있는 민족역량을 최대한 개발하여 역량을 강화하는 것만이 식민지에서 해방되어 독립에 이르는 단 하나의 지도이론이자 투쟁의 무기라는 점이었다. 호지명이 발견하고 각성한 이 점은 그를 공산주의자로부터 투철한 민족주의자로 전환했음을 말해주는 객관적인 근거가 된다.

베트남 민족이 식민지 지배 초기에 노동운동과 농민운동 형태의 반제국주의 운동을 산발적으로 벌이면서 그 세력이 확대되자 향후에는 더욱 강화된 전국 단위의 지도체제로 발전시켜야 한다는 필요성이 크게 대두되었다. 호지명을 비롯한 그 지도부는 베트남 민족이 궁극적으로 도달해야 할 유일한 목적인 식민지에서의 해방과 베트남 민족의 주권 회복을 위해서는 다양한 세력을 포괄하는 민족통일전선의 확대와 강화가 필수적일 뿐만 아니라 향후 독립운동의 지배적 노선이 되어야 함을 깨닫기 시작했다. 따라서 민족 내부의 대립을 초래하는 계급적 사고는 민족을 분열시켜 통일전선을 저해하는 것이 되므로 배제해야 한다는 방향을 잡았다.

1930년에 호지명 주도로 인도차이나공산당이 결성된 이래, 공산주의자를 지도부로 한 독립운동이 조금씩 전개되면서 ML사상에 의한 계급의식을 토대로 민족해방운동을 전개하는 것이 당연한 것으로 보였다. 그러나 지하 독립운동이 점점 확대되면서 계급의식을 내세운 운동은 민족의 통일전선에 스스로 제한을 두는 한계점이 있음을 깨닫고, 민족적 양심이 조금이라도 있는 사람이라면 예외 없이 독립운동의 대열에 포섭하고 조직화시켜야만 제국주의 세력을 능가할 수 있는 민족역량을 형성할 수 있다는 점에 지도자들의 의견이 모아지기 시작했다.

일본이 대동아 전쟁이라는 간판을 내걸고 중국 대륙에서 동남아시아로 전선을 확대하여 급속도로 진격하고 마침내 베트남 북부의 광범위한 면적을 점령하여 프랑스군과 치열한 전쟁을 벌이면서 전선이 확대되어 가자 호지명을 중심으로 한 지도부는 이 기회가 베트남 민족이 하나로 단결하여 프랑스군과 투쟁하는 민족통일전선 결성을 위해 하늘이 내린 절대적인 기회로 생각하였다. 이에 따라 프랑스군과 대립한 일본군의 편에 서서 프랑스 군대를 몰아내기 위한 전투 형태의 독립운동으로 전환하였다. 이러한 전략은 제국주의 국가 간에 필연적으로 형성되는 적대관계를 베트남 민족의 해방을 위해 최대한 활용한다는 유연하고도 현실적인 전략이었다.

베트남이 처한 현실은 그간 지하 운동을 중심으로 이어진 평화적인 독립운동을 직접적인 무력투쟁으로 전환할 것을 강력히 요구하고 있었고, 호지명을 중심으로 한 지도부는 독립운동 세력의 극대화를 위해서는 통일전선 형성이 절대적으로 필요했다. 이와 같은 배경 하에 1941년에 호지명을 중심으로 베트남 독립을 염원하는 모든 세력이 함께 하는 베트남 독립동맹(베트민)을 결성했다. 이 조직에는 노골적인 반민족 세력을 제외한 각계의 다양한 세력이 참여했기 때문에 지도이론 역시 당연히 ML사상을 전면에 내세워서도 안 되었다. 여기서부터 호지명과 그 지도자들은 지도노선과 정책 및 교양과 기술을 철저하게 민족의식을 바탕으로 한 민족적인 것으로 표현했고 ML사상에 근거한 계급적인 것은 엄격하게 배제했다.

앞에서 언급했듯이 그 결과 나온 것이 "민족의 말로 표현하고, 민족의 옷을 입고, 민족의 색으로 칠하라"는 캐치프레이즈였다. 첫째, 베트남 민족은 모든 정책과 지시 및 회의의 결의와 발표는 민족의 말로 해야 한다고 엄격하게 규정했다. 모든 것은 민족의 말로 표현하라는 의미다. 둘째로 사회의 모든 조직과 구조는 민족의 옷을 입어야 한다고 했다. 즉, 민족적인 것을 표현하는 형태로 바꾸라는 말이다. 셋째로 베트남이 가지고 있는 유형, 무형의 모든 것은 베트남 민족의 색으로 칠하라고 했다. 이 말은 베트남 민족의 입장에서 해방과 독립의 눈으로 보고 비판, 평가하며 민족 사상을 바탕으로 하라는 말이다.

이러한 지침은 ML사상과 같은 특정 이론을 바탕으로 한 것이 아니고 베트남 민족의 현실이 강력하게 요구하는 사상과 정치 노선이었다. 현명한 호지명은 선각자의 입장에서 이를 재빨리 각성함과 동시에 민족의 각성을 촉구하는 충실한 지도자의 역할을 해나갔던 것이다.

8) 민주주의적인 중앙집권적 국가를 강조

베트남 민족의 위대한 지도자로 베트남 민족은 물론이고 외부 세계에서도 인정받고 있는 호지명은 자신의 사상과 지도 노선의 이론적 원칙에 대해 철학적으로 체계화하여 내세운 일은 없다. 그는 언제나 평이한 언어로 그가 제시한 민족 노선만이 전 민족이 공감할 수 있고 여기에 따라 맞추어 사는 것이 인간 존재와 생활의 최고 가치이며 가장 보람을 느끼는 생활임을 밝혀 주었다. 아래에서는 그의 사상에 대해 요약하여 소개한다.

"베트남 민족이 기어이 이루어야 할 독립국가는 베트남 민족 전부를 위해 또 그들의 주장과 소망을 받아들이는 것을 보장해주는 국가다. 그러므로 국가와 지도자는 민족 전체의 의견을 반영하여 우리 민족의 이익을 위해 또 민족의 바라는 방향으로 발전시켜 나가야 하는 국가일 뿐이다. 지도자나 소위 상부계층 몇 사람 의사를 일방적으로 내려먹이는 제도는 식민지 통치에서 당하는 것과 다름없이 우리 민족의 자유와 기본 권리를 억누르는 것이므로 배격해야 한다. 민족 개개인은 독자적인 역량과 재질과 사고와 소망이 각각 다른 다양한 존재이다. 이해관계 또는 지역적으로 결집된 집단의식도 다원적이다.

그러나 단 하나뿐인 국가는 다양하고 다원적인 소망을 원형 그대로 받아들일 수 없으므로 그중 많은 사람의 의견을 대표 의견으로 하여 정책을 수행해야 한다. 즉 다수 의견에 따른다는 말이다. 우리 민족의 역사와 현실은 항상 부단히 발전하므로 이 다수 의견은 한정된 시간적 제약이 있기에 일단 반영하고 다음에 다시 묻는 방향으로 국정을 운영한다. 다수 의견은 오늘 세계 각 민주주의 국가가 시행하고 있는 자유 민주선거로 이루어진다. 그 결과 모순과 잘못이 있으면 다시 물어 국민의 의사의 초점을 민족 다수의 의견으로 바꾸어 가는 민주적 개혁이 우리 민족 전부가 바라는 것이므로 나를 비롯한 지도부는 여기에 따라 충실한 심부름을 할 따름이다.

민족 하나하나는 그 사람만의 창조적 역량과 재질을 가지고 있다. 각자 우수하고 돌연변이적인 고차원적인 아이디어를 낼 수 있는 소질을 가지고 있다. 이것은 민족 각자의 자유가 민족 질서 유지의 범위 내에서 보장될 때에만 가능하여 그때 비로소 무한대의 역량을 창조적으로 발휘할 수 있다는 것을 나는 우리 민족과 더불어 누구보다도 더 잘 알고 있다. 그러므로 우리 베트남 국가는 민족 전체를 바탕으로 한 단결된 역량과 창조적인 의사를 바탕으로 한 민주주의적인 중앙집권적 국가를 지향한다.

지도부는 민족이 결정해 주는 정책과 질서를 한 사람도 이탈하지 못하게 하고 여기에 따르도록 해야 하는 강력한 심부름꾼이다. 만일에 지도자 한 사람이나 권력 집단의 범위에서 결정한 정책을 지시와 명령으로 내려 먹이는 국가제도는 명령과 복종만이 있는 체제일 따름이다.

국가의 가치와 정의의 평가 기준을 지도자나 권력 기관에 맞추어 정하고 여기에 무조건 따르는 것을 애국으로 규정하고 따르지 않는 것을 반동으로 규정하는 방식은 옳지 않다. 이러한 제도하에서는 민족 각자가 가지고 있는 창조적인 역량 발휘를 두꺼운 철판을 씌워 덮어 막아 버린다. 이것을 세상은 독재정치라고 한다. 여기에서는 독재와 그 지시 명령이 정의가 되고 애국이 되며 여기에 불복종하고 비판하는 세력은 정의가 아니고 비애국적인 것으로 된다. 이것은 독재자의 일방적 결정일 뿐 민족 전체의 의식과 소망과는 거리가 먼 반민족적인 것이다. 민족은 민주주의적 존재이기 때문이다."

호지명은 독재를 철저히 배격할 것을 역설했는데, 이는 민족의 창조적 역량 발휘를 막아버린다고 보았기 때문이다.

9) 통일의 당위성과 실천을 강조

호지명은 또 이렇게 강조했다. "베트남 민족은 둘이 아니고 하나일 뿐이다. 우리 민족이 남북으로 갈라졌던 것은 우리 민족의 의사가 아니고 제국주의에 의해 강제적으로 분단된 외형적인 형태일 뿐이다. 남북으로 분단된 우리 민족은 누구나 다 독립하고 통일된 조국을 수립하려는 투철한 공감대 의식을 가진 동일 운명체이다. 따라서 우리 민족이 바라는 조국도 하나일 뿐 어떠한 이유로든지 둘이 되는 것은 우리 민족의 의사가 아닌 반민족적인 것이다. 제국주의는 우리 민족을 분열시켜 조국을 분단하려고 논을 크게 뜨고 분열의 원인을 찾아내려고 혈안이 되었다."

호지명은 이처럼 제국주의 세력이 민족을 분열시키기 위해 호지명 자신을 민족 앞에 공산주의자의 경력을 내세우고 부각시켜 분열을 조장했다는 사실에 대해 이렇게 말했다.

"우리를 공산주의 세력으로 모는 것이 민족을 분열시키는 결정적인 요소가 될 것이라고 본 프랑스와 미국은 나를 우리 민족 앞에 공산주의자로 알리려고 총력을 기울였고 티우 정권도 모든 수단과 방법을 동원하여 이에 혈안이 되었다. 그러나 현명한 우리 민족은 여기에 속지 않고 나와 우리 민족이 조금도 차이가 없이 민족만을 위한 민족의식으로 여기에 맞추어 생활하고 실천해 왔음을 거울에 비추는 것처럼 투명하게 알고 있다. 때문에 외부의 어떠한 허위 선전과 위계에도 한 사람도 넘어가지 않고 상하가 한 마음 한 뜻으로 생활과 행동을 여기에 똑바로 맞춰 왔으며 그 결과 우리는 승리하고 통일을 이루고 독립을 이루었다."

호지명은 티우가 대통령이 되고 미국의 침입이 본격화되면서부터 이 이론을 더욱 체계화하여 전 국민이 피부로 느낄 수 있는 현실감 나는 말로 표현했다. 이것은 어떠한 형태의 전략과 사상 이론보다도 더 강력한 영향을 주는 객관적인 진리로 가득한 지도 이론이었다. 호지명은 1941년 베트남 독립동맹을 결성하면서 민족세력을 하나로 통일하고 베트남 민족의 해방을 위해 공산주의는 민족세력을 대립 분열시키는 백해무익한 존재라 여겨 단호하게 거부하고 35년간의 민족해방투쟁에서 민족해방의 기본 지도이론을 정립하며 민족통일전선을 뒷받침했다. 각계각층을 망라한 민족통일전선만이 궁극적인 승리를 가능케 한 지도이론이었다. 나는 호지명의 그러한 이론이 합법칙적인 진리임을 증명하기 위해 이러한 기록을 남기는 것이다.

이상은 앞에서 세계 각국의 언론과 정부기관들이 각자의 위치에서 보고 평가한 내용들을 요약하여 기록한 것이다. 기억을 더듬어 되살리면서 기록했으므로 전후가 바뀌고 중복된 부분도 있다. 그러나 위의 내용 어떤 것 하나도 보고된 기록을 근거로 하지 않는 것이 없음을 분명히 말해둔다. 호지명의 사상과 지도 이론이 개관적 진리와 일치했기 때문에 호지명의 이론에 충실한 베트남 민족은 식민지에서 해방 독립했고, 통일했고 승리했으며 프랑스와 미국과 티우 정권은 철저하게 패망했던 것이다.

10) 호지명이 공산주의자가 아님은 한국에서도 입증

박정희 정권은 한국의 전투 병력을 월남에 파견하기로 한 한·월 협정을 1964년 10월 31일에 체결하고 공화당 국회는 1965년 8월 13일 야당 불참리에 단독으로 월남 파병 결의안을 통과시켰다. 그러자 야당을 비롯한 재야 정치세력과 전국 각지에서 월남 파병 반대 운동이 일어났다. 1968년 5월 3일에 실시한 대통령 선거 후보로 출마한 유진오 선생은 1966년 11월에 월남 증파 반대 성명을 발표했고 같은 대통령 후보인 윤보선 선생도 월남 파병은 미국을 대신한 대리전쟁이며 민족의 피를 빨아먹는 반역이라고 연설에서 강조했다. 전국 각지에서 월남파병 반대 시위는 더욱 치열해졌다.

박정희 정권은 많은 우리 국민이 월남 파병을 미국의 대리전쟁이라 하여 규탄하고 있음에도 이를 전적으로 무시하고 민족의 피를 파는 것과 다름없는 전투 병력의 월남 파병을 정당한 것으로 결정하여 강행했다. 박정희 대통령은 민족과 국가의 이익을 내세워 월남 파병을 정당화시키기 위해 다음과 같은 이유를 내세워 국민을 설득시키려 했다.

"월남이 공산화되면 도미노 현상으로 인도차이나 전역은 물론 이웃인 인도네시아 필리핀까지 공산화 된다. 이것은 우리 안보를 위태

롭게 하는 것이므로 우리 안보를 위해 베트콩 섬멸에 적극 가담해야 한다. 그러므로 이것은 미국이나 베트남을 위한 대리전쟁이 아니고 우리 안보와 직결된 우리 문제이므로 반공을 국시로 한 대한민국의 월남 파병은 당연한 것이다."

그러나 재야 정치권과 국민 중 이러한 설명을 믿을 사람은 거의 없었다. 박정희는 월남 파병의 정당성을 입증하기 위해 소위 공산주의 세력인 베트콩이 민주세력에 가하는 잔학 행위에 대한 정확한 정보가 필요했다. 이에 따라 베트콩의 만행을 구체적 사실로 증명할 수 있는 정보 수집을 차지철에게 명했다.

여기에 관해서는 박정희가 미국으로부터 참전의 대가로 더 많은 것을 얻어내기 위해 당시 여당 쪽에서도 반대 의견이 있다는 것을 내세우려고 차지철에게 지시하여 파병 반대의 총대를 메는 모습을 보이게 했다는 이야기도 있다. 야당의 일방적인 반대가 있는 상황에서 여당 내에서까지 일부러 반대 분위기를 만들 이유가 없기 때문에 신빙성이 있는 이야기인지는 의문이다. 따라서 정확한 사실 관계를 파악하기는 어렵지만 차지철이 박정희로부터 베트남의 상황에 대한 정확한 정보 파악을 하라는 지시를 받고 베트남에 관한 정보 수집과 공부를 한 것은 사실로 보인다.

당시 차지철은 국방위 소속의 공화당 국회의원이었다. 처음에는 당연히 파병 찬성론자였다. 그런데 몇 달에 걸쳐 베트남에 대해 깊이 정보를 수집하고 공부를 하면서 입장이 달라졌다. 약소민족인 베트남이 백 년에 걸쳐 외세에 굴하지 않고 꿋꿋하게 투쟁하던 역사는 군인 출신인 그에게 많은 것을 시사했다. 그가 얻은 결론은 호지명은 공산주의자와는 무관한 인물이고, 프랑스 식민 통치 시절부터 싸운 투철한 민족주의자이자, 티우 정권과 미국으로부터 조국을 해방시키겠다는 일념으로 일관한 독립운동가라는 점이었다. 특히 그를 분개하게 만든 것은 당시 남베트남 정부 고위층들의 행태였다. 자기 자식들은 전쟁터를 피해 외국에 유학시켜 놓는 지도자들을 갖고 있는 이런 나라에 우리 젊은이들을 파병시켜 지켜줘야 하느냐는 것이었다.

차지철은 우리나라의 대외적인 도덕성에도 위배된다는 이유로 베트남 파병 반대 입장을 분명히 했고, 자신이 파악한 내용들을 정리하여 월간지에 기고하기로 했다는 보도를 나는 TV와 라디오의 논평을 통해 분명히 들었다. 차지철은 권력층과 부유층의 자제들은 외국으로 피신시켜 놓고 남의 나라 군대에 원조를 요청하는 이런 썩은 나라에 대한 파병은 있을 수 없는 일이며, 국회에서 파병 동의안을 내도 자신은 절대 찬성하지 않겠다고 했다. 야당 의원들이 퇴장한 가운데 강행된 파병안 처리에서 여당 의원 중에 단 하나의 반대표가 있었다. 그게 누구인지는 무기명 투표였기 때문에 확인하기는 어렵다. 다만 정황만 있을 뿐이다.

내가 이런 얘기를 언급하는 것은 베트남의 역사와 실정에 대해 공부해 본 사람이라면 정상적으로 한국군의 베트남 파병에 대해 선뜻 찬성할 수 없었으리라는 생각 때문이다. 차지철이 최초에 박정희로부터 어떤 의도의 지시를 받았는지 모르지만, 자신이 베트남의 실상에 대해 알면 알수록 이런 전쟁에 우리의 젊은이들을 몰아넣는 것은 있어서는 안 되는 일이라는 것을 자각했다는 것은 분명해 보인다. 물론 이런 내용에 대해 박정희도 공유했을 것이다.

결과적으로 한국군의 베트남 참전은 결정되었고 그 후 약 8년여에 걸쳐 32만여 명의 한국군이 참전하여 수천 명의 전사자와 수만 명의 부상자를 낳았다. 이에 대한 대가로 막대한 달러 획득의 경제적 효과를 누렸을지는 모르나 같은 식민지 지배의 고통을 겪은 역사를 겪은 나라가 부당한 세력의 편에 서서 약자를 짓밟는 대열에 합류했다는 것은 지우기 어려운 오류를 넘어 죄악이었다.

더구나 호지명과 베트콩에 대해 악의 세력이라고 교육받고 세뇌받은 한국의 베트남전 참전 젊은이들이 아무런 죄의식도 없이 양민학살에 앞장섰다는 것은 씻기 어려운 부끄러운 사실이다. 이러한 사실은 당시의 외국 저널리스트들이나 현지인들이 가장 잔혹한 만행을 저지른 것은 미군보다도 한국군이었다는 수많은 증언과 보도에서 확인된다. 우리 현대사의 지우고 싶은 또 하나의 대목임을 통감하게 된다.

5. 베트남 인민공화국 수립 과정

1) 점령지에 별도의 지방정권을 수립하지 않은 이유

베트남 민족해방전선(베트콩)이 월남의 각 지방을 점령하자 티우 정권은 각급 행정기관과 하급 공무원들을 그대로 남겨놓고 패주했다. 이렇게 남부 점령지에 실질적인 영토가 확보되었음에도 호지명은 전쟁이 지속되는 동안에는 이곳에 별도의 독자적인 지방 정권을 수립하지 않았다. 즉 티우 정권의 기관을 파기하거나 폐기하는 것을 금지했을 뿐만 아니라 이 기관의 관리들을 그대로 두고 베트콩 관리 하의 지방 행정기관으로 전환토록 한 것이다. 호지명은 이러한 일을 예리한 식도의 칼자루에 비유하여 설명했다.

"티우 정권이 버리고 간 식도의 칼자루를 잡았다고 해서 칼 전체를 파괴하거나 폐기하는 일은 미련한 짓이다. 칼은 우리에게도 필요한 물건이므로 새로 만들어야 한다. 이를 새로 만들기 위해서는 재료와 비용과 노력이 들어가야 하므로 이것을 절감하고 우리의 목적을 위해 최대한 활용해야 한다. 우리가 자루를 잡았기 때문에 이 칼은 티우에게 타격을 가하는 소중한 무기가 될 뿐이다. 식도를 강도가 잡으면 살인을 하지만 요리사나 주부가 잡으면 인간의 생명을 유지하는 영양가 있는 요리를 만드는 식도가 된다."

이렇게 티우가 남긴 행정력을 온전히 보존한 결과 종전 티우 정권의 관리들은 베트콩의 행정요원이 되어 충실한 역할을 다했다. 이것은 베트콩의 주민 관리에 있어 엄청난 도움이 되었을 뿐만 아니라 세력 확장의 저변을 넓히는 데도 큰 도움이 되었다. 이러한 행정력이 없었더라면 베트콩으로부터 별도의 인원이 여기에 매달려야 하는데 그만큼의 전투력 약화를 초래하게 된다. 때문에 지방 행정력의 안정적인 확보는 전선이 확대될수록 베트콩의 전투력을 강화시키는 결정적인 요인이 되었다. 이러한 사례는 우리나라의 6·25 전쟁 당시 북에서 내려온 인민군이 지방 행정단위마다 인민위원회로 전환하여 지방정권을 수립한 것과는 너무도 대조된다.

앞에서 언급한 바와 같이 당시 외신들은 호지명 군의 군사력을 공식적으로는 27만 명 수준이라고 보았지만, 전선이 확대되고 치열해질수록 외부에서 보기에는 천만 명 이상의 전투요원이 싸우는 것으로 여겨졌다고 한다. 그래서 마치 닭이 계란을 낳는 것처럼 전투요원을 생산해내는 것과 같다는 평이 나오기도 했다.

호지명 지도부는 점령지의 행정과 관리에서 티우 정권의 기존 기관과 각급 공무원을 최대한 활용했고, 여기에 매달려야 할 훈련된 인민들을 예비 전투력을 조직하고 훈련함으로써 필요할 때 필요한 전투요원을 즉각 보충하였기 때문에 외신 기자의 눈에는 그런 시각으로 보였을 것이다. 이는 호지명 지도부가 획일적이고 기계적인 점령 절차를 벗어나, 현실을 냉철히 보고 변증법적으로 전환하고 활용하면서 베트콩의 역량 증대를 꾀한 창조적인 정책의 결과라고 할 수 있을 것이다.

2) 지하 시설물에 대한 철저한 보안

지압 장군은 적의 반격에 대비한 준비가 공격 못지않게 중요한 전략임을 강조하며 이렇게 말했다.

"적이 패망 도주한 것은 적이 바랐던 바가 아니라 역부족이었기 때문이었다. 따라서 적은 가능한 모든 수단과 방법을 더 강화하여 기회만 되면 반격하려 할 것이다. 그것이 전쟁의 논리다. 그러므로 우리 민족은 승리로 다시 찾은 국토의 영구 보전에 더 한층 노력해야 한다. 동시에 적의 반격 가능성에 대한 경각심을 일시도 늦추지 않고 지속적으로 높여 가야 한다."

"아직도 승리는 불완전한 상태이므로 모든 것을 공개적으로 노출시키는 것은 절대 금물이다. 꼭 필요한 것 이외의 지하 부분까지 노출시키는 것은 절대로 금해야 한다. 베트콩의 전투에서는 지하 터널이 중요하다. 지하 터널이 전선과 생산지와 생활권을 거미줄 같이 연결하고 있다. 이것이 베트콩에 승리를 가져다주는 지하 요새이며 적이 가장 두려워하는 우리의 군사력이다. 지하 터널은 군인뿐만 아니라 전투원 이외의 국민도 많이 이용하고 있다. 적은 지하 요새지를 파괴하기 위해 터널이 소재하는 장소를 탐지하고자 모든 수단을 총동원하고 있다.

그러나 우리 민족은 자기가 알고 있는 것 이외에 다른 것을 알려고 하지 않는다. 비밀은 철저하게 지켜졌고 또 정치 군사 경제 조직의 운영도 노출되지 않았다. 민족해방전선의 조직 활동에 있어서도 필요한 분야 외에는 우리 민족에게 알리지 않은 지하 부분이 많다. 전선에 있어 그리고 정치에 있어 지하의 비밀이 엄격하게 지켜졌기 때문에 우리는 승리했다. 이 지하의 비밀은 적이 반격을 노리고 있는 오늘에는 더 한층 엄격하게 지켜 노출시키지 않도록 해야 한다. 만일에 모든 것을 노출시킨다면 적의 반격으로 모조리 파괴 말살되기 때문이다. 적이 모르면 파괴도 말살도 하지 못한다. 때문에 우리의 모든 군사 시설과 요새는 항상 적의 반격에 대비하여 관리를 강화해야 한다."

이처럼 전시 베트콩 지배하의 베트남에서는 전 민족이 소중한 비밀을 생명과 같이 지켜왔기 때문에 승리했다. 호지명의 영웅적인 지도는 전 민족이 밑으로부터 단결하여 강요가 아닌 자진적인 충성으로 결합하고 전 민족역량이 한 덩이 바위와 같이 단결하여 승리의 결정적인 요인이 되었다. 빈틈없는 지도노선과 민족에 대한 충성으로 한 덩어리로 뭉친 민족은 이를 생활화하여 지켜냈기 때문에 적들은 베트콩의 군사시설과 요새를 거의 찾아내지 못하여 이들은 대부분 파괴되지 않고 보존될 수 있었다. 이것이 지압의 군대가 신화의 군대라 불리는 요인의 하나가 되었다.

이와 같이 비밀 규율이 지켜질 수 있었던 요인 가운데 하나는 점령지에 베트콩 정권을 별도로 세우지 않고, 기존의 월남 정권이 세운 기관과 시설과 인력을 활용하여 점령지를 관리 지배했던 전략이 큰 효과를 발휘했던 것으로 평가되고 있다.

3) 미국 패망 후 외세에 대한 경각심을 더욱 강화

호지명은 미국에 대한 승리를 확신하면서 완전한 승리를 거둔 후 일지라도 늘 적의 반격에 대한 경각심을 높이고 이를 한층 더 보완하도록 노력해야 한다는 점을 강조하며 이렇게 말했다.

"프랑스가 우리 민족을 식민지로 강점하여 식민지 통치기관인 총독부를 설치한 1887년부터 마지막으로 물러난 1956년까지 70년간 우리 민족에 가혹한 탄압과 착취로 막대한 이윤을 빨아먹었다. 프랑스를 살찌게 한 입맛은 지금도 변하지 않고 생생하게 살아있을 것이다. 날마다 우리나라를 바라보며 기회만 있으면 재침략을 할 것이라는 것을 우리 민족 누구도 잊어서는 안 될 것이다.

세계 최대 부강국이자 현대판 세계 권력으로 자인하고 인정 받아온 콧대 높은 미국이 엄청난 인명과 경제적 피해를 입고 쫓겨나 가까스로 도망치는 굴욕을 맛볼 것이다. 그렇다고 하더라도 미국은 자국민들과 세계 인민들 앞에서 위세가 땅으로 떨어져 짓밟힌 모욕을 절대로 잊지 못할 것이다. 다시 침략하여 우리 민족을 식민지로 예속시켜 보복적인 탄압과 착취를 일삼을 수 있다. 그러면 자국민과 세계 인민들에게 실추된 위신과 면목까지도 되찾을 수 있기 때문이다.

우리 민족은 승리를 하더라도 그들이 언제든 재침략의 준비를 할 것이라는 예상을 현실로 받아들이고 대비해야 한다. 프랑스의 식민지 회복과 미국의 명예 회복을 위한 반격을 가능하게 하느냐 못하게 하느냐의 여부는 그들에게 달려있는 것이 아니다. 우리 민족이 30년 간 독립전쟁에서 훈련하고 강화하고 공고히 했던 민족통일전선을 전시보다 더욱 강화하는 것만이 프랑스나 미국을 능가할 수 있는 역량이 될 것이다. 이것은 무엇으로도 바꿀 수 없는 우리의 힘이다."

또한 중국에 대한 경계심 역시 프랑스나 미국에 대한 것 못지않았다. 국경을 맞대고 있다는 점과 아울러 역사적 경험이 더해져 서구 세력에 대한 것 이상의 경계심을 갖고 있었다.

중국 모택동은 1949년에 중국을 통일한 직후부터 호지명이 프랑스와의 독립 전쟁에서 소련의 지원을 받고 있는 것에 대해 못마땅하게 생각하여 소련과 대립했다. 그것이 갈수록 심각하게 악화되어 1960년 말부터 유명한 중소 이념분쟁으로 나타났다.

모택동의 중국과 소련과의 대립은 단순한 이론 투쟁의 범주를 벗어나 관련 공산주의 국가들 사이의 대립으로까지 확대되었다. 일례로 쿠바의 경우 카스트로가 정권을 잡은 후 미국의 철저한 경제 봉쇄로 존망의 위기에 처하게 되자 소련을 비롯한 사회주의 각국은 쿠바에 대한 원조가 이어졌다. 이것으로 카스트로는 정권을 유지하고 쿠바 국민들도 생활을 이어나갈 수 있었다. 모택동 역시 쿠바에 미곡 5만 톤 공급을 약속했다. 이것은 쿠바 국민의 식량 문제 해결에 있어 주요한 부분을 차지했다. 그런데 쿠바가 소련의 입장을 따르게 되자 모택동은 쿠바에 대한 미곡 공급을 단호하게 거절했다. 이를 본 카스트로는 모택동은 미국 이상으로 쿠바 국민이 굶어죽는 것을 원하고 있다는 격렬한 어조의 성명을 한 적이 있다.

모택동의 반 소련 정서가 소련의 원조로 독립전쟁을 치르고 있는 베트남의 호지명 정권에 영향을 미친다는 것은 당연한 순서였다. 중소 이념분쟁은 이론의 대립에 그치지 않고 군사적 대립과 분쟁을 향해 급속도로 진전되어 갔다.

중국 통일 이후 군사력 강화에 주력해 왔던 모택동은 1970년경 극동 우수리 강에서 흑룡강을 따라 서부 국경에 이르기까지 약 8천 킬로미터에 달하는 중소 국경에 약 100만 명의 군대를 동원하여 배치했다. 이는 소련에 대한 명백한 적대적 관계의 표현이었다. 100만 명의 군대 규모는 국경 수비 단계를 벗어나 공격을 목적으로 한 군사력 배치라는 사실은 군사 상식이다. 소련도 여기에 대비하여 대등한 군사력인 100만 명을 국경에 배치시켰다. 100만 명의 군사력을 유지하려면 군인과 무기뿐만 아니라 시설과 생활 유지를 위한 전쟁 물자와 생필품 보급이 뒤따라야 한다. 군사용 교통망도 설치해야 한다. 이처럼 대병력을 위한 무기 및 전쟁물자 보급과 시설 유지를 위한 비용이 얼마나 큰 것인가는 상상조차하기 어렵다. 이를 뒷받침하기 위한 행정력과 그 비용도 막대하다.

나는 당시 모스크바 방송을 통해 중소 국경의 군사 대립에 대한 뉴스를 아주 구체적으로 자주 들었다. 세계 각국의 외신들도 이 문제를 세계의 주요 뉴스로 비중 있게 보도했다. 모스크바 방송은 소련 사회주의 국가의 건설과 발전을 방해하는 세력은 서방세계가 아니라 중국이라는 것을 구체적인 숫자를 들어 열거했다. 한편 몽골 민족은 중국 지배하의 내몽고와 소련의 영향하의 외몽고로 분단되어 고비 사막에서 긴 국경으로 대립하고 있었는데, 모택동은 민족적 동질성과 공감대에서 나올 수 있는 유대가 위험하다고 생각하여 내몽고 인민을 국경에서 멀리 남하시켜 놓고 국경을 요새화 했다고 한다. 소련과 군사적으로 적대적인 입장에 서 있는 모택동의 사상과 정치 노선은 소련의 원조로 독립운동을 하고 있는 호지명에 대해서도 소련편이라 여기고 적대적 시각으로 본 것은 당연한 논리였다.

호지명의 북부 베트남과 800킬로미터의 긴 국경으로 직접 접하고 있는 국경에 전투 병력을 배치하여 적대적 태도로 나온 것도 모택동의 노선에서 나온 정책이다. 호지명은 1949년까지 장개석 국민당 정권과 국경을 접한 상태에서 항상 불안을 느껴오다가 1949년에 모택동이 통일하자 중국을 우방국으로 생각하고 국경 경비는 안심하고 프랑스와 미국과의 독립전쟁에 전 역량을 집중할 수 있다고 기뻐했다. 그러나 모택동의 대군이 국경에 배치되어 침략적인 태도로 나오자 모택동 정권은 베트남의 우호국이 아니고 적대 국가임을 인식하게 되었다.

　호지명 정권은 물론 베트남 국민 누구라도 국경을 넘어 중국을 침략한다는 것은 상상조차 할 수 없는 일이었다. 제국주의와 싸우는 독립전쟁에 모든 것을 투입해도 부족한 상황에서 중국 침략을 위해 군사력을 국경에 배치한다는 것은 베트남뿐만 아니라 전 세계의 누구라도 정신이상자가 아닌 이상 생각할 수 없는 일이었다. 호지명 정권의 숨 막히는 사정과 베트남의 국력이나 군사력으로 보아 베트남군이 먼저 국경선을 넘어 중국에 침입한다는 것은 전혀 현실성도 가능성도 없다는 것을 모택동 자신이 누구보다도 잘 알고 있었다.

　따라서 베트남 북부 국경에 중국군이 배치된 것은 수비가 목적이 아니라 침략 목적임을 베트남 민족과 전 세계의 평화 인민 앞에 분명하게 보여주는 사실이었다. 베트남과 미국의 전쟁이 최고 절정에 달하던 시기인 1970년에 중국은 국경에 약 10만 명의 대병력을 배치했다고 외신들은 전했다. 20만 명이 된다고 보도한 외신도 있었다.

　모택동의 의사와 목적이 베트남에 대한 침략임을 알고 있던 호지명 정권은 불안한 국경을 방치할 수 없어 여기에 대항하기 위한 군사력 배치를 해야만 하는 난처한 입장에 서게 되었다. 모든 군사력을 미국과의 전쟁에 모조리 투입해도 부족한 정세하에서 군사력 일부를 북부의 국경에 배치하여 중국의 침략에 대비한다는 것은 베트남 민족에게 뼈와 살을 도려내는 것과 같은 고통과 함께 극단적인 적대적 분노를 가져다주었다. 지압 장군은 프랑스군과 미군에 대한 감정보다 모택동의 중국이 베트남의 최대의 적이고 최후의 적이므로 베트남 민족은 영원히 잊지 않고 여기에 대항해야 한다는 성명을 발표했다.

중국 군대의 침략적 국경 배치를 본 지압 장군은 드디어 결단을 내리고 가장 큰 국경 통로에 집결된 중공군을 유도하기 위해 배치된 월맹군을 20킬로미터 후방까지 후퇴시켜 중공군의 침입을 유도했으나 지압 장군의 전술 앞에 자신이 없는 모택동 군대는 침입하지 않았다. 외신의 논평에 의하면 만일 중공군이 침입하여 남진했더라면 프랑스군 13만 명이 디엔비엔푸 계곡에서 포위된 것과 같은 상황에 처했을 것이라고 보도했다. 즉, 지압 장군은 침입한 중공군에 대한 포위망을 좁혔다 늘였다 하면서 막대한 군사력으로 결국 전멸시켰을 것이라는 보도였다

여기에서 지압 장군의 전술과 작전이 베트남 민족 승리의 결정적 요인이 되었으므로 지압 장군의 전술을 되풀이하려 한다. 지압 장군의 전술은 프랑스군과 미군의 작전 계획을 사전에 탐지하고 또 전투 과정에서 작전 계획을 알아낸 다음, 그 작전 계획의 80% 가까이가 적의 승리로 진행되도록 하여 적들로 하여금 그 작전 계획에 자신감을 갖게 한 다음 최후 승리를 자신하여 박차를 가하는 적군에게 일격을 가함으로써 결국 적들이 자신하던 전술 계획으로 인해 완전한 패망에 이르게 하는 전술이었다.

이 전술을 탐지하기 위해 각국은 모든 수단을 다해 보았으나 원

리적인 법칙을 알아내지 못하고 수수께끼와 같은 미지수로 남겨놓고 말았다. 다만 이러한 지압 군대를 일컬어 신화의 군대로 표현했다. 지압의 전술과 작전 계획은 베트남군의 최고 참모진으로 이어져 내려올 뿐 오늘에까지 수수께끼로 전해지고 있다. 그러므로 당시 프랑스 육군 참모총장이 만일에 지압 장군이 프랑스 육군의 초청을 받아들여 온다면, 프랑스 육군의 실권이 있는 최고 지위를 주겠다고 말한 발언이 당시 전 세계 언론에 보도된 바가 있다.

4) 전후 처리에서의 치밀함과 위대함

내가 이 글에서 베트남에 관한 설명으로 많은 지면을 할애한 것은 베트남의 근세사를 기록하려는 목적이 아니다. 이에 관해서는 전문적인 서적들이 많이 발표되었으므로 여기서 중복 설명할 필요는 없다. 베트남에 관한 이 글의 목적은 베트남 민족과 우리 민족의 역사적 운명과 발전 과정이 복사판적으로 공통되므로 우리 민족의 오늘과 내일을 위해 조금이라도 도움이 되는 교훈을 얻게 하려는 것이다. 많지 않은 나의 지식이지만 이를 토대로 베트남 민족문제는 곧 우리 민족의 문제라는 시각에서 내가 알고 있는 사실들을 기록한 것이다.

두 민족은 식민지 지배로부터 해방되기 위해 싸웠고 분단된 조국을 통일하기 위해 민족역량을 다하여 싸운 공통점이 있다. 그러나 결과는 반대로 나타났다. 베트남은 승리했고 우리나라는 미완성으로 머무르고 있다. 이 결과의 차이는 엄청난 것이다. 베트남은 우리보다 더 강력하고 거대한 외세와 자력으로 싸워 승리했다.

베트남 민족의 노선과 투쟁 방법은 합법칙적이고 정당성을 갖고 있다는 것이 결과를 통해 확인되었다. 우리에게 통일은 언젠가는 반드시 이루어야 할 과제다. 베트남 민족이 성공을 거두는 과정에서 보여준 지도자의 노선과 지도이론은 우리에게 기준이 되는 척도가 되기 때문에 가능한 한 심도 있게 이 내용들을 기록했다. 베트남 민족이 지켜온 노선과 경험은 우리 민족에게 단순한 타산지석을 넘어 반드시 동일한 결과가 나타나는 필연적인 것임을 강조해둔다.

베트남은 미국으로부터 완전 승리를 거둔 1년 후에 총선을 실시하여 베트남 인민공화국을 수립했다. 베트남 전쟁을 지도해온 민족해방전선(베트콩)은 완전 승리 후에도 적의 반격과 중국의 침략 위협에 대한 경각심을 높이며 전시 체제를 유지하였다. 아울러 앞에서 언급한 것처럼 모든 독자적인 지방 정권을 수립하지 않고 이전의 티우 정권이 남긴 각급 행정기관과 공무원을 민족해방전선 관리하에 두었고, 모든 지하 터널 등에 관한 비밀들을 철저히 유지시키면서 행정 목적을 충분히 달성했다. 그렇게 미국의 재공격 위험과 티우 정권의 부활 가능성이 완전히 사라졌음을 확인한 다음인 1년 후에 총선을 실시하여 새로운 독립국가를 수립했다.

1975년 미국이 베트남전에 패전한 이후 미국은 소총 하나까지도 버리고 태평양을 건넜다. 베트남 전역에서 군함만 없을 뿐 항공기와 전차와 각종 대포 등 완전한 현대식 무기가 산더미같이 쌓여있었다. 그 수량은 전 베트남 성년 이상의 인구가 무장하고도 남아돌 정도였다고 한다.

베트남군은 미군이 패망한 뒤 남겨놓은 무기를 활용하여 군대의 장비를 최신형 무기로 교체했다. 각종 군사 시설과 장비도 최현대식으로 바꾸었다. 아직도 중국 군대의 군사적 위협이 사라지지 않고 있었으므로 전 민족 남녀를 마치 한국의 민방위 군과 같이 군사조직으로 편성하여 현역군과 동등한 수준으로 훈련시켰다. 그러므로 베트남은 군함만 없었을 뿐 어떠한 강국과도 대항하여 싸울 수 있는 무기로 무장했고 예비 무기도 남아돌 정도로 비축했다고 한다. 이것은 베트남 군사력을 비약적으로 발전 강화시켰다.

그 중에는 노출시킬 수 없는 비밀 분야도 있었을 것이다. 하지만 지압 장군은 일반 군사 상식으로는 이해할 수 없는 개방 정책을 택했다. 군대의 무장과 훈련 과정을 공개적으로 노출하여 외신 기자들의 취재에 무제한 개방했다. 당시 세계 언론은 이 사실을 대대적으로 보도했다. 이를 본 프랑스와 미국을 비롯한 그 동맹국과 관심을 가진 서방 각국은 깜짝 놀랐다고 한다. 미군에 비해 비교할 수 없는 보잘 것 없는 무기로 무장했던 민족해방전선 군대가 이제는 미제의 정예 무기로 무장하여 군사력이 비약적으로 확대 강화되었다 점이 달라진 점이었다. 또한 이렇게 정예화된 베트남 군대를 여전히 지압 장군이 지휘하고 있었다. 그러므로 현대식 무기와 지압 장군의 신화적 전술이 상승하여 과거에 비해 몇 배 이상으로 강화되었다고 서방세계는 보았다.

그 결과 이제는 세계 어느 나라도 베트남 군대와 싸워 승리할 나라는 하나도 없다는 것이 세계의 여론이었다. 이것이 세계에 알려지고 확인되자 프랑스는 말할 것도 없고 미국을 비롯한 그 동맹국들은 베트남에 대한 보복적 침공은 엄두도 내지 못하고 단념할 수밖에 없었다고 한다. 지압 장군이 보여준 이러한 공개 정책은 베트남에 대한 침략 의욕이 있거나 조금이라도 가능성의 위험이 있는 일체의 외세에 대해 베트남에 대한 군사적 침략은 꿈도 꿀 수 없는 불가능한 것으로 단념시키는 효과를 가져왔다. 베트남의 지도부는 이를 예견

하고 당시 안보 정책의 일반적인 상식인 비밀주의와는 정반대의 과
감한 공개주의를 추진했던 것이다. 이 점 또한 베트남 민족을 이끄
는 지도부의 위대한 점이었다.

5) 민주 선거로 베트남 사회주의공화국 수립

베트남은 미국이 물러난 1년 후 독립이 보장된 국제정세가 조성
되자 모든 분야의 안보적 대비 장치를 완료하고 국민의 안보의식을
충분히 확인하고 난 다음 비로소 베트남 인민공화국을 정식으로 수
립하였다. 이어 세계 각국과 독립된 베트남의 위치에서 수교를 확대
하여 오늘날 200여 개의 국가 중 미수교국은 손에 꼽을 정도로 소수
에 불과한 상황이 되었다. 당시 선거를 통해 새로운 국가를 수립하
는 과정을 살펴보자.

1954년 프랑스가 베트남에서의 식민지 지배를 포기하고 선거를
통해 남북 베트남에 통일 정부를 수립한 뒤 떠나기로 결정한 제네바
협정에서 정해진 원칙은 베트남의 중앙을 통과하는 북위 26°선을 경
계선으로 하는 남북 동시 선거였다. 세월이 많이 흘렀기 때문에 이
제네바협정은 새롭게 독립 통일을 이룬 베트남 민족에게 있어 아무
런 구속력도 가질 수 없는 사문화된 고문서에 불과했다.

물론 1954년 당시 남부 베트남이 서명 주체의 하나였기 때문에 그
동안의 정권이 여러 번 바뀌었음에도 불구하고 국제법상의 효력이
완전히 사라진 것은 아니라는 의견도 없지는 않았다. 승리와 함께
실질적인 외세 추방을 이룬 베트남의 지도부는 과거의 협정일망정
이 제네바협정을 준수하는 것이 국제적 신망을 높이고 확대하는 데

필요하다고 판단하여, 베트남 남북이 따로 선거하는 방식으로 통일 정부를 수립하기로 결정했다.

물론 이러한 결정의 배경에는 베트남 전체의 선거를 치루든, 남북 베트남을 분리하여 따로 선거를 치루든 결과 자체는 변할 요인이 전혀 없다는 분석이 당연히 있었다. 다만 과거에 맺어진 국제조약에 충실한 국가라는 신망을 얻기에 필요하다면 그런 방식대로 따라주는 것이 나쁘지 않다는 지도부의 판단이 있었다. 그 결과 베트남의 남북을 구분하여 치르는 총선거가 실시되었다.

프랑스의 식민지 통치 70년간 프랑스는 베트남 남부를 통치의 중심으로 삼았다. 북부보다 남부가 교통에 있어서나 자연 조건에 있어 유리하다고 여겼기 때문이다. 때문에 정치, 경제, 산업의 주요 시설과 행정 교통이 거의 남부 베트남에 집중되었고, 인구 역시 남부가 압도적이었다. 미군이 완전 퇴각한 1975년 시점에서 남부 베트남의 인구는 북부의 두 배에 가까운 수준이었다.

총선 실시가 결정되자 북부의 일각에서는 인구비례에 의한 선거가 아니라, 남북 각각 동수의 국회의원을 선출하여 제헌국회를 만들자는 의견이 강력하게 대두되었다. 하지만 임시 혁명정부는 이를 거절하고 인구비례에 의한 선거를 진행했다. 이러한 결정은 호지명 생전의 평소 지론을 존중한 것이었다.

"인구수를 무시한 남북 동수의원 선출은 소수가 배 이상의 다수와 무차별한 동등한 권리를 갖는다는 말이다. 이를 요약하면 소수가 다수를 지배해야 한다는 소수 중심의 독재권력 체제로 이어진다. 우리 민족은 외세뿐만 아니라 국내의 어떤 소수 집단이 국민을 지배하는 독재를 배격하고 모든 국민이 차별 없이 자기 권리를 행사하고 차별 없는 혜택을 받는 민주국가 수립을 위해 싸워왔다. 국가의 권력과 부가 어떠한 형태로든지 소수 집단에 의해 장악하고 다수 국민을 지배하는 제도를 우리 민족의 의식은 받아들이지 않는다. 정의와 평등 의식이 강한 불교 신자가 우리 민족의 80%를 차지했고 정의와 공평과 평등을 위해 베트남 민족 독립운동의 중심 세력이 되어왔다. 그러므로 불공평한 남북 동수 의원 선출은 단호히 배격한다." 그러한 것이 생전 호지명의 입장이었다.

마침내 1976년 4월 총선거가 실시되었다. 남북 지역별 선거였지만 인구 비례에 의한 국회의원 선거였으므로 전국 총 선거와 똑같은 결과를 가져왔다. 이렇게 제헌국회를 형성한 뒤 새로운 국가인 베트남 사회주의공화국을 선포했다. 새 베트남은 북이 남을 지배한다거나 남이 북을 지배한다는 것은 어느 한 곳에서도 찾아볼 수 없는 전 국민의 의사가 반영된 국회와 국가였다. 즉 민주주의적 중앙 집권제의 국가를 형성한 것이다.

이렇게 민주적 절차에 따라 새로운 정부를 수립한 것은 독립전쟁에서 보여준 것과 같이 전 민족의 민주역량을 밑으로부터 자발적으로 결성하여 국회와 국가를 뒷받침하도록 민주적으로 국민 역량을 집결했다는 데 큰 의미가 있다. 국민 의사에 따른 민주선거에 의해 구성된 권력 구조는 다른 사회주의 국가에서는 찾아볼 수 없는 베트남만의 고유의 것이었다.

그러므로 베트남이라는 새 국가의 권력 체계와 운영은 획일적이고 관료적인 권위주의가 아니고 밑으로부터 올라오는 전 국민의 의사를 자발적으로 결부시킨 확고한 국민 기반이 형성되어 있다. 그에 관한 자세한 사항들은 이 글에서 다룰 문제가 아니므로 다른 저서들에 맡긴다.

6) 유례 없는 세계사적 승리의 완결

호지명이 투철한 민족 지도자로 베트남 민족을 강철 같이 하나로 단결시켜 민족통일전선을 결성하고 초기에는 프랑스와 후기에는 미국을 등에 업은 민족 반역정권과 싸워 승리하고 통일했음은 앞에서 말한 바와 같다. 그가 민족으로부터 전폭적인 지지를 받은 것은 처음부터 끝까지 추호의 권위주의나 관료적인 권력으로 민족 위에 군림하는 것을 완전히 배제하고, 민족을 자각시켜 밑으로부터 자발적으로 독립운동에 가담하거나 통일전선에 자진 참여하게 하는 민주주의적 지도노선을 지켜왔음은 베트남 민족의 30년간의 독립운동에서 분명히 보여 주고 있다. 이러한 내용들을 다시 한 번 살펴보면서 베트남 통일이 남긴 교훈을 짚어본다.

민족의식은 강요된 의식이 아니라 자각된 의식임을 인식한 호지명은 민족 구성원 개개인이 스스로 애국의식을 각성하여 독립운동에 동참하고 차별과 차이를 초월한 공동 운명의식인 민족의식을 지향할 수 있도록 동지들과 더불어 자기희생적인 노력을 기울였다. 그리하여 세계 어느 민족의 독립운동에서도 찾아볼 수 없는 강력한 통일전선을 결성하여 무한대에 가까운 민족역량을 창출해냈고 이를 토대로 세계 최대 강국인 미국과 그 동맹 세력과 민족 반역 정권을 최후의 일인도 남기지 않고 패망시킬 수 있었다. 이는 지금까지 세계에서 일어난 모든 전쟁에서 그 예를 찾아볼 수 없는 통쾌한 승리의 역사이며, 베트남 민족의 이러한 역량은 자연발생적으로 조성된 것이 아니라 탁월한 지도자에 의해 각성된 것이었다고 할 수 있다.

호지명은 베트남 민족의 다양한 생활과 의식을 있는 그대로 객관적으로 파악하여 이것을 민족의 발전에 합법칙적으로 적용하여 지도했다. 민족의식을 자각, 자발, 자진의 단계로 각성시켜 하나의 세력으로 결정체와 같이 결합하게 하기 위해서는 지도자가 권위주의적이고 관료적인 측면을 추호도 보이면 안 된다는 것을 강조했다. 민족을 위해 민족 의사를 존중하고 민족이 결정한 민주의사를 강력하게 집행하면서 추호의 대가도 바라지 않는 자기희생적인 태도로 지도자의 모든 생활과 실천에서 투명하게 나타나도록 확신을 심어줌으로써 민족의 공감대를 이루었다.

호지명은 처음부터 끝까지 이와 같은 민족 본위의 지도자 상을 일관되게 보였다. 호지명의 민족의식에 대한 관점은 일방적이거나 주관적인 것이 아니라, 민족 구성원의 의식에는 예외 없이 다양한 형태로 표현되는 사고의 밑바닥에 민족지향적인 의식이 잠재해 있음을 사회과학자의 입장에서 확인했기 때문에 이를 강력하게 추진했던 것이다.

베트남 전쟁에서 승리한 후 일부에서는 먼저 통일 정부를 수립하여 전후 문제를 정리하면서 발전시키자는 의견이 많았다고 한다. 그러나 호지명의 뜻을 받들어 승리를 거둔 임시 혁명정부 지도부는 이에 다음과 같이 반대했다고 한다.

"비록 적이 우리 국토에서 물러갔지만 그들은 언제든 재침략의 기회를 노리고 준비하고 있을 것이다. 식민지에서 독립한 민족들은 모든 것에 우선하여 여기에 대비하는 것이 정부 수립보다 우선되어야 한다. 우리 국토에서 정부는 언제든 수립할 수 있다. 적은 우리와 거리만 떨어져 있을 뿐, 언제든 적대세력으로 존재하고 있다. 그러므로 우리 민족의 눈은 우리나라에만 고정시키지 말고 세계 속에 위치한 우리나라를 보아야 한다. 우리는 큰 범위에서 제국주의 세력에 포위되어 있다. 그러므로 적이 재침을 단념하고 국제정세가 이것을 보장할 때 정부를 수립하여 수교의 폭을 넓혀가야 한다. 오늘날 우리나라의 국제적 위치와 국제정세는 우리에게 전시 체제를 풀어서는 안 된다고 경고하고 있다."

이러한 논리에 따라 임시 혁명정부는 오히려 전시 체제를 더욱 강화하는 한편 표면화된 지상부와 숨겨져 있는 지하부의 규율을 엄격히 하고 베트남군의 전력을 고도화하여 준비에 만전을 기했다. 그 결과 베트남에 대한 재침략은 안 된다는 국민 여론이 미국 내에서 고조되어 평화 정세가 정착되는 분위기가 확산되었다. 이와 같은 대내외 여건 속에서 미국이 패주한 1년 3개월 후인 1976년 7월 베트남 사회주의공화국이 수립되었다.

제6장 베트남 역사가 우리에게 주는 쓴 교훈

1. 내가 발견한 호지명과 베트남 민족

1) 베트남 전쟁을 다루는 나의 원칙

세상에서는 영웅적인 지도자를 받들어 강철같이 단결하여 민족통일의 과업을 이룬 베트남 민족을 위대한 민족이라고 평가한다. 그런데 호지명의 지도노선은 일반인이 이해하기 어려운 수준 높은 이론도 아니고, 호지명만이 내세울 수 있는 전매특허적인 것도 아니었다. 신비스러운 요술이나 마술은 더더욱 아니었다.

베트남 민족의 생활과 태도 역시 그 민족만이 발휘할 수 있고 타민족에서는 찾아보기 어려운 독자적인 독특성을 가진 것도 아니었다. 누구라도 이해할 수 있고 조국 앞에 모든 것을 바친다는 자기희생적인 민족의식을 갖고 있다면 어느 민족이든 실천 가능한 평범한 진리이자 보편적 실천이었다.

이렇게 호지명과 베트남 민족은 평범한 이론과 평범한 실천을 통해 위대한 일을 이뤄낸 것을 보여주고 있다. 우리 속담의 뜻이 있으면 길이 열린다는 논리로 보아야 할 것 같다. 그처럼 어느 민족도 할 수 있고, 승리로 이끄는 실천이 가능함을 보여주었다는 점에서 호지명과 베트남 민족이 보여준 위대성이 있다고 하겠다.

나는 이 글에서 베트남 민족의 독립운동과 전쟁 과정 및 승리에 이르는 경과를 내 나름의 인식과 판단력이 있는 범위 내에서 심도 있게 구체적으로 다루고자 했다. 물론 국제 문제에 관해 저명한 학자도 아니고 언론인도 아니고 정치인도 아닌 필자가 무엇을 근거로 이런 글을 쓸 수 있느냐고 의심할 사람도 있을 것이다. 그리고 필자가 입수한 몇 가지의 작은 정보를 확대하여 자신의 의사로 과대하게 표현하는 편파성이 있지 않느냐고 평할 사람도 있을 것이다. 일정 부분 타당한 지적도 있을 것이다.

하지만 나는 20세에서 60세에 이르기까지 조직에서 교양 훈련을 받았고 그 다음에는 나름의 대중 조직을 지도해 왔다. 나는 시종일관 내가 어느 단계에 달성한 이론을 억지로 현실에 맞추어 평가하면서 대중을 지도 교양하는 것은 철저히 배격해야 한다는 것을 처음부터 조직의 훌륭한 지도자로부터 배웠다. 중요한 것은 이론 자체가 아니라 현실을 정확히 설명하는 이론이냐 아니냐를 내 스스로 체험하며 판단해 왔다는 점을 밝혀둔다. 따라서 이 글이 부족한 면을 갖고 있더라도 큰 틀에서 객관성을 갖기 위한 노력과 고민이 담겨있다는 점은 이해해주기 바란다.

올바른 이론이란 객관적인 현실 자체를 담고 있는 법칙이며 발전 단계에 있는 이론은 현실을 반영하여 창조적으로 발전시키는 것이라고 나는 배웠다. 따라서 어떤 것으로도 부인할 수 없는 객관적 현실을 적대시하거나, 자기 단계의 이론을 기계적으로 본위로 삼아 현실을 엿가락 휘듯이 휘어서 이론에 맞추는 것은 극단적으로 왜곡된 관념론이라는 것을 귀에 못이 박히도록 배웠다.

모든 이론은 현실을 토대로 만들어진 것으로 이론의 본질은 객관적 현실을 바탕으로 하고 있어야 한다는 것이다. 현실은 부단히 발전하고 전진하므로 이론도 여기에 맞추어 창조적으로 발전해 나가야 한다. 즉 정상적인 사회과학자라면 객관적인 세계에 대한 인식과 함께 이론에 대해서도 비판적으로 바라보아야 하는 것이며, 종교의 성전과 같이 영구불변의 진리로 고착시키는 것은 인류의 역사발전 법칙을 도외시하는 것이다. 나는 이 원칙을 토대로 객관적인 것을 근거로 나의 사상과 의식에 대해 늘 비판적인 태도를 가져왔다고 자부할 수 있다.

그러므로 객관적 근거가 없는 설명이나 자기 본위의 편향에 따르거나 또는 풍설과 같은 뉴스는 나의 의식세계에서는 인연도 없고 거리가 먼 것임을 말해 둔다. 이러한 원칙에 따랐기에 이 글에서 논술한 베트남 문제에 대한 설명 역시 단 한 가지도 영화나 연극의 각본처럼 근거 없이 사실과 유리된 설명은 없다는 점 역시 밝혀둔다.

2) 베트남전 정보의 입수 동기와 경로

나는 베트남과 프랑스와의 전쟁이 본격화되면서 세계의 주요 뉴스로 보도되기 시작한 1950년경부터 여기에 관심을 갖고 관련되는 책자와 뉴스 등을 수집하여 분석하고 검토했다.

그렇게 내가 지적 호기심을 갖게 된 최초의 동기는 원자력에 관한 것이었다. 미국에 의한 히로시마 원자폭탄 투하가 제2차 세계대전을 끝내는 결정적인 계기가 된 것을 절감했기 때문에 도대체 원자력이 무엇인지 궁금했고 알고 싶었다. 그때가 1950년 무렵이었을 것이다. 나는 원자력에 대한 지식과 이론 없이는 세계정세와 문화에 대한 정확한 이해는 불가능할 것이라 생각하여 여기에 관한 책자들을 당시 나와 같은 고향 출신으로 여수 대일무역에서 중역으로 근무

하던 초등학교 동창생을 통해 수집해서 읽었다.

이와 동시에 당시까지 말로 전해 듣기만 했지 정작 읽어보지 못했던 ML사상에 관한 이론을 다룬 책자와 입수가 불가능했던 서적들이 일본에서는 번역서로 홍수처럼 쏟아져 나오고 있다는 사실도 알았다. 내가 줄곧 관심을 갖고 읽었던 책은 일본의 암파서점에서 발행하는 책자들이었다. 암파서점에서 나오는 단행본들은 가장 권위가 있던 것으로 인정받는 책자들이었다.

특히 암파서점에서 매월 발간하는 월간지 '세계'는 최신의 세계 정세와 이슈들에 대해 다루었기 때문에 내가 계속 즐겨 읽었던 책이었다. 이 월간지에서는 사회주의 국가들과 서방 자본주의 국가들에 대한 내용을 정확히 반반씩 나누어 게재하였기 때문에 어떤 사안에 대해 객관적인 시각을 얻을 수 있었다. 반대되는 의견에 대해서는 또 다른 비판을 하고 있었으므로, 세계정세에 대한 변화를 객관성 있게 파악할 수 있었으면서 나름의 합리적인 판단을 할 수 있게 되었다. 베트남 전쟁에 대한 구체적인 지식들과 이를 둘러싼 양측의 상반되는 주장이나 논평들에 대해서도 역시 비교적 공평한 사실들에 관한 정보를 습득하면서 나는 이 전쟁의 정황과 이면의 진실들에 관해 구체적인 지식을 얻을 수 있었다.

베트남 민족 전쟁의 초기 대상국인 프랑스와 그 뒤를 이은 미국과의 전쟁에서 그 당시까지의 전쟁 이론과 군사 상식으로서는 이해할 수도 없었고, 표면상으로는 상대가 될 수 없는 베트남 군대가 만만치 않게 저항하고 있는 것뿐만 아니라 나중에는 확실하게 승리하는 것을 본 전 세계는 놀라지 않을 수 없었다. 이에 각국 언론은 가능한 한 구체적으로 전쟁의 상세한 내용들을 경쟁적으로 보도하기 시작했다.

1955년경 나는 일본이 만든 성능 좋은 트렌지스터 라디오인 내쇼
날을 갖고서 이 뉴스들을 빠짐없이 들었다. 그때 채널을 돌려가며
들었던 방송들로는 일본의 NHK를 비롯하여 미국의 소리 방송, 샌프
란시스코 방송, 호주의 멜버른 방송과 시드니 방송, 영국의 BBC 방
송, 소련의 모스크바 방송 등이 있었다. 그중에서도 모스크바 방송,
일본의 NHK 방송, 미국의 소리 방송, 영국의 BBC 방송 등은 내가
애청하던 방송이었고 그 외의 것들도 간간히 들었다.

이 방송들은 나라마다 시차가 있었기 때문에 내용이 중복되지 않
아 하루 종일 일삼아 들어도 될 정도였다. 나는 방송을 듣는 데 그
치지 않고 들은 내용 중의 주요한 내용들을 전부 기록하기 시작했
다. 당시 나는 들었던 중요 단어들을 빠르게 바꾸어 쓸 수 있는 속
기 기술을 갖고 있었다. 때문에 라디오 방송을 통해 흘러나오는 육
성들을 거의 한 글자도 빼놓지 않고 정확히 기록할 수 있었다.

나와 회합을 갖던 동료들 중에서도 내가 옮겨놓은 방송 내용들을
보면서 어떻게 이렇게 정확할 수 있느냐고 할 정도로 정확한 내용들
을 기록했다. 방송을 들으면서 속기로 기록한 내용은 한글로 풀어써
야 하는데 그러려면 다시 속기록을 읽어봐야 한다. 그 과정은 한번
으로 끝나지 않고 여러 번 듣고 확인하는 과정을 거쳐야 한다. 때문
에 내용에 대한 기억이 깊어질 수밖에 없었다. 그리고 방송 내용에
대한 목록이 작성되어 있어 중요한 것들은 되풀이해서 읽었으며, 내
나이 85세인 지금까지도 생생한 기억으로 남아 있는 것이다.

그 중에서도 모스크바 방송에서 방송한 이론과 정책 해설은 빠지
지 않고 기록했다. 소련 국민들의 생활을 다룬 모든 측면과 교육, 예
술, 취미에 관한 것들도 기록했다. 당원 이외에 연령별 조직별 이론
교양에 관한 내용과 정책에 대한 것도 빠뜨리지 않았다.

그 외에 각국 방송에 나온 중요한 사항들도 기록으로 남겼다. 지금도 기억에 남는 것 중의 하나는 1955년 오스트리아 빈에서 개최된 세계 미학자 대회에서 토론하고 결의한 내용, 그리고 그 후 세계의 인구 문제, 식량 문제, 원자력 문제 등에 대한 방송 내용들이다. 또 1959년에 카스트로에 의해 시작된 쿠바 혁명 전쟁과 승리 후의 국내의 개혁 및 쿠바를 둘러싼 미국과 소련의 대립을 포함한 국제정세 변화에 대해서는 더욱더 깊은 관심을 갖고 기록했다.

멀리 떨어진 쿠바에 대한 정확한 지식을 얻기 위해 쿠바에 관한 책자의 수집에도 한동안 전력을 기울였다. 미국의 TIME지에서 발행한 현대 쿠바와 카스트로 당인 7.29당의 4차 정당대회 일반 보고서, 그리고 노벨 문학상에 대해 소련의 레닌 문학상과 대립되는 것이라 하여 노벨문학상을 거절한 프랑스 작가 사르트르 선생이 중남미와 쿠바를 포함한 카리브해 각국을 순회한 여행기도 읽었다. 그러므로 나는 쿠바에 대해 비교적 현실감 있는 구체적인 지식을 가질 수 있었다.

이상에서 베트남에 대한 정보 입수 경로를 지나칠 정도로 상세히 기록한 것은 나의 노력을 자랑 삼으려는 것이 절대 아니다. 여기에서 기록한 베트남 전쟁에 대한 기록이 분명한 객관적 근거를 가진 정확한 것임을 증명하기 위함이다. 그 중 단 한 가지라도 어떤 이유로든지 부인하거나 과소평가하려는 주관적인 견해를 봉쇄해 버리고 정보 입수 경로의 객관적인 근거를 제시하기 위해 상세하게 기록했음을 이해해 주기 바란다.

2. 하나의 경험을 공유한 두 민족

1) 제국주의에 의한 망국과 식민지 경험

베트남 전쟁에서 베트남 민족은 투철한 자기희생적인 민족의식을 보여주었고 그것이 강요가 아닌 자발적인 각성에서 자진적으로 이루어짐으로써 세계 어느 민족에서도 찾아볼 수 없는 공고한 민족통일전선을 구축했다. 뿐만 아니라 이를 합법칙적으로 민주주의적 체계로 조직화하여 창조적으로 운영함으로써 무한대에 가까운 민족역량을 창출하여 세계 최강대국인 미국을 완전 패망시켜 굴욕을 가져다준 베트남 민족의 영웅적인 승리는 아직 완전 자주 민주화를 이루지 못하고 통일을 바라만 보고 있는 우리 민족에게 과거의 어떤 역사적 경험보다 우리에게 가장 밀착된 경험을 남겨주고 있다.

또 베트남 독립투쟁 과정 자체는 어떤 이론보다 더욱 구체적이고 심도 있는 합법칙적인 교훈과 방향을 제시해 주는 지침으로 되고 있다. 사실을 근거로 내가 도달한 결론은 우리 민족이 참고로 해야 할 유사점이 있다거나 일부 공통점이 있다는 간접적인 제한을 넘어선 직접에 가까운 교훈이다. 베트남 민족과 우리 민족은 식민지 지배에서 해방에 이르기까지 완전히 일치되는 역사적 운명과 해방 투쟁의 과정을 거쳤다. 이것을 평이한 말로 표현하자면 정밀도 높은 일치임을 나는 감히 말할 수 있다. 아래에서는 이를 구체적으로 하나하나 대비해 보기로 한다.

두 민족이 식민지 예속하에서 당한 수탈과 강압, 그리고 여기에 대항한 독립운동 과정과 투쟁, 그리고 외세에 의한 분단으로 동족 간에 벌인 출혈적인 전쟁과 통일 과정 하나하나를 구체적으로 대비해 보면 놀라울 정도로 민족자주 노선과 방향이 일치되고 있음을 발견할 수 있다. 다음에 하나하나의 사례를 처음부터 발생학적으로 대조해 보기로 한다.

프랑스는 군함에서 퍼붓는 함포 사격의 엄호하에 군대를 상륙시켜 점령함으로써 베트남을 식민지로 지배 예속했다. 이 과정에 친불 민족 반역세력은 베트남의 식민화에 크게 기여했다.

한편 을사보호조약을 시작으로 군사적 압력을 증강시켜온 일본은 1910년 10월에 대포 소리와 군홧발 소리로 협박하는 공포 분위기하에서 유림 정권인 조선의 국왕과 대신들을 협박했고, 이에 일제가 내밀고 강요한 합방의정서에 국왕은 옥새를 찍고 대신들은 서명 날인했다. 이 과정이 형식상으로는 손수 제출한 합방의 모양을 갖췄으나 실질적으로는 군사적 협박에 의한 것이었다. 이후 우리 민족은 일본의 식민지 지배하에 들어갔다. 이완용 일당과 일진회인 친일세력이 앞장선 점에서 베트남 민족의 경험과 일치한다.

식민지하 수탈과 억압에서도 두 민족의 경험은 유사하다. 프랑스는 베트남을 식민 통치하면서 베트남 민족에 대해 살인적인 착취와 탄압을 강행했다. 동질, 동량의 노동에 대해 베트남인은 프랑스인의 1/17에 불과한 임금을 받았고, 교육기관은 물론 거주지와 도로 사용까지도 보안상의 이유를 들어 엄격히 구분하여 차별했다. 여기에 더해 절대다수가 불교도인 베트남 민족에게 가톨릭을 강요했다.

우리 민족도 일본의 식민지로 전락한 뒤 희생의 제물이 되어 식민지 노예로 억압 착취를 받았다. 일본인과 동일한 업무에 대해 일본인은 식민지 근무 수당으로 660%를 더 받았다. 그리고 우리 민족의 말살을 위해 말도 글도 이름까지도 없앴으며, 일본의 개국시조라는 천조대신을 숭배하게 하고 신사참배를 강요했다. 급기야는 우리 민족을 일본이 일으킨 전쟁의 소모품으로 희생시켰다.

　여기에 이르기까지 민족을 반역한 친불, 친일세력이 자민족 착취에 큰 몫을 하며 이권을 챙겼다는 점도 완전한 일치를 보여주고 있다. 그런 가운데도 양 민족은 공통적으로 식민지 치하에서 줄기차게 독립운동을 벌였다.

　식민 통치를 받게 된 베트남 민족은 전 국민의 80%가 불교 신자였던 만큼 운명으로 체념하고 소극적으로 나오다가 불교가 민족불교로 각성하면서부터 민족의 편에 서기 시작했다. 이때부터 독립운동의 저변이 확대 강화되었기 때문에 베트남 독립운동의 주력은 투철한 민족불교로 전환한 불교 세력이 기반이 되었다. 호지명을 중심으로 한 지도부는 전통적인 불교를 민족 불교로 발전시키는 데 역점을 두고 여기에 초점을 맞추어 왔기 때문에 불교는 베트남 민족 해방을 위한 혁명세력으로 바뀌었다.

　우리 민족의 경우 합방 후 유림세력이 고스란히 일제의 침략에 영합하여 합방의 국내 주도세력으로 되었다. 이것을 표면에서 볼 때 우리 종교의 하나인 유교가 영합한 것 같이 보이나 당시 유교는 종교가 아니라 정치세력이었다.

　당시 우리 종교는 불교·기독교·천도교였고 그 중에서도 가장 큰 세력은 불교였다. 우리의 종교들이 3·1 독립운동의 중심 세력이 되어 민족의 편에 서서 독립을 위해 희생적인 투쟁을 했음은 세상이 다 아는 바이다. 우리의 종교가 제국주의 침략세력에 영합하는 세력이 되지 않았다는 점에서 베트남과 일치하며, 두 민족의 종교가 지닌 신앙의 저변에는 민족의식이 깔려 있음을 증명해 주고 있다. 두 민족의 독립투쟁에 있어 종교세력의 비중은 상당히 컸다. 특히 베트남의 경우 호지명은 이 점을 과학적으로 파악하여 종교 특유의 민족의식을 민족해방투쟁 의식으로 발전시켰다.

1941년 호지명과 지압을 중심으로 한 독립운동이 표면화하면서 일부는 프랑스 군과 무력 대항하는 게릴라전을 시작했다. 우리 민족도 합방 후 3·1 운동까지 지방 지도자 중심으로 서클 방식으로 운동을 계속해 오다가 1922년에 들어오면서부터 독립운동을 전국적인 통일 지도 체제로 결합시키기 시작했다. 한편 애국세력 일부는 만주로 건너갔고 거기에서 통일된 세력은 구축하지 못했으나 무장 투쟁을 전개했다. 만주에서는 무장 게릴라전으로 일본군과 싸워 도처에서 일본군에 막대한 피해를 주는 무장독립운동을 계속했다. 이 과정도 베트남의 경우와 완전 일치한다.

프랑스는 베트남 민족의 유일한 생활수단인 토지를 수탈하여 프랑스로부터 건너온 이민 농민들에게 토지를 주고 지주로 만들었다. 동시에 베트남 민족을 소작인으로 예속시켜 프랑스인에게 매달리게 하는 것이 식민지를 안정시키는 효과적인 방법이라고 보았다. 또한 점령과 함께 수탈한 토지를 프랑스의 대농업회사 소유로 만듦으로써 베트남인들을 농업노동자로 전락시켰다.

일본의 경우도 조선 민족의 80%가 농민인 상황이므로 토지를 수탈하여 일본인의 것으로 만들어 장차 일본 이민이 조선 인구의 절반을 차지할 때 비로소 일본의 안정적인 식민지가 운영될 것이라고 했다. 이 내용은 당시 초대 총독이며 조선군 사령관인 하세가와 대장이 본국 방문 시 일본 하관(시모노세키)의 기자회견에서 식민지 통치의 기본 정책이 무엇이냐고 묻는 기자의 질문에 이상과 같은 토지 수탈 정책을 말했다는 점에서 확인된다. 이 내용은 조선일보에 보도되어 나는 그 기사를 읽었고 지금도 그 신문을 가지고 있다.

이러한 장기 전략 아래 일본은 일본 국법으로 동양척식회사를 설립하여 조선왕조 소유의 모든 국유지와 왕족 소유의 토지, 심지어는 하천 부지까지 소유하여 대주주가 되었다. 그 뒤를 이어 다수의 대 농업회사를 설립하여 우리 농민의 토지를 헐값으로 강요 매입하였고 일본인 이민을 전국 각지로 들여와서 일본인 자작농민을 무한대로 증대시켜 갔다. 이 점 역시 베트남 민족과 우리 민족이 당한 수탈의 형태가 일치한다.

2) 외세에 의한 분단의 경험과 통일 노력

1945년 8월 15일 일본이 패망하자 일본이 점령했던 북부 베트남 지역에 호지명을 중심으로 그해 9월 베트남 국민정부를 선포했다. 해방 지역의 베트남 민족은 환호하여 그 밑에 집결했다. 우리 민족도 일제가 물러나자 건준과 인민위원회의 단계를 거쳐 8·15 직후인 1945년 9월 6일에 조선인민공화국을 선포했으나 미군정에 의해 거부되었다. 10월 10일 미군정은 남한에는 미군정만 있을 뿐 다른 정부는 존재할 수 없으므로 정부를 참칭하는 일이 있어서는 안 된다는 성명을 발표함으로써 조선인민공화국 자체를 묵살했다.

두 민족은 식민지 세력만 후퇴하면 그간 독립을 열망하면서 억압 당했던 민족이 새로운 조국 앞에 모여들어 열광적으로 지지하겠다는 민족의식과 독립 열망을 강력히 갖고 있었다는 점에서 완전히 일치한다. 북부 베트남에는 베트남 민족 자력으로 국민 정부를 수립하여 프랑스 군과 싸웠다. 그러므로 국민 정부의 점령지와 프랑스군의 점령 지역으로 국토와 민족이 분열된 상태에서 싸웠다.

우리나라의 인민공화국은 미소 양국의 분할 점령으로 3일 천하로 끝났다. 이어 북조선에는 소련군의 군정이 남쪽에는 미군의 군정이 실시되어 오다가 북조선에는 소련의 지지를 받아 김일성 장군을 주석으로 한 조선민주주의 인민공화국이, 남조선에는 미군의 지지를 받아 이승만을 대통령으로 한 대한민국이 수립되었다.

이로써 국토와 민족이 분단되어 오다가 1950년 6월 25일 인민군이 무력으로 남진하여 남조선 대부분을 점령하여 통일이 이루어진 듯 했지만 미군의 반격으로 3개월 만에 인민군은 후퇴하게 되고 남조선의 미군과 대한민국은 그 뒤를 쫓아 북진하여 압록강까지 도달했다. 이렇게 이번에는 북진 통일이 이루어지는 듯 했지만 곧이어 중공군이 인해전술로 밀고 내려와 양 진영의 긴 공방 끝에 38선을 중심으로 휴전협정이 이루어져 남북은 원 위치로 돌아와 가까스로 본전만을 찾는 격으로 되었다. 이 점에 있어서도 베트남과 우리 민족은 양상과 결과는 달랐지만 외세를 물리치고 조국의 통일을 위해 전쟁도 불사한다는 점에서는 완전 일치한다.

1954년에 베트남 통일을 위한 제네바 국제회의에서 베트남에 주둔한 프랑스 사령관 주관으로 분단된 남북 베트남에 민주주의 총선거를 실시하여 통일 정부를 수립하고 2년 후에 프랑스군은 조건 없이 물러날 것을 결의했다. 이른바 제네바협정이다.

우리나라의 경우도 1945년 12월 27일에 국제회의인 모스크바 3상회의에서 남북에 분할 점령한 미소 양국의 사령관이 남북의 정당 사회단체와 협의하여 통일 정부를 수립하고 질서 유지를 해준 뒤 5년 이내에 조건 없이 철수한다고 결의했다. 이에 우리나라가 통일되면 설 자리를 잃어버리게 된 친일세력은 통일을 반대하기 위해 3상회의 결정이 신탁통치와는 거리가 먼 것임에도 신탁통치 반대를 외쳤다. 마침내 모스크바 3상회의의 결의는 미국에 의해 폐기되어 우리 민족의 분단은 영구적인 것이 되었다. 만일 그때 모스크바 3상회의 결정을 받아들여 정권을 수립하고 미국과 소련 양군이 모스크바 3상회의 결정대로 5년 후에 철수를 이행했더라면 그때 우리 민족은 독립되었을 것이다.

베트남의 경우, 통일 선거는 호지명 지도하의 민족세력이 절대적으로 우세할 것이므로 할 필요도 없다고 판단한 프랑스는 제네바협정이 결의했던 선거 및 통일 정부 수립 약속에도 불구하고 예정된 기한 전에 모든 것을 포기하고 본국으로 물러가 버렸다. 이와 동시에 프랑스는 당시 프랑스의 괴뢰정권으로 1949년에 세워진 베트남국의 바오다이 정권에게 프랑스군이 남부 베트남인을 중심으로 조직해놓았던 군대를 넘겨주어 북부 베트남과 싸우도록 했다. 그 후에는 친불 정치가이자 반공주의자인 고딘디엠 정권이 수립되어 북부와 전쟁을 강화하면서 베트남의 남북 분단은 확정됐다. 고딘디엠 정권의 전쟁 목적 역시 자기 정권 중심으로 월맹군에 승리하여 통일을 한다는 것이었다.

이처럼 베트남과 우리 민족은 같은 국토 내에 이질적인 두 정권이 수립되어 자기 정권의 입장에서 통일을 하려고 외세의 지원을 받고 있었다는 점에서 일치한다. 또 양국의 남북에 있는 각각의 정권은 조국의 통일이라는 명분을 내세워 민족과 조국의 이름으로 모든 수단과 방법을 총동원하여 끝까지 서로 싸웠다는 점에서도 완전히 일치한다.

여기에서 내가 말하는 민족의 존재 형태는 두 정권의 지배하에서 단지 국민의 형태로 존재하는 민족을 말하는 것이 아니다. 민족이 오늘날 당면하고 있는 문제에 대해 전망을 함에 있어 정권 어느 한편이 아니라 민족이 본능의식으로 갖고 있는 민족 본위, 민족 중심의 입장 즉, 진정한 민족의식을 갖고 있는 민족을 의미한다. 이것을 분명히 구별해야 이 글의 내용을 이해할 수 있다.

호지명 중심의 베트남 민족은 북부의 정권 유지에 그치지 않고 통일의 전망을 갖고 통일 위주로 싸웠고 여기에 맞선 남쪽의 고딘디엠은 자기 정권 본위로 통일하기 위해 싸웠다. 우리나라의 경우 북에는 조선민주주의 인민공화국 정권을 수립했고 여기에 맞서 대한민국은 대한민국 본위로 통일하려고 반격한 점에서 베트남의 경우와 외견상 일치한다. 결과에 있어 베트남 민족은 통일에 성공했고 우리 민족은 실패했다는 점이 다르다.

두 민족에게 있어 목적과 정책 노선은 일치한다. 북조선 인민공화국은 소련의 지지와 원조로 6·25 사변에서 휴전 협정에 이르기까지 미군과 그 사령관의 지휘하에 있는 한국군과 싸웠다. 베트남 민족도 미군의 지지와 원조를 받은 친불정권인 구엔반 티우 정권과 싸웠다. 한국 전쟁에서 사용한 무기와 장비는 100% 미국에서 지원했고 베트남 전쟁도 100% 미군에서 지원했다. 양측 다 미국의 전략과 전술에 따라 전쟁을 수행한 점에서 완전 일치한다. 베트남은 통일했고 우리 민족은 분단되었다. 이것은 결과일 뿐 기본 사명과 목적 및 전략 전술에는 조금의 차이도 없다.

3. 두 민족이 처한 국제정세와 대외관계

우리 민족과 베트남 민족이 독립과 통일을 위해 싸우면서 걸어온 과정에서 가장 큰 긍정적인 영향 또는 부정적인 영향을 준 것은 그때그때의 국제정세였다. 따라서 특정한 시점에서 적극적으로 개입한 외국 세력과의 관계를 파악해야만 베트남 민족의 통일과 우리 민족의 분열의 과정과 원인을 입체적으로 파악할 수 있다.

1) 식민지 세력의 패망은 세계대전 종전의 결과물

베트남이나 우리 경우 공히 식민 지배세력의 패망과 민족의 독립은 그동안의 치열한 독립투쟁 노력이 있었음에도 불구하고 각자의 민족 자력에 의해 쟁취한 온전한 승리가 아니었다. 제2차 세계대전의 종전과 함께 찾아온 세계질서의 원상회복 또는 재편 과정의 부산물이었다. 두 나라 사이에 상황의 차이는 있었지만 이러한 조건이 그 후 자력에 의한 민족 독립국가 건설에 있어 커다란 제약요인이 되었다.

우리나라는 연합국의 승리와 함께 일본이 무조건 항복을 선언함으로써 해방을 맞았다. 베트남의 경우는 상당한 차이가 있었다. 일본의 항복 선언과 함께 일본군은 물러났지만 그 지역은 베트남 북부지역이었다. 일본군이 물러났음에도 불구하고 베트남 남부 대부분의 지역은 여전히 종전의 식민 지배세력이었던 프랑스의 통치하에 있었다. 베트남에서 세계대전의 패전국 일본은 철수했지만 승전국의 일원인 프랑스 군대는 남아있었다. 반쪽의 식민지 지배세력만이 물러나게 된 것이다. 특히 프랑스는 세계대전 중 일본과 전쟁을 치러야 했던 관계로 군대가 대폭 증강되어 있었기 때문에 이를 몰아내기 위한 험난한 과정이 남게 되었다.

2) 양국 국경 여건의 확연한 차이

우리 민족은 1945년 8월 15일 일본이 패주하자 대망의 독립이 이루어진 줄 알았으나 그것은 한순간의 꿈에 지나지 않았다. 우리 민족에 의한 자주적인 독립국가 수립은 허락되지 않았다. 승전 연합국인 미국과 소련의 협정에 따라 남조선은 미군이, 북조선은 소련군이 분할 점령하여 3년간 군정 통치를 하다가 북조선은 조선인민공화국에 남조선은 대한민국에 넘겨주고 군정이 끝났다.

남쪽의 경우 3년간에 걸친 미군정의 정책 실행 과정에서 미군정은 행정적 편의에 따라 실행 조직과 인력을 일제 총독부 시절의 복사판과 같은 모습으로 구축하여 원성과 우려를 낳았다. 모든 권력을 과거의 친일 세력에게 장악토록 하면서 민족 민주세력에 대해서는 무자비하게 탄압하고 소탕하는 정지 작업을 하고, 끝내 이승만을 우두머리로 한 친일세력에게 대한민국의 정권을 넘겨주었다. 그리고 모든 분야에서 차관 형식의 원조를 퍼부어 대한민국은 미군정 하지 중령의 군정 정책을 그대로 따르는 꼭두각시 정부가 되었다.

북조선의 경우 소련군 사령관인 스치코프 대장 지배하의 3년에 걸친 군정 시절 동안 민사국을 설치하여 말단의 행정기관인 면에 이르기까지 인민위원회를 만들어 훈련시킨 다음 3년 후에 김일성에게 모든 권력을 넘겨주었다. 모든 것을 갖춘 잔칫상을 차려놓고 김일성 장군을 앉혔으니, 숟가락과 젓가락을 들고 먹기만 하면 되었다.

소련과 국경을 맞대고 있던 만주 지역은 소련이 일본군을 무장해제시켰기 때문에 적의 위협이 없는 안전한 상태였다. 더욱이 그동안 일본은 한반도의 3.8선 이북에 대해서는 관동군 산하로 관할권을 이관하여 남조선보다는 북조선 중심으로 산업시설을 건설해 놓고 있었다. 따라서 한반도의 북쪽에 훨씬 많은 산업시설이 있었기 때문에 북한은 이렇게 형성된 유리한 여건을 활용할 수 있었다. 즉, 북한의 경우 북부의 국경 너머에는 관동군을 무장해제한 소련이 있고, 중공이 우방국으로 적극 지원해주고 있었으므로 든든한 배후세력을 두고 있었던 데다 각지에 일본이 남긴 산업시설도 활용할 수 있었다.

한반도 북쪽의 이런 사정에 비해 베트남 북쪽의 사정은 많이 달랐다. 베트남과 긴 국경을 접경한 중국은 베트남 국민정부 수립 당시부터 모택동과 전쟁을 계속하고 있던 장개석 국민당 정권의 관할지역이었다. 장개석은 중국 남부에 당시 공산주의자로 알려진 호지명이 국민 정부를 수립한 것을 못마땅하게 생각하고 있었으므로 직간접적인 위협 요소였다. 그러므로 긴 국경에 대한 감시는 일시도 소홀히 해서는 안 될 긴장 상태의 연속이었다.

이 점은 북조선의 안정된 북쪽 국경에 비한다면 몇 십 배나 불안한 조건이었다. 호지명의 북베트남은 당시에 남쪽에 남아있던 프랑스 군과의 전쟁은 물론 북쪽의 국경에 대해서도 늘 주시하지 않을 수 없는 상황이었다. 김일성 정권이 북쪽의 국경 너머에 대해 최소한 호의적인 배후세력을 갖고 있었던 반면, 호지명은 북쪽과 남쪽 양쪽에서 적에 포위되어 있다는 위기감을 갖고 정부를 유지했다. 만약 양 민족 간의 지도 역량과 정치 노선이 동일했다면, 호지명의 북베트남에 비해 북조선은 몇 십 배 이상의 여력을 갖고 국가를 수립하여 확고하고 안정된 기반을 구축하지 않았을까 한다.

3) 한국 전쟁과 베트남 전쟁에 개입한 미 군사력 대비

6·25 전쟁에 미군이 개입한 것은 더 이상 설명이 필요 없이 상세

하게 알려진 사실이다. 전쟁 발발과 함께 북한군은 남진을 계속하여 남조선을 거의 점령하고 부산 일부만 남겨 놓았다가 미군 개입을 계기로 3개월 남짓한 뒤인 9월 28일에 서울에서 철수한다. 대한민국 입장에서 보면 9.28 서울 수복이다.

이때 북한은 이미 남하했던 인민군을 비롯하여 인민위원회와 사회단체에 가입하여 인민군의 편에 섰던 인사들을 100% 노출시키고 한국 군경에 내맡겨 전멸시켰다. 과거 일제도 미군정도 이승만 정권도 아무리 하려 했어도 완전히 하지 못했던 민주세력 말살을 일거에 가능케 한 것은 우리 민족사에 영원히 기록될 비참한 역사다.

호지명 지도하의 월맹 정규 군대는 최대 27만 명으로 알려졌다. 물론 베트콩으로 불리던 민병대의 숫자는 별도다. 여기에 비해 미군을 비롯한 티우군과 한국군을 비롯한 연합군은 6배 이상의 거대한 병력이었다. 유엔군 이름으로 베트남에 투입된 미군과 그 동맹군의 병력은 6·25 전쟁 당시 한국에 투입된 미군과 한국군 동맹군의 숫자를 합친 것보다 배 이상이 많았다. 베트남에 투입한 미군만도 54만 명이라고 공개적으로 발표되었다.

그리고 베트남과 미군과의 무기는 앞에서 설명한 바와 같이 딱총과 대구경 거포와의 싸움으로 비견될 만한 것이었다. 현대전의 기본 무기인 비행기도 탱크도 장갑차도 군함도 하나 없는 월맹군과 베트콩은 현대적 무기의 부속품에 불과한 박격포 기관총 소총만으로 싸웠고 그 수량에 있어서 축구공과 탁구공에 비교될 정도로 열세했음은 세상이 다 아는 사실이다. 이들은 한국전에서보다 엄청나게 많은 무기로 무장한 지원군, 동맹군 등 170만 명에 가까운 대 군대를 상대로 싸웠다. 외견상으로는 호랑이와 토끼와의 싸움으로 보였을 것이다. 그러나 한 걸음도 후퇴하지 않고 끝까지 밀고 나간 끝에 미군을 패주시켰고, 살아남은 미군은 무기는 물론이고 소지품 하나 가지지 못하고 알몸으로 도주하여 미국 역사상 최대의 굴욕적인 패전을 맛보았다.

여기에 비해 소련은 6 · 25 동란이 시작되자 북조선 인민군에게 현대전의 꽃이라고 할 수 있는 전차를 충분하게 공급해 주었다. 그 전차는 세계에서 가장 성능이 좋아서 미국의 전차포의 사격을 받고도 끄떡하지 않은 우수한 전차였다. 북한군은 이것을 앞세우고 남진을 계속했다. 북한군이 지녔던 성능 좋은 따발총과 아카보 소총은 우리 기억에 생생하다. 만일에 한국에서 베트콩군이 인민군과 같은 무장과 소련의 지원하에 미군과 싸웠더라면 베트남에서 거둔 승리보다 더욱 확고한 승리를 거두었을 것이 아닐까 하는 상상을 해보았다. 아마도 이것은 상상의 단계를 넘어선 실감난 결과가 되었을 것이라 본다. 또한 소련은 공군 폭격으로 전쟁을 크게 도와주었다. 이것은 베트남 민족으로서는 상상조차 할 수 없던 행운이었다. 베트남 민족의 눈에는 6 · 25에 남하했던 인민군이 후퇴한다는 것은 상상조차 할 수 없는 자진 후퇴로 보였을 것이다.

독립과 통일을 목적으로 한 두 민족의 투쟁에 있어 정반대의 결과가 나타난 것은 운명도 아니고 우연도 아니다. 이것은 마치 수학 방정식의 정답 같이 과학적이고 필연적인 수순이었다고 본다. 이상에서 설명한 바와 같이 모든 조건에서 베트남 민족이 처했던 여건보다 단연 유리한 조건을 갖추고도 후퇴한 원인은 지도자와 그 지도노선에서 찾을 수밖에 없다. 두 민족의 정치노선상의 차이는 찾아볼 수 없기 때문이다. 그 외의 다른 원인은 없다.

여기에 대해 혹자는 북조선 인민공화국에 비판적인 견해라고 평할 사람도 있을 것이다. 나는 어려서부터 오늘에 이르기까지 민족문제에 대한 평가 기준에 있어, 모든 가치 평가의 기준을 우리 민족에게 긍정적이냐 부정적이냐를 기준으로 판단하는 것이지 지도자나 권력구조 또는 정치세력이 민족문제의 평가 기준이 될 수는 없다는 의식을 확고하게 정립하고 있다. 우리 민족이 오늘날 처한 곤란과 불편을 무엇으로 어떻게 해결하여 발전시키느냐의 문제를 냉정한 제3자의 입장에서 객관적으로 분석 평가하는 것이 나의 일관된 사고방식이다.

민족을 본위로 하지 않고 민족을 중심으로 하지 않는 이론과 노선은 우리 민족과는 유리된 무익한 것임을 분명히 말해 둔다. 민족은 다양하고 다원적인 존재이지만, 그 민족의 의식의 저변에는 다원성을 초월하는 공동운명체 의식인 민족의식이 깔려있다. 그러므로 민족은 분열도 변질도 될 수 없는, 하나의 힘으로 단결하려는 민족의식이라는 큰 덩어리와 불가분하게 연결되어 있다. 호지명은 이러한 점을 과학적으로 꿰뚫어보고 이를 민족의 역량으로 극대화했기 때문에 민족 통일을 이루어낼 수 있었던 것이다.

4) 양국에 대한 중국의 태도 차이

앞에서 설명한 바와 같이 중국은 베트남과 긴 국경을 접하고 있는 인접한 사회주의 국가다. 그러나 중소 이념분쟁이 시작된 1960년경부터 중국은 베트남에 대한 지원과 지지는커녕 오히려 정반대의 적대적인 태도를 보였다. 베트남에 대한 군사적 위협을 되풀이함으로써 월맹군 군사력의 일부를 국경선에 고정 배치해야 했으며, 그러한 적대적 관계는 오늘날까지도 이어져오고 있다.

여기에 비해 북조선 인민공화국에 대해 중국은 지속적으로 가장 믿음직한 후원국의 입장을 변치 않았다. 6·25 전쟁 당시 소위 UN군이 북진을 계속하여 압록강에 이르자 중국은 55만 명의 대군을 투입하여 인해전술로 반격하였다. 그렇게 북조선 산하에 중국 인민군의 시체를 깔아놓을 정도로 희생을 감수하며 3년간의 격렬한 전쟁 끝에 1953년 7월 27일 38선을 중심으로 한 휴전협정으로 전쟁을 끝내고 북조선 인민공화국을 복원시켰다. 전쟁은 겨우 본전을 찾는 식으로 원점으로 돌아왔다. 만약 중공군의 인해전술이 아니었더라면 과연 UN군을 격퇴하는 것이 가능했을지 의문이다.

중국의 북한에 대한 지원은 베트남에 대한 중국의 적대적인 침략 태도에 비하면 비교가 안 되는 엄청난 혜택이었다. 이 혜택은 북조선 인민공화국의 존폐를 좌우할 정도로 결정적인 지원이었다. 중국의 엄청난 혜택을 받았던 북조선 인민공화국은 통일을 이루지 못했지만 중국으로부터 군사적 위협을 받으면서 적대적 관계로 대립했던 베트남은 미군을 완전 패망시키고 조국을 통일했다.

우리 민족과 베트남 민족이 각각 독립과 통일을 위해 투쟁을 계속했지만 그 결과의 차이는 천양지차였다. 따라서 양 민족의 역사에서 도출할 수 있는 최종적인 결론은 지도자와 지도노선이 투철한 민족의식을 기반으로 빈틈없이 단결하고 통일을 이루어 민족의 역량을 끌어냈는지 아닌지의 여부가 결정적인 관건이 되었다. 이 엄연한 역사적 사실에 대해 우리는 냉정하게 인식하고 그 안에 담긴 법칙을 찾아내어 우리 민족의 미래를 위해 창조적으로 적용해야 한다. 그것이 민족사적 입장에서 본 나의 견해다.

4. 베트남 민족의 경험은 우리 민족의 거울

1) 6·25 당시 인민위원회 설치의 문제

나는 이 글에서 베트남 민족의 독립운동과 통일까지의 과정은 우리 민족이 아직 숙제로 남아있는 문제를 풀기 위해 교훈으로 받아들여야 한다고 여러 차례 강조했다.

일제 식민지에서 해방하려는 독립운동의 목적은 독립이었고 외세에 의한 분단 후에는 그 목적이 통일이었다. 우리 민족도 베트남 민족 못지않게 독립투쟁을 했고 통일을 위해 노력해 왔다. 우리 민족의 통일 투쟁에 있어 대표적인 사건이 6·25 전쟁이다. 이때 김일성 주석 주도하에 남진한 인민군은 대한민국 군대를 파죽지세로 패주시키면서 지방마다 조선민주주의 인민공화국의 지방 정권인 인민위원회를 수립했음은 누구나 다 아는 사실이다.

북의 군대가 진주함과 동시에 수립된 각급 인민위원회는 그 지방에 남아있는 지도자와 남하한 지도자를 중심으로 수립하는 과정에서 부족한 인원에 대해 급조된 지도자로 보충하여 수립했고 대중단체를 많이 조직하여 그 지방 인민들을 대부분 가입시켰다. 이 점은 앞에서 내가 설명한 호지명 노선과는 대조적일 뿐만 아니라 더 큰 문제를 야기시켰다고 언급했다.

더 중요한 것은 한반도에 대해 확고했던 미국의 정책의 정책에 대한 북측의 오판이었다. 미국이 어떠한 희생을 치르더라도 한반도에서 손을 떼지 않을 것이라는 것은 러일전쟁 이래 일제 식민지와 8·15 이후 미군정을 통해 일관된 미국의 동북아 정책이었다. 이것은 동북아시아의 근세사에 대한 초보적인 지식이 있는 사람이라면 누구도 인식할 수 있는 상식적인 사실이다.

나는 앞에서 언급한 바와 같이(1권을 말함-편집자) 인민군이 1950년 7월 23일 광주에 진입하자마자 강석봉 선생을 비롯한 분들과 함께 세칭 ML계로 지목되어 반당 행위의 죄목으로 검거 투옥되었다. 그러다가 2개월 만에 석방되어 나오자 아버지와 그 친구 어른들은 인민군의 남진과 인민위원회 수립에 대해 선견적인 전망을 갖고 닥쳐올 엄청난 불행에 대해 크게 걱정하고 있었다.

미군이 부산을 중심으로 교두보를 완강하게 유지하고 있음은 반격을 위해서라는 것은 군사 상식이 다소라도 있는 사람이라면 간파할 수 있다고 했다. 이 어른들이 가장 걱정한 것은 인민군이 포위되어 후퇴하고 난 다음에 우익세력이 벌일 어마어마한 살상과 견딜 수 없는 탄압이 일어날 것이라는 점이었다. 불행히도 그것은 현실이 되었다.

자타가 공인하는 독립운동 지도자들을 자신들과는 다른 ML계라고 하여 반당 분자로 몰아 검거 투옥하는 것은 세계 어느 나라에서도 찾아볼 수 없는 분파 정책이다. 이것은 마치 이승만 정권이 반대 세력을 모조리 좌익세력이라고 몰아 검거 투옥한 것과 같은 것이었다. 분파는 어느 한 정파가 정권을 잡으면 무자비한 독재정권이 된다. 아버지를 비롯한 그 동지들은 역사와 정치 이론 및 국제정세를 꾸준히 연구해 왔고 동지들과 비판, 검토해 왔기 때문에 이상과 같은 전망을 할 수 있는 지식을 가지고 있었다.

2) 두 민족 지도부의 차이가 결과의 차이

베트남 민족이 승리하여 통일에 이르기까지 거쳤던 과정과 경험은 동일한 운명을 겪으며 동일한 목적으로 투쟁해온 우리 민족에게는 타산지석이 된다. 베트남 민족이 성공했던 과정의 합법칙적인 원인과 요인을 찾아내어 양 민족 사이의 거리 관념을 압축시켜 우리의 현실 문제로 받아들이고 우리의 것으로 동화시켜야 한다는 것이 필자의 생각이다.

두 민족이 겪은 경험은 외세의 침략으로 침몰된 조국을 건져내어 자주독립을 찾기 위해 싸워온 과정은 물론 그러한 일이 벌어진 내적 원인과 외적 원인에서도 너무 일치한다. 정세와 조건이 그처럼 일치한다면 승리를 거두고 통일의 목적을 이룬 베트남 민족이 걸어온 노선과 전략 전술 외에 다른 것을 고려할 이유가 없다. 이것은 고정된 유일한 노선이기 때문에 선택적인 사항이 아니다. 민족의 독립과 통일을 위해서라면 반드시 따라야 하는 강력한 민족의식의 발로여야 한다고 이해해도 될 것이다.

그렇다면 우리 민족은 승리와 통일을 이뤄낸 베트남 민족과 우리 민족 사이의 차이는 무엇이었고 그 원인은 무엇이었는지를 구체적으로 찾아내야 한다. 이 문제는 막연한 개념적인 논리나 보편화된 일반 논리로는 접근할 수도 없고 답을 찾을 수도 없다. 구체적인 사실 하나하나를 포착하여 그 속에 담겨진 객관적인 합법칙적인 원칙을 찾아내어 이를 보편화시켜야 한다.

베트남 민족과 우리 민족은 똑같이 식민지에서 해방되기 위한 독립투쟁과 분단된 조국을 통일하려는 투쟁에 있어 그 과정이 복사판적으로 공통된 것이었다. 베트남 민족은 우리보다 몇 배 더 많고 강력한 외국군을 등에 업은 민족 반역 정권과 싸워 승리했다. 반면 우리는 실패했다. 우리의 실패는 결코 우연한 일이 아니라 필연적인 것이었다.

두 민족 사이에 성공과 실패라는 상반된 결과가 나온 요인에 있어 우리는 지도자의 지도노선과 정책 및 민족의 단결에 대해 객관적인 현실 속에서 옳고 그름을 가려내야 한다. 우리 민족이 받아들일 경험과 교훈은 실패를 가져온 교훈이 아니라 성공을 가져온 경험과 교훈이어야 한다.

베트남 민족이 독립과 통일 투쟁에서 보여준 이론과 지도노선 및 공고한 민족 단결의 경험은 우리 민족뿐만 아니라 아직 독립을 이루지 못한 민족과 완전 자주독립을 지향하고 있는 민족들에게 거울이 되고 있다. 베트남 민족은 어느 학자의 학설이나 혁명 지도자의 이론보다도 평이한 철학의 토대를 갖고 있었으나, 30년간의 독립투쟁과 통일투쟁에서 전무후무한 승리를 거둠으로써 이것이 심오하고 수준 높은 이론임을 객관적으로 입증해 주었다.

호지명의 지도노선과 민족이 자진하여 통일 지향으로 단결하여 민족역량을 수렴시킨 노력은, 선행된 혁명 이론을 기계적으로 적용한 결과가 아니었다. 호지명의 지도노선과 민족의식에 대한 각성은 개념적으로 현실을 이론에 맞추는 것이 아니라 더 이상의 해설과 교양이 필요 없는 구체적인 실천 과정과 민족 단결 의식의 생활화를 거쳐 극대화되었다.

특히 통일 베트남의 지도부는 미국에 승리를 거둔 후에도 철저한 경각심을 갖고 대비했다. 즉 미국이 언제라도 다시 반격해 올 수 있다는 점을 주시하여, 전시 체제를 더욱 강화하면서 감추어진 지하의 시설과 조직과 인물들을 승리 1년 후까지도 확고하게 보호해왔다. 이에 반해 북조선의 인민 정권은 당시 미국 국무장관 에치슨이 기자회견에서 밝힌 바 미국의 서태평양 방위선에서 한국과 대만을 제외한다는 선언을 그대로 믿고, 미국은 한국에서 반드시 물러날 것이라는 확신과 함께 미국의 재침이 없을 것이라고 단정하여 남하와 동시에 즉각 주둔지마다 지방인민 정권을 수립하여 인민 세력을 모조리 폭로시켜 말살시킨 점은 너무도 대조적이다.

당시 미군은 부산에 교두보를 확보하고 있었고 일본에는 세계적 규모의 해군기지와 공군기지를 갖고 있었다. 또 필리핀의 클라크 공군기지와 부시 해군기지가 있었고, 오키나와와 괌에도 세계적인 공군과 해군기지가 있었다. 당시의 발달된 군용 수송기의 능력으로 보아 10시간 이내에 대량의 군사력을 단번에 동원할 수 있었음에도 불구하고 국무장관의 일시적 선언을 정직한 것으로 믿고 근거 없는 주관적 자신감으로 남진하여 지방정권 수립을 강행해 놓고는 단시일에 후퇴해버리고 말았다.

이것은 두 지도부의 현격한 역량 차이에서 나온 필연적인 결과였다. 국무장관이 기자회견에서 밝힌 선언은 일시적인 정책 선언일 뿐 대통령의 승인을 받은 것도 아니고 국회의 인준도 없었던 것이었으므로 정세의 변화에 따라 언제든지 바꿀 수 있는 가변적인 것임은 동북아시아의 정세와 미국의 정책에 대해 조금이라도 상식이 있는 사람이라면 누구도 간파할 수 있는 정도였다. 그럼에도 에치슨 국무장관의 선언을 반드시 지켜질 정직한 약속으로 믿고 남하하여 결국 미군의 유인 포위 작전의 함정에 빠져 무참하게 패배한 것은 우연이나 운수가 나빠서 일어난 일이 절대로 아니다. 민족 경험을 통해 객관적으로 정립된 법칙을 따르지 않아 발생한 필연적인 결과일 뿐이었다.

베트남에 대한 이상의 설명은 베트남 민족의 역사를 선전하기 위한 것이 아니고 우리 민족이 아직 해결하지 못하고 있는 숙제를 해결하기 위해 베트남 민족이 피와 땀으로 보여준 경험과 교훈을 우리 민족문제 해결에 심도 있게 반영하고 밀착시켜 창조적으로 적용하려는 데 그 목적이 있음을 앞에서 되풀이하여 말했다. 모든 역사 사건은 반드시 교훈을 남긴다. 이 교훈을 역사 사실 속에서 찾아내는 것이 민족사 연구와 역사 과학의 과제이다.

역사 경험은 반드시 해야 할 일과 해서는 안 될 일, 잘한 일과 잘못한 일, 이렇게 해서는 안 되고 저렇게 해야 한다는 교훈을 남겨준다. 그러므로 역사는 그 민족 발전의 교훈이 담긴 교과서이며 발전 방향을 똑바로 가르쳐 주고 있는 등대와 같은 지침이다. 역사 지식은 정확해야 한다. 그러려면 역사를 편견과 왜곡과 날조 없이 객관적으로 파악하고 그 속에 담긴 법칙과 교훈을 찾아내야 한다.

3) 우리의 분열된 운동 노선을 극복해야

우리 민족의 완전한 자주독립과 통일에 대한 이론 및 정치노선과 통일론은 남아돌 정도로 다양하다. 한 민족이 독립국가 형태를 엄연히 유지하고 있음에도 국민들이 자주독립을 외치며 문제를 제기하는 것은 우리 민족이 명실상부하게 독립된 나라의 주인이 되지 않았다고 여기기 때문이다. 이것에 관해 북조선에서는 주체적 독립을 내세우고 남조선에서는 민족 민주 자주노선을 내세우고 있다. 그리고 통일론에 대한 정책과 학설, 이론 등은 머리가 흔들릴 정도로 다양하기만 하다.

민족 자주나 민족 주체나 우리 민족이 외세의 모든 영향에서 벗어나 국가의 주인이 된다는 뜻에서는 동일한 것으로 본다. 여기서 문제가 되는 것은 민족 내부의 일부 지도 세력이 정권을 잡고 국가 사회의 모든 권력과 이권을 민족의 이름을 내세우고 있을 뿐, 실제로는 지도자를 중심으로 한 정권이 장악하고 지배하고 있는 현실이다. 자주독립은 다른 민족이 아닌 우리 민족이 정권을 잡는 것만을 의미하는 것은 아니다. 국가의 정책과 목적을 민족을 본위로 하고 민족을 중심으로 하여 민족의 권리와 복지를 위해 민족이 원하는 방향으로 발전시켜 가면서 주권과 국경을 확고하게 수호하는 것을 의미한다. 그러므로 오늘 지구상에 있는 모든 국가는 주권의 자주와 함께 국가를 구성한 국민의 자주성도 보장되는 상태를 추구하고 있는 것이다.

국민의 자주성은 각자의 권익과 자유 민주주의적 권리와 복지 활동의 자주성을 말한다. 여기에서 나타나는 의식과 표현은 다양하다. 이 다양성이 이해관계로 집약 결속되어 통일 지향적으로 발전되어 가야 하지만, 이론적이고 획일적인 통일은 절대로 이루지 못하므로 국민 의식의 사회적 형태는 다원적인 것이다. 이 다양성과 다원성이 민족 전체의 존재와 발전을 보장하는 권력 구조인 국가 형태의 공동 운명체 전체 이익에 배반되지 않고 여기에 종속하는 한도 내에서 보장되는 것이 국민의 주체 의식이며 국민 각자의 권리 의식이다.

그러므로 주체 의식이나 자주독립 의식은 국민 각자의 자유와 권리 복지가 명실상부하게 국민을 위한 국가 질서 내에서 보장된 국가와 사회 형태를 말한다. 아무리 외국인이 아닌 동족 내의 권력층과 지도자가 국가의 권력을 잡았다고 해도 국민 각자에게 본능 의식적으로 타고난 권리와 자유가 제한된다면 그것은 주체국가 또는 자주국가가 될 수 없다.

권력 지도자 중심의 독립은 국민을 본위로 한 자주와는 거리가 먼 독일 히틀러의 나치 논리이며 전시 일본 수상에 동조하는 논리이다. 즉 독재자의 생각과 마음이 국가와 민족 전체라는 논리다. 오늘날 지구상의 모든 국가 210여 개 국가 중 10개국 미만을 제외한 모든 국가의 헌법에는 반드시 국가의 권력은 국민에게서 나오며 국가의 주인은 국민이라는 조항이 있다. 과거 식민지에서 독립한 100여 개 민족들도 민주 자주 노선을 내세우고 불완전한 독립에서 완전한 자주독립으로 발전해 가고 있다.

자주 민주 독립이란 말은 국민 역량을 바탕으로 하여 강요가 아닌 민주주의적 질서하에서 국가의 권력구조를 조성한다는 것을 의미한다. 어떠한 형태로든지 국민의 정당한 민주적 권리와 자유가 제한된다면 이는 국민을 도외시한, 이름만의 자주독립이라는 논리가 형성된다.

그 나라의 주권과 독립을 보장하는 가장 강력하고 영원히 지속될 수 있는 기반은 그 민족들이 자기희생적인 민족의식을 각성하는 것이지, 권력을 배경으로 한 하향적인 지시로 형성되는 관료적인 단결은 당연히 아닌 것이다. 밑으로부터 자발적으로 자진하여 이루어진 단결만이 무엇으로도 파괴하거나 약화시킬 수 없는 강력한 역량을 형성할 것이며 그 민족의 자주 민주 국가를 반석 위에 올려놓는 것을 보장한다. 이것만이 유일한 민족역량인 것이다.

이것에 대해 혹자는 필자가 공상 속에서 그려보는 자기만의 이상적인 기대일 뿐 실현 불가능한 허구에 불과한 생각이라고 폄하하는 사람도 있을 것이다. 앞에서 열거했듯이 우리 민족이 오늘에 이르기까지 제시된 다양한 정치노선과 이론이 있고, 그 이론과 정책을 강령으로 내세운 정당과 사회단체 및 자기 이론을 주창한 학자들은 자기 것 혹은 자기들의 것만이 가장 실현가능한 합법칙적인 진리라고 외치고 있다. 그러나 생각해야 할 점은, 국가나 정당, 학자가 내세운 정치노선이나 학설적 이론은 목적을 달성하기 위한 방향 제시와 수단에 그칠 뿐 현실화된 결과는 아니라는 점이다. 이것을 착각하고 하나의 민주 정당이나 단체를 구성하여 간판을 내걸면 그것이 바로 민주주의를 실현한 것처럼 자부하는 것은 웃기는 이야기다.

인간이 역사를 통해 발전해 오는 과정에서 예언적으로 사전에 제시한 정책과 주장과 이론은, 그것을 현실에 적용시켜 나타나는 결과가 진리냐 아니냐의 여부가 유일한 판결 기준이자 판단의 척도가 된다. 주장한대로 이론대로 결과가 나타났다면 과학적인 진리이고 그렇지 않다면 진리가 아닌 것이다.

앞에서 설명한 다양성과 다원적인 존재인 민족이 이러한 다양성과 다원성을 초월하여 한 차원 높은 자주독립을 위한 목적에 자발적으로 종속하고 자기희생적인 민족의식으로 통일되는 것이 진리냐 아니냐를 결정하는 것은 이론에 대한 학설적 논리를 전개하여 합리화시키는 데 있지 않다. 그것은 목적 달성을 위한 과정과 수단이 될 수는 있으나 목적 자체는 될 수 없기 때문이다. 결국 현실에 적용하여 나타난 결과만이 판단의 기준 척도가 되는 것이고, 내가 베트남 민족의 경험을 중시하는 것도 그것이 현실에서 이루어진 결과이기 때문이다.

프랑스 식민지에서 독립하기 위해 투쟁했고 외세에 의해 분단된 조국을 통일하기 위해 투쟁해온 호지명 지도하의 베트남 민족은 이를 조금의 부족함이나 결함이나 미비점 없이 완전무결하게 실현해 주었다. 즉 민족 반역자를 제외한 민족 전부가 하나로 뭉쳐 제국주의를 능가할 수 있는 역량을 형성하면 아무리 강력한 제국주의와의 싸움에서도 이길 수 있다는 실례를 베트남 민족은 정확히 입증해 주었던 것이다.

이처럼 베트남 민족이 보여준 객관적인 경험과 결과가 있는 이상, 즉 민족의 아래에서부터 위에 이르기까지 전부가 한 사람이 생각하는 것처럼 똑같은 생각을 하고 똑같은 표현을 하는 통일된 자기희생적인 민족의식으로 사상 통일하여 단결하는 것이 공상이 아니라 수학방정식처럼 확실한 현실이 되었다는 것이 증명된 이상, 베트남의 사례는 완전 민주적 자주독립을 위해 노력하는 모든 민족에게 반드시 따라야 하는 기본 원칙의 척도가 되었다.

제2부

민족운동사의
명암과 과제

제1장 민족운동과 미국의 동북아 정책

1. 세계 강대국의 식민지 분할점령 완료기

1) 국제정세에 대한 올바른 인식의 필요성

한일합방 전후의 국제정세와 특히 여기에 관련된 미국 정책의 역사를 정확하게 이해하지 못하면 3·1 운동과 6·25 사변 및 오늘 한국이 처하고 있는 상황과 서태평양 정책에 대해 발생학적으로 이해할 수 없다. 때문에 우리 민족의 어제와 오늘을 바라보고 내일의 전망을 위해서는 꼭 필요하다고 보고 세계정세 속에서 이 문제를 분석 검토하여 여기에 기술한다.

국제정세에 대해서는 세계사의 범주에서 다루어야 할 문제이지만 우리나라의 역사에서 국제정세는 나라의 운명을 좌우할 정도로 중요한 문제였다. 19세기 후반은 서구 제국주의 열강이 약소민족을 모조리 식민지로 분할 점령하면서 약소민족 및 약소국가들을 먼저 발견한 나라가 소유자라는 강탈적인 정책을 계속하면서 아시아에 본격 진출한 시기다. 우리나라는 동남아시아에 제국주의 세력이 물밀듯이 밀어닥쳐 형성된 국제정세에 따라 피동적으로 이리저리 밀리다가 드디어 일제에 강점당하여 조국이 침몰되었다. 당시 국제정세의 흐름 속에서 나라를 잃은 우리 민족은 여기에 대해 과학적인 분석과 정치적인 평가로 그 본질을 파악해야만 앞으로의 발전에 있어 민족사적 의미에서 교과서적인 경험과 함께 교훈이 되므로 이를 올바르게 인식해야 한다.

오늘에 이르기까지 3·1절은 물론이고, 기회가 있을 때마다 학계와 언론계 정부는 합방을 일본의 군사적 강점이라고 하고 있다. 즉, 우리나라 식민지 강점을 일본만의 단독 행위로 보고 있다. 여기에 대해 민족 일부가 애국의 분노를 폭발하여 궐기한 것이 의병의 항일 투쟁이고 그 외에도 계속한 여러 가지 형태의 항일운동을 일제의 침략과 결부하여 설명하고 있다. 일본 제국주의가 우리 민족의 주권과 국토를 강탈한 것이 결정적인 원인이고, 우리 민족은 반대 항의하는 민족 전통을 이어오면서 항일 독립운동을 계속해 왔다는 것으로 요약되고 있다. 즉 일본과 우리 민족과의 직접적인 관계만을 보아왔고 일본이 이렇게 침략 세력화된 배후의 국제정세는 보지 못하고 있는 것이다.

일본이 제국주의 세력으로 급성장하는 것을 도와주었던 국제 관계를 이해하지 못하고는 합방 이후 오늘에 이르기까지 우리의 역사를 총체적으로 이해하지 못한다. 지금까지의 역사는 국제정세와 일본과의 직접적인 관계에 대해 표면화된 내용을 중심으로 기록하고 있는데, 세계 문제 중 특히 표면화된 외적인 현상만을 보고는 그 사실들이 발생한 원인과 진행 과정과 거기에 담겨진 역사법칙을 발생학적으로 보지 못하는 한계가 남기 때문에 합법칙적인 독립의 전망 역시 보지 못할 우려가 있다.

특히 일본 제국주의에 의한 우리 주권의 강탈로 식민지 통치를 받게 되기까지 인과적인 영향을 주었던 국제정세를 역사 사실에 근거하여 분석, 검토하여 정확하게 인식해야 한다. 이것은 과거 역사에 대한 정확한 인식의 기준이 될 뿐만 아니라 우리나라가 처한 오늘과 앞으로 발전할 내일에 대해서도 크게 영향을 주기 때문이다.

2) 합방 전후의 동북아 정세

당시 우리나라는 강대국 세력에 둘러싸인 지정학적 위치로 인해 이들의 영향을 절대적으로 받았다. 따라서 망국의 원인이 되었던 국제정세를 객관적으로 파악하고 인식해야만 현재는 물론 앞으로도 우리 민족의 자주 독립 지향적인 발전을 실현할 수 있으므로, 과거의 경험과 교훈을 찾아내어 오늘의 현실을 비교 평가하여 전망의 지침으로 삼아야 한다. 즉 우리 조국이 망국으로부터 8·15 후 오늘날에 이르기까지 겪었던 다양한 형태의 순환과 사건들을 정확하게 인식하고 평가하여, 국제정세의 변화와 맞물려 우리 문제의 해결과 발전에 창조적으로 적용할 수 있도록 이 문제를 다루고 넘어가야 한다. 과거사에 대한 정확하고 객관적인 인식과 평가 없이는 오늘 당면한 문제의 해결과 합법칙적인 전망을 내다볼 수 없기 때문이다.

서구 제국주의 세력이 국외 진출을 위해 식민지 점령을 확대해 나가던 시기에 일본 역시 지구상 곳곳에 눈을 돌렸으나 그때는 이미 선진 제국주의 국가들에 의해 전 지구의 구석구석까지 식민지 분할 점령이 끝난 시기였다. 남부 아시아 역시 식민지 분할 점령이 완료되어 있었다.

중국 대륙 역시 식민지 확대를 겨냥한 서구 열강의 각축장이 되었으나 한 나라가 독점하기에는 너무 거대하였고 제국주의 세력 각국의 불꽃 튀기는 경쟁으로 인해 일국에 의한 점령은 불가능하였다.

따라서 이들은 중국의 광활한 영토 내에 있는 지하자원 선점 등에 초점을 맞추고 갖가지 건설과 자본 투자 등을 통해 자신들의 이권을 중국에 강요하면서 열강 본위의 99년 또는 100년 기간의 일방적인 불평등 조약을 맺었다. 또한 중국 내 주요 지역과 도시에는 빠짐없이 열강의 치외법권 지역인 조차지와 조계를 설정하여 중국을 반신불수 상태의 반식민지로 전락시켜 나갔다.

이와 같은 정세하에서 일본은 제국주의적 발전을 위해서는 이미 점령이 완료된 열강의 식민지를 재분할하여 강탈하는 것 외에는 다른 방법이 없다고 단정하고 재분할에 뛰어들기 위한 전쟁 준비에 착수하였다. 후발 자본주의 국가로서 스스로 역량의 한계가 있다고 판단한 일본은 열강의 관심이 비교적 약했던 중국 동북부의 만주에 눈을 돌리면서 만주와 연결된 교두보이자 통행로인 조선반도의 군사적 점령을 첫 번째로 강행하려 했다.

당시 조선 정부는 자주 능력이 없어 예로부터 천하제일의 부강한 나라로 믿고 있던 청나라의 천자(天子) 정권에 매달려 중국을 조선의 종주국인 상국으로 받들었다. 조선 정부는 중국의 신하국으로 자진 예속하면서 국가의 자체적인 세력 육성과 강화에는 전혀 관심이 없었다. 따라서 국내 민족세력의 형성은 도외시하고 중국의 식민지나 다름없는 상태에 안주하면서 조선의 지배계급인 유림과 양반들 중심의 사회적 신분적인 특권을 유지하고 있었다. 이에 따라 청나라는 조선에 대해 식민지 종주권을 행사하면서 국내의 주요 문제에 대해 지배력을 행사했다. 심지어 황후와 태자 책봉 문제까지도 천자정권의 승인 없이는 할 수 없을 정도로 조선에 대해 완전한 종주권을 행사하고 있는 실정이었다.

3) 일본, 조선에서 외국 세력 추방을 위한 전쟁 감행

중국의 조선에 대한 종주권을 잘 알고 있는 일본은 조선에서 청국 정부의 종주권을 몰아내는 것인 급선무였다. 그리하여 조선을 완전 독립시켜야 동양 평화와 일본의 이익이 된다는 명분을 내세워 1894년 중국과 전쟁을 일으킨 것이 청일전쟁이다.

이 전쟁의 결과 지구상에서 어느 나라도 감히 넘어다 볼 수 없고, 그 앞에 무릎을 꿇어야 하는 강대국으로 알고 있던 청나라는 신생 섬나라의 일본군 앞에 썩은 기둥나무 넘어지듯 넘어져 버렸다. 패전의 대가로 청나라는 조선에 대한 종주권을 완전히 포기하게 되었고, 청나라의 영토인 대만을 일본에 빼앗겼으며 엄청난 액수의 전쟁 배상금까지도 일본에 지불해야 하는 처지가 되었다. 청나라는 거의 3류국가로 전락하면서 조선으로부터 손을 뗄 수밖에 없게 되었다.

청나라의 천자 정권이 청일전쟁으로 일본에 패전하는 것을 두 눈으로 확인하자, 외세에 매달리지 않고는 정권도 특권도 지탱할 수 없다고 판단한 우리나라 유림과 양반세력 일부는 만주 일대에 군대를 진출시켜 놓고 있던 러시아에 의존하였다. 당시 세계의 육군 대국으로 알려진 러시아 제국은 청나라의 약화를 틈타 청나라에 일방적인 조약 체결을 강요하여 만주 일대의 이권 및 군사 주둔권을 총한 방 쏘지 않고 얻어낸 다음, 그들의 역사적인 숙원인 부동항을 얻기 위한 남진정책을 강행하여 조선반도에 눈독을 올리고 이권을 하나씩 접수해가고 있었다.

우리나라에 새로 등장한 강대 외세인 러시아 세력을 본 유림세력의 일부는 국외 세력과 합세하여 러시아에 의지하려 했고, 일부는 청나라가 어쩌다 일본에 패전했으나 다시 일어나 부강해질 것이라는 희망을 가지며 중국 의존 의식을 유지하며 전통적인 주종의 명분을 내세워 친러세력을 반대하기도 했다.

이렇게 국내 세력이 친러와 친청으로 갈려진 상황에서 일본이 러시아 세력의 한반도 진출을 그대로만 두고 보지 않을 것이라는 것은 뻔한 일이었다. 일본은 조선의 자주독립이라는 명분을 내세워 러시아 세력 철수 문제를 두고 외교적으로 옥신각신하다가 드디어 1904년 2월 8일에 군사적 충돌로 러일전쟁을 개전하게 된다.

대 육군국인 러시아는 그 당시 차르 전제 군주 치하의 지배계급인 귀족계급이 농노를 무자비하게 착취, 강압하여 농민폭동이 일어나기 직전으로 국내 정세가 불안한 상태였다. 따라서 전쟁 비용을 부담할 농노계급을 중심으로 조국의 전쟁에 대해 비협조적인 분위기가 팽배하여 러일전쟁에 국가의 총력을 발휘하기 어려웠다. 또 일선 지휘관인 장성들도 치부에만 눈이 어두워 전쟁 중 획득한 전리품을 싣고 돌아가는 편에 부상병을 우선 수송해야 함에도 이것을 뒤로 미루고 산더미 같은 전리품 후송만 계속하고 있었다. 일선 병사들의 사기가 극도로 저하됨은 당연한 일이었다. 국내 내부적으로도 인민과 귀족 간의 적대적인 모순과 대립이 격화되어 갔다. 결국 총체적으로 사기가 떨어진 러시아군이 신생 일본에 패전한 것은 당연한 결과였다. 개전 2년여 동안 육상과 해상에서 타격을 입으며 긴 전쟁을 이어가던 러시아는 1905년 3월 만주의 봉천 전투에서 크게 패배했다.

만주에서 패전한 러시아는 전세를 해군으로 만회하려고 세계 최강의 해군력으로 알려진 러시아 발틱 함대를 극동 블라디보스토크로 이동시켜 해군력으로 승리하려 했다. 함대 이동 중 지중해를 통과하려 했으나, 당시 러시아의 남하정책을 막기 위해 일본과 동맹을 맺은 영국의 반대로 수에즈운하를 통과하지 못하고, 수개월이나 더 걸리는 아프리카 남단 케이프타운을 돌아 인도양을 거쳐 동해의 남부에 이르렀다.

그렇게 어려운 여정을 거쳐 대한해협에 이른 발틱 함대는 일본 해군연합 함대 총사령관인 도고 헤이하치로 함대에 의해 전멸당했다. 이로써 러시아는 러일전쟁에서 완전 패전국이 되었다. 동시에 한반도에서 러시아가 갖고 있던 이권도 모조리 일본에 넘겨준 결과를 가져왔다. 이 러일 전쟁의 승리로 한반도는 일제의 독무대가 되었다.

한편 독립 초기 남부 아메리카 대륙에 울타리를 높이 쌓아올리고 외부로 나가지도 않고 외부 세력도 받아들이지 않는다는 먼로주의를 고수했던 미국에도 19세기 후반이 되면서 변화가 불가피한 상황이 찾아왔다. 급속도로 발전한 생산력에 의해 발생한 과잉 상품은 미주의 시장만으로는 소화할 수 없게 되자 드디어 이 울타리를 없애고 외부 세계에 눈을 돌리기 시작했다. 당시는 이미 유럽의 서구 열강들이 지구상의 모든 약소민족 국가들을 식민지로 삼아 미국이 발 디딜 틈이 없어진 상황이었다.

이때 미국의 해외 진출을 위한 돌파구를 열어준 것이 러시아와 싸우던 일본이었다. 미국은 러시아가 패배하고 일본이 승리하여 대륙으로 진출하면 여기에 업혀 동북아와 중국 대륙에 진출이 가능한 기회가 올 것이라 생각하고 러일 전쟁의 배후에서 일본의 편에 서서 적극 지원했다. 또 러시아의 남진을 막아야 하는 영국과 손을 잡고 일본을 적극 지원했다. 당시 일본 육해군의 무기는 세계 육군 대국인 러시아군에 비해 뒤떨어지고 있었다. 특히 군함과 대포는 비교가 안 될 정도로 열세했다.

이러한 양측의 무기 사정을 파악한 미국은 주로 군함과 함포를 지원했고, 영국은 세계에서 가장 발달한 소총과 각종 대포를 지원하기로 했다. 이것을 위해 미국은 9억 달러, 영국 6억 달러, 합계 15억 달러를 일본에 차관 형식으로 지원했다. 당시 달러의 구매 가치로 보아 오늘의 달러가치로 보면 1,500억 달러를 상회하는 거액이었다. 이 원조가 일본이 러시아에 승리한 결정적인 요인의 하나였다. 이 사실은 나의 아버지와 그 동지 어른들이 입수한 기록에서 성장 후에 내가 알게 되었음을 밝혀둔다.

2. 미국, 동북아시아에 적극 눈을 돌리다

1) 미국의 서태평양 정책

생산력이 급속도로 발전해 가고 있던 미국이 해외 시장 획득을 위해 동북아시아에 눈을 돌리던 시점에서 때마침 신생 제국주의 국가인 일본은 해외 진출을 위해 벌인 청일전쟁과 러일전쟁에서 승리하여 만주에 진출하고 있었다. 일본이 한반도를 교두보로 삼아 만주 대륙에 진출한 군사력을 배경으로 외교적 발언권을 강화하자 약삭빠른 후진 자본주의 국가인 미국은 일본을 도와 동북아시아 진출을 꾀했다. 미국이 러일전쟁 당시 정립한 동북아시아에 대한 일본 중심의 외교정책은 오늘에 이르기까지도 변화하는 역사의 발전과 국제 정세에 맞추어 기본적인 맥락을 이어가고 있다. 그러므로 우리는 미국의 동북아 정책을 역사와 함께 객관적으로 파악해야 한다. 미국과 우리나라와는 어떠한 형태로든지 앞으로 외교 관계를 지속해 나갈 것이므로 미국의 일본 중심 동북아시아 정책을 발생학적으로 파악해야만 우리 민족의 주권 외교에 도움이 될 것이기 때문이다.

이와 같은 미국의 동북아 정책에 대해서 단편적인 정책만을 보고 본질적인 정책을 모르면 오늘날 우리나라를 에워싸고 있는 동북아 정세와 밀착된 미국의 정책을 이해하지 못한다. 동시에 우리 자주 외교의 위치와 방향과 제자리를 찾기 어렵다. 미국의 서태평양 정책이 단순히 외교적인 것이 아니고 미국의 기본 정책의 하나가 되고 있음을 알아야 한다. 미국의 서태평양 정책은 과거에서 현재에 이르기까지 우리나라와 밀착되어 진행해왔고 앞으로도 우리나라와 맞물려 발전해갈 것이므로 상대방인 미국에 대한 정확하고 구체적인 이해가 앞으로의 올바른 전망을 위해 선행되어야 한다.

그러기 위해서는 그때그때의 표면화된 단편적인 정책만으로는 본질을 이해할 수 없다. 미국이 러일전쟁에서부터 시작한 동북아 정책만으로는 총체적인 파악을 할 수 없으므로, 여기에 이르기까지 미국의 역사를 소급적으로 살펴보고 그 발전 단계에서 이루어진 서태평양 정책의 필연성을 파악해야만 오늘 우리나라와 밀착되어 있는 미국 정책을 객관적으로 파악할 수 있다. 이것은 눈부시게 발전하고 있는 서태평양 정세의 중심에 서있는 우리의 발전과 전망을 위해 필수적인 것이다. 그러한 이유로 세상에 잘 알려진 미국 역사에 관한 내용이라 할지라도 미국 정책에 대한 발생학적인 이해에 도움이 된다고 생각하여 이글에서 요약하여 기술한다. 미국 정책을 낳은 모태인 미국을 심도 있게 이해해야 하기 때문이다.

2) 미국의 발전과 초기의 고립주의 외교

아메리카 대륙이 발견된 후 영국인을 주축으로 한 유럽 백인들이 대량 진출하면서 미 대륙의 개발은 급진전되었고 영국은 대서양 연안을 중심으로 13개 주의 식민지를 건설하였다. 그러다가 미국의 경제 발전을 이끈 영국에 있는 본국 자본가와 미국에 있는 식민지 자본가 사이에 상반된 이해관계 대립이 갈수록 첨예화되었다. 영국의 식민지에 대한 지배가 강화되자 조지 워싱턴을 중심으로 독립전쟁을 벌여 승리함으로써 미국은 1784년 영국으로부터 독립하였다.

독립 이후 남부 농업 자본가와 북부 공업 자본가 세력 사이에 흑인 노예 문제를 둘러싸고 전쟁이 일어났다. 이것을 남북전쟁이라 한다. 남북전쟁은 1865년 북부 공업 자본가군의 승리로 끝나게 되고 해방된 흑인 노동력을 이용한 값싼 노동으로 미국의 자본주의는 급속도로 성장을 하였다.

독립한 미국은 광대한 자국의 영토 외에 과거 스페인의 식민지였던 남아메리카 대륙에 대해 스페인의 세력 쇠퇴를 틈타 자기 세력권을 형성하기 시작하면서 남북 아메리카 대륙에 걸쳐 경제, 정치, 군사적 지배권을 확립하고 미국의 세력권을 확대했다. 이때까지만 해도 미국의 생산력과 국력은 남북 아메리카 대륙을 개발에 쏟아 붓기에도 부족했으므로 외부의 다른 세계로 눈을 돌려 진출을 추진할 여유가 없었다.

광대한 토지와 풍부한 지하자원을 갖고 있던 미국은 19세기 초중반까지만 해도 이를 노린 서구 제국이 언제라도 밀고 들어올 가능성이 큰 상태였다. 이를 막기 위해 당시 미 대통령 먼로는 "유럽 세력의 미국 진출을 반대함과 동시에 미국도 유럽에 진출하기 않는다"는 고립주의를 선포했다. 남북 아메리카 대륙에 대한 유럽 세력의 진출 및 식민지 건설을 배제하고, 미국은 유럽에 대해 간섭하지 않겠다는 것이었다. 소위 먼로주의였다. 미국은 이러한 먼로주의 정책을 강력하게 고수했는데, 이는 광대한 아메리카 대륙의 자원과 시장 개발의 장래가 무한정하다고 보고 미국의 자본과 생산력으로도 이 대륙 내에서 무한하게 발전할 수 있다고 보았기 때문이었다.

3) 먼로주의 폐기와 적극적인 해외 진출 정책

미국은 남북 아메리카 대륙에 걸쳐 먼로주의의 울타리를 튼튼하게 높이 구축하고 그 안에서 불황 없는 경제 발전을 계속하면서 낙천적인 정책을 구가하였다. 그 후 아메리카 대륙 개발을 위해 흑인의 대량 유입 및 유럽 백인의 개인적인 유입도 갈수록 증가하면서 인구가 급증하고 생산력도 배가되며 정책의 전환이 요구되었다.

미국에 이주해 온 백인들은 초기의 이주민들과는 달리 단순히 자신의 생계를 위해 온 것이 아니라 신대륙에서 새로운 기회를 찾고자 온 사람들이 많았다. 그들은 당시 유럽의 최첨단 기술과 시설을 가지고 들어와 미주 대륙에 정착하여 미국 국민이 되어 공업 발전과 토지 개발에 새로운 기술을 도입하고 풍부한 자원을 개발, 발전시켰다. 이에 따라 미국의 생산력은 양적으로나 질적으로나 기하급수적인 발전을 거듭했다.

그 결과 미국은 축적된 자본과 급속히 발달한 생산력으로 인해 먼로주의 울타리 안에서는 이를 처리할 수 없어 먼로주의의 울타리 밖인 국제시장을 찾아야 했다. 먼로주의는 발전된 미국의 생산력을 가로막는 모순으로 작용하면서 미국은 울타리에서 벗어나기 위해 이를 폐기하고 해외시장 진출 정책을 적극 추진하게 된 것이다.

당시 전 세계는 일본의 예에서 보았던 것과 같이 빈틈 하나 없이 유럽 제국주의의 식민지로 분할 강점되었고, 중국 대륙에 대한 분할도 이미 끝나 있었다. 막대한 잉여 자본과 과잉 생산된 상품의 문제를 안고 있던 미국은 막강한 국력을 배경으로 모든 수단을 다해 해외시장을 개척해야 할 긴박한 내부 상황에 처해 있었다.

따라서 서구 제국주의 국가들이 빈틈없이 분할 점령한 지역에 들어가기 위해 미국은 무리한 억지를 쓸 수밖에 없었다. 미국이 가장 군침을 흘리며 욕심을 낸 지역은 인구와 자원이 풍부한 미개발의 중국 대륙이었다. 미국은 궁여지책으로 세계의 열강들에게 중국 대륙은 어느 한 나라가 독점할 수 없으니 세계 평화와 중국의 발전을 위해 공동시장으로 개방해야 한다는 것을 주장했다. 이것이 '중국 대륙에 대한 문호 개방과 기회의 균등'이라는 주장이었다. 그러나 미국이 모든 방법을 다해 이를 주장했음에도 기존의 열강들은 귀를 기울이지 않고 못 들은 채 묵살했다. 미국의 주장을 지지하는 나라는 하나도 없었다.

3. 미국은 일본의 조선 강점을 적극 지지

1) 미국과 일본의 우방관계

일본 제국주의가 조선에 대해 식민지적 강점 계획을 진행하고 있을 때 미국은 어떤 입장을 취하고 있었을까. 여기에 대해서는 많은 사람이 너무도 모르기 때문에 이 글에서 꼭 짚고 넘어가려 한다. 결론적으로 말하면 미국은 일본의 한반도 침략 정책을 적극적으로 지지했다는 사실이다.

앞 절에서 설명한 것처럼 미국은 자국 내 과잉생산의 문제를 해결하고자 해외로 눈을 돌렸다. 하지만 시기가 상당히 늦었다. 때마침 미국의 눈에 띈 것은 미국과 유사한 입장에 있던 일본이었다. 두 나라 공히 후발 자본주의 국가로 출발하여 제국주의 단계로 접어들어 식민지 강점을 호시탐탐 노리고 있었으나 이미 서구 열강의 선점이 이루어진 때여서 식민지 재분할에 끼어들려면 억지를 써야만 하는 형편이었다. 이 점에서 미국은 일본과 이해관계가 동일함을 발견하고 미국은 일본을 동조자로 활용하고자 했다.

미국은 일본 세력의 동북아시아 진출을 지원하고 밀어줄 것을 약속하는 동시에 그 대가로 중국에 대한 미국의 문호개방과 기회균등 정책을 지지해줄 것을 요구했고, 일본은 이에 적극 협조하기로 했다. 이것이 일본의 이익에 합치되기 때문이었다. 여기에서 미국과 일본은 동맹세력이 되었다.

우리 역사와 관련지어 우리가 직시해야 할 점은, 조선 민족은 일본의 침략 정책과 이를 뒷받침해 주는 미국에 의해 식민지라는 희생의 제물이 되었다는 점이다. 우리는 지금까지 한일합방을 일본 단독의 침략으로만 보고 있었을 뿐, 그 이면에 숨어있는 공범자인 미국을 보지 못했다. 이면을 보지 못하면 반쪽짜리 역사 인식에 그친다. 그러므로 역사는 구체적으로 정확하게 인식해야만 그 안에서 합법칙적인 교훈을 찾아낼 수 있다. 그것이 역사과학의 논리다.

2) 러일전쟁 강화조약

러일전쟁이 일본의 승리로 끝나자 전후 문제 처리를 위해 강화조약이 추진되었다. 약삭빠른 미국은 일본을 유리하게 하기 위해 두 나라 강화조약의 주선국으로 나왔고 일본은 당연히 미국의 주선을 지지하였으므로 패전국인 러시아는 할 수 없이 여기에 따르게 되었다. 그리고 1905년 9월 미국 포츠머스 시에서 미국의 주선하에 러시아와 일본 대표가 참여하여 강화조약을 체결하였다.

강화조약의 주 내용 중의 하나는 만주에서 러시아가 점유하고 있던 이권인 남만주 철도를 일본에 이양하는 것이었다. 철도 양편의 4킬로미터에 달하는 부속 토지와 풍부한 석탄 매장량을 갖고 있는 무순 탄광, 그리고 광활한 산림 채벌권까지 갖는 막대한 이권이었다. 이와 아울러 만주 지역에서 유일한 바다 쪽 출구인 남쪽의 대련, 여순 두 항구도 일본에 넘어갔다. 사할린 제도의 남쪽 섬들에 대한 이양이 정해진 것도 이 조약에서였다.

혹자는 이 문제에 대해 러시아와 일본 양 교전국 간의 강화조약인데 우리와 무슨 관계가 있어 여기에 기록하느냐고 의문을 갖는 사람이 있을지도 모른다. 하지만 러일전쟁은 기본적으로 일본이 만주와 조선을 장악하기 위해 치른 전쟁이라는 점이다. 그 여파는 조선의 운명과도 직결되는 것이다.

역사의 사건 하나는 단편적으로 고립된 것이 아니라 시간적·공간적 사슬로 연결되어 있다. 그것이 역사의 본질이고 역사의 존재 형태다. 이 조약에 의해 남만주에서 러시아가 가졌던 군대 주둔권도 일본으로 넘어갔다. 만주에서의 군대 주둔권은 후일에 일본의 관동군이 주둔할 발판이 되었다.

특히 우리 민족이 깊은 관심을 갖는 문제는 조선에서 러시아가 점유하고 있던 각종 이권 문제였다. 러시아의 이권은 당초 강압에 의한 것이었으므로 러시아 세력이 후퇴하면 피해국인 조선에 되돌려주어야 하는 것이 당연함에도 미 육군장관 테프트는 그 권리를 제3국인 일본에 넘길 것을 러시아에 강요했다. 미국과 일본의 밀월을 반영한 요구였다.

러시아는 비록 남만주에서는 쫓겨났으나 아직도 조선반도 남쪽의 부동항에 대한 욕심을 여전히 갖고 있었다. 그리고 조선에서 러시아가 갖고 있던 이권은 조선 정부와의 조약을 통해 정상적으로 얻은 것으로서 제3국인 일본에 넘겨주는 것은 부당하므로 조선에 넘겨주어야 한다고 완강하게 주장했다. 그렇지만 테프트는 러시아가 조선에서 갖고 있던 모든 권리와 이권도 전리품이므로 일본이 차지해야 한다는 전쟁의 논리를 내세웠다. 결국 러시아의 주장은 무시되고 결과는 미국과 일본의 뜻대로 되었다.

이 강화조약에서는 조선반도에서 일본군의 주둔권도 승인되었다. 이 문제에 대해 러시아는 조선은 교전 상대국이 아니므로 일본군의 주둔은 부당하다며 완강히 거부했으나, 미국과 합세한 일본의 주장 앞에 결국 굴복할 수밖에 없었다.

이러한 정황들을 종합해 볼 때, 러일전쟁 후에 맺어진 포츠머스 강화조약은 조선을 일본의 식민지로 강점할 올가미를 일본에 넘겨주고 이것으로 우리 민족의 목을 조르고 손발을 묶을 권리를 국제법상 인정한 조약이라 보아도 과언이 아니다. 이 조약을 계기로 일본은 조선에 침입할 권리를 미국의 주선에 의해 국제적으로 인정받은 것이다.

3) 테프트 가쓰라 밀약

포츠머스 강화조약이 체결되기 직전인 1905년 7월 미국의 육군장관인 테프트와 일본의 총리대신 가쓰라 사이에 맺어진 밀약을 말한다. 이 밀약은 을사보호조약과 한일합방 의정서로 이어지는 출발점이므로 우리 민족은 을사보호조약과 한일합방에 대한 것 이상으로 미국과 일본에 대해 적대적인 분노를 갖고 우리 민족이 존속하는 한 잊어서는 안 될 와신상담과 같은 교훈으로 삼아야 한다.

그 핵심 내용은 일본은 필리핀에 대한 미국의 식민지 통치에 이의를 달지 않고, 반대급부로 미국은 일본이 조선을 침략하여 한반도를 '보호령'으로 삼아 통치하는 것을 용인한다는 것이다. 즉 일제가 한반도를 지배하는 것이 미국의 이익에 들어맞는다는 입장의 연장선에서 나온 밀약이었다. 이 밀약에 의해 조선(대한제국)에 대한 미국의 개입을 원천적으로 차단한 일제는 자신감을 갖고 포츠머스 강화조약이 끝나자마자 1095년 11월 을사보호조약을 강요하여 체결하고 통감부를 설치하여 우리 주권을 강탈하는 작업을 본격화하였다. 미국은 이를 묵인했다.

만일 미국이 일본의 입장에 제동을 걸었더라면 일본의 조선반도 침입은 그처럼 일사천리로 진행되지는 않았고 어쩌면 불가능했을지도 모른다. 조선에 대한 일본의 식민 지배와 필리핀에 대한 미국의 식민 지배를 상호 용인한 이 밀약으로 국제정세상 조선의 식민지 지배는 되돌릴 수 없는 현실로 되어갔다.

이상에서 설명한 러일전쟁 이후 포츠머스 강화조약과 그 후 일본에 대한 일관된 미국의 대일 정책을 요약한다면 동북아시아에서 일본이 강국이 되어 모든 분야에서 지배적 영향력을 갖는 것이 미국의 이익에 부합된다는 말이다. 이 정책을 뒤집어 보면 그 이면에는 한국이 일본 식민지가 되는 것이 미국의 이익에 부합된다는 것과 같다. 조금이라도 우리 민족에 관심이 있는 사람이라면 누구나 도달할 수 있는 귀결이다.

당시 우리 민족은 미합중국에 대해 영국을 비롯한 유럽 각지에서 신앙의 자유 및 민주주의적 권리와 평화를 찾아 모여든 민족들이 평화적으로 결합하여 수립된 정의와 평화의 나라로 알고 있었다. 합중국의 기본 정신은 서로 다른 민족 간에 어떤 권력에 의해 강요된 결합이 아니라 수십 개 민족이 민주주의적으로 승인하고 합의하여 이루어진 나라였다. 합중국을 형성한 여러 민족은 세력의 대소를 막론하고 동등하며 대등한 권리가 부여되었음을 전 세계에 선포함으로써 각각의 민족을 존중하는 나라를 표방하며 만들어진 나라가 바로 미국이었다. 때문에 미국은 정의와 평화의 나라로서 마치 천당의 현관과 같은 나라로 알려졌다. 그 미국이 세계 제국주의 국가 중에서도 가장 악랄하고 무자비한 수법으로 수천 년간 주권을 지키며 전통을 평화적으로 지켜 내려온 우리 민족을 침략하는 데 지원의 정도를 넘어서 공범자적 역할을 했다는 데 대해서 민족적 의분이 솟아오르게 되는 것은 당연하다.

이상과 같이 러일전쟁과 합방에 이르기까지 미국이 우리 민족에 적대적인 정책으로 일관했음을 기록한 것은 반미 감정을 충동질하거나 선전하기 위한 것이 결코 아니다. 오늘날 미국은 대한민국과 지구상의 어느 나라보다도 가장 밀착된 우방이며 이것이 오늘 대한민국의 기본 정책으로 되어 있음은 모르는 사람이 없다. 다만 역사적 사실에 대해서는 역사적 맥락을 정확하게 보고 평가해야 한다. 한 나라의 정책에서 외교는 그때그때의 필요에 따라 정해지는 돌연적이고 단편적인 것이 아니다. 인류는 역사적인 존재인 만큼 한 나라의 정책과 외교도 역사의 발전과 함께 이루어진 결과로 보아야 한다. 즉 역사주의적 입장에서 분석, 평가해야 한다는 말이다.

오늘날 전 세계의 모든 민족은 평화세계를 지향하면서 상호존중의 바탕 위에서 민주 지향으로 발전하고 있다. 그리고 이 세계 안에는 200여 개에 달하는 민족 독립국가가 있다. 민족 독립국가라 함은 대내 대외의 모든 정책을 자기 민족 중심으로 자기 국가 이익 본위로 발전해 가는 단위라는 것은 상식적인 국제 논리이다. 세계 모든 국가가 이러저러한 다양한 사슬로 연결되어 있으면서도 민족의식, 다시 말해서 주권독립 의식의 바탕을 고수하면서 어떠한 대국에게도 종속되거나 예속되는 것을 모든 것에 우선하여 반대하는 것은 불문율이자 각 민족의 사명이고 의무다.

오늘날 우리나라는 영원히 잊지 못할 식민지 지배자였던 일본과도 우방이 되어 미국 다음으로 선진 호혜적인 수교를 하고 있으며 여러 가지 형태의 사슬로 연결되어 있다. 이것은 우리나라의 이익에 부합되기 때문이다. 개인이나 국가는 오늘을 위해 과거를 돌아보고 앞을 내다보는 현재 본위의 생활을 하고 있다. 미국과 우방 동맹관계를 맺고 있으나 이것은 우리나라에게 이익이 되고 미국에도 이익이 되는 상호 호혜적이기 때문이다.

그러나 모든 나라는 기본적으로 자기 이익 중심이다. 어느 나라든 모든 대내외 정책의 기초는 주체적인 주권의식이다. 즉 투철한 민족의식이 바탕이 된다는 말이다. 그러므로 우리나라도 복잡하고 다양한 국제관계에 있어서 주체의식과 주권을 바탕으로 한 대외정책을 확고하게 정립해야 한다. 외교관계 역시 마찬가지다. 다만 상대방의 정책과 우리나라의 정책에 대한 정확한 분석과 검토, 평가는 역사적인 맥락을 확고히 갖고 있을 때 비로소 정확한 객관적인 판단을 하고 앞을 내다볼 수 있다.

내가 러일전쟁에서 합방에 이르기까지의 미국의 정책과 그 방향을 기록하게 된 것도 그러한 측면에서 도움을 주기 위해서다. 나는 저명한 인사는 아니지만 누구 못지않은 민족의식을 일찍부터 각성하고 나의 청춘을 부족하나마 조국 앞에 고스란히 바쳐왔고 그 과정에서 모든 것을 역사적 입장에서 검토 평가해 왔다. 오늘 지구상에 있는 모든 국가들의 국민생활과 국가 발전 과정에는 공통점이 너무도 많고 앞으로 추구하고 나아갈 방향에도 공통된 점이 많다. 앞으로도 그렇게 공유하는 부분은 갈수록 많아질 것이다. 즉 이 말은 지구촌이라고 할 정도로 공통된 생활권이 형성되어 갈수록 확대될 것이라는 얘기다. 모든 민족은 손을 잡고 전쟁이 아닌 평화로 적대적 대립이 아닌 화해관계를 갈수록 공고히 하고 확대해 가고 있는 것이 오늘 국제정세의 발전 방향이다. 수교국 간에 손을 굳게 잡고 걸어가지만 서있는 발판만은 각각 민족적인 것임을 알아야 한다.

그러므로 우리는 우리 민족의 발판 위에 반듯하게 서야 한다. 미국이나 일본 등 상대국의 발판에 서서 걸어간다면 우리 민족에게 언제 등을 돌릴지 모를 상대국의 편이 되고 만다. 아울러 바라보는 눈은 우리 민족의 발전이라는 방향에 시각을 맞추어야 한다.

오늘의 국제정세에서 서로가 적대적인 대립을 고집하여 분열 고립하는 것은 그 민족의 후퇴와 멸망으로 이어질 것이다. 이는 국제문제에 있어 상식이다. 내가 이 글을 쓰는 것도 미국과 굳게 손을 잡고 걸어가면서도 발만큼은 우리 민족이라는 발판을 확고하게 딛고 있어야지 상대방 국가의 발판에 서서는 안 된다는 점을 상기시켜주기 위해서이다. 이에 대해서는 정책 당국이나 저명한 학자나 언론인들이 상식적으로 생각하는 견해일 것이다. 그러나 이를 실천하는 일은 정책이나 학설이나 이론만 갖고 되는 것은 아니다.

오늘날의 모든 것을 객관적이고 정확하게 평가하고 판단하려면 우리가 거쳐 온 역사의 사실과 역사의 발전 과정에 대해 정확히 파악하고 있어야 한다. 이러한 이유로 미국과의 관계에 대해서도 러일전쟁 당시로 소급하여 썼으며 절대로 현재 우방국인 미국에 대한 반미 감정을 충동질하거나 선전할 목적이 아님을 분명히 말해둔다. 우리 옛말에 "독약도 잘만 쓰면 보약이 된다"는 논리에 따른 것이다.

4. 망국의 길로 들어선 조선

1) 을사보호조약

러일전쟁에서 승리한 일본은 미국의 주선으로 체결한 포츠머스 강화조약을 통해 자신들의 예상보다 더 유리한 이권을 획득했고, 그 직전의 테프트 카스라 밀약을 통해 미국의 동의를 얻어냄으로써 그동안 청일전쟁과 러일전쟁을 치르면서 노리고 있던 조선반도를 마침내 점령할 때가 되었다는 자신감을 갖게 되었다. 청나라와 러시아를 이미 굴복시켰고, 걸림돌이 될 수도 있었던 미국의 양해를 얻어낸 만큼 이제는 외부의 간섭 없이 목적을 달성할 수 있게 되었다.

이에 일본은 자신만만한 태도로 포츠머스 조약이 체결된 두 달 후인 1905년 11월 조선(대한제국)에 대해 합방으로 이어지는 선행조약인 을사보호조약 체결을 강요하여 조선 정권을 굴복시켰다. 1906

년에는 조선총독부의 전신이라 할 통감부를 설치하여 외교권을 대행하게 함으로써 조선은 외교권을 상실했다. 그 수장에는 이토 히로부미를 앉혔다. 1907년에는 고종을 폐위시키고 이름뿐인 순종을 앉힌 데 이어 군대를 해산시켜 군사력도 무력화시켰다.

이렇게 우리의 주권인 외교, 군사, 재정, 재정, 세무, 통신, 교통의 차례로 관할권을 박탈하고 마지막 남은 인사권까지 일본의 수중에 넣음으로써 조선의 합병은 형식적인 문서상의 조약 절차만 남기게 되었다. 한일합방 이전에 조선의 국권은 일본에 넘어간 것이다.

2) 반민족 세력이 된 유림양반 세력

침략국이 하나의 민족을 군사적으로 점령하여 식민 통치를 하려면, 국가와 민족보다 개인의 재산과 이권과 신분 보장을 우선시하는 기득권 세력을 찾아내어 그들이 갖고 있던 기득권을 보장함으로써 그들을 반민족 세력으로 만들어 민족 내부를 분열시키는 전략을 먼저 사용한다.

다시 말해 자기 민족에 등을 돌린 민족 반역세력을 상부에서 하부에 이르기까지 체계적으로 조직 관리하면서 식민지 정권의 수립과 함께 침략국의 통치권을 그 영합 세력의 상부에 연결시키면 그 민족의 반민족 세력이 앞잡이가 되어 식민지 통치를 용이하게 할 수 있다는 것이다. 조선의 기득권 세력은 유림과 양반이었다.

당시의 정세를 볼 때 외세에 매달리지 않고는 정권 유지도 권력 유지도 힘들 것으로 보았던 유림 양반계급은, 특히 러일전쟁 이후 세력의 판도가 일본으로 기우는 것을 확인하면서 일본의 침략을 받아들이는 데 앞장서는 영합 세력으로 나타나기 시작했다. 그 세력은 점차 확대 증강되면서, 스스로 목숨을 끊은 황현 같은 극히 일부의 유림을 제외하면 거의 대부분이 일본의 통치를 받아들이고 환영하는 영합 세력으로 전환되고 말았다.

유림이 생명처럼 여기던 기본 강령인 '충신불사이군(忠臣不事二君)'의 정신을 헌신짝처럼 던져 버리고 새로운 통치자, 바꾸어 말하면 조선반도의 새 임금인 조선 총독과 그 산하의 각급 기관 앞에 무릎을 꿇고 충성을 바치기로 전향하였다. 그 대가로 그들은 재산과 신분의 유지와 함께 상민에 우월하는 사회 신분을 보장받았고, 그들의 자제들을 우선적으로 총독 통치의 하수인인 공무원의 감투를 얻기로 약속받았다. 민족 분열을 획책하는 일제의 책략에 자신들의 이익을 보장받는 대가로 앞장섰던 것이다.

한 민족의 존재와 발전을 위해 정확히 알고 인식해야 할 결정적인 사실의 하나는 강대국의 침략에 앞서 자기 민족을 버리고 침략 세력의 편에 선 침략 영합 세력의 형성에 관한 일이다. 우리 민족이 을사늑약에서 시작하여 일본이 패망하던 8·15까지의 기간 동안에 너무도 똑똑히 보고 피부에 닿게 느낀 친일세력과 총독부 각 기관의 각급 관리들의 정신과 태도 및 그들의 일제에 대한 충성심에 대해서는 더 이상이 설명이 필요 없을 정도로 명확하다.

이런 일들에 대해 민족정기에 조응하는 정확한 분석과 이해, 그리고 민족의식에 기반한 민족사적인 판단과 결론 없이는 우리 민족의 자주적 발전에 있어 앞으로도 형태만 다를 뿐 친일세력의 지배에서 벗어나지 못하는 현대판 반민족 세력이 뿜어내는 독소가 우리 민족의 발전을 가로막는 큰 요인이 될 것이다. 그렇기 때문에 내가 이 글에서 이 문제를 비중 있게 다루는 것이다.

침략국이 피침략 민족의 내부에 영합 세력을 형성하지 않고는 군사적으로 일시적인 점령은 가능하나 정치적으로 지속적인 지배 통치는 절대적으로 불가능하다. 이 사례를 역사적으로 증명한 것이 프랑스 침략 당시 러시아의 예다. 19세기 초 프랑스의 나폴레옹 대군이 러시아를 침략하여 모스크바까지는 완전한 군사 점령에 성공했으나 당시 러시아 국민은 단 한 사람의 협력자도 나타나지 않아 더 이상의 군사 점령을 계속할 수 없었고, 프랑스군은 결국 퇴각하다가 러시아군의 추격 공격에 의해서 완전에 가깝게 멸망했다.

침략 국가와 피침략 국가의 내부 영합 세력과의 관계는 수학 방정식과 같이 오늘날 약소민족의 독립과 그 민족 본연의 발전 과정에 있어 예외 없이 적용되는 불변의 원칙과 같은 것이다. 일제에 의한 합방에서도 이런 과정이 예외 없이 반복되었다.

3) 한일합방 조약

조선왕조 즉, 당시의 대한제국은 러일전쟁 후 망국의 상황으로 전락되어 가고 있었음에도 불구하고 일제의 침략을 반대하거나 정권을 도와주는 외국 세력이 전무했다. 뿐만 아니라 국내에 있는 유림 양반 세력은 일본의 침략에 앞장서 일제에 영합하고 나섰으므로 조선 왕조는 국내외를 막론하고 누구 하나 돕는 세력이 없는 완전한 고립무원의 처지에 처해 있었다.

이때를 틈탄 일본 제국주의는 미국이라는 세력을 등에 업고 안심하며 시위적인 군화 소리와 공포 몇 발을 쏘면서 조선 왕조를 압박했다. 결국 일본이 일방적으로 작성하여 내민 한일합방의정서에 국왕이 서명하여 손수 옥새를 찍고 각 부 대신들도 서명하여 도장을 꾹꾹 찍어서 일본에 손수 넘겨줌으로써 일본은 아무 방해도 받지 않고 묵나물 먹는 것보다 더 수월하게 우리나라를 먹어버렸다. 그것이 한일합방 조약이다.

4) 미국은 일본의 조선 식민지 점령을 묵인

일본은 미국이 세계 최고의 부강국이라는 사실을 잘 알고 있었다. 만일 미국이 일본의 한반도 침략은 미국의 동북아시아 정책을 방해하는 것이므로 일본의 조선 침략을 용납할 수 없다는 성명을 한 번이라도 발표했거나, 한걸음 나아가 일본 점령에 대한 외교적 항의와 함께 미국 함대를 조선 근해에 시위적인 배치만 했더라도 일본은 안하무인격인 침략을 하지 못하고, 침략을 했다 하더라도 우리 민족의 주권의 일부는 보류되는 형태의 점령이 되었을 것이다.

당시 미국의 동북아시아 정책의 표현인 테프트 가쓰라의 밀약을 모르고 있던 조선 내에서는 일본의 침략을 막고 조선의 독립을 보호해 달라는 진정 사절을 보냈고, 미국에 거주하는 교포 사회 대표단이 백악관을 방문하여 미 대통령 면담을 강력히 요청했으나 의례적인 대접으로 응접실에 앉았다가 만나지도 못하고 현관에서 쫓겨나듯이 돌아오고 말았다. 미국은 조선을 보호하는 일에 냉담했음은 물론 일본의 식민지 지배를 묵인했던 것이다.

나는 성장 후 아버지가 보내준 책자에서 조선의 대표가 일본 침략에 대해 미국의 도움을 요청하러 갔다는 기사가 난 신문을 읽은 적이 있다. 거기에 따르면 미 대통령은 "한국 문제는 한국 민족 자체가 해결하라고 맡기고 미국은 조금의 관심도 없으므로 한국에 대한 원조의 필요를 느끼지 않고 있다. 미국이 한국을 위해 단 1달러도 소비할 필요가 없다는 것이 미국의 입장이므로 미국은 한국 원조에 대해 관심이 없다"는 내용이 기재되어 있었다. 이러한 미국의 무관심은 바로 일본의 식민지 점령을 묵인한다는 것과 동일한 것임은 삼척동자도 알 수 있는 분명한 것이었다.

5) 러일전쟁에서 미국의 친일본 정책은 오늘까지 계속

이상의 사실에서 우리 민족이 똑바로 인식하고 우리 민족의 자주 발전을 위해 가슴 깊이 새겨둘 점이 있다. 러일전쟁 이래 미국의 동북아시아 전략에 있어 미국은 일본을 앞세우고 있으며, 한반도를 비롯한 동북아시아에 대한 일본의 침략을 적극 밀어주고 일본의 목적을 달성토록 하는 것이 미국의 정책이라는 점이다.

미국의 동북아시아 정책 저변에 깔려있는 기본 기조는 그 후에 더욱 확대, 강화되면서 제2차 세계대전 이후 오늘에 이르기까지 정책의 형태와 표현 및 방법만 국제정세에 맞추어 바꾸어가면서 그 본질은 변치 않고 그대로 지속되어 오고 있음을 우리는 알아야 한다. 그 증거로는 제2차 세계대전 중 미국은 일본군의 공격으로 엄청난 군사시설과 인명 및 재산에 대해 천문학적 숫자적인 피해를 입었음에도 불구하고 전범자로 처벌할 것을 결정한 국제협약을 일방적으로 파기하고, 일본의 부흥과 강화를 위해 물심양면으로 지원하여 일본을 오늘과 같은 세계 부강국으로 만들어 혈맹우방 관계를 맺고 발전시켜 가고 있다는 사실을 들 수 있다.

5. 전후 일본 부흥에 앞장선 미국의 정책

1) 미국, 대소 방어선 설정

제2차 세계대전이 연합국의 승리로 끝난 후 국제사회에는 놀라운 변화가 생겼다. 연합국 편에 서서 가장 많은 희생을 치르며, 나치 정권 패망에 결정적인 역할을 한 소련은 전후 소련군 점령 지역 내의 동유럽 6국에 사회주의 정권을 수립하고 일국 사회주의 국가의 고립에서 벗어나 국제 사회주의 세력을 형성하여 미국을 주축으로 한 서방 세력과 대립하였다. 이렇게 되자 미국이 채택하게 된 세계 정책의 중심은 확대되어가는 사회주의 세력을 막는 것으로 바뀌었다. 아래에서는 이에 관한 내용을 상세히 살펴본다.

미국은 세계전략으로서 유럽에서는 적국이었던 독일 연방을 앞세워 사회주의 세력을 막는 일선 방파제로 삼았고 아시아에서는 중화민국 장개석 정권을 지원하여 만리장성과 흑룡강 선에서 소련 세력의 남하를 막는 방파제로 삼았다.

당시 미국 국무장관 마셜은 모택동 공산군과 국민당 군대의 전쟁 상태를 평화적으로 해결하기 위해 주선한다는 명목으로 중국에 직접 가서 장개석 정부를 지원하고 나섰다. 당시 미국은 전후 최고의 화폐인 미화 50억 달러를 장개석 군대에 지원했고, 장개석 군대의 장교들을 미국에 보내 미군에 못지않은 현대식 정예군으로 훈련시킴으로써, 이들을 통해 75만 명을 양성토록 했다. 이 군대는 어떤 현대식 군대의 침략도 막을 수 있을 정도의 정예 군대였다. 그래서 당시 세계는 이 군대를 '호랑이 새끼 부대'라고 부를 정도였다. 미국은 이처럼 장개석 정권에 대한 원조를 적극 지원하면서 이 정도면 소련

세력의 남하를 막기에 충분할 것이라 안심했다.

그러나 중국 국민당군과 연안 팔로군과의 군사 충돌을 평화적으로 해결하려는 미국의 노력과 지원에도 불구하고 공산군에 밀린 국민당 정권은 1949년 광동을 마지막으로 중국에서 대만으로 퇴각했다. 이 과정은 당시 중국에서 장개석 정부를 지원했던 미 국무장관이 발표한 마셜 백서에 상세히 기록되어 있다.

2) 장개석 퇴각 이후 대소 방파제로 일본을 내세움

장개석이 중국에서 패주한 것은 미국이 소련 세력의 남하를 막기 위해 설정한 대소 방파제가 무너진 것을 뜻한다. 이에 따라 패전국 일본을 완전히 무력화시키려던 미국의 전략에 있어서도 급격한 변화가 생겼다.

제2차 세계대전이 연합국의 승리로 기울어져 간 1943년 11월의 카이로 선언과 그 후 1945년 7월에까지 계속한 5~6회의 연합국 순회회담은 주로 대전 종전 후 일본에 대한 처리 문제가 중심이 되었다. 그 내용을 요약하면 일본이 영원히 군사적 경제적으로 발전 강화되는 것을 막아야 한다는 것이다. 그 방법으로 일본의 식민지는 모조리 원래의 국가에 돌려주고, 조선은 독립시키며 일본 국내의 군사시설은 완전히 철거 폐쇄하고 당시 일본에 있는 전 생산시설인 공장과 부대시설을 전부 일본의 피해국인 중국과 동남아 등 여러 나라에 전쟁 피해 보상의 대가로 나누어 준다는 것이었다.

아울러 일본을 청일전쟁 이전의 경제 수준으로 후퇴시켜 농업경제를 바탕으로 한 초보적인 공업국가 정도에 머무르게 하여 그 이상의 발전을 막고, 동시에 전쟁 범죄자에 대해 철저히 처벌하고 표면상의 전쟁 주범인 일본의 천황제도 폐기하는 것으로 되어 있었다.

그러나 장개석 정권이 패주하고 중국에 공산정권 수립과 함께 소련과 중국이 연합하여 세계대전 직후보다 몇 배 이상 확대 강화된 사회주의 세력권이 형성되자 이를 막는 것이 미국 극동 정책의 긴급한 문제로 대두되었다. 이에 대한 대책으로 미국은 당초 방침과는 달리 전쟁 중 미국에 천문학적 피해를 준 적국 일본에 대해 전쟁 피해의 급속한 복구와 함께 발전, 강화시킴으로써 사회주의 세력을 막는 우방으로 키우는 정책을 추진하게 되었다.

일본에 대한 변경된 정책을 진행하기 위해 미국은, 카이로선언에서 시작된 전시 연합국 순회회담에서 결정된 바 일본을 3류 국가로 후퇴시킨다는 약속을 일방적으로 폐기해 무시해 버렸다. 이에 따라 일본 내에서 완전 폐기하기로 한 군사시설과 전쟁 배상의 대가로 피해국에 이설키로 했던 생산시설의 이설도 중단하였다.

일본 전범 처벌에 있어서도 연합국 특별 재판부의 검사단이 기소한 전쟁 범죄자의 일부 처벌에만 그친 채 중단시키고 나머지는 일본 재건에 앞장세웠으며 천황제의 폐기도 무시해 버리고 존속하기로 함과 동시에 일본에 대해 엄청난 경제적, 군사적 지원을 했다. 이 지원의 내용은 다음에 밝히겠다.

이렇게 제2차 세계대전 후 일본에 대한 미국의 정책은 러일전쟁 당시 일본의 편에 서서 적극 지원했던 동북아시아 정책의 모습으로 회귀되었다. 사회주의 세력을 막기 위한 전선의 방파제로 삼고자 미국의 이익을 위해 일본의 부강을 적극 지원한 것은 러일전쟁 당시와 같은 맥락이다.

3) 전쟁 이전으로 급속히 회복된 일본경제

미국은 장개석 국민당 정권이 중국 본토에서 패퇴하자, 카이로선언에서 규정한 일본에 대한 규제는 집어치워버리고 폐허가 된 일본을 다시 강국으로 부활시키기 위해 엄청난 달러를 투입하고, 건설과 복구에 필요한 자재와 시설을 매일 산더미같이 선박으로 항공편으로 퍼부어 주었다.

패전한 일본 군인과 각국에서 쫓겨온 일본 국민이 홍수처럼 일거에 일본 국내로 쏟아져 들어오게 되자 엄청난 실업 사태가 발생했고 이들이 생활고에 허덕이며 사회 문제가 되어 일본 사회의 질서가 뿌리째 흔들릴 정도였다. 이러한 상황이 되자 미국은 미국에서 생산할 수 있었던 공산품들, 심지어는 담배와 캔디까지도 일본 공장의 재건 부활을 위해 일본에서 생산토록 함으로써 실업자를 흡수하여 사회 질서를 안정시키면서 그 생산품을 한국에 수출하여 막대한 무역 이익을 얻게 함으로써 흔들리던 일본을 일으켜 세웠다. 이 원조는 차관으로 이루어졌다.

우리나라에는 합법적인 무역 외에도 일본 밀수품이 홍수처럼 밀려들어왔다. 일본 상품이 대거 들어오면서 일제 잔재 세력의 일본 물품 선호와 맞물려 엄청난 대일 무역적자가 발생했음은 당시 널리 알려진 사실이었다. 거기에다 미국은 세계대전이 끝나자 본국과 전 세계 군사기지에 산적된 전쟁 잉여물자를 한국에 폭포수 같이 쏟아부어 한국의 시장은 미국 제품과 일본 제품으로 뒤덮여졌다. 우리나라는 36년간 일제의 식민지 착취로 모든 것을 빼앗기고 껍질만 남은 조건하에서 8·15 해방이 되었으므로 산업 발전의 걸음마 단계에 있던 터에 우리 민족경제는 미국의 전쟁 잉여물자로 질식 단계가 되었다. 이는 한국경제를 미국과 일본의 경제 식민지로 만드는 결정적인 원인이 되었다.

한국전쟁이 발발하자 이 같은 상황은 더욱 확대되고 가속화되었다. 미국은 한국전쟁에서 한국군과 미군이 소비하는 전쟁 물자와 무기의 일부와 함께 한국에서 생산할 수 있는 것까지도 일본에서 생산시켜 한국으로 공급하는 정책을 강화하면서 폐허가 된 일본의 공업을 전쟁 전 이상으로 회복시켰다.

나는 당시 일본에서 발행한 경제 주간지 일본 '이코노미스트'를 계속해서 몇 년간 읽었다. 이 주간지는 앞에서 말한 삼광 무역회사에 있는 국민학교 동창생을 통해서 구독했다. 거기에 따르면 미국의 대일 경제원조의 주요 정책은 미국이 일본 기업에 주문서를 제출하고 견적서만 받으면 아직 생산에도 들어가지 않은 주문 물품의 최종 판매 대금을 즉시 지불하는 선불 방식이었다. 여기에는 일정액의 이윤이 포함된 가격이다. 그러므로 일본 기업은 생산에 들어가기 전에 생산품의 판매 가격을 사전에 받고 하는 생산이므로 이익은 확실히 보장되어 마치 땅 짚고 헤엄치는 것보다도 안전하게 보장되었다. 이것을 특별수요경제(特需經濟)라 했다. 그때 폭발적으로 상승하는 이 경기(景氣)를 최초의 천황인 신무천황의 이름을 따서 신무경기라 했다. 이처럼 미국 국가 정책에 따른 원조와 지원은 일본을 오늘날 세계 3대 부국으로 발전시키는 기초를 확립해준 핵심 요인이 되었다.

4) 미국은 한국전쟁을 일본 경제의 발전 목적으로 이용

미국이 일본의 부흥을 위해 원조를 증가하던 중 1950년 한국전쟁이 발발했다. 미국은 군대를 파견하여 UN 산하 17개 국의 외국군과 함께 참전, 한국군과 함께 압록강까지 북진했다가 중공군의 인해전술로 휴전선까지 밀린 뒤 쌍방 간의 긴 공방을 거쳐 휴전협정을 체결했다. 군사평론가들의 논평에 따르면 3년간의 한국전쟁에 소비한 무기 등 군수품이 제2차 세계대전 중 연합군이 4년간 소비한 양과 맞먹은 천문학적인 막대한 양이었다고 한다.

미국은 막대한 군수품을 미국에서 생산할 수 있는 것까지 일본에서 생산시켰고 한국의 경공업으로 충분히 생산할 수 있는 것까지 일본에서 생산시켜 한국전에 들여와 소비했다. 일본은 한국전쟁이 아니었더라면 오늘과 같은 경제 부국은 물론 강대국의 대열에 절대로 들어설 수 없었을 것이다.

일본 이코노미스트지의 기사 하나 하나의 머리글에는 예외 없이 "다행히도 조선 동란으로"라는 글로 시작되었다. 나는 이런 기사를 많이 읽은 적이 있다. 6·25 동란에서 소비할 군수품과 생필품을 일본에서 생산하기 위해 일본으로 원자재를 싣고 온 대형 선박이 대거 입항을 기다렸고, 그 당시 일본 각 항구에는 직접 접안할 시설이 없어 일정한 거리가 떨어진 외항에 정박하여, 작은 배인 종선(일본어 하세께)으로 운반 양육한 선임만도 당시 기준으로 2억 달러를 넘었다는 내용이었다.

이러한 기사 내용은 한국전쟁 당시 일본이 우리 국군과 미군이 물 쓰듯이 퍼붓던 전쟁 물자를 얼마나 많이 공급했는지 짐작하기도 어려울 정도였음을 추정하게 해준다. 만약 한국전쟁이 없었더라면 일본 경제의 발전은 오늘날의 반에도 이르지 못했을 것이라 생각한다. 이것을 가능하게 한 것은 바로 미국의 서태평양 정책이었다. 미국은 일본의 구세주 역할을 했던 것이다.

5) 미국의 일본 원조는 무상이 아닌 차관

이상에서 말한 전후 일본 부흥을 위해 미국이 투입한 생산시설과 원자재의 홍수와 같은 지원은 무상이 아니고 차관의 방식으로 공급했다. 차관에 의한 원조는 결국 달러 빚을 쓰고 나중에 상환하게 하는 구조로서 전 세계적으로 미국의 지배적인 패권 유지에 결정적인 역할을 하게 된다.

얘기를 돌려 제2차 세계대전의 상황으로 돌아가 본다. 미국은 제2차 세계대전에 뒤늦게 참전했기 때문에 유럽의 열강들에 비해 전력소모가 거의 없었다. 유럽 연합국들과 소련은 4년간의 전쟁 중에 공업 생산과 농업 생산에서 결정적인 타격을 입었기 때문에, 전쟁 중에 정상적인 제조업 생산 능력을 가진 나라는 미국이 유일했다.

따라서 미국은 미국 내의 모든 생산 공장을 최대한으로 확장하고도 모자라 캐나다와 중남미 각국의 생산 공장도 확대 증설하여 24시간 가동했다. 당시 보도에 의하면 미국의 노동력이 부족하여 공무원들도 근무 시간 후에 3시간씩 공장에 가서 노동했고, 심지어 대학교수와 판검사까지도 근무 시간외의 노동에 종사했던 사실이 당시 신문에 자세히 보도된 바 있다. 연합국에 대한 무기와 생필품 공급은 전부가 차관 방식이었다. 이때부터 세계경제는 미국에 의한 일방통행식의 주도권이 확고히 형성되었다.

제2차 세계대전이 히틀러 정권의 패망과 함께 일본도 손을 들고 종전에 이르자 전쟁 관련 물자의 수요가 사라졌다. 24시간이 모자랄 정도로 가동되던 미국 내 생산 공장들은 갑작스런 수요 절벽을 맞았다. 그 결과 미국은 물론 북남미 각국에 증설된 생산 공장과 시설들은 문을 닫고 판로가 없는 생산품은 공장 내는 물론이고 부두, 공항에 산적되었고 그것도 모자라 도로에까지 쌓아놓을 정도로 생산 정체현상이 일어났다. 뿐만 아니라 유럽을 비롯하여 전 세계에 흩어져 있던 전쟁 기지에도 잉여 물자가 산적되어 있었다. 미국에게 있어 이러한 상황은 전쟁 못지않은 골칫거리였다.

종전 후 미국이 모든 정책에 최우선하여 해결할 급한 문제는 잉여 생산 시설의 처분과 전국을 뒤덮을 정도의 잉여상품 처리 문제였다. 미국은 폐허가 된 유럽 각국의 생산 시설과 교통 등 기타 시설의 재건 부흥을 위해 당시 유명한 마셜플랜으로 50억 달러 상당의 미국 잉여 시설과 원자재 및 남아도는 생활필수품을 차관으로 수출했다. 중국에서는 장개석 정권의 패망과 함께 대중, 대소 서태평양 방위선으로 부각된 일본에 대해 막대한 잉여 시설을 퍼부었다.

미국의 이러한 곤경을 일시에 해결해줄 사건이 한국전쟁이었다. 한국전쟁 3년간 미국과 일본은 제2차 세계대전 당시 연합군이 사용한 양에 필적할만한 전쟁 물자와 생활 물자를 소비했다. 이러한 물자의 공급을 위해 미국 내 공장들은 다시 활발히 가동되었다. 이 물자의 상당 부분은 일본이 공급을 맡아, 일본의 각 기업체는 막대한 이윤을 얻으며 전쟁 특수(特需)를 누렸다. 이로써 일본은 미국으로부터 받은 차관의 원금은 물론 이자까지도 빠른 시간에 정산하고 새로운 경제 강국으로 부상할 수 있었다.

미국 입장에서 볼 때 한국전쟁은 자국 생산설비에서 빚어지던 공급 과잉 문제를 해결함은 물론, 사회주의권 세력 저지를 위해 일본을 강화하려던 목적까지도 해결하는 일석이조의 결과를 가져왔다. 제2차 세계대전 후 미 국내와 태평양 각지에 산재한 군사기지의 군수물자 대부분도 한국전쟁에 투입하여 소비했다. 그 중 한국군이 사용한 군수물자는 한국의 예산에서 지출해야 하는 것이었으므로 미국 입장에서는 아무런 부담이 없는 것이었다.

우리는 미군정 이후 한국전쟁에 이르기까지 물밀 듯이 들어온 밀가루와 기타 양곡을 비롯한 미국의 잉여 물자에 대해 잘 알고 있다. 모든 양곡 보관은 일정 기간이 지나면 부패 변질되어 폐기하게 되므로 미국은 무상원조 형태로 한국에 이것들을 퍼부었다. 그러나 이것은 조건 없는 무상원조가 아니었다.

한국에 들여온 미국의 엄청난 잉여 농산물은 국민과 정부 각 기관에 유상으로 판매했다. 미국은 한국에 들여온 잉여 농산물의 판매 대금을 관리하기 위해 유솜(USOM)이라는 미국 원조물 관리기관을 설치하여 그 대금을 유솜 명의로 한국은행에 예치하여 정부 각 부처의 필요에 따라 원조했다. 이 원조를 받은 정부 부처와 각 기관의 예산과 집행은 유솜의 관리하에 두었다. 그 결과 우리나라는 경제 영역뿐만 아니라 실질적인 내정 간섭의 권리에 있어서도 미국의 장악력 아래 들어가게 되었다.

한편, 한국전쟁이 한참 지난 뒤 미국과 일본의 유착은 베트남 전쟁과 관련하여 중대한 기회를 다시 맞았다. 미국은 파월(派越) 한국군이 소비하는 군수물자와 생활필수품을 한국에서 생산 공급할 수 있음에도 이것을 배제하고 일본에서 생산 공급케 하여 일본에게 또 막대한 이익을 가져다주었다. 심지어 한국군의 팬티와 양말, 김치까지도 일본에서 생산 공급시켰다. 제2차 세계대전 후 일본 중심의 미국 정책은 한국을 일본 상품의 소비 시장으로 만들어 일본의 강화를 도모했다는 것이 여러모로 부정할 수 없는 사실이다.

역사적 사실에 대한 이상의 내 설명에 대해 혹자는 반미, 혹은 반일 감정을 유발하려는 선동적인 것으로 평가할지도 모른다. 그러나 이는 누가 뭐래도 부인할 수 없는 역사적 사실이다. 국제적 정세의 변화와 함께 우리 민족경제가 겪었던 사실을 정확히 인식하고 그 원인이 된 배후를 인식해야만 앞으로 우리 민족의 자주경제를 한층 발전 강화시키고 전 민족이 공감하는 국민의식의 공동운명체적인 의식 기반 형성에 도움이 될 수 있다. 그것이 필자가 이 글을 쓰게 된 본뜻이다.

현재 미국과 일본은 우리나라와 가장 비중 높은 우호 동맹관계를 맺고 공동 관심 문제에 대해 보조를 같이하고 있다. 이 동맹관계에 있어 미국과 일본 중심이 되는 것은 절대 있을 수 없으며 우리나라가 종속적 위치에 있어서는 안 된다. 이를 위해 상대국인 미국과 일본의 정책과 목적을 파악하는 것이 선행되어야 한다. 특히 이 나라들이 전통적으로 유지하고 있는 정책의 맥락을 정확히 파악하고 있어야 한다. 지난 역사에서 나타난 우리 민족과의 관계를 역사 사실에 근거하여 설명하는 것도 그런 이유다.

"내 것은 내 것이고 네 것도 내 것이다"라는 논리가 국제 관계에서 통용되어서는 안 된다. 서로가 자기중심이 있되 지켜야 할 것은 지켜야 하는 존중이 있어야 한다는 뜻이다. 나에게 오늘의 현실을 무시하고 이 나라들과의 불가피적인 우호·수호 관계를 부정하기 위한 의사는 추호도 없음을 분명히 밝혀둔다. 미국과 일본뿐만 아니라 모든 나라의 수교는 처음에서 끝까지 우리나라 본위로 우리 민족 이익 중심 위에서 이루어져야 한다는 뜻에서 이 글을 썼다.

6) 수원협정

6·25 전쟁이 발발하여 파죽지세로 남하한 인민군을 한국군만으

로는 막지 못하고 후퇴하자 미국을 비롯한 동맹국들은 UN군으로 참가하여 참전했다. 이때 서울에서 수원으로 후퇴한 이승만 대통령은 주한 미군 사령관이며 동시에 주한 UN군 사령관의 요청에 따라 한국 전쟁 비용은 한국 정부가 담당하고 동시에 한국군의 통수권을 미군 사령관에 넘겨준다는 수원협정을 체결하고 서명했다.

한 나라가 주권 국가냐 예속 국가냐를 판가름하는 상징적인 권리는 국방군의 통수권을 그 나라의 대통령이 가지고 있느냐 아니면 강대국이 가지고 있느냐로 결정된다. 정세가 다급하다고 해서 국군통수권을 넘겨주는 것은 주권에 있어 자주권 중 중추적인 권리를 포기하는 일이다. 통수권은 군사 문제에만 국한된 것이 아니고 기타의 주권에도 결정적인 영향력을 주는 주권의 분수령이 되므로 통수권 이양은 예속이라는 단어와 동의어임을 말해주고 있다.

지금 우리나라는 6·25 전쟁이 끝난 지 40년이 지난 오늘에 이르기까지도 통수권을 돌려받지 못하고 있는 게 오늘의 현실이다. 우리가 과연 주권을 갖고 있는 나라인가에 대한 근본적인 물음이다.

6. 전후 일본의 부강 요인과 우리의 자세

1) 패전 후 일본 국민의식의 분열과 대응

제2차 세계대전 패전으로 일본의 국내 산업은 파괴되어 폐허가 되었고, 조선을 비롯하여 외국에 나가있던 일본인과 패잔병이 된 군인들이 홍수와 같이 밀고 들어오자 실업 문제라는 큰 난관을 만났다. 이들을 수용할 시설도 신규 공사도 없었다. 그렇게 되자 미군정 하에 있던 일본의 국민 의식은 정부에 반항하면서 분열되기 시작했다. 제일 먼저 나타난 현상은 그간 절대 존중하고 신격화했던 천황에 대한 숭배와 존경이 땅에 떨어졌다는 점이다.

이를 대표적으로 나타내주는 사례는 자기 생명과 함께 적을 향해 돌진하던 가미가제 특공대와 1인승 소형 잠수함의 특공대 대원들의 반응이었다. 살아남아 돌아온 그들이 부르던 노래의 한 구절을 나는 지금도 알고 있다. 그 구절 중에는 "천황은 우리 국민에게 무엇이냐? 배꼽 세 치 밑에 것이다"라며 비하하고 있었다. 일본 공산당은 이들의 편에서 점점 세력이 확대되었다.

일본의 국민의식이 통일되지 않고 산산조각으로 분산되자 일본 정부와 미 극동사령부는 크게 당황했다. 문제를 해결하는 방법은 설득이 아니라 실질적인 일자리를 주는 것뿐이었다. 그 해결책의 하나로 국내 치안을 목적으로 자위대를 설치하여 극동군 사령부 산하에 두고 생필품 지급과 함께 가족생활을 겨우 유지할 정도의 보수를 주었으나 그것도 일부에 불과했다. 아울러 파괴된 공장을 수리하고 토목 공사를 일으켜 수용하기 시작했으나 당시의 일본 전후 경제력으로는 가족의 최저 생활을 유지할 정도밖에 줄 수 없었다.

그러던 중 앞에서 한국전쟁이 일어나자 선불 주문의 특수(特需) 경기로 발전하면서 막대한 이익이 생겼다. 이 엄청난 이윤은 기업가에게만 돌아가는 것이 아니었다. '신무경기'로 치켜세워 부를 정도로 쏟아지던 이윤이 생산 노동자에게도 돌아가는 것은 당연한 일이었다. 당시 이코노미스트지 보도에 따르면 노동자의 임금 인상률은 20~30%가 아니고 인상할 때마다 최저 50~100%였다. 한국전쟁이 끝날 때까지 노동자의 임금은 500~1,000%까지 인상되었다고 한다.

이런 상황이 전개되면서 일본 민족은 하부에서 상부에 이르기까지 일본이 부강해야만 행복할 수 있다는 공감대가 형성되어 "나라를 위해", "정부를 위해"라는 구호를 외치며 민족의식이 강화됨과 동시에 강력한 민족통일전선이 형성되었다. 나는 당시 일본 농민과 노동자들의 수입 증대와 풍요로워진 생활에 대해 구체적으로 기록한 문건들을 다수 읽었다. 이익에 대한 분배가 잘 시행되어 국민들의 생활 안정을 기할 정도로 가계 수입이 균형을 이루고 미래가 보장될 것이라는 전망이 보일 때 비로소 한 나라의 국민의식이 강화되고 통일된다는 것을 일본의 사례가 입증해주고 있다.

2) 일본인의 민족의식과 경제발전

일본이 전쟁의 폐허를 딛고 빠르게 일어나기까지 미국의 원조와 한국전쟁으로 인해 결정적인 경제적 토대 구축이 가능했지만 그것만으로 모든 것을 설명할 수는 없다. 그 밑바탕에는 전 일본 민족 구성원의 가슴에 패전국에서 재기하려는 민족적 의욕, 투철한 민족의식이 예외 없이 타오르고 있었다. 즉 조국과 민족을 최우선에 두고 정부와 기업과 노동자와 전 국민의 모든 생활을 여기에 종속해야 한다는 애국정신이 한층 투철해졌기 때문이다. 이것이 오늘날까지도 이어지고 있는 일본 국민의 민족의식이다. 만일 투철한 민족의식으로 일치단결해야 한다는 공감대가 형성되지 못했더라면 민족역량의 조직적인 통일은 불가능했을 것이다. 그 결과는 오늘과 같은 부강에 미치지 못했을 것이다.

이와 관련된 사례로서, 일본이 미국 극동 연합군의 군사적 지배하에서 통치되고 있는, 소위 식민지와 같은 상태 아래에 있으면서도 내가 살기 위해 미 연합국 통치에 도움을 주어야 한다는 식의 민족 반역세력은 전혀 형성되지 않았다는 사실이다. 전후에 일본 국민은 그럴 정도로 민족의식이 강화 통일되어 있었다. 또 한 가지 참고가 되는 사례로서 독일의 경우, 독일이 철저한 패전의 폐허 위에서 오늘날 세계 제3의 부강국이 된 것도 일본의 경우와 마찬가지로 미국의 적극적인 정치, 경제, 군사적 원조의 토대가 있었지만 그 밑바탕에서는 투철한 민족의식으로 단결한 점을 꼽지 않을 수 없다.

일본과 독일은 패전 후 외국군이 점령한 식민지적 상황에서도 그 민족의 투철한 민족의식으로 모든 생활을 여기에 맞추어 왔고, 이것이 외국의 경제 지원과 맞물려 단시간에 종속적 경제를 민족 자주경제로 발전시킨 근본 요인으로 작용했다. 그리고 이러한 민족의식 각성과 민족역량 통일을 뒷받침해 주었던 결정적인 요인은 미국의 경제원조를 통해 이루어지는 막대한 이윤의 분배에 있어 기업가의 일방적인 독식이 아니라, 일정한 차별 속에서도 노동자를 비롯한 전 국민에게 균형 있게 노임의 형태로 분배되었다는 점을 반드시 잊지 말아야 한다.

즉 기업주와 재벌이 민족과 국가의 이익을 우선하고 여기에 종속한다는 투철한 민족의식을 갖고 실천했을 때, 국가의 재건이 신속히 이루어질 수 있었다는 점을 일본과 독일의 사례가 사회 경제학적으로 입증해주고 있다. 이 두 나라의 민족들은 모두 민족적 존재이므로 민족을 최우선에 두고 여기에 모든 것을 종속해야 한다는 민족의식이 투철했다.

내가 이런 글을 쓰는 이유도 오늘날 우리나라의 재벌을 비롯한 기업과 관료들은 두 나라의 경우와 비교하여 과연 어떠한지 돌아볼 수 있도록 하기 위함이다.

한일합방 후 유림세력을 중심으로 한 일진회 등 일제의 침략에 영합하여 식민지의 안정과 영구화에 앞장섰던 세력의 친일 행위는 역사가 구체적으로 말해주고 있다. 더욱이 이들은 8·15 해방과 함께 미군정을 등에 업고 일제가 남긴 이권을 차지하며 독립투사들보다 월등한 애국자로 자신들을 둔갑시켜 국가 권력을 장악하고 사회 각 분야를 주름잡았고, 그러한 행태는 그 후로도 이어졌다.

이들은 6공화국에 이르기까지 주도 세력이 되어 국가와 사회의 각 분야에 강력한 영향력을 행사하면서 권력을 누리고 치부해왔음에 대해서는 문민정부가 들어서면서 하나둘씩 그 감춰졌던 탈이 벗겨지고 추악한 과거에 대한 폭로가 진행되고 있다. 그럼에도 이들이 한국사회에서 여전히 막강한 영향력을 행사하는 수구세력으로 자리잡고 있음은 분개할 일이다.

합방 이래 1세기에 가까운 오랜 세월에 걸쳐 민족정기가 짓밟히고 민족사가 거꾸로 흘러오다가 이제 그 종지부를 고하는 새벽의 종소리가 울리고 있다. 민족사의 전환기에 서있는 우리 민족은 세계사의 흐름과 방향이 급변하는 국제정세하에서 우리 민족이 무엇을 어떻게 해야 하는가를 민족적 위치에서 깊이 생각해야 한다. 그것이 오늘날 우리 민족에게 닥친 당위적인 의무라고 본다.

그런 방향으로 나아가기 위해서는 거의 1세기 동안 거꾸로 흘러온 민족사에 대해 하나하나의 사실과 사건을 구체적으로 분석 검토 평가하여 이를 바탕으로 앞으로 지향할 우리 민족사의 방향을 정확하게 찾아내지 않으면 안 된다. 친일이니 애국이니 반역이니 하는 막연한 인식만으로는 확고하고 자신 있는 민족의 앞날을 전망할 수 없기 때문이다.

3) 일본이 자주국가로 전환되는 과정과 교훈

일본은 미국의 막대한 경제, 정치, 군사적 지원 및 한국전쟁과 베트남전쟁의 군수물자 독점 공급으로 폭포수 같이 쏟아져 들어온 부를 조국 부강 일변도의 투철한 민족의식과 결합시켜 미국, 독일과 더불어 세계적인 경제 부국이 되었다. 이제 일본은 어느 나라도 넘겨볼 수 없는 강력한 경제력과 군사력을 가진 군사 강대국이 되어가고 있다. 보통 강대국이 패전국이나 약소국에 원조를 하는 목적은 그 나라를 예속시켜 지배하는 것인데, 일본은 미국으로부터 받은 막대한 원조를 자주적인 것으로 반전시켰다. 이 점은 우리에게 타산지석이 된다. 아래에서는 그 과정을 설명하려 한다.

일본은 연합국의 카이로 선언과 그 후 계속된 연합국 순회 회담 결정에 따라 군대의 보유가 불허되었으나 미국이 이를 일방적으로 폐기함으로써 순회회담 결정의 구속에서 벗어났다. 그렇지만 장기간의 전쟁에 진절머리가 난 일본의 전쟁 반대, 평화세력은 자국의 국방군 보호와 군사력의 해외 진출을 반대하는 1947년에 평화헌법을 만들어 냈고, 이 상태가 현재까지 이어져 내려오고 있다.

한편 전쟁 전의 보수세력과 전후의 재벌세력은 국가가 발전하려면 어떤 형태로든 군사력을 보유하고 있어야 한다는 점을 강조하며 이를 실현시키기 위해 노력을 집중했다. 중국의 공산화에 따라 세계 전략을 수정하게 된 미 극동군 사령부도 그 지배하에 있는 일본이 강력한 군사력을 보유해야만 유사시 필요한 전력으로 활용할 수 있다고 보고 이를 적극 지원했다. 다만 평화헌법이 국방군 설치를 금지하고 국가 간의 교전권도 포기하는 것으로 명시되어 있었으므로, 편법으로 형태를 바꾸어 국내 치안만을 목적으로 한 자위대를 1954

년에 설치하고 이를 미군 지휘하에 두었다.

미국은 일본 전역에 있는 5,300여 개의 군사시설을 관할하면서 자위대를 여기에 배치하고 군사훈련을 실시하였을 뿐만 아니라, 자위대의 인건비와 피복비는 물론 심지어 식사와 담배까지도 지급하는 등 자위대의 운영비를 전적으로 미국이 부담했다.

종전 직후 미군 관리하에 총선을 치러 수립된 일본 정부는 미국과 미일방위협정을 체결했다. 이 협정에 의하면 일본의 방위비는 전적으로 미국이 부담하고 일본의 예산에서는 국방비는 단돈 1원도 계산할 필요가 없었다. 이에 따라 자위대 및 5,300여 개의 군사시설에 대한 유지비용을 미국이 부담해 왔다. 그러다가 한국전쟁 발발을 계기로 일본 경제가 급속도로 성장하게 되자 미국은 이때부터 자위대 유지비 및 제반 군사비의 일부를 일본측이 부담할 것을 요구했으나, 이를 실현하기 위한 협정은 국회의 동의를 받아야 하는 문제였기 때문에 계속 거부당했다.

1960년대 들어 미국이 베트남전에 본격 개입하며 전선이 확대되었고 1970년 전후부터는 베트남전에 소요되는 군사비가 미국의 자체 예산으로 감당하기 어려울 정도로 무제한 증가하였다. 미국의 전비 부담이 천정부지로 증가하여 막대한 재정적자가 발생하면서 베트남전에 대한 미국 내의 반대 여론도 극에 달하기 시작했다. 일본에 주둔하고 있는 미 극동사령부의 주둔비와 5천여 개에 달하는 군사기지의 유지 및 자위대 운영비 부담은 미국 경제의 한계를 넘어서는 지경에 이르렀다. 이렇게 곤란에 처한 미국은 일본에게 국방비 부담을 전가시키는 길 외에 다른 길이 없다고 보고, 일본 정부와 국회에 사정하지 않을 수 없었다.

이 시점이 곧 미국이 지배를 목적으로 시행했던 원조가 일본이라는 나라를 자주적인 국가로 전환시키는 역사적인 전환점이 되었다. 미국은 지금까지의 고압적인 자세에서 구걸하는 저자세로 바뀌었고, 반대로 일본은 국민의 강력한 여론과 국회의 반대를 내세워 난색을 표하며 미국의 입장에 동의하지 않았다. 그렇게 2년여의 교섭 끝에 1972년 11월 제2차 미일방위협정이 일본 국회를 통과하였다.

제2차 미일방위협정의 주 내용은 미 주둔군의 자체 비용은 미국이 부담하고 5,300여 개의 군사기지와 시설물은 일본에 무상으로 넘겨주는 것이었다. 일본으로서는 돈 한 푼 안들이고 전국에 현대화된 군사기지를 무상으로 확보할 수 있었고, 미국은 엄청난 군사기지 유지비 부담에서 벗어날 수 있었다. 다만 미국은 서쪽에 있는 사세보 해군기지와 동경 아래에 있는 요코스카 해군기지, 그리고 일본 중부에 있는 도코로자와 공군기지만을 유지하기로 했다. 자위대 운영권과 이에 대한 비용 부담은 미국으로부터 일본으로 넘어가게 되었다.

이 시점에서 일본은 미 극동군의 지배에서 벗어나 자주 정권으로 완전히 바뀌는 역사적인 전환을 이루어냈다. 이런 전환은 표면적으로는 미국 정부와 일본 정부 간에 이루어진 것이지만, 실제로는 일본 국민의 절대다수가 전쟁 반대, 평화세력으로 단결하여 통일전선을 조직하여 평화헌법을 사수했고 국민이 뽑은 국회의원들은 국민의 대변자 역할을 충실히 했기 때문에 가능해진 일이었다.

이러한 사례는 국민이 일치단결하면 강대국의 어떠한 지배로부터도 벗어날 수 있으며 이는 일본뿐만 아니라 모든 약소국가에 해당되는 공통된 원칙임을 분명히 가르쳐주는 교훈이 된다. 우리 민족에게도 역시 타산지석 정도의 간접적인 참고사항을 넘어 우리와 공통된 부분이 많기 때문에 깊이 새겨야 할 합법칙적인 교훈으로 삼아야 할 것이다.

필리핀의 경우 미국이 세계적 규모의 군사기지인 클라크 공군기지와 부시 해군기지의 임대료를 대폭 인상하면서 계속 사용할 수 있도록 해줄 것을 애걸했음에도, 국민 통일전선 원칙에 따라 하나로 단결한 필리핀인들은 통일전선의 대변기관이라 할 국회의 반대결의 하나만으로 미군 기지의 철수를 이뤄냈고, 철수한 기지들은 정착지를 못 찾아 서태평양의 미아 신세가 되도록 했다. 또 쿠바의 경우는 국민의 단결된 역량을 다해 관타나모 미 해군기지의 철수를 요구하며 미국과의 대립을 이어오고 있다.

일본에는 앞서 언급했듯이 2개의 해군기지와 1개의 공군기지가 있고 여기에 상당수의 미 극동군 군대가 주둔하고 있으나 일본 정부에 대해 일체의 내정간섭적인 영향력을 행사하고 있지 못할 뿐만 아니라, 일본에 있는 미 군사력은 오히려 일본의 국방에 도움이 되어 국방비를 절감하는 역할을 함으로써 일본은 이들 기지를 일본 본위로 반전시켜 활용하고 있는 형국이다. 제2차 세계대전 후에 조성된 평화적인 국제정세는 어떠한 강대국도 약소국에 대한 군사적 점령을 통한 식민지화는 불가능한 것으로 만들었고, 아직 태평양과 인도양 등에 소수 민족의 식민지가 일부 남아 있으나 그마저도 하나둘씩 독립하고 있는 것이 오늘날의 추세다.

이상의 사례는 자기 나라에 주둔하고 있는 외국 군대의 철수 또는 내정불간섭을 이끄는 요인은 강대국 자체보다 오히려 그 나라 국민의 단결에 달려있다는 것을 객관적으로 분명하게 보여주고 있다. 그 나라 국민이 내부의 대립과 각이한 견해를 초월하여 민족과 국가 본위로 공고하게 단결하는 역량을 보여야만 외국 군대를 철수시키거나 내정불간섭적인 존재로 만든다는 것을 명심해야 한다. 이러한 원칙은 오늘날 한국에 주둔하고 있는 미군 문제에도 반드시 적용되는 수학 방정식처럼 정확하고 합법칙적인 것임을 우리 국민들이 알고 각성해야 한다는 점을 강조해 두고 싶다.

외국 주둔군 문제를 자주적으로 해결하도록 하는 역량과 무기는 국민 내부의 차이와 이견에 대해서는 국가와 민족을 대명제로 삼아 뒤로 돌려놓고 모두가 하나로 단결하는 것이다. 그것만이 유일한 방법이자 수단이다. 분열된 상태에서 목소리만 높이는 미군 철수 주장은 허공에 메아리만 칠 뿐 단결된 국민 역량의 뒷받침을 얻지 못한다는 것은 오늘에 이르기까지 우리나라 재야 민주운동이 마주친 현실이다.

패전국인 일본이 세계 3대 부강국으로 발전한 동시에 군사 대국으로 강화되어간 과정은 일본 민족에게만 국한된 일이 아니라 약소국과 개발도상국들에게 예외 없이 적용되는 교훈이며, 우리에게도 똑같이 적용되는 공통된 교훈이라는 점을 말해 둔다.

4) 한국과 일본에 대한 미국 정책의 차이

1948년 건국 이후 대한민국의 국방비는 대한민국이 스스로 부담해 왔다. 이것은 그동안의 우리나라 예산이 설명해 주고 있다. 특히 6·25 전쟁과 함께 한국이 부담한 군사비는 천문학적인 수치라 해도 과언이 아니다. 그런데 제2차 세계대전 중 미국의 편에 섰던 우리 민족과 미국의 최대 적국이었던 일본에 대한 군사비 부담에 있어 미국은 정반대의 정책을 취했다. 아래에서는 이러한 미국의 정책을 우리 민족의 입장에서 이해하기 위해 설명하고자 한다.

우리 민족은 유사 이래 미국이라는 나라에 대해 조금의 피해를 입힌 적이 없었고 제2차 세계대전 중에는 한 줌도 안 되는 친일세력을 제외한 민족의 절대다수가 미국의 승리와 일본의 패배를 두 손 모아 빌었다. 중국에 있던 우리 임시정부의 광복군은 연합국의 편에 서서 일본에 대한 선전포고를 정식으로 했고, 소규모이지만 광복군의 일부는 연합국 인도 방면 주둔군의 버마 전선에 정식으로 조약을 맺고 참전한 역사를 갖고 있다.

미국 정부가 이와 같은 사실을 정당하게 평가하여, 일본만큼은 아니더라도 미군정을 이어받아 수립한 신생 대한민국의 군사비를 20여 년간 미국이 부담했더라면 우리나라는 비약적으로 발전했을 것이다. 그 중에서도 6·25 전쟁의 엄청난 군사비는 우리나라 예산의 50~70%를 오르내릴 정도로 큰 규모였다. 대한민국은 이를 단독 부담했다.

6·25 전쟁은 미군이 주동적인 역할을 했음에도 불구하고 서울에서 수원으로 후퇴한 이승만 정권은 당시 UN군 사령관을 겸한 주한 미군 사령관 사이에 체결한 수원협정에서 군비를 한국이 부담하기로 했고, 동시에 한국군의 통수권도 미군 사령관에게 넘겨주어 한국군은 미군 사령관의 지휘를 받아야 한다는 내용의 조약을 체결했다. 즉 전쟁 군사비는 한국이 부담하고 그것도 모자라 한국군 통수권을 미군 사령관에게 덤으로 넘겨준 것이었다.

만일 미국이 일본에서와 같이 1972년까지 우리나라의 국방비를 부담했더라면 대한민국은 매년 예산의 50% 이상을 차지했던 국방비의 부담에서 벗어나 막대한 예산을 산업 건설과 경제 발전에 투입할 수 있었을 것이다. 그랬더라면 한국 경제는 1972년에는 중진국 수준으로 발전했을 것이며 오늘날에는 선진국 대열로 발전했을 것임은 누구도 의심하지 않을 것이다. 오늘날 한국의 경제 발전은 일본의 수준에 도달하여 GNP도 2만 달러를 넘어섰을 것으로 예상된다. 무엇보다도 싸구려로 국가 이익을 일본에 팔아넘긴 굴욕적인 한일협정도 맺지 않아도 되었을지 모른다.

일본에 대한 미국의 지원은 우리에 대한 경우와는 차원이 달랐다. 미국은 제2차 세계대전 중 미국과 남미 등에 설치했던 생산시설과 원자재를 일본에 차관으로 지원하여 일본의 산업을 급속도로 발전시킴과 동시에 일본이 짊어져야 할 국방비를 1972년까지 미국이 부담했기 때문에 일본은 그 사이에 엄청난 산업 자금을 조성할 수 있었다.

반면 한국에 대해 미국은 8·15 직후부터 미국 국내와 세계 각지에 산적해 있던 잉여 군수품과 소비품인 물자를 무차별적으로 퍼부었다. 그리고 6.15 전쟁 3년 동안에는 제2차 세계대전 후 미국의 큰 고민거리였던 산적된 잉여물자를 고스란히 소모시켰다. 이 물자들 중 밀가루를 비롯한 일부 양곡을 제외하고는 모든 것이 유상원조였다. 그 모든 대금을 한국정부는 엄청난 국방비로 지불했던 것이다.

즉 일본에 대해서는 생산 발전을 위한 시설과 원자재를 차관으로 지원했으나 한국에는 우리 공업 발전을 가로막는 의복 신발과 심지어 사탕에 이르기까지 완전 소비품을 퍼부었다. 그것은 한국의 공업 발전을 가로막아 일본의 시장으로 전락시켰음은 앞에서 언급한 바이다. 미국의 그러한 정책은 적국이었던 일본을 강화시켜 대소, 대중 사회주의 세력의 진출을 막는 방파제로 활용하기 위함이었다. 그러므로 일본이 오늘날 세계 3대 부국이 된 요인은 미국의 정책, 그리고 한국전쟁이 결정적인 배경이 되었다고 할 수 있다.

미국은 제2차 세계대전의 최대 적국이었던 일본에 대해 경제 원조와 군사적 지원을 퍼붓듯이 쏟아 부어 일본의 발전을 촉진시키면서 군사비에 대해서는 1772년까지 미국이 부담하여 일본의 발전을 더욱 가속화시켰다. 한국은 중공과 소련의 사회주의 세력 진출을 막는 미국 세력의 최전선 전초기지임에도 불구하고 우리나라는 건국 초기부터 군사비의 모든 것을 자체 부담했다. 수원 협정을 통해 6·25전쟁의 천문학적인 막대한 군사비도 한국이 부담하고 한국군 통수권을 미군 사령관에게 넘겨주는 굴욕적인 협약을 이승만 대통령은 다급한 정세하에서 조인할 수밖에 없었다. 여기에서 우리가 분명히 알 수 있는 것은, 미국의 서태평양 정책은 일본을 중심으로 하고 한국을 비롯한 주변 국가들은 일본의 발전을 위해 종속시켰다는 사실이다.

우리 민족이 주체성을 고수하고 전 국민이 국가와 민족 중심으로 단결하여 통일된 모습을 갖췄더라면 일본 민족의 경우와 같이 외형적으로는 지배받아 보이는 예속이지만 내실에 있어서는 민족 본위의 자주적인 나라로 전환할 수 있었다는 것을 얘기하고 싶다. "독약도 잘만 쓰면 보약이 된다"는 옛말을 되풀이하여 인용해 본다.

이상에서 도달한 결론은 국가와 국민이 투철한 민족의식으로 단결한 역량 위에서 자주성이 확립되면 우리와 반대적인 모든 것을 우리의 것으로 흡수·동화하여 우리의 역량을 강화시킬 수 있는 밑거름이 된다는 말이다. 이에 대한 개론적인 설명은 막연하므로 실감나게 인식하도록 위의 구체적인 사례를 설명하여 기록했다.

5) 군사 대국화를 지향하는 일본을 경계해야

일본의 현재 자위대 병력은 27만 명이므로 군인 수로 봐서 군사

대국은 아니지만 항공기, 군함, 탱크 등 기타 현대 무기와 화력과 군사 기술을 보면 일본 자국의 방위를 감당하고도 몇 배 이상 남아도는 군사력을 가지고 있다. 어느 나라든 필요 없는 군사력에 엄청난 재정을 투입하여 증강시키지는 않는다. 꼭 필요하기 때문에 막대한 재정을 투입하여 군사력을 증강한다는 것이 보편적인 원칙이다.

오늘날 일본의 군사 대국화에 대한 부정적인 국제여론이 갈수록 높아져가고 있다. 그중에서도 제2차 세계대전 중 일본의 피해국인 한국과 중국을 비롯한 동남아시아 여러 국가들은 일본의 군사 대국화와 군사력 해외 진출을 강력히 반대하고 있다. 이 반대 여론에 대해 국내외 언론이 요란스럽게 보도하고 있음에도 일본은 여기에 아랑곳하지 않고 캄보디아 국내 평화 유지를 위한다는 구실하에 일본군을 파견하는 PKO 정책을 강행하고 있다. 미국은 이에 대한 반대는커녕 지지를 보내고 있다. 일본이 지니고 있는 현재의 엄청난 군사력과 화력에 비추어 볼 때, 700~800명 규모에 불과한 캄보디아 파견 주둔으로만 끝내지 않을 것이라는 것은 불을 보는 것보다 명확한 사실이다.

일본은 세계 각국에 분포되어 있는 시장과 이권을 연결하는 해양 통상로가 거미줄같이 얽혀있는 나라다. 일본은 이 통상로의 안전을 위해 군사력을 배치할 권리가 있다는 성명을 잇달아 발표하고 있다. 오늘의 세계정세로 비추어 볼 때 일본 군사력의 해외 진출을 막을 힘은 세계대전과 같은 전쟁이 아니고서는 막을 나라가 없다. 그러므로 캄보디아에 진출하는 PKO 정책은 세계 여론을 시험하려는 것으로 보아야 할 것이다.

우리나라는 지리적으로 일본과 가장 가깝고 지난 시절 계속된 대일 무역 적자에서 보여준 것처럼, 국내에 많은 시장과 이권을 갖고 있는 일본의 주요 시장 가운데 하나가 되어 있다. 그러므로 우리는 일본의 군사 대국화와 해외 진출 정책에 대해 누구보다도 대일 경각심을 높이고 여기에 대비해야 한다. 이에 가장 근본적인 대비는 전 우리 민족이 의식을 맞추어 하나로 집결시키는 충일한 역량뿐이라는 점을 다시 한 번 강조한다.

우리 민족은 일본의 비약적인 군사적 경제적 발전을 오늘의 문제만으로 보는 단편적이고 근시안적인 시각에서 벗어나, 80년 전으로 소급하여 조선 침략 당시 일본과 미국의 연합 정책의 연장선에서 바라보는 역사적 인식을 해야 한다. 일본을 중심축에 두는 미국의 동북아시아 정책은 그 본질과 목적이 변하지 않고 이어져 내려오며 정세의 변화에 따라 그 형태와 방법만을 바꾸어 현대적인 외형을 갖추고 있을 뿐이다.

미국과 밀착된 일본은 전 세계에 그물과 같이 빈틈없이 확보된 시장과 이권을 연결하는 통상로를 보호한다는 명목으로 통상로 주변에 군사력을 배치할 권리가 있다는 성명을 계속하여 발표하고 있다. 그것을 시험해 본 것이 앞에서 말한 캄보디아 파병의 PKO 정책이다. 일본의 이러한 적극적인 태도는 그것을 가능하게 한 군사력을 갖고 있음으로써 표현되는 자신감에서 나왔다고 볼 수 있다.

때문에 지정학적 위치상 일본의 군사적 위험에 가까이 노출되어 있는 우리는 더욱 경각심을 높이면서 주변 정세 변화의 본질을 파악해야 한다. 오늘의 우리 현실은 정치, 경제, 외교, 문화, 그리고 소위 예술분야까지도 일본과 맞물려 돌아가고 있는 측면이 너무 많다. 그것도 일본의 막강한 힘에 눌려 밀리면서 돌아가고 있음은 누구도 부인하지 못하는 현실이다.

여기에서 우리가 또 한 가지 경각심을 높여야 할 문제는 우리 사회에 끈질기게 이어져오고 있는 친일세력의 문제다. 이들은 문민정부의 된서리를 맞고 일부 위축된 양상을 보이고 있지만 여전히 수구세력으로 존재하면서 조직적으로 연결된 막강한 역량을 발휘하며 우리 민족에게 직간접적으로 부정적인 영향을 미치고 있다. 민족의 입장에서 볼 때 오늘의 현실에서 이들이 미치는 악영향에 대해 누구라도 인식할 수 있다. 이 세력은 일본의 경제력 및 군사력의 국내 진출에 직간접적으로 도움을 주고 있음이 분명한 사실이므로 일본에 대한 경각심 못지않게 이 세력들에 대한 경각심을 가져야 한다는 점을 강조해 둔다.

우리 민족이 오늘날 산적한 문제들을 우리 민족 본위로 해결하려면 우리나라와 미국, 일본의 삼각관계에서 밀착된 미일 관계를 정확하게 인식해야 하는 것이 무엇보다 중요하다. 이것은 절대로 국수적이거나 배타적인 반미, 반일이 목적이 아니고 확고한 자주적 입장을 고수하면서 평화 정책적인 수단과 방법으로 우리 민족의 최종 목적인 자주민주 복지국가를 건설하고 강화 발전시키기 위함이다.

6) 민족역량을 바탕으로 자주적 선린외교를 펴야

세계 각국 간에 체결된 외교 관계는 우호선린의 수교와 동맹 또는 연합국 등의 형태로 나타나고 있다. 그중에는 영구적인 혈맹관계라 부를 수 있는 관계도 있다. 그러나 오늘에 이르기까지의 모든 외교 관계에서 각국 간에 체결한 각종 조약, 협약, 각서, 성명 등은 주로 강대국 본위이므로 상대국인 약소국과의 관계는 예속 지배적인 불평등한 것임을 세계 외교사는 말해 주고 있다.

지구상에 있는 각 나라의 국력은 동일하거나 평등적인 것이 아니다. 경제적으로 군사적으로 강하거나 약한 나라가 있고 선진 후진의 차이와 국민들의 역량에도 차이가 있다. 즉 국민의 단결력에 차이가 있다는 말이다. 나라가 커도 국민이 다양하고 다원적으로 분열 대립하여 통일하지 못하면 작은 나라에게도 점령 또는 지배당한다. 그 가까운 예가 19세기 말에서 20세기 중반에 이르는 기간 보여준 중국의 모습이다.

인류 역사를 살펴볼 때 약소국이라 할지라도 강대국의 틈바구니 속에서 자주독립을 지키면서 발전해간 나라도 있고 규모가 클지라도 자주독립이 불안전했던 나라도 있다. 그 차이는 국민을 바탕으로 한 국가 역량에서 좌우된다.

전후 일본의 실례는 그 점을 분명하게 보여주고 있다. 당시 일본은 미군 점령하의 식민지적 군정 통치 아래에서 지방에서 이르기까지 모든 결재권을 미 극동군 사령부가 장악하고 있었고 그것을 관리하기 위해 일본 전국에 5,300여 개의 군사지지를 관할하고 있었음은 앞에서 말한 바이다. 그러나 일본은 미군정하의 지배를 일본 자주적인 것으로 반전시켜 오늘과 같은 세계 3대 부강국으로 만들었다. 당시의 국제정세와 원인에 대해서는 앞에서 말한 바이지만 여기에서 결정적인 역할을 한 것은 패전 후 전 국민이 폐허에서 민족과 국가의 부흥을 위해 투철한 국가 의식으로 단결했다는 점이다.

오늘날 세계 각국은 나라마다 국력에서 현격한 차이가 있음은 상식적인 사실이다. 모든 국가는 계속 발전하고 있다. 모든 나라들은 자기 나라의 영역 안에서 역량의 증가와 질적인 전환만을 지향하는 것은 아니다. 발전에는 공간적인 확장이라는 측면이 늘 있는 법이다. 즉 기회만 있으면 타국에 대해 여러 형태의 지배와 예속을 추구하고 있는 것이 국가 발전의 속성이다.

현실에 있어 국토와 인구가 20~30배의 차이가 나는 소국과 대국들이 공존하고 있다. 이 소국들 가운데는 대국들 틈바구니에서 이 나라들과 동등하고 대등한 외교 관계를 맺고 동등한 발언권을 가진 나라가 헤아릴 수 없이 많다. 국가의 규모와 국력의 차이가 많이 나고 있음에도 불구하고 작은 나라가 대등한 위치에서 공존하고 발전하는 사례가 많다. 이것이 가능한 것은 이 나라를 뒷받침해주는 어떤 역량이 있기 때문이다.

이 역량이라 함은 앞에서도 언급했듯이 전 국민이 투철한 민족의식으로 사상을 통일하여 한 덩어리의 바위와 같이 굳게 집결한 통일된 민족역량을 형성하였느냐의 여부다. 통일된 의식으로 단결된 역량은 산수 이상의 총화가 아니라 무한대에 가까운 역량을 창출한다. 이 역량이 존재하느냐 않느냐가 대국과의 외교 관계에서 예속적인 불평등이냐 자주적인 평등이냐를 결정하는 결정적인 요인임은 세계 각국의 역사가 증명해 주고 있다.

국가 간의 외교관계는 영구적인 것이 될 수 없고 상황에 따라 변화하는 것이다. 나는 그러한 변화의 근거와 이유가 무엇인지에 대한 본질을 파악하고자 위와 같은 설명을 한 것이다. 국가 간의 외교 관계가 변화무쌍하다는 것은 오늘에 이르기까지 국제법과 외교에 관한 학설과 이론이 상세히 설명해 주고 있다. "어제의 적국이 오늘의 우방국이 되고 오늘의 우방국이 내일의 적국이 된다"는 말은 국가 관계의 변화를 대변하는 표현이다. 아래에서는 외교에 관한 현실을 들어 설명에 대신한다.

구체적 사례를 몇 가지 들어본다. 대표적으로 소련을 정점으로 한 사회주의 국가 세력인 소위 동방 세계와 미국을 중심으로 한 서방 세계 사이에는 상대방이 타도되어야만 생존할 수 있다는 극단적인 적대 논리가 지배했다. 그것이 양측의 군사력 발전을 무한대로 확대시키며 전쟁의 공포 분위기로 전 세계를 뒤덮어 두 세력 사이에 극단적인 적대 관계가 상승일로에 있었음은 상식화된 국제정세였다.

한편이 타도되어 멸망할 때까지 무한히 이어질 것 같던 냉전 정세는 1985년 고르바쵸프의 페레스트로카 선언으로 자본주의적 시장 경제 도입 및 1당 독재 폐기 등을 골자로 민주주의 체제로 바뀌지자 냉전은 거짓말같이 녹아 평화 정세로 바뀌어 갔다. 두 세계 사이에 조성된 적대 관계도 우호 관계로 바뀌어 서방 국가 간의 관계보다 더욱 강화된 친선 관계로 발전되고 있다. 한국도 러시아를 비롯한 전 사회주의 국가와 예외 없이 외교관계를 맺고 갈수록 친선 외교를 확대해 가고 있다. 아직 잔존한 사회주의 국가에서도 쿠바와 북한만을 제외하면 중국과 베트남과도 외교관계를 맺어 대사를 교환하며 친선 우호 관계를 발전시켜 가고 있다. 평화 우호선린을 지향하고 있는 국제정세 속에서 대립과 적대관계는 그 나라의 멸망을 뜻하는 것이다.

이상의 사실에서 알 수 있듯이 국가 간의 외교는 그때그때의 이해관계에 따라 변화무쌍한 것이 본질이다. 오늘날 세계는 지구촌이라고 부를 정도로 가족적인 평화와 친선 분위기가 조성되고 있고 이는 갈수록 확대되어 갈 것이다. 물론 모든 국가가 동질적인 존재는 아니다. 지구상의 200여 국가의 90%는 민족국가이고 나머지 10%는 여러 민족이 평화적으로 연합한 연방국가다. 대부분의 국가들은 독자적인 역사와 생활을 통해 민족의식을 바탕으로 형성된 민족국가라는 것이다. 이 나라들의 존재 이유와 목적은 주권과 영토의 수호이다.

주권과 영토의 수호는 정책이나 선언만으로는 불가능하다. 국가의 안정과 함께 침략을 막아낼 수 있는 역량이 있어야만 한다. 그것을 민족역량이라고 한다. 민족은 형성의 초기에서부터 민주주의적이었다. 오늘날 전 세계 민족국가들의 정책과 발전 방향은 자주 민주주의를 바탕으로 하고 있다. 국가권력으로 표현되고 있는 모든 권리는 민주 지향이라야 한다는 말이다. 이 권리는 민족인 국민이 승인하고 합의함으로써 이루어진 권리임을 말한다.

오늘날 민족국가들의 국민적 이데올로기는 투철한 민족의식을 바탕으로 모든 것을 민주적으로 지향하는 것만이 존재가치가 있다고 여기고 있다. 민족의식의 통일 여부가 국력을 좌우한다. 우리나라도 자주 민주 지향으로 발전하는 과정에서 다른 나라에 뒤지지 않으려면, 정부를 비롯한 각 분야의 지도자를 선두로 전 국민이 한 사람의 생각과 같이 투철한 민족의식으로 사상 통일을 하고 각자의 역량을 민족국가를 구심으로 결집시켜야 한다. 이렇게 민족역량이 조직적으로 통일될 때 자주 민주 발전을 위한 반석과 같은 토대가 된다. 아울러 우리는 다른 나라들의 교훈을 창조적으로 받아들여 우리 것으로 소화하고 산적한 숙제를 자주 민주 지향으로 해결해 나가야 할 것이다.

제2장 3·1 운동이 남긴 교훈

1. 봉건왕조의 충군의식에서 민족의식으로

1) 조선왕조에서는 국민의식 형성이 불가능

우리나라에서 봉건 전제군주제를 토대로 하는 봉건사회는 삼국시대에 시작되어 조선왕조에 와서 완성되었다. 조선조 시절 국민의 국가의식은 전제군주인 왕에 대한 절대 충성과 봉건 양반정권에 대한 절대 복종이라는 충군 형태로 형성되었다. 철저한 계급사회였던 조선왕조의 지배계급인 유림 양반들은 그들의 사회신분적 특권과 권익을 보장하는 왕권에 대한 충성이 지배계급인 자신들에 대한 충성이므로 전제군주의 편에 서는 것이 필연이었다.

이와는 반대로 생산계급인 농어민 중심의 상민계급과 지주 및 유림 양반들의 생활 하수인인 다양한 형태의 노비들은 엄격한 사회 신분 체제하에서 인권과 자유를 박탈당하며 마치 가축과 같이 수탈되고 억압받았다. 이들에 대한 수탈과 억압은 법외적인 권력 남용까지 합쳐져 더욱 가속화되었다.

조선왕조는 봉건 전제군주제의 영구화를 위해 봉건왕조의 엄격한 법과 함께 양반계급 중심의 윤리 규범을 확립하여 이것으로 전 백성의 인권과 자유를 꼼짝 못하게 구속함과 동시에 모든 형태의 수탈을 합리화시켰다. 백성은 양반과 관헌의 지시와 명령대로 따라야만 하는 일방통행적인 의무와 복종의 대상이었다. 따라서 봉건사회에서 백성의 국가의식은 강요된 복종과 굴복 형태의 의식이었다. 양반계급들은 상놈을 복종시키기 위해 이유여하를 불문하고 양반에게 불복종, 항의하는 상민계급에 대해서는 양반 모멸죄를 적용하여 엄벌로 다스렸고 관헌 명령 불복종으로 투옥되면 엄벌에 처했다.

봉건사회의 농노를 비롯한 일체의 피지배 계급이 지닌 국가의식은 어느 나라에서나 마찬가지로 강요된 복종의식이었다. 그런 가운데도 동일 후예라는 공감대적인 동포의식이 형성되어 다소의 완충 역할을 하는 것이 보통이었다.

이런 나라들과는 달리 조선왕조는 양반계급과 상민계급은 태초부터 별개의 시조에서 출발했다는 소위 별개 시조론을 내세워 동일 인종인 상민계급에 대해 가축과 같은 무자비한 억압과 착취의 논리적 근거를 제시하여 이를 합리화시켰다. 때문에 조선왕조에서는 상민계급에게 있어 동족이라는 혈연적인 친근감과 공감대를 바탕으로 한 자발적인 국민의식을 형성할 수 있는 역사적 사회적 근거가 말살되고 말았다.

2) 의병운동에서 싹튼 자주적 민족의식

역사가 증명한 바와 같이 일제는 1905년에 침략의 일보인 을사보호조약 체결로 우리 주권을 하나씩 강탈하여 군대 해산에까지 이르렀다. 이에 분개한 해산당한 군인과 애국적인 국민의 일부가 합세하여 의병 투쟁으로 궐기했다. 의병 투쟁의 표면상의 목적과 주장은 일제로부터 강탈당한 국권과 왕권의 복위였다. 그러나 그 내용은 일제 침략을 반대한 독립 투쟁이었다.

의병 투쟁은 국민의 일부가 가담했지만 이때 비로소 우리 민족은 일제 침략을 물리치고 민족 자주독립을 이루는 것을 당면한 근본 목적으로 인식했다. 이때부터 자주적인 민족의식이 싹트기 시작했다고 보아야 할 것이다. 그 예로 고종황제가 일제에 강요당하여 군대 해산령을 내리고 의병 투쟁이 일어나자 이것도 해산하라는 명령을 내렸지만 의병은 이를 거스르고 궐기했다. 의병의 궐기는 외형상으로는 왕명을 거역한 투쟁의 양상을 띠었다. 즉 왕명에 대한 무조건적인 복종을 넘어 민족의 미래를 걱정하는 민족의식이 발로되기 시작했고, 의병 의거는 자발적인 구국운동으로 이어졌다.

의병 의거가 왕권에 의한 강요가 아닌 자발적인 애국운동임을 사회경제적으로 평가해 보자. 상민들에게는 식민지 노예로 예속되면 봉건 전제 군주제도의 억압 착취와 함께 그보다도 더 가혹한 일제의 억압과 착취가 가해지는 이중의 억압 착취에서 벗어나는 것이 우선해야 한다는 민족의식이 무의식의 저변에 잠재해 있었다. 때문에 이들은 자발적으로 민족적 의거를 궐기했다고 보아야 할 것이다.

일제 침략에서 벗어나는 길은 하나 둘씩 국권을 빼앗기며 망국의 길로 가고 있는 조선왕조의 왕권을 찾는 것이 우선되어야 한다고 판단했기 때문에, 왕조의 복권을 내세우면서 어떠한 형태의 강요도 없이 자발적으로 주권을 찾기 위해 궐기 항쟁했던 것이다.

이때 유림 양반계급의 상징적인 대표인 국왕과 각부 대신들은 표면상 일제의 편에 서서 그 요구를 받아들여 의병의 의거는 국법을 위배한 반란으로 규정하고 일제와 함께 토벌 진압의 편에 섰고 유림 양반계급의 절대다수도 의병 토벌의 편에 섰던 사실은 당시의 역사 사실이 상세하게 증명해 주고 있다. 의병 의거는 표면상으로는 망국으로 치닫고 있는 조선왕조의 정권과 국왕의 지위를 전과 같이 복권시켜야 한다는 충군 충국적인 기치 아래 궐기한 투쟁이지만 근본 목적과 의식은 일제 침략을 물리치겠다는 민족자주 독립투쟁이었음은 앞에서 언급한 바와 같다.

의병 운동과 관련하여, 역사의 발전법칙 중 하나로 이중 삼중의 고통을 받는 반식민지 상태의 국민에게는 해방 혁명이 가속적으로 촉진된다는 이론이 있다. 즉 세계사의 발전에 있어 연결된 사슬의 약한 고리가 먼저 터진다는 이론으로, 우리의 의병 운동에 대해서도 이러한 측면이 있다는 점을 참고로 말해 둔다. 당시 궐기한 군인들과 국민들은 이러한 사회경제학적인 측면과 역사 발전 이론에 대해서는 의식하지 못한 상태였으나, 의식의 저변에는 본능적으로 민족의식이 잠재해 있었고 이것이 특정한 사건을 계기로 비로소 발로되었음을 보여준다고 하겠다.

의병 투쟁의 고위 지휘관들은 양반 출신이 담당 지휘했으나 일본 헌병의 총알 앞에서 희생당한 전투의 주력은 상민계급이었다. 참고로 이때 만일 유림 양반계급이 조금이라도 민족적 양심을 갖고 일제 식민지가 될 경우 전 국민이 희생될 것이라는 민족공동체 운명 의식을 각성하여 침략의 영합세력이 되지 않고 전 민족적인 단결을 통해 의병 무장봉기 세력에 대해 무기 공급과 재정 지원으로 협력했더라면, 일제는 일시적인 군사 점령은 가능했을지라도 식민지 정권은 수립하지 못했을 것이며 군사 점령의 장기화는 불가능했을 것이다.

외세의 침략이 성공적으로 이루어지기 위해서는 반드시 그 민족 내부에 민족을 반역하는 영합세력이 형성되어 침략자의 편에 서야 한다. 의병 토벌에 유림 양반의 절대다수가 바로 침략자인 일제의 편에 섰다는 점이 이러한 사실을 반증해준다. 이러한 역사적 사실은 우리가 합방 망국에 이른 길에서 우리에게 남겨준 교과서와 같은 절대 진리이자 교훈이며 지침이 되고 있다.

2. 3·1 운동은 민족의식 각성의 계기

1) 민족의식의 전면적 발로

3·1 독립만세운동이 일어난 국제적, 국내적 정세와 원인 및 진행과 결과에 대해 앞에서 상세히 설명했다(이 부분의 원고 대부분은 누락됨-편자). 3·1 운동이 지닌 민족사적인 의의는 우리 역사상 처음으로 전 민족을 본위로 한 민족공동체 의식인 민족의식이 전면적으로 발로되어 나타난 역사적 사건이라는 점이다.

역사적으로 우리 민족의 공동체의식인 조국의식은 3·1 운동 전까지는 봉건왕조와 지배계급 중심의 충군 충국 의식에 대한 강요 일변도로 내려왔다. 여기에서는 자각과 자진, 자발이 본질적인 속성인 민족의식은 찾아볼 수 없었다. 3·1 운동에서 비로소 우리 민족사상 처음으로 민족의식을 바탕으로 궐기한 민족해방투쟁이 이루어졌다.

즉 3·1 운동은 종전의 봉건 백성의식으로 강요된 피동적인 충군 충국의식으로부터 민족 전체를 본위로 한 민족공동체 운명 의식인 민족의식으로의 전환을 바탕으로 하여 이루어졌다. 이는 5천 년 우리 민족사에서 왕권을 정점으로 한 지배계급에 대한 충성 형태의 의식에서 민족공동체 의식으로 전환을 통해 우리 민족의식의 각성에 있어 분수령을 이룬 운동의 시발이 되었다.

3·1 독립운동은 국가권력 또는 어떤 사회권력 세력에 의해서 피동적으로 일어난 것이 아니고, 국제정세 변화에 따라 그 동안 싹트기 시작한 민족의 잠재의식 발로에 의해 자각한 민족의식을 바탕으로 생활권 하부에서부터 자발적으로 일어난 민족 자주 독립운동이었다. 여기에는 선각한 지식인들에 의한 사전의 홍보와 교양이 큰 역할을 했다. 또 이러한 운동을 뒷받침할만한 국제정세에 의해 고무되어 일어났다. 3·1 운동의 준비 과정은 강요가 아닌 권유와 교양이었다. 따라서 여기에 공감한 민족이 자발적으로 형성된 민주적인 역량의 단결 형태로 일어난 민족운동이었다.

2) 항일 독립운동의 조직화 필요성 제기

3·1 독립만세운동은 우리 민족의 독립 달성이라는 성과를 올리지 못했지만 그동안 강력한 봉건 왕권세력과 외세에 의해 가려졌던 민족 본래의 잠재의식인 공동체 운명의식이 민족의식 형태로 각성하여 발전된 형태로 표출된 민족사적 운동이라는 점에서 의의가 크다.

민족의식은 실천 지향의 사명의식이다. 따라서 이 실천의식은 민족 수난을 극복하기 위해 혁명의식으로 비약을 이룬 투철한 실천의식이다. 동시에 민족의식은 민족역량의 조성을 위한 철저한 민족 단결을 본질적인 속성으로 하고 있다.

합방 망국 비운을 맞은 지 10년 만에 일어난 3·1 운동은 무력으로 침략한 일제를 물리치고 독립하는 유일한 길은 일제의 침략 역량을 능가하는 단결된 민족역량을 창조적으로 조성하기 위해 실천해야 한다는 것을 교훈으로 남겼다. 이 교훈은 우리 민족이 앞으로 영원히 지키고 또 이어져 나갈 민족 발전의 교과서적인 지침이다.

3·1 운동은 국제정세를 바로 보지 못했기 때문에 평화 형태의 투쟁으로 일제 무력 진압에 의해 실패했지만 민족의식의 각성을 바탕으로 한 민족 단결만이 자주독립의 유일한 길임을 자기희생적인 실천으로 우리 후세에 보여준 위대한 민족사적인 측면이 크다는 것을 평가해야 한다. 비조직적인 평화운동으로 일관하여 실패로 끝난 3·1 운동의 과정은 앞으로의 항일 독립투쟁은 반드시 조직적이고 투쟁적이어야 한다는 교훈을 남겼다.

여기에서 말하는 조직은 전 민족의 단결로 분열과 분파가 없는 민족 통일조직을 말한다. 투쟁이라는 말은 소아병적인 극렬 투쟁이나 저돌적인 만용을 말한 것이 아니고 투쟁의 상대인 일제의 탄압정책과 식민지 지배하의 객관적 정세에 상응한 투쟁이어야 한다. 즉, 희생은 줄이고 일제의 타격을 증대시키며 모든 투쟁과 운동은 민족 통일 역량 조성의 기반인 조직 강화에 도움이 되고 보탬이 되어야 하며 아무리 용감한 투쟁이라도 결과가 조직을 파괴 또는 분화, 약화시킨다면 그것은 일제에 이익이 된다는 것을 실패의 경험을 통해 민족사의 교훈으로 남겨주었다.

3) 오늘날 자주 민주 운동이 거울삼아야 할 교훈

3·1 운동이 비조직적 비통일적 평화적 투쟁으로 실패했다는 점은 오늘날의 자주 민주 운동이 반드시 따라야 할, 다른 어떤 것으로

도 대체될 수 없는 합법칙적인 교훈이다. 오늘날 민족의 자주민주 정권 수립을 지향하는 민주세력의 분파와 분열을 직시하고 3·1 운동이 교과서적으로 남겨준 법칙적인 교훈을 기준 척도로 하여 냉철하게 반성하면서 하나의 사상, 하나의 조직으로 창조적인 개편을 할 때 비로소 민주정권 수립이 가능하다는 것을 말해둔다.

　민족 해방 또는 반독재 민주 투쟁에서 다양한 형태로 계속된 모든 해방 운동은 그 결과가 자주 민주 역량 조성의 기반인 조직의 통일에 도움이 될 때에만 긍정적인 존재가치가 평가되며, 조직을 분열 또는 약화시키는 결과를 가져오면 그것은 반민족 세력과 독재 세력에게 이익을 가져다주므로 긍정적으로 평가할 수 없다. 그러므로 3·1 운동의 실패 경험에서 분석 검토된 교훈은 오늘날 우리에게는 어느 때보다 통일된 단일 체계의 조직이 요구된다는 점이다. 분파 분열로 뒤범벅되고 있는 남한의 민주 자주 운동은 비조직 운동으로 실패한 3·1 운동의 경험을 거울삼아 분파와 분열을 하루속히 청산 지양하고 조직의 통일에 자기희생적으로 종속해야 한다. 이는 오늘날 남한의 민주 대중이 요구하고 있는 조직 형태이자 지도자상임을 대중의 편에 서서 강조한다.

　이상의 통일 조직론의 강조에 대해 현재 남한 어느 구석에 분파와 분열이 있느냐고 분열주의자들은 반론을 제기할지도 모른다. 나는 오늘날 남한에 헤아릴 수 없이 많이 존재하는 조직과 사회단체가 연맹, 연합 또는 협의회 형태로 나눠진 채 통일 단결되지 못하고 사족처럼 중복되어 통일을 이루지 못하고 있다는 점을 지적한 것이다. 때문에 이들이 제기하는 반론은 남한의 민주 국민들이 지금 절실하게 요구하고 있는 통일 조직의 본질이 무엇인지를 모르는 무식의 소치에서 나온 것이라고 본다.

모든 해방운동과 반독재 민주운동의 통일 조직은 빈틈없는 한 덩이의 바위와 같은 조직이어야 한다. 그리고 당면한 자주 민주 운동에서는 전 조직원의 상하와 지지 세력이 한 사람이 생각하는 것처럼 똑같은 사고와 정치, 정세에 대한 견해를 갖고 여기에서 조성된 이 통일성이 실천 지향적인 말과 글과 행동으로 선명하게 표현되어야 한다.

이 기회에 단일 지도체계의 통일 조직이 무엇인지에 대해 구체적이고 객관적인 역사 사실을 근거로 들어보겠다. 근대사에 들어오면서 세계 각국에서 쉬지 않고 계속되고 있는 대중 해방운동과 식민지 해방운동에서 일어난 조직적인 투쟁, 그리고 우리 민족의 항일 독립운동에서 보여준 조직의 통일과 8·15 후 6·25 이전까지 남한에서 일어난 모든 투쟁은 조직의 통일이 무엇인지를 구체적으로 보여주었다. 나는 내가 지도한 지방과 중앙에 이르기까지 각급 조직의 지도 사실과 경험을 바탕으로 조직의 통일된 역량 조성이 없는 투쟁은 허공에 주먹을 휘두른 것과 같은 감정적인 표현만으로 끝난다는 것을 분명히 말해 둔다.

제3장 통일성을 잃은 6 · 25 이후 민주운동

1. 6 · 25 후 민주운동은 민족사 전통의 맥락과 단절

1) 4 · 19 의거는 항일 독립운동의 발전적인 계승

합방 망국 이후 오늘에 이르기까지 우리 민족 앞에 제기된 주요 문제의 대부분은 반민족적인 비운을 내용으로 한 것이다. 따라서 우리 민족운동은 필연적으로 반민족적 세력을 넘어서 자주독립 지향으로 투쟁적인 형태를 취할 수밖에 없었다. 지금까지 제기한 문제들은 민족사 전통의 선상에서 맥락을 이어오는 독립운동의 본질적인 전통이었다. 다음에는 6 · 25 이후에 중단 없이 계속된 주요 민주항쟁을 들어 이들을 전통과 맥락성의 원칙에서 조명해보고자 한다.

여기에서는 6 · 25 후에 궐기한 주요 민주항쟁 몇 가지를 민족사 전통의 시각에서 미래지향적으로 분석 검토하려 한다. 1960년 3 · 15 총선이 부정투성이의 불법 선거로 국민의 눈앞에서 공공연하게 이루어진 것을 본 전 국민의 분노는 폭발 직전에 도달했다. 각지에서 규탄시위가 전국적으로 확대되어 가고 있을 때 마산 시위에 앞장섰던 학생 김주열을 경찰이 사살하였고 바다에 던진 시체는 최루탄이 두 눈에 박힌 채 인양되었다. 마산 시민과 이를 전해들은 전국의 애국 민주 시민의 분노는 동시적으로 폭발하여 자유당 정권의 해산과 이승만 정권의 하야를 강력하게 요구하게 되었다. 이 투쟁이 반독재 민주정권 수립을 외치는 정권 교체의 혁명적 민주항쟁으로 비약적인 발전을 해가던 중 1960년 4월 19일 경무대 앞에서 굴하지 않고 앞장섰던 학생에 대해 경찰의 무차별 사격으로 143명이 사살되었다. 경찰의 사살은 그 뒤에도 이어지면서 190여 명이 사살되었다.

학생들의 영웅적인 희생의 결과 이승만 정권을 반드시 타도하고야 만다는 정권 교체 지향의 국민 분노가 조직적인 양상을 띠면서 격화되어 갔다. 일생 동안 대통령을 자기만이 해야 한다는 이승만과 그 정권은 국민의 시위 앞에 굴복하여 결국 이승만은 하와이로 망명하고 자유당 정권은 무너졌다. 이어 7.29 총선으로 윤보선 선생을 대통령으로 한 내각책임제의 장면 내각이 8월 23일에 성립되었다.

그 후 장면 내각은 출범 10개월도 채 되지 못한 1961년 5월 16일 육군 소장 박정희를 중심으로 한 2천 명의 군인들이 일으킨 군사쿠데타로 힘없이 무너졌다. 여기까지가 4 · 19 의거 이후 5 · 16 군사쿠데타가 일어나기까지의 간단한 전말이다.

이 운동의 진행 과정과 그때그때의 정세에 대해서는 언론이 상세히 보도했고 이에 대한 수많은 사례집과 연구문헌에서 자세히 설명되었는데, 굳이 요약하여 되풀이할 필요가 있는지 전혀 새로울 것 없는 사족과 같은 것이라고 반문할지도 모르겠다. 그러나 4 · 19와 같은 전국적인 민중항쟁에 내포된 사건에 대해 민족사적인 맥락을 파악하는 것은 매우 중요한 일이다.

4 · 19 의거와 이승만 정권의 붕괴는 돌발적인 사건이 아니라, 부정선거를 계기로 한 반정부 시위가 1개월 이상 확대, 강화되면서 국민의 민주 역량이 조직화된 형태로 형성되었기 때문에 가능했다. 이와 같은 국민 역량의 뒷받침이 없었다면 이 운동의 최종 단계인

4·19 의거와 이승만의 하야는 실현되지 못했을 것이다. 특히 4·19 의거는 친일세력의 총본산인 이승만 정권 자체를 국민의 힘으로 붕괴시켰다는 점에서, 항일 독립운동의 맥락을 발전적으로 계승한 운동이라는 점에서 민족사적 의미가 더욱 크다.

2) 본말이 전도된 4·19에 대한 평가

이승만 정권의 붕괴를 가져온 4·19 의거는 앞에서 언급한 바와 같이 1개월간 지속한 전국적인 민중항쟁의 결과였다. 이 운동에 대한 오늘의 평가는 최후의 단계에서 희생당한 학생들의 투철한 반독재 민주의식과 자기희생적이며 민주 운동의 본보기를 보여준 숭고한 정신에 대해 앞으로 민주지향의 우리나라가 전통으로 이어나가야 할 교훈으로 삼아 높이 평가되고 있다. 이 운동을 기념하기 위한 장소와 기념 영조물들도 민주 조국에 아낌없이 생명을 바친 희생자 중심으로 이루어지고 있다.

4·19 의거에 앞장서서 희생당한 이들의 숭고하고 위대한 투쟁 정신은 당연히 높이 평가되고 역사에 기록되어 이어져야 하며 이 운동을 기념하기 위한 시설과 이 영령들이 잠들고 있는 묘역을 성역화하는 것은 당연한 것이다. 즉, 이 학생들이 이루어놓은 국가적, 민족적 유공이 앞으로 전통으로 이어져 조국의 민주지향 발전에 지침이 되는 교훈으로 받아들여야 한다는 것은 너무도 정당하고 당연하다.

그러나 앞에서 구체적으로 설명한 바와 같이 1개월 이상 확대, 강화된 부정선거에 대해 분노를 폭발시킨 성난 민중 시위가 뒷받침됨으로써 이승만 정권이 타도되었다는 것은 상식적인 판단이다. 그러므로 마지막 승리로 이끈 희생자에 대한 평가와 함께 시위에 참가하여 항쟁을 해온 민중에 대한 평가도 반드시 이루어져야만 4·19 의거의 교훈이 앞으로 국민의 생활 속에서 숨 쉬며 더 한층 강력한 전통이 이루어 질 것이다. 이승만 자유당 정권의 영구 집권을 목적으로 감행된 법과 상식에 벗어난 3·15 부정선거에 대한 국민의 분노는 희생당한 투사들과 조금도 다름이 없는 불타오르는 격분이었다. 당시 부정선거에 대한 규탄과 이승만 정권의 타도를 외치는 성난 군중의 시위는 순식간에 전국적으로 확대, 격화되어 갔다.

당시 전국 각지에서 궐기한 3·15 민중항쟁 운동은 규모와 횟수의 차이가 있지만 이승만 독재정권의 영구집권을 타도하고 민주 조국을 반드시 수립하고야 만다는 군중의 결의로 이뤄진 것이었다. 희생당한 투사들의 자기희생적인 각오와 크게 다를 바 없는 동일한 격분이 폭발한 것이었음은 전국 각지 시위의 치열한 계속성으로 알 수 있다. 계엄령 선포 후에는 무자비한 검거 투옥과 탄압이 이뤄졌다.

그리고 당시 전국적으로 궐기한 민중의 의식은 단순한 반독재 민주의식만이 아니었다. 8·15 해방 15년 후의 시점으로 친일세력의 독재정권 타도를 위한 운동이었으므로 순수한 민족 자주정권 수립이라는 민족의식과 결합한 자주 민주운동이었다. 친일 인사들과 이를 지지하는 세력이 중심이 된 친일 정권의 연장과 안전을 목적으로 한 부정선거에 항거하여 일어났으므로 민중의 의식 속에는 항일 독립운동에서부터 이어져 내려오는 민족자주 의식이 본능 형태로 마음속에 잠재해 내려왔다. 즉 이 운동은 친일세력 정권의 모순이 축적되어 국민이 반대 세력으로 증가해가자 수단과 방법을 가리지 않고 저지른 부정선거에 대해 전 애국 민족이 총궐기하여 이승만 정권을 물러나게 하는 4·19 의거로 발전, 강화, 승화된 애국운동이었다.

그러므로 전국적으로 1개월 이상 계속된 민중봉기가 없었더라면 이 운동의 마루인 4·19 의거는 있을 수 없었을 것이다.

이승만 정권을 물러나게 한 결정적이고 원동력적인 역량이 민중의 봉기 역량이었음은 누구도 부인할 수 없는 역사적 현실이었다. 그래서 4·19에 대한 평가는 민중 봉기 중심으로 해야 한다는 논리에 도달한다. 오늘 이 운동이 희생자 중심으로만 평가되고 있는 현실은 이 운동이 지닌 민족적인 전체성을 반영하지 못한다. 희생자들에 대한 존경과 숭배와 국가 서훈적인 평가는 정당하고 당연한 것이지만 이것만으로는 국민의 감탄과 존경의 테두리를 벗어나 생활화할 수 있는 구체적인 내용의 교훈은 도출되지 못한다. 그러므로 민중봉기를 이 운동의 결과를 가져오는 데 있어 부차적이고 종속적인 것으로 평가하는 것은 본말이 전도된 것이다. 이 운동에 대한 정당한 평가는 민중봉기를 바탕으로 한 총체적이고 구체적인 것이 되어야 보편적인 민족사적 의의가 확대됨과 동시에 영향력을 더욱 강화시킬 것이다.

3) 4·19의 교훈은 민중봉기의 맥락에서 찾아야

우리가 4·19 의거를 역사적으로 평가함에 있어 희생된 애국자들에 대한 존경과 숭배는 당연한 일이지만, 감상적인 회상이나 애국 영웅에 대한 존경만을 부각시키는 것은 옳은 방향이 아니다.

4·19 의거를 높이 평가하고 알리는 것은 이 운동에서 투쟁적인 실천으로 확실히 증명된 경험과 교훈을 아직 진행 형태의 미완성 단계에 있는 우리 민족의 자주 민주 조국 건설에 활용할 교과서와 같

은 교훈을 찾아내어 창조적으로 적용하기 위한 것이다. 그것이 역사를 대하는 초보적인 상식논리다. 그러므로 이 운동의 민족사적 교훈을 정립하기 위해서는 먼저 당시 각지에서 봉기했던 민중항쟁을 빠짐없이 구체적으로 기록한 역사가 선행되어야 한다. 일과성의 것, 한시적인 것, 또는 요약한 총론적인 기록만으로는 거기에서 어떠한 교훈도 찾아내지 못한다. 역사를 배우는 것은 앞으로의 역사를 만들기 위한 것이다. 그것이 되풀이하며 말하는 나의 사관이다.

그러기 위해서는 먼저 그 운동이 시작되어 진행 발전하는 과정에서 나타난 군종 동원과 각자의 시위운동을 감행한 지도자와 적극적인 참여자, 자발적인 동조자들에 대해 사실대로 정확히 파악해야 한다. 아울러 독재의 편에 섰던 반대 세력에 대해서까지도 파악해야만 그 지방의 민중항쟁 운동을 가능케 했던 정세와 함께 군중 동원과 시위 진행 과정 및 운동의 양상을 있는 그대로 인식할 수 있다. 그래야만 각 지방 운동의 독자성과 함께 민족사 발전과 연결된 전체성의 맥락을 인식할 수 있게 된다.

이것이 지금에 와서 가능하겠느냐고 반문할 사람도 있으나 당시의 현장에는 아직도 수많은 증인이 살아있고 당시 언론의 보도도 남아있으므로 구체적인 내용을 파악해야 한다는 필요를 느끼고 성의만 있다면 충분히 가능하다. 오늘날 4·19 의거에 이르기까지의 3·15 부정선거 규탄 민중항쟁 시위에 대한 인식은 구체성이 결여된 총론적인 제목 나열에 그치고 있다는 아쉬움이 있다. 앞으로 누가 하든지 4·19 의거에 대해서는 시작부터 끝까지의 구체적 내용과 진행 과정에 대한 기록이 남겨져야 한다. 그래야 8·15 이후 전국적이고 전 민족적인 최대 규모의 이 운동을 민족사적인 발전선상에서 그리고 민족사적인 맥락에서 민족사적 가치를 바탕으로 한 구체적인 교훈으로 삼는 자료가 만들어질 것이다. 이 운동에 대한 구체적인 기록은 언젠가는 반드시 이루어져야 한다고 강조해둔다.

여기서 한 가지 강조할 것은 4·19 의거와 5·18 광주항쟁 및 6·10 시위 등 대규모 민중항쟁을 비롯한 크고 작은 운동들이 전후의 역사와 단절된 채 그 운동만에 국한된 단편적인 평가에 그치는 제한성을 갖고 있다는 점이다. 역사의 인과적인 맥락은 떠난 그 운동만의 존재는 있을 수 없다. 선행한 운동은 오늘의 운동과 연결되는 원인이 되고 오늘의 항쟁은 또 내일의 민주운동으로 이어지는 전통 위에서 이루어지는 것이므로 모든 운동은 전체의 부분으로 인식해야 한다. 그러나 6·25 후의 민중운동들은 예외 없이 전후가 단절된 그 운동만의 토막으로 인식, 평가되고 있다는 문제점이 있다.

모든 민중항쟁은 인과적으로 연결된 전통선상에서 전체와 부분의 변증법적인 연관성을 갖고 이루어진다. 그러므로 그 운동의 전체성을 놓친 채 단절된 토막으로 보는 것은 역사의 연속성을 놓친 주관적인 독단에 그치게 된다. 모든 민중운동은 그 운동이 필연적으로 일어나게 된 선행적 조건과 그 다음에 이어지는 운동에 미치는 영향력, 그리고 그 구체적인 진행 과정을 민족사의 발전선상에서 파악하고 인식해야만 민족사의 발전지향적인 교훈이 된다.

역사적 사건에 대한 전후가 단절된 단편적인 견해와 인식을 나는 정글의 논리라고 본다. 정글에서 생존의 사슬로 연결되어 살고 있는 수많은 동물들의 현재는 돌연적으로 존재한 것이 아니고 수천만 년에 걸친 진화 발전의 역사 속에서 이루어졌고 또 내일로 이어지면서 종족 보존의 역사 사실로 이어진다. 그러나 동물들은 경험의 축적을 발전지향적으로 활용하는 전통의식이 없기 때문에 자기 당대의 무의식적인 습관만을 되풀이하다가 그것만으로 당대를 끝낸다. 동물들은 역사적 존재로 자신을 인식하지 못하기 때문에 습관의 단절이 불가피하다. 그래서 동물들은 다윈의 진화론의 법칙에서 벗어나지 못하는 것이다.

역사적인 연관성과 단절된 민중운동에 대한 인식은 감상적인 평가만을 되풀이함으로써 다음의 운동을 촉진시키는 발전지향의 영향력이 없는 단편성에 머물고 만다. 이렇게 될 때 역사발전에 대한 과학적인 이성의 판단은 사라지게 된다.

2. 장면 정권에 대한 인식

1) 장면 정권의 군에 대한 안일한 인식

이승만의 자유당 독재는 민주선거의 형식을 통해 정당성을 획득한 독재정권이었다. 따라서 이승만 정권이 독재정권을 유지하기 위해서는 선거에서 반드시 이겨야 했고, 선거에서 이기기 위해서는 국민 절대다수의 반대표를 자유당 지지표로 바꾸어야 했기 때문에 악명 높은 투표함 바꿔치기, 릴레이식 투표, 피아노 개표 등의 불법부정을 감행할 수밖에 없었다. 1960년 자유당 정권에 대한 국민의 반대의식이 높아지면서 이승만 대통령 당선 반대의 정세가 고조되자 공정한 투개표로는 승리가 불가능하다고 겁을 먹은 자유당 정권은 부정, 불법 선거만이 정권 유지의 길이라 여기고 계엄령 정세를 조성하였고, 결국 반공개적인 부정선거가 가열되어 가는 국민의 반대의식에 기름을 부어 폭발한 것이 3·15 부정선거의 무효를 외친 투쟁이었으며 이것이 4·19 의거로 이어졌다.

그러므로 친일세력 집단으로 구성된 이승만 정권의 독재는 민주주의라는 간판으로 가리어진 독재였다. 4·19에 이어 등장한 장면 정권은 내각책임제의 민주 정권이었으므로 친일세력이 그대로 보고 넘기지 않을 것이라는 점은 당시의 상식적인 정세판단이었다. 민족세력을 억누르기 위해서는 반드시 친일세력을 기반으로 한 독재의 등장이 필요했기 때문이다. 장면 정권과 민주당은 이것이 충분히 예견할 수 있는 일이었음에도 그것을 인식하지 못하고 무사안일한 정권 운영으로 결국 군사독재 세력에 정권을 넘겨주었다. 장면 정권은 정권과 군대 사이의 밀착된 불가분의 함수관계를 읽지 못했다.

장면 정권이 제일 먼저 했어야 하는 일은 이승만 정권의 절대적 지지 세력인 군대 조직을 민주지향으로 개편하는 일이었다. 그중에서도 일본군 출신과 만주 특수부대 출신의 친일 군간부에 대해서는 빠짐없이 색출하여 갈아치우는 것이 민주당 정권 유지에 절대적으로 필요한 기본 조건이었다. 즉 군대의 지도부를 민족의식이 투철한 간부로 철저히 물갈이했어야 한다는 사실이다.

이승만 정권 초기 군대 간부의 주력은 일본군 출신과 악명 높은 관동군 특수부대 출신의 장교들이었다. 이들의 군사 경력과 경험과 기술만을 평가하여 이들을 주축으로 조직된 각군 지도부가 군사권을 장악했다. 한국군은 실질적으로 이들의 지휘하에 운영되었던 것이 역사의 사실이다.

반독재 민주 정권의 초기에 군대의 적극적 지지가 없이는 정권을 유지하기 어렵다는 것은 세계 역사가 말해주는 진리다. 제2차 세계대전 이후 식민지에서 독립한 국가들이 민주국가를 수립하는 과정의 초기에는 예외 없이 군대의 강력한 지지가 있을 경우에만 안정적인 발전을 해왔다. 이러한 엄연한 사실은 이 나라의 역사들이 입증해주는 세계적인 교훈이었다.

2) 군사독재 정권의 가교가 되어버린 장면 정권

독재정권을 타도하고 수립된 민주 정권은 정치, 경제, 사회 각 분야의 지도부에 국민 본위의 민주지도자를 내세워 주도권을 잡고 국민의 민주의식 개조에 역점을 두는 국가 운영을 해야 하는 것이 주된 임무다. 이에 못지않게 민주 정권의 기반 유지를 위해 필수적인 분야는 정권의 안정을 담보해 줄 군대 지도부를 민주의식이 투철한 지휘관으로 교체하는 일이다. 이는 모든 정책에 우선하는 긴급한 일이었다.

그럼에도 불구하고 장면 정권은 정권만 잡으면 정치, 경제 및 군부세력이 자신들의 지지 세력으로 바뀔 것이라는 안일한 사고를 지닌 채 군 지휘관의 의식과 정권과의 불가분적인 함수관계를 보지 못하고 이승만 정권하에서 형성된 군부세력을 무비판적으로 그대로 이어받았다. 그 결과 정권 출범 10개월도 되지 않아 2천 명에 불과한 박정희 쿠데타군의 총, 칼 앞에 항거 한 번 해보지 못하고 손을 들어 박정희 군사독재가 첫발을 내딛게 된 것은 세상이 다 아는 사실이다.

군대 지도부를 자주 민주의식을 지닌 인사 중심으로 교체했더라면 박정희 군사쿠데타는 꿈도 꾸지 못했을 것이고, 혹시 일시적인 쿠데타가 발생했다 하더라도 군 내부의 지지를 받지 못하고 타도되었을 것이다. 민주당 정권은 물갈이와는 반대로 자유당의 군대 지도

부를 이루는 친일 계통의 독재 인사를 그대로 넘겨받아 이들을 믿고 지지했기 때문에 결국은 이승만 독재가 박정희 군사독재로 무사하게 넘어가게 해 주는 돌다리와 같은 교량 역할만을 해주고는 막을 내리고 만 것이다.

여기에서 나는 당시 민주당 정권을 형성한 세력의 의식구조에 대해 민족의 입장에서 분석하지 않을 수 없다. 군사독재에 대한 민주운동과 정치운동은 정권 쟁탈이 목적이다. 하지만 이는 민족정기의 구현과 사회윤리 질서 확립과 국민 생활의 도덕성을 형성시켜 국민 생활의 복지 지향이라는 더 큰 목적을 기반으로 하고 있어야 한다.

이승만 친일 정권과 우리 민족과의 사이에 형성된 최대 최악의 모순은 친일세력이 정권을 장악했다는 사실이었다. 우리 조국이 진정한 민족 본위로 바뀔 때 비로소 민족정기에 조응한 생활이 윤리도덕과 평화적인 사회질서 유지로 이어진다는 것은 수학 방정식과 같은 합법칙적인 논리다. 그러므로 친일세력이 애국자로 둔갑하여 민족이 장악해야 할 전권을 탈취하고 국가의 주도권을 장악한 모순을 민족자주 민주지향으로 해결하는 것이 당시 민주당이 가장 우선해야 할 기조 정책이었다.

민주당 정권 수립이 국민 속에 뿌리박힌 강력한 조직 역량에 의해 얻어진 결과가 아님은 분명한 사실이다. 민주당 정권의 탄생은 이 글에서 되풀이 설명한 바와 같이 3·15 부정선거 이후 이승만의 하야와 자유당 정권의 붕괴와 함께 더욱 고조된 국민의 민주의식이 확대 강화되어 고조된 민주 정세하의 7.29 총선에서 거의 불로소득적인 승리를 통해 이루어졌다는 것은 전 국민이 아는 사실이다. 7.29 선거 당시 지팡이에다 민주당 모자만 씌워놓아도 당선된다는 당시 널리 퍼져있던 세론이 이를 방증해 준다.

이상에서 설명한 바와 같은 민주세력의 강력한 지지와 유리한 민주정세하에서 민주당 정권과 그 정치세력이 현실적으로 가능한 반독재 민주 사명을 다하지 못한 원인은 당시 민주당 정권과 세력 내에 자기희생적인 투철한 민족의식을 바탕으로 한 민주주의 지도자가 거의 없었다는 점에 기인하고 있다. 민주당 지도자들은 정권의 장악과 국회의원 당선에만 국한된 근시안적이고 자기 집단, 자기 본위의 정치 노선을 추구해왔기 때문에 민족사의 발전선상에서 바라보는 거시적인 전망을 갖지 못했다. 항일 독립운동에서 보여준 지도자상과 같은 투철한 자주, 민주의식의 세력이 되었더라면 앞에서 말한 바와 같은 정치 기반을 자주, 민주지향으로 교체하여 민주정권의 기반을 반석 위에 올려놓았을 것이다.

그러나 그렇지 못했기 때문에 소수 군인의 쿠데타 앞에 무력하게 넘어졌다. 야당 정치세력은 그 당시뿐만 아니라 오늘에 이르기까지도 국내적으로 반민족적인 정책이 갈수록 제도화되어갈 뿐만 아니라 항일 독립운동의 역사와 그 유적이 공공연하게 축소 매몰되어 가고 있는 상황에 대해서도 지나칠 정도로 무관심하게 대처하고 있다. 이는 정치권과 재야의 민주세력이 자기 집단 자기 본위에만 급급하여 거시적인 민족 사명을 망각하고 있음을 반증해 주고 있는 현실이다. 민족정기에 조응한 민족 사명의 실천과 유리된 민주운동은 일선 생활권의 대중과 유리될 수밖에 없는 것이다.

전국을 1개월간 중단 없이 휩쓸었던 3·15 부정선거 규탄 시위가 4·19 의거로 마무리 되는 과정은 중앙의 단일지도체제 조직과 유리된 지역 중심의 단편적인 것이었다. 이 운동의 비조직성을 말해주는 사례는, 이승만이 하야하고 자유당 소속 국회의원이 혼비백산하여 흩어지자 일시적으로 서울 시내의 치안이 학생을 중심으로 하여 경찰이 그 지휘하에 움직였다는 당시의 사실들이 증명해 주고 있다. 당시 학생들은 이승만의 하야와 자유당의 붕괴가 결정적인 기정사실임에도 자유당 국회의원이 다수인 국회를 소집하여 이승만 하야를 결의하여 정식으로 하야시키라고 요구하고 나섰다.

나는 그 사실이 보도된 신문을 보면서 이 운동이 통일된 지도체계와 완전히 유리된 학생 중심의 근시안적인 정세 판단을 하고 있다는 것을 우려하며 놀라지 않을 수 없었다. 서울의 학생 집단도 단일 중앙지도체제하에서 움직이는 조직이나 질서 없이 학교 중심으로 결합된 단편적인 양상이 뚜렷했다. 국회 소집을 요구하자 쥐구멍도 찾지 못하고 뿔뿔이 흩어졌던 자유당은 자유당 국회의원을 중심으로 다시 조직화되어 민주당 정권하에서 야당으로 정치세력을 재편성하였고, 7·29 총선에 후보를 내세워 더러는 당선도 되어 자유당 세력의 발판을 구축하기 시작했다.

이렇게 합법적으로 조직된 자유당 정치세력은 박정희 지휘하에 2천 명의 무장 군인이 쿠데타를 일으켜 정권을 잡은 이래 독재의 기반을 강화하고 18년간 군사독재 정권을 지속시켜 주는 지지 세력이 되었다. 박정희의 정당인 민주공화당이 자유당 세력 중심으로 조직된 사실이 증명해 주고 있다.

결론적으로 체계적인 통일 조직 없이 진행되는 지역적 또는 집단적인 민주운동은 대중의 총체적인 지지와 유리되어 민족사를 민족본위로 바꾸는 혁명 역량으로 작동할 수 없다. 3·15 부정선거 규탄 민족운동에서 시작되어 4·19 의거로 발전한 이 운동이 대중에 대한 통일적인 조직 형성과 민주적인 총체적 역량 집결로 이어지지 못한 채 결국에는 장면 정권을 거쳐 박정희의 군사독재 정권으로 귀결되었다는 사실은 이를 여실히 입증해준다.

제4장 친일세력에 의한 민족사의 역전

1. 친일세력 지배는 오늘날 우리 민족의 최대 모순

1) 매국세력이 득세하는 부끄러운 현실

이 책의 저술 목적은 합방 망국과 이에 반발하여 일어난 운동에 대한 역사적 설명에 그치지 않고 이러한 사건과 후의 결과들에 대해 오늘의 우리의 현재와 결부시켜 분석 검토하고, 평가하는 해석을 하고자 함이다. 이 내용을 몇 마디로 요약한다면 다음과 같다.

우리 5천 년 역사에 단 한 번 전 민족이 눈물을 흘리며 분노했던 민족의 최대 비운사인 합방 망국이 있었다. 거기에는 합방에 앞장서서 일본 식민지 통치 영구화를 돕기 위한 매국, 매족의 세력이 있었고 이들은 일제에 충성하여 일본인의 몇 배 이상으로 우리 민족 말살에 앞장섰다. 그런데 이 세력이 8·15 이후에 애국세력으로 둔갑하여 우리 민족의 주권을 잡아 국가 사회 각 분야를 주름잡고 뒤흔들면서 그들의 권리와 이익을 위해 모든 것을 종속시켰다.

나라를 팔아먹는 최고, 최대의 민족적 죄악인 친일 행위를 합리화시키고 애국운동으로 정당화하면서 개인적인 출세는 물론 축재와 권력 향유에 그치지 않고 해방 후까지도 그 영향력을 공고히 이어온 세력은 우리 역사가 결코 인정해서는 안 될 대상이다. 친일세력 중심의 역대 정권은 마치 조선왕조가 유교 사상을 통치이념으로 내려온 것처럼 친일의 전통을 통치이념인양 고수하며 오늘날까지 이어오고 있다. 즉 민족의 악이 선이 되고 민족의 정이 부정이 되어버리는 현실이 고착화됨으로써 민족사가 거꾸로 흐르고 있는 것이다. 그러나 집권의 영구화를 지향하며 발버둥치고 있는 친일세력은 필연적으로 민족정기 앞에 소멸되고 말아야 할 한시적인 세력이라는 것을 역사의 발전법칙이 증명해 줄 것이다.

오늘 우리 사회의 최대 난제로 제기되고 있는 반민족적 · 반사회적 행위의 정당화, 그리고 정의와 윤리도덕 및 사회 질서가 혼란에 빠져 있는 현실의 원인은 친일세력이 민족세력으로 둔갑한 민족사의 역전에서 찾아야 한다. 항일투쟁에 몸담은 투사들의 대부분에 대해 죽은 영혼에까지도 반공의 굴레를 씌워 범죄자의 낙인을 찍어놓고 반국가적 세력으로 몰아 유족과 함께 생활을 파탄시켜 놓고 오늘날까지도 그들이 그늘에서 떨고 굶주리게 방치하고 있음은 우리 역사의 부끄러운 현실이다.

오늘 우리나라 각 민주 정당과 민주 사회단체 등 전 자주 민주세력이 외치며 싸우고 있는 자주 민주 조국 수립의 목적을 달성하기 위해서는, 거꾸로 된 민족사를 바로잡는 민족사의 대청산에 의해 민족정기에 조응한 민족사의 결산이 이루어져야 한다. 애국과 반역을 분명히 하는 시간표의 작성과 여기에 따라 실천하는 민족사의 올바른 청산 없이는 자주 민주 조국 건설은 절대 불가능하다. 이것이 오늘 우리 민족이 제일 먼저 해결해야 할 기본 모순이며 모든 것에 우선해 해결해야 할 사명이다.

제2차 세계대전 후 식민지 지배에서 독립한 국가가 110여 개국이다. 이 나라들을 신생독립국이라 한다. 이 나라들의 초기에는 식민지 종주국 편에 서서 식민지 영구화를 위해 야합했던 민족 반역세력이 독립 후에 정권을 잡은 경우가 많았다. 그러나 식민지 종주국의 도움으로 독립 직후 일시적으로 반역세력이 정권을 잡은 나라도 있었으나 결국에는 타도되고 민족세력이 정권을 잡은 나라가 대부분이다.

이처럼 어처구니없는 매국 반역세력이 나라의 주권을 잡고 애국세력으로 둔갑하여 반세기를 이어온 나라는 우리나라를 포함하여 10여 개국에 불과하다. 이와 같은 현대사의 비운이 우리 역사에서 현실로 진행되고 있다. 민족정기와 전통을 짓밟고 민족사를 거꾸로 돌리고 있는 친일세력 편에 서 있는 일부 사회세력, 그리고 민주 자주세력의 분열 약화가 그러한 세력의 준동을 가능케 하는 배경이 되고 있다. 그러므로 오늘날 요란스럽게 전개되는 반독재 반외세를 외치는 자주 민주 운동 세력은 민족의 기본 모순 해결에 초점을 맞추고, 거기에서 파생되는 현실 문제를 최우선적으로 해결하는 데 모든 힘을 모아야 한다는 것이 내가 내린 필연적인 결론이다.

2) 애국혼백들의 통곡

친일세력이 해방 후에도 국가의 권력을 장악하고 각 분야를 주름잡으면서 국가 사회를 지배하고 자신들의 영향하에 예속시키고 있는 것이 오늘의 현실이다. 이렇게 민족사의 최악이 최선이 되고 민족정기의 응징을 받아야 할 반민족 세력이 국가유공자 이상으로 평가되고 매국 행위가 애국 행위로 합리화되고 있는 현실은 남한 사회가 극복해야 할 기본 모순이다.

민족사가 거꾸로 흘러 친일세력이 애국자로 둔갑하여 그 전통을 이어오면서 국가와 사회를 좌우하는 지배세력이 되어 모든 것을 그 영향하에 두고 있다는 사실은 오늘날 우리나라 사회 문제의 근본 원인이다. 더욱이 이런 세력이 국가권력을 장악하고 있는 것을 당연한 것인양 합리화하고 보편화하고 있다는 게 더 큰 문제다.

오늘 우리 사회의 모든 문제는 이것을 원인으로 하여 파생, 형성되고 있다. 민족 문제에 조금이라도 관심이 있는 사람이라면 이 모순을 인식하게 될 것이다. 우리 민족이 민족 본위로 역사를 바로잡고 이 모순을 해결해야만 여기에서 파생된 경제, 정치, 사회, 문화, 예술과 교육에서 나타난 불합리성과 모순도 해결된다는 필연적인 결론에 도달할 것이다.

친일세력의 국가 권력 장악은 필연적으로 민족의식을 각성하고 분노를 촉진시키는 계기가 되고 있다. 여기에 대해서는 이론보다 항일투쟁으로 생명을 바친 구체적 사례 몇 가지를 들어 보겠다.

역사적 기록에 따르면 평화적인 3·1 독립운동에 궐기했다가 일제의 야수와 같은 총칼에 무찔리고 예배당을 비롯한 건물에 감금되어 불타죽은 원통한 영혼이 6,670명, 다행히 살아남은 부상자가 14,600명이라고 한다. 이 선열들의 혼백은 목숨이 끊어지는 순간까지 일제와 영합한 친일세력에 대해 극도의 분노와 원망을 품고 언젠가 이루어질 우리 민족의 자주독립을 외치고 바라면서 가슴에 안고 이승을 떠나갔다.

항일 독립운동은 3·1 독립운동 이후에도 중단되지 않고 8·15 직전까지 줄기차게 계속되었다. 그 동안 집단 총살과 고문치사와 옥사로 목숨을 조국에 바친 국내 항일 투사의 수는 발표되지 않은 것까지 합하면 수천 명에 달하고 만주에서 일본과 싸우다 희생된 독립군과 간도사건 희생자와 3천여 명의 집단 학살과 그 외에 일제 군경에 체포되어 희생당한 독립투사들을 합치면 만 명 이상으로 추정된다.

항일 투사들의 검거, 투옥에 앞장섰던 사람들은 거의 일본인이 아닌 조선인 경찰들이었다. 그러므로 근본적인 적은 일제였지만 직접적인 적은 동족 출신의 친일 경찰과 그 앞잡이 정보원들이었다. 죽어간 영령들이 이들 앞잡이 세력에 대해 갖는 적대적 증오감과 민족적 분노는 일제에 대한 것 못지않다.

합방 망국 후 애국자의 일부는 일제의 감시와 탄압을 피해 해외로 나가 투쟁을 계속했다. 민족세력을 규합하고 애국자 양성을 목적으로 구성된 지하조직 운동과 함께 무력으로 대항한 수많은 독립군단이 주로 만주 일대와 중국 북부에서 활동했다. 또 중경을 주심으로 한 광복군의 무장투쟁도 일제에 큰 타격을 주면서 우리 민족의 독립 투쟁을 세계에 알리는 혁혁한 공적을 세웠다. 이들은 모두 일제에 봉쇄된 우리 민족과 투쟁을 전 세계 인민에게 알리는 창구 역할을 한 거룩한 애국자들이다.

해외에서 계속된 조직적인 독립운동과 무장투쟁에서 헤아릴 수 없이 많은 애국 투사들이 일본군의 무력에 의해 또는 동족인 조선인 중 일부가 정보원으로 밀약하던 특무기관에 체포되어 고문치사를 당하거나 조선으로 송환되어 옥고를 치르고 희생당했다. 해외 독립운동의 희생자는 일본인에 의한 희생은 거의 없고 동족 출신인 민족 반역 정보원들의 정보망에 걸려 일본에 제공된 희생자들이 많았다.

유명한 세계적인 첩보장교인 관동군의 특무대장인 통원(도이하라) 대좌 지휘하에 설치된 관동군 특수부대와 평안남북도 함경남북도의 각 경찰부 단위의 500~600명에 달한 조선인 경찰과 정보원, 압록강 두만강에 접한 각 경찰서 단위의 조선인 경찰관과 정보원, 상해 나명과 북경을 중심으로 한 일본군 특무기관의 정보원도 거의가 조선인들이었다.

그 중 구체적 예를 하나 든다면, 조선 총독부 경무국 고등과 내에 설치된 상해임시정부 담당 부서의 최고 책임자인 김태석 경부 휘하의 조선인 정보원이 중국에 3백 명 이상이 있었다고 한다. 해외 독립투사들의 희생은 거의가 동족 출신인 일본 군경 정보원의 정보망에 포착되어 일본 특수기관에 넘겨짐으로써 발생되었다. 일제 식민지 조선인 관공리들과 그 중 조선인 출신 경찰이 일본인 관공리 이상으로 일제에 충성하고 민족을 말살한 실례 하나를 제시한다.

당시 중국 상해를 중심으로 중남부 각지에서 독립운동을 한 임정 요원들과 그 공작원 및 광복군이 일본 경찰의 특무기관에 체포되면 서울로 압송되어, 앞에서 말한 총독부 경무부 김태석(金泰錫) 경부가 무자비한 고문과 기타 잔악한 수단으로 기어이 자백을 시켰다. 내가 기록에서 읽은 사실에 의하면, 총독부에서 파견한 경찰 특무기관에 검거된 독립투사들을 취조하다 자백하지 않으면 "너 총독부 김태석 경부에게 보내어 자백하겠느냐"고 했다고 한다. 검거된 애국투사에 대해서는 물고문, 불고문, 기타 어떠한 고문보다도 김태석 경부에게 보내어 취조당한다는 것이 가장 무서운 공포의 대상이었다고 한다.

일제 군경에 의한 희생으로 조국 광복에 목숨을 바친 해외 애국자들이 평상시는 물론이고 숨을 거두는 마지막 순간까지 증오와 분노를 거두지 못한 대상은 일제는 물론이지만, 동족 출신으로서 일제의 앞잡이가 된 그 정보원들이었다. 이분들은 직접적인 가해자인 정보원에 대한 분노와 적개심을 가슴 가득히 안고 세상을 떠났다. 이분들이 우리 애국 민족의 힘으로 자주독립이 하루속히 오기를 바라는 염원을 소리 없이 외치고 가슴 깊이 간직하며 마지막 숨을 거뒀으리라는 것은 누구도 상상하고 남음이 있을 것이다.

이러한 감정은 나처럼 별 존재가 아니던 사람이 겪었던 경험만으로도 충분히 상상되는 감정이다. 나는 한때 조선총독부 경무국 경찰 오적의 일인인 전남 경찰부의 고등과 특별고등계 주임인 노주봉 경부보와 조선인 형사 2인으로부터 취조를 받은 적이 있다. 11개월간의 취조 중 나는 수없이 많은 갖가지 고문을 받던 중 실신하여 유치장에 떠메다 놓은 것도 모를 지경인 때가 세 번이나 있었다.

그 때 내 가슴속에는 배후에서 조종한 이들의 상관인 일본인보다 동족 출신인 이들에 대한 적개심과 분노가 머리부터 발끝까지 치솟아 올랐던 경험이 있다. 내 경험에 비추어볼 때도, 이상에서 열거한 독립투사들이 일제에 의해 마지막 숨을 거둘 때 친일 반역자에 대해 말과 글로 표현할 수 없는 민족적인 적개심과 분노로 이를 갈며 가셨으리라는 것은 충분히 이해가 갈 것이다.

이 영혼들 역시 8·15 후 친일세력이 애국자로 둔갑하여 정권을 장악하고 최고의 권력과 부를 누리고 있는 현실을 보면서 지하에서 일제시대 이상의 분노와 적개심으로 편히 잠들지 못하고 울부짖고 있을 것이다. 아울러 1923년 9월 일본 관동대지진 당시 일본인에 학살당한 2만 명에 달하는 우리 동포들의 혼백도 애국자로 둔갑한 친일세력에 대해 더 한층 분노를 금할 길이 없어 지하에서 편히 쉬지 못하고 몸서리치고 있을 것이다.

일제가 전쟁 승리를 위해 노무 징용자, 학도병 지원병, 징병, 여자 정신대로 끌어가 위험하고 천한 노동과 일본군 총알받이로 또는 위안부로 동원했던 우리 청장년의 수는 백만 명이 넘을 것으로 추산된다. 오늘날 논란이 되고 있는 여자 정신대에 끌려간 부녀자들은 90%

이상이 과로와 병으로 목숨을 잃었고, 종전 뒤 생존자들은 상당수가 총살당하고 기적적으로 살아남는 것은 불과 몇 사람뿐이었다.

이렇게 일제의 전쟁 소모품으로 끌려가 희생당한 사람들은, 이들을 직접 일제의 손에 넘겨준 조선인 출신의 친일 관공리와 여기에 동조한 친일세력에 대한 적개심이 일제에 대한 적개심 못지않게 컸다. 일제에 희생당한 이 혼백들은 지금도 지하에서 적개심과 분노로 편히 잠들지 못하며 일제에 앞장선 친일세력들이 반드시 민족정기에 의한 응징으로 말살되는 날을 지켜보고 있을 것이다.

3) 문익환과 정일권의 삶과 죽음으로 본 애국의 의미

일제에 앞장섰던 열성적인 친일 인사와 세력들이 우리 민족 앞에 단 한마디의 사과도 반성도 없이 애국적 지도자로 둔갑 행세하며 외세를 등에 업고 군사독재의 전통을 형성하여 6공화국에 이르기까지 정권을 장악해 왔음은 오늘에 와서 적나라하게 하나씩 밝혀지고 있다. 애국의 탈을 쓰고 국가의 간판 아래 매국을 자행했던 친일세력의 전통이 과연 민족정기에 조응한 애국인가 비애국인가를 현실적으로 밝히는 것에 모든 민주 자주세력은 최우선적으로 힘을 기울여야 한다. 이것을 밝히지 않으면 민족적인 가치 평가와 중심이 확립되지 못하고 혼란을 가져와 자주 민주세력 단결의 구심점을 제시하지 못하므로 혼돈을 되풀이하게 된다. 여기에서 가장 가까운 구체적인 사례 한 가지를 들어 이를 증명하겠다.

1993년 12월 15일에 타개한 문익환 목사는 일제시대에는 기독교 운동을 통해 항일운동을 했고 8·15 후에는 남한의 민주화 운동과 조국통일 운동에 앞장서서 숨 막히는 탄압과 계속된 옥고에도 굴하지 않고 운동의 방향을 제시하는 등대불과 같은 지도자로 투쟁하였다. 그가 79세를 일기로 타개하자 민주사회장으로 장례식을 거행하고 전국 각지에 분향소 설치와 함께 대학로에서 영결식을 마지막으로 경기도 남양주군의 모란공원에 안장되었다.

문익환 목사의 장례식과 대조적인 또 한 가지 사례는 문익환 목사와 같은 고향 출신이며 학교 선후배 관계인 정일권 씨가 동일한 1993년 12월 15일에 타개하자 민주주의의 상징인 여의도 국회광장에서 역시 대한민국 정부 수립과 정권에 큰 공을 세웠다 하여 사회장을 거행하고, 동작동에 있는 국군묘지 중에서도 가장 명예로운 장군묘지에 성대하게 안장했음을 당시 각 뉴스가 계속하여 요란스럽게 보도한 사실이다. 정일권 씨는 만주 관동군 산하의 만주군 군관학교에 입학하여 2년을 수료하고 나머지 3, 4학년은 일본 육군사관학교를 마치고 졸업하여 장교로 임명된 후, 관동군 특무 부대가 지휘하는 우리 민족이 몸서리치던 만주군 특수부대에 장교로 편입하여 활동한 사람이다.

이 특수부대에 대해서는 다른 곳에서 구체적으로 언급했으므로 생략하고 중복된 감이 있으나 문제가 문제인 만큼 특수부대의 임무와 역할만을 요약하여 설명하겠다. 특수부대의 임무는 만주에 있는 우리 무장독립군의 토벌 및 독립투사들과 항일 지하조직에 대한 정보 수집과 수색 검거였다. 이와 함께 만주척식회사 주관으로 북만주 개척 농민으로 집단 이민한 우리 교포들이 가혹한 수탈에 견디지 못하다가 궐기했던 폭동을 진압하는 일이었다. 3천 명의 연대 병력은 연대장 이하 장교와 사병 전부가 조선인 출신으로 편성되었다. 이 특수부대는 1945년 8월 15일 일제 패망 직전까지도 만주에 있는 우리 민족의 독립운동을 탄압, 말살하는 것이 주된 임무였으므로 그 잔학성과 반역성은 당시 만주에 있는 우리 교포들이 이를 갈고 몸서리칠 정도로 최고 최대의 친일 반역세력이었음은 공개된 사실이다.

이 두 사람의 죽음에 대해 똑같은 최고의 명예이며 애국적인 사회지도자의 상징인 사회장으로 장례식을 거행하여 문익환 목사는 남양주군의 모란공원에, 정일권 씨는 동작동 국립묘지의 가장 명예로운 장군묘지에 성대한 의식으로 정중하게 안장되었다. 정일권과 동일한 특수부대 장교 출신인 박정희 씨 내외는 더 한층 명예로운 대통령 묘역에 안장되고 있다. 이 사실은 너무도 아이러니컬하게 대조적인 현실이다. 이 사실에 대해 민족지도자로 자처하는 각계각층의 학자와 명사, 그리고 교육·언론·문화·종교·예술계에서도 극히 일부의 소극적인 비판만 있을 뿐 전부가 이 사실을 긍정적인 것으로 인정하면서 입을 다물고 침묵을 지켜오고 있다.

내용을 모르는 우리 국민들은 두 사람을 동일한 애국자로 알고 있다. 소위 민주와 정의 구현의 전위로 자처하는 야당과 민주 사회단체에서도 상반된 이 사실에 대해 남의 일과 같이 지나칠 정도의 무관심과 소극적인 태도를 지속하고 있다. 무관심은 그 사실을 인정하는 것과 같은 결과를 가져온다.

이와 같은 것이 우리의 현실이라면, 오늘날 자주 민주운동의 가치기준과 구심적인 핵심 문제는 확립될 수 없고 학설과 이론에 따라 왔다갔다 유동하여 대중이 지향해야 할 진로에 대해 갈팡질팡하는 결과를 가져다주고 있음은 누구도 부인하지 못할 것이다. 대낮같이 밝게 공개된 민주사회에서 이런 일이 벌어지고 있는 근본 원인은 오늘날 반드시 이루어졌어야 할 민주세력의 통일 조직 역량이 형성되지 못하고 분파 분열을 되풀이하고 있었다는 점이 결정적이라는 것을 분명히 밝혀둔다.

박정희와 정일권 씨뿐만 아니라 유명하고 대표적인 친일 인사들, 그리고 그 전통을 이어받은 후예와 지지 세력 중 저명한 인사들의 모든 경력과 업적에 대해 예외 없이 우리 민족에 큰 공을 바친 유공자이자 애국자로 부각 평가되고 있는 사실에 대해서도 지나칠 정도로 무관심한 게 오늘의 우리나라 현실이다.

이렇게 우리 민족사의 전통과 민족정기에 비추어볼 때 모든 것에 우선하여 철저하게 밝혀야 할 매국노가 애국자로 둔갑하고 있는 엄연한 현실에 대한 무관심은 민주 대중의 정확한 가치판단과 지향할 방향을 애매모호하게 덮어버린다. 이 애매모호한 태도와 분위기는 반민족세력이 애국자로 둔갑하여 민족 지도세력으로 평가를 받게 하고 진실을 가려 합리화시키는 데 연막적으로 이용되고 있음을 알아야 한다. 이는 진리와 정의는 구체적이라야 한다는 논리를 정면 부정한 것이다.

앞으로 우리 민족이 지향해야 할 민족 자주운동의 실천은 학설이나 말이나 글로 이루어지는 것이 아님을 말하고 싶다. 구체적인 역사적 사실과 현실 속에서 벌어지고 있는 현상 자체에서 창조적인 실천 방향과 방법을 찾아내어 적용해야만 대중과 함께 하는 민주역량이 조성된다. 반드시 밝혀야 할 사실에 대해 무관심과 애매모호한 태도를 취한 채 내로라하며 대중의 전위처럼 행동하는 민주 지도자들에게 이런 무책임한 행태가 누구를 위해 무엇을 위한 것인지 묻고 싶다.

그러나 끝으로 분명히 말해둘 것은 반민족적이고 반정의적인 세력은 그것을 뒷받침하고 합리화시키는 정세의 조성이 지속되는 시점까지만 존속할 수 있는 한시적인 것으로, 결국은 민족정기의 응징으로 그 정체가 명명백백하게 밝혀지고 만다는 사실이다. 이것은 세계 각국의 민족사가 증명해 주고 있다.

애국 국민들은 친일 전통의 정권에 의해 조직화된 세력화가 가로막히고 반민족세력에게 눌리고 바닥에 깔려 표면화가 억제되고 있으나 이것은 한시적인 현상일 뿐이다. 애국심을 잠재의식으로 가지고 있는 절대다수의 국민이 있는 이상 오늘 급속도로 발전하고 있는 국내외 정세의 변화는 민족세력이 반드시 반민족세력에 빼앗겼던 주권을 되찾고 민족 본위의 조국을 건설한다는 것을 식민지에서 독립한 민족 국가들의 역사가 수학 방정식과 같이 증명해 주고 있다. 민족 전통이 끊어지지 않는 한 잠재 상태에 있는 민족역량을 집결한 민족세력의 창조적 역량화로 반드시 민족 주도세력이 되어 영원할 것임은 역사 발전의 객관 법칙에 정해진 필연적인 결론이다.

조국의 독립을 위해 투쟁하다 목숨을 바친 영령들은 일제와 함께 그 앞잡이가 된 친일 반역세력이 8·15 해방이 되자 외세를 등에 업고 국가의 주권을 잡고, 애국세력으로 둔갑하여 주권세력이 될 것이라는 것은 마지막 숨을 거둘 때까지도 꿈에서도 상상할 수 없는 일이었다. 이와 같이 민족사를 거꾸로 되돌리며 영화를 누리는 세력에 대한 애국자들의 분노와 적개심은 우리나라뿐만 아니라 식민지에서 독립한 모든 민족의 독립투쟁에서 표출될 수밖에 없는 세계사적인 공통된 민족의식이다. 있어서는 안 될 오늘의 현실을 보면서 선열 영령들은 땅을 치며 통곡하고 있으리라.

우리나라에서는 3·1 독립운동 기념일을 비롯한 주요 행사의 식순에서 국기에 대한 경례, 애국가 봉창에 이어 반드시 순국선열 영령에 대해 감사와 존경이 담긴 묵념을 올린다. 이것은 유치원에서 대학에 이르기까지 교육 행사와 국가 행사와 사회 전 분야의 행사에 필수조건으로 시행되고 있는 일이다. 선열에 대한 이와 같은 묵념은 형식적인 예의 표시의 요식적인 것만은 절대로 아니다. 애국선열에 대한 묵념은 후세인 우리도 조국광복에 바친 선열들의 애국얼을 이어받아 생활과 처세를 여기에 따르겠다는 양심을 바탕으로 한 맹세인 것이다. 즉 선열들의 투철한 애국정신에 따르겠다는 것이다.

민족정기와 민족의식의 바탕 위에서 선열들의 애국정신을 오늘의 현실에 조명하여 평가한다면, 어떤 것이 애국의 편이고 어떤 것이 친일세력의 편인가가 적나라하게 밝혀질 것이다. 오늘날 친일세력과 이들을 지지하는 세력 그리고 그 밑에서 출세 영화를 누리면서 민족지도자로 행세하는 인사들은 애국 국민들의 판단력을 흐리게 하고 있으나, 민족사가 제자리를 찾고 올바르게 흐르게 되면 반드시 그들을 보호색처럼 덮어온 안개는 활짝 걷히고 민족에 대한 공과 죄, 선과 악이 현미경에 비추는 것과 같이 아무리 작은 사실도 숨김 없이 있는 그대로 민족 앞에 드러나 민족적 평가를 받게 될 것이다. 이는 역사가 무엇이며 어느 방향으로 어떻게 흘러간다는 것을 조금이라도 아는 사람이라면 부정하지 못할 엄연한 법칙이자 운명이다.

2. 군사독재 정권은 반민족적 친일세력의 연장

1) 군사정권은 친일 전통과 권력형 치부를 합리화

8·15 해방으로 그 생명이 끝장났다 생각했던 친일세력은 정세 변화와 함께 부활하여 미군정의 주요 요직으로 기용되고, 나중에는 이

승만 정부 수립과 더불어 전면적인 권력의 핵심으로 등장했다. 6 · 25 전쟁을 거쳐 1950년대를 경과한 후 박정희의 군사 쿠데타에 이를 즈음에는 이들의 세력이 달라졌을까. 대답은 전혀 달라지지 않았다는 것이다. 새롭게 대한민국의 정권을 장악한 그 주도 세력의 수장이 어떤 인물인가를 보면 된다.

여기에서 박정희의 일제 시절의 이력에 대해 간단한 내용만 살펴보자. 일제 때 만주에는 우리 독립군은 물론 만주개척주식회사의 농업 이민으로 끌려간 많은 조선인이 있었다. 이들은 회사의 처음 약속과는 달리 미곡의 과다한 공출 강요와 기타 가혹한 수탈을 견디지 못해 궐기하고 폭동을 일으켰다. 이를 진압하기 위해 동원된 부대가 일본 관동군 특수부대였다. 관동군 특수부대는 최고 연대장으로부터 하사관과 사병에 이르기까지 철저한 신분 조사를 통해 친일 의식이 증명된 청년만을 골라 3천 명으로 조직된 부대였다. 이 특수 부대 조직은 세계적인 정보 장교인 통원(도이하라) 대좌(우리나라 대령) 지휘하에 폭동 진압뿐만 아니라 우리 독립군 토벌에 앞장섰다.

박정희는 이러한 관동군 특수부대의 장교였다. 이 부대의 장교들은 4년제 만주 육사에서 2년을 수료하고 나머지 2년은 일본 육사에서 수료를 거쳐 졸업한 다음 소위로 임관된 장교들이었다. 박정희는 사범학교를 졸업한 뒤 경북에서 보통학교 훈도로 근무하다가 발탁되어 장교로 임명되어 중위까지 진급했다. 당시 만주에 있던 우리 민족과 독립군들은 이 부대 장교들을 만주에 있는 1급 민족 반역자로 규정하고 타도의 대상으로 여기고 있었다.

그러한 전력을 갖고 있는 박정희는 8 · 15 해방 후 남북의 자유 왕래가 보장되자 무난히 남하하였고, 한국군에 들어가 일본 특수부대의 계급을 그대로 인정받아 입대하였다. 후일 소장으로 진급했다가

1961년 5월 16일 군사 쿠데타로 혁명 최고회의 의장이 되었고, 우리가 잘 알다시피 박정희식 선거로 대통령이 된 사람이다.

박정희는 민족 앞에 일제시대 자신이 특수 부대에서 행한 반민족 행위에 대한 사과나 반성 한마디도 없이 민족지도자로 자처하면서 대통령이 되어 군사독재의 전통을 세우고 영구 집권을 위해 독재정권을 강화하고 국민의 자유를 최후까지 짓밟다가, 1979년 10월 26일 가장 신임했던 중앙정보부장 김재규에 의해 궁정동 안가에서 청와대 경호실장 차지철과 함께 암살되었다. 헌법을 3번이나 고쳐가면서 모든 법과 권력 구조를 영구 집권에 맞추어 국가 권력을 한손에 거머쥐고 봉건 전제 군주와 같은 권력으로 국민 앞에 군림하다가 대통령이 된 지 18년 만에 살해되었다.

일본 관동군의 우리민족 말살 정책에 앞장섰던 박정희 자신이 치일 세력을 외면하고 새로운 민족 세력을 앞세워 새로운 나라를 건설하는 것은 상상하기 어려운 일이다. 군사 쿠데타 이후 박정희 정권을 직간접으로 이끌어 나가고 후원하던 세력은 종전과 다름없이 친일세력의 연장이었다. 친일세력의 문제는 이처럼 고질적인 병폐로 남아 한국사회 기득권의 연장과 재연장으로 이어지면서 근본적인 문제로 남아있게 되었다.

2) 군사정권은 민족세력과 공존할 수 없는 존재

8·15 이후 6공화국에 이르기까지 친일세력이 정권을 잡고 휘두르는 동안 이 정권들의 정책과 주도 인물들의 주장과 생활에 대해서는 국가와 민족을 위해 최선의 것이라고 국민에게 선전하고, 이에

대한 민족적 비판은 국가 안보를 내세워 반체제적이라 하여 억압해
온 것은 설명이 필요 없이 전 국민이 알고 있는 사실이다. 무서운
탄압과 처벌을 전제로 한 강요된 대국민 홍보가 이루어졌던 것이다.

교육, 문화, 언론 및 민족문화와 민족정신을 다루는 수많은 단체
들과 자타가 공인하는 각계의 저명인사들은 그들의 학식과 두뇌를
짜내어 친일 독재정권의 정치·경제·사회·문화·언론·예술에 이
르기까지의 정책을 가장 타당한 것으로 합리화시키는 데 급급하였
다. 그 대가로 그들은 그 분야에서 권위와 지위를 유지하면서 풍요
한 생활을 하고 안주하면서 살아왔다.

이 글은 처음부터 끝까지 친일 군사정권의 모든 정책에 대해 일
제에 영합하여 민족 말살 지향으로 충성을 바치고 일제가 공로의 대
가로 부여한 기득권을 당연하고 정당한 것인 양 국민 앞에 단 한마
디의 반성과 사과도 없이 향유하고 있는 세력에 대해 비판하고 있
다. 이 정권들은, 국민들이 역사가 반민족적으로 흐르는 점을 인식
하고 불타오르는 애국심에서 참지 못해 비판과 지탄을 하면 모든 애
국의 소리에 대해 반국가적, 반체제적인 것으로 몰아 안보 차원에서
침묵을 강요시켜 왔다. 조금이라도 민족의식이 있는 국민들은 탄압
이 무서워 입을 열지 못했을 뿐 이러한 사실에 대해 절대 다수가 잘
알고 있다.

이 글이 만일 박정희 정권과 5공화국 때 나왔더라면 출판은커녕
원고 자체도 불법적인 것으로 되었을 것이고 6공화국에서도 동일했
을 것이다. 이 글에서는 친일세력의 전통을 이어온 군사독재 정권을
우리 민족사에서 절대 허용되어서는 안 되는 반민족적인 것으로 규
정하고 거기에 대처하기 위해 민족세력 조성의 필요성을 강조했다.

즉, 군사독재 정권과 민족 자주지향의 애국 국민과는 동일한 시간

공간상에서 공존할 수 없다. 친일의 전통을 이어온 군사독재 정권은 민족정기에 조응한 민족사가 제자리에 오르고 민족 발전 지향으로 흐르게 될 때에는 민족사 발전의 법칙에 따라 필연적으로 물러나야 할 한시적인 존재이다. 우리 민족은 군사독재 정권을 반드시 퇴장시키고 우리 민족의 의식에 따라 자주독립 정권을 수립하여 애국 민족 본위로 또 중심으로 발전시켜 나가야 한다.

이에 대해 군사정권을 후퇴시키기 위해서는 어떠한 수단도 불사해야 한다는 혁명사상의 선동이라고 말할 사람도 있을 것이다. 물론 반민족적인 군사독재 정권을 물리치고 지금까지 빛을 보지 못한 채 눌려온 우리 민족의 주체세력이 정권을 잡고 민족의 의사를 바탕으로 한 민주주의적 자주 정권을 수립한다면 이는 분명히 민족사적인 대혁명이 아닐 수 없다.

3) 친일 매국세력의 온존이 부정부패의 뿌리

누구나 잘 알고 있는 우리나라의 불법 부정과 부조리, 무질서를 굳이 이 글에서 다루냐고 반문할 사람도 있을 것이다. 이와 같은 반문은 표면화된 사회 문제에 대해 단편적으로 그 자체만을 보거나 여기에 결부된 각자의 비뚤어진 윤리관과 사회질서 의식 차원에서만 보려는 데서 나온 단견이다. 즉 전체성을 보지 못한 부분적이고 단편적인 인식을 한 데서 나온 의견이다.

이 문제를 파악하기 위해서는 민족의식이라는 근본적인 차원으로 들어가 보아야 한다. 민족의식인 애국정신은 학설이나 이론을 근거로 한 교육이나 교양에서 나오는 것이 아니다. 모든 가치관을 파생시키는 원천이 민족의식이다. 조국 없이는 존재할 수 없는 민족공동체의 권력적 존재 형태인 조국의 발전 및 강화를 모든 것에 최우선하고 생활과 행동 및 처세를 여기에 맞추어 살아야만 개체가 존재 발전할 수 있다는 민족 구성원 저변의 확고한 의식이 민족의식이다. 이것은 동시에 전체와 부분의 변증법적인 교호관계 속에서 조국을 강화시키기 위해 개인이 자각할 사명이자 반드시 생활화해야하는 실천의식이다.

민족과 민족의식의 실천의식인 애국정신은 말과 글이 아니라 각자의 생활 전체에서 따라 나오게 되는 합법적인 연관성을 갖고 있다. 이것이 있어야 저것이 있고, 저것이 있어야 이것도 존재가 능하다는 밀착된 교호관계의 논리이다. 원칙과 진리의 존재 및 이에 대한 인식은 구체적인 것이다. 그러므로 오늘에 이르기까지 꼬리를 물고 일어나면서 증가일로에 있는 부조리와 무질서는 반민족의식이 현실화된 현상이다. 즉 공동체의식인 민족의식과 단절된 개인 본위의식의 표현인 것이다.

원인 없는 사회 문제는 있을 수 없다. 오늘날 우리 사회의 만연한 부정과 비리도 반드시 그 근본 원인이 있다. 우리 민족과 같은 하늘 아래서 같은 땅 위에서 도저히 함께 살 수 없는, 생각만 해도 소름 끼치는 매국 친일 인사들이 매국의 대가로 일제에게서 얻은 식민지 시대의 권력과 사회적 지위 및 부가 정당하고 당연한 기득권으로 인정되고 확대되는 반민족적인 민족 범죄사의 전통이 청산되지 않은 채 8·15 이후 반세기간 이어져 내려온 데서 필연적으로 나타날 수밖에 없었던 현상이다.

친일 반역세력의 기본 의식과 처세는 내가 잘살기 위해서는 민족도 조국도 수단으로 이용해야 한다는 것이며, 내가 못살고 죽으면 조국과 민족이 밥을 먹여주느냐 옷을 입혀 주느냐라는 것이 그들의 논리였다. 그들에게 인간이 사는 최고의 목적은 경제적으로 잘 살고 권력을 잡고 영화를 누리는 것이다. 내가 잘 살기 위해 조국에 등을 돌리고 일제에 영합하는 것은 당연한 일이라고 여기던 그들은 이러한 행동이 망국의 비운과 정치적 경제적, 사회적 고난 속에서 불가피하고 당연한 것이라고 합리화시켰다.

더욱이 친일 인사들은 세력화하여 8·15 이후 국가의 주권을 장악한 세력으로 더욱 강화되었고, 이들이 6공화국에 이르기까지 존속해 왔음은 모르는 사람이 없을 정도다. 이 세력이 전통으로 이어지면서 정치, 경제, 사회, 기타 각 분야에서 우월한 지위가 국가적으로 확보되어 권력형 치부와 출세가 보장되어 왔고 현재도 이들의 우위성은 당연한 것으로 존속되고 있다. 이들은 문민정부의 출현과 함께 수구세력이라고 그 간판만 바꾸어 달고 준조직적인 형태로 엄연히 무형의 조직 역량을 발휘하며 존재하고 있다. 수구세력이란 문자 그대로 역대 군사정권하에서 축적한 권력형 부와 세력을 변치 않고 지키며 앞으로도 지속시켜 나가려는 세력이다.

이들과는 반대로 일제와 친일세력을 상대로 항일투쟁에 청춘을 고스란히 바친 항일 투사들과 그 자손들의 대부분은 오늘날 사회의 밑바닥으로 전락하여 사회적 인정이나 영화는커녕 배고프고 추위에 떨고 있으며 단칸방, 전셋집을 전전하고 있다. 이렇게 두 세력을 대비시키는 것은 오늘 우리 사회의 부조리와 부패와 무질서의 원인을 구체적으로 확인시켜 강조하기 위한 뜻에서이다.

친일세력은 뿌리가 튼튼한 나무와 같다. 튼튼하고 싱싱한 나무뿌리가 있으면 그 나무에 많은 줄기와 무성한 잎을 맺는 것은 당연한 일이다. 이 친일세력의 전통은 굵직굵직한 줄기와 빛이 번쩍번쩍한 잎사귀를 무성히 성장시켜 대한민국의 모든 분야를 뒤덮어 하늘을 가리고 있고 민족세력은 그 그늘 아래에서 움츠리고 있는 것이다.

내가 잘살기 위해서는 나라도 민족도 판다는 논리는 내가 존재한 다음에야 세상도 조국도 있다는 자기 본위의 논리에서 나온 것이다. 이것이 오늘까지 이어져 내려온 다양한 부정부패의 뿌리다. 공인된 공금횡령도 뇌물도 공문서 위조로 거액의 국가 재정을 편취하는 것도 내가 살아야 세상이 있다는 친일세력의 논리와 동일 맥락에서 나온 현상이다. 그러므로 오늘의 반사회적이고 반윤리적인 현상은 친일세력이 완전히 우리 민족 사회에서 말살되지 않는 한 해결되지 않는다. 친일 행위로 권력을 잡고 치부를 하고 사회의 지도적 위치에서 국민을 내려다보면서 떵떵거리며 살고 있는 친일세력의 거대한 질서가 소멸되지 않는다면, 같은 뿌리에서 발생하고 성장한 잎과 가지 한 두개쯤 끊어 버린다고 해도 그것이 근절되지 않는다.

3. 민족사적 대혁명이 절실

1) 혁명의 수단은 민주주의적 선거에 의한 혁명

혁명은 역사 발전의 단계를 바꾼다는 말이다. 혁명이라 하면 그 방법과 수단에서 폭동이나 군사적 충돌이나 민중 봉기 등을 먼저 머리 떠올린다. 이와 같은 혁명 방법은 제2차 세계대전 이전의 제국주의 식민지 강점 시대의 민족해방투쟁과 독점 재벌과 결탁한 군사독재 치하에서의 대중 해방을 위한 혁명의 주된 수단이었다. 이러한 수단을 사용할 수밖에 없었던 이유는 식민지 지배 민족과 독재정권 치하의 국민들에게 유일한 권리인 자유 민주주의적 선거가 원천적으로 봉쇄되었기 때문이었다. 즉 평화혁명의 수단인 자유민주주의 선거가 불가능했기 때문에 불가피하게 취하게 된 혁명수단이 앞에서 말한 폭력적인 방법이었던 것이다.

세계적으로 볼 때 제2차 세계대전 이후에는 과거와 확실히 구분되는 변화가 나타났다. 과학 발전에 따른 비약적인 생산기술 및 생산성의 증대는 세계 시장에 여러 형태의 폐쇄된 장벽을 허물어버리는 개방된 시장을 필요로 하게 되었다. 우루과이협정 타결은 이러한 세계사적인 혁명적 변화의 결과다. 이러한 정세는 제2차 세계대전 이후 식민지에서 제국주의 군사적 점령이 후퇴하고 식민지 민족의 절대다수가 자주독립하는 혁명적인 변화를 가져왔고 서방 열강을 비롯한 자본주의 각국의 독재정권 역시 민주주의 지향으로 급속도로 전환하는 변화를 이끌고 있다.

대표적인 예로 유명하고 악명 높은 독일의 나치 정권, 이탈리아의 파시스트, 일본의 독재정권이 급전직하 파괴, 몰락되고 민주주의 국가로 바뀌어졌음은 전 세계 인민이 다 아는 사실이다. 식민지 민족 100여 개국의 독립과 자본주의 독재국가들의 민주주의적 전환은 그 나라들뿐만 아니라 세계사적인 대혁명이었다. 제2차 세계대전 전까지 자유민주주의 선거가 실행되고 있던 국가는 10개국 미만이었다. 이 혁명적인 변화에서 나타난 민주화의 유일하고 주된 수단과 방법은 다수결 원칙에 따른 자유민주주의 선거이고, 이에 따라 각국이 민주화를 이루었다.

오늘 세계사의 민주 지향적인 흐름과 평화 지향의 국제정세 변화 앞에서 우리나라도 문을 닫고 고립하여 쇄국한다는 것은 정신병원에 입원하고 있는 환자 중에서나 찾아볼 수 있는 사고다. 즉 있을 수 없는 일이라는 말이다. 따라서 이 글에서 일관되게 주장해온 바, 친일 반민족 세력이 정권을 잡고 국가와 사회 그리고 민족 전체를 주도하면서 모든 것을 그 정권의 영구화와 안전을 위해 지배하고 종속시킴으로써 민족사가 거꾸로 흐르고 있는 현실을 민족 중심의 정권으로 바꾸는 것은 우리 민족사의 발전에 있어서 분명한 혁명이다.

그러나 이 혁명은 앞에서 강조한 바와 같이 어떠한 형태의 폭력적인 수단과 방법이 동원되어서는 안 되며 오늘의 정세하에서는 더욱 가능한 일도 아니다. 따라서 독재정권을 후퇴시키고 우리 민족의 자주 정권을 되찾는 유일하고 가능한 방법은 다당제 자유 민주선거에서 독재정권 세력에 이기는 길뿐이다. 자유 민주선거에 의한 다수결의 개혁은 일시에 압도적인 승리를 거두는 일도 가능하기는 하지만 대부분의 국가들에서는 이뤄야 할 것들을 하나씩 쟁취해 가는 점진성을 나타내고 있다.

그렇더라도 결국은 민족 본위의 자주 민주 정권의 수립에 성공하고 있는 것이 오늘날 세계사의 흐름이다. 따라서 친일세력의 전통을 영구화하려고 안간힘을 다해온 군사독재 정권의 퇴진과 우리 민족이 중심이 된 자주 민주조국과 정권의 수립 과정도 자유 민주선거에서 민족세력에 대한 지지 확대를 통해 승리하는 것이 유일한 방법이라는 것을 분명히 말해둔다.

2) 민주 사회단체의 역할과 의무

이 문제에 대해서는 정치적 논리보다 자유당 정권에서 5공에 이르기까지 일부는 6공화국에 이르기까지 되풀이된 국회의원 선거를 비롯한 모든 선거에서 전 국민이 다 알고 있는 선거 사실을 돌아볼 필요가 있다. 다 아는 사실이므로 몇 가지만 요약해 본다.

이 당시의 선거운동은 유권자의 자유의사에 따른 공감대적인 지지가 아니라 악명 높은 금권, 관권이 예외 없이 개입하고 그것도 모자라 감시적인 점검과 협박과 공갈적인 방법, 그리고 거의가 부도수표로 끝나는 지역적인 이권이나 유권자에 대한 이권 남발의 제시가 주를 이루었다. 그 결과는 예외 없이 여당의 승리로 끝났다. 그것도 모자라 악명 높은 갖가지 부정선거와 투표 결과 표수의 조작 역시 상식이 될 만큼 일반화된 사실이었다.

내 기억에 남는 대표적인 사례는 이승만과 조봉암이 입후보한 대통령 선거의 경우다. 당시 전남 화순군 능주면에서는 조봉암표 99매에다 이승만 표 한 장을 위에 붙여서 이승만의 표로 바꾸었으나 99매에 1장을 붙인 이승만의 표가 모자랐다는 결과는 당시 화순군 유권자들의 입에서 오르내리는 유명한 얘기였다. 또 다른 지역에서는 투표 결과 표 계산에서 여당 일변도로 보태고 보니 투표의 총계가 당일 투표한 유권자의 수를 능가하여 다시 조정하는 어이없는 경우도 왕왕 있었다. 이 근본 원인은 원천적으로 정경유착에서 기인한다. 여당이 승리하여 계속 정권을 잡아야만 경영 외적인 이윤을 보장받아 땅 짚고 헤엄치는 식의 기업 운영을 함으로써 손쉽게 치부하려던 재벌의 뒷받침이 있었기 때문이다.

문민정부 출범과 함께 가장 우선하여 역점을 둔 것은 부정부패와 불법적인 부조리 척결이라는 칼을 휘둘러 정경유착을 단절시키기 위해 금융기관에 대한 정권의 개입을 차단하여 독자적인 자율성을 보장하고 우리 역사에서 영원한 기념탑적인 금융실명제를 실시한 점이다. 또 관공리와 국회의원에서 지방의원에 이르기까지 가족을 포함한 재산 공개의 의무화는 일부 미흡한 적도 있다는 비판도 있으나 선거의 방향을 어떠한 죄악도 간섭도 배제한 유권자의 자유의사를 본위로 한 자유 민주 방향으로 바꾸어 놓은 것만은 누구도 부인할 수 없는 분명한 사실이다.

대한민국 수립 후 민주정권과 민주주의 간판 아래서 민주주의와는 거리가 먼 금권과 관권과 이권 약속이 주도해 온 우리나라 선거 역사에 있어 지각변동과 같은 혁명적인 민주주의 선거를 지향하는 그 바탕 하나하나가 구축되어가고 있음은 분명한 사실이다. 이것을 앞으로 있을 국회의원과 자치단체장 선거에 반드시 반영시키려고 노력하고 있는 것만은 누구도 부인할 수 없을 것이다. 여기에서 문제가 제기되는 것은 자주 민주주의 정권 수립을 사명으로 하고 기본 강령으로 삼고 국민 앞에 소리 높이 외치고 있는 야당과 민주주의 사회단체들이 해야 할 역할이다.

관권과 금권과 감시 간섭이 배제된 조건하에서 이 정당들과 사회단체의 주장과 정책의 궁극적 실현은 유권자의 지지로 얻어진 표가 여당을 능가할 때만 가능하다. 오늘날 변화무쌍하게 발전하고 있는 세계정세와 대외 관계 및 국가 기본 정책에 대해 야당과 민주 사회단체의 주장을 지지 동조하는 대중과의 광범위한 공감대가 형성되어 조직적으로 통일될 때에만 그러한 승리가 가능하다는 것도 상식적인 논리이다.

선거뿐만 아니라 모든 민주운동에 있어 단지 목소리를 높이고 글로 기록한 선전·선언·주장을 하는 것만으로는 그 어떤 기대하는 결과가 나올 수 없다. 밑으로부터의 대중 조직 없이 조직의 중앙과 지도자 몇 사람들의 열렬한 주장과 선언·선전만으로는 굴러가는 속이 텅 빈 드럼통 소리로 끝난다. 일선 대중 생활 속에서 대중과 함께 하면서 대중의 편에 서서 충실하고 착실한 심부름꾼과 같은 지도자가 될 때에만 밑으로부터의 강력한 조직이 이루어져 중앙지향으로 집결, 통일되어 무한대에 가까운 창조적 민주주의 역량을 조성할 수 있다. 이는 오늘에 이르기까지 세계 각 국가들의 민족해방과 민주투쟁이 입증해준 수학방정식과 같은 원칙임을 다시 한 번 강조한다. 이 원칙에 비추어 오늘날 각 사회단체의 중앙 중심, 지도자 중심의 민주운동은 현실을 직시하고 자기희생적인 비판적 평가를 하기 바랄 뿐이다.

제5장 문민정부 출현 후의 문제들

1. 개혁은 국민의식 개혁이 선행해야

이 글에서 내가 비판의 대상으로 삼는 사람은 전현직 고위층 관 공리, 그리고 어떤 수법으로든지 축재한 관료 재벌과 기업 재벌 및 불로소득을 일삼는 자를 말한다. 이들이 축적한 자본 중 생산시설과 재생산에 사용된 투자는 국가 발전의 모체인 생산투자이므로 별개 의 사안이다. 국민의 위화감을 조성할 정도가 된 이들의 호화사치, 그리고 관변 친여 사회단체와 그들의 행사에 대한 편파적인 과다한 재정 지원은 비판의 대상이다. 부유층의 도가 지나치는 호화생활과 낭비는 전 국민이 다 알고 오늘 반사회적인 문제의 원인으로 평가되 어 자성과 절제를 요망하는 것이므로 더 이상의 설명이 필요없다.

1) 공무원의 부정부패는 군사독재 체제와 유착된 구조

아직도 우리나라에는 관공리를 비롯한 권력층의 영향력이 가장 강력하다는 것을 온 국민이 일상생활을 통해 구체적으로 인식하고 있다. 모든 국민의식을 민주지향으로 개혁시키는 데 있어 관공리를 비롯한 정치, 경제, 사회 각 분야의 지도자를 앞장서게 하는 것이 가장 효과적이며 그 폭과 심도를 크게 하는 방법이다. 먼저 권력과 결탁된 이 사람들의 민주의식 개혁이 선행되어야 한다.

이 사람들에 대한 민주의식 개혁의 지시와 교양 선전은 귀에 못이 박힐 정도로 계속되어 왔다. 그러나 이를 실천하여 공무집행과 사생활의 지침으로 삼는 대신 이를 기피하려는 것이 이 사람들의 속성이다. 이 사람들에 대한 민주의식의 교양은 아무리 계속해도 한 귀로 듣고 한 귀로 흘리는 마이동풍이었다.

그동안 각급 공무원의 관직과 직책은 본인의 출세와 더불어 가족의 생활보장과 함께 치부할 수 있는 도깨비 방망이와 같이 마력적인 것이었다. 6공화국에 이르기까지의 공무원과 준 공무원들의 의식구조에는 이런 바탕이 깔려 있었다. 자기의 직책과 결부된 권력을 미끼로 모든 다양한 형태의 뇌물과 부정수입으로 국민을 수탈하여 상관에 상납을 자주 많이 하는 공무원이 가장 우수한 공무원으로 평가되어 출세를 빨리 하고, 치부를 하는 것이 불법이 아닌 당연한 것으로 평가되었다. 이것이 8·15 이후 6공화국에 이르기까지 반세기간 계속해온 공무원 세계의 일반화된 분위기였다.

그러므로 좋은 자리 또는 명전이라는 말은 부정수입이 많은 자리를 가리키는 것이었다. 아무리 필요한 관직도 법외적인 수입이 없으면 모두가 싫어하는 자리였다. 그 자리를 지키고 출세하는 데 있어 수단과 방법을 가리지 않고 어떠한 불법도 감행하는 것이 당시 공무원들의 기본자세이며 속성이었다. 청백리도 있긴 있었으나 이 사람들의 존재는 현미경으로 찾아야 할 정도로 희귀한 존재였다.

군사독재 치하에서 월급은 용돈에 불과했고 법외적인 부정수입이 주된 수입이 되어 왔음은 비밀이 아닌 비밀이었다. 독재 권력이 국민의 민주 권리를 누르고 판을 치는 정세하에서 공무원과 준 공무원들의 주수입은 법외적인 부정 수입이었고, 그러한 수입이 있어야 출세도 치부도 가능하다는 논리가 지배적이었다. 이것은 마치 약육강식의 논리가 지배하는 동물계의 생태 논리였고, 대어는 중어식하고 중어는 소어식한다는 어족계 생태 논리였다. 이러한 동물계의 생태 논리가 인간 사회에 적용되고 있는 것이 군사독재 정권의 권력형 지배였다. 국민의 권리와 자유가 박탈되고 민족의식과 인간적 양심이 설자리가 없는 정세하에서 군사독재 체제의 가장 강력한 지배를 받는 것이 공무원이었다. 그러므로 공무원은 군사독재 존속의 사슬 구조에서 벗어날 수 없이 단단히 유착되어 있었다.

여기에서 공무원의 부정한 수입에 관한 비리를 부각시키는 이유는 그들을 시샘하는 놀부심리에서가 아니다. 모든 형태의 공무원의 법외적인 부정 수입은 그것을 바친 피해자가 복잡 다양한 단계를 거쳐 결국은 서민이 부담하게 된다는 점 때문이다. 부정 수입의 종착역은 권력과 유리된 국민 절대다수인 서민층이라는 말이다.

이상에서 말한 바와 같이 보편화된 부정 비리를 부정적으로 평가하면 마치 전 공무원이 민족적 양심도 사회적 정의감도 완전 말살되어 출세 치부의 수단으로 불법 수입에만 눈독을 올리면서 공무 집행을 여기에 맞추어 국민 수탈을 일삼는 마약환자와 같은 달콤한 부정 수입의 입맛에 중독된 존재라 매도하는 것으로 해석할지도 모른다. 그러나 내가 이런 점들을 거론하는 이유는 그것 때문만은 아니다. 공무원들은 예외 없이 지식층이다. 시험으로 선발된 공무원들은 공무원인 동시에 국민에게 모범이 되는 선택된 지도자의 역할을 겸하고 있음은 공무원의 사명이며 당위적인 임무이다. 하지만 군사독재 정권하의 공무원들은 국민에게 봉사하고 공평과 정직을 사명으로 하는 공복의 옷을 입혀 채용했으나 직책의 그늘에 가려진 그들의 기본 임무는 군사독재 정권의 유지 강화였다.

　모든 가치 평가의 최고 기준인 민족정기가 가려지고 민족사를 거꾸로 끌고 가고 있는 친일 전통의 군사독재 정권하에서 이들 공무원들은 불법부정을 해야만 그 자리를 지키고 출세하는 것이 가능했다. 그렇게 강요된 조건하에서 대부분의 공무원은 독재정권의 정책과 지배에 따르는 것이 불가피했다는 점은 그마나 우리 공무원의 미래를 긍정적으로 보게 되는 일말의 요인이 된다. 양심이 마비되어 불법 부정 금메달감의 부정 공무원이 더욱 출세하는 사례는 수두룩했다. 그럼에도 불구하고 대부분의 공무원에게는 불가피한 부정의 세계에 들어섰다는 잠재의식 때문에 양심의 가책을 느끼면서 독재정권이 물러나면 공무원의 기본 사명인 공평, 정직, 봉사의 위치로 돌아갈 수 있는 가능성이 잠재해 있었다고 보아야 한다.

2) 일벌백계를 넘어선 철저한 사정활동이 필요

　문민정부 들어 모든 불법과 부정을 범죄로 단정하고 가차 없이 처단하고 나서자 법외적인 불법 수익과 상납을 일삼던 공무원들은 증거만 포착되면 자리에서 쫓겨날 뿐만 아니라 사법처리로 범죄자가 될 상황에 처했다. 이에 관직이 생명인 공무원들은 부정 불법에 등을 돌리고 본인뿐만 아니라 국민의 의식개혁을 선도하는 방향으로 급선회하여 상대 국민들이 제공한 뇌물형의 불법수익을 단호히 거부하고 의식개혁을 설득하는 경향을 드러내고 있다. 물론 그 가운데는 여전히 불법수입에 중독된 경우도 여전히 많다. 출세는 물론 재산이 증가하는 그 입맛을 잊지 못하고 오늘에도 불법과 부정을 되풀이하다가 사법 처리되는 공무원들이 꼬리를 물고 언론에 보도되고 있는 사실은 이러한 고질적인 병폐를 여실히 보여준다.

그럼에도 불구하고 자기 관직을 생명선으로 알고 있는 공무원을 국민의 민주의식 개혁에 앞장서게 하는 것은 가장 효과적인 방법이라 할 수 있다. 여기에서 공무원이라 함은 정부 각 기관에 종사하는 공무원만이 아니고 정부가 지배하는 농협, 축협, 수협, 산림조합과 한전, 통신공사, 도로공사 및 은행을 비롯한 금융기관 등 국민생활의 일부분이라도 규제 간섭하는 권력을 가진 준공무원까지를 모두 포함하는 범주다.

관직이 생명인 공무원들이 관직의 본래 의미를 부정하는 권력형 불법 수입과 이권 편취 및 상납과 아부에 대대적으로 동참한 것은 우연한 일이 아니다. 그 길이 자신의 관직을 유지하고 승진이 보장되고 축재까지 할 수 있는 방식이라는 일반화된 의식이 군사독재 정권에서 줄곧 이어져온 공무원상이었다. 국민에 대한 봉사와 공명정대를 사명으로 해야 하는 공무집행 과정은 도리어 자신들에게 부여된 권력을 이용해 국민의 고혈을 수탈하는 수단으로 이용되고 불법은 관례화되고 일상화되어 내려왔다. 예컨대 국민들의 정당한 이권 행사와 이권 확보를 위해 관공서에 제출하는 서류는 여러 단계에 걸친 결재 단계에서 '공(空) 도장은 없다'고 대부분의 국민들이 인식할 만큼, 그 과정의 불법성은 의심할 여지가 없는 정도가 되었다.

문민정부 출범과 함께 어떤 형태의 부정불법도 단호히 배격하겠다고 선언하고 그 증거와 근거를 찾아 척결하겠다고 나서자 공무원 사회는 뒤집혔다. 종전의 태도에서 급선회하여 50여 년간 법외적으로 준제도화되고 의식 속에 뿌리 깊이 스며들어 있는 불법 비리에 등을 돌리고 국민의 민주의식 개혁 선도에 앞장서기 위해 적극성을 보이고 있다.

그러나 공무원에게는 미안한 말이지만 이들이 불법과 부정에 등을 돌리고 공무원의 기본 사명인 봉사의 자세로 돌아온 것은 진심에서 우러난 과거에 대한 반성과 개과천선은 아니다. 부정과 비리에 대해 성역 없는 처단을 감행하자 지금까지 어두운 세계에 가려졌던 상황이 마치 밤이 낮으로 바뀌는 것처럼 구석구석 밝혀지면서 기존에 기승을 부리던 뇌물과 부정, 이권 등이 불법적인 범죄 사실로 드러나 설 자리를 잃게 되는 정세하에서 강요되어 나타난 현상이라 보기 때문이다. 즉 엄격하고 철저한 사정 활동 강화에 따른 자구적인 대응의 측면이 많다는 것이다.

정부의 민주 지향 개혁정책 수행에 있어 중심이 되는 것은 각급 공무원이다. 특히 일선 국민과 직결되어 있는 하급공무원의 역할이 결정적인 비중을 갖는다. 일선 공무원의 실질적인 변화가 정착되지 않는다면 개혁은 국민과 유리된 채 중간에서 머물러 있을 수밖에 없다. 개혁의 궁극적인 목적은 나라의 모든 분야에서 국민 개개인에게 보급되고 생활화되는 것인데, 이는 일시에 또는 단시일에 이루어지지는 않는다. 단계적으로 점진성을 갖는 것은 모든 사회 개혁에서 나타나는 일반적인 현상이다. 따라서 개혁의 지속성을 유지할 수 있는 의지와 과거로 회귀하지 않도록 체질 자체를 변경시키기 위한 구체적인 방법이 필요하다.

독재정권에서 임명되어 부정과 불법을 출세와 축재의 유일한 수단으로 여기고 길들여져 독재정권 유지를 위해 거의 습관화된 공무원 의식을 민주 개방 지향으로 개혁하는 것은 혁명적인 발전이다. 우리나라는 8·15 이후 6공화국에 이르기까지 정경유착된 소수 특권 집단 본위의 독재체제였다. 독재정권의 정책은 말단 국민에까지 이어져 국민의 권력과 자유를 억압했다. 다양한 형태의 수탈이 독재정권 중앙으로부터 모세혈관과 같은 사슬로 아래로 이어져 독재정권의 존재를 가능케 한 것은 행정을 비롯한 각 분야의 상부에서 하부에 이르기까지 종사한 공무원이다. 독재정권 자체가 반민족 반민주적인 것이자 불법 부정의 집결체였고 그것을 하부로까지 이어지게 한 공무원의 존재가 독재정권을 유지시키는 주요인이 되었다.

김영삼 대통령이 제시한 부정비리 척결의 당면 목표는 독재형의 부정비리다. 다시 말하면 독재정권의 지주였던 공무원에 대한 척결과 독재정권의 지주를 무너뜨려 민주지향으로 역사의 방향을 바꿔놓겠다는 것이다. 여기에 대해서는 일부 부정적인 비판도 있으나 독재체제를 무너뜨리고 정책과 통치를 민주지향으로 진행해가고 있다는 점에서 분명히 혁명적이다.

그 중에서도 공무원의 의식개혁을 강요하여 여기에 따르지 않으면 그 자리에서 추방시키겠다는 공무원 의식의 개혁은 문민정부의 개혁과 개방에 있어 핵심이다. 군사독재 정권의 존재 기반이었고 그 지주였던 공무원 사회의 자리를 바꾸어 문민정부의 기반으로 바꾸기 위해서는 혁명적인 수단이 절대적으로 요구된다. 이 혁명적인 수단이란 증거와 근거만 있으면 가차 없이 척결하는 사정 활동이다.

그러므로 확대 강화된 지속적인 사정 활동만이 성공을 좌우하는 혁명적 방법이다. 오늘날 공무원의 대부분 그 중에서도 중상급 공무원은 예외 없이 독재정권에서 임명된 공무원들이다. 이 공무원들은 불법과 부정에 길들여진 수구의식에서 탈피하지 못하고 수구세력을 선호하며 존재하고 있다. 다시 말해서 불법과 부정이 허용되는 독재정권의 재현을 바라는 것이 이들의 속성이다. 이들이 오늘 엄연히 세력 형태로 존재하고 있는 수구세력의 기반을 이루고 있다. 그러나 그들은 가차 없는 사정 활동이 강행되자 그 자리에서 살아남기 위해서 자발적으로 눈치형의 공무원 본연의 자세로 바뀌어가고 있다.

문민정부의 부정 비리 척결과 정의 사회의 실현을 목적으로 한 정책 실현의 유일한 방법은 사정 활동이다. 사정 활동이 선택적이거나 전시적인 테두리에 머물러 말단 기관에까지 일반화하지 않으면 기본 권리와 자유를 보장하는 혜택이 일선 국민에게까지 도달하지 못한다. 국민의 의식개혁과 생활화는 더욱 기대하기 어렵다.

그러므로 사정 활동은 국세청이 모든 기업의 경제 활동을 놓치지 않고 그 시야에 끌어들여 감시하고 세무사찰을 강행하고 있는 것과 같이 일선의 모든 기관에 대해 예외 없이 적용되어야 한다. 그러한 사정 활동이 보편화될 때 비로소 모든 공무원이 의식개혁과 함께 공무원의 본분인 공평과 정직으로 국민에게 봉사를 하게 될 것이다. 그 결과는 어떠한 형태의 불법적인 수탈에서도 벗어나고 제약당했던 권리 행사가 보장되어 국민에게 상상 이상의 막대한 이익을 가져다줄 것이다.

그러나 현실적으로 오늘 현재의 사정 활동은 중위권과 상위에서 그치고 일선 국민과 직결된 행정기관을 비롯한 일선 각 기관에는 이르지 못하여 국민 생활에 영향을 주지 못하고 있다. 부정 비리 척결 실현을 위한 사정 활동에 대한 민주자유당의 기본 태도를 밝힌 이 당의 대변인은 민주자유당의 부정 비리 척결을 위한 사정 활동은 일벌백계를 원칙으로 하는 선택적이라는 것을 밝힌 바 있다. 이것은 수구세력이 실제적으로 존재하고 특히 금융과 기업에 강력한 영향력을 주고 있는 현실을 보지 못한 데서 나온 발언이다.

일벌백계를 원칙으로 한다는 말은 부정 비리 세력의 거대한 존재를 인정하는 말과 같은 뜻이다. 군사독재형의 불법 부정 비리의 당사자들은 민족적 국민적 양심이 마비되고 공동체인 사회의식과 국민 본위의 공개념을 적대시하면서 모든 것을 개인과 소수세력 집단의 것으로 만든 장본인들이다. 이들은 정의를 향한 국민의 항의를 억압하기 위해 독재 권력을 무기로 군림하였고 이것이 이들의 확고부동한 의식구조이다. 하나를 처벌하여 백에 대해 경계를 한다는 의미의 일벌백계라는 말은 이들에게 마이동풍과 같은 말이다. 그러므로 부정비리 척결은 크고 작은 모든 부분의 부정이 단 하나도 사정의 그물코에서 벗어나지 못하게 구석구석에까지 빈틈없이 번쩍일 때에만 비로소 그 성과가 가능하다는 점을 분명히 말해둔다.

3) 부정과 비리 척결은 혁명적 시정 없이는 불가능

앞에서 언급한 여러 가지 형태의 부정과 부조리 및 무질서는 최근에 와서 급격히 일어난 일들이 아니다. 이것은 친일 전통이 이어져 내려온 독재정권의 반세기간에 이루어지고 길들여져 내려온 끈질긴 전통적인 지속성을 갖고 있다.

불로소득 중에서 가장 손쉽고 알뜰한 소득은 공금 횡령과 뇌물이다. 그리고 불로소득을 한 번 맛보면 그 입맛은 절대로 잊을 수 없다는 것이 속성이다. 기회만 있으면, 또 한걸음 더 나아가 기회를 만들어 불로소득을 하려고 하는 것이 이들의 본질이며 속성이다. 현 공무원과 준 공무원들은 한 사람의 예외 없이 이것을 보고 듣고 그 속에서 공무원 생활을 해온 보편화된 악의 전통 속에 있었다. 내 말은 문민정부 이전에 임명한 전 공무원이 모두 부정 비리를 저질렀다는 의미가 아니다. 그런 전통이 이어지는 사회 분위기였다는 말이니 오해 없기를 바란다. 부정불법을 어느 정도 얼마나 했으며 그것이 어느 정도 보편화되어 있느냐는 사실은 국민들이 잘 알고 있기 때문에 그 이상의 설명은 필요 없다고 본다.

이와 같이 뿌리 깊고 집요하며 집착력이 상상 이상으로 강력하고 조직적인 부정비리의 척결은 표본 또는 중점적으로 골라하는 소위 일벌백계식의 척결과 단속 방법으로는 절대 실효를 거두지 못한다. 그 실례로 교육기관인 학교 주변의 비교육적인 퇴폐업체의 철거 문제를 보면 알 것이다. 이것은 대한민국 수립 후 오늘에 이르기까지 학교 주변에 있는 유흥음식점, 전자오락실, 퇴폐적인 비디오 상영극장 등이 교육환경을 결정적으로 오염시키므로 반드시 추방해야 한다고 1년이면 몇 차례씩 언론과 방송이 보도하고 엄포를 놓고 단속하며 그 중 몇 개는 사법처벌 또는 행정처벌을 했으나 결과는 갈수록 늘어만 가고 있다는 사실이다. 교육환경 정화를 요란스럽게 외치면서 벌이는 전시적이고 요식적인 지속성 없는 단속은 하나마나라는 결과를 가져오고 있다. 교육환경 정화와 같은 일벌백계식의 요식적인 단속으로는 백년하청(百年河淸)이라는 표현이 가장 타당할 것이다.

나는 민자당의 고위층이 기자회견 때마다 문민정부의 부정비리 척결에 대해 대표적인 사례를 찾아내 일벌백계식의 처리를 하겠다고 강조하는 것을 TV와 라디오 뉴스를 통해 여러 번 들었다. 즉, 일벌백계라는 말은 나머지 척결 대상자는 사회적 존재이고 국민의 한 사람이므로 그들의 양심에 호소하여 잘못을 깨닫고 올바르게 살도록 하겠다는 훈장식의 논리로 보아야 할 것이다. 그러나 이 논리로는 척결이 되지 않는다. 가장하기도 은폐하기도 용이한 자기 직위에 부여된 권력형의 법외적인 불로소득을 한 번 맛본 자의 입맛은 지속적인 계속성을 갖는 중독적인 강한 욕심으로 변하여 그들의 의식에 뿌리 깊게 자리 잡고 있음을 알아야 한다. 교과서 훈시적인 일벌백계가 전혀 효력이 없는 처방임은 갈수록 확대되면서 나타나고 있는 불법과 부조리가 증명해 주고 있다. 그것마저 당국에 적발되거나 언론에 보도된 것은 빙산의 일각도 못되는 것임은 온 국민들이 누구나 인식하고 있는 상식화된 현실이다.

김영삼 대통령이 취임하자마자 그동안 역대 정권에서 큰소리 쳤을 뿐 단 하나도 실천하지 못했던 혁명적인 부정비리 척결을 선언하고 강행해 오고 있다. 그러나 부정 비리의 모체이며 뿌리인 전통적인 친일세력이 민족사적인 응징과 척결과는 반대로 직간접적으로 국가의 보호하에 변화하는 정세에 따라 형태와 수단과 방법을 바꾸어 현실에 적응해 가면서 남한의 정치 경제 사회 각 분야의 구석구석에 스며들어 발언권을 갖고 역량을 형성하고 있는 이상, 외형적인 부정비리 척결은 마치 튼튼한 뿌리를 가진 나무에서 자라나는 지엽을 자르는 일에 불과한 것이다. 이와 같이 지엽만을 자르면 또 다시 그 자리에서 두 개, 세 개의 잎사귀가 자라는 것은 튼튼한 독재정권과 연결된 부정 발생의 생리적 속성이다.

문민정부의 부정비리 척결은 확실한 증거가 있는 표면화된 불법 부정을 척결하면서도, 그 근본 원인인 반민족적인 친일 전통을 이어온 군사독재 세력의 응징 척결에 대해서는 일언의 언급도 하지 못하고 있다. 민족사를 반민족 지향으로 바꾸어 놓고 국민의 기본 권리와 자유를 질식시켜 독재정권 지지를 강요해 온 국가 범죄적인 사건들에 대해 분명히 반역적인 범죄 사실임을 분명하게 규정해 놓고도 이것을 응징하는 처벌은 후일 역사에 맡긴다고 후퇴했다.

이것은 당연히 응징을 받고 소멸되어야 할 군사독재 세력이 수구세력으로 탈을 바꾸어 쓰고 마치 친일세력이 애국세력으로 둔갑하여 합법화되어 존재해온 것과 같은 맥락에서 군사독재 세력이 다양한 형태로 존재하면서 합법적으로 인정되어 이들의 영향력이 불문율처럼 공인되는 것과 같다. 형태를 갖추지 않았을 뿐 조직 지향으로 존재하면서 실력적인 세력을 조성해 가고 있는 이 세력은 문민정부의 민주사회 구현에 발목을 잡고 반독재 정책 강행에 제약을 가하고 있는 것이 현실이다. 이들은 동시에 문민정부의 자주 민주 지향의 강력한 추진력에 브레이크를 가하는 자기 보호적인 영향력도 행사하고 있다. 만일 국가 정의 구현의 가치를 높이 들고 나온 김영삼 대통령이 한 걸음 더 나아가 우리 민족이 반드시 해결하고 청산해야 할 반민족세력에 대해 신생 독립국가 중 여러 나라에서 보는 바와 같이 민족정기에 상응한 응징과 척결을 실현한다면 민족중흥의 대통령이 될 것이다.

이 일은 역대 독재정권이 강력하게 가로막던 일이었고, 자주 민주 국가 실현을 위해 자기희생적으로 투쟁해온 천문학적 숫자의 민주세력도 실현하지 못한 일이었다. 지금은 독재 치하의 억압과 비민주적 부자유의 테두리에서 벗어나지 못하고 제자리만 맴돌고 있던 우리 민족이 민주적인 사회 구현을 위해 역사상 처음으로 돌파구를 트고 민주세력이 홍수와 같이 밀고 들어가 꿈속에서도 그리던 민주 시민의 권리와 자유가 보장되기 시작하고 있는 시점이다. 수난만 되풀이해온 우리 민족의 역사에 비로소 억눌렸던 민주 권리와 자유가 허리를 펴고 분노와 적대적인 대립에서 희망에 가득찬 웃음과 협조로 바뀌면서 민주 정의 사회 구현에 대해 확신을 갖기 시작한 때다.

즉 국민 대중의 단결된 역량을 바탕으로 민족자주 지향의 대중 운동에 자신을 갖고 매진하여 자주 민주운동을 보장할 수 있는 환경이 되었다. 따라서 국가의 정책과 운영을 이제와는 달리 대중 본위로 대중을 중심으로 대중이 바라는 방향으로 나아가게 함으로써 과거사에서는 찾아볼 수 없었던 진실한 의미의 민족사를 창조할 수 있도록 나아간다면 민족중흥의 대통령이 될 수 있다는 말이다.

2. 문민정부의 한계와 국민대중의 역할

1) 개혁 추진에는 조직화된 민주세력의 뒷받침이 필요

민주 정권 지향을 선언한 김영삼 대통령의 역할과 역량에는 제약적인 한계성이 있다. 만일 대통령이 반민족세력에 대해 민족정기에 상응한 응징과 척결을 강력히 추진한다면, 이러한 한계를 보완하고 강화하여 뒷받침하기 위해 일선 생활권의 다양한 시민을 민주 지향으로 조직화하여 민주 방식에 의한 상향 조직화를 통해 민주주의적 중앙집권 체제를 갖추고 강력한 규율 아래 분파분열에 대해서는 반민주적 범죄적인 것으로 규정하는 강력한 통일 조직이 있어야 한다. 아래에서는 조직화에 대해 간단히 살펴본다.

일반적으로 독재세력의 지도체계는 하향적 일방적인 명령 형태이고 하부 조직은 상부의 지시에 대해 비판을 허용하지 않는 비민주적인 복종 형태의 조직체계다. 반면 민주주의 조직은 통일된 지도체제의 중앙집권적인 조직이지만 각 단계의 조직은 일선 생활권에서 민주주의적으로 조직원의 의사에 따라 조직되고 임원은 민주선거 방식으로 결정되며 각 단계의 조직에서 동일한 민주적 방법으로 임원과 대의원이 선출되어 조직의 중앙부에 이르기까지 상향적으로 운영된다. 상부에서 하부에 조직을 지도하기 위해서 파견된 조직원도 그 조직의 민주적인 결정에 따라 조직원이 되고 임원과 대의원이 된다. 상부에서 지시 파견한 인사나 추천한 인사도 민주적 절차를 밟지 않고는 직접 조직에 가입할 수 없고 상부의 지명식으로는 임원이나 대의원이 될 수 없다. 이 점은 그동안의 정상적인 민족해방운동과 대중해방운동 등 각 민주운동에서 예외가 없었다.

지시와 하달식으로 구성된 조직원과 임원 및 대의원은 일선 조직 및 지지대중과 유리될 수밖에 없다. 조직의 민주주의적 선거 절차를 거치지 않고 상부의 지시에 의해 임명된 임원과 대의원이 권리를 행사할 경우, 비록 그들이 학식과 이론을 풍부하게 갖춘 사람이라 할지라도, 이 조직은 군대 조직이나 공무원 조직체계와 같은 것이다. 이와 같은 비민주적 조직원과 임원들에 대해 국민 앞에서는 민주주의에 의한 조직원이라고 말하는 일이 비일비재하다. 일선 농촌의 자연 부락 또는 도시의 통, 반 등 말단 조직에서 민주주의적 절차를 거치지 않고 예컨대 면의 대표가 되거나, 면 조직에서 민주주의적 절차 없이 군 조직의 임원이나 대의원이 되는 관행은 오늘날 남한 민주주의 단체의 보편화된 현실이다.

위에서 말한 바처럼 비민주주의적으로 자의 또는 타의에 의해 면 대표나 군 임원이나 대의원으로 구성되었다가 시, 도 조직 또는 중앙 조직 단계에서 대의원에 의해 민주적으로 임원이 선출되고 중앙 대의원이 선출되어 전국 대회를 치르고 전체 조직의 운영을 시작한다. 이 단계에서 비로소 민주주의적 조직 형태를 갖추고 운영을 하게 된다. 그러나 이처럼 기초적 토대가 되는 면, 시, 군 조직이 비민주적인 형태로 이루어졌고, 거의가 비민주적으로 임명된 대의원이 시도 대의원이나 중앙 조직의 대의원으로 선출되어 전체 조직이 운영되므로 이와 같은 각종 사회단체는 전 세계적으로 공통된 민주조직 절차와 규율에 위배되고 생활권의 대중과 유리되고 있는 것으로 판단되어 비민주적이라고 평가된다.

이와 같은 하향식 조직은 일제시대 독립운동의 산업별 대중 조직과 청년, 여성, 소년, 기타 각 분야의 조직체에서는 전혀 찾아볼 수도 없고 상상조차 할 수 없는 조직 형태이다. 그리고 지구상의 민족해방운동과 대중해방운동의 지도부인 전위 조직은 물론이고 각 대중단체에서도 이와 같은 하향식 조직은 제대로 기능할 수 없다는 게 상식이다. 그리고 6 · 25 전까지 남한의 대중조직에서도 하향적인 하부 일선 조직은 상상조차도 할 수 없는 일이었다.

그러던 것이 6 · 25 동란으로 조직이 파괴되고 지도자가 거의 없어진 조건하에서 휴전협정이 성립되어 남조선의 평화정세가 회복됨에 따라 제한된 조건하에서 민주운동과 함께 각종 사회단체 조직이 형성되기 시작했다. 이렇게 형성된 조직은 거의 예외 없이 중앙조직과 중앙지도자 중심의 하향 임명식, 지시전달식 운동 조직이었다. 1950년을 분수령으로 하여 민주역량 창조와 통일을 목적으로 한 민주 조직 형태 및 그 운영 방식이 너무도 확연하게 바뀌어져 있음은, 당시 민주운동 조직에 가입하여 활동 경험이 있는 사람이라면 밤과 낮이 바뀐 것 같았다는 느낌을 이해할 것이다.

여기에서 내가 민주 조직 체계와 조직 형태를 요약해서 설명한 것은 앞에서 말한 바와 같이 문민정부의 출현과 함께 역사 발전이 민주 정의 지향으로 발전해 가고 있는 현단계에서 대통령의 역할과 역량을 뒷받침하는 시민 민주세력을 통일 지향으로 조직화하는 역량 구축이 필요하다고 생각하기 때문이다. 이러한 조직이 없이는 반민주적인 수구세력이 자신들이 현재 지닌 막강한 정치경제적 힘을 토대로 문민정부가 지향하는 부정 비리 척결과 굵직굵직한 혁명적인 독점 독재세력 기반의 파괴에 대해 부정적인 태도로 직간접의 영향을 미치고 개혁의 폭과 속도에 제약을 가할 것이다. 그 같은 반역사적 흐름을 제어할 막강한 민주역량 결집의 필요성에 따라 민주적 통일조직에 대한 이야기를 간단히 기록한 것이다.

2) 수구세력의 반격을 경계해야

문민정부 출범과 함께 제일 먼저 강력하게 선포한 정책의 3대 기본 방향은 국가질서 유지, 경제건설, 부정비리 척결이었다. 독재정권 존재의 정치경제적 토대인 부정비리 척결은 8.15 이후 역대 정권은 물론이고 기원전으로 소급한 우리의 역사에서 한 번도 이루어지지 못했다. 따라서 이러한 방향은 비로소 자주 민주 지향으로 역사의 방향을 바꾸어 지금까지 봉쇄되었던 민주주의의 문을 열고 독재정권의 재출현 기반을 봉쇄하여 민주주의 발전의 장을 여는 평화적이고 혁명적인 개혁의 시작이라 평가할 수 있다. 독재정권이 존속하는 한 자주 민주사회의 형성은 불가능하기 때문이다.

세계적으로 볼 때 권력형 축재와 이에 기반한 정치세력을 바탕으로 하고 있는 군사독재 세력은 독재 체제의 영구화를 위해 독점재벌과 결탁하고, 이에 대항하여 필연적으로 일어나는 민주 지향의 모든 민주운동을 무자비하게 짓밟아왔다. 이는 한국뿐만 아니라 세계 여러 나라의 군사독재 국가들에서 동일하게 반복되었던 그들의 본질적인 행태였다. 따라서 독재에서 민주화로의 이행은 독재정권의 재기를 봉쇄하는 모든 형태의 부정과 비리척결을 선행해야만 비로소 가능하다. 이는 매우 현실적인 문제다.

진정한 민주화를 위해서는 독재정권 존재의 기반인 정치, 경제, 문화 각 분야에서 독재적 잔재를 지울 수 있는 혁명적인 기본 개념이 선행되어야 한다. 국민의 생존과 생활을 좌우하는 국가권력이 소수의 고위 권력자 또는 세력 집단의 손아귀에 들어가 모든 것을 그들의 권력 유지와 치부를 위해 종속시켜온 것이 우리나라의 현실이었다. 이러한 막강한 권력에 종지부를 찍고 민주 지향으로 방향을 바꾸어 전진을 보장하는 강력한 법적 제도적 장치를 선언한 김영삼 대통령이 부정비리 척결을 실현하기 위해 각 분야의 시정을 강요하고 있음은 우리 민족사에서 처음 보는 혁명적 개혁의 시도다. 이것은 어떤 개인의 견해나 사사로운 평가가 아니라 8.15 이후 쉬지 않고 엄청난 희생과 함께 계속해온 반세기 동안의 민주운동이 하지 못했던 민주개혁의 문이 열리고 단계적으로 민주화되어가고 있는 역사적 현실이 객관적으로 증명해 주고 있는 평가에서 나온 논리다.

합방 망국 이후 조국에 등을 돌리고 일제에 영합한 친일 매국세력은 8.15 광복과 함께 남조선의 정권을 잡아 6공화국에 이르기까지 반세기 동안 민족사를 역전시켜 왔다. 합방 망국 이후 1세기 가까이 권력을 잡고 내려온 그들은 정치적, 경제적 영향력뿐만 아니라 문화와 신앙과 정신, 국민의 생활 구석구석에 이르기까지 그들의 편에 서도록 영향을 미쳐왔다. 아직도 민족 일부에는 여전히 그들을 지지하는 세력이 잔존하고 있다. 이들은 친일세력과 그 전통을 이어 내려온 독재정권의 편에 서서 어떤 형태로든 이익과 편의의 혜택을 받은 족속들이다.

이 영향력과 이해관계가 1세기 가까이 수단과 방법을 바꾸어 가며 현실에 맞춰 밀착되어 정치외적, 경제외적인 친밀관계를 지속시켜 왔음도 알아야 한다. 이 세력의 존재는 자주 민주개혁을 강력하게 추진하고 있는 문민정부의 시대에 들어서는 외형상으로는 별것이 아닌 듯한 존재 형태를 취하고 있다. 그러나 그들은 친일세력의 편에 서서 대를 이어오면서 사회의 표면에 부각하여 영향력을 발휘했다. 이들의 뿌리가 깊고 집요하다는 점에 우리 사회의 심각성이 있다. 이들의 존재가 혈연, 지연, 학연 등 여러 가지 형태로 얽혀진 사회생활에서 마치 눈에 보이지 않는 무서운 전염병의 병균과 같은 역할을 하고 있다는 사실은 현실에 관심 있는 사람이라면 누구라도 인식할 수 있다.

이 세력의 존재는 앞에서 언급한 바와 같이 눈에 보이지 않는 준조직적인 세력 형태로 존재하면서 문민정부 발전의 폭과 속도에 여러 가지 형태로 제약을 가하여 가로막고 있다. 이와 같은 반 자주민주 세력의 말살은 선전 교양이나 교육 또는 정당사회 단체의 선언이나 주장으로는 절대 불가능하다는 것이 세계 각국의 민주 투쟁사가 증명해 주고 있다. 눈에 보이지 않는 병균과 같은 이 세력들의 말살은 그들 존재의 모체인 수구세력의 탈을 쓰고 숨을 죽이고 있는 군사독재 세력의 존재와 영향력을 철저하게 말살시키고, 자신들이 살아남으려면 자주, 민주 지향의 국민의 편에 서야한다는 판단을 할 수밖에 없도록 현실이 바꾸어 질 때만 가능하다.

다시 말해서 수구세력의 편에 서게 되어도 별 볼일이 없다는 것이 현실로 증명될 때 가능하다. 그러나 거기에 이르기까지는 앞으로 상당한 시일이 걸릴 것이라고 나는 본다. 그 이유는 김영삼 대통령의 부정비리 척결이 군사혁명이 아니고 평화혁명 형태로 출발 진행해 왔기 때문에 전 군사독재 세력과 그 인사들이 엄연히 존재하는 가운데 나름의 영향력을 주고 있는 조건하에서 제약을 받으며 민주 개혁을 진행하고 있는 것이 오늘의 객관적인 현실이기 때문이다.

　오늘날 모든 정부기관의 공무원 및 준 공무원과 독재 정권하에서부터 문민정부에까지 지속해온 정치·경제·사회·문화·예술 기타 분야의 모든 사회단체와 지도층은 거의가 구체제를 흠모하는 수구 세력이다. 이들 대부분은 법외적인 불로소득과 특혜를 받으며 존재해 오다가 청천벽력과 같은 부정비리 척결의 강행으로 그들의 모든 불법적인 소득과 특권이 범죄의 대상으로 사정의 된서리를 맞고 있기 때문에, 법정 봉급에만 의존해야만 하는 이들의 본심과 사고는 예외 없이 수구세력의 편이라는 것이 엄연한 사실이다. 이 세력들은 군사독재 시대와 같이 법외적인 권력형의 불로소득과 공권력의 사적 행사가 용인되는 사회의 재현을 가뭄에 비를 기다리는 것과 같이 바라고 있다. 이들은 상하좌우로 무형, 무언의 조직적인 연대성을 가지고 존재하고 있음을 알아야 한다.

　평화혁명의 민주개혁에 있어 현실적으로 수구세력이 상호연관성을 지속하면서 반민주의 영향력을 형성하고 있는 상황에서 수구세력을 뿌리 뽑는 개혁을 이루기 위해서는 대통령의 힘만으로는 불가능하다. 대통령은 군사독재로 굳게 닫힌 자주 민주의 문을 열어주고 민주화를 가로막았던 군사독재의 반민족 정책을 파괴하며 민주 발전을 보호하고 보장해주는 역할을 강력하게 추진해야 하는 여러 가지 역할을 해야 하므로 일정한 제한성을 갖는다. 따라서 국민의 역할이 뒷받침되어야 한다. 군사독재의 잔재세력인 수구세력과 그 지지 세력을 재기 불능하게 뿌리 뽑기 위해서는, 다양한 형태의 정치적, 사회적 견해 차이가 있는 국민이 부정비리 척결로 민주주의를 지향하면서 민주 발전의 토대를 구축하고 있는 정권을 뒷받침하여 민주주의 발전을 보장하는 토대 구축과 공통된 민주사회 실현을 위해 차이와 분파를 초월하여 통일성과 조직 역량을 형성하고 이를 통해 민주지향의 정권을 강력하게 밀어주어야 한다. 그때 비로소 독재 세력이 존재할 수 있는 토대를 말살할 수 있다.

수구세력의 영향력 행사와 부정 불법의 자행은 그것을 받아들여 주는 국민이 있기 때문에 가능하다. 반민주적인 어떤 것도 받아들이지 않고 봉쇄하는 국민의 조직역량이 형성될 때 이 세력은 설 자리를 잃고 자멸하게 된다. 이상의 논리는 이론이 아니라 앞에서 되풀이 말한 바와 같이 식민지에서 독립하여 완전한 민족 자주 조국을 건설한 신생국과 선진국에서 감행하고 있는 부정비리 척결의 사례에서 분명하게 증명해 주고 있다. 모든 형태의 독재를 없애고 반사회적이고 반정의적인 부정 비리 척결에 사심 없이 앞장선 대통령을 뒷받침하는 단결된 국민의 민주역량이 강력하게 결합할 때 비로소 수구세력의 야욕을 무력화할 수 있다. 이는 민주 국가 건설에 성공한 나라들의 역사가 분명히 말해주고 있다.

이태리의 경우, 현재 감행하고 있는 부정비리의 과감한 척결에는 차별과 분파를 초월하여 모든 정당과 사회단체와 국민이 단결된 역량으로 뒷받침해 주고 있으며, 검사 1,300여 명이 자신감을 가지고 과감하게 부정비리를 척결하고 있는 사실이 증명해 주고 있다. 아무리 강력한 민주주의 대통령이라고 해도 독재의 부정비리를 척결하고 민주 조국 건설을 위해 모든 분야를 민주화하는 만병통치적인 역량과 능력을 발휘할 수도 없고 있어본 적도 없다. 대통령이 국민을 본위로 국민이 원하고 바라는 방향으로 민주정치를 강행할 때에 단결된 국민의 민주역량의 뒷받침이 없이는 목적을 달성할 수 없을 뿐만 아니라 더러는 또 다시 독재세력에 정권을 넘겨주는 사례도 지구상에 여러 나라가 있다는 점을 경계해야 한다.

김영삼 정권이 출범하여 국민 본위의 민주 지향으로 민주 정의적인 국가 사회질서 확립과 경제 발전을 발전을 약속한 이래, 그에 따라 모든 형태의 부정비리 척결을 선언하고 목적 달성을 위한 수단으로 사정 활동을 계속하고 있다. 그런데 이러한 활동이 아직 만족스럽지 못한 한계점이 있다고 하여 1년도 채 되기 전에 민주 사회단체 일부와 민주 인사 중에는 이를 부정적인 시각으로 보며 문민정부에 더 이상의 발전을 기대할 수 없다는 비판을 하고 있다. 더 나아가 김영삼 정권의 존속은 민주 발전을 가로막기 때문에 물러나야한다는 외침이 높아지면서 조직화되고 있기까지 하다. 이것은 김영삼 정권을 타도해야 한다는 논리다.

독재정권하에서 모든 민주운동이 제약을 받아 제소리를 내지 못하다가 문민정부 출현과 함께 합법적인 민주운동이 보장되는 조건하에서 민주단체의 일부와 지도자들이 자기의 정치 견해와 조직의 선언과 강령을 발표 선전하는 것은 보장된 권리이므로 누구도 막을 수는 없다. 그러나 김영삼 정권의 개혁을 원천적으로 부정하는 세력은 군사독재의 잔재세력과 수구세력과 그들을 지지하는 세력이라는 점을 간과해서는 안 된다.

그들의 입장에서 볼 때 문민정부의 출현으로 강행되고 있는 부정비리의 척결과 정치, 경제, 사회 질서의 민주적 개혁 특히, 금융기관과 독점재벌 간의 결탁의 고리를 끊어 자주성을 확립하는 것은 자신들의 설 자리를 없애는 행위이다. 또한, 금융실명제의 철저한 강행과 공무원, 정부투자기업의 임원, 국회의원 등의 재산 공개 강행은 검은 돈의 탈취와 은닉을 완전 봉쇄시키는 혁명적인 정책으로 높이 평가해야 할 것이다. 이 재산 공개의 대상이 주로 군사독재 세력 계열이며 그들에게 불이익을 준 것은 더 이상의 설명이 필요 없는 사실이다. 김영삼 대통령의 문민정부와 원천적으로 양립할 수 없는 세력은 수구세력으로 불리는 군사 독재의 잔재세력이다. 그러므로 이 세력은 김영삼 정권을 부정적으로 보고 이 정권을 없애야만 그들의 독재정권을 부활할 수 있다고 보기 때문에 가장 근본적으로 강력하게 문민정부를 부정하고 있다.

궁지에 몰려있던 수구세력의 입장에서 볼 때 자신들로서는 꿈속에서도 상상조차 할 수 없었던 민주세력 진영에서 김영삼 정권을 부정적으로 비판하고 심지어 물러서라는 목소리가 나오니 이보다 더 좋은 일은 없다. 가장 투철한 민주세력의 전위로 자처하는 민주 사회단체의 일부에서 점점 김영삼 정권 반대의 목소리가 높아지자 수구세력은 이게 웬 떡이냐, 호박이 덩굴과 함께 굴러들어오는 소식이라며 7년 가뭄에 내린 단비보다 더 반갑게 받아들이고 있다. 수구세력의 지도층이 이에 박수를 치고 만세를 부르며 축배를 올릴 수 있는 심정이었음은 그들의 생리와 속성에서 짐작하고도 남음이 있다.

김영삼 정권을 반대, 거부하는 국민의 여론 환기를 위해 수구세력이 직접 전면에 나선다면 이는 국민의 지탄을 받는 자멸행위가 된다. 그래서 그들은 자신들의 영향력이 발휘되는 세력의 범위 내에서만 맴돌고 있었다. 그런데 뜻밖에도 민주 사회단체 일부에서 김영삼 정권에 대한 거부 반대의 소리가 드디어 퇴진하라는 외침으로 이어지니 그들에게는 백만의 원병을 얻은 셈이 되었고 수구세력의 정권 회복의 꿈과 희망이 생기며 활력을 얻고 있음은 분명한 사실이다.

문민정부의 출현으로 추방된 독재세력은 8.15 이후 오늘에 이르기까지 민주운동의 탄압과 함께 그들에게 도움이 되는 모든 것을 그들의 편에 서게 하여 이용한 풍부한 경험과 세련되고 능숙한 수단과 방법을 가지고 있다. 그러므로 자기에게 조금이라도 도움이 되는 사실이 나타나면 단 하나도 놓치지 않고 수단과 방법을 다해 그것을 확대 발전시켜 그들에게 유리한 정세의 조성에 활용하는 것은 그들의 본질적인 속성이다.

우리가 경계할 점은, 서로 다른 정견과 사상으로 대립된 이질적인 정치세력 간에 현 정권을 부정하는 견해가 일치하면 그들은 서로의 이질적인 차이와 대립을 초월하여 하나의 정치세력으로 결합될 수 있다는 점이다. 거기에 대한 구체적인 사례로 제2차 세계대전 당시 히틀러가 전 유럽을 파쇼체제로 바꾸려 하자 그 전까지는 대립적이고 적대적 관계였던 미국과 영국을 중심으로 한 자본주의 국가와 반자본주의 국가인 소련이 히틀러라는 공동의 적 앞에서 동맹을 결성하여 4년간 반파쇼 공동전선 아래 목숨을 바쳐 싸운 일을 들 수 있다.

민주 사회단체의 일부에서 일어나고 있는 문민정부에 대한 부정적인 비판과 반대 운동은 동기와 목적은 다르지만 문민정부를 부정하는 점에서 수구세력의 의도와 일치하므로 여기서 공감대가 형성되어 목적 달성을 위해 행동 통일을 할 가능성이 있다는 것은 정치세력 형성의 상식에 속한 일이다. 이상의 나의 설명을 마치 남한의 민주세력과 수구세력 간에 동맹관계가 형성되어 있음을 말하는 것으로 잘못 받아들일 사람도 있을는지 모른다. 하지만 나의 설명은 어느 나라에서나 각이한 정치체력 간에 현 정권을 부정하는 공통된 견해가 있을 때 각자의 목적 달성을 위해 연합한다는 일반화된 보편논리의 가능성을 말했을 따름이다.

이와 같은 필연적인 보편 논리는 독재를 타도하고 수립한 민주정권이 실패하여 또다시 독재정권이 부활한 중남미와 카리브해, 동남아시아 나라들의 경우에도 적용된다. 현재의 민주정권을 부정적으로 비판하는 민주세력이 과거의 독재세력과 연합하여 결국 독재정권의 부활을 초래한 것이다. 이 과정에서 민주세력 일부가 주도한 현 민주정권에 대한 반대 운동은 예외 없이 직간접으로 또는 알게모르게 교묘한 수단 방법에 의해 독재세력의 손에 놀아났다. 이는 실패한 이 나라들의 민주운동 핵심 조직의 자기비판에서 분명히 밝혀진 사실이다.

내가 이렇게 말하는 것은 남한의 민주세력 일부에서 일어나고 있는 문민정부에 대한 부정적인 비판이 곧 수구세력과 어떠한 형태로든 동맹관계를 형성했다는 의미가 절대 아니다. 나는 이에 대해 어떤 사실도 증거도 없다. 또 다른 나라에서 그랬다고 해서 남한에서도 반드시 그래야 한다는 법은 없다. 남한의 민주운동은 특수적인 독자성을 가진 자주 민주운동이기 때문에 다른 나라의 사례들과 동일한 보편적 범주로 넣으려는 것은 절대 아니다. 또다시 말하지만 나는 문민정부를 부정하는 일부 민주세력과 문민정부를 원천적으로 부정하려는 수구세력간의 관계에 대해서 알 수 있는 입장이 아니다. 여기에 대해 어떠한 형태의 오해도 용납할 수 없음도 말해 둔다.

정권을 잡지 못한 정당과 정치 단체의 최고 목적은 정권을 잡는 것이다. 그러므로 정권 장악을 위해서는 현 정권을 타도하기 위해 수단과 방법을 가리지 않는 것이 불변적인 속성이다. 모든 사회세력과 국민 여론을 여기에 집결시켜 세력을 강화하는 것만이 유일한 최고 수단이다. 그 중에서도 가장 효과적으로 세력을 확대하는 수단은 대립된 정치세력 중에서 현 정권을 타도하려는 목적이 같은 정치세력이 결합하는 것이다. 그러므로 나는 현 정권을 부정적으로 비판하는 대립된 정치세력 간에는 반드시 결합할 가능성이 있다는 보편성을 말하며 이에 대해 경계해야 한다는 것을 지적했을 따름이다.

제3부

민족의식과
민족의 흥망

제1장 민족의식에 관한 ML사상의 오류

1. 민족의식 형성의 역사적 과정

나는 민족의식에 관해 지도 교양을 지속적으로 받았을 뿐만 아니라 내 나름으로 심도 있게 학술적 연구를 해왔고, 대중과의 실천 과정을 통해 이 주제를 확인하면서 객관적이고 현실적인 답을 찾아왔다. 내 일생의 실천 과정에서 겪어온 모든 사건을 스스로 돌아보아 평가하고자 할 때 민족 문제에 대한 올바른 정립 없이는 어떤 평가도 불완전할 뿐만 아니라 민족사적 차원의 평가는 더더욱 불가능하다고 생각하게 된다. 그래서 민족 문제에 관해 별도의 책자를 발간할 계획을 늘 갖고 있었는데 이 기회에 간략하게나마 요점이라도 설명하고자 한다.

학자뿐만 아니라 민족의식에 관심이 있는 사람이라면 누구나 다 아는 바와 같이 사회적 인간의 최고 의식 형태인 민족의식에 대해 발생학적으로 살펴보려 한다. 인류 문화사에 관한 축적된 연구 결과에 따르면 인류는 맨 처음 동물의 무리에서 벗어나 호모사피엔스로 발전하여 직립인간으로 수백만 년을 살다가 초기의 사회생활 형태인 협업 군거 시대를 지나 씨족 및 부족과 부족연합의 발전 단계를 거쳐 오면서, 그 단계마다의 공동체 의식을 중심으로 발전해왔다. 현대적인 의미에서 사회집단의 단결된 세력에 의해 민족 자주독립

국가를 형성하려는 민족의식의 발달은 주로 서구 열강이 산업혁명 이래 국내 자본주의에서 제국주의로 발전하여 식민지를 향한 군사적 점령을 감행하면서부터 시작되었다고 볼 수 있다.

침략적인 제국주의 각국은 타민족을 식민지로 점령하여 값싼 원자재와 노동력으로 엄청난 부를 본국으로 수탈해 갔고 또 본국에서 생산되는 상품을 식민지에 안전하게 판매하는 판로를 확보했다. 식민지에서 수탈해 온 부는 본국의 모든 계층 모두에게 비록 차이가 있더라고 이익을 가져다주었다. 이것을 토대로 내부의 사회경제적인 대립을 초월하여 민족역량을 하나로 결집하는 민족의식이 형성되어 강력한 국력을 가진 제국주의로 발전할 수 있었다.

즉, 그 나라 민족세력이 지닌 역량의 크기 여부는 곧 식민지 점령의 범위와 안정적 지속을 좌우하는 절대적인 힘으로 작용했다. 이때부터 제국주의 국가는 타민족을 지배 착취하는 것이 자기 민족의 이익이라는 패권 지배적인 민족의식을 형성 강화해 갔다. 식민지 민족은 단결된 민족세력을 형성하지 못하고, 부족 간에 대립으로 분열상태에 있었으므로 제국주의는 이 분열을 더욱 조장하여 민족세력의 형성을 막으면서 이 나라들을 손쉽게 점령하여 식민지 지배를 가능케 했다.

열강의 점령에 각성한 식민지 부족들은 식민지 지배에서 벗어나 해방을 이루기 위해서는 제국주의와의 투쟁에서 승리를 해야 하는데, 점령세력과 대등하거나 능가하는 역량을 갖추지 못하면 승리가 불가능하다는 것을 뼈저리게 느꼈다. 분열 상태에 있던 식민지 민족들은 부족 간의 모순과 대립을 초월하고 단결하여 민족역량을 형성해야 한다는 필요성을 생활을 통해 절감했다. 여기에서부터 그 민족 구성원 사이에는 모든 것에 우선하여 행동하고 투쟁하는 지침이 되는 민족의식이 싹트기 시작했다.

식민지 민족의 민족의식을 촉진시켜준 요인의 하나는 점령 국가가 단순 기술에 의해 제품 생산이 가능한 대규모 공장과 시설을 식민지에 설립함으로써 본국으로부터 원자재를 들여올 때 소요되는 노력과 비용을 줄이면서 식민지 민족을 수탈한 것을 들 수 있다. 또 노동조합의 조직화된 세력 형성을 막아 연령 제한도 노동시간 제한도, 인격의 존중도 없는 최악의 노동조건으로 노예노동을 마음껏 지속시켰다는 사실도 식민지 민족의 민족의식을 촉진하는 요인이 되었다. 이렇게 섬유, 목재, 식량, 고무 등의 경공업 제품은 모두 식민지에서 생산되어 본국이나 세계시장에 판매되었다.

그 결과 분산되어 살고 있던 식민지 민족은 몇 천 명 또는 몇 만 명씩 한 지역에 있는 공장으로 집합되어 일하게 됨으로써 이들의 조직적 단결을 촉진하는 외적 조건이 조성되었다. 식민지 착취 효과를 높이고 증대시키기 위해 구축된 철도, 도로, 항만 등의 인프라와 전신, 전화 및 우편 통신제도 등도 식민지 민족 구성원 간의 연락을 손쉽게 하여 단결을 촉진시키는 요인이 되었다. 이렇게 거리적인 불편을 넘어서고 식민지 통치기관의 감시의 눈초리를 피하는 연락이 가능하게 됨으로써 과거와는 비교할 수 없을 정도로 용이하게 민족의식 고양을 광범위하게 확산시켜 주었다.

이상의 사실은 식민지 민족적 각성과 단결을 급진적으로 촉진시켜 식민지 민족에 대한 억압과 착취에 대항하여 투쟁하는 엄청난 민족역량을 형성시켰고, 식민지 민족이 자주독립에 대한 확신과 자신을 가져다주는 결과를 가져옴과 동시에 투철한 민족의식을 각성하는 데 크게 도움을 주었다. 즉 제국주의 국가들이 제 손으로 자기가 묻힐 묘혈을 파는 결과를 초래하게 된 것이다.

위에서 설명한 바와 같이 각 식민지 민족이 투철한 의식으로 단결해야만 독립할 수 있다는 민족의식은 그 형태와 형식에 있어 제국주의 국가 내부의 민족의식과 동일하지만 그 내용과 목적 및 실천은 정반대의 입장에 있었다. 이는 식민지 시대가 시작된 16세기부터 오늘에 이르기까지 각 민족의 역사가 객관적으로 증명해주고 있는 사실이다.

민족의식은 민족국가를 이루는 인간이 사회적인 집단생활을 발전시켜오면서 마지막으로 도달한 최고 최대의 공동체 사회의식이다. 각각의 민족은 자주 독립국가를 수립하여 타 민족국가와 분명하게 구별되는 독자상을 갖고 타민족과 대립하는 조건하에서 투쟁과 평화를 되풀이하면서 존속해왔다. 그리고 여러 민족은 국경을 외연으로 하는 제한성을 갖고 각각 대립 공존해왔다.

오늘날 지구상에 존속하는 다양한 민족국가들은 시대의 변화와 함께 외적인 정세와 민족의 역량에 따라 국가 형태와 정책을 바꿔왔지만, 민족 존재의 최고 권력기관인 민족국가는 민족의식으로 조성된 민족역량을 바탕으로 존속해왔고 또 존속할 수 있다는 원칙은 과거나 지금이나 여전히 진리이자 합법칙적인 것이다.

특정 민족의 정신적, 물질적 생활 전부를 총괄하고 지배하는 강력한 영향력을 갖는 민족의식, 그리고 그 민족의 존재와 존속을 보장하는 권력기관인 민족국가는 앞으로 역사 발전에 따라 형식과 방법을 바꾸어 나갈지언정 본질적으로 둘 사이의 밀착된 속성은 영구적으로 불변할 것이다. 나는 지금까지 이어져온 각 민족의 역사를 객관적으로 인식하고 파악하면서 이와 같은 합법칙적인 원칙을 발견할 수 있었다.

2. 민족의식에 관한 ML사상의 오류

민족의식이라는 것이 민족이 존속하는 한 계속되는 기본적인 의식인지에 대해서는 학설이 분분하다. 우선 내가 배우고 인식하고 그에 따라 행동해왔던 마르크스 레닌주의에서의 민족 문제에 대한 이야기를 해보자.

엥겔스는 독일의 유명한 사상가와의 서신 왕래에서 "인간은 목사, 수녀, 철학가, 정치가, 예술인을 막론하고 인간인 이상 먹고, 입고, 사는 문제, 즉 경제적 생활이 먼저 해결된 다음에야 비로소 자기의 사상과 직업과 사회적 위치가 결정된다. 의식주 문제가 해결되지 않고 불안하거나 생활이 파탄된다면 아무 것도 하지 못하고 공동체의식도 형성될 수 없다"고 했다.

인간은 예외 없이 민족과 국가를 초월하여 이러한 기본 생활을 위한 경제적 생활수단을 어떻게 확보하는 것이 유리하고 안전하며 앞으로도 변함없이 지속해 나갈 수 있느냐를 판단하며, 이때 어느 편에 서야하는지 선택을 할 때 그 사람의 사회의식이 결정된다. 그러므로 이 의식은 원천적으로 당파성을 갖는다. 즉 계급의식이 모든 의식과 활동을 규정하고 규제하는 기본 의식이며, 오늘날 인간 사회가 결정하고 지속해나가고 있는 정치, 경제, 문화, 예술, 종교 등 일체의 분야에서 인간의 기본 의식은 어느 한 편에 속하고 이를 생활과 행동의 지침으로 삼게 마련이다.

계급적인 모순과 차별이 있는 이상 이것을 초월한 다른 사상은 비진리이며 비과학적이라는 게 ML사상이 갖고 있는 기본 논리다. 즉 계급의식은 인간의 모든 정신적 물질적 존재를 규정하는 기본 의식이라고 했다. 레닌은 인간 사회의 모든 활동은 계급적이며 누구라도 반드시 어느 편에 서 있는 대립적인 당파적 존재이고 심지어 과학과 수학까지도 당파성을 갖는다고 말했다. 따라서 민족의식도 그 민족 전체의 공동의식이 될 수 없고 반드시 그 민족 내부 지배계급과 피지배계급의 의식에 따라 그 내용과 행동이 대립적인 것이라고 말했다.

민족의식은 제국주의 세력이 약소민족을 식민지로 점령하는 것을 목적으로 하는 과정에서 발생하였고, 식민지 민족의 민족의식은 식민지에서 해방되기 위한 의식으로서 제국주의 세력의 민족의식과는 적대적인 민족의식이라고 보았다. 그리고 소비에트공화국 내부에는 130여 개의 대소(大小) 민족이 있으나 강대민족이 약소민족을 지배하려는 대립과 모순이 없어 대립적인 민족의식 형성의 근거가 소멸되었으므로 소련을 형성하고 있는 각 민족의 민족의식은 소멸되어 사회주의 연방 의식으로 필연적으로 바뀌어간다고 말했다.

즉 민족적 대립이 없는 소련에서는 민족적 이해와 대립의 경제 사회적 원인이 소멸되었으므로 민족의식과 여기에 근거한 모든 민족적 전통과 관습 및 신앙은 필연적으로 소멸되고 사회주의적 정치, 경제, 문화와 사회의식으로 교체되어가고 있으며 민족적 차별을 초월한 민족 간의 결혼을 권장하고 있으므로 장래에 가서는 따로따로의 민족은 없어지고 하나의 사회주의 국가의 국민으로 남게 된다는 것이었다.

그러나 오늘날 전 세계의 가장 큰 관심과 뉴스의 초점이 되고 있는 72년의 역사를 가진 소련과 50여 년 역사의 동유럽을 국가들을 비롯하여 지구상에 존재했던 25, 26개의 마르크스-레닌주의를 바탕으로 수립되었던 사회주의 국가들 거의가 역사 앞에 막을 내리고 있다. 이들 국가들이 사유재산과 시장경제의 대담한 도입 확대로 일당

독재의 개혁과 통제를 발전적으로 해제하면서 자본주의 경제체제로 선회하자, 사회주의 국가에서 소멸된 것으로 보았던 각 민족의 민족의식이 선명하고 강렬하게 부활되어 사회주의 의식과 제도를 폐기하고 본연의 민족국가로 분열되어 독립했다. 그 중에 소련 내의 일부 민족과 유고슬라비아의 6개 민족은 완전히 적대적인 전쟁 상태에 들어가고 있다는 사실은 앞에서 말한 민족의식과 민족국가가 인간 의식의 최고 존재 형태이며 최고 의식임을 객관적으로 증명해주고 있다.

반면 절대적인 과학적 진리라고 단정했던 마르크스-레닌주의 사상과 사회주의 국가의 계급의식은 단시일 내에 흔적도 없이 사라져가고 있다. 마르크스-레닌주의 사상이 새로운 민족국가 형성과는 전혀 관련성이 없이 도외시되고 있는 이 현실은 앞에서 말한 민족의식이 인간 의식에서 최고 형태의 기본 의식임을 입증해주고 있다.

따라서 절대적 진리로 여겨졌던 마르크스-레닌의 사상은 사회주의 사회의 건설과 발전 과정에서 생산력 발전을 가로막는 사회 모순으로 부각되었고, 생산력 발전과 함께 역사 발전을 가로막는 모순된 것이었음을 사회주의를 폐기한 국가들의 현실이 웅변해주고 있다. 사회주의 국가들의 붕괴와 이들 국가들이 자본주의적 민족국가로 전환한 것은 20세기 말에 나타난 세계사적인 혁명이다. 이데올로기적인 대립과 모순을 소멸시킨 이 혁명에 대해서는 다음 기회에 구체적으로 논술하려 한다. 이 글에서는 민족의식의 발생과 발전 과정의 요점만을 간단히 기록했다.

제2장 동포의식과 민족의식의 구별

1. 동포의식 형성의 역사적 근거

모든 민족은 태초에 동일 시조의 후예로 태어난 혈연적인 연관성을 갖고 있기 때문에 민족 전체가 하나의 동포라는 인식은 오늘날 누구나 알고 있는 일반화된 관념이다. 즉 동일 시조의 후예라는 혈연적인 개념 아래 타민족과 구별되는 신체적 공통점을 갖고 역사를 이어오면서 형성된 전통을 바탕으로 일정한 범위의 생활권에 살고 있는 종족 집단의 구성원 전원을 동포라고 규정하고 있다. 이상과 같은 동포 개념은 인간이 사회집단을 형성한 이래 여러 단계와 형태를 거쳐 이어져 내려오면서 타민족과 구별 짓는 혈연적인 친밀도를 나타내는 개념이다. 동족 사회의 발전 단계에 따라 형성된 동족의식은 여러 형태를 거쳐 근세에 와서 동포의식으로 발전되었다.

한 시조에서 태어나 대대손손 그 자손으로 이어져 내려온 그 민족의 전부를 동포라고 부른다. 동포의식은 민족의식과는 구별되지만 민족의식 형성의 바탕이 되는 기본 의식으로서 불가분의 관계를 갖는다. 즉 발생학적으로 설명하자면 인류가 씨족, 부족, 부족연합에 이르는 동안 그 단계마다 형성된 혈연관계가 역사적으로 발전해오면서 오늘날의 동포의식이 되었다.

지구상의 모든 국가는 고대의 씨족사회, 부족사회를 거쳐 형성되었으며, 국가는 처음부터 소부족과 약소국가를 침략하거나 침략당하는 관계로부터 발전해왔다. 특히 봉건사회의 국가는 이웃 소국을 침략하여 대국으로 발전하는 경우가 많았다. 각 봉건 전제군주의 국가는 그 내부에 지배계급인 귀족과 생산계급인 천민 및 농노로 나뉘어져 신분적 차이 아래 경제적 착취와 권력적 천대를 당연시하는 적대적인 대립 관계를 갖고 있었지만, 한편으로 군주는 물론 지주인 귀족과 하층계급인 농노도 원 시조는 동일한 선조에서 내려온 혈연으로 연결되어 있다는 동포의식이 깔려 있었다.

적대적 대립관계에 있던 구성원들 사이에 동포의식이 드러나거나 드러나게 하는 사회경제적인 경우를 보면, 외세의 침입으로 국가가 위기에 처하여 이를 막아 안전을 도모하고자 할 때, 그리고 다른 국가를 침략하여 자기 국가를 부강하게 만들기 위해 전쟁이라는 수단에 호소하게 될 때 등을 들 수 있다. 침략을 하거나 침략을 막아내는 목적을 달성하려면 상대 국가를 능가하는 힘이 있어야 하는데, 국내에서 계급적으로 적대적인 대립이 있는 조건하에서는 일치단결한 국력이 형성될 수 없으므로 국가 내부에서 막강한 힘의 조성을 위해 동포의식이라는 이름으로 민족적 충성을 요구하게 된다.

한 봉건국가가 다른 국가를 침략하여 식민지적 점령을 하면 침략당한 나라의 국민은 귀족, 농노 가릴 것 없이 모조리 승전국의 노예로 예속되므로 승전국의 농노계급은 그만큼 착취와 억압이 완화되는 동시에 패전국 국민에 비해 사회적 지위가 상대적으로 향상된다. 반대로 침략 당하는 입장에서 패전국이 되면 패전국의 피지배계급은 모조리 승전국의 노예가 되어 현재 이상으로 가혹한 착취와 억압을 당하게 된다. 현실의 이해관계가 이러하기 때문에 동포의식을 바탕으로 한 공동체의식 형성과 단결이 절대적으로 요구되는 것이다.

이러한 동포의식은 동조동근(同祖同根)이라는 혈연의식을 바탕으로 하여 이를 각성하는 가운데 나오게 된다. 그러므로 세계 각국의 봉건국가나 부족들은 실존 인물이든 신화적 인물이든 간에 관계없이 개국시조를 설정하여 그 나라의 국민 모두는 하나의 시조에서 나왔다는 동포의식 형성을 유도했다.

2. 동포의식이 무시된 우리 역사

1) 민족분열적인 씨족 중심의 족보의식

다른 나라들이 동포의식을 의도적으로 유도했던 데 반해 우리 민족은 삼국시대부터 고려와 조선에 이르는 동안 동포의식 형성에 있어 매우 취약했다. 대표적인 예가 되는 시대가 조선 봉건사회이다. 조선의 유림 양반들은 단군시조설에 대해 무속인이나 천민들의 입에서나 나올 수 있는 저속한 것으로 여기고 완전히 무시해 버렸다. 그들은 공맹사상 이외의 것은 모조리 이단시했다.

단군시조설에 대해 이처럼 무시했기 때문에 단군에 대해 무속인과 일부 뜻있는 상민들이 제를 올리는 일은 있었어도 유림들은 찬물한 그릇 올리는 일이 없었다. 동포의식 형성을 정책적으로 의도적으로 막았던 것이 조선사회였다. 유림세력으로서는 국민세력 형성의 필요성이 없었던 것이다. 중국 천자(天子) 정권의 신하국으로 예속된 것을 당연시 하면서 국가의 존재와 안전을 중국 천자 정권에 일임하고 거기에 따르면 절대 안전하다는 예속 의식으로 충만해 있었으므로 국가의 자주독립과 안전을 위한 국민 단결의 바탕이 되는 동포의식은 유림들에게는 부질없는 것으로 되었다. 즉, 민족의 자주 발전과 독립을 위해 할 일이 없어진 것이다.

그러므로 유림 정권의 유일한 최대의 목적은 내부적인 정권 획득과 부의 쟁탈뿐이었다. 유림계급은 정권 쟁탈을 목적으로 한 피비린내 나는 동족상잔의 당파싸움만을 되풀이 해오다가 마침내 망국에 이른 것이 우리 민족사의 상식이다. 인간은 역사적인 존재이므로 체계적인 역사 전통을 계승하고 수호할 때 비로소 자주적으로 발전할 수 있다. 한 민족의 전통은 하나일 뿐이지 여러 개로 분리 대립할 수는 없다. 민족 전통의 분열은 필연적으로 망국으로 이어진다.

유림계급의 전통은 민족 전통이 아니라 갈래갈래 찢어져 분열 대립하는 씨족 전통이었다. 그들이 창조해낸 것은 각기 다른 선조를 내세운 종친의식이었다. 이것의 표현이 바로 족보다. 족보는 그들 사회 세력의 기반이 되었다.

족보는 양반들 사이의 권력 유지를 위해 그들을 같은 테두리 안에 묶어두기 위한 수단이었다. 족보의식은 원천적으로 대립적이며 배타적이므로 민족 단결과는 상반된 분열 대립이라는 본질적인 속성을 갖는다. 족보 근친의식을 사회의식의 최외연에 두고 있던 유림계급은 이해관계가 일치하는 타성(他姓)의 족보족과는 공통의 이해관계 아래 정치적 목적에서 연합하여 당파를 구성하고 타당파와 싸움에 몰두하는 것이 최고의 사명이고 목적이었다. 여기에 최대 가치를 부여하여 정권 쟁탈에만 충실했던 것이다. 당파 싸움은 하나가 되어야 할 정치세력의 분열이다. 이것이 국력의 분열과 약화와 망국으로 이어진다는 것은 필연이다.

아래에서는 이와 같은 민족분열적인 씨족 중심의 족보의식에 끝까지 매달린 유림 양반들의 이해관계와 결부된 사회경제적 또는 역사적인 객관적 근거가 어디에 있었는지에 대해 조선사회를 예로 들어 설명하려 한다.

2) 유림양반과 상민의 시조는 완전 별개로 규정

우리 민족의 혈연적 공감 사상인 동포의식을 가로막고 형성된 최대의 분파적인 사회세력 단위는 족보로 표현된 각 성별 친척 관계였다. 족보에 담긴 성씨를 역사적으로 고찰해보면 삼한시대 이전의 부족사회에 대해서는 알 수 없지만, 삼국 시대와 고려와 조선 초기에 이르기까지 성씨는 귀족만 갖고 있었고 국민의 절대다수인 상민계급은 이름만으로 부를 뿐 성을 부여하지 않았다. 이것은 양반과 상놈을 구별하는 엄격한 사회제도로서 법외적인 절대성을 갖고 있었다. 삼국사기나 삼국유사의 기록을 자세히 보면 분명히 나타나 있는 내용이다.

고려 말에 이르러 농지의 90% 이상을 왕족과 귀족과 불교 사찰이 점유함으로써 부의 집중이 심화되면서 생산자인 상민을 극도의 빈곤으로 몰아넣게 되었고 이것이 고려 멸망의 핵심 원인이 되었다. 조선을 창건한 이성계는 건국 정책에 고려조의 잘못된 제도와 토지의 독점제도를 근본적으로 개혁할 것을 선언했다. 그 중에서도 중요한 것은 토지에 대한 특권계급의 독점을 해체하여 경자유전(耕者有田)의 원칙에 따라 토지를 분배한다는 토지개혁이었다.

고려조의 토지제도는 특권계급이 점유한 전답에 대해 전부 면세의 특권을 주었으므로 국가재정의 바탕인 조세는 개인 소유의 전답에 부과시켰고, 소유자가 이를 납부하지 못할 때에는 친척이 대납하도록 법으로 규정했다. 농사 수입으로는 세금도 내지 못하는 형편이 된 토지 소유자인 농민들은 자기 전답을 특권 계급 또는 사찰에 헌납하고 스스로 노복이 되었다. 밥은 먹을 수 있었기 때문이다. 고려의 백성들이 고려 왕조에 등을 돌린 원인은 이와 같은 토지제도의 모순에서 비롯된 것이었다.

이러한 문제점을 알고 있던 이성계는 모든 농경지 중 일부분을 건국에 공을 세운 각급 공신들에게 공신전(功臣田)으로 지급하는 한편, 나머지 농지는 농민에게 나눠주기로 하고 그 분배 기준을 생산 능력이 있는 15세 이상의 남자수로 정했다. 여기에 따라 나누어 준 농토를 구분전이라고 했다. 구분전의 공정한 분배를 위해 15세 이상의 남자수를 정확하게 파악해야 했으므로 그 조사를 지방 관현에 엄격하게 명령 지시하여 성명, 주소, 생년월일을 철저하게 조사했다. 동시에 이 조사는 병역의무의 공평한 실시에 필요했기 때문에 더욱 철저하게 조사했다. 이것을 증명하기 위해 15세 이상의 모든 남자에게는 호패를 차게 하는 법을 제정, 실시하였다.

호패는 오늘의 주민등록증과 같은 것으로 정책 실시의 중대한 기준의 하나로 되었다. 이 제도를 실시하려면 오늘의 인구조사와 같은 백성수를 철저하게 조사하는 것이 선행되어야 했다. 백성을 조사해 놓고 보니 성이 없으므로 부락마다 똑같은 이름을 가진 사람들이 속출하였다. 당시는 자급자족의 자연경제 생산 단계였고 이웃과도 거의 교류가 없는 소범위의 생활권에서 살고 있었기 때문에 타 부락으로 인적, 물적 교류의 필요가 없었기 때문이다. 부락마다 동일한 이름이 여럿이었으므로 누가 누구인지 알 수 없었다. 태종 시대에 들어와 이 모순을 실제에 맞추어 개정할 필요가 있어 모든 백성에게

성을 갖게 하는 법을 제정, 공포하였고 상놈 계급도 비로소 성을 갖게 되었다.

당시의 백성들이 성을 갖고 있지 않았다는 것을 입증할 사실로 1935년경에 발견된 강원도의 한 사찰의 목조 불상 속에서 나온 두루마리의 명단을 예로 들 수 있다. 이 사찰은 조선 건국 이후인 1400년경에 중수했는데, 중수 비용 시주자 명단에 올라와 있는 수십 명의 시주자 중 성을 가진 사람은 관직을 가진 사람과 양반 출신의 서너 명에 불과했고 나머지 사람들에 대해서는 이름과 시주 물품만이 기록되어 있었다. 여기에 대해서는 당시 여러 기록에서 다루었고 나 역시 그때 신문에 상세히 보도된 내용을 읽었기 때문에 알고 있다.

어쨌든 이러한 국가의 정책에 따라 갑자기 성을 받은 상민계급의 백성들은 한자로 표시한 성만 받아 이름을 붙였고 선조의 계통에 대한 것은 전혀 알지 못했으므로 족보는 갖지 못했고 가질 수도 없었다. 상민들의 성은 한정된 한문 자수 내에서 붙였을 뿐이고, 양반들 성의 계통 또는 분파라고 하거나 양반의 족보를 도용할 경우에는 양반 모멸죄로 금지시키고 엄벌에 처해졌다. 그리고 전 국민을 등록시킨 오늘날의 호적등본과 같은 당시의 호적단자에는 그 사람의 신분과 함께 외가, 처가 삼족과 노비의 이름까지 기록함으로써 기본적으로 양반, 상놈의 신분 구분을 시조에서부터 영원히 계속 유지해 가려 했다는 의도를 읽을 수 있다. 내가 설명한 위의 내용은 우리 민족 분열의 원천인 족보제도를 역사적 차원에서 발생학적으로 파악하는 데 참고가 되겠다는 뜻에서 쓴 것이다.

3) 족보사상은 분열 분파의 원인

지금까지 내려오는 우리 민족의 족보사상은 어느 때보다도 투철한 민족사상으로의 단결이 요청되고 있는 오늘날 민족을 분파, 분열시키고 민족 단결을 해치는 주된 요인의 하나가 되고 있다. 동포의식과 함께 족보의식에 대한 정확한 인식 없이는 오늘 우리 민족이 처하고 있는 국제적 국내적인 역사 흐름 속에서 진로와 방향 설정을 올바르게 하기 어렵다.

족보제는 존재의 뿌리를 거슬러 찾는다는 순수한 의미와는 많은 거리가 있다. 상놈계급과는 전혀 별개로서, 선조 이래로 언제나 나라의 정권을 잡고 백성을 지배하도록 천부적인 권리를 태초부터 얻은 특권 계층의 후예로 자신을 확인하고, 이를 상민계급에게 강요하여 사회 신분적인 차별과 수탈 억압의 수단으로 악용되어 왔음은 우리 민족사의 상식에 속한 일이다.

아무리 역사가 흐르고 시대가 변하여도 양반 특권을 가진 선조로부터 내려온 씨족이라는 것을 표시하기 위해 실제인지 가정인지 증명되지는 않는 족보를 내세운다. 거기에는 반드시 시조가 설정되어 있고 양반계급을 이어오며 오늘까지 전통으로 이어져 내려오고 있음을 증명하기 위한 문헌적 자료로 삼는다. 그러한 체계적이고 정확한 족보는 자신들이 양반임을 증명해주는 거의 국법과 같은 존엄한 문건으로 받들어 내려오고 있다.

오늘날에도 후손의 증가에 따라 수년마다 한 번씩 여기에 맞추어 족보를 개편하는 것은 양반계급 대종중(大宗中)의 최대 과업으로 되어 있고, 그 성씨의 후손들은 모조리 족보에 수록한다. 이것을 보사라고 하는데 엄청난 비용과 노력이 소요된다. 족보 계통을 연구하는 분야를 보학이라고 하며 보학자라고까지 부른다. 이 족보의식은 그 성씨 후예들의 의식과 생활과 행동을 규제하는 최고 사회의식의 한정적인 외연의식이다.

이러한 족보의식이 횡행할수록 민족의식과 국민의 사회의식은 종속적인 것이 된다. 그 씨족의 역사인 족보는 양반계급의 우위와 특권의 후광으로 이용되어 온 것이 사실이다. 그것도 양반 전체가 아니라 성씨 본위로 씨족별 족보 범위를 단위로 하여 따로따로의 씨족 정점인 단일 선조를 설정하여 그 후로 이어 내려오고 있으며, 그 씨족의 범위는 족보에 기록된 친족에 국한되고 있다. 이것이 친족별 양반사회 세력으로 국한된 최외연의 단결의식이었다. 그러므로 족보의식은 친족 단위 의식이며 필연적으로 타족보족과 대립하는 배타적인 성격을 갖게 된다는 것이 그것의 엄격하고 확고한 속성이다.

분열과 대립의 속성인 족보의식은 조선조의 피비린내 나는 당파투쟁으로 이어져 국력의 분열을 고착화시켰다. 일제가 손쉽게 우리나라를 식민지 점령을 하게 된 기본 원인의 하나는 민족을 전체로 묶어주는 동포의식은 없이 족보의식을 우선하여 당파 싸움으로 이어져온 우리 역사의 배경과 무관치 않다.

양반과 반대 입장에 서 있는 상놈계급은 선조를 모르는 채 성만 얻어 가지고 내려오면서, 처음부터 양반에 예속되는 신분을 천부적으로 타고 나온 운명으로 알고 체념하며 살아왔다. 유림들은 상놈계급에 대한 예속을 당연한 것처럼 강요하면서 경제적 착취와 신분적 천대 억압을 일삼는 법외적인 특권을 행사했다.

이러한 역사적 여건에서 국민의 대다수를 차지한 상놈 대중과 소수의 양반 사이에 동질적인 친근감을 조성시키는 동포사상의 형성은 막혀버리고, 동포의식이라는 것이 처음부터 존재하지 않은 것처럼 정치, 경제, 사회적으로 제도화되어 강력하게 이어져 내려왔다. 이것을 일제에 국권을 상실한 이유 중의 중요한 요인으로 다시 생각해보지 않을 수 없는 이유다.

4) 동포의식 부재로 상실된 국력

양반계급은 제도화된 특권을 근거로 지주가 되어 생산계급인 농민으로부터 토지를 수탈하고 농민을 소작인으로 전락시켰다. 조선에 있어 양반계급의 세력 범위는 족보 범위로 제한되어 있었다. 동성의 족보에 포함된 친족 관계자들은 범위의 차이는 있었으나 특권의 혜택을 고루 받았다.

구체적인 사례를 든다면 상징적인 상놈인 백정, 무당, 마부, 가마꾼, 남녀 노비, 그리고 전 경작지를 점유한 지주인 양반들의 소작인은 농산물의 거의 절반을 소작료로 바치고 겨우 생명을 이어갈 정도의 가난에서 벗어나지 못하는 경제적 수탈과 함께 경제외적인 사회 신분에서 양반의 사유물과 같이 예속되었다. 상공인을 포함하여 국민의 90% 이상을 차지하며 생산을 담당한 상공농민은 봉건 양반을 비롯한 전 국민을 먹이고 입히고 물자를 교류하고 생활의 편리와 풍요를 제공하는 일에 대를 이어 봉사했다. 이들은 국민의 생존을 이어오게 한 국가의 생명선이자 수호자이면서도 소수의 양반계급에 의해 경제적으로 사회 신분적으로 예속되어 인간의 기본 권리를 박탈당한 채 수탈과 억압하에서 겨우 생명을 유지하면서 대를 이어왔다. 그것이 조선 봉건사회의 정치 사회제도의 모습이었다.

상민들이 양반의 성명을 그대로 부르는 것 등은 엄금되었고, 남자 양반에 대해서는 관명과 양반 또는 샌님, 여자는 마님, 연소자는 도련님과 아씨로 불러야 했다. 양반 집에 들어가는 상놈들은 출입문도 따로 이용해야 했고, 상놈들은 반드시 뜰아래에 서서 양반을 바로 쳐다보지도 못하는 차별된 생활을 강요당하였다. 반대로 양반들은 상놈들을 아랫것, 쌍것, 천한것 등으로 부르는 것을 양반 특권의 상징으로 여기며 행세했다.

어른인 양반은 물론이고 연소자인 양반 자제까지도 60~70세가 넘는 상민 노인에게 보통은 자네, 심하면 너, 이놈, 저년, 이년으로 불렀다. 이들로부터 폭행을 당해도 손 한번 내밀 정도의 반항도 못하고, 일방적으로 당하기만 하는 것이 상민의 생활이었다. 조금이라도 양반의 명령을 거역하거나 반항하면 당시 법으로 정해진 양반 모멸죄로 엄벌되었고 그밖에도 법외적인 사적 처벌이 일반화된 억압이었다. 양반들의 집안에 으레 설치된 곳간을 사옥(私獄)으로 대용하여 맘에 안 드는 자들을 잡아 가두어 태형 등의 가혹한 처벌과 함께 재산을 수탈했다. 이것은 제도화된 양반계급의 특권으로 공인된 권리 행사였으므로 상놈계급은 운명으로 체념하면서 살았다.

상놈들은 오늘의 역사에서 말하는 생산관계에서 본다면 경제적 수탈과 정치적, 사회적 천대와 박해를 받으면서 생산을 담당해온 사회계급이었다. 만일 이 생산계급인 상놈들이 한 달만 손을 놓고 생산을 중단한다면 양반들의 생활부터 먼저 불편해지고 파괴될 것은 짐작하고 남음이 있다.

민족의 공동 시조를 근원으로 한 동포의식이 결여된 사회에서 생산계급인 상놈에 대한 지나칠 정도의 경제적 수탈 및 사회적, 신분적 예속과 천대는 우리 민족 내부에 지배계급과 상놈계급의 적대적 대립을 심화시켜 민족을 철저하게 분열시키는 사회경제적 원인이 되었다.

만일 우리 민족에게 단군 시조 개국설을 바탕으로 한 동포의식이 형성되어 우리 민족사의 기본 사상으로 이어져 내려왔더라면 동족 간에 지배, 패지배의 사회 신분이 유지되더라도 국민의 절대다수인 상민계급을 가축 이하로 천대하고 억압하지는 않았을 것이다. 그랬다면 역대 각 왕조의 국력은 상상 이상으로 훨씬 강화되었을 것이다. 동포사상을 민족의식의 바탕으로 삼는 역사가 이어져 내려왔더라면 조선을 분열시킨 당파도 막았을 것이고, 일제의 침략과 착취에서 벗어나 우리나라는 지금보다 더욱 발전되고 강화된 나라의 토대가 구축되어 오늘에 이어졌을 것이라는 생각을 해본다.

5) 오늘까지 이어지는 유림세력의 반민족성

조선왕조는 건국과 함께 중국의 공자, 맹자의 윤리 사상을 바탕으로 한 유교사상을 국가통치의 이념으로 삼아 이를 바탕으로 한 도덕과 질서를 전 국민에게 보급시킴과 동시에 유림 양반계급의 특권인 지배계급임을 과시적으로 상징한 향교를 각 지방마다 설치하였다.

전국 364개소에 고래등과 같은 큰 기와집의 공자묘를 부속건물과 함께 설치하였고, 그 일대를 양반은 물론 상놈에 이르기까지 전부가 존경하고 받드는 성역으로 삼아 누구나 그 앞을 지날 때는 말과 가마에서 내려야 하며 상놈계급은 출입이 금지된 것은 물론 함부로 쳐다보지도 못하게 하였다.

국가에서는 향교 유지를 위한 재정으로 많은 전답을 내려주었다. 향교는 그 수입으로 운영되면서 공자와 맹자와 그 제자들인 중국의

12성현을 모셔놓고 막대한 비용을 들여 성대한 재물을 바쳐 제를 지냈다. 이는 천자국인 중국을 식민지 종주국으로 삼아 내정을 간섭하게 하는 상국으로 받들고 우리나라를 스스로 신하국이라 여겨 정치적인 예속을 받게 하는 정신적인 토대가 되었다. 공맹사상의 숭상과 공자묘(향교) 설치 및 운영은 우리 민족의 문화와 사상과 신앙을 하위의 것으로 격하시키면서 중국 문화 및 사상에 예속되었음을 국민 앞에 과시함과 동시에 우리 민족에 대한 문화 사상적인 지배의 상징이자 수단으로 삼았다.

모든 민족은 발생과 함께 고유문화와 전통을 이어오면서 발전한다. 우리 민족 역시 전설과 고기록에 나타난 바와 같이 단군의 개국시부터 형성된 고유의 문화와 전통을 이어 내려왔다. 그러나 유교 문화의 숭상과 함께 고대부터 지켜져 내려온 우리 민족의 고유문화와 전통 및 샤머니즘적인 신앙은 완전히 도외시되었고 관련 행사도 부정적으로 무시되었다.

승려 일연의 삼국유사 기록에 의하면 우리나라의 단군 개국시조설은 5천 년 전부터 존재했고, 삼국유사 이전에 존재했으나 그 후 전해지지 않고 없어진 고기(古記)에도 이 사실이 기록되어 있다고 한다. 단군의 실존 여부에 대해서는 학설과 전설이 구구하나 모든 고대사 기록과 설화 등을 통해 추정할 수 있는 것은, 지역에 대해 특정하기는 어려우나 백두산을 중심으로 한 지역에 주위 부족을 지배하는 비교적 발전된 강력한 부족사회가 있었다는 사실이다.

그러면 당시 산림이 울창한 조선반도의 백두산 아래서 어떻게 동서남북의 구석구석까지 신화적인 전설이 전파될 수 있는 것이냐는 부정적인 반문을 하는 사람도 있을 것이다. 5천 년 전이라면 B.C. 2만 년 전의 마지막 빙하기가 물러간 지 일만 년이 경과한 즈음이므로 그동안 얼음과 눈에 덮여 사라져버린 나무와 풀과 해조, 어패류가 우리나라 삼면의 바다에까지 살게 되었고, 또 나무와 풀과 동물도 백두산을 넘어 전 만주와 시베리아까지 전파될 수 있는, 생산성이 북상하는 기후 조건이었다. 그러므로 만주 대륙의 남쪽에 붙은 조선 반도는 산림이 울창한 가운데도 사람의 왕래가 불가능하지는 않은 때였다.

당시의 사회발전 단계는 신석기에서 청동기로 넘어가는 단계로 생산수단은 농경을 주로 하고, 자연물 채취와 수렵도 하는 때였다. 활과 창만 가진 수렵자들은 짐승을 따라 사냥 도구를 가족과 함께 짊어지고 이동하면서 살았다. 학설에 따르면, 수렵인들은 보통 하루 10킬로미터는 무난하게 이동했다고 한다. 방한 의복 재료가 없어 겨울을 지내려면 나무껍질로도 의복을 만들었으나 짐승의 모피가 최상의 방한복이었다. 따라서 수렵으로 얻어진 모피는 모든 물품과 교환할 수 있는 시대였다. 밀림 속에는 짐승이 무수히 살고 있었다. 수렵인들은 가족과 함께 짐승을 좇아 백두산에서 남쪽으로 또는 남쪽에서 북으로 이동하는 것이 그리 어려운 일은 아니었다. 그들의 입으로 남쪽과 북쪽의 소식이 계속적으로 전파되었음은 충분히 있을 수 있는 일이다. 그러므로 단군 시조설이 한반도 각지에 전해졌던 것이고 이에 대해서는 삼국유사가 발간된 고려 후기에도 일반화된 역사 사실이었다.

조선은 전국을 364개 군으로 나누어 통치했다. 오늘은 많이 통폐합되었지만 당시 군마다 앞에서 말한 바와 같은 공자묘를 세우고 요란스러운 석존제를 춘추로 지내면서도 유림은 우리 민족 개국시조인 단군성조를 모시는 우막 하나 설치하지 않고 공식적으로 물 한잔 올리는 제사도 거의 없었다. 이러한 행태는 동일 개국시조의 후예로 형성되는 민족의 공감대인 동포의식을 원천적으로 봉쇄해 버린 것이다.

중국 천자 대국에 식민지로 예속되어 그 보호하에 국가 권력을 유지해 온 것이 가장 좋은 일이자 나라와 국민을 위한 일이라고 떠들어온 그들에게 민족 자주를 지향하는 민족의식은 꿈에도 생각할 수 없는 일이었다. 민족자주 의식이 없는 이들이 한일합방이 되자 어떤 태도를 취하게 되었을지 상상해보자. 그들에게는 예전과 마찬가지로 강대국에 의존하여 그 보호하에서만 존속할 수 있다는 의식이 뿌리 깊이 굳어져 있었다.

민족의식이 희박했던 유림세력은 중국의 천자정권이 흔들려 청일전쟁에서 패전하여 항복한 것을 보고 강대화된 일본의 침략이 시작되면서부터 그 일부는 일본의 영합세력이 되었다. 그들은 한일합방으로 주권을 빼앗기고 총독부 통치가 시작되자 조선 식민지의 군왕격인 총독 앞에 유림이 생명과 바꾸어 지켜야 한다는 충신불사이군(忠臣不事二君)의 신조를 헌신짝같이 던져 버리고 총독과 그 산하 기관장 앞에 무릎을 꿇고 충성을 맹세했다. 친일세력으로 전환한 것이다.

합방 이전의 경우도 다르지 않았다. 1907년 우리 군대가 일본에 의해 해산되자 여기에 분개한 군인 일부와 우국 청년들이 의병을 일으켰다. 이에 일본 헌병이 토벌에 나서자 유림세력은 향교를 중심으로 굳게 단결하여 일본 헌병의 편에 서서 의병 토벌을 도왔고, 심지어는 각 면마다 의병을 막기 위해 헌병대에 정보를 제공하여 토벌에 협력하는 자위대를 설치하기도 했다. 그러했기 때문에 3·1운동 당시 유림대표는 참가하지도 않았을 뿐만 아니라 도리어 이를 반대했다. 심지어 이들은 전국의 유림과 그들의 지배하에 있는 소작인 및 일가친척 등 자신들의 영향력 아래 있는 사람들에게까지도 3·1 운동 참가 거부를 독려했다.

민족의식이 없는 유림들은 한일합방의 영합세력이 되었고 총독부 식민지 통치가 시작되자 그들의 자제들은 모조리 그 앞에 나아가 출세하려고 식민지 통치의 하수인인 친일 관공리가 되었고, 8.15 후 미군정이 시작되자 이번에는 전부 미군 앞에 나아가 협력세력이 되었다. 뒤이어 친일세력을 기반으로 이승만 정권이 수립되자 그 지지세력이 되었다.

또 한 가지 우리 민족이 영원히 잊지 못하고 짚고 넘어가야 할 사실이 있다. 만주에서 우리 독립군을 토벌하는 한편, 만주에 있던 우리 민족이 착취에 견디다 못해 일어난 소동을 토벌할 목적으로 조선인만으로 조직된 일본 관동군 사령부 특수부대 장교 출신인 박정희가 군사 쿠데타로 정권을 잡자 이들은 또 전부 박정희를 지지하고 나섰다. 이것이 우리나라 유림의 일관된 속성이었다. 이들의 사대적이고 반민족적인 행태는 우리 근현대사는 물론 지금까지 계속 이어져온 것이다.

내가 이 글을 여기에 쓴 이유는 우리 민족이 외세의 직접, 간접의 예속적인 영향에서 벗어나 완전한 자주독립을 이루는 것이 모든 것에 우선하여 달성해야 할 우리 민족의 기본 사명임을 환기시켜 주고자 함이다. 이러한 민족 사명을 달성하려면 막강한 민족역량이 조성되어야 하고, 민족역량을 조성, 강화시키려면 전 민족이 투철한 민족의식을 각성해야 하므로 이에 관한 역사적인 사실을 들어 설명한 것이다.

3. 동포의식과 민족의식의 차이

1) 동포의식의 특성

동포의식과 민족의식은 민족사상의 양면과 같이 혼동하여 인식하기 쉽다. 그러나 양자 간의 차이점에 대해 역사과학적으로 분명하게 구별 인식해야 한다. 먼저 동포의식에 대해 살펴보자.

동포의식은 동일한 개국시조의 후예라는 동조동근(同祖同根) 관념을 일반화하여 친밀감을 표현하는 혈연의식이다. 따라서 타민족과의 사이에서는 생겨날 수 없는 밀착된 친밀한 감정이 발생한다. 이 감정은 주로 감정적 범주에 속하고 같은 동포 사회인 그 민족의 국내 생활에서는 평소에 드러나지 않고 잠재의식 형태로 존재한다. 그렇지만 외국인 또는 외국과의 관계가 설정되는 순간부터 동포의식은 발현되기 시작한다. 즉 타민족과 우리 민족이 정신적으로나 신체적으로나 기타 모든 관계에 있어 서로 다르다는 구별의식이 생겨나는 것이다.

타민족과의 관계가 설정되는 구별의식이 생겨나면서 우리 민족 간에는 서로 이해관계를 초월하여 팔이 안으로 굽혀진다는 논리가 형성된다. 때문에 동포의식은 그 민족의 누구 하나 예외 없이 모두다 포섭되는 민족 전체의 공감의식으로 작용한다.

예컨대 친일 반역자나 외국으로 귀화하여 국적을 바꾼 사람 역시 타민족과 분명하게 구별되는 신체적 조건을 갖고 있기 때문에 동포의 범주에서 이탈하거나 다른 동포로 변경할 수 없다. 그만큼 절대적이고 엄격한 동족의식이 동포의식이다. 오늘에 이르기까지 각 민족사에서 나타난 동포의식은 자기 민족의 존재 형태와 역사로 이어져 내려오면서 타민족과 구별되는 그 민족 고유의 전통을 형성하는 혈연적인 종족의식이다.

동포의식은 적극적인 민족 과업이 부여되는 실천적인 의무 의식이 아니라 혈연적인 친밀 관계의 한계 내에서 각자의 의식에 내재하고 있는 정적인 감정이다. 동포적 감정은 생활권의 동향 감정과 혈연적인 친밀 감정이 혼합된 정서적인 측면도 갖고 있다. 이 의식은 그 민족이 형성되면서부터 생겨나 역사와 함께 이어져 내려온 종족의 전통의식이기도 하다.

2) 민족의식의 본질과 사명

민족의식은 앞에서 언급한 바와 같이 16세기경 제국주의 열강이 약소부족 또는 약소민족 국가에 대한 식민지 점령과 지배를 시작한 때부터 침략 민족과 여기에서 해방하려는 식민지 민족 사이에 형성된 적대적인 민족적 대립의식이다. 민족의식은 혈연의 범위로 형성된 내재적인 감정 범주의 정적 형태인 동포의식과는 달리 민족 자주적인 존속과 발전을 위한 투쟁적인 실천의식으로서 총체적인 민족 역량을 창조하는 원천의식이다.

동포의식은 그 민족이라면 조건 없이 누구나 포함되는 포괄적인 총체적 의식이다. 지구상의 모든 민족국가는 조국이 타민족과 적대적 대립관계에 있는 조건하에서 조국을 등지고 적대국의 앞잡이가 되거나 조국의 이익을 적에게 넘겨주고 또 이익을 제공한 사람들에 대해 민족 반역자로 규정한다. 민족 반역자도 동포 범주로 볼 때는 동포에 포함된다. 이에 반해 민족의식은 어떠한 형태와 수단, 방법

으로든 조국에 등을 돌리고 적의 편에 선 사람과 그 지지 세력까지
도 민족 반역자, 반민족 행위자, 또는 비민족자로 엄격하게 규정하
여 민족에서 제외하고 침략세력과 동일한 적대세력으로 규정하여
응징의 대상으로 삼는다.

　모든 민족은 민족 반역자를 침략자보다 몇 배 이상 더 증오하여
같은 하늘 아래서, 같은 국토 위에서 함께 살 수 없는 민족의 적으
로 규정하고 있다. 이들은 인간 사회의 모든 죄악과 범죄 중 가장
최고, 최악의 범죄자로 그 민족이 존속하는 한 영원히 용서받을 수
없는 존재다. 이들은 민족정기는 물론이고 국가 사회의 윤리 도덕과
사회 질서 규범에서도 부정적인 존재로서 배제된다. 이와 같이 민족
자주독립 의식으로 정신무장한 민족세력과 여기에 대립하여 직접
또는 간접으로 반민족의 편에 서 있는 세력을 철저하게 규명하여 이
러한 반민족세력에 대해서는 적의 세력과 함께 투쟁의 대상으로 규
정하고 배제하는 것이 민족의식의 제1차적인 사명이며 속성이다.

　제2차 세계대전 후 식민지 지배에서 독립한 110여 개 민족 중 처
음부터 완전 자주독립한 민족도 있으나, 이전의 식민지 앞잡이 세력
이 존속하면서 강력하게 식민지 종주국의 지배적인 영향을 받아 경
제, 군사, 외교, 문화에 이르기까지 식민지적 불평등 관계에 있는 민
족도 있다. 민족의 완전한 자주독립은 이와 같은 지배적인 외세의
영향과 민족사적으로 청산되지 않은 반민족세력이 제거되어 애국적
인 민족세력이 주권을 잡을 때 비로소 이루어진다. 전후 식민지에서
독립한 신생국가들은 전 민족역량을 여기에 집중하여 전력을 다하
고 있다. 즉 자주독립운동의 연장 투쟁을 하고 있는 것이다.

　독립 이후 민족사의 깨끗한 청산을 이루기 위한 민족 내부의 자
주투쟁은 독립 전의 투쟁에서와 똑같이 애국 민족의 단결된 민족세

력의 존재가 투쟁의 기본 역량이 된다. 이 역량 창출의 원천적 의식이 민족의식이다. 정리해서 말하면 투철한 민족의식으로 정신 무장한 민족이 빈틈없는 한 덩이 바위와 같이 단결할 때 거의 무한에 가까운 역량을 창출하는 것이다. 그러므로 민족의식은 정적인 감정의식 형태로 존재하며 애국, 비애국을 불문에 부치고 전체를 포섭하는 포괄적인 동포의식과는 그 속성과 기능에서 분명히 구별되는 의식이다.

인간 사회에서 최고의 공동체의식인 민족의식은 제국주의 시대에 들어오면서 비로소 형성된 것은 절대 아니다. 인류가 태초부터 사회생활을 하면서 그때그때의 공동체의식인 씨족의식, 부족의식의 단계를 거쳐 민족 자체 역량의 발전을 이루어왔고 대외적인 정세 변화에 따라 그 양상이 다른 형태로 형성되었다. 제국주의 세력의 식민지 침탈이 시작되고 세계사가 제국주의 단계에 들어오면서 민족 자주국가를 지향하는 민족세력을 중심으로 동일계 종족을 모조리 결합시키는 의식으로서 오늘과 같은 민족의식이 형성되어 민족단결의 구심점이 되고 있는 것이다.

민족의식의 최고 목표는 그 민족의 완전한 자주독립이며 독립의 완성은 그 민족의 최대 사명이다. 따라서 민족의식은 그 민족의 독립을 방해하는 외부세력과 국내의 반민족세력에 대해 조금의 타협과 융화도 용서할 수 없는 절대적인 적대의식이다. 그 민족의 완전한 독립과 발전을 좌우하는 기준 척도는 투철한 민족의식 각성과 함께 개인적, 사회적 모든 생활과 활동을 여기에 종속시켜 여하한 비중과 강약을 갖고 단결하느냐의 여부다.

3) 친일 반역세력을 애국자로 둔갑시키는 동포의식

동포의식은 친일 반역세력과 외세와 결탁한 민족 내의 반민족세력을 애국자로 둔갑시키고 이들의 행적을 합리화하는 수단으로 이용되고 있다. 현재 대한민국의 정치, 경제, 사회 및 모든 분야의 권력을 잡고 있는 친일세력이 민족의 탈을 쓰고 애국자로 둔갑하는 것을 합리화시켜 주는 배경에는 동포의식이라는 것이 있다는 얘기다.

친일세력이 과거의 천인공노할 민족 말살적인 친일 행위에 대해 민족 앞에 단 한마디의 사과나 반성도 없이 애국자로 둔갑하는 것을 정당한 것인 양 합리화시키고 반드시 받아야 할 민족정기의 응징을 국민의 이목에서 감추어 버리는 데 있어 구세주적인 처방으로 이용되고 있는 바로 동포의식이라는 사실은 생각 있는 우리 국민이라면 누구나 알고 있는 모순된 현실이다. 친일세력과 그들을 대변하는 사회지도층 인사의 일부는 "그들도 우리와 같은 동포이며 피는 물보다 진하다"는 논리를 내세워 그들을 옹호하고 있다. 그들에게도 동포적, 혈연적 친밀감과 애국심의 뿌리는 살아 있으며, 과거보다는 오늘과 미래가 더 중요하므로 과거의 치부를 들추는 것은 민족 분열만 가져올 뿐 얻을 것이 없으므로 해방된 오늘에 와서는 동등한 동포애로 하나가 되어야 한다고 주장하며, 종교적 박애 논리를 강조하고 있는 것이다.

오늘날 우리 민족이 처한 냉엄한 현실을 직시할 때, 과거 역사 중에서도 특히 일제 식민지사를 있는 그대로 파악하여 자주 발전을 위한 교과서적인 교훈을 얻어내야 한다. 우리 민족의 지정학적 위치와 세계사적 시각을 고려하여 우리 민족이 서야 할 위치와 가야 할 방향과 수행해야 할 과업을 올바르게 가르치는 지침을 찾아내야 하며,

이에 대한 핵심적인 단서는 일제 식민지사에 있다는 것이 내 생각이다. 일제의 식민지 지배와 천인공노할 친일 반역세력의 역사에 대해서는 최대 악의 역사로 보고 민족악의 교사로 삼아 친일세력을 제대로 평가하여 다시는 그와 같은 몸서리처지는 민족 반역세력이 우리 민족 내부에 형성되는 것을 막아야 한다. 그 경험과 교훈이 일제 식민지사에 있다.

오늘 우리 민족이 완전 자주독립과 발전을 위해 민족 각자가 각성 인식하여 지침으로 삼아야 할 의식은 포괄적인 관용과 동족적인 감상에 매몰되어 실천이 배제된 동포의식이 아니라, 적극적이고 실천적이며 민족의 선과 악을 분명히 구별하며 민족을 올바른 자리에 세워 자주 발전 지향으로 나아가게 하는 투철한 투쟁의식이다.

나는 항일 독립운동을 한 이래 오늘에 이르기까지 꾸준히 조직을 통한 실천과 교양을 통해 민족의 자주 발전을 위해서는 전 민족이 민족의식을 각성하여 공적, 사적 생활의 지침으로 삼아야 한다는 확고한 신념을 갖고 있다. 나는 민족의식을 마치 선박의 항로를 똑바로 가르쳐주는 등대와 같은 것이라 여기며 이를 배우고 받아들이고 각성하면서 실천의 기본 의식으로 간직해 왔다.

우리나라를 비롯하여 전후 식민지에서 독립한 100여 개 민족국가들은 식민지 예속이라는 엄청난 희생을 통해 뼈저리게 느꼈던 망국의 과거를 돌아보며 민족의식 각성과 단결을 강조하고 있다. 이를 위해 독립운동 과정에서 투쟁한 애국자들의 행위를 부각시킬 뿐만 아니라 동시에 종주국에 협력하여 민족을 말살하는 대열에 앞장섰던 반역자들과 그 행위에 대해서도 뚜렷이 부각시킴으로써 생생한 민족의식의 교과서로 삼고 있다.

침략 세력의 앞잡이가 되어 그 식민지의 영구화를 위해 민족 말살적인 반역 행위를 한 민족 반역자의 구체적인 행위와 세력을 투명하게 부각시키는 일은 어떤 이론이나 학설보다도 더 민족의식이 무엇이며 애국심이 무엇인가를 인식하게 하는 교훈이 된다. 아울러 이는 그 민족 내부에 이와 같은 반역자의 배출과 반역세력 형성이 두 번 다시는 되풀이되지 않도록 막아야만 정치적, 경제적, 군사적 강대국의 틈바구니에서 독립한 국가들이 독립의 보장과 함께 미래에도 발전할 수 있다는 의식을 각성함에 있어 최고 최대의 교과서적인 애국정신 교육임을 알아야 한다.

민족 반역세력에 대해 동포 감정의 안개로 감추어버릴 뿐만 아니라 이들을 마술사의 마법으로도 이룰 수 없는 애국자로 둔갑시키는 정세가 지속되고 있는 조건하에서, 항일 독립운동에 헌신한 애국자의 일부만을 찾아내어 애국운동의 본보기로 삼는 것만으로는 자신의 생명과 인생을 조국 앞에 고스란히 바친 애국자들이 전개한 항일 독립운동의 본질과 실상을 제대로 반영하지 못한다. 이러한 방식으로는 민족의식 함양은 물론 민족사적인 영향도 주지 못하는 것이다.

식민지에서 독립한 민족들의 민족의식 각성과 열렬한 애국심의 함양에 지침이 되는 독립운동은 애국자들의 애국운동에 대해서 뿐만 아니라 민족에 등을 돌린 반역자들의 반역 행위에 대한 것이 고스란히 밝혀져야 하고, 그때 비로소 독립투쟁의 온전한 역사가 이루어진다. 항일 독립운동 투사들이 싸운 대상은 일본 제국주의 세력과 일본 관헌들뿐만이 아니라 우리와 같은 동포인 친일세력이었다. 그리고 직접 전면에서 투쟁한 대상은 거의가 조선인 친일세력이었다. 그러므로 독립운동은 애국자와 함께 투쟁의 직접 상대인 반역자들과 그 세력 및 반역 행위에 대해 구체적으로 민족 앞에 알릴 때 비로소 독립운동이 민족의식 함양과 자주 독립의 조국 건설에 실효적인 지침이 된다는 점을 분명히 말해두고 싶다.

우리나라는 이와는 정반대로 8.15 이후 6공화국에 이르기까지 우리 민족이라면 누구나 몸서리치는 친일 인사들과 그들의 구체적인 친일 행위에 대해서는 단 한 건도 제대로 알리지 않고 감추어 버리고 이들을 애국자로 부각시킴으로써 민족정기를 짓밟는 반민족의 시대가 반세기나 지속되었다. 민족 반역세력의 인사와 행위를 감추어 버린 채 애국자들만의 독립운동을 국민에 알리는 것은 마치 단체경기에서 상대방 팀의 경기만을 알리는 것과 같은 것으로 상상조차 할 수 없는 웃기는 항일 독립운동 교육과 홍보가 이어져 내려왔던 것이다.

일제 치하에서 조국의 독립을 위해 전 가족의 생활과 함께 자기 일생을 고스란히 바친 애국자들의 숭고한 투쟁과 정신만을 드러내는 것은 하나의 드라마틱한 설명에 지나지 않는다. 투철한 민족의식과 열렬한 애국심에 대한 전체적 조명에는 미치지 못하는 것이다. 애국투사들과 맞서 독립운동을 말살하기 위해 일제에 앞장서 협력했던 친일세력들은 오늘날 60세 이하의 국민들은 상상조차 할 수 없는 악랄하고 무자비한 야수와 같은 행위를 일삼은 자들이다. 이들의 비인간적인 반역행위가 함께 알려질 때 비로소 그들에 대한 증오심과 적대감이 결합되어 국민 각자가 자신들이 직접 당한 것과 같은 분노를 느끼게 된다. 이 때 비로소 투철한 민족의식과 열렬한 애국심이 창조적으로 형성되어 민족과 조국을 최우선으로 두고 각자가 여기에 종속해야 한다는 조국관이 창조적으로 형성된다고 본다.

이것은 필자의 논리적인 설명이 아니라 식민지에서 독립한 국가 대부분의 현실이 이를 증명해 주는 객관적 사실이다. 독일 나치에게 일찍 점령당했던 프랑스와 일제에 군사 점령 당했던 중국과 영국 식민지에서 독립한 인도 및 아프리카 여러 나라에서는 민족 반역자와 그 세력 및 행위를 구체적으로 찾아내어 국민 앞에 알리고, 독립운동의 현장에 세워진 기념영조물에도 애국자와 함께 반역자의 명단과 행위에 대해서도 돌에 기록되어 있다는 것을 나는 일본에서 발행한 월간지에서 읽은 적이 있다.

오늘날 우리 2세들에 대한 항일운동 교육은 세계에서 그 예를 찾아 볼 수 없는 악랄하고 무자비했던 친일세력의 구체적인 행위와 그들의 이름을 감추어 버리고 독립투사들의 투쟁만을 찾아내어 알리는 데 그치고 있다. 이것으로 애국정신 교육과 홍보를 하고 있다. 그것도 전체가 아니고 일부분만을 가르치고 알리며 애국 교육을 하고 있다.

친일 반역세력을 감추어 버리고 애국자로 둔갑시킨 조건하에서 그것도 항일 독립운동 투사들의 극히 일부분에 대해서만 가르치고 알리는 애국정신 교육이 과연 2세 국민의 심금을 울리는 영향을 주어 각자 생활의 지침으로 삼게 할 수 있을 것인지, 애국정신 교육의 일선에 나서고 있는 저명한 교육자와 학자 및 민족문화사 단체의 지도자들과 이 방면에 전문적인 언론인들에게 진지하게 묻고 싶다.

4. 민족의식과 계급의식

1) 계급의식 형성의 근거

마르크스-레닌주의의 주장에 따르면, 사회경제적인 입장에서 착취, 피착취 계급으로 나뉘어 형성된 계급의식은 전 인류의 민족적, 인종적, 국가적 차별을 초월한 객관적 사회경제적 이해관계에서 필연적으로 형성된 무엇으로도 바꿀 수 없는 사회적 인간의 원천적인 기본의식이다. 인간이 살기 위해 모든 것에 가장 우선되는 과제는 먹고 입고 사는 문제를 해결하는 것이며, 이는 모든 인간 전체에 해당되는 과제다. 즉, 물질적 생활수단을 해결하는 것은 각자가 바라고 추구하는 문제를 해결할 수 있는 기본 조건이다. 이것을 얻는 과정에서 착취 계급과 피착취 계급이 나뉘어지고 여기에서 형성된 필연적인 의식이 계급의식이다. 사회적 인간이 생활수단을 얻기 위해서서는 반드시 양쪽 계급 중 어느 한 편에 서야 하기 때문이다.

계급의식을 바탕으로 이루어진 동지애는 원천적인 기본 의식이기 때문에 동지와의 관계는 육친 이상으로 친밀하며 동지적 단결은 어떤 것으로도 파괴할 수 없는 강철과 같은 의식적 결합이라고 했다. 그리고 계급의식은 민족의식이나 종교나 신앙보다 더 우위에 있는 본능적인 사회의식이라고 했다. 그러나 계급의식만이 유일한 기본 의식이고 민족의식은 사회주의 사회 제도에서는 소멸되고 말 것이라는 마르크스-레닌주의 사상은 근본적인 문제점을 드러내고 있다. 현재 사회주의를 폐기하고 민족국가로 전환한 국가에서 계급의식이 소멸되고 민족의식이 기다렸다는 듯이 폭발적으로 일어나 민족국가의 기본 의식으로 바뀌고 있는 게 현실이기 때문이다.

2) 민족의식은 본능의식

소련을 비롯한 20여 개 사회주의 국가들이 사회주의 제도를 폐기하고 민족국가로 바뀌는 현실을 보면서 혹자는 외부 제국주의 세력에 의한 알력적인 영향과 간섭 등 농간의 결과라고 말한다. 또 혹자는 공산당과 국가 고위층의 관료화와 부패에서 원인을 찾기도 한다. 이러한 논리는 ML주의가 영원불변의 진리라는 것을 전제로 한 주장들이다. 즉 사회주의 사회제도는 합법칙적인 올바른 제도라는 가정을 하기 때문에 사회주의 폐기의 원인을 외부에서 찾는 것이다. 그러나 사실은 이와는 정반대로 나타나고 있다.

사회주의를 폐기한 나라의 지도자들과 그 국민들의 마르크스-레닌주의에 대한 의식은 최고 수준에 도달해 있었다. 또한 이 사상을 국가 사회에 적용한 실천 경험의 역사가 반세기 이상 이어져왔다. 이처럼 마르크스-레닌주의에 대한 이론과 실천 경험에서 가장 충실하고 철저했던 마르크스-레닌주의자들이 사회주의의 원천적인 모순을 발견하고 이를 폐기했다는 사실이 오늘의 역사가 보여주는 진실이다.

오늘날 소련을 비롯한 사회주의 사회의 제도를 변혁시킬 능력을 가진 외부 세력은 존재하지 않는다. 사회주의 세력은 미국을 정점으로 한 서방세력과 대등하게 맞서고 있던 세계의 양대 세력의 하나라는 사실은 누구도 부인할 수 없는 분명한 사실이다. 사회주의 국가에서 사회주의 제도를 폐기한 것은 수준 높은 공산당원과 여기에 호응한 국민들의 절대적 지지에 의해 자체적으로 이루어진 역사발전 법칙에 따른 필연적인 결과인 것이다.

오늘날 각국 공산당원의 의식수준은 당의 지도부인 상부와 평당원 간에 기본 이론 수준에 있어 차이가 없이 동등하다. 다만 당과 정부의 정책과 지도를 담당한 고위층은 이 이론을 국가와 사회에 효과적으로 적용하여 발전시키며 외세와의 관계에서 능동적인 운영의 기능을 맡고 있다는 차이가 있을 뿐이다. 사회주의 국가의 국민의식 수준 역시 당원과 비당원 간에 별 차이가 없다. 50~70년에 걸쳐 전 국민이 철저하게 ML사상에 대한 교육을 받고 이 이론에 따라 생활 하고 활동했기 때문이다. 또한 오늘날 정권을 잡지 못하고 있는 서 방 국가 내에 있는 합법, 비합법적 공산당의 지도부와 평당원 사이 에도 기본 이론 수준에는 차이가 없이 평준화되어 있음을 말해둔다.

그러므로 이번의 사회주의 붕괴를 어린이가 성인으로 성장한 것 에 비유하자면, 외부의 힘센 대인들이 아이의 발목과 목을 잡고 잡 아당겨 늘린 결과가 아니라 어린애 자체의 생리 기능의 성장에 의한 필연적인 결과라고 할 수 있다. 여름이 지나 엄동설한이 닥쳐오면 얼어 죽지 않기 위해 여름옷을 벗어버리고 두터운 겨울옷으로 갈아 입는 법이다. 외부인에 의해 본인의 의사가 무시된 채 억지로 벗기 고 입혀지는 것이 아니라 본인이 생존하기 위한 생리적인 욕구에서 스스로 선택한 것과 같다. 사회주의 국가 국민들이 더 잘살기 위해 서는 사회주의라는 낡은 옷을 벗어야 했기 때문에 공산당과 함께 높 은 의식수준의 전 국민이 합세하여 만든 역사적 합작품이 자유 민주 민족국가로의 전환인 것이다.

생산력 발전을 가로막는 사회제도는 반드시 타도되고 생산력을 더욱 발전시켜 국민의 복지적 욕망을 충족시키는 데 있어 선도적 역 할을 할 수 있는 사회제도로 바뀌게 된다는 것은 사회과학의 초보자 도 다 알고 있는 역사발전 법칙에 따른 필연적인 결과다. 이것이 사 회주의 제도 폐기의 근본 원인으로 작용한 것이다.

그러므로 소련을 비롯한 20여 개 사회주의 국가가 미련 없이 헌 옷을 벗어던지고 더욱 좋은 새 옷으로 갈아입는 것과 같은 일이 마 르크스-레닌주의에 누구보다도 충실했던 공산당원들과 국민의 절대

다수에 의해 이루어진 것이다. 현재 일부 소수 남아있는 보수적 공산주의 세력과 국수적인 민족세력이 반대하고 있으나 절대다수 세력에 의해 이루어진 역사발전 법칙은 되돌릴 수 없는 필연적인 것이 될 수밖에 없다. 그리고 아직 남아있는 6~7개 사회주의 국가들도 민주자유적인 민족국가로 점차 선회해가고 있음은 민족의식이 민족의 본능적인 기본의식이라는 사실을 입증해 주고 있다.

3) 계급의식은 상대적인 가변적인 것

계급의식은 원래부터 있던 영구적인 것이 아니라 계급 간의 사회경제적 이해관계 대립에서 형성된 것이다. 역사적으로 보면 인간이 사회생활을 하기 시작한 이후 오랜 세월이 지나 계급적인 국가의 등장과 함께 계급의식이 발생했다. 또한 계급 간의 변동이 이루어지기 때문에 계급의식은 불변의 것이라 볼 수도 없다.

예컨대, 오늘날에도 마르크스-레닌주의에서는 독점 재벌의 형성과 함께 중소 부르주아 계급은 프롤레타리아 계급으로 전락한다고 말한다. 이 말은 곧 부르주아 이데올로기를 가졌던 계급이 프롤레타리아 이데올로기를 가진 계급으로 바뀐다는 뜻이다. 계급의식이란 유동적이라는 것이 된다. 또 노동자가 어떤 기회에 기업주가 되어 노동자를 고용하는 자본가가 되면 동시에 계급의식이 반대로 바뀐다는 것을 뜻한다. 이러한 사실은 일단 형성된 계급의식은 영구적인 것이 아니라 각자의 생산관계의 위치 변화에 따라 변하는 가변적인 것임을 말해주고 있다.

이러한 계급의식에 비해 민족의식은 그 민족국가 사회 내부의 극소수 매국적 민족 반역자를 제외하고는 사회 경제적 관계와 사회 성분과 신분, 기타 모든 구별과 차별을 초월하여 전 민족이 가지고 있는 민족공동체의 운명의식으로서 외부의 어떤 변화와 환경에 영향을 받지 않고 모든 것을 초월하여 존재하는 동질적인 본능의식이다.

사회주의 국가에서 민족국가로 전환한 나라의 경우 그동안 사회주의 사회에서 억눌려 나타나지 못했던 민족의식이 일단 그 압력이 제거되자 폭발적으로 나타난 것은 우연한 일도 기적적인 일도 아니고, 단지 민족이면 누구나 예외 없이 가지고 있던 의식이 본능적으로 표출된 것으로 보아야 한다. 사회주의를 폐기한 나라에서는 마르크스-레닌주의가 말하는 계급의식이 소멸되고 대신 잠재되어 있던 민족의식으로 전환되어 표면으로 드러나게 된 것이다.

제3장 민족사의 역전과 민족의식의 퇴색

1. 해방 후 민족사의 역전

1) 미군정과 함께 사라진 완전 자주독립의 꿈

이상에서 민족의식의 본질, 속성과 기능을 역사적 사실에 근거하여 발생학적으로 구체적인 설명을 했으므로 민족의식이 무엇인가를 이해했으리라고 본다. 민족의식을 기준으로 8.15 이후의 역사를 비추어 분석 평가한다면 민족의식을 더욱 확실하고 분명하게 피부로 느낄 수 있는 실감적인 인식을 할 것이다. 8.15 이후 오늘에 이르기까지의 우리가 겪었던 역사적인 현실이 민족의식과 반민족의식, 동포감정이 무엇인가를 학술적 논리 이상으로 웅변적인 설명을 해주고 있기 때문이다.

8.15 이후 오늘까지 반세기 동안 우리 역사의 흐름과 방향은 민족사가 지향하는 방향과는 정반대로 역류하고 있다. 8.15 이후 오늘에 이르기까지 민족사 앞에 전개된 수많은 사건들에 대해서는 그동안 교육, 보도, 논설과 학설 및 여러 사회단체에서 되풀이 해가며 설명했다. 이 글에서는 역사적 사실들에 대해 외형적인 현상은 걷어내고 민족적 입장에서 그 속에 있는 본질을 파헤쳐 보기로 한다. 이것만이 발전 지향적인 역사의 진로와 민족의식과의 관계를 가장 명확하

게 설명해 주기 때문이다.

제2차 세계대전이 연합국의 승리로 끝나 일제가 패망하자 우리 민족은 완전한 자주독립국가 건설의 희망을 가졌다. 그동안 일제의 감시와 억압으로 말 한마디 하기 어려웠던 독립을 소리 높이 외치면서 하루속히 독립된 조국을 수립하기 위해 한 몸, 한 뜻이 되었다. 당시 우리 민족은 내부에 독립을 지향하는 가운데도 여러 가지 사상과 정견이 난립하며 서로 갈려 있었다. 종교적인 차이와 경제적인 대립 관계도 있었다. 그러나 미군정이 실시되기 전까지는 민족 내부의 이견을 초월하여 전 민족의 공동 운명이 담긴 조국 건설의 준비 과정으로 건국준비위원회와 인민위원회가 설립되어 활동하며 일부 친일세력을 제외하고는 완전히 일치단결된 민족통일전선이 형성되었다.

미군정의 등장과 함께 모든 상황이 바뀌었다. 일제 패망 후 우리 국민들은 우리나라의 정권은 당연히 우리 민족이 잡아야 한다고 철석같이 믿었고 그것이 가장 정당한 것이므로 국제적인 지원을 받을 수 있으리라 믿었다. 그러한 자주독립의 꿈은 1945년 9월 9일 미군정이 시작되면서 미군정만이 남조선의 유일한 합법 정권이고, 그 외에 독자 정부 수립을 내세우는 사회단체는 모두 불법이라는 군정 명령이 내려지면서 무산되었다. 조선의 독립정권 수립을 목적으로 설립된 인민위원회와 그 산하의 단체도 불법 단체로 규정되어 해산되었다.

일제 치하에서 36년간이나 참고 기다리다 마침내 우리 민족국가를 수립하게 되었다는 꿈은 1945년 8월 15일부터 9월 9일까지 25일간의 단명으로 사라져버렸다. 그 25일의 기간은 어느 외국 세력 하나의 지배가 없는 우리 민족 역사상 처음 가졌던 완전 자주독립을 위한 활동 기간이었다. 이 기간은 다른 역사 단계와 분명히 차이가 있는 독자적인 하나의 역사시대임을 밝혀 둔다. 이것은 조선 말기의 반봉건 민주혁명인 갑오경장이 3일천하의 단명으로 끝난 것과 같이 8.15 직후 우리 민족이 궐기했다 단명에 그친 또 하나의 민족 독립 혁명이었다.

2) 미군정 정책은 조선총독부의 복사판

조선 민족의 자주독립 정권 수립을 돕겠다는 목적으로 설치된 미군정은 조선총독부 통치기구와 총독부 관공리를 그대로 받아들여 승진 기용하고 총독부 법령도 원용한다는 군정 성명까지 발표했다. 친일 반역세력의 구세주격인 일제가 패망하자 겁을 먹고 떨고 있던 친일 반역 인사들은 미군정의 통치 방침에 따라 불과 얼마 전까지 고급 관리였던 일본인이 물러간 그 자리에 2~3계급씩 승진되어 기용되었다. 미군정은 일선 면에서 중앙에 이르기까지 친일세력에게 정치권력을 넘겨주었다. 미군정 정부는 일제 총독부의 각급 공무원과 친일 인사 중심으로 재구성된 총독부의 재판이었다.

미군정은 친일세력에게 정치권력을 넘겨주고 재야의 친일세력에게는 일제가 남기고 간 이권을 모조리 넘겨주어 장악하게 했다. 미국은 조선의 친일 인사들이 조선 민족의 독립을 반대했을 뿐만 아니라 독립운동을 하던 애국인사들을 말살하기 위해 일제에 앞장섰던 사실을 잘 알고 있었다. 다시 말해 미국은 조신인 출신의 친일세력이 조선 민족의 독립과 정면 대립되는 적대세력임을 누구보다도 잘 알고 있었다. 조선 민족 중에는 친일 관공리 외에도 애국심이 투철하고 지식과 능력이 우수한 인재가 얼마든지 있었음에도 불구하고 하필이면 미국은 왜 친일 민족 반역 인사들을 앞세워 군정을 실시했을까?

이러한 의문에 답을 얻기 위해서는 강대국이 약소국가를 지배하는 과정에서 사용하는 일반적인 방식, 즉 제국주의 국가들이 식민지 지배를 효과적으로 수행하기 위한 보편적 원칙을 이해해야 한다.

강대국이 약소국을 지배하려면 먼저 그 민족을 분열시켜야 한다. 그러기 위해서는 개인의 이익을 위해 조국과 민족을 헌신짝 같이 버린 채 지배세력인 외세의 앞잡이가 되어 충성했던 인간들을 앞세우는 것이 그 민족을 분열시키는 데 가장 효과적이며, 자신들의 지배에 유리하다는 것이 지금까지 제국주의 열강들의 식민지 지배 경험에서 증명되고 확립된 원칙이다. 일제도 우리 민족 지배를 위해 동일한 방식으로 친일세력을 조직화한 뒤 이들을 앞세워 일본인 이상으로 자신들에게 충성을 바치게 했다.

미군정이 하필이면 절대다수인 조선 민족과 양립할 수 없는 적대적 존재인 친일세력을 총독부 통치 제도와 함께 친일 관공리를 기용한 것은 군정의 효과적인 성공을 거두기 위한 목적에서였다. 이 점에서 일제의 식민지 지배와 조선에서의 미군정 실시는 그 목적과 원칙에서 완전 일치한다는 것을 말해 둔다.

미군정은 군정 통치를 중지하고 조선인에게 정권을 넘겨주라고 요구하면서 그 뒷받침 세력으로 결성되었던 인민위원회와 그 산하 단체를 불법화하여 해산시켰다. 해산된 단체의 구성원들은 여기에 대항하기 위해 각 사회단체가 참여한 민주주의민족전선(民戰)을 설립하여 민족 자주정권을 위한 투쟁을 계속했다. 그러자 미군정은 민주주의 민족전선이 당시 조선 공산당 주도하에 조직된 점을 확대 평가하여 산하 각 사회단체 구성원 전부를 공산주의자, 용공좌익 세력으로 규정하여 철저한 탄압으로 해산시켰다.

당시 미군정으로부터 정권을 넘겨받아 자주독립 조국을 건설하는 것은 전 민족의 일치된 소망이었다. 그러나 미군정은 민전 관련자들을 모조리 용공좌익으로 몰아 체포, 처벌, 해산시켰다. 미국은 친일세력의 강화, 확대를 위해 친일세력을 민족우익 애국세력으로 둔갑시키고 여기에 반대한 사회세력을 반민족적인 것으로 규정하여 용공으로 철저히 탄압 말살함으로써 친일세력 정권 수립을 위해 방해물이 없는 평탄한 정지작업을 하였다. 이리하여 친일세력이 주도권을 잡은 이승만 정권이 탄생한 것이다.

3) 친일세력의 목적은 민족사를 역전시키는 것

조선 민족의 말살을 위한 총독부 정책에 앞장서 일본인 이상으로 일본이라는 나라를 위한 애국심(당시 그들은 이것을 애국이라 했음)을 열렬하게 내세우며 민족에 반역했던 친일세력이 정권을 잡게 되자 이들은 우리 민족의 자주독립을 열망하고 지지한 애국 민족세력의 인사들과는 양립할 수 없는 적이 되었다. 친일세력과 민족세력이 동시에 우리 조국에서 사는 것은 절대로 있을 수 없는 일이다. 어느 한 편이 말살되고 부정되어야 하는 것이 민족사의 발전법칙이다.

이 두 세력은 추호의 타협도 화해도 관용도 불허되는, 즉 얼음덩이와 숯덩이의 관계와 같은 빙탄지간(氷炭之間)의 관계로서 본질적으로 적대적 운명의 존재다. 미국이 실시한 군정과 미국의 군사력을 뒷받침으로 하여 조국의 정권을 장악한 친일세력은 자신들만의 정권 유지를 위해 반공을 국시로 삼아 친일세력에 반대하는 세력을 철저하게 탄압, 말살하여 이 나라를 친일세력의 천지로 바꾸어 놓았다. 우리 민족사의 역전이 당연시되는 기가 막힌 상황이 바로 친일세력의 권력 장악을 통해 우리 현대사에서 현실화된 것이다.

이러한 일들은 우리 민족 뿐 아니라 제2차 세계대전 후 식민지에서 독립한 110여 개 국가 중 전 식민지 종주국의 보호지지를 받은 반민족세력이 정권을 장악하고, 이들이 민족지도자로 둔갑한 신생 국가들에서도 나타났던 한시적인 현상이다. 그러나 민족 대다수를 적대하며 민족 말살적인 정책을 고수한 반민족세력의 정권 장악은 그 민족 저변에 도도히 흐르고 있는 민족정기가 담뿍 담긴 민족사 흐름 위에서 한시적으로 일어난 역사적 변태일 뿐 영원한 것이 될 수 없었다. 이들은 사필귀정(事必歸正)의 순리에 따라 이 나라들에서는 일찍이 민족세력에 의해 타도, 후퇴되었고 대부분이 민족 자주 독립 국가를 수립하여 자주적인 발전을 하고 있다.

8.15 이후 형성된 이러한 모순은 정권의 책임자가 달라졌을 뿐 정책과 형태를 바꾸어가면서 친일 반역 행위를 당연한 것으로 합리화시키면서 친일세력을 민족의 지도세력으로 위장시켰다. 이러한 전통은 6공화국 문민정부인 오늘에도 이어져 내려오면서 거대한 세력으로 존재하여 국가에 큰 영향력을 끼치고 있다.

4) 친일세력이 주도하는 민족사의 모순을 극복해야

일제는 우리나라를 총칼로 침략하여 식민지 지배로 우리 민족을 꼼짝 못하게 묶어 놓고, 우리 민족의 부와 노동을 착취하여 자신들을 부강한 나라로 만드는 결정적인 계기로 삼았다. 일본은 지금도 식민지 시대의 타민족 수탈에서 얻은 이윤과 그때의 달콤한 구미와 야망을 버리지 못하고, 국제정세에 맞추어 수단과 방법을 바꾸어가며 이윤 추구에 급급하고 있다. 그 중 우리나라가 이윤 추구의 초점이 되고 있다. 오늘날 조성되어 가고 있는 동북아 정세는 일본에 유리하게 전개되어 가고 있다. 일본은 거대한 자본 축적과 제한선 없는 군사력의 질적인 증대와 함께 세계 경제권을 지배해 가고 있다.

8.15 후 우리 민족의 가장 중요한 문제는 직간접적으로 연결된 친일세력이 반공을 국시로 내세워 정권을 잡고 있는 것이다. 이들은 우리나라의 정치, 경제, 문화 등 각 분야를 일본과 맞물려 종속시켜 왔다. 이는 민족의 완전 자주독립을 목적으로 한, 민족정기가 담긴 민족의식이 원하는 것과는 정반대의 결과를 가져왔다.

친일세력이 주도권을 잡고 내려온 역대 정권은 표면상의 통치 이념으로 민족의식, 국가의식, 가치관을 내세우고 있으나, 이것은 속임수적인 형식일 뿐 내용과 실제는 친일세력을 본위로 하고 그들이 중심이 되었음은 세상이 다 아는 사실이다. 8.15 직후 우리 민족의 최대 사명은 해방된 우리나라에서 친일세력을 배제하고 민족의 순수성을 찾는 민족사의 청산과 함께 민족세력이 굳게 단결하여 강력한 민족역량을 조성하는 것이었다. 이에 반해 친일세력이 내세우고 있는 애국정신은 민족의식에 바탕을 두고 민족사의 바른 정신을 고양하려는 것이 아니라, 친일세력인 자신들을 민족지도자로 합리화시키려는 수단이었다. 그것은 오늘 우리 국민이 다 알고 있는 사실이다.

민족의식은 조국과 민족을 최우위로 받들고, 민족 내부에 있는 모든 계층의 갖가지 이해관계는 여기에 종속시키는 의식이다. 즉 조국과 민족을 다양한 형태로 존재하는 전 민족구성원을 포섭하는 모체로 삼아 그 민족의 모든 것이 존재할 수 있도록 하는 반석과 같은 기반을 만들겠다는 사고방식이다. 민족 내부의 다양성과 다원성을 통일할 때 비로소 무한대의 역량을 발휘하는 민족역량이 창조된다. 이 사실은 오늘에 이르기까지 세계 각 민족사가 웅변으로 말해주고 있다. 정권을 잡은 지배세력과 국민 간에 민족의식으로 결합된 단계를 이루지 못하고 분열되면 조국과 민족 존재의 기본 역량인 민족역량 형성은 불가능하며 국가 발전도 이룰 수 없다.

우리나라는 8.15 이후 각 분야 별로는 괄목할만한 발전을 해왔다. 그러나 이것이 국력으로 집결, 승화되지 못하고 재벌과 기업 단위로 따로따로 발전해 왔음은 누구도 부인하지 못하는 엄연한 사실이다. 8.15 이후 친일세력을 응징, 배제하고 일치단결된 민족세력을 바탕으로 한 민족 자주국가가 수립되어 민족을 중심으로 한 민족 본위의 정책을 강행해 왔더라면 국토와 인구에 있어서는 대국과 차이가 있으나 국민 생산성 발전에서는 선진국 수준에 도달했을 것이다.

그럼에도 불구하고 우리나라가 아직까지 개발도상국에 머물러 있는 것은 민족의 이익을 친일세력의 이익에 종속시켜온 반민족적인 대모순이 지속적으로 이어져 왔기 때문이다. 이러한 민족사적인 대모순의 측면에서 오늘을 조명해 보면 국력 발전의 토대인 생산력을 발전시키기 위한 정신적 토대인 민족적 단결이 결여된 데서 빚어진 필연적인 결과라고 볼 수 있다. 친일세력이 주도권을 잡고 있는 조건하에서 민족의 투철한 민족의식 각성과 한 덩어리와 같은 민족 단결을 바라는 것은 나무 위에서 생선을 구하는 것처럼 이루어질 수 없는 꿈이다.

친일세력이 민족의 정권을 장악하고 있는 조건하에서는 어떠한 형태로든 민족 단결에 의한 거대한 민족역량의 창출은 불가능하다. 민족의 단결과 민족역량의 강화는 친일세력을 부정, 말살하는 적대적인 것이 되기 때문이다. 오늘까지 우리의 역사는 우리 민족 전체의 운명을 싣고 가는 민족 선박의 항해 방향을 결정하는 키를 친일세력이 잡고 그들이 바라는 방향으로 항해하고 있음을 알아야 한다. 이것이 모든 부정부패의 반사회적 현상이 발생한 원천이 되고 있음을 오늘의 현실에서 똑바로 보아야 한다. 인류사회에서 최대의 부패는 천인공노할 죄악을 뉘우치지 않고 지도자로, 애국자로 합리화시키며 뻔뻔스럽게 사는 일이다.

문민정부는 앞으로 5년간 통치의 3대 강령으로 부정부패의 척결, 경제 발전, 국가 기강 확립을 내세웠다. 그 첫째가 부정부패의 단호한 척결임을 강조하고 있다. 일제의 침략에 영합하여 우리 민족의 존재마저 말살시키고, 일본 식민지 영구화에 앞장서 일본인 이상으로 충성을 바쳤던 친일 행위가 최대의 부정이다. 우리 민족의 기본 부정부패는 눈 감아버리고, 이것이 근본 원인이 되어 파생적으로 나타난 부분적인 부정과 부패를 척결하는 것은 마치 저수지의 수문을 터놓고 내려오는 물을 막으려는 것과 같은 소극적인 정책으로 효과를 거둘 수 없는 것으로 본다.

민족의 역사에서 최대의 부정은 민족 반역이며, 최대의 부조리와 부패는 민족 반역의 대가로 얻은 기득권을 유지하면서 이것을 바탕으로 권력의 장악과 치부를 하는 일이다. 용납할 수 없는 이러한 반민족적 부당행위가 이번 기회에 제대로 청산되는 출발점이 될 수 있을지 기대해 본다.

2. 민족의식 교육에 관해

1) 실천과 유리된 이론적 민족의식 교육

우리 민족의 공동운명체 의식은 조선조에 이르기까지는 전제군주 제하의 지배층인 양반계급과 피지배층인 상민계급이 절대적으로 대립하는 사회구조에서 강요당한 충군의식에 머물렀다. 그러다가 민족의식에 눈을 뜨기 시작한 것은 일본 제국주의의 무력 침략 이후 식민지 노예화가 눈앞으로 다가온 을사보호조약 때부터였다. 이때부터 민족 전체의 생존과 발전을 위해서는 일본의 침략에서 벗어나 독립하는 것만이 유일한 길임을 뼈저리게 인식하게 되었고, 한일합방으로 망국이 확정되자 민족의식의 각성은 광범위하고 급속도로 형성되었다. 그 후 우리 민족은 일본 제국주의에 의해 무자비하게 짓밟히면서도 전 민족의 자주독립 의식 각성을 촉구하며 계속된 수많은 항일 독립운동을 전개하며 민족의식을 더욱 다져나갔다.

한 민족의 모든 생활과 행동 및 처세의 기본 의식인 민족의식은 제목만 요란한 논설이나 강연 등의 선전적 교육이나 교양만으로는 구체적인 본질을 파악하지 못한 채 개념적인 것에 그칠 우려가 크다. 민족의식은 전 민족의 공적, 사적 활동 모두를 민족정기에 조응하여 규제하고 여기에 따라 생활과 행동과 처세를 종속시키게 하는 것으로서 민족 구성원 개개인이 각성하고 생활화하여 적용하고 실천해야 한다.

우리 청소년들은 학교의 교육 과정에서 빠짐없이 민족의식 교육을 받고 있고, 청년들도 군 복무 시에 애국정신을 주축으로 국가의식과 결부된 민족의식 교육을 귀에 못이 박힐 정도로 받고 있다.

민족정신과 민족문화에 특화된 수많은 사회단체에서도 꾸준한 강연과 함께 출판물을 통해 전 국민을 상대로 민족의식 교양 보급을 계속하고 있으며 출판사들 역시 민족의식에 관한 전문 민족문화 학자들의 논설을 책자로 발간하여 홍수처럼 쏟아내고 있다. 또 신문과 월간지도 이 방면의 저명한 학자와 전문가, 민족문화 학자들의 논설을 꾸준히 내고 있다.

이상과 같은 민족의식의 교육과 교양은 주로 애국정신, 국가의식, 사회의식, 가치관 위주로 실시되고 있다. 전 국민이 이를 인식하여 공적, 사적 생활의 가치기준 의식으로 각성하고 모든 생활과 행동처세를 여기에 맞추어야만 국가와 사회 질서가 바로 잡혀 국력이 향상되고 평화로운 국가 사회를 이룩할 수 있다는 개론적인 내용이다.

문제는 민족의식이라는 것이 강의나 강연을 통해 귀로 듣고 책을 읽어 배워 암기하는 인식으로 그쳐서는 안 된다는 점이다. 애국정신, 국가의식, 사회의식 가치관 등으로 표현된 민족의식의 내용은 학구적이고 이론에 치중한 개론적, 논리 지향적이다. 민족의식은 국민의 공적 사적 생활을 인도하는 사상적 기준이 되어야 하므로 민족 구성원 개개인의 생활화가 절대적으로 요구된다. 즉 실천해야 한다는 말이다. 실천으로 생활화하는 것은 매우 구체적이어야 하는데도 이 점 역시 원칙적인 개론의 테두리를 벗어나지 못하고 있는 게 민족의식 교육의 현실이다.

민족의식 교육은 지식을 가르치고 받아들이는 다른 분야의 교육과는 본질적으로 다르다. 다른 분야에서 교육의 근본 목적도 결국은 실천하기 위한 것이지만 이는 시간을 거친 다음에야 이루어지는 실천이다. 반면 민족의식은 교육자와 학생의 마음과 생활과 활동에 이르기까지 국민 생활에서 일체의 가치평가 기준인 동시에 그 순간부터 생활화하라는 지시인 것이다.

그리고 민족의식 교육은 교육을 받아야만 알게 되는 지식의 교육이 아니다. 민족의식은 인간이 태고에서부터 오늘에 이르기까지 사회생활에 들어오면서부터 형성된 공동운명체의 질서 속에서 긴 역사 기간을 통해 형성된 본능의식이다. 그러므로 이 의식은 전 민족이 마음속에 잠재하고 있는 의식이므로 교육은 이것을 각성시키는 것임을 알아야 한다. 즉 주입이 아니라 깨우쳐주는 것임은 모든 민족의 발전 과정에서 증명해 주고 있다. 그러나 오늘날 우리의 민족의식 교육은 이 점을 혼동하고 있는 것 같다. 구체적인 생활지침이 결여되어 있으므로 생활화와 유리된 결과를 가져오고 있다.

그 증거로 들 수 있는 것은 모든 교육에서 민족의식 교육에 역점을 두고 있음에도 오늘 우리 사회의 현실은 정반대의 현상들이 일반화되고 있다는 점이다. 객관세계에 나타난 모든 결과와 현상은 돌연적인 것이 아니고 반드시 그 결과를 가져오게 하는 원인이 선행한다. 즉 민족의식을 자기 생활의 지침으로 하고 그 규제를 받으면서 생활해야 하는 실천의식으로 받아들인다면 즉각 생활과 행동에 반영되어 실천으로 나타나야 한다. 그것이 민족의식 교육의 본질이며 목적이다.

민족의식은 민족의 공동운명체인 국가가 존재하고 발전하기 위해서는 반드시 여기에 따라 생활해야 한다는 가장 강력한 최고의 윤리규범이다. 그리고 국가 정책과 모든 사회 질서와 교육이 여기에 맞추어 구체적으로 실행되어 민족적인 것과 반민족적인 행위를 엄격히 구별하여 법적, 사회적, 도덕적으로 책임을 묻는 규제 장치가 교육과 함께 이루어져야만 한다. 그러나 우리 현실에서는 이와는 동떨어진 일들이 널리 자행되고 있다.

몇 가지 사례를 들어 보자. 우리 재벌 기업들, 고위 관료들, 그리고 불로소득을 노리는 부자들의 부동산 투기는 지가를 천정부지로 상승시켜 전 국민의 60% 이상이 집 지을 땅 한 평을 구하지 못할 정도로 만들어 놓고 있다. 이러한 행태는 국가와 사회의 묵인하에 반 공개적으로 진행되는 개탄스런 현실이다. 또 한 가지 예로 우리의 좋은 농수산물을 두고 농어민은 죽거나 말거나 자기 이익만을 위해 같은 종류의 외국 농수산물을 공식 무역이든 밀수든 수단을 가리지 않고 물밀 듯이 들여옴으로써 국가경제의 혈액인 막대한 화폐를 국외로 유출시키고 있다. 이러한 행위들은 국가와 민족보다는 개인만을 우선하고 있는 반민족적인 행위라는 사실을 누구도 부인하지 못할 것이다.

그 외에도 국민의 혈세인 국가 재정을 횡령하는가 하면 인허가를 둘러싸고 공적 권리를 사적 권리로 바꾸어 뇌물을 강탈하는 일도 끝이지 않고 보도되고 있다. 이러한 일들은 빙산의 일각이라는 정도를 넘어 구우일모(九牛一毛)라 표현해도 과장된 표현이 아닐 것이다. 오늘날 우리 사회에서 여러 가지 형태로 거대한 부를 축적하고 있는 소위 부자들의 재산 형성 과정을 공개적으로 분석해 본다면 온갖 비리와 반민족적인 행위로 점철되어 있다는 것이 밝혀질 것이다. 이처럼 사회 전반에 특히 지도층이 앞장서서 반민족적 반국가적 행동을 자행하며 그것도 날이 갈수록 확대일로에 있다.

그러한 사례를 일일이 들자면 열거하기도 힘들 정도이고, 이상에 말한 몇 가지만으로도 반민족 반국가적인 거대한 흐름이 나라의 각 분야에 영향을 주고 있는 사실을 충분히 확인할 수 있다. 얼마 전 지식층 청년에 대한 여론조사에서 정직하게 살면 손해를 보게 된다는 응답이 71%라는 내용이 언론에 보도된 바 있다. 또 "개 같이 벌어서 정승 같이 쓴다"는 반사회적 속담이 공공연하게 유행되고 있다. 이러한 풍조들이 횡행하는 것 역시 오늘날의 민족교육이 국민 각자의 양심과 국가관 및 윤리의 정립에 있어 반드시 민족의식에 입각하여 여기에 따라야 한다는 제약적인 강력한 영향을 주지 못했기 때문이라 할 수 있다.

민족의식 교육은 개론적이고 이론적인 범주에서 벗어나 국민생활의 구체적인 기준과 척도가 되어야 하며, 여기에 부합되지 않는 생활은 민족적 양심에 반하는 범죄 행위라는 사실을 아주 명확히 교육해야 한다. 국가권력과 정치, 경제, 사회, 문화, 언론, 신앙 등의 각 영역도 민족의식에 입각한 질서가 형성될 때 본래의 제 기능을 할 수 있다. 투철한 민족의식의 각성과 민족의식에 의한 공적 사적 생활이 이루어지지 않으면 국가의 존속과 발전의 바탕이 불안전하다는 사실에 대해 정부와 지도자와 국민이 철저히 각성하고 생활화하는 데 초점을 맞추는 민족의식 교육이 이루어져야 한다. 이러한 올바른 민족의식 교육에 대해서는 극소수를 제외한 국민의 절대다수가 바라고 있다는 점도 분명히 알아야 할 것이다.

2) 민족의식은 이론이 아닌 실천의 지침

오늘날 우리나라 각급 학교의 민족의식 교육은 교과서 중심의 강의로서 민족의식의 발생 과정과 내용에 대해 총체적인 설명과 더불어 우리 민족이 지키고 따라야 하는 민족윤리 규범에 대한 이론적인 원칙을 중심으로 진행되고 있다. 대학 과정에서는 전문 교수의 해박한 학식과 연구를 토대로 한 더 한층 수준 높은 민족의식 교육을 하

고 있고, 여러 학술서적과 철학, 역사, 사회과학 사전 등에는 민족의
식에 대한 체계적이고 인문학적인 설명들이 폭넓게 제공되고 있다.
이런 내용들을 종합하여 간단히 요약해 보자.

  민족은 인종학적으로 타 인종과 분명히 구별되는 신체적 조건인
피부색, 머리 모양, 눈과 코의 모양, 특이한 입술 등을 가진 인종이
유구한 역사를 통해 내려오면서 그 민족 고유의 전통을 형성하고 지
켜오는 데서 비롯된다. 민족이란 전통과 함께 형성된 문화인 언어,
문자, 신앙 및 역사를 갖고 일정한 생활권 내에서 공동사회를 형성
하고 있는 동일 종족의 집단을 가리킨다. 하나의 민족공동체는 그
민족 이외의 수많은 민족과 함께 존재하면서 서로 대립적인 관계를
맺는 것을 기본 속성으로 갖는다. 민족의 생활과 거주는 집단적인
것이기 때문에 타민족과 국경으로 구획되어 일정한 영토 내에 거주
하는 것이 불가분의 속성이 된다. 그리고 민족은 타민족으로부터 주
권과 영토를 수호하는 것이 민족 집단의 최고 임무이므로 조직화된
민족역량을 형성 발전시키면서 민족 고유의 전통을 이어오게 된다.
민족이 일단 형성되면 경제생활과 함께 그 민족 고유의 문화와 관습
및 신앙을 발전시킨다. 생활과 결부된 문화의 발전은 그 민족의 공
동체 운명 의식인 민족의식으로 지향, 결합하여 결정체와 같은 기준
의식으로 된다. 즉 그 민족의 모든 것에 우선하는 기준 의식으로 되
어 전통으로 이어져 내려온다.

  이와 같은 이론적 설명이 민족 문제와 관련하여 주로 얘기되는
내용들이고, 민족 문제에 대해 시험 답안을 작성하고 연구나 강의나
언론과 출판에 발표하는 것을 직업으로 하는 사람들에게는 주된 생
활수단으로 활용되고 있다.

  민족의식에 관한 이런 개괄적, 이론적 설명이 잘못된 것은 아니지

만, 국민과 사회에 도덕적으로 사회적으로 민족의식을 호소하고 있음에도 불구하고 앞에서 언급한 바와 같이 벌어지고 있는 현실에서는 그와는 상반된 현상들이 일반화되어 나타나고 있다. 민족의식에 대한 교육은 지식의 전수가 아니라 민족에 내재되어 있는 잠재의식을 각성시키는 수단이며 동시에 실천을 이끌어내는 것이 목적이므로, 실천과 유리된 말과 글만의 교육은 별 효과가 없다는 것을 오늘의 우리 현실이 입증해주고 있는 것이다. 즉 민족의식의 발생이나 형성 또는 그 구조적인 내용과 존재 형태를 역사적으로 설명하는 것만으로는 민족의식의 본질과 사명인 적극적인 실천 역량이 나오지 않는다는 한계를 가질 수밖에 없다.

민족의식은 한 민족이 역사와 함께 전통을 이어오는 동안 타민족과 대립하는 조건하에서 생활 발전사에서 형성되고 장기간의 역사를 통해 축적된 경험들이 녹아있는 것이고, 인류가 사회생활을 시작한 씨족사회의 공동체 생활 이래 오늘날에 이르기까지 누적되어 남아있는 본능의식이다. 따라서 민족의식은 발생 초기부터 그 민족이 따르고 지켜나가야 할 지침이 되는 의무화된 민족의식이다.

즉 민족의식은 자각과 함께 실천이 직결되어야 하는, 민족의 절대 명령적인 지시에 반드시 따라 생활해야만 그 공동체가 존재하고 발전하는 것을 담보할 수 있는 실천의식이다. 이러한 실천의식은 민족 공동체인 국가가 발전·강화하는 데 있어 바탕이 되는 민족역량의 창조와 직결된 원천의식이기도 하다. 한 민족이 민족의식으로 결합되지 않고 그 중 일부가 공동체의 제약에서 벗어나 개인 본위로 자기만 잘 살면 그만이라는 개인 지향으로 흘러 민족을 우위로 한 사고인 민족 단결의 유대에서 벗어난다면, 그 민족은 분열되고 약화되어 존망의 소용돌이에서 멸망으로 향한다는 것은 오늘날까지 살아남은 각국의 민족사들이 여실히 증명해주고 있다.

그러므로 실천이 본질이자 속성인 민족의식은 마치 전쟁 중에 사병에게 내린 사령관의 전투 명령처럼 절대적인 것이다. 다만 이것은 군대에서처럼 강제적이거나 강압적인 것이 아니고 시장꾼들의 떠드는 소리처럼 필요에 따라 반영해야 하는 여론과 같은 것도 아니다. 자기 자신을 포함하여 민족과 함께 구성원 각자가 생존하고 번영하기 위해 모든 것에 우선하여 지켜야 할 당연한 자발적인 사명의식이다. 민족의식은 학교 교육과 사회의 상식이나 학식 같은 것으로 교육하고 받아들이는 지식의 영역이 아니라, 스스로 자각하고 촉구하고 각성하고 생활화해야 하는 본능의식이자 실천의식인 것이다.

3. 민족의식의 퇴색을 경계함

1) 가려지는 민족정기와 퇴색하는 민족의식

우리 현대사에서 목격하는 무서운 현상은 친일세력이 주권을 잡고 국민을 지배하면서 자신들이 저지른 죄악상을 마치 조국의 발전을 위해 필요했던 것이라고 합리화시키는 정책을 지속해오고 있다는 사실이다. 그리고 여기에 대해 일반 국민들은 둔감해져 있다. 우리 민족의 상황을 살펴보면 분명하게 인식할 수 있다. 우리 민족 말살에 일본인 이상으로 앞장섰던 친일세력과 그 후예들과 그들을 지지하는 세력에 대해 오늘날 진정한 의미에서 민족적 분노와 적개심을 갖고 있는 국민이 과연 몇이나 되느냐 하는 점이다. 친일세력에 대한 민족 감정이 후대에 내려올수록 희미해져 가며 퇴색해 가고 있음은 엄연한 사실이다. 이것은 감정적인 표현이 아니라 객관적인 현실이 너무도 뚜렷하게 증명해 주고 있다. 앞으로 해결해야 할 민족적 사명과 과업이 산적해 있는 우리 민족으로서는 이 문제가 다른 어떤 일보다도 중요한 핵심 문제라는 점을 뜻있는 사람이라면 공감할 것이다.

그 중대성에 비추어 구체적 사례를 들어보기로 한다. 친일세력들이 매국의 대가로 받은 권력과 부와 일제로부터 받은 관직과 명예와 사회적 지위는 광복 50년 후인 오늘에 와서도 더욱 정당한 것으로 부각되어 합리화되고 있으며 그 자손들의 출세와 후광이 되면서 큰 도움이 되고 있음은 누구도 부인할 수 없는 객관적인 사실이다. 친일 인사들 본인은 물론이고 그 후예들은 예외 없이 각급 관직의 임용과 출세에 있어 우선적인 대접을 받고 있다.

이와는 대조적으로 청춘을 고스란히 조국에 바친 항일 독립 애국자들은 이러저러한 정책적 구실로 사회의 밑바닥에 깔려 춥고 배고픈 생활을 대를 이어 유지하고 있다. 이러한 현실은 우리의 민족의식이 거의 퇴색하여 무기력한 상태에 들어가고 있음을 반증하는 안타까운 일이다. 예컨대, 국가가 소유하고 있는 이완용을 비롯한 친일세력의 재산에 대해 그 후손에 돌려주라는 대법원의 판결은 우리나라 지도층의 친일매국노 문제에 대한 인식이 얼마나 역겨운 수준에 있는지를 웅변해주고 있다. 이러한 민족 최대의 모순에 대한 해결 없이는 우리 민족의 완전한 자주 조국 건설은 물론이고 앞으로의 발전도 난항을 거듭하면서 휘청거릴 수밖에 없다는 것을 인식해야 한다.

민족의식을 각성하여 통일적 인식을 이루지 못한 민족은 존속이 불가능하다는 것이 역사가 말해주는 현실이다. 지구상에서 사라진 테즈매니아 민족과 멸망 직전에 봉착했던 일본의 원주민인 아이누족의 역사에 대해서는 다른 곳(제3부 5장)에서 자세히 설명하겠다. 민족의식과 민족의 존속에 관한 원칙은 태고부터 지금까지 이어져 내려오는 변할 수 없는 진리라는 점을 말해 둔다.

2) 계급의식도 민족의식을 후퇴시키는 요인

오늘날 우리 민족에게는 남과 북이 공히 민족의식 외에 계급의식이 형성되어 있으므로 민족의식을 계급의식으로 대체해야 한다는 이론이 이어져 내려오고 있다. 계급의식을 먼저 내세우는 이러한 주장은 식민지에서 독립한 110여 개 신생 독립국가들에서도 똑같이 나타났던 현상이다.

이러한 이론은 계급의식이 최고 형태의 역사창조 의식이며 영원한 진리라고 주장하는 ML사상에 근거를 두고 있다. 즉 그 민족의 자주 민주 발전을 위해서는 ML사상에 근거한 계급의식이 민족의식보다 월등한 진리라는 것이다. 그러나 세계에서 벌어지고 있는 역사적 현실은 전혀 다른 결론을 내려준다. 즉 민족의식만이 민족의 존속과 발전을 보장하는 진리이며 ML사상에 근거한 계급의식은 민족을 분열시키는 비진리라는 사실은 절대다수의 사회주의 국가가 ML사상을 폐기하고 민족국가로 전환하여 자본주의 경제 도입과 함께 다당제 자유 민주사회로 전환하고 있는 역사적 현상이 입증해 준다.

머리가 우둔한 필자도 1988년까지 ML사상이 민족의식과 비교할 수 없는 과학적 진리라 믿고 인류가 존속하는 한 모든 민족의 발전을 위해 결국은 받아들여야 할 절대적인 원칙이라 확신하며 이를 충실하게 고수해왔다. 그러나 사회주의 국가들의 당과 국민의 절대다수가 이를 폐기하고 민족국가로 전환하는 세계사적인 혁명적 이데올로기 전환을 보고서야 비로소 객관적 입장에서 깊게 분석, 검토한 결과 민족의 존속을 위해서는 그 민족 본위의 민족의식만이 민족 발전을 뒷받침하는 유일한 진리인 것을 뒤늦게 깨닫게 되었다.

그 이후부터 나는 객관세계의 물질 및 정신세계의 인식과 평가에 있어 민족적 입장에서 민족의식의 사고로 검토, 분석, 평가하는 민족주의자로 자기혁명적이고 합법칙적인 전환을 했다. ML사상의 폐기는 사회주의 국가들뿐만 아니라 서방세계에 존속하고 있는 사회주의자들에게도 급속도로 진행되고 있음은 각국 사회주의 세력의 후퇴가 증명해주고 있다. ML사상의 후퇴는 우리나라에서도 예외가 될 수 없으며, ML사상에 기반을 둔 계급의식은 민족을 분열시키고 민족의식을 약화시키는 요인이 된다는 것이 필자의 확고한 생각이다.

3) 세계는 민족국가 단위가 경합하는 정글

세계가 갈수록 민족국가로 발전하면서 자기 민족 본위로 발전해 간다는 것을 웅변하는 것이 오늘날 전 세계의 톱뉴스로 다루어지고 세계 각국의 모든 정책에 큰 영향을 끼치고 있는 우루과이 라운드 문제다. 1887년에 남미 우루과이의 수도에서 발족한 우루과이 라운드는 1993년 12월 15일에 타결이 예정되었으나 그보다 앞당겨진 12월 초에 우루과이 라운드에 참여한 116개국이 이것을 승인하는 결론을 내리고 있다고 뉴스는 보도하고 있다. 물론 우리나라도 그 중한 나라다.

7년에 걸친 우루과이 라운드 가맹국들의 논쟁은 제1,2차 세계대전보다 더 많은 국가들인 116개국이 가담한 무기 없는 최대의 세계대전이었음을 우루과이 라운드 7년간의 회담 내용이 증명해 주고 있다. 이 7년간 여기에 가입한 각 국가들은 역사상 최고 수준으로 민족의식과 민족역량을 강화시켜 표출함으로써 그 나라 각국의 투쟁을 뒷받침해주고 있다. 여기에서 분명하게 나타난 것은 처음에서 끝까지 자기 국가 본위로 자국의 이익에 조금이라도 보탬이 되게 하고 손해를 감소시키려는 민족 투쟁의 연속이었다는 점이다. 즉 민족의 이익에 초점을 맞추어 정부와 사회와 국민이 국가를 중심으로 통일 단결한 최고 최대 형태의 민족역량으로 우루과이 라운드 대책을 뒷받침했음은 그동안의 각국 정책이 증명해 주고 있다.

우루과이 라운드의 진행 과정은 공평무사한 것이 아니라 약육강식의 정글 논리의 강행이었음은 쌀 문제에 관한한 우리나라가 뼈저리게 느끼고 있다. 우리는 이 문제를 7년간 끌어오면서 언젠가는 결말이 날 것이라는 전망 앞에서 여기에 대한 대책을 오로지 정부에 일임하고 정당 사회단체와 일반 국민은 거의 방관하고 있었다고 해도 과언이 아니다. 다시 말해서 국가 발전에 지대한 영향을 주는 민족 문제를 뒷받침했어야 할 통일된 민족역량이 결여되었음은 그동안의 사정이 증명해주고 있다. 즉 민족 과업의 포기라고 해도 지나친 표현은 아니다.

쌀 문제는 우리 공산품의 세계 시장 진출과 연계되어 받아들인 사실이 가시화되면서 야당과 사회단체 일부 학생 및 직접 피해자인 농민이 연일 집회, 시위, 농성을 되풀이하면서 항의하고 있다. 때늦은 이 투쟁은 우루과이 라운드 결정 사항의 번복이 불가능한 조건하에서 진행되는 것이기 때문에 불만을 표출하는 항의 이외의 효과는 거두지 못할 것이다. 우루과이 라운드 결정에 대해서는 앞으로의 발전과 정세 변화에 맡기고 이 글에서 여기에 대한 설명은 이상으로 그친다.

우루과이 라운드 협상 과정에서 우리 민족이 발견해야 할 교훈은 지금의 세계는 민족국가 단위의 약육강식이 일반화된 정글의 논리가 보편화되어 있다는 사실이다. 힘과 힘의 대결에 의해 결론이 난다는 뜻이다. 미국은 이모작 국가인 태국에 이어 세계 제2의 쌀 수출국이다. 미국의 쌀 생산 농지는 한국의 25배이다. 미국의 농업 인구는 2.5%이지만 고도로 기계화된 쌀 생산은 생산원가를 한국의 1되(1승)로 환산한다면 1되 당 200원 미만이다. 한국 쌀 생산비의 8% 내외에 불과하다. 이 쌀을 우리나라에 수입하여 1되에 500원에 판다면 우리 쌀 시가의 1/5임에도 300원의 이익이 남는다. 즉 150%의 이익을 올린다는 것임을 참고로 말해둔다. 우리 농민이 견디기 어렵다는 뜻이다.

결국 국력의 강화만이 민족 발전을 뒷받침해주는 유일한 기본 역량이라는 사실에 대해 우리에게 다시 한 번 경종을 울려주고 있다. 우리 농민의 존망과 직결된 문제를 눈앞에서 뻔히 보면서 여기에 대처하기 위한 정책을 뒷받침하는 유일한 역량인 국민의 공고한 통일 전선이 형성되었느냐는 문제에 대해서는 국민의 자성적인 비판에 맡긴다. 정부도 쌀 문제에 대해 확고한 전략에 의한 정책 수립으로 선도적 역할을 다하지 못하고 수동적으로 끌려갔다는 점에 대해서는 국민의 준엄한 비판의 대상이 되고 있다.

여기에서 한 가지 더 밝혀둘 것은 통일적인 국민 역량의 조성은 국민의식인 민족의식 각성의 강약과 실천 여부에 좌우된다는 점이다. 또한 그보다 더 중요한 비중을 갖는 것은 정부의 정책이 국민을 중심으로 하여 국민의 편에 서있는 정책이냐 아니면 특수 권력집단 또는 재벌 중심이냐의 여부다.

해방 이후 6공화국에 이르기까지 민족 자주 지향의 통일 역량 조성 운동에 대해 정부는 국가 안보를 구실로 내세워 사사건건 짓밟아 오면서 민족의 통일적 역량 조성에 결정적인 방해를 해왔음은 주지의 사실이다. 그러나 어떠한 형태의 반자주, 반민주적인 가혹한 적대적 장애가 있더라도 이를 돌파하고 통일적 역량을 조성하는 것은 조금이라도 민족적 사명과 의식이 있는 개인 또는 집단이라면 반드시 수행해야 할 당위적인 임무이다. 외세와 결합한 반민족세력의 탄압 정책 아래서도 민족세력이 하나로 단결하여 자주 정권을 수립한 외국의 사례가 수두룩하다는 점을 돌아봐야 한다.

앞에서도 되풀이하여 언급한 바와 같이 민족의식 즉 애국정신은 말과 글로 표현하는 구호나 교양이 아니라 반드시 목적 달성을 위해 행동하여 실천하라는 민족의 지상명령이다. 실천이 속성인 민족의식은 곧 투쟁의식이기도 하다.

충분하지 못한 사례들과 부족한 설명을 하면서도 내가 이 글을 쓰는 것은 우리 민족의 장래에 조금이라도 도움이 되고자 하는 마음에서다. 이 글에서 열거한 국내외의 사례는 필자의 주관적인 사고나 견해가 아니고 분명한 객관적인 역사적 사실들이다. 역사 사실에 내재하고 있는 역사 자체의 법칙을 객관적으로 인식하여 오늘을 바로잡고 장래의 전망을 내다보는 척도가 되어야 한다는 것이 나의 사관이다.

이 글이 우리민족의 완전 자주 조국 수립과 발전에 조금이라도 도움을 주려는 인사들과 젊은 엘리트들에게 조국을 위한 실천을 촉구하는 작은 기폭제의 하나가 되기를 희망한다. 특히 민족의식이 퇴색해 가고 있는 현재의 정세와 분위기 속에서 성장 발전해가고 있는 청년과 학생층에게 더 한층 각성을 촉구하고자 하는 뜻으로 받아들였으면 좋겠다. 생활화와 행동으로 이어지는 실천의 지침인 민족의식만이, 그러한 민족의식의 각성만이 오늘 산적된 민족적 난제를 자주 민주 지향으로 창조적인 발전을 가져오는 유일하고 원천적인 기폭제임을 다시 한 번 강조한다.

제4장 민족의식으로 본 이스라엘과 이집트

1. 민족의식은 국가역량의 원천

한 민족국가의 국력은 영토의 넓이나 인구수의 산술적인 총화에 의해 결정되는 것이 아니다. 거의 동일한 국토와 인구를 가진 국가 간에라도 국력은 물론 발전 정도에서 현격한 차이가 있는 경우가 많다. 이는 해당 국민들이 투철한 민족의식을 갖고 국가를 중심으로 조직화된 통일전선을 형성하고, 그 국가의 정책을 수행함에 있어 선도적인 역할을 하느냐 그렇지 않느냐의 차이에 따라 좌우된다. 한걸음 더 나아가 국민들의 일반적인 행동이 민족적이냐 반민족적이냐의 차이가 결정적인 영향을 준다. 이는 오늘날 식민지에서 독립한 110여 개 국가들의 역사가 증명해주고 있다.

국력을 고층 빌딩에 비유해 보자. 건물은 철근과 모래, 자갈로 구성되어 있는데 이러한 건축 재료의 구조적인 집결만으로 건물이 완성되지는 않는다. 여러 재료들에 빈틈없이 시멘트가 유입되어 결합될 때 비로소 재료 하나하나가 가진 재료역학적인 힘의 총계보다 몇십 배 이상의 역학적인 힘을 창조적으로 발휘하게 된다. 국가의 경우도 아무리 국토가 광대하고 인구와 자원이 많아도 그 국민의 투철한 민족의식의 각성과 단결이 모든 재료들을 하나로 결합시키는 역할을 하느냐 하지 못하느냐에 따라 그 나라 국력이 결정된다. 즉 개인과 기업과 사회가 조국과 민족을 최우선에 두고 모든 생활과 행동을 여기에 종속시켜 그 존재 기반인 국가를 튼튼하게 할 때 비로소 각 구성원이나 사회의 발전 번영을 촉진시키는 반석과 같은 기반을 형성할 수 있는 것이다.

건축물의 경우와 같이 국민이 민족의식으로 통일 세력을 형성하지 못하고 개인 중심의 딴전을 피운다면 마치 시멘트가 외부로 흘러나가 골재를 응고 결합시키지 못한 채 서있는 고층 빌딩과 같게 된다는 것은 상식적인 판단이다. 여기에서 계획된 시멘트가 조금의 손실도 없이 골재 사이에 완전히 유입시키느냐 않느냐는 건축 기사와 건축주의 양심이 결정한다. 이 논리는 민족국가에도 동일하게 적용된다. 국가의 정책과 권력구조와 함께 지도자들이 공동운명체 의식인 민족의식을 각성하여 국민 각자의 다양하고 다원적인 역량을 국가 본위로 결집하여 한 덩이의 바위와 같이 통일된 조직 역량을 형성하는 데 있어 얼마나 성실하게 임하느냐 그렇지 않느냐에 좌우되는 것이다.

정책의 집행과 방향을 재벌과 권력형 치부에 중심을 두고 법과 도덕 외적인 방향으로 나아간다면 마치 시멘트가 건축 구조물의 여기저기 뚫려진 구멍을 통해 외부로 흘러나가게 되는 것과 같다. 이에 따라 당초에 계획했던 것과 다른 건물이 됨으로써 최초에 목적했던 건물은 완벽한 건축이 되지 못하여 금이 가고 결국에는 무너지게 되는 결과를 가져오는 것과 하등 다를 바 없다.

물론 이 논리는 불변적으로 고착된 것이 아니라 가변적인 것이다. 제2차 세계대전 후 식민지에서 독립한 110여 개 국가들의 초기 정권은 대부분이 전 식민지 종주국과 영합했던 민족 반역세력이 종주국을 등에 업고 형성한 독재국가들이었다. 이 나라들은 외형적으로 독립국가라는 간판을 달았지만 그 아래에는 형태만 바꾸어놓은 채 감추어진 새로운 식민지 예속 국가라는 사실을 우리는 다 알고 있다. 그러나 이 나라들도 그 후에 어떻게 하느냐에 따라, 즉 독립운동 당시의 애국심과 조직역량을 바탕으로 독립운동 때 이상으로 철저하게 민족세력을 결집하여 명실상부한 자주민주 조국을 건설한 나라들도 다수 있다. 이것은 역사가 증명해주는 사실이다.

여기에서 중요한 것은 민족세력의 중심이 되는 통일전선 결성에 앞장선 지도자와 그 세력이 순수하고 철저한 애국의식으로 사상 무장을 하고 모든 것에 우선하여 생활과 활동을 여기에 맞추어 모범적인 모습을 민족 앞에 실천을 통해 보여주는 것이다. 완전한 민주적 자주 독립까지는 더 한층 민족을 위한다는 목적을 갖고 민족의식 이외의 사고와 노선을 내세워 민족세력을 분열시키는 일체의 행동에 대해서는 쐐기를 박아 약화시켜야 하고, 독재세력에 이익을 가져다주는 사고와 세력은 결과적으로 민족의 편이 될 수 없으므로 반민족적 독재세력과 함께 분쇄 배제시켜야 한다.

완전한 자주민주 정권 수립까지의 유일한 무기는 투철한 민족의식과 단결된 역량뿐이다. 독재세력의 반대편에 있는 것은 민족 자주적인 다당제 자유민주주의다. 독재정권이 사유물로 만들어 놓은 국가의 권력구조와 사회 질서 및 집행 과정을 민주화시킨 것이 자주적인 민주화다. 오늘날의 세계는 다당제 민주주의를 유일한 수단으로 하여 민주적이고 평화 번영 지향으로 발전해 가고 있다. 세계에 펼쳐지고 있는 이러한 현실은 아직도 독재에 예속되어 있는 민족국가의 자주적인 민주화 운동에 결정적인 영향을 주는 배경이 되고 있다. 자기 조국을 자주 민주화하는 수단과 방법은 다당제 자유 민주주의를 제도화하는 민주선거뿐이다.

그러하기 위해 가장 우선해야 할 임무는 국민의 절대 다수인 대중이 그간 보잘 것 없는 이해관계로 독재정권의 편에 섰거나 그 동안 독재정권 주도하에서 이루어진 학교 및 사회교육, 그리고 그들이 아전인수 격으로 조성한 여론과 그 편에 서있던 언론에 의해 잠재해 있던 민족의식의 각성을 방해하기 위해 두껍게 덮어놓았던 뚜껑을 스스로 과감히 벗겨 각성을 촉구하는 것이다. 여기에서 중요한 점은 지도자와 그 집단이 추호의 사심이 없는 순수하고 투명한 민족주의자라야 한다는 것이다. 오늘의 민주주의는 보수적이거나 국수적인 것도 아니고 배타적인 것도 아님은 다시 말하지 않아도 될 것이다.

2. 이스라엘 민족의 투쟁과 성공

1) 이스라엘의 국가 창설과 투쟁

하나의 민족이 어떠한 의식을 갖고 어떤 목표를 지향하느냐에 따라 그 민족과 그 국가의 운명이 달라진다. 그것은 해당 국가가 지닌 영토의 크기나 구성원의 수와는 별개의 문제다. 이스라엘이라는 나라를 설명하기에 앞서 국토와 국민의 수에 있어 가장 대조적이라고 할 중국의 경우를 간단히 살펴보자.

18세기 말에서 19세기 초까지 중국은 세계에서 가장 광대한 국토와 4억이 넘는 세계 최대의 인구와 풍부한 자원을 가진 나라였다. 그럼에도 국토와 인구로 보아 보잘 것 없는 유럽 제국주의 국가들의 분할 침략으로 반(半)식민지가 되었다. 이렇게 된 원인은 중국 민족이 통일적인 국가의식을 갖지 못하고 분열되었기 때문이었다. 물론 여기에는 이민족인 만주족이 절대다수인 한족을 200여 년간 지배해 온 민족 간의 모순 대립도 중요한 원인의 하나였다.

19세기 중국의 이러한 사례와 대비되는 것이 이스라엘의 경우다. 1948년 5월 이집트와 이스라엘 간에 시나이 반도를 두고 전쟁이 벌어졌다. 이스라엘 민족은 기원전부터 국가를 잃고 유랑하면서도 선민사상인 종교 형태의 민족의식으로 단결하여 멸망하지 않고 존속해 왔다. 이스라엘 민족은 각국에 흩어져 살면서도 근대 산업사회에 들어와 조국 없는 민족이 존재하려면 이민족 국가 안에 살더라도 경제적 기반을 가져야 한다는 생각에 악착같이 돈벌이에 전 역량을 기울이며 경제적 기반을 구축했다. 이들 가운데 일부는 제1차 세계대전 중 교전 각국이 전쟁에 전 국력을 기울이고 있는 틈을 타 휴지조각처럼 하락한 그 나라 기업체들의 주식을 모조리 매입하여 전쟁이 끝나자 이 나라들의 기업을 장악하게 되었다.

전쟁이 끝나자 유태인들은 유럽과 미국을 중심으로 각국의 주요 사업을 장악하여 대재벌로 성장하였고 그 나라 경제에 막대한 영향을 주는 기업인, 정치인, 학자를 대거 배출하여 국제적 세력이 되었다. 유태인의 경제적 영향에 대해 유럽을 중심으로 각 나라들은 여기에 반발하면서 유태인을 멸시하는 뜻으로 돈벌이에만 급급하는 자국 사람들에게 '유태인 같은 사람'이라는 멸시적 어휘를 사용했다.

유태 민족이 단결된 연대감 없이 각자 나름대로 각국에 분산되어 살았다면 그 나라 국가에 정신적으로 흡수 동화되어 민족의식을 망실하고 오늘과 같은 민족국가를 설립하지 못했을 것이다. 그러나 어디서, 어떤 생활을 하든지 민족 구성원 간의 엄청난 재산 차이에도 불구하고 한 사람도 빠짐없이 민족의식을 투철하게 지니며 민족 존속 우선으로 살아왔기 때문에 단결된 민족을 유지해 올 수 있었다.

그들은 세계적인 재벌, 학자, 명사에서부터 사회의 밑바닥에 있는 근로자와 영세민까지 빠짐없이 찾아내어 동등한 친밀감과 차별 없는 대우로 유태인이 살아남을 수 있는 유일한 길은 어디에서 살고 무슨 일을 하든 유태인이라는 민족의식을 가지고 살아야 한다는 것을 서로 격려하고 일깨웠다고 한다. 그들은 조직화된 유대를 통해 민족의식이 없으면 유태인은 얼음과 같이 녹아 사라진다는 사실을 모두에게 빠짐없이 각성시켰고, 각자가 어떠한 지위에 있건 모든 것에 우선하여 민족의식을 최우선으로 받아들이고 생활화하며 충실하게 실천했다. 그것이 이스라엘 국가 건설로 이어진 원동력이었다.

유태인들은 성서의 기록을 근거로 팔레스타인 지방이 2000년 전에 유태인의 국가가 있었던 지역임을 내세워 미국의 도움으로 이 지역을 강점하여 1948년에 이스라엘이라는 국가를 세웠다. 그리고 세계 각지에 분산된 유태인들을 신설된 조국으로 받아들여 건국 초기에 약 300만 명의 인구를 가진 작은 나라로 새로 출발했다.

세계 각지의 외국에서 거주하다가 조국에 돌아온 유태인들은 서로 통역을 해야만 대화가 되는 외국어가 47개 국어였다고 한다. 그러나 투철한 민족의식은 이와 같은 언어와 생활양식의 차이에서 오는 장애를 극복하여 혈연과 같은 민족으로 굳게 단결하여 상상을 초월하는 강력한 민족역량을 창출할 수 있었다. 이 거대한 역량을 바탕으로 300만 이스라엘 민족에 비해 15배나 많은 4,500만 명의 이집트와 전쟁을 하여 이집트를 7일 만에 굴복시키고 시나이 반도를 점령할 수 있었다. 이렇게 유태인은 작지만 강한 나라로 역량을 과시하며 국제적인 인정을 받게 되었다.

이 글에서 줄곧 강조해왔던바 투철한 민족의식으로 단결하기만 하면 어떤 국가의 침략과 지배를 물리치고 완전 자주독립할 수 있다는 나의 주장이 과대망상적인 것이 아니라 실현가능한 현실적인 것임은 이스라엘의 사례가 분명하게 입증해주고 있다.

이것은 이스라엘 민족에게만 해당하는 예외적이고 특수한 일이 아니다. 어떤 민족이든 이스라엘 민족과 같이 투철한 민족의식으로 사상 통일을 하고 하나의 민족세력으로 단결한다면 동일한 결과에 도달할 수 있다는 보편적인 진리인 것이다. 만일 우리 민족도 이스라엘 민족이 고난의 피를 흘리면서 달성한 경험을 받아들여 절대다수의 국민과 정부가 한편에 서서 소수의 반민족적 독재세력을 몰아내고 민족의식을 바로 세운다면, 오늘날 우리 민족이 해결해야 할 산적한 숙제를 해결하고 자주민주적인 평화와 번영의 조국을 반드시 만들 수 있다는 것을 나는 민족의 한 사람으로서 강조해 둔다.

2) 히틀러의 유태인 말살정책의 전후 배경

제2차 세계대전을 일으킨 히틀러 나치 정권의 주된 전쟁 목적은 독일의 발전된 생산력으로 인해 팽창한 잉여 국력을 해외로 전환시켜 식민지 재분할에 참여하는 것이었다. 또 하나의 목적은 유태인의 거대자본 지배하에 들어가 있던 독일의 경제 여건에서 독일 국민이 피땀 흘려 얻은 이윤의 주된 부분이 유태인 수중으로 들어가는 것을 막고 타민족 자본의 지배에서 벗어나 자주적인 경제정책을 강행하기 위한 것이었다. 나치 정권이 전쟁과 함께 유태인의 재산을 몰수하고 600만 명 이상의 학살한 것은 공고하고 강대했던 유태 민족의 민족 단결 기반을 붕괴시키기 위한 것이었다.

나치가 식민지 재분할 경쟁에 뛰어들기 위해서는 먼저 국내 각 분야를 독일 민족 본위로 통일하여 강력한 국력을 조성하는 것이 우선되어야 했다. 여기에서 대립된 모순으로 등장한 것이 거대한 유태 민족자본과 그 지배력이었다. 따라서 나치는 독일 내에 있는 유태 민족과 그 세력에 대한 제지 없이는 전쟁의 강행에 부정적인 영향을 준다고 보고 유태인의 뿌리를 뽑겠다는 말살적인 숙청과 학살을 강행한 것이었다.

나치의 유태인에 대한 민족 학살과 재산 몰수는 인류 역사상 그 예를 찾아볼 수 없는 비인간적인 야수와 같은 잔인무도한 방법으로 진행되었다. 대량 학살에 대해서는 각국 언론을 통해 전 세계에 알려졌고 이에 관한 구체적인 내용이 드러나면서 유태 민족뿐만 아니라 세계 각국의 평화를 애호하는 인민들의 뇌리에 깊은 충격을 주었다. 수백 명, 수천 명을 가스실에 넣어 독가스로 학살하고 독극물 주사를 놓거나 집단적인 총살 등을 자행한 일은 보통 사람이 상상하던 것 이상이었다. 잔인무도한 학살 현장의 비참함에 대한 기술은 각국의 언론이나 매체에서 다루었으니 생략한다. 다만 오늘날 평화 인민의 입장에서 볼 때, 유태인을 국외로 추방하면 되는 평화적인 방법도 있었을 터인데 나치는 심지어 갓 태어난 어린아이까지 학살하는 잔인무도함을 보였다. 이러한 민족 말살 정책은 이유 여하를 떠나 두 번 다시 지구상에 나타나서는 안 된다는 점만 말해둔다.

그런데 나치의 이러한 전면적인 유태 민족 말살 정책은, 2000여 년간 모든 고난과 어려움을 겪어온 유태 민족이 투철한 민족의식으로 단결하여 이를 극복하고 국제화된 민족역량을 바탕으로 강대국에 영향을 줄 정도로 큰 세력이 되었음을 반증해주는 측면도 있다.

다시 말해 독일 민족의 위대한 발전을 위한 전쟁을 앞두고 있던 히틀러가 국내에 있는 유태인 세력의 강력한 잠재력에 겁을 먹고 이들을 원천적으로 말살해버리지 않으면 후일 독일 민족에 큰 걸림돌이 된다는 판단을 하게 된 것이라 볼 수 있다.

유태 민족의 이러한 민족역량은 학대와 말살로 이어지는 비극의 원인이 되었다. 제2차 세계대전 전까지 지구상에 분산되어 있던 1,000만 명 가까운 민족은 히틀러의 말살 정책으로 인해 전후에는 300만 명으로 축소되었다. 그러나 이러한 민족역량은 어떠한 학대와 폭력 앞에서도 조금도 후퇴하지 않고 강화되어 유태 민족을 계속 단결시켰고, 방랑과 분산을 넘어서 2000년 만에 이스라엘 국가를 수립하여 오늘날 소국이면서도 강대국이 되게 하는 결정적인 요인이 되었다. 유태 민족의 역량 조성 과정에서 보여준 교훈은, 모든 민족이 고난과 역경에서 살아남고 대립된 국제 세력 속에서 독립을 확보하면서 평화번영 지향으로 발전 강화하는 데 있어 그 무엇으로도 대치할 수 없는 유일무이한 원천은 민족 내부의 다양성을 민족국가 우선으로 종속시키는 민족의식의 사상 통일에 있다는 사실이다.

3) 침략 일변도의 시오니즘은 배격해야

이상의 설명은 약소민족이 자주독립의 교훈으로 받아들여야 할 유태 민족의 발전 과정이다. 그러나 현재 팽창정책 일변도로 나오고 있는 이스라엘이 미국을 등에 업고 팔레스타인 민족의 영토인 요르단 강 서안과 예루살렘을 강점하여 영토화하고 이어 시리아와 요르단 영토의 일부까지도 군사적으로 점령하고 있는 침략 일변도의 시오니즘을 민족 지도이론으로 삼는 것은 그 본질에 있어 히틀러의 나치즘이나 제2차 세계대전 전 일본의 야마토이즘과 동일한 제국주의적 침략이므로 이것에 대해서는 단호히 배격하고 반대해야 한다.

다만 2천 년 동안 방랑의 역경을 극복하면서 민족의식을 바탕으로 단결하여 멸망하지 않고 오늘과 같은 강력한 민족세력으로 발전된 과정만은 모든 약소민족들이 강대국의 식민지 지배를 벗어나고 독립 후에도 지배적인 영향에서 탈피하기 위해 반드시 받아들여야 할 민족의식의 사상 통일과 민족통일전선의 측면에서 교훈으로 삼아 자기 민족의 것으로 만들 가치가 있다는 말이다.

자국의 국력 팽창을 목적으로 타민족을 침략하는 행위는 받아들일 수 없을 뿐만 아니라 절대로 되풀이되어서는 안 된다는 것이 전 세계 각국 민족들의 공통된 주장이다. 침략을 반대하고 모든 민족의 독립과 함께 주권과 영토를 보장하기 위한 국제기구로 설립된 것이 UN이다. 그러나 UN은 설립 초기부터 1980년대 중반까지는 미 국무성에 예속된 국제국(國際局)처럼 미국 일변도로 소련을 정점으로 한 사회주의 국가 세력과 대립해 왔다.

1985년 고르바쵸프가 대통령이 된 후 소련이 사회주의를 폐기하고 페레스트로이카로 전환하면서 잇달아 동구 사회주의 국가를 비롯한 세계 주요 사회주의 국가들이 시장경제 도입으로 자유경제 체제로 바뀌면서 공산주의를 폐기하고 민족을 본위로 한 다당제 자유민주주의 국가로 급속도로 전환되었다. 이에 따라 무제한의 군비 경쟁을 하던 냉전시대가 종식을 고하고 이들 국가들이 평화세력으로 전환하고 UN에 적극 참가하여 UN의 기본 목적 달성을 위해 주도적 역할을 하면서부터 UN은 침략 반대 평화 수호 세력으로 전환했다.

그 후 국제정세는 평화지향으로 발전하면서 모든 침략에 대해 압력을 가하고 이를 불법화시키고 있다. UN을 중심으로 한 국제적인 평화 정세는 이스라엘의 침략에 압력을 가하여 7일 전쟁으로 강점한 시나이 반도를 이집트에 넘겨주도록 하였다. 팔레스타인 민족이 강점당한 영토를 찾기 위해 엄청난 출혈을 감소하면서 UN과 국제정세에 호소하자 1993년 후반기에 이르러 이스라엘은 비로소 제한된 조건이나마 팔레스타인 영토 일부에 자치를 허용하고 시리아와 요르단에서 강점한 영토의 평화적인 반환에 대해 처음으로 협상에 응하는 등 평화 지향으로 정책을 바꾸기 시작하고 있다. 이것은 이스라엘의 침략적인 팽창정책이 부인되어 가는 것을 뜻한다.

아직도 지구상 일부에는 강대한 국력을 내세운 침략적인 전쟁의 위험성이 남아있긴 하지만, 아무리 강대국이라도 약소민족을 군사적으로 점령하여 식민지로 지배하는 일은 절대 없다는 것을 UN을 중심으로 한 평화지향의 국제정세가 보장해주고 있다. 그러므로 오늘날 한 민족이 모든 지배적 여건을 벗어나 완전한 자주민주의 독립을 하느냐 못하느냐의 결정적인 요인은 강대국의 군사력이나 특정 국가 내에 주둔하고 있는 강대국의 군대가 아니라, 그 민족이 투철한 민족의식으로 사상 통일을 하여 강력한 민족역량을 조직적으로 조성하고 국가의 정책을 여기에 집중시키느냐의 여부가 될 것이다.

예를 들어 필리핀에서 오랫동안 머물렀던 미군 부대 철수를 들 수 있다. 필리핀 민족의 강력한 철수 요구에 대해 초강대국인 미국이 이에 굴복하여 세계 최대 규모의 클라크 공군기지와 부시 해군기지를 떠날 곳도 정해지지 않은 가운데 철수한 사실이 이를 말해준다. 또 한 가지 사례는 미국의 바로 코앞에 있는 쿠바의 관타나모 미 해군기지가 과거처럼 쿠바를 코앞에서 압박하는 강력한 영향력을 발휘하지 못하고 단순한 주둔 기지로 머물고 있다는 사실이다.

약소민족이 강대국 군사력의 압도적인 영향에서 벗어나는 길은 강대국의 군사력이나 주둔군 자체의 존재가 아니라 자국 민족이 얼마나 강력하게 통일된 민족역량을 갖고 이를 대처하느냐의 여부다. 오늘날의 평화지향 정세하에서는 더욱 그렇다.

아울러 오해가 없도록 다시 한 번 말하자면, 위에서 내가 얘기한 이스라엘에 대한 긍정적인 평가는 민족역량의 결집이라는 측면에 국한된 것이다. 이스라엘의 제국주의적 침략적인 팽창에 대해서는 단호히 반대하고 용납해서는 안 될 일이라는 점을 부연해 둔다.

4) 민주주의 위에서만 민족역량 결집 가능

이스라엘은 메마른 사막을 개간하여 농지를 개발하고 산업의 비약적인 발전을 이루어냈다. 아라비아 사막 주변에는 아랍과 이스라엘 민족을 비롯한 10여 개의 민족국가가 있다. 사막에는 물이 부족하므로 이 나라들은 오아시스를 중심으로 한 한정된 농토의 범위에 국한된 농업 생산을 할 수밖에 없으므로 언제나 식량 부족이 가장 큰 문제였다. 이스라엘이 점령한 요르단 강과 사해의 양쪽도 마찬가지로 오아시스 농업에서 벗어날 수 없었다. 이스라엘이 이곳을 점령하여 국가를 수립하면서부터 공업의 비약적인 발전과 함께 농업 개발에도 총력을 기울였다. 요르단 강의 강물을 장거리 송수관으로 연결했고 강물 한 방울도 바다로 유입하는 것을 막기 위해 지하수로 저장하고 개발하여 사막인 점령지를 옥토로 바꾸어갔다.

그 결과 건국 초기 외국의 수입에 의존하던 식량 문제를 해결하여 이스라엘 민족뿐만 아니라 점령지 내에 있는 팔레스타인 주민에까지도 식량을 충족할 정도가 되었다. 1992년에는 300만 톤의 식량을 외국에 수출하는 식량 수출국으로 바뀌었으며 수출량이 갈수록 증가해 가고 있다. 이스라엘 민족이 이룩한 변화는 기상조건 또는 자연환경의 변화에서 저절로 온 것이 아니라 이스라엘 민족의 단결된 역량의 집결에서 온 것임은 더 이상 설명이 필요 없는 사실이다.

이스라엘 민족의 이와 같은 경험은 어떤 민족이든지 그 민족국가 중심으로 단결하여 민족역량을 강화시켜 여기에 집중한다면 불가능에 가까운 문제까지도 해결할 수 있다는 것을 증명해 주고 있다. 이것은 이스라엘 민족에만 해당되는 국한된 진리가 아니다. 어느 민족이든 자신들의 민족역량을 하나로 집결하여 통일된 조직 역량을 형성하면 똑같은 결과를 가져올 수 있다는 보편적 진리이다.

이스라엘의 사례를 얘기할 때 아주 결정적으로 중요한 요인이 하나 있다. 민족역량의 통일된 집결은 일방통행적인 권력형의 명령과 지시로 이루어지는 것이 아니라 절대적으로 민주주의적인 절차와 수단에 의해서만 이루어진다는 점이다.

이스라엘의 정치는 대외적으로는 패권적인 팽창정책이지만 대내적인 국내 정치에 있어서는 완전히 민주적이다. 공산당과 사회당이 합법화되어 어떠한 차별도 제약도 받지 않고 모든 선거에 후보를 출마시킬 수 있는 완전한 자유 민주주의 총선으로 이루어지고 있다. 즉 현재 이스라엘의 정치와 국정 운영은 전 민족의 과반수가 승인하는 합의를 바탕으로 하고 있다. 이러한 철저한 민주주의적 바탕 위에서 비로소 무한대에 가까운 민족역량의 창조적인 조성이 가능한 것이다. 오늘날 우리나라의 민주세력이 다양한 형태의 제약 속에서 일보씩 전진하고 있는 현실을 보면서 이스라엘의 사례가 큰 교훈이 된다는 점을 참고로 말해둔다.

3. 소국 이스라엘에 패한 이집트의 교훈

1) 대국 이집트는 왜 패전했나

국토의 대부분이 사막이었던 이스라엘은 세계 각지에 흩어져있던 민족의 계속된 유입으로 1948년 건국과 동시에 수용능력의 한계선에 도달했다. 이에 영토 확장을 위해 무력을 동원하여 이집트 영토인 시나이 반도를 강점하였다. 이것이 소위 7일 전쟁이라 불리는 시나이 전쟁이다.

이 전쟁에서 나타난 교훈을 이스라엘 측이 아닌 이집트 측을 중심으로 찾아보자. 대국인 이집트가 소국인 이스라엘에게 7일 만에 무릎을 꿇고 패전한 결과에 대해 민족의식 측면에서 부정적인 교훈을 찾아 우리 민족에게도 자기 성찰의 교훈을 삼기 위해서이다.

이집트는 인구가 4,500만 명으로 이스라엘의 15배였고 비옥한 농경지를 지닌 국토의 크기는 50배가 넘었다. 국방군은 30만 명의 대군인데다 소련의 지원에 의해 현대식 무기로 무장했다. 이러한 외형적인 모습들을 본다면 이스라엘의 침입은 무모한 것이 분명했다. 그러나 개전 1주일 만에 이집트 군은 이스라엘 군 앞에 무릎을 꿇고 완전 패전하여 당시 이스라엘 국토의 7~8배가 넘는 시나이 반도를 내주고 본국으로 패주했다. 뿐만 아니라 소련이 공급한 최신예 전투기 29대와 비밀 무기인 최신예 탱크는 움직여 보지도 못하고 이스라엘의 공중 공격으로 그 자리에서 폭파되었다. 탱크 중 3대는 이스라엘의 헬리콥터에 의해 공중 탈취되었다. 이 탱크는 당시까지 그 정체가 정확히 알려지지 않은 고성능 탱크였으나 이스라엘의 탈취로 소련 탱크의 비밀이 서방 세계에 공개되는 결과를 가져다주었다.

인구 300만 명의 신생 소국인 이스라엘에 비해 엄청난 대국인 이집트가 이해하기 어려운 패전을 당한 원인을 찾아보는 일은 우리 민족 발전에 참조가 되므로 분석할 필요가 있다.

이집트는 근 200년간의 영국 식민지 치하에 있다가 제2차 세계대전 후 독립하였다. 독립 후 이집트의 정치, 경제, 군사, 외교, 문화 등 각 분야의 주도권을 잡은 세력은 8.15 후 우리나라의 경우와 마찬가지로 식민지 지배의 주도세력이었던 친영세력 일색이었다. 국민의 80% 이상은 식민지 통치의 제물인 노예로 전락되어 생명을 유지해 나가는 것이 고작이었다. 영국은 이집트를 독립시킴과 동시에 친영세력의 두목을 국왕으로 내세워 입헌군주제 정부를 수립하였다. 실질적인 권력을 친영세력이 장악하게 함으로써 200여 년간 강점하며 쌓아온 영국의 이권을 수호 유지시켰다. 독립한 이집트의 모든 권력과 자본 및 이권은 친영세력의 수중에 들어가 있었다.

제2차 세계대전 후 식민지에서 독립한 민족들의 대부분은 외형상 독립을 이루었음에도 실질적으로는 과거 종주국에 다시 예속되는 새로운 형태의 식민지 상황이 전개되었다는 것을 우리 민족은 너무도 잘 알고 있다. 그렇게 된 이유는 신생 독립국가의 실질적 권력을 과거 종주국에 영합하던 반민족세력이 장악했기 때문이었다. 반민족세력의 공통된 의식은 내가 잘 살기 위해서는 국가든 민족이든 필요에 따라 최대한 이용해야 한다는 것이었다. 자신들 세력의 유지와 치부를 위해서는 반민족적 행위를 서슴없이 한다는 게 민족 반역세력의 변함없는 사고방식이었다.

그런 차원에서 볼 때 이집트 역시 다른 민족의 경우와 마찬가지로 과거 식민지 종주국이었던 영국이 계속 장악하고 있던 이권을 제외한 모든 권력은 반민족적 친영세력의 수중에 들어가게 되었고, 이러한 반민족적 세력이 외부 국가와의 전쟁이 발생했을 때 민족의식을 결집시켜 상대방과 싸우기를 기대하기 어렵다는 것은 누구나 예상할 수 있는 상식이다. 이집트가 독립한 지 3년 후 이스라엘이 시나이 반도를 침입하여 이집트의 국경수비대와 충돌한 이후 본격화된 전쟁의 결말이 어떠했는지는 우리가 알고 있는 그대로다.

2) 독립 후 부와 권력은 친영세력의 수중에

국민의 민족의식 각성의 정도와 강도는 자주독립을 좌우하는 핵심적 요인이다. 이 문제에 대해서는 앞에서도 여러 번 거론하여 구체적으로 설명했으나 민족의식과 민족독립의 불가분적인 연관에 대해 더 한층 심도 있는 인식을 강조하기 위해 외국 민족의 흥망사를 증거로 하여 한층 심도 있는 설명을 하려 한다.

200여 년이라는 긴 시간 동안 영국의 식민지 지배를 받았던 이집트의 민족경제는 종주국 위주의 관행이 고착화된 수탈 일방적인 경제였다. 그 결과 영국의 지배에 영합한 친영세력과 착취의 대상이 된 대중과의 빈부격차는 다른 식민지의 예에서 찾아보기 어려울 정도로 극단적인 것이었다. 인구의 70~80%를 차지하는 대중들은 그날그날의 생활을 유지하기도 벅찼다. 이러한 상황에서 종주국 영국의 승인과 지지 아래 갑작스레 찾아온 이집트의 독립은 국가의 최고 권력이 친영세력으로 대체되었다는 것 이외에는 달라질 것이 없었다. 이집트 사회의 모든 권력은 친영세력의 몫이었다.

그들의 생리와 가치관은 국가와 민족에 앞서 자신들의 권력과 부의 유지가 우선이었으므로 민족 전체의 발전이나 번영이나 복지 등의 문제는 그들의 관심사가 될 수 없었다. 국가의 권력을 장악한 그들의 정책은 자신들 세력 중심으로 이루어질 수밖에 없었고, 그 결과 이집트는 식민지에서 해방된 독립국가임에도 불구하고 대중의 빈곤과 빈부격차는 상대적으로 더욱 더 격심해져 갔다.

당시의 기록에 따르면 이집트 국민의 60% 이상은 집 하나 갖지 못하고 날품팔이로 전전하면서 그날그날의 생활을 이어갔다. 다행히 열대 지방이었으므로 큰 건물의 그늘과 비어있는 건물 등에 전전하면서 사는 국민도 많았다. 이집트의 카이로를 비롯한 대도시에는 재벌의 소유인 호화 고층 빌딩이 즐비하여 선진국 대도시를 방불케 했다. 부와 권력을 상징하는 호화 주택들은 대다수의 국민들의 비참한 주거 현실과 너무도 대조적인 것이었다.

이집트는 고대로부터 널리 알려진 나일강 중심의 비옥한 옥토를 지닌 이모작이 가능한 생산성 높은 농업 국가였음에도 불구하고 여기서 창출된 이윤의 대부분은 소수 친영세력의 수중으로 들어갔다. 그 결과 빈부격차는 더욱 심해지고 생계를 목적으로 한 범죄가 만연하면서 국내의 치안은 무질서 상태가 되었다.

귀족화된 소수 친영 재벌들의 의식은 더 많은 권력과 부의 축적에만 급급했을 뿐 국가와 민족의 발전과 번영에 대한 의식은 없었다. 그들에게서 그것을 기대하는 것은 마치 나무 위에서 생선을 찾는 것과 같은 일이었다. 국가와 사회의 권력은 그들의 세력 강화와 치부를 위해 이용되는 수단일 뿐이었다. 그들이 소유한 부와 권력은 본질적으로 반민족적인 것이었다.

이와 대조적으로 절대다수의 대중은 헤어날 수 없는 빈곤에 허덕이고 있을 뿐이었고 여기에서 벗어날 희망은 어디에서도 찾아볼 수 없었다. 대중들의 의식 역시 민족의식의 각성을 이끌어갈 구심세력이 없었으므로 상황을 반전시킬 계기를 갖는다는 것이 불가능했다.

영국 식민지 지배하에서 대중의 조직화와 해방 투쟁을 위한 사회 세력 조성은 200여 년이라는 오랜 기간 동안 억압일변도의 상황이 장기화되면서 무력할 대로 무력해져 그 존재조차 찾기 어려웠다. 식민지 세력이 물러가고 명색이 동족인 친영 정권이 들어섰으나 같은 민족이라 할 수 없을 정도로 불공평이 만연했고, 반면 대중의 각성과 조직화는 초보적인 이권 투쟁도 상상할 수 없을 정도로 무기력한 상태였다. 이집트가 독립한 지 3년 후 발발한 시나이 전쟁 당시 이집트 국민들의 의식 상태는 사실상 영국 식민지 지배 상황과 별반 다름이 없었다는 게 현실이었다.

3) 독립 초기 이집트 군대는 관료와 재벌의 사병

아랍 민족은 제국주의 열강의 식민지 분할 점령에 의해 제2차 세계대전 전까지 54개 국가로 분할되어 분산되어 있었다. 대전이 끝난 후 그 중 30여 개 국가가 독립하였고 나머지 20여 개국은 다른 국가에 속한 채 나뉘어 있었다. 그 중 아프리카 북부 및 유럽 남부의 아라비아 반도를 중심으로 한 중동과 그 인근에서 독립한 30여 개 국가들은 본래 동일 민족이었음을 내세워 독립과 동시에 아랍국가연맹을 결성하고, 상호 국가에 대한 존중 및 협력 그리고 아랍민족 공동 수호세력을 표방하며 오늘에 이르고 있다.

그러므로 국경을 맞대고 있는 이러한 아랍민족 국가들끼리는 국경 수비를 목적으로 한 군사력 배치는 애초부터 필요하지 않았다. 각 나라를 구분하기 위해 편의상 물리적인 경계선만 나눠졌을 뿐 정신적으로는 하나의 나라라는 인식이 깔려있었기 때문이었다. 다만 불법 출입국과 밀수 등의 범죄를 단속하기 위한 보안군의 차원에서 소수의 군인이 배치되었을 뿐이었다.

당시 아랍 국가들의 군대는 지원제가 아니라 징병제였다. 때문에 대부분의 젊은이들의 의무적으로 군대에 복무해야 했다. 인구가 많은 나라일수록 군대의 인원은 상당한 규모에 달할 수밖에 없었다. 이집트처럼 인구가 많은 나라에서는 대규모 병력을 보유하게 된 배경이 된 것이다.

4,500만 명의 인구를 가진 이집트 군대의 경우 군인 수는 상당한 규모였다. 국방을 위해 꼭 필요한 군인을 제외하고 남아도는 군인들은 국내 치안에 투입되었다. 국내 치안을 위해 투입된 군인들이 할 일은 정해져 있었다. 앞에서 말한 바와 같이 빈부격차가 심하고 대중 생활이 열악하여 절도 강도 등의 범죄가 빈발하고 부자들의 가옥과 기업체의 시설들에 대해 생활의 격차에서 오는 증오심에 의한 범죄와 빈번한 방화는 이집트와 같은 국가들에서 흔히 볼 수 있는 일이었다. 이러한 범죄를 막기 위해서는 경찰력만으로는 턱없이 부족했다. 결국 국내의 치안 부재 상태를 극복하기 위해 잉여 군사력이 동원되었다. 군대 본연의 의무가 뒤바뀐 것이다.

때문에 여기에 동원된 군인들 중 사병들의 주된 임무는 권력층인 부자들의 호화 주택과 아파트나 빌딩, 기업체, 사무소 및 공공건물의 수비를 담당하는 일이었다. 국방을 담당해야 할 군인들이 친영세력 집단인 관료와 재벌들의 사병이 되어 국민 전체를 지키는 것이 아니라 이들 소수 세력의 재산을 범죄로부터 지키는 것이 군인 임무의 전부였다. 생각 있는 군인들은 재벌의 사병화가 되었다는 모멸적인 열등의식을 자각하며 여기에서 벗어나기 위해 탈출하기 시작했다. 그래서 이집트 군인들의 도망자와 탈영병이 세계에서도 가장 많았다고 한다. 이들을 엄하게 다스려도 탈영은 끊이지 않았다. 사는 것이 죽는 것보다 못하다는 자포자기 심리가 팽배한 이들을 사형으로 다스려도 탈출은 꼬리를 물고 이어졌다. 사기가 충만한 군대를 기대하기에는 처음부터 무리였다.

이상이 독립한 지 3년 후인 1948년 당시 이집트라는 나라에서 벌어지고 있던 군대의 상황이자 국민의식이 갖고 있던 현실이었다. 이러한 조건하에서 이집트 영토인 시나이 반도에 침입한 신생국 이스라엘과 맞서 과연 이집트 국민과 군대가 어떤 의식을 갖고 대응했을지는 충분히 상상이 될 것이다.

4) 목숨 걸고 싸울 이유가 없었던 군인들

민족의식의 각성과 역량화의 비중은 민족운명을 좌우하는 결정적인 요인이 된다. 200여 년간 친영세력이 정권을 장악한 정세하에서 생성된 극심한 빈부격차와 경제외적으로 부도덕한 권력과 결합되어 조성된 심각한 위화감, 그리고 적대적인 대립의식에서 형성된 국민의식의 표출 억제가 일반화됨에 따라 이집트 국민의 생활을 규제하는 것은 명령에 따라야 하는 강요된 복종일 뿐 국가를 최우선으로 하고 여기에 복종하는 자기희생적인 민족의식은 형성될 수 없었다. 이는 필연적인 귀결이었다.

따라서 민족의식은 밖으로 표출될 계기를 잡지 못하고 잠재의식의 상태로만 이어져 내려올 수밖에 없었다. 국가권력이 소수의 반민족적인 특권계급의 손아귀에서 벗어나 국민을 중심으로 한 국민 본위의 정권이 되어 인권과 자유와 민주주의적 권리가 보장될 때 비로소 잠재의식 상태에 있던 민족의식이 각성되어 민족역량 창조의 원천의식으로 표면화된다. 이를 통해 민족의 거대한 역량이 형성되고 이 바탕 위에서만 자주 민주적 국가를 수립할 수 있음은 식민지 민족에서 독립한 국가들의 역사가 입증한다.

전후 이집트의 정세는 외형상의 독립에도 불구하고 새로운 형태의 식민지에서 벗어나지 못했다. 반민족세력이 장악한 권력과 부는 민족을 반역한 대가로 얻은 것이므로 이것은 종주국 세력에 의한 매국의 장물이었다. 매국세력이 투쟁도 노력도 없이 입수한 정치권력은 휘두르기만 하면 부와 권력이 굴러들어오는 옛이야기의 도깨비 방망이와 같은 것이었다. 이들은 종주국에 대한 충성 덕분에 정권을 장악하고 애국자로 행세하며 민족의 최고 지도세력으로 둔갑했으나 생각이 있는 국민들은 이들의 정체를 똑바로 파악하고 있었다. 다만 어떤 구체적 행동을 감행할 정세와 계기가 마련되고 있지 않았을 뿐이다.

제2차 세계대전 후 세계정세는 각 민족의 주권 보장은 물론 국가의 모든 정책은 국민의 합의에 의해 승인받아야 한다는 민주주의가 강화 발전되고 있었으므로 식민지 민족에서 독립한 국민들의 의식도 자주적 민주적으로 각성되고 발전되어가고 있었다. 이는 누구도 막을 수 없는 세계사의 흐름이었다. 반민족세력이 정권을 잡은 국가의 국민들도 내적인 민족의식 각성과 함께 민주지향으로 발전하고 있는 국제정세의 영향으로 자주 조국 수립과 민주주의 사회 건설을 지향하고 있었다.

이 때 전 민족 구성원 각자에게 생활의 정도 차이는 있어도 최저 수준의 생활이 보장되고 일반화된 복지정책에 시행될 때 비로소 빈부격차와 사회적 차이를 초월한 민족의식이 형성될 수 있는 것이다. 소수의 친영세력 중심으로 부과 권력을 분점하고 있던 이집트에서 그러한 공평한 분배와 복지가 이루어지지 않았음은 앞에서 살펴본 바와 같다. 여기서 우리는 시나이 전쟁에서 이집트의 패망 원인을 찾아볼 수 있다.

당시 이집트 군대는 앞에서 언급한 바와 같이 적대국을 상대로 한 국방군이 아니라 국경 순찰과 국내 질서의 유지를 목적으로 한 보안군이었다. 군대의 각급 지휘관과 고급 장교는 예외 없이 친영 계열의 부유한 명문 가문 출신의 자제들이었다. 고급 장교들은 거의가 부유층이었으므로 대개 호화 저택을 갖고 있었다. 이런 저택들은 전시관을 방불케 할 정도로 사치스러웠고, 이 저택의 주인은 화려한 가재도구를 갖추고 푹신한 침대 위에서 미모의 아내와 생활하는 행복의 극치를 구가하고 있었다. 이런 현상들은 빈부격차가 극심했던 식민지 국가들의 공통된 현상이었다.

제2차 세계대전 후 독립한 민족의 초기 정권은 거의가 식민지 종주국의 이권을 보장하기 위해 식민지 지배에 앞장섰던 반민족세력이 주를 이루었다. 국민들의 자주 민주 의식과 이것의 세력화는 반민족 정권의 입장에서는 정면으로 부인할 수밖에 없는 적대적인 것이었으므로 그들은 자신들의 부의 조성과 축적을 보장하기 위해 장악하고 있던 권력의 방망이를 활용해 그들에게 적대적인 민족의식과 민주주의 사상을 두들겨 없애려 하였다. 그것이 반민족 정권의 최고 정책이었음은 이러한 나라들의 사례가 입증하고 있다. 해방 이후 우리나라가 겪었던 상황도 마찬가지였다.

1948년 전후 이집트의 대다수 민족이 처한 상황도 이러한 여건을 벗어날 수밖에 없었고 민족의식 역시 그만큼 제약되어 있는 상태였다. 이집트 민족의 민족의식은 길고 긴 식민지 지배와 그것의 연장인 친영정권의 가혹하고 철저한 탄압에 의해 노출도 세력화도 억제당해 있었다.

정치권력의 속성은 비록 소수가 장악하더라도 국가의 전 분야와 국민생활의 구석구석에 이르기까지 지배하고 억압하는 마력을 갖고 있으며, 한 번 잡으면 끝까지 놓지 않으려고 버티려 하고, 빼앗기 또한 어렵다는 것을 역사는 말해준다. 권력을 소수의 수중에서 절대다수인 국민 위주의 권력으로 바꾸는 유일한 수단과 방법은 국민의 절대다수가 민족의식을 바탕으로 민주의식의 각성과 함께 반민족세력을 능가하는 민족세력을 형성하는 길 뿐이다.

통일된 민족의식으로 단결된 조직화된 민족역량은 도깨비 방망이와 같은 무한대의 역량을 창출하여 그동안 식민지 종주국의 편에 서서 국민의 피와 땀을 빨아 일부는 종주국에 바치고 나머지는 그들이 소유하면서 권력의 향유를 영구화하려는 세력을 식은 죽 먹기처럼 쉽게 타도 말살할 수 있다. 이것은 식민지 국가들이 완전 자주독립하는 과정에서 보여준 수학방정식 같은 합법칙적인 논리다. 즉 민족의식의 각성 강도와 민족역량화의 비중이 곧 그 민족의 운명을 좌우하는 열쇠가 된다는 말이다. 시나이 반도 전쟁에서 이집트가 믿기어려운 패전을 당한 원인 역시 이러한 민족의식에 조응하여 분석 검토 평가해 보면 정확한 답이 나올 것이다.

시나이 전쟁에 출전한 군대 지휘관인 고급 장교들의 의식 속에는 조국의 영토 방위를 위해 생명을 바치고 반드시 승리해야 한다는 국가의식도 민족의식도 없었다. 내가 살아야 국가도 민족도 있다는 개인 우선의 사상이 오랫동안 역사적으로 조성되어 전통으로 이어져 내려오고 있었다. 그들 세력이 장악하고 있던 국가권력은 자신들의 부의 축적과 행복을 위한 수단이었을 뿐이므로 국가는 그들을 위해 존재하는 종속적인 존재였다. 이런 의식을 좋게 말해 집약하면 개인의 행복 추구였다. 자신들의 권력이 개인 생활의 행복을 뒷받침하고 있었기 때문이다. 조국을 위한 자기희생적인 승리가 목적이 아니라 내가 잘 살기 위한 것이 최우선의 목적이었던 그들의 입장에서는 당연한 논리였다. 그들의 머릿속에서는 오로지 위험스런 전쟁이 빨리 끝나 자신들이 누리던 행복한 생활로 하루속히 돌아가야 한다는 생각뿐이었다.

이와 반대로 빈민 출신의 이집트 사병들은 목숨을 걸고 시나이 반도에서 이스라엘을 추방하고 영토를 수호한다 해도 자신들의 처지에 있어서는 달라질 것이 없었다. 여기에 있는 오아시스 농지와 광산은 권력층의 소유이므로 우리가 그들을 위해 목숨을 바쳐 싸울 필요가 어디 있으며, 이 전쟁에서 승리해도 우리는 여전히 생활고에 시달릴 것이라는 생각이 지배적이었다. 전쟁이 길어질수록 전시하의 통제로 생활만 더욱 악화될 것이라는 생각이었다. 빈민 계급들 스스로 자신들이 소수 친영세력을 위한 희생물이 되고 있다는 의식을 형성한 것은 당연한 귀결이었다. 눈을 씻고 보아도 국가가 국민 전체의 복리를 위해 하는 일이라고는 찾아볼 수 없었다. 국가는 오로지 친영세력의 권력 유지와 부의 축적을 위해 가동하고 있음을 간파했던 국민들이 갖게 된 당연한 반국가 의식 형성이었다. 이러한 의식들이 전쟁 자체에 대한 회피 의식으로 작용한 것이다.

빈민계급의 반전의식(反戰意識)은 국가가 국민을 위해 존재하는 것이 아니라 소수 특권계급을 위한 정치권력의 남용으로 이용되고 있을 때 나타나는 공통적인 현상이다. 이러한 의식은 나아가 반정권 의식으로 발전하게 된다. 더욱이 민족 반역정권의 속성상 불가피한 반윤리적인 측면이 부각되면서 반정권 의식의 형성은 가속화된다. 반민족적 정권하에서는 반드시 국민의 절대다수인 빈민을 비롯한 대중이 희생을 강요당하며 소외되기 때문에 필연적으로 반정권 의식이 생성되며 이들에 대한 반감이 반전의식으로 이어지는 것이다. 소수의 반민족세력이 국가를 자기 집단의 이익 중심으로 종속시켜 운영한 결과 국민의 반정권 의식에서 출발한 반전의식은 1948년 전후 이집트 전제군주 왕정하에서 벌어진 시나이 전쟁에서 그 구체적인 결말을 입증해주었다.

이집트에 관한 이상의 기록은 영국이 명목상의 이집트의 독립을 승인한 대신 영국에 의해 친영정권의 두목으로 국왕을 내세워 전제군주정권을 수립한 지 3년 전후 동안, 즉 이스라엘과의 전쟁 발생 직전 이집트의 내외 정세를 설명한 것이다.

5) 나세르 중심의 민족세력 부상과 민주 정부 수립

시나이 전쟁이 남긴 교훈을 역사적으로 파악하기 위해서는 전쟁 자체의 승패에 국한시키지 않고 그 이후에 전개된 각 단계의 과정을 파악해야 한다. 이러한 입체적인 파악을 통해 식민지에서 독립한 나라들은 교훈을 얻을 수 있기 때문에 전쟁 이후 이집트의 애국국가를 향한 변화와 발전을 요약하여 기록한다.

시나이 전쟁에서 소국인 이스라엘의 공격 앞에 자신의 조국이 썩은 고목과 같이 힘없이 넘어진 것을 목격한 이집트 국민들은 영국이 앉혀놓은 친영 정권인 왕의 지배가 계속된다면 이집트 민족이 또 다시 식민지 민족으로 전락할지 모른다는 불안감과 함께 친영세력에 대한 의분이 결합되어 민족의식이 급속도로 각성되면서 민족 독립 국가를 추구하는 세력이 형성되기 시작했다.

민족 절대다수의 의식 각성이 뒷받침되자 지금까지 영국과 왕정의 탄압하에서 숨고 도망쳤던 민족지도자들이 투쟁을 통해 표면에 나서 민족세력의 조직화를 대담하게 시도하게 되자 반 친영 민족자주세력이 급속도로 세력을 형성하게 되었다. 민족 사고의 밑바닥에 깔려있던 본능의식인 민족의식이 시나이 전쟁을 계기로 각성을 촉구했기 때문이었다. 여기에 겁을 먹은 영국은 시나이 전쟁의 패배를 전제군주인 국왕 일인에게 돌려 1952년에 파면시키고 또 다른 친영세력의 두목인 나기브를 왕으로 교체했다. 역시 전제 군주였다.

그러나 왕의 교체와는 상관없이 자주와 민주주의를 요구하는 민족세력이 파도와 같이 거세게 일어나자 할 수 없이 나기브 전제정권을 입헌군주제로 바꾸어 민주화의 형식을 취할 수밖에 없었다. 나기브 왕은 영국의 지시에 따라 1953년에 입헌군주제의 헌법을 선포하고 형식적인 선거를 통해 입헌군주제인 공화국을 선포했다.

그러나 표면상으로 공화국의 탈을 썼지만 이 역시 외형만 바꿨을 뿐 영국에 예속된 반민족 정권이라는 사실은 달라질 것이 없었다. 현명한 국민의 눈앞에서 이러한 정체는 감출 수 없었고 갈수록 선명하게 노출된 뿐이었다. 이렇게 계속된 친영 정권이 이어지면서 애국민족의 통일전선은 점점 조직화되었다. 민족 내부의 통일전선이 확대 강화되자 자주 민주세력의 역량은 나기브 정권을 능가할 수준으로 커지게 되었다.

민족주의자인 청년 장교 나세르를 중심으로 강화된 민족통일전선의 지도부는 민족의 절대다수가 참여한 혁명회의의 결의에 의해 1954년 11월 국왕인 나기브를 파면하고 그 정권을 폐기시켰다. 동시에 혁명회의 의장으로 나세르가 취임했다. 나세르는 국가기관과 각종 사회단체에서 주도권을 잡고 있던 친영세력을 축출 소탕한 다음 1956년 자유 민주선거에 의해 이집트의 대통령으로 정식 취임했다.

여기에서부터 이집트 민족은 악몽과 같은 200여 년간의 식민지 지배에서 벗어나 민주 조국을 창설하는 첫발을 내딛게 되었다. 나세르 대통령은 국내에 온존하던 친영세력의 제거와 함께 영국과 체결한 각종 불평등 조약을 이집트 본위로 폐기 정리함과 동시에 영국이 장악했던 이권 역시 이집트의 국가 소유로 되돌려 놓았다. 그리고 경제 식민지를 목적으로 한 영국의 일방적인 원조는 단절하고 다른 나라들과의 다자적 관계로 전환시켜 나갔다.

6) 소련과의 우호 외교와 경제발전

이집트의 사막을 관통하여 남북으로 흐르는 나일강은 수량이 풍부하고 범람이 잦아 고대 시대부터 그 주변 유역을 옥토로 만들어 놓았다. 상류인 에티오피아에서부터 하류인 지중해로 흐르는 나일강은 열대지대인 이집트의 기온을 해양성 기후로 바꾸어 주민들에게 쾌적한 생활을 누리게 해주었다. 이것은 인공에 의한 것이 아니라 천연의 혜택이었다. 또한 이집트 각지에는 여러 자원을 지닌 광산도 산재해 있었다. 영국과 프랑스가 일찍이 탐욕을 부려 식민지로 점령한 배경도 여기에 있었다.

그동안 영국 자본 중심으로 개발되던 이집트 경제는 나세르 취임과 동시에 영국과의 예속적인 원조를 단절시킴에 따라 새로운 전환점을 찾아야 했다. 우선 원조선을 다변화해야 하는 가운데 소련과 가장 밀착된 친선 외교를 펼치며 경제적, 정치적 우호 관계를 맺었다. 특히 이집트의 공업화와 관련하여 절대적으로 선행되어야 할 일이 전력 공급이었는데, 이 문제를 해결하기 위해 나일강 상류에 댐을 막아 수력발전을 하는 프로젝트가 추진되었다.

이집트 정부는 250만KW 급의 발전을 목표로 댐 건설의 설계를 마치고 건설을 위한 자본을 외국 차관으로 조달하고자 선진 각국이 참가할 수 있도록 공개 입찰에 붙였다. 여기에 소련도 참가했다. 당시 언론 보도에 의하면 소련의 입찰 가격은 미국과 영국이 제시한 금액의 1/4을 밑도는 저렴한 수준이었으며 이자율도 1/4에 지나지 않았다고 한다. 이집트와 소련의 밀착되어가는 관계를 상징적으로 보여주는 대목이 아닐 수 없었다. 서방세력을 몰아내고 집권한 나세르에 대해 소련은 전략적 요충인 이집트를 동맹국으로 중시하였고, 이집트 역시 서방세력을 대신할 외부 지원이 절실했기 때문에 양측의 이해관계는 잘 맞아 떨어진 것이다.

나일강을 가로질러 건설되는 이 대규모 댐 공사는 소련의 자본과 기술로 진행되어 착공 2년 반 후인 1971년 1월에 준공되었다. 이것이 유명한 아스완 댐이다. 아스완 댐은 계곡이 아닌 사막의 평원을 가로질러 막았으므로 담수 면적이 놀라울 정도로 광범위했다. 이렇게 댐으로 가둔 물을 이용해 종전까지는 물 부족으로 경작이 불가능했던 사막지대에 수분을 풍부하게 공급해 줄 수 있었다. 또 광범위한 농토를 새로 조성하여 재배 면적이 늘어남으로써 소맥을 비롯한 면화를 중심으로 기타 농작물과 과일의 생산이 급증했다. 농업에 필요한 트랙터를 비롯한 농기구 등 농기계의 대부분은 소련에서 수입했다.

국가 재정이 부족했던 이집트에게 있어 아스완 댐 공사비를 비롯한 차관의 상환이 가장 큰 문제였다. 서구 각국은 이집트가 과연 얼마나 버텨내며 정상적으로 차관 상환을 할 수 있을지 의문의 시선으로 보았다. 이 문제 해결을 위해 소련은 이집트에서 생산된 농산물을 달러 대신 현물로 받아들이기로 했다. 이집트 농업에서 주산물은 소맥과 면화였으나 미국 및 영국의 식민지 각지에서 생산하는 남아도는 면화와 소맥에 밀려 수출 길이 막힌 관계로 이집트 국내의 경제발전에 큰 장애를 겪고 있던 때였다. 소련은 이집트에서 남아도는 면화와 소맥을 차관의 이자로 받아들이고 대량 생산되어 골머리를 썩였던 양파도 받아들였다.

그 결과 소련의 도움에 힘입어 이집트 경제의 현대화가 급속도로 이루어졌다. 이집트에 대한 소련의 파격적인 원조는 소련의 흐루쇼프 서기장의 적극적 정책에 의해 이루어진 것이었다. 나세르 이전까지 이집트의 주요 기업과 자본 그리고 세력층의 권력형 부는 예외 없이 친영세력이 독점하고 있었다. 이 세력의 타도 말살과 함께 그들이 갖고 있던 부를 모조리 회수하여 일부는 국유화하고 나머지는 중소기업의 자본으로 투자하였다. 따라서 이집트의 자주 민주화는 정치적인 혁명에만 그친 것이 아니라 경제민주화의 결정적인 요인이 되었다. 때문에 정부와 국민 간에 일치된 공감대가 형성되었고 국가권력은 국민이 승인하고 합의한 것이었으므로 국가와 국민이 가질 수 있는 창조적 역량 발휘에 어떠한 제약도 가해지지 않았던 만큼 경제의 비약적인 발전이 가능했다.

그러나 냉전시대의 대척점에서 소련과 대립하고 있던 서방세력의 입장에서 볼 때 소련 원조 일변도로 이루어지고 있는 이집트의 경제발전에 대해 그대로 좌시하기 어려웠다. 당시는 동서 진영의 경쟁과 냉전이 최고치에 다다르고 있던 시점이었다. 따라서 소련의 동맹국이 되어 위협이 되고 있는 중동의 최대 국가 이집트는 서방 국가들의 눈엣가시로 여겨졌다.

7) 쿠데타와 반민족세력의 재등장

탁월한 민족지도자인 나세르는 이집트 민족의 자주 민주 정권 확립을 위한 정지 작업을 끝내고 민족주의적 기반이 다져지기 시작한 1970년 9월 세상을 떠났다. 당시 보도에 따르면 10여 일에 걸친 그의 장례식에 200만 명 이상의 조문객이 쇄도하여 통곡하면서 애도했다고 한다. 나세르가 세상을 떠나자 이집트 국민은 나세르와 같이 신망을 받고 있던 민족지도자인 사다트를 대통령으로 선출하여 민족 정권의 연속성을 이어갔다. 사다트는 나세르의 민족주의 사상과 자주 민주 노선을 고스란히 이어받아 이집트 민족의 강화 발전에 박차를 가했다. 아울러 분산되어 있던 아랍 민족의 정신적 통합에도 구심점 역할을 했다.

세계적으로 6억 명에 달하는 아랍 민족들은 당시 식민지 시대 열강의 분할 점령에 의해 54개국으로 나뉘어 분산되어 있었고, 그 중 30여 개에 가까운 아랍 민족국가들이 각각의 거주 지역에서 독자적인 국가를 수립하고 있었다. 아랍 민족은 서구세력에 의해 다수의 국가로 분열된 상태이긴 했지만 본래 단일 민족이었다. 이들은 아랍연맹을 결성하여 국제적인 세력을 발휘하고 있었다. 특히 세계적으로 비동맹국 세력의 주도권을 잡고 있는 것이 아랍연맹이었다. 아랍민족의 단결은 본래 하나였던 민족이 민족의식을 발휘하고 있는 국제적 표현이라 할 것이다.

아랍 민족들은 200여 년간 영국의 식민지하에서 숨을 죽이고 살아오다가 열강 각국의 식민지 점령 지역 중심으로 각각 독립하여 자주 민주 노선을 추구하면서 발전함과 동시에 아랍 민족연맹을 결성하여 서방 세계에 맞서고 있었다. 전 식민지 종주국이었던 서방 열강들은 이러한 모습을 그대로 보고 있지 않았다. 여기에 미국도 가세하였다. 단결하는 아랍연맹을 분열시켜 서방 열강국들의 영향하에 두려고 하는 것은 그들은 자연스러운 속성이었다.

아랍연맹 국가 중에서도 서방 열강의 최대 관심 지역은 이집트였다. 식민지 종주국 세력이 세운 허수아비 왕정을 이미 1950년대 초반에 무너뜨리고 민족 독립국가를 설립한데다, 그간의 국제관계를 서방 세계로부터 소련으로 바꾸고 그 원조하에 경제를 급속도로 발전시키면서 국력을 강화한 나라였기 때문이다. 이에 서방 세계 특히 미국을 중심으로 이집트를 친미 지향의 나라로 바꾸기 위한 공작이 본격적으로 전개되기 시작했다.

이집트 문제를 다루기 위해서는 필연적으로 불가분의 관계에 있던 이스라엘 문제를 빼놓을 수 없다. 이스라엘은 미국의 경제적 군사적 지원 아래 세계에 분산되어 있던 유태 민족을 옛 거주지인 요르단 강 동쪽으로 집결하여 새로운 국가를 세웠다. 이스라엘은 사막지대인 그 지방의 생산력으로는 세계 각지에서 모여든 민족의 온전한 생활이 어려웠기 때문에 이웃 아랍 나라들의 영토를 군사적으로 강점하여 자신들의 영토로 만든 바 있었다.

이스라엘은 성서에 기록된 2000년 전의 영주권을 내세워 팔레스타인과 요르단의 국토를 점령했고 여기에 미국은 든든한 지원세력이 되어 주었다. 미국은 매년 36억 달러에 달하는 원조 형식의 무기를 제공하여 이스라엘로 하여금 본토는 물론이고 이스라엘의 점령지에 군사시설을 강화하도록 지원하여 전 지역을 완전 요새화하도록 했다. 그리고 이스라엘 공화국 수립과 함께 이스라엘은 앞서 언급한 바대로 그간 눈독을 들인 시나이 반도에 침입하여 7일 만에 점령했다.

아랍 국가들은 이스라엘을 독립된 국가로 인정하지도 않았을 뿐만 아니라 지상에 있는 최대의 적으로 규정하고 이스라엘이 점령지에서 철수할 때까지 아랍 민족의 전 역량을 다해 끝까지 투쟁하겠다는 것을 기회가 있을 때마다 선언했다. 아랍 민족의 이러한 자세는 곧 미국의 중동정책에 대해 근본적으로 반대한다는 표명이었다.

당시 팔레스타인 지도자인 아라파트는 유태 민족의 2천 년 전 연고권을 정당한 권리로 인정해야 한다면 현재 미합중국이 점령한 미국의 영토에 대해서는 4,5천 년 전부터 거주하며 독자적인 문화와 역사를 이어온 아메리칸 인디언들의 연고권을 먼저 인정하고 유럽에서 건너온 백인들을 미국에서 물러나도록 한 다음에야 2천 년 전 유태인의 연고권을 주장할 자격이 있다고 반발했다. 즉 미국이 주장하는 2천 년 전 유태 민족의 연고권은 "내 것은 내 것이고 네 것도 내 것"이라고 주장하는 놀부 심보와 다를 바 없다는 것이다.

아랍 민족들의 심상치 않은 반응과 관련하여 미국이 가장 먼저 주목한 나라는 당연히 이집트였다. 이집트에는 200년간의 영국 식민지 치하에서 지배와 억압 일변도에서 형성된 정치, 경제, 문화, 사회 생활이 뿌리 깊게 자리 잡고 있었으므로 아직도 이 나라의 구석구석에는 친영세력이 잔재해 있었다. 이집트는 친영세력이 소유했던 대기업과 기관 일부를 국유화하고 소련과 밀착하여 소련의 원조에 의해 산업을 건설하였다. 친영세력들은 이집트의 민주 정권을 반대하는 구실로 소련의 개입과 결탁을 내세웠다. 사회주의를 반대하는 논리를 내세워 자신들의 입지를 찾아보려는 의도였다. 그러나 나세르나 사다트 공히 이집트 국민들의 목표는 자본주의적인 자유민주주의 국가로 발전하는 것이라는 점을 기회 있을 때마다 표명해 왔다. 이집트를 미국의 구미대로 요리하기 위해서는 정권 중심부의 제거가 무엇보다 선결 과제로 여겨졌다.

미국을 중심으로 한 서방 열강들은 이집트가 소련의 지원과 영향 아래 사회주의로 나아가고 있다고 보고, 친영세력에게 반공 사상을 고취하고자 반대세력들을 조성했다. 이를 위해 미국을 비롯한 서방 각국들은 베테랑급 공작원들을 이집트에 침투시켜 지도하고 공작을 전개하였다.

역사적으로 제2차 세계대전 후 식민지에서 독립한 국가들의 경우 독립 초기에 남아있던 민족 반역세력들과 그 지지 세력들은 후일 거의 예외 없이 반공세력으로 얼굴을 바꾸어 정치 세력화했다. 이집트에 있던 친영 인사들은 반공사상을 환호하며 받아들였다. 자신들의 입지를 회복하기 위해 최적의 이데올로기였기 때문이었다. 그들은 현재의 민족 정권에 의해 빼앗긴 이권을 찾기 위해 예외 없이 반공세력이 되었다. 그것이 세계 공통적인 그들의 속성이었다. 그들은 과거 친영의 대가로 안정된 생활을 누리다가 독립 이후 부유층과 특권층의 일부는 민족 반역 행위로 처벌을 받고 재산도 몰수당한 사례도 다수 있었다. 재기의 기회를 노리던 이들에게 반공사상은 구세주였다. 반공사상은 발전되어가는 민족 정권에 대한 적대 의식과 결합되면서 급속도로 지하세력화 했다. 그 세력의 최고 지도자가 이집트의 현 대통령인 무바라크였다.

친영세력이 둔갑한 반공세력의 최고 지도자인 무바라크는 세력 강화와 함께 미국의 지원을 약속받아 자신감을 갖고 사다트 정권의 전복을 기도했다. 나세르가 1954년 11월 나기브 왕을 축출하고 이집 트의 완전 자주독립을 선언한 지 28년 만인 1981년 10월, 마침내 무 바라크는 국민이 선출하고 국민의 절대 지지를 받았던 사다트 대통 령을 암살하고 정권을 장악했다.

쿠데타로 사다트 정권을 타도하고 반공 혁명정부를 수립하여 정 권을 장악한 무바라크는 계엄을 선포한 뒤 이집트의 민족 자주적인 정부 수립 이후 28년간 확립되었던 자주 민주정책과 법령들을 친영 세력 중심의 독재세력 구미에 맞는 방식으로 되돌려 놓았다. 미국은 이에 호응하여 이집트에 대해 대대적인 정치, 경제, 군사적 원조를 적극 지원하고 나섰다. 무바라크는 이집트에 대한 외교에 있어 소련 의 지원을 미국의 지원으로 180도 바꿔놓았다. 국내적으로는 사다트 정권하에서 반민족 행위로 몰수당했던 거물급 친영세력의 재산들은 모조리 다시 환원되었고 백지화되었던 영국 기업에 대한 이권의 일 부가 영국으로 다시 되돌려졌다. 무바라크가 정권을 장악한 이후 이 집트는 미국경제에 예속되었고 미국의 군사기지 설치도 허용되었 다. 이집트 민족은 주권국가에서 또 다시 이민족 국가인 미국의 영 향하에 들어간 새로운 형태의 식민지 지배 단계로 들어서게 된 것이 다.

이집트에서 벌어진 이러한 과정은 우리 역사에서 벌어진 어떤 사 건들과 쌍둥이처럼 닮아있다. 1961년 5월 16일 육군소장 박정희를 선두로 한 군부세력은 쿠데타를 일으켜 국민이 선출한 장면 정권을 타도하고 군사 혁명정권을 수립하였다. 이후 계엄령을 선포하고 사 회대중당을 중심으로 한 민주 정당과 사회단체들을 분쇄하기 위해 3년 전으로 소급한 특별법을 제정하여 그 이후의 정치사회 활동을 불법화하고 이 단체들을 반국가 단체로 규정하여 무자비한 탄압으로 8,000여 명을 검거 투옥하고 그중 일부에게 사형 무기까지의 중형을 언도하고 모든 민주 정당과 단체를 불법화시켰다. 그 후 박정희는 헌법을 세 번이나 고치면서 영구 집권을 꿈꾸다가 권좌에 오른지 18년 만에 가장 믿었던 중앙정보부장 김재규에 의해 살해되어 영구 집권의 대망은 좌절되었다.

무바라크가 쿠데타로 정권을 잡고 민족 자주세력을 탄압하여 친서방 세력으로 전환되어 가는 과정은 5 · 16으로 정권을 잡은 박정희 군사 독재정권의 복사판으로 보면 틀림이 없을 것이다. 무바라크는 쿠데타로 정권을 잡은 뒤 총선으로 대통령에 당선되어 민선 대통령이 되었다. 그 후 연이은 선거에서 계속 당선되어 대통령 자리를 오늘에 까지 이어오고 있다. 이집트 민족의 잘못된 반역의 역사가 계속 이어져 오고 있는 것이다.

8) 아랍연맹에서 축출된 무바라크 정부

이집트는 독립국가를 형성한 30여 개 아랍국가 연맹 중의 일국이지만 국토와 인구, 경제력 그리고 긴 역사의 전통에 있어 전 아랍민족에서 차지하는 비중이 컸다. 무바라크의 등장과 이집트의 친서방 세계로의 회귀는 그만큼 반 아랍 진영에 가져다주는 영향력이 클수밖에 없었다.

이집트의 친서방 특히 친미로의 전환은 미국의 중동정책에 커다란 승리를 가져다주었다. 그러나 무바라크 정권의 이집트는 미국의 지원을 받고는 있었지만, 역사적으로 밀착된 다른 아랍 국가들과의 관계에 있어 역사적으로 민족적으로 깊게 밀착되었을 뿐만 아니라 정치, 경제, 군사, 외교적으로 떼려야 뗄 수 없는 강력한 영향을 서로 주고받았던 관계였다. 특히 각 나라들이 인접한 관계에 있었기 때문에 무역 등의 경제교류에서 절대적인 비중을 차지하는 사이였다. 때문에 미국이 이집트를 아랍연맹에서 완전히 이탈시켜 아랍연맹을 분열시키기 위해서는 그간의 이점을 훨씬 상회하는 지원을 하지 않으면 안 되었다.

미국이 이집트에 지원을 하는 목적은 아랍 민족세력의 분열과 함께 지정학적으로 이스라엘을 포위하고 있으면서 이스라엘을 불법적인 존재로 여기면서 국가로 인정치 않는 아랍연맹 국가들로 하여금 이스라엘을 공식적으로 국가로 인정토록 하기 위한 것이었다. 아랍연맹의 분열과 함께 이스라엘의 위상을 국제적으로 높여 안정적인 미국의 우군으로 역할을 하도록 하기 위함이었다. 이스라엘은 중동의 아랍 민족세력권 내에 있는 미국의 유일한 전략기지였으므로 미국은 이스라엘을 위해 매년 36억 달러에 달하는 무상원조를 계속해오고 있었다. 때문에 무바라크가 이스라엘을 국가로 승인한다면 이는 막대한 원조에 대한 이유와 성과를 미국 국민에게 납득시키는 데 있어 큰 도움이 되는 일이었다.

마침내 무바라크는 미국의 요구에 따라 아랍연맹 국가들의 강력한 반대에도 불구하고 이스라엘을 합법적인 국가로 인정하고 나섰다. 이것은 이스라엘을 중심으로 한 미국의 중동정책에 있어 대성공을 가져다주었다. 이스라엘이라는 국가의 존재를 부인하는 것이 아랍연맹의 기본 입장이었으므로 아랍연맹은 무바라크가 대통령으로 있는 이집트를 만장일치로 아랍연맹에서 제명 축출했다. 그럼에도 무바라크는 친미 일변도의 정책을 계속하여 오늘에 이르고 있다.

이상이 제2차 세계대전 후 독립한 이집트와 이스라엘의 변화 발전 과정에 대한 개략적인 설명이다. 두 나라의 경험은 전후 식민지에서 독립한 국가들에게 민족이 독립을 유지하고 발전하려면 전 국민의 민족의식 각성과 민족역량의 결집이 절대적으로 중요하다는 교훈을 남겨주고 있다.

우리 민족도 그러한 교훈을 되새겨야 할 나라 가운데 하나다. 8.15 광복이 민족정기를 바로 세우는 계기가 되어야 했음에도 불구하고 국민 앞에 설 자리가 없어야 할, 전 민족의 분노의 대상인 친일세력이 애국자로 둔갑하여 6공화국에 이르기까지 근 반세기에 이르는 동안 국가의 주요 권력을 장악하며 내려오고 있다.

이 과정에서 민족정기는 가려졌고 민족사가 거꾸로 흐르는 어둠속에서 우리 민족은 엉뚱한 방향으로 이끌려 왔다. 문민정부 등장과 함께 비로소 역사가 자주 민주 지향으로 바뀌어 역사가 본 궤도를 찾아가는 첫발을 내딛는 상태에 있다. 이러한 시점에서 우리는 이스라엘 민족이 강력한 민족 통일 역량으로 조국을 수립하는 과정과 이와는 반대로 비틀거리던 이집트 국민의 역사를 통해 식민지에서 독립한 민족들이 완전 독립을 위해서는 민족의식의 각성과 함께 통일된 민족역량이 필요하다는 교훈을 깨우칠 수 있다.

이상 두 나라에 대한 기록은 이 나라들의 근세사를 선전하려는 것이 아니다. 8.15 후 오늘에 이르기까지 우리나라와 이집트의 사이에는 반민족세력이 애국자로 둔갑하여 국가 주권을 장악하고 내려온 점에서 공통된 맥락을 발견할 수 있다. 그 원인이 어디에 있으며 무엇이냐를 찾아내어 앞으로 자주 민주 조국 건설에 지침으로 삼으려는 것이 목적이다. 우리나라와 이집트는 제2차 세계대전에서 연합국의 승리로 인해 독립을 얻었으나 그것은 자력에 의한 투쟁의 결과가 아니고 선물과 같은 혜택으로 받은 것이다. 선물이라는 혜택의 대가로 너무도 큰 것을 지불해야 했다. 강대국의 지배하에 예속되어 해방된 민족 앞에 최고의 반역세력인 반민족세력에 정권을 넘겨줘야 하는 상상할 수 없는 엄청난 대가였다.

제5장 역사에서 사라진 민족들

인류가 사회생활을 시작한 이래 수많은 부족과 민족이 나타났다가 사라졌다. 역사시대 이전에 등장했다가 소멸된 소규모 부족들까지는 모두 헤아릴 수 없지만, 역사시대 이후까지 존속하여 흔적을 남겼다가 어떤 이유에 의해 사라진 부족이나 민족도 상당수에 이른다는 것이 인류학자들의 연구에 의해 파악된 바다. 반면 멸종의 위기를 겪으면서도 끝내 살아남아 오늘날의 세계사에 당당하게 존재를 자랑하고 있는 민족들도 다수가 있다.

나는 역사 시대는 물론 역사 이전의 사전사(史前史)에 대해서도 관심을 갖고 나름 심도 있는 연구를 해왔다. 그 과정에서 수많은 민족이 자취만 남기거나 혹은 자취도 없이 사라져버린 사실에 대해 그 원인이 무엇인지 진지하게 숙고했다. 여러 원인들이 있겠지만 그 중에서 내가 얻은 결론의 하나는 공동체운명 의식의 형성이 결여된 부족과 민족은 반드시 멸망했다는 것이었다.

민족의식과 민족의 존속 사이의 관계는 학설이나 이론보다 고대 씨족사회부터 중세에 이르기까지의 역사 과정에서 수많은 부족과 민족들이 지구상에 나타났다가 흔적도 자취도 없이 사라진 반면, 어떤 민족들은 자연 또는 적대세력과 대립하면서도 끝까지 살아남아 오늘날 발전된 나라를 유지하고 있다는 사실이 입증해준다.

때문에 나는 민족의 멸망과 존속을 결정짓는 원동력이자 핵심은 민족의식의 유무와 민족역량의 강약이라고 생각한다. 아래에서는 우리에게 알려진 민족 중 대표적인 사례 몇 가지를 들어 민족의식과 민족의 존속 사이의 상관관계를 설명해보겠다.

1. 테즈매니아 민족의 멸망

1) 영국의 식민지화와 수탈

테즈매니아는 호주 동남쪽에 위치한 남한보다 큰 섬이다. 정확한 위치는 남위 41~43°, 동경 136~139°에 걸쳐있다. 테즈매니아는 위도 상으로 볼 때 한대 기후 지역에 속하지만 근해에 한류가 없는 바다에 둘러싸여 있으므로 사람이 살기 좋은 최적의 해양성 기후를 갖고 있다. 특히 백인들에게는 유럽 어느 곳에서도 찾아볼 수 없는 쾌적한 생활권이었다.

이 큰 섬은 고산이나 중첩된 산맥이 없는 평원 지대가 대부분으로 토사의 유출이 적어 비옥한 평원을 이루고 있었다. 때문에 호주의 어느 곳보다도 농업 생산성이 높은 지역이었고 광산들도 다수 있었다. 근해에는 풍부한 수산자원이 있어 풍요를 누릴만한 환경이었다. 이런 이유에서 호주의 타 지역에 비해 테즈매니아에는 인구가 많다.

영국이 호주를 식민지로 본격 점령한 1788년 당시 테즈매니아에 살고 있는 주민은 75만여 명이었다고 한다. 이 테즈매니아인들은 언제 어디에서 와서 살고 있는지는 알 수 없으나 수만 년에 걸쳐 단일

생활권 내에서 살았으므로 생활, 언어, 문화 등 동일 종족으로 형성되어 풍요한 농업 생산과 수산물에 의존하여 평화로운 발전을 해왔다. 사면이 바다로 둘러싸여 있었으므로 영국 침입 이전까지는 외침은 단 한 번도 받지 않았고 또 타 민족을 공격할 필요 없이 살아온 평화적인 부족이었다.

새로운 식민지 확보를 위해 눈독을 올리고 있던 영국은 쿡 선장이 이끄는 함대가 1788년 시드니를 점령하여 영국의 영토로 확보한이래 호주 인근의 섬들을 모조리 식민지로 삼았다. 죄수들의 유배지가 필요했던 영국은 1788년에는 다수의 죄수들과 함께 이주민을 보냄으로써 본격적으로 호주를 지배하고 개발을 서둘렀다. 이후 약 16만 명의 영국 죄수들이 호주로 이주했다고 한다. 식민지 호주를 통치하는 총독부는 영국인의 이권과 지배를 위해 새로운 법령을 제정, 공표하여 호주 전 지역을 통제하는 한편 섬에서 기존에 살고 있던 원주민들에 대해서는 몰아내거나 노예화시켰다.

호주를 점령한 영국의 눈에 띈 것은 본섬 외에도 쾌적한 기후와 비옥한 농토를 가지고 있던 테즈매니아였다. 영국이 미개의 원주민인 테즈매니아인을 제압하는 것은 손쉬운 일이었다. 호주 총독부는 영국인 위주의 법령을 만들어 영국인의 수탈과 탄압에 대해 반항하면 모조리 처벌의 대상으로 만들어 원주민들을 무력화시켰다. 영국 식민지 통치 초기의 당면한 과제는 원주민들의 생산 수단인 토지를 효과적으로 수탈하는 것이었다.

영국인들은 원주민들에게 의류나 신발 같은 생필품과 술을 비롯한 음식을 제공하면서 그 대가로 문서를 받았는데, 이 문서들의 내용은 거의가 일정 시점에 토지를 넘겨준다는 내용이었다. 이를 제시하고 토지 인도를 요구한 뒤 여기에 반대하거나 저항하는 원주민들은 재판에 회부시켜 결국은 모든 토지를 모조리 빼앗았다. 이러한 교활한 방식은 백인들이 처음 진주한 남북 아메리카나 태평양 각지의 도서에서 원주민들의 토지를 강탈할 때 사용한 방식과 동일한 것들이었다. 호주에 최초 이주된 전과자 출신의 영국 범죄자들을 앞세운 원주민 수탈은 무법천지와 같은 횡포였다.

2) 테즈매니아인의 멸망 과정

영국인들은 테즈매니아 원주민들을 범죄자로 만들어 추방하거나 이들로부터 빼앗은 비옥한 토지를 전환하여 만든 농장의 노예로 삼았다. 1800년대 초가 되자 테즈매니아의 토지는 모조리 영국인 소유가 되었다. 일부 남아서 영국 농장의 노동자로 종사했던 원주민들도 오래 견디지 못했다. 죽음도 아랑곳하지 않고 행해지는 혹사와 매에 못 이겨 거의가 섬을 탈출하여 19세기 말경이 되면 원주민들은 이 섬에서 자취를 감췄다.

자신들의 고향에서 쫓겨난 테즈매니아 인들은 광활한 호주 각지를 전전했으나 가는 곳마다 영국인의 탄압과 수탈이 기다리고 있었음은 두말할 나위가 없었다. 이들에게는 최저 수준의 생존만을 보장하는 대가가 주어졌으므로 자기 혼자만의 생활도 어려웠다. 결혼을 하여 자녀를 낳고 가정을 꾸민다는 것은 상상도 할 수 없는 일이었다. 그 결과 자기 홀로 생존하다 죽으면 대를 잇지 못하고 그것으로 끝나고 말았다. 침략세력으로부터 생활 수단인 토지를 빼앗기고 빈곤에 허덕이며 전전하던 민족들이 결국에는 민족 자체의 멸망으로 이어진 근본 원인이 거기에 있었다.

인류학자들은 콜럼버스가 아메리카 대륙을 발견하던 당시 북아메리카 대륙에는 1,500만 명 이상의 원주민 인디언이 살고 있었다고 추정한다. 그 후 물밀듯이 밀려들어온 백인에 의해 학살되지 않고 살아남은 원주민들도 모든 것을 빼앗기고 겨우 자기 혼자 살 수 있는 빈곤 상태에 있었기 때문에 후손을 남기지 못하고 대를 끝내는 경우가 많았다. 테즈매니아 인들이 겪은 운명도 동일했다. 콜럼버스를 비롯한 유럽세력이 북미 대륙에 들어오지 않았더라면 지금 북미의 원주민 수는 수억 명을 넘었을 것이다. 오늘날 남아있는 인디언은 500만~700만 명 정도에 불과하다. 그나마 이 정도의 숫자가 남아있는 것도 테즈매니아 인들과는 달리 인디언들은 신앙 형태의 민족의식으로 결속되어 있었기 때문이다.

나는 지구상에 남아있는 마지막 테즈매니아 인이 이탈리아 로마에 살고 있다는 기사를 접한 적이 있다. 일본에서 발간된 고고학, 민속학, 민족학의 학술잡지인 '도루멘(톨멘)'(지석이라는 뜻)을 통해서였다. 나는 1938년에서 1942년 초까지 4년간 이 잡지를 구독했는데 그 후 이 잡지는 전시하의 용지 부족으로 발간이 중단되었다. 나는 이 잡지를 통해 고대사 외에도 각 민족의 민속 등에 대해 심도 있는 공부를 할 수 있었다.

이 기사에 따르면 1938년에 로마에 있는 큰 호텔에서 청소부로 일하던 30대의 독신 테즈매니아 여인이 지구상에 남아있는 마지막 테즈매니아 인이었다고 기록하고 있다. 이탈리아 정부의 인구조사 결과를 민속학자들이 분석 연구하는 과정에서 호텔을 찾아가 이 여인을 만났다는 기사도 쓰여 있었다. 이를 바탕으로 각국의 민속학자들과 논의한 결과 마지막 테즈매니아 원주민이라는 결론을 내렸다는 것이다. 이 여인이 그 후 몇 년을 더 살다 세상을 떠났는지는 알 수 없지만 나는 이 여인에 대해 한 민족의 마지막 존재라는 비감이 느껴져 감상적으로 이 기사를 읽었던 기억이 생생하다.

3) 민족의식 없는 종족의 최후

호주에는 대영제국이 식민지로 점령하기 이전에 처녀 종족에 가까웠던 다수의 원주민이 살고 있었다. 오늘날 민속학자와 고고학자의 연구에 따르면 알려진 민족 중 630여 종의 원주민이 생존해오다가 식민지 통치 이후 완전 멸종된 것으로 알려지고 있다.

호주 대륙은 75%가 사막으로 원주민들은 해변과 부속 도서에도 일부 거주했지만, 주로 사막 여기저기에 있는 오아시스를 중심으로 생활의 터를 잡았다. 오아시스는 다수의 부족을 유지하기에 한정적이었으므로 종족이 증가하면 일부는 다른 오아시스를 찾아 이동하여 동족과 분리되는 일이 불가피했다. 이렇게 분리된 뒤 오아시스 중심으로만 생활하며 다른 동족과의 연락과 유대를 단절하고 고립된 종족들은 거의 멸망했다.

그런 가운데도 비교적 오래 존속된 종족은 여기저기 산재해 있는 동족과 끝까지 연락과 유대를 형성해온 수십 개 종족에 지나지 않았다. 이들은 소수에 불과하지만 오늘날까지도 존속하며 호주 정부에 의한 경제적 수탈과 인종 차별에 대해 항거하며 투쟁해오고 있다. 이들 중의 상당수가 사라졌겠지만 그나마 소수라도 열악한 여건에서 살아남아 생존하게 된 결정적인 요인은 동족 간에 원시신앙 형태의 부족의식을 공유하며 이 신앙을 중심으로 각자가 위치한 거리와 생활권의 분산을 초월, 극복하여 부족적 단결을 지속시킨 덕이다.

이것은 오늘날 전 세계에 생존하고 있는 9억 2천여 만 명의 원주민들에게 공통되는 사실이다. 내가 여기서 원주민이라 함은 인종적인 구별이 아니라 선진 제국주의의 식민지 또는 타민족 국가에 의해 정치 경제적으로 예속되어 있는 인종을 말한다.

아프리카의 경우 제2차 세계대전 전까지 수많은 흑인 종족들이 식민지 지배하에 예속된 원주민이었으나 대전 후 50여 개 흑인 독립국가가 형성되어 주권을 장악하고 있으므로 원주민이 아닌 주권민족으로 전환했다. 그중에서도 백인 중심의 남아연방에 거주하고 있는 10여 개의 대소 흑인 종족은 인구수에 있어 백인의 4배 이상이지만, 오늘날 세계 민주국가들의 강력한 지탄을 받고 있는 남아공 정부의 극단적인 인종분리 차별정책으로 모든 권리와 자유를 박탈당하고 있는 원주민에 속한다. 이와 같이 남북아메리카와 호주, 아프리카, 동남아시아 각지에서 타민족국가의 지배하에 차별대우를 받고 있는 원주민이 9억 2천만 명에 달한다고 한다. 이 수치는 오늘날 전 세계 가톨릭 신도의 수와 맞먹는 방대한 규모다.

이 원주민들은 지금도 민족적으로 단결하며 끝까지 민족 독립을 위해 투쟁을 하고 있다. 이 민족을 단결시키는 핵심은 투철한 민족의식의 각성 아래 민족 공동운명체의 역량을 조성하고 있기 때문이다. 오늘날의 세계정세는 자유와 인권과 평화 지향으로 혁명적인 발전을 해가고 있는 만큼 지구상에 남아있는 최대 모순의 하나인 예속된 원주민들이 반드시 자주 지향으로 투쟁하여 독립민족이 되어 해방을 이루게 될 것이라고 나는 확신한다.

여기에서 원주민들의 민족의식 각성에는 민족 내부의 교육과 홍보가 큰 역할을 하게 된다. 그러나 그 중에서도 결정적인 역할을 하는 것은 그 민족이 지닌 독자적인 종교다. 즉, 각 민족의 종교는 민족의식의 신앙적 표현이며 다른 어떤 것으로 대체할 수 없는 강력한 단결력을 제공하고 민족 구성원 간에 불가분의 유대를 맺어준다. 그것이 민족종교의 힘이다.

나는 민족의 신앙과 종교를 다음과 같이 이해하고 있다. 인간이 동물에서 벗어나 사회생활에 들어가면서부터 각 개체는 생활 및 사회적 행동에 있어 다양한 방식으로 존재하며 생활 형태의 발전에서 형성된 집단의식도 다원적이 된다. 여기에서 필연적으로 이해관계가 대립되어 모순이 형성된다. 이 공동체에 내재한 개체적 집단적 대립과 모순 분열을 민족의 존재와 발전을 위한 민족의식으로 각성시키기 위해서는 교육적 역할이 크다. 하지만 결정적인 역할은 다양성과 다원성에서 조성되는 모든 대립과 모순을 민족 신앙이라는 용광로에 집어넣고 융해하여 각각의 차별을 없애고 하나의 운명의식으로 창조적인 민족역량을 조성하는 것이다. 그것이 바로 신앙의 위력이다.

이러한 나의 결론은 씨족 신앙에서 발전한 민족 신앙과 그 민족의 발전 과정에서 구체적이고 과학적으로 법칙화된 원칙을 객관적으로 파악하면서 내려진 것이다. 오늘날의 고도로 발달한 문명사회에서도 그 민족의 종교는 여전히 민족의식의 표현이다. 즉 그 민족 및 민족의식과 유리된 종교는 모든 민족 구성원에게 받아들여지지도 않고 존재가치도 없다는 것이 세계의 문화와 역사가 증명해준다.

4) 고대사는 인종 생멸이 되풀이되는 단속사

지금으로부터 250여 만 년 전에 지구상에 원초적 인종이 최초로 등장한 이후 그 뒤를 이어 파생된 여러 인종 중에서 중단 없이 오늘의 현대인까지 이어지는 인종은 거의 없다고 한다. 소수였던 원시 고대인들 중에는 천재지변이나 타인종의 침입에 의해 말살되면서 다른 인종으로 교체되기를 되풀이했다.

특히 여러 차례의 빙하기를 거치면서 대규모 멸종이 반복되었다. 지질학자들의 연구에 의하면 지구상에는 4회의 대빙하기를 비롯하여 여러 차례의 소빙하기가 왔다고 한다. 이때 지구의 남과 북은 눈과 얼음으로 뒤덮였고 적도를 중심으로 존재하던 종만 살아남을 수 있었다. 이러한 빙하기는 일시적으로 돌연 온 것이 아니라 서서히 다가오면서 짧게는 5천에서 1천 년, 길게는 2,3만 년 진행되었다.

이 기간에 수많은 생물들이 대량 멸종을 맞았고 인류 가운데도 멸종된 종들이 많았다. 살아남은 생명체들과 인류는 빙하기의 후퇴와 함께 거주 범위를 넓혔다. 5천 년~1만 년에 걸쳐 서서히 후퇴하는 빙하기에 적응하며 옛 고향을 찾아 북상 또는 남하하여 자신들의 종족을 복원하였다.

이것은 곧 물갈이가 되는 변화였다. 물갈이라고 해서 진화론에서 말하는 종의 기원으로 돌아간다는 말이 아니다. 적도 주변에서 살아남은 모든 생명체를 비롯한 인류가 새로운 종족들로 물갈이 되어 복원되었다는 뜻이다. 이때 지구상에 나타났던 수많은 인종들이 멸망하거나 또는 2, 3만 년에 걸쳐 동일 생활권 내에서 혼성된 새로운 인종들이 등장하여 재구성되었으리라 짐작할 수 있다. 이상이 자연의 환경변화에 의해 이루어지는 멸종과 존속의 반복된 모습이었다.

그러나 16세기부터 시작된 제국주의 열강들의 식민지 점령은 인간에 의한 인종의 멸종을 본격화하는 전환점이 되었다. 열강들은 약소민족과 미개인 거주지를 군사적으로 점령하여 가혹한 탄압으로 원주민을 멸종 상태로 이끌어갔다. 영국 식민지가 된 호주에서 나타난 것처럼 원주민의 생존을 아랑곳하지 않는 가혹한 수탈과 탄압으로 사라진 민족은 단지 테즈매니아 인뿐이 아니다.

이것은 자연과는 무관하게 벌어진 인간에 의한 인위적인 멸망이라고 할 것이다. 현재 남태평양에 산재해 있는 여러 도서에는 누가 만들었는지도 모르는 거대한 석재 가공품이 있고 또 여러 곳에는 하늘을 쳐다보고 있는 거대한 석상이 많이 남아있다. 이것을 만들었던 인종들은 어디에서 와서 어디로 갔는지에 대해서는 기록도 말도 전해지지 않고 있다.

현재 남미의 우루과이, 파라과이 등 몇 나라에는 원주민이 단 한 사람도 남아있지 않은 경우가 있다. 열강의 식민지 지배가 얼마나 가혹했는가를 말해주는 증거다. 그러나 동일한 식민지 지배하에서도 인종 또는 부족의 공동운명체 의식을 각성하고 단결한 민족은 앞에서 말한 아메리카 인디언 같이 그 수는 대폭 감소했지만 여전히 살아남아 있는 사례가 있다.

호주의 여러 원주민 중에도 광활한 사막에 흩어져 살면서 빙하시대가 없는 수십만 년 동안 종족의 교류를 병행하고 생활권 내에서 동일 인종 의식으로 결속하여 단결한 인종은 살아남았다. 테즈매니아 민족이 단결하지 못하고 멸망한 것은 온화한 기후와 비옥한 토지에 살면서 그 나름대로 생활이 안정되어서 자기 생활권 밖에 분산되어 있는 동일 종족들과 교류할 필요가 없어 서로 단절되었고, 그 결과 자기 거주지 범위의 공동체 의식 외에 테즈매니아 인종 전체를 포괄하는 동족의식을 형성하지 못했기 때문이다.

고대 원주민들의 공동운명 의식은 예외 없이 종교 신앙 형태로 나타난다. 원시인들에게는 주신이 우리를 보호하고 있으므로 영원히 멸망하지 않고 번영한다는 신앙이 상상 이상으로 철저했다. 이 신앙이 원시시대부터 고대 부족사회에 이르기까지 종족을 강철같이 단결시키는 구심점 역할을 했다. 오늘날까지도 아프리카 오지와 태평양상의 파푸아뉴기니에 그런 흔적이 여전히 남아있다. 반대로 멸망한 인종들에게는 종족의식인 그 신앙이 없었다는 말이다.

2. 일본 고대 아이누족의 말로

1) 일본 주된 원주민은 아이누족

인종의 멸망 성쇠에 관한 또 하나의 사례를 이웃 일본 고대사에서 찾아본다. 일본 고대사에 따르면 기원전 일본에 거주하는 민족은 3개로 나뉘어 있었다고 한다.

아이누족의 기원은 알 수 없으나 B.C. 2~3세기경에는 일본 본토의 동북부와 중부를 지나 오늘날 긴키(近畿) 지방 서부인 오사카와 교토 선까지의 전 지역에 걸쳐 단일 인종으로 거주하며 일본 원주민들의 주류를 이루었다. 이 한계선은 천강족(天降族)이 진출한 선이므로 천강족 출현 이전에는 유일한 원주민이었음을 추측할 수 있다. 즉 아이누족은 일본 국토의 2/3 가량을 차지하는 종족이었다.

또 하나의 인종은 일본 서부 큐슈에 나타난 천강족이다. 이들은 하늘에서 일본을 다스리기 위해 내려왔다는 천조대신을 개국시조로 한 신화적인 종족이다. 인종학적인 측면에서 신체의 특징을 조사한 학설에 따르면 이 종족은 인도네시아 계통의 인종이다. 태평양의 적도를 흐르는 거대하고 빠른 해류를 쿠로시오 해류라 하는데 이 해류가 인도네시아의 섬들에 부딪쳐 북상하며 큐슈 서쪽을 지난다.

10,000여 개의 섬에 나뉘어 살고 있던 원시 인도네시아 종족들은 통나무배가 유일한 교통수단이자 생산수단이었으므로 통나무배를 타고 바다에 나왔다가 이 해류에 밀려 큐슈 서쪽에 도착했다고 한다. 이러한 사실은 오늘날 해류와 어족의 이동을 시험하기 위해 세계 각 해양 국가들이 기호와 지명을 표기한 공병을 매년 수차례 바다에 띄워 보내 그 흐름을 조사하여 각국이 상호 연락을 교환하는 가운데 얻어지고 있는 추정이다. 인도네시아 각지에서 띄운 공병의 일부가 큐슈 서쪽에 도달 또는 표류하고 있다는 사실이 이를 확인해 준다.

큐슈에 도달한 쿠로시오 해류의 일부는 여름이면 원산 앞바다에까지 흐른다는 것을 해류 조사가 증명해 주고 있다. 그러므로 통나무배를 타고 표류한 인도네시아 종족의 일부는 조선반도의 동해안에도 표착(漂着)했을 것이라 짐작할 수 있다. 이를 추정케 하는 것은 조선 사람 중에도 인도네시아 사람 같이 키가 작고 피부가 검으며 곱슬머리를 지닌 신체적 조건을 지닌 사람이 간간히 보이고 있다는 점이다. 나는 이와 같은 신체적 조건을 가진 조선 사람이 조선반도의 동남부에 비교적 많다는 것을 앞에서 말한 일본에서 발간한 '도루멘(돌멘)' 지에서 읽은 기억이 있다. 최종 빙하기가 물러간 후 15,000년간에 상당수가 이런 방식으로 표착했을 것이라 추측된다.

우리 역사의 고대 문헌인 삼국사기와 삼국유사에는 그리스신화 및 로마신화의 일부가 원형의 복사판처럼 기록된 구절이 있다. 이것은 조선반도와 유럽 남부 간에 문화 교류가 있었음을 추정케 하는 대목이다. 고대에는 상상조차 할 수 없는 먼 거리에 있는 지역의 그리스신화가 우리나라 고대 문헌에 기록된 경로에 대해서는 해류에 관한 지식이 크게 도움이 될 것이라고 나는 믿는다.

나는 고대 문화에 대한 관심이 컸으므로 해류에 대해서도 주목하여 이 방면의 문헌을 수집하며 세심히 살펴보았다. 그 결과 지구의 육지와 바다가 지금의 모양으로 형성된 이래 오늘에 이르기까지 흐르고 있고 앞으로도 흐를 쿠로시오 해류가 동남아시아에서 조선반도에 이르기까지 고정된 진로를 갖고 있음을 확인하게 되었다. 그러한 나름의 심도 있는 해류 연구를 통해 일본 고대인의 흥망에 대한 과학적인 뒷받침이 된다고 여겨 이상과 같은 설명을 하게 된 것이다.

해류를 따라 표류하다 큐슈 지역에 표착한 인도네시아계 종족은 종전부터 그 지역에 살고 있던 원주민들과 대립하지 않을 수 없었다. 원주민 입장에서 이들은 이단자들이었다. 따라서 기존 원주민의 생활권에서 살아남기 위해서는 단결하여 생활 거점을 확보해야 하는 것은 필연적인 일이었다.

인도네시아와 큐슈는 빙하시대를 겪지 않은 열대와 아열대 지역이므로 인도네시아에 인류가 거주하기 시작하면서부터 큐슈로의 표착이 시작되었을 것이라고 추정할 수 있다. 이 인종들은 생활과 문화에서 큐슈 내의 원주민보다 앞서 있어서 점차 큐슈에서 지배적인 세력으로 올라서기 시작했다. 이들은 원시 고대사회를 형성하며 종족의식인 신앙을 갖게 되었다. 이들이 인도네시아 계통의 인종임을 추정케 하는 것은 키가 작고 곱슬머리이며 피부가 검다는 점이다. 그 체질이 오늘날까지 유전되어 일본 인구의 상당수가 이러한 신체적 특징을 갖고 있다. 미개한 상태에 있던 원래의 원주민들은 점차 천강족의 지배하에 들어갔을 것으로 보인다.

2) 천강족과 기마족에 의해 몰락

천강족으로 자처한 서(西)일본 세력은 동진해 오다가 오늘날 오사카 북부인 중서부 해안선을 중심으로 세력을 확장해가고 있던 기마족과 맞부딪쳤다. 일본 고대사 연구에 따르면 이 인종은 러시아 연해주 지역에서 표류하다 일본 동부에 들어온 인종들이라고 한다.

인류의 최초 조상이 되는 종족은 약 250만 년 전에 아프리카의 현 탄자니아 지역에 처음 나타나 북상하여 유럽 전역으로 퍼졌고, 이어 동으로 이동하여 시베리아 남부와 만주 북부에 도달한 뒤 남하한 것으로 인류학자들은 보고 있다. 이 인종들은 이동을 계속하는 중에 생활과 문화가 점진적으로 발전하여 일찍이 정치세력화하고 기마족으로 발달했다. 극동에 도착한 이들의 일부는 그때나 지금이나 어족 자원이 풍부한 오호츠크 해에서 고기잡이로 생활을 하였고 그 일부는 해안을 따라 남하하여 새로운 개척지를 만들었을 것으로 추정된다.

기마족이 살고 있던 지역은 남북으로 교차하는 계절풍이 강한 지역이서 작은 통나무배를 이용해서는 해상 교통이나 어로 활동이 어려웠다. 대신 목재가 풍부한 지역인 만큼 통나무를 엮은 튼튼한 뗏목을 만들어 사용하다 북쪽에서 내려오는 강력한 해류인 리만 한류에 밀려 아래쪽으로 내려왔을 것으로 추정된다. 이러한 이동은 해류에 의해 이루어졌다는 점에서 쿠로시오 해류에 의한 인도네시아 인종의 표착과 동일한 경우다.

해안을 개척하려고 남하한 일부는 이동을 목적으로 한 대형 뗏목에 가족과 함께 가구와 생산도구인 말도 태우고 내려왔을 것이다. 시베리아 극동과 사할린 섬 사이를 흐르는 리만 한류는 강한 속도로 내려오다가 조선반도의 울릉도 선에 이르면 앞에서 말한 큐슈 서부로 흐르는 쿠로시오 난류와 만난다. 쿠로시오 난류의 일부는 여름이면 원산까지 겨울이면 울릉도까지 북상하는데 이때 북쪽에서 내려오는 리만 한류와 부딪쳐 동쪽으로 방향을 바꾸어 일본 서북부 해안에 도달한다. 이러한 추정은 앞에서 말했듯이 공병을 이용한 해류조사에서 입증되고 있는 사실이다.

즉 뗏목으로 남하하던 기마족의 일부가 이 해류에 떠밀려 오랜 역사를 거쳐 일본 서북부에 도달했을 것이다. 이 인종은 비교적 발전된 정치제도와 함께 생산력도 높은 수준에 있어 당시로서는 선진 인종이었다. 그러므로 이들이 원주민들을 정복하고 세력을 확장한 것은 당연한 일이었다. 이 인종이 몽골족 계통이었음은 오늘날 일본인 중에서 키가 크고 얼굴이 길며 광대뼈가 나온 사람이 중북부 지역에 많이 남아 있음이 입증해 주고 있다.

일본의 고대 시가를 모아 편집한 '만엽집(萬葉集)'에는 고대 일본과 조선 및 중국에 대한 구절들이 자주 등장하고 있다. 여기에 따르면 서북 일본에 거주하고 있는 몽고계의 인종은 스사노 오노 미코토를 시조로 한 종족이었다. 그들에 대해서는 거칠고 용맹스러운 인종이라고 기록하고 있다.

동진을 계속한 천강족은 드디어 몽고족과 부딪치게 되었고 이 두 인종이 단일 세력으로 연합하여 강화되었다. 이 두 인종의 연합을 일본 '고사기(古事記)'의 신화에는 천조대신이 스사노 오노 미코토를 동생으로 삼아 화해하여 그에게 따르게 했다고 기록하고 있다. 이 두 세력이 합하여 아이누족의 거주지로 동진을 가속화하자 각각의 생활권으로 분산되어 통일되지 못한 아이누족은 쫓기고 쫓겨 일본 혼슈를 벗어나 바다 건너 홋카이도(北海島)에 이르렀다. 이 세력들은 홋카이도 북부의 산중에 일부 살아남았고 나머지는 또 바다를 건너 사할린으로 건너갔다.

아이누족의 숫자는 러일전쟁 당시 4~5만 명으로 추정되었으나 테즈매니아 인종의 멸망 논리와 마찬가지로 매년 감소해 멸망 직전까지 이르렀다. 일본은 테즈매니아 섬의 4~5배가 되는 광대한 면적이었고 온대 지방이었으므로 천강족이 나타나기 전까지 아이누족의 숫자는 최소 2~3십만 명은 넘었으리라고 추산된다. 그 후 1917년 소련에 사회주의 정권이 들어서 소수민족을 보호하자 그 후부터는 조금씩 증가하여 1980년경에는 십만 명에 달했다고 한다.

이 글의 목적은 수적으로 우세한 아이누족이 극히 소수였을 천강족과 이후 연합한 몽골 계통의 기마족에 밀려 멸망 직전까지 이르게 된 원인이 어디에 있느냐 하는 점이다. 앞에서 언급한 바와 같이 서일본 종족과 동북부 종족은 각각의 개국시조를 받드는 혈연적인 동족 관념을 갖고 공고한 씨족의식을 형성하고 있었다. 반면 아이누족은 그러한 것이 없었던 것으로 보인다.

단일 시조를 갖고 있다는 종족 관념이 얼마나 강력한 것인지는 이처럼 일본의 고대 신화가 증명해주고 있다. 이에 비해 아이누족은 언제부터 고대 일본에 출현했는지는 알 수 없으나 인종학적으로 동일계의 종족이 분명함에도 불구하고 동일 시조 의식이나 씨족 공동체의식이 형성되지 못하고 온화하고 비옥하며 강우량이 적당한 생활조건에서 자연조건에 의해 서로 단절된 각각의 생활권을 갖고 살았다. 이들은 테즈매니아 원주민의 경우와 마찬가지로 씨족의식 없이 살아왔기 때문에 씨족적인 공동체 사회를 형성하지 못하고 후발 민족에 밀리고 밀려 멸망 직전까지 이르게 되었던 것이다.

아이누족의 비운은 씨족 또는 부족의 공동체의식의 유무가 그들의 존망을 좌우하는 결정적인 요인임을 우리에게 교훈으로 남겨주고 있다. 오늘 지구상에 여전히 존재하고 있는 민족국가들은 동족의 공동체운명 의식을 투철하게 각성하면서 동족을 하나의 세력으로 결속시키는 강철과 같은 유대를 유지해온 민족들이다. 역사적으로 증명된 공동체의식은 고대사회뿐만 아니라 오늘날의 국가를 형성하고 있는 민족들에게도 더욱 투철하게 각성해야 할 민족의식으로 이어져오고 있다. 아이누족에게 씨족의식이 없었음은 오늘 남아있는 아이누족에 대한 민속학자들의 연구 결과에 분명히 나타나고 있다.

3. 공동체의식 없는 민족은 멸망의 운명

앞에서 나는 고대사회를 구성하는 인종들의 공동운명체 의식을 인종의식 또는 부족의식으로 표현했다. 하지만 그러한 용어는 오늘날 학계의 일반화된 수준에서 표현하는 용어일 뿐이다. 당시의 부족들에게는 논리적으로 정리된 형태의 의식이 있을 수 없었다. 기껏해야 같은 선조를 이어받아 내려온다는 의식이 있었을 것이다. 이러한 의식은 대체로 전설이나 설화나 신화의 형태의 이어져오기 마련이다. 물론 이런 것들 역시 지역에 따라 달라졌을 것이므로 완전히 통일된 형태를 갖지는 못했다.

동일 인종 범주에 속하는 고대의 씨족과 부족들의 공동운명체 의식은 예외 없이 신앙이라는 형태로 표현되었다. 즉 씨족 또는 부족 신앙을 갖고 내려온 민족은 자연의 위협이나 다른 민족으로부터의 여러 위협을 받았음에도 오늘에 이르기까지 살아남았다. 반면 신앙이 없는 민족들은 거의가 사라져버렸다. 다시 말해 씨족의식이나 부족의식이 없는 민족은 그들의 생존을 보장하는 공동체의식을 형성하지 못했으므로 멸망에 이르게 된다는 것이다. 신앙을 부족의식의 대표적인 공동체의식으로 지니고 있던 사례는 유태 민족의 선민의식이었다.

만약 신앙 없는 부족이 유태인과 같은 고난과 수난을 이천 년 동안이나 계속 받았더라면 그들은 일찍이 멸망하여 지구상에서 없어져 버렸을 것이다. 유태인으로 하여금 견디기 어려운 수난 속에서 버티고 살아남아 오늘날의 민족국가인 이스라엘이라는 나라를 수립한 데서 나아가 놀라운 발전하고 있는 근본적인 배경은 오로지 신앙으로 표현된 민족의식이 투철했기 때문이라 말할 수밖에 없다. 정도는 다르지만 아메리카 인디언의 일부와 아직도 호주 대륙 내부에 살고 있는 원주민들이 존속을 이어온 것 역시 예외 없이 강력한 신앙을 바탕으로 씨족의식을 유지하고 있었기 때문이라고 본다.

내가 이 글에서 테즈매니아 종족, 일본의 아이누족, 그리고 아메리카 인디언에 이르기까지 고대사의 일부를 심도 있게 기록한 것에 대해 이러한 고대 인종들의 역사를 다룰 가치가 있느냐고 반문하는 사람도 있을 것이다. 하지만 내가 이 사례들을 다룬 것은 학술적이거나 이론적인 차원에서 특정 민족의 인류학적 생성 소멸을 다루기 위함이 아니다. 인류학 그 자체가 내가 도달하고 싶은 종착지는 아니다. 고대 부족의 흥망사 연구를 통해 오늘날까지도 여전히 현재진행형으로 살아 있는 현대 민족의식 형성의 원천을 찾고 내재되어 있는 교훈을 얻기 위해서였다는 점을 분명히 말해둔다.

오늘날의 민족의식은 인류가 지상에 처음 나타나 씨족집단으로 첫발을 내디딘 이래 사회생활에서 형성된 씨족의식과 부족의식이 역사의 경과와 함께 발전해온 결과라 할 수 있다. 따라서 오늘날의 민족의식에 대해 좀 더 정확하게 인식하기 위해서는 오늘에 이르기까지 각 민족의 발전 과정을 역사적으로 소급하여 깊이 있게 인식할 필요가 있다. 그래야 비로소 역사적이고 과학적이고 객관적인 인식을 얻을 수 있기 때문이다.

현재 지구상에 있는 200여 개의 독립국가는 민족을 단위로 한 민족국가들이다. 그 중에는 예외적으로 여러 소수민족들이 연합한 연방국가들도 있다. 이러한 연방국가들도 역사의 진행과 함께 독자적인 민족 형태로 발전해가고 있다. 단일 민족국가만이 단일한 민족의식을 형성하는 것이 아니라는 뜻이다. 물론 이 경우는 민족의식 대신 공동체적 국민의식이 좀 더 적절할 표현이 될 것이다.

내가 말하는 오늘의 민족국가들은 현대사회에 들어와 비로소 개념적으로 인식된 대상이 아니다. 앞에서 되풀이하여 언급한 바와 같이 동물 단계에서 벗어난 인간의 종의 수적 증가만을 계속해오다가 종족으로 분열된 이후 각 종족의 생활 경험을 통해 종족의 존속과 안전을 위한 공동체를 구성한 초기의 원시사회부터 씨족별로 씨족사회를 구성하여 생산력의 발전과 함께 확대 발전하여 오랜 역사를 거쳐 오늘날 자기 민족 중심의 민족국가로 발전했다. 이것이 인류사의 기본적인 맥락이다.

여기에서 핵심이 되는 내용은 처음부터 인류 전체의 공동체가 아니라 씨족별, 종족별, 부족별 공동체로 확대되면서 동일 집단의 발전을 계속해왔다는 점이다. 그 발전 단계마다 거기에 상응하는 운명공동체 의식이 형성되었고 그것이 역사의 흐름을 거쳐 오늘날의 민족의식 단계로 발전해온 것이다. 이러한 공동체의식에 있어 최초이자 함께 공유되는 의식은 신앙의 형태였다. 이러한 공동체의식을 유지했던 종족은 생존 발전해왔고 그러한 의식이 없는 종족은 예외 없이 멸망했다. 각 민족끼리의 협력과 경쟁과 대립과 투쟁의 결과 현재 시점에서 민족의 수와 영토를 기준으로 최외연을 나눈 것이 오늘의 독립된 주권 국가라 하겠다.

지금의 시대는 과거와 같은 식민지 시대의 강점이나 지배의 시대가 지나가고 각 나라에 있어 국토의 대소나 민족 구성원의 다과를 초월한 독립국가의 자주성이 보장되어 있다. 국제사회의 다양한 조약과 협약과 선언은 예외 없이 각국의 주권과 영토를 보장하는 바탕 위에서 이루어지고 있다.

그러므로 나는 지금의 독립적 민족국가가 존속하는 한 인간의 최종적인 집단인 민족은 영원한 것이라고 단정하는 것이다. 씨족별, 부족별, 민족별 발전은 그 단계마다의 공동체의식이 있었기 때문이었다. 그 마지막 단계가 바로 민족이다. 따라서 오늘날의 역사 단계에서는 과거의 그 어느 때보다도 고도로 발전되고 철저한 민족의식이 있는 한 민족의 존재는 영원하다는 결론이 나온다. 세계적인 정세는 각 민족에 대한 최소한의 경계선을 존중하고 유지하는 조류가 형성되어 있다. 즉 경제적 문화적 발전에 따라 외형적인 형태와 생활양식은 변화하고 발전할지라도 민족 존재의 공동체적 권력구조인 민족국가가 존속하는 한 민족의식은 투철한 실천적 적용에 의해 계속 강화되어 간다고 보기 때문이다.

4. 다민족 국가의 국민의식

민족의식은 본래 단일 민족의 테두리 안에서만 형성되는 것이다. 여러 민족이 연합하여 섞여 있는 다민족 국가에서는 국가 단위의 민족의식이 형성될 수 없는 게 원칙이다. 그러나 다민족 국가도 국가인 이상 국민 전체가 하나로 단결하여 국가의 발전을 뒷받침하는 것이 절대적으로 필요하다. 때문에 국민 각자의 생활 보장과 희망을 갖게 하는 복지적인 공동운명체 의식의 형성 없이는 내부의 각 민족이 분열하여 국가 자체의 존속이 흔들리게 된다. 그러므로 민족의식을 대신한 국민의식을 형성시켜 국가의식으로 통일시키는 단결에 집중적인 관심과 노력을 쏟지 않으면 안 된다.

1) 인도

첫째로 인도의 사례를 들어본다. 인도는 27개 민족과 47개 종족을 합해 73개 이민족이 살고 있는 국가다. 그러므로 인도는 영국 식민지 지배하에서 전 민족과 종족이 예외 없이 억압 착취당하는 경험을 공유함으로써 다수의 이민족 간에 공동운명 의식인 해방의식이 싹트기 시작하여 통일된 국민의식으로 발전해왔다.

오늘날 인도는 국민 정부를 중심으로 전 민족이 동일 민족과 같이 굳게 단결하여 발전을 이루고 있다. 그 중 종교가 다른 시크족만이 분열 독립하려는 투쟁을 계속하고 있을 뿐이고, 나머지 종족은 단일 민족과 같이 단결하고 있다. 이것은 앞으로도 계속될 것이다. 인도의 국민의식은 본질과 기능에 있어 가혹한 식민지 상태에서 벗어난 인도 국민을 하나로 단결시켜 앞으로 발전 강화하기 위한 역량의 기본 의식이 되고 있다. 이러한 것은 동일 민족의 민족의식과 본질과 내용에 있어 다를 바가 없는 공동체의식이라 할 수 있다.

2) 아메리카 합중국

아메리카 합중국, 즉 미국은 유럽의 각 민족을 비롯하여 전 세계 6대주의 다양한 인종과 민족들이 모여 살고 있는 나라다. 구성원인 각 민족들의 숫자에 차이가 있을 뿐이다. 이처럼 자연발생적으로 생성된 민족이 아닌 만큼 전 국민을 하나로 묶어 국가 발전을 위한 기본 역량인 국민의 단결된 역량이 없이는 존재하기 어려운 나라다.

미국은 유럽으로부터의 박해를 피해 나온 세력을 모체로 했고 그것은 사상적·종교적 차원의 자유를 출발점으로 하였다. 때문에 미국은 종족적·민족적 통일이 아닌 사상적·이념적 통일을 가치로 가져갔고 그것은 곧 민주주의를 기반으로 한 미국의 건국이념이 되었다.

때문에 미국에는 연방 출발 당시부터 모든 민족적 차이를 초월한 국민의식이 공통분모가 되었고, 독자적인 '양키즘'을 바탕으로 하여 각 민족의 모국의식과는 다른 형태로 하나의 의식적 단결을 이루었다. 이러한 현상은 다민족 국가인 중남에서도 마찬가지로 진행된 사례이고, 그 중에는 출신지 모국의식과 대립되는 국민의식으로 하나되는 예도 있다.

여기에서 성공적인 연방국가 형성의 경우 우리가 주목할 수 있는 두 가지 원칙이 있다. 첫 번째는 다민족으로 구성된 국민 중 어느 한 민족도 자기의 출신지인 모국의 국가권력을 등에 업고 들어와 다른 민족을 지배하지 않고 모두가 대등한 위치에서 연합했다는 점이다. 각자가 개인 또는 가족과 고향 단위로 미국에 이주했고 종교적 자유를 찾아왔으므로 대등한 위치에서 연합을 이루었다는 것이다.

두 번째는 종교의 동질성을 갖고 있느냐의 문제다. 미국에는 여러 개의 소수 종교들이 있지만 정치적 역량을 발휘할 차원의 세력은 아니다. 미국인들의 주된 종교는 기독교 계통이고, 그것도 개신교 위주다. 인도 역시 힌두교로 통일되어 있다. 종교의 문제는 민족 문제 못지않게 사람들 사이에 서로 건널 수 없는 벽을 만든다. 동일한 영국 식민지였던 인도에서 종교의 차이라는 이유로 파키스탄, 방글라데시, 스리랑카, 미얀마 등이 각각 분리 독립한 이유는 서로의 종교가 달랐기 때문이었다.

3) 남아프리카공화국

아프리카 남단은 온화한 해양성 기후이므로 백인의 생활과 활동에 이상적인 쾌적한 지대였다. 이 지역을 최초로 지배한 서양세력은 네덜란드인들이었다. 네덜란드는 자국의 농민을 이곳에 이주시켰고 이들은 스스로를 농민을 뜻하는 보어인으로 칭했다. 이들은 오늘날 남아공 백인들의 원조다. 그 후 영국이 대규모 군대를 투입하면서 치열한 세력 다툼을 벌인 끝에 흑인 독립국가였던 줄루왕국을 장악한 데 이어 보어인들과의 전쟁에서도 우위를 점하면서 식민지 지배 체제를 갖추었다.

그 후 영국 본국의 식민지적 지배와 수탈이 강화되자 기득권을 갖고 있던 유럽 각국의 백인들이 저항하였고, 이에 영국은 1910년 주요 세력들을 연합하여 독립국가인 남아공 연방을 출범시켰다. 완전한 독립이 아니라 영국의 왕을 국가수반으로 하는 영연방의 하나로서의 반쪽짜리 독립이었다. 그것보다 중요한 점은 독립을 이룬 주도 세력이 인구수에 있어 원주민인 흑인의 10% 정도에 지나지 않는 유럽 출신 백인들이었다는 점이었다. 이렇게 만들어진 국가는 대외적 문제보다는 내부의 모순에서 어려움을 겪게 된다.

백인들은 이 나라가 독립하기 전부터 이미 350년 동안 주민의 절대 다수인 흑인들에 대해 정치, 경제, 사회의 모든 권리와 인권까지도 박탈하고 우마 취급하며 인간 이하로 차별하여 혹사했다. 독립된 국가라고는 하지만 오로지 백인들만이 독립의 혜택을 누리게 된 이곳은 백인들만의 나라였다.

남아공 연방은 외형상으로 선거에 의한 의회민주주의를 갖고 있었지만, 백인의 10배에 가까운 흑인에게는 선거권과 피선거권을 완전히 박탈하여 흑인들에게는 의미 없는 백인만의 선거였다. 다만 여기에 거주하고 있는 인도인과 백인과 흑인 간에 태어난 혼혈인에 대해서 투표권을 주었으나 백인 투표의 1/10로 계산했다. 이들이 투표한 10표가 백인의 1표에 해당한다는 말이다. 이러한 인종차별 정책은 논리적인 설명의 가치조차 없는 웃기는 일이라고 하겠다.

1948년 백인들만의 선거에서 우익 정당인 국민당이 승리하며 인종 차별과 백인 우월주의가 더욱 활개를 치게 되었고, 극단적인 인종차별 정책인 '아파르트헤이트'가 실시되기에 이르렀다. 소수의 백인들이 생활하는 거주 지역이나 생산 활동에 적합한 지역은 모조리 흑인 거주 금지구역으로 정하여 백인이 독점하였고, 이를 위반한 흑인들은 추방시켰다. 여기에 불응하는 흑인들은 모조리 범죄자로 체포 투옥하여 강제노동으로 혹사시켰다.

흑인들은 수천 년 전부터 대대로 살아온 고향에서 쫓겨나 다른 흑인들의 거주지를 전전하게 되었다. 마치 영국이 테즈매니아 인종에 대해 행했던 말살 정책과 다름없었다. 당시 남아공 정부는 흑인들이 외형상 같아 보이지만 단일 종족이 아니고 여러 종족으로 분열되어 있었으므로 각각의 민족을 분열시키는 방식의 통제가 가능하다고 생각하였다.

그러나 여기에 대한 흑인들의 저항이 본격화되었다. 흑인 중 일부가 추방당했으나 이에 대해 전 흑인은 종족의 차이 여부를 떠나 자기들에게 가해진 공통된 박해로 인식하고 종족을 초월한 흑인 공동체운명 의식을 형성 발전시키면서 단결했다.

흑인들이 집단적인 저항은 이때가 처음은 아니었다. 19세기 중반 세계 최대 규모의 금광과 다이아몬드 광산이 발견되면서 가혹한 혹사가 이루어졌고 이에 대해 파업 등의 방식으로 백인에 대한 끊임없는 투쟁이 전개되었다. 흑인들의 파업은 백인들과 국가 재정에 큰 타격을 주었으므로 참여자에 대해 무차별적인 총살로 대처했으나 흑인들은 생명을 담보로 투쟁했다. 이러한 투쟁의 경험과 역사가 테즈매니아 인이나 아이누족과는 근본적으로 다른 점이었다. 즉, 남아공의 흑인들은 각기 다른 종족들이 모였음에도 동일한 민족의식을 형성하여 단결하는 민족역량을 발휘했다.

민주주의를 표방하는 남아공 정부의 시대착오적인 극단적 인종차별 정책에 대해 국제사회의 비난이 점차 가중되었고, 흑인세력은 만델라를 중심으로 인권 회복과 실질적인 독립을 위해 지속적인 투쟁을 벌였다. 남아공 정부에서도 국제사회의 따가운 질책을 끝까지 외면할 수는 없었다. 그리하여 1990년에는 만델라가 투옥된 지 27년 만에 석방되었고, 1994년에는 남아공 최초로 흑인에게 백인과 동등한 선거권과 피선거권이 주어진 민주선거가 실시되어 흑인 민족세력이 압도적 승리를 거두고 아파르트헤이트 정책은 완전히 철폐되었다. 하나로 단결하여 투쟁한 흑인들은 350여 년 만에 드디어 해방이라는 봄이 찾아와 인권의 꽃을 피우게 되었다. 이러한 과정은 결코 우연히 얻어진 것이 아니었다. 만델라를 비롯한 지도자들의 투철하고 자기희생적인 지도와 흑인 민족세력의 결속, 그리고 엄청난 피를 흘리는 가운데 멈추지 않았던 지속적 투쟁의 결과였다.

전 흑인이 참가한 이번 총선의 결과 국회의원의 절대다수를 흑인이 차지하고 만델라가 대통령으로 당선되었다. 그러나 약간의 유보사항이 있었다. 백인과의 마찰을 피하기 위해 총리는 백인에게 선임한다는 타협 조건이었다. 그럼에도 불구하고 이것은 흑인세력이 얻어낸 최초의 거대한 승리였다. 여기에서 나는 이보 전진을 위한 일보 후퇴라는 전략적인 논리가 머리에 떠오른다.

350여 년간 권력을 장악한 백인을 굴복시킨 또 하나의 요인은 외적인 국제정세의 평화적인 압력이 가해졌다는 점이다. UN이 실질적 평화 추구의 국제기구로 정착되면서 인종차별에 대해 최대 범죄로 규정하고 남아공에 차별 종식을 강력하게 촉구하면서 정치적, 경제적, 외교적 불이익을 주는 압력을 강화했다. 국제사회로부터 고립되지 않고 그 일원으로 남아있어야 했던 남아공 정부는 부득이하게 흑인들과의 동등한 민주주의적 연합정권 수립 방침에 승복할 수밖에 없었다는 사실이다.

그러나 국제정세가 아무리 인종차별의 철폐를 지원하며 남아연방에 압력을 가하고 흑인의 편에 선다 하더라도 흑인 자체가 투철한 민족의식으로 통일된 조직 역량을 조성하지 않았더라면 그 혜택을 받아들일 주체가 없기 때문에 허공에 주먹을 흔드는 격이 되었을 것이다. 흑인들은 오랜 세월 동안 민족의식 각성과 함께 통일된 강력한 민족역량을 조성하여 엄청난 희생을 치르는 가운데 이를 꿋꿋하게 지켜냈다. 지난 350여 년간 총살과 기타 방법으로 백인으로부터 생명을 잃은 흑인의 시체를 한 곳에 쌓는다면 하나의 동산으로 이루었을 것이고, 흘린 피를 한꺼번에 모은다면 조그만 강을 이루었을 것이다. 그러므로 이번 승리는 무수한 흑인들의 생명과 엄청난 피의 대가라고 보아야 할 것이다.

또 한 가지 주목할 점은 만델라를 비롯한 지도세력이 민족해방만을 최고의 사명으로 여기고 오로지 이를 목적으로 한 민족통일전선을 구축했다는 점이다. 이러한 방침과 정책은 베트남 민족이 민족해방과 승리를 거두기까지 보여준 호지명의 노선과도 일치한다. 만일 지도세력이 흑인의 민족해방이 아닌 계급해방을 표방했다면 결과는 달라졌을 것이다.

즉 노동자계급을 혁명의 전위세력으로 하고 농민과 소시민을 동맹군으로 종속시키고 그 중에서도 비교적 부유한 생활자와 일부 백인 정부의 하급 공무원으로 임명된 흑인들을 반동으로 규정하는 볼셰비키식 혁명노선을 채택했더라면, 생산력 발전이 거의 원시 상태에 있던 흑인사회는 산산조각으로 분열되어 통일된 역량을 조성하지 못했을 것이다. 흑인이 해결해야 할 당면의 최대 사명과 과업은 민족해방이지 계급해방이 아니라는 현실적이고 현명한 사고로 전 민족과 함께 사상무장을 했던 것이다. 이 점에서 흑인들이 피 흘린 경험은 오늘날 우리나라의 민족 문제 해결에 있어서도 베트남의 경우와 마찬가지로 교과서적인 교훈을 남겨주고 있다.

제4부

민족의 종교와
민족역량

제1장 종교의 의미와 가르침

1. 종교의 탄생과 종교의 의미

1) 원시종교의 발생과 발전

이 글에서 내가 다루려 하는 종교 문제는 특정 종교들의 교리나 신앙이나 의식, 종교기관 등에 관한 것이 아니다. 종교가 초현실적인 신앙의 영역이라고는 하지만 어떤 종교든 민족과 더불어 발생하고 존재하면서 정신적 분야뿐만 아니라 물질적인 분야인 경제에도 중대한 영향을 주고받으며 맞물려 존재하고 있다. 때문에 종교는 자체로서 초현실적인 존재가 아니라 그 나라 민족의 현실에서 중요한 부분을 차지하고 있다.

따라서 종교 문제를 민족 문제의 한 분야로서 분석하고 평가하는 일은 종교가 존재하고 있는 나라와 사회에서 반드시 해야 하는 당위적인 임무인 것이다. 내가 이 글에서 누차 강조했듯이, 어떤 국가 사회 내에 있는 물질적, 정신적인 모든 것의 존재가치는 예외 없이 민족적 입장에서 평가되어야 한다는 원칙에 따라 종교 문제와 민족 문제를 결부시켜 다룬다는 점을 먼저 밝혀둔다.

나는 고대사를 심도 있게 연구하는 과정에서 각 민족의 신화와 설화 그리고 신앙 문제에 대해서도 발생학적으로 오늘날까지 남아

있는 유적 등과 더불어 살펴보며 나름의 인식체계를 갖게 되었다. 아래에서 다룰 종교의 발생과 발전에 대해서는, 특정 종교에서 정설 또는 교리로 확립되어 있는 창세기적 설명을 하려는 것이 아니라 역사 발전 과정에서 현실과 결부되어 맞물려 나타난 종교의 객관적인 영향과 존재형태를 중심으로 다루려고 한다.

인간이 동물의 무리에서 벗어나 협업노동의 시작과 함께 형성된 사회생활에 들어오면서 인간의 힘으로는 어쩔 수 없는 천재지변 및 기타 위협적인 자연의 작용에 대해 태초에는 자연 자체를 절대적인 역량을 가진 영적 존재로 보고 자연물 신앙이 발생했다. 이는 오늘날 세계 각지에 산재하여 인류의 유적으로 남아있는 태고시대의 거석과 거대한 석조 공작물들로 알 수 있다.

영국 서남부의 솔즈베리 평원에는 같은 방향으로 일정한 간격을 유지하며 나란히 서 있는 거대한 돌기둥들이 수십 개 서있다. 언제 만들어졌는지 모르지만 수많은 세월의 폭풍우 속에서 똑바로 서 있는 이 돌기둥들은 다섯 사람이 팔을 펼쳐야 품을 수 있는 정도의 둘레를 갖고 있고 각각은 높이 10미터 이상의 거대 석상들이다. 이것이 유명한 스톤헨지다.

당시의 사람들이 이와 같은 거대한 바위를 어떻게 운반하고 정밀하게 다듬어 일으켜 세웠는지에 대해서는 B.C 2,600년경에 건조된 이집트의 거대한 피라미드와 스핑크스의 건조 및 운반 기술과 함께 고대사회의 풀리지 않는 수수께끼로 남아 있다. 이 밖에도 남태평양 이스터 섬의 거대한 인물 석상들도 어떤 부족의 어떤 신앙을 상징하며 어떻게 만들어졌는지, 그리고 이들은 언제 어디로 왜 사라져버렸는지 여전히 고고학의 미스터리로 남아있다. 한 가지 분명한 사실은 절대적인 힘을 믿는 신앙의 힘을 통해 이것들이 건조되었을 것이라는 점이다. 이 사실은 정신 분야에 속하는 신앙이 물질적인 현실에 미치는 거대한 영향력을 말해준다.

오늘날 지구상에는 그 외에도 고대사가 남긴 거대한 석조 유물들이 남아있어 신앙과 현실의 연관성을 이어주고 있다. 고대의 거대한 석조물 제작 기술은 건립 동기에 관련된 신앙의 문제에 그치지 않고, 생산력 발달 수준을 가늠하는 징표로 여길 수 있기 때문에 역사의 문제가 되는 것이다.

고대인들이 남긴 신화와 설화에는 태양과 높은 산과 바다와 호수와 하천과 거석 및 거목이 신앙의 대상이 되고 있음을 전해주고 있다. 이러한 자연물 신앙은 씨족사회의 발전과 함께 신앙의 대상을 의인화하여 특정 인물을 절대자로 받들면서 씨족의 신이나 부족의 신으로 구체화하였다. 작은 영역에 머물던 씨족사회가 더 큰 영역의 부족사회로 통합되면서 신앙도 씨족신 또는 부족신 간의 결혼이나 화친의 형식으로 통합되었다. 그러한 과정을 거쳐 동일 인종의 사회 집단인 민족의 형성과 함께 민족신으로 구체화되었고, 나아가서 인간의 객관세계에 대한 인식 범위가 지구 전체로 확대되면서 민족 단위의 종교도 민족적 제한이라는 한정된 범위를 초월하여 전 세계를 대상으로 하는 광대한 범위로 확대되었다.

2) 종교의 본질에 대한 논란

전 인류를 대상으로 하는 유일신의 형성은 대략 B.C 5세기경부터 시작된 것으로 인류학자나 종교학자들은 보고 있다. 불교의 출발점이 대략 그 즈음이고 이후 예수 탄생 시점인 기원전 원년에 이르러 기독교 성립의 계기가 마련되었다. 그렇게 발생한 세계적 범위의 종교는 오늘날까지도 기본 맥락을 이어오면서 인류의 삶과 생활에 막강한 영향을 미치고 있다.

종교는 발생 초기인 원시시대부터 현대에 이르기까지 그 사회의 존속과 발전에 지배적인 영향을 끼쳤다. 즉 그 사회의 발전을 나타내는 물질적 경제적 측면과 맞물려 내려오면서 역사의 발전에 기여하거나 또는 역사의 구성에 공헌했다. 이러한 사실은 인류의 역사 기록이 입증해주고 있다.

이 과정을 현대적으로 집약 설명한 명저 '기독교의 본질'에서 독일의 철학자 포이에르바하는 인간은 자기를 본떠서 신을 만들었다고 표현함으로써 신이란 인간이 만들어낸 정신적 창조물에 불과하다고 규정하여 신앙 대상의 절대성을 부인하였다. 하지만 인간은 웃으면서 살아야 행복하다는 표현을 통해 인간에게는 종교가 필요함을 인정한다. 즉 인간에게는 신앙이 있어야 한다는 종교 긍정론을 인정하고 있었던 것이다. 여기에 대해 엥겔스는 유물론적인 무신론의 입장에서 포이에르바하에 대해 통렬한 비판을 가했다.

종교가 철학적 기준에 의해 어떤 비판을 받는다 할지라도 인류 역사 발전에 긍정적 또는 부정적 영향을 미치며 지대한 역할을 해온 것은 부인할 수 없는 객관적인 현실이다. 인류가 생산력의 발전으로 잉여생산이 가능하게 되자 축적된 부를 장악 관리하는 권력기관으로서 국가가 생성되고 이와 함께 종교가 정신적인 지주로서 지배계급의 존재를 합리화시키며 뒷받침했다는 것은 부인할 수 없는 역사적 사실이다. 이에 대해 마르크스는 종교는 피지배층의 착취와 억압을 신의 섭리에 따른 운명론으로 받아들이게 함으로써 지배계급에 저항하는 혁명의식을 마비시키고 거세시키는 존재라고 규정하고 종교는 민중의 아편이라고까지 비판했다.

논란 여부를 떠나 종교는 인류생활사와 함께 발생하여 존재해왔고 오늘날에도 국가 범위 또는 전 세계 범위로 인류사회 속에서 다양한 정신문화들과 공존하면서 직간접적인 영향을 주고받는 존재로 자리 잡은 것은 엄연한 현실이다. 즉 종교는 개개인의 신조 여부를 떠나 다른 정신문화 분야와 마찬가지로 비판의 대상이 될 수 있는 것은 누구도 거부하거나 부정할 수 없는 문제다. 왜냐하면 종교 문제 역시 민족적인 문제라는 시각을 통해 보아야 하기 때문이다.

아래 글에서는 이와 같이 국가사회의 테두리 안에서 사회의 경제적 문화적 분야와 함께 결합되어 있는 종교를 국가와 민족적 차원에 입각하여 비판하려 한다. 그러므로 앞에서 언급한 바와 같은 해당 종교의 기본적인 교리나 신앙이나 종교기관에 대해서는 언급하지 않으려고 한다. 이 글의 목적하는 바는 민족의식의 기준으로 바라보는 종교와 종교인의 모습에 대한 것이기 때문이다.

다만 종교는 무조건적인 믿음의 대상이 아니라 생활과 실천의 지침이 된다는 점에서 불교와 기독교 경전에 나와 있는 몇 가지 예화들을 골라 내 나름의 해석과 재해석을 통해 종교의 가르침에 나타나는 본질적 가르침을 찾아내보고자 한다.

2. 예화로 보는 불교의 대승적 성격

불경에는 불교가 본래 중생들의 해방을 위한 자기희생적인 종교임을 여러 사례를 들어 가르치고 있는데, 그중의 한 사례를 참고로 인용해 보려 한다.

부처님이 탄생한 B.C 5세기 중반에 오늘날의 인도인 그 지역의 생산력과 생산단계는 고대 부족공동체 사회였다. 북쪽의 설산(雪山) 지대를 제외하면 고산(高山)이 없는 광막하고 비옥한 평원이었고, 거기에는 동으로 흐르는 갠지즈강과 북쪽으로 흐르는 프라마 부트라라는 큰 강이 있고 서쪽으로는 인더스강이 흐르고 있었다. 이 강들은 중류의 폭만 해도 2킬로미터가 넘고 하류는 4킬로미터를 넘는 큰 강들이었다. 당시 부족사회의 경제적 교류는 유무상통(有無相通) 형태의 물물교환이 주류를 이루었고 초기 단계의 화폐도 일부 통용되고 있었다. 이처럼 세 개의 큰 강들 유역의 양쪽 주민들은 물물교환을 위해 나룻배를 이용해야 했다. 사례는 이러한 여건들을 배경으로 나온 것이다.

제자 중에 부처님의 가르침에 가장 충실했고 부처님이 사랑한 제자가 나룻배를 타려고 하는 도중이었다. 멀리서 장정 하나가 사람이 없는 외진 곳에서 옷을 고쳐 입더니 번쩍이는 큰 칼을 빼보이다가 옷 속으로 감추는 장면이 그 제자의 눈에 들어왔다. 제자가 나루터에 도착하자 그 장정도 도착하여 함께 나룻배에 탔다.

배 안에는 100명 가까운 사람들이 올라탔다. 그 가운데는 물건을 팔기 위해 큰 보따리를 가진 사람도 있었고 가벼운 옷차림의 빈 몸을 한 사람도 있었다. 빈 몸으로 가는 사람들은 필경 자신에게 필요한 물품을 사기 위해 금은보화나 화폐를 가지고 있다는 것은 누구라도 짐작할 수 있었다.

이 제자가 생각하기에, 칼을 몸에 지니고 탄 장정은 틀림없이 나룻배가 강의 한가운데에 이르면 칼을 휘두르며 사람을 죽이고 금은보화를 뺏고 보따리 가운데 값이 나가는 비단이라도 뺏을 것이라고 생각했다. 만일에 이 강도에게 항거하면 칼로 죽여 물에 던져 버릴 것도 당연한 결말이 될 것이라 보았다.

부처님의 제자는 나룻배 속에서 크게 고민하기 시작했다. 만일 저 강도를 그대로 두면 배에 타고 있는 모든 사람들이 재산을 털릴 것이고, 저항하면 칼로 죽임을 당하여 물에 던져질 것이기 때문이었다. 그래서 그는 결심하기에 이른다. 배에 탄 사람들의 생명과 재산을 구하려면 그의 정체를 알고 있는 내가 그를 죽여야 한다.

그러자 고민이 밀려왔다. 그러면 나는 부처님이 첫 번째 금기로 정한 살생을 해야 한다. 그렇게 되면 나는 지금까지 부처님에게 배우고 그간 수도한 공적이 일시에 수포로 돌아가 버릴 것이고 지옥 중에서도 가장 무서운 무간(無間)으로 떨어져 영원히 구제받지 못할 것이라는 생각이 들었다. 그런 생각이 들자 제자는 강도를 살해하려던 생각을 멈추었다.

하지만 또 다른 고민이 더 깊은 곳에서 울려나왔다. 이대로 있으면 곧 일어날 인명 살해의 피투성이를 보고 있어야 하니, 이는 부처님의 가르침에 위배되는 것이었다. 고민에 고민을 거듭한 끝에 제자는 마침내 내가 지옥에 몇 번, 백 번 떨어지는 일이 있더라도 이 사람들을 구해야겠다고 결심했다.

제자는 강도의 근처로 가서 시비를 걸고, 강도가 그의 멱살을 잡자 있는 힘을 다하여 강도를 쓰러뜨리고 칼을 뺏은 뒤 그 강도를 강물에 던져 넣었다. 그러고는 놀라 모여든 사람들에게 칼을 보이며 말했다. "이 강도가 여러분을 이 칼로 위협하며 물건을 빼앗고 죽일 것임을 알고 있었기에 내가 이 사람을 죽이는 죄를 지어 지옥에 갈지라도 죽이지 않을 수 없었습니다." 이 말을 마치자 제자는 칼을 들어 역시 강물에 던져 버렸다.

배가 강 건너편에 도착하자 제자는 부처님이 있는 곳을 찾아 달려가 무릎을 꿇고 말했다. "저는 부처님의 가르침을 배반하고 사람을 죽였습니다." 그렇게 고백하고는 살인을 하게 된 경위를 설명해 드렸다. 설명을 다 듣고 난 부처님은 제자의 두 손을 잡고 껴안으면서 말했다.

"너야말로 극락왕생하여 부처님이 될 나의 제자다. 살생은 자기가 하지 않는다고 해도 큰 죄다. 살생하는 것을 보고도 자기 죄가 된다고 하여 가만히 보고만 있는 것은 자신이 살생하는 것과 다를 바 없다. 내가 살생을 금하는 가르침을 하는 것은 자신이 하지 않아야 할 뿐만 아니라, 남이 살생하는 것을 보면 희생적인 마음으로 반드시 막아야 하며, 한걸음 더 나아가 어떤 형태로든 앞으로 살생할 수 있는 모든 것을 미리 뿌리 뽑아야 한다는 뜻이다. 그것이 내가 가르치는 살생 금지의 근본정신이다."

여기에서 부처님이 가르치신 근본 뜻은 자기희생적인 중생 제도의 실천이다. 살생이 횡행하는 사회를 바로잡는 데 앞장서는 것이 불제자의 사명이며 당위적인 의무이며, 이것이 곧 대승불교의 정신임을 깨우쳐주고 있다.

또 한 가지 예화를 들어 보자.

엄동설한에 한 보살이 길을 가고 있다가 얇은 옷을 입고 추위에 떨고 있는 사람을 만났다. 그 보살은 마음이 아파 즉각 자기가 입고 있던 두터운 외투를 벗어 그 사람에게 입혀주고 자기는 땅을 파고 들어가 추위를 이겨냈다고 한다.

이 보살은 바로 오늘날까지 부처님과 더불어 전해 내려오고 있는 지장보살이다. 지장보살은 석가의 부탁으로, 부처가 입멸한 뒤 미륵불이 출세(出世)할 때까지 즉, 세상에 다시 내려올 때까지 불(佛) 없는 세상에서 육도중생을 제도하는 보살, 곧 부처님이다. 이것이 사람이 사람에 대해 가르치고 있는 불교의 진리다.

지장보살의 예화는 모든 불제자는 중생의 제도, 즉 오늘날 우리 민족의 누구 하나가 아파하고 힘들어 할 때 이를 덜어주기 위해 앞장서서 실천하라는 부처님의 기본 교리를 말해준다. 현대적으로 해석한다면 불교는 사회악과 그 원인의 제거를 위해 자기희생적으로 앞장서서 진정한 민주사회를 이루라는 말이다. 승려가 법당에서 목탁을 두드리고 염불과 불공을 드리며 시주나 보시를 바라는 것은 부처님의 진정한 뜻이 아니라는 걸 강조하는 얘기라고 보면 된다.

3. 성경으로 보는 기독교의 실천적 성격

1) 성경은 행동으로 하나님의 뜻에 따르라는 지침

기독교에 대한 나의 견해와 판단은 신앙인의 입장이 아니라 민족을 아끼고 사랑하는 사람의 하나로서 전적으로 신앙외적인 판단이라는 점을 미리 밝혀둔다.

나는 성경에 타나나는 하나님의 뜻과 예수님의 말씀은 하나님과 예수님을 믿고 그 뜻과 말씀에 따라 행동하라는 행동 지침이라고 보았다. 성경에는 구약의 십계명이나 신약에서 예수님의 새로운 계명뿐만 아니라 곳곳에 꼭 해야 할 일과 해서는 안 될 일이 기록되어 있다. 그대로 따르면 천당에 가고 거기에서 벗어나면 지옥에 간다는 것을 아주 구체적인 사실과 생활에 있어 행동 하나하나를 들어 교훈적인 지침으로 제시해주고 있다.

어느 성경학자의 말에 따르면 하나님과 예수님이 사람들에게 바라는 것은 365만 가지나 된다고 한다. 지킬 수 없을 정도로 많다는 뜻이 아니라, 그만큼 세밀하게 생활과 행동에서 따라야 할 것들을 아주 상세하게 가르쳐주고 있다는 뜻이다. 이것은 곧 하나님과 예수님이 인간에게 주는 사랑의 표현이다. 모든 행동을 하나님의 뜻에 맞게 함으로서 구원을 얻으라는 뜻이기 때문이다.

그러므로 마음으로 믿고 성경만을 열심히 읽거나 성당에서 신부님의 강론과 교회에서 목사님의 설교를 듣고 기도를 올리고 전도에만 열심일 뿐, 생활과 행동에서는 하나님의 뜻과 예수님의 말씀을 구체적으로 행동으로 옮기지 않는다면 이는 하나님의 뜻을 위배하는 것이 된다. 성경의 내용은 처음부터 끝까지 생활과 행동과 처세에 대한 가르침이다. 성경을 읽고 설교를 듣고 기도와 찬송만 하는 것이 하나님의 뜻이라는 구절은 찾을 수 없다. 기독교 교리의 핵심은 사랑과 용서라고 나는 생각한다. 이것은 신자 간에 행해야 하는 태도에 국한되지 않는다. 신자가 아닌 일반인에게도 조금의 차이 없이 적용되어 모든 생활과 행동과 처세가 하나님의 말에 따라 실행되어야 한다.

말과 행동이 다를 때, 그 사람이 내뱉은 말은 물론이고 그 사람의 인격까지 격하된다. 언행이 일치할 때 비로소 말의 신빙성과 효과가 생기며 그 사람의 인격도 높아진다. 그런 사람은 누구라도 인정하고 존경하고 따르게 된다. 하나님의 말씀이 담긴 성경을 따라야 하는 기독교인이라면 더 더욱이 생활과 행동이 말씀에 따라 일치될 때 비로소 하나님에 대한 영광이 커지고 그 보답도 있는 것은 자명한 진리다.

이와 같이 절대자의 가르침에 대해 믿음과 행동이 일치해야 하는 기독교인의 의무이자 권리다. 기독교 진리가 지닌 절대적인 영향력의 원천도 여기에 있다고 나는 생각한다. 즉 하나님의 말씀대로 살아야 한다는 것이다. 이런 점에 기독교가 우리 민족에게 큰 도움을 주고 공헌할 수 있는 원동력이 잠재하고 있는 것이다.

2) 천당은 천국보다는 지상 지향적

성경을 읽어보면 천당에 가서 해야 할 생활에 대한 가르침은 단한 구절도 찾을 수 없다. 성경은 지금 지상에 살고 있는 백성들에게 하나님의 뜻에 따라 살라는 가르침이다. 성경은 처음부터 끝까지 지상에 살고 있는 백성들이 죄를 깨닫고 하나님의 뜻에 따라 살아야만 영원히 구제된다는 말을 하고 있다. 하나님의 뜻에 맞게 살려면 현세에서 나타나고 있는 모든 악과 부도덕과 비윤리와 부정 불법을 저지르지 말아야 한다. 하지만 지상에는 하나님의 뜻을 어기게 만드는 정치, 경제, 사회적 장치와 유혹과 함정이 수두룩하게 널려 있다.

위와 같은 부조리와 악이 판치는 사회에서 하나님의 뜻에 따라 살려면 엄청난 노력을 해야 한다. 인간의 노력에는 한계가 있으므로 악의 함정에 빠져 본의 아니게 죄를 짓게 되는 상황이 자주 발생하곤 한다. 우리나라 속담에 "사흘 굶어서 남의 집 담장 넘지 않을 사람 없다"는 말이 이를 설명해 준다. 엄밀히 말해 사흘이나 굶도록 만드는 사회가 잘못이지 배고파서 이웃집 음식을 탐하는 게 더 중요한 죄는 아니기 때문이다.

그러므로 하나님의 뜻에 따라 올바르게 살게 하기 위해서는 사람들을 죄의 길로 이끄는 정치, 경제, 사회적 악의 장치들을 제거하여 누구라도 정당한 노력을 하면 생활에 부족함이 없는 사회를 만드는 것이 중요하다. 이처럼 사회가 정화되어 백성들의 생명과 민권이 보호되고 정당한 자유와 민주주의적 권리가 보장되며 땀 흘린 대가에 대한 정당한 보수가 실현된다면 백성들은 죄를 짓지 않고 하나님의 뜻에 따라 살 수 있게 되므로 죄를 지을 수 있는 원천이 없어지게 된다.

그렇게 되면 백성들은 하나님의 뜻에 따라 서로 사랑하고 용서하며 웃고 나누면서 흐뭇한 행복감을 가슴이 부풀어 오를 정도로 느낄 것이다. 이것이 하나님에 대한 감사로 나타날 때 평화와 기쁨과 만족이 충만한 지상천국이 된다. 그럴 때 모든 백성들은 마치 대학 입학시험에 합격한 학생들이 합격한 학교에 당당히 걸어 들어가는 것과 같이 활짝 열린 천국의 문을 통해 하나님 곁으로 갈 것이다.

이러한 그림은 종교적인 표현이긴 하지만, 우리 민족이 유구한 역사를 통해 노력하고 발전해오면서 그토록 바라던 조국이 바로 이러한 조국이다. 그것은 오늘날 우리 민족이 창조해 나가려 하고 있는 자주 조국이기도 하다. 기독교 신앙과 애국정신이 결합할 수 있는 근거가 여기에도 있는 것이다.

하나님의 뜻과 예수님의 말씀에 충실하게 따르는 것은 교역자는 물론 일반 신자들이 따라야 할 사명이다. 그러기 위해서는 먼저, 누구라도 어쩔 수 없는 죄를 짓는 일 없이 천국으로 갈 수 있도록 그 장애물의 제거에 앞장서야 한다는 당위적인 결론에 도달한다.

오늘날 우리나라의 현실에서, 독점적 수탈에서 오는 국민의 생활고와 권력형 치부와 이를 문제 삼는 가혹한 탄압이 이루어지는 현실에서, 이를 제거하기 위해 누구보다도 앞장서야 할 사람들은 기독교도를 비롯한 우리나라의 종교인이라고 본다. 눈앞에서 벌어지고 있는 민족의 비애와 고통을 못 본 체 하고 자기만의 영혼 구원을 위해 하나님과 직거래 하는 것은 성경의 말씀에 어긋난 것이다. 민족 내부에서 엄연히 벌어지고 있는 이런 문제를 남의 일처럼 보는 신앙은 우리 민족에게 있어 존재가치도 없을 뿐만 아니라 단호히 배격해야 하는 대상이다.

예수님은 이에 관한 가르침을 백 마리의 양떼를 몰고 가다 한 마리의 양이 보이지 않자 99마리는 놔두고 없어진 한 마리의 양을 찾아 나서야 한다는 비유로 표현하고 있다. 우리 민족이 산더미 같이 쌓여 있는 부정 불법과 부조리를 제고하고 자유 민주 조국을 건설하기 위해서는 기독교인이 자신들의 영혼 구제를 넘어서 자기희생적인 자세로 앞장서야 하는 것이 하나님의 뜻이자 예수님의 진정한 말씀임을 알아야 할 것이다.

3) 현실적 관점에서 다시 보는 성경의 비유들

나는 사회대중당 사건으로 서대문형무소에 투옥되어 있는 기간 중 1년 이상 독방 생활을 했다. 그 동안 각 감방마다 반드시 비치되어 있던 성경을 정독했다. 제2의 성경이라고 하는 한스 번연의 천로역정도 교무과장이 읽어보라고 넣어준 덕분에 읽어볼 수 있었다. 그 밖에도 유명 목사님들의 설교집들도 계속 들어와 읽어볼 수 있었기 때문에 나는 신자는 아니었지만 이런 저런 책자를 접하며 기독교에 대해 다소의 지식을 쌓을 수 있었다.

당시 읽었던 기억을 되살려 오늘의 기독교가 사회에 끼치고 있는 영향과 마땅한 기능을 설명하기 위해 다음 구절을 예로 들어본다. 성경에는 분명히 "네가 겨자씨만큼의 믿음이 있어 저 산을 오라고 하면 너에게로 걸어올 것"이라고 쓰여 있다. 이 구절을 표현 그대로 해석한다면 있을 수 없는 엉뚱한 기적에 대한 얘기가 될 것이다. 하지만 성경의 모든 말씀은 하늘나라를 위한 것이 아니라 지상에 살고 있는 인간들에 대해 얘기하고 있는 내용이다.

성경은 지금 각자가 다리를 디디고 살아가는 자신들의 현실사회에 적용하여 현실에 맞추어 풀이해야 비로소 생활의 소중한 지침이 된다. 이솝우화가 비록 비속한 비유를 많이 들고 있음에도 현실 생활을 비유하여 본보기를 들고 있기 때문에 오늘날까지도 여전히 생명력을 갖고 있는 이유와 같다. 고대 신화와 설화에 대해 이해하는 방식에 대해서도 마찬가지 논리가 적용된다.

위에서 말한 성경 구절을 사회현실에 맞추어 풀이한다면, 여기서 말한 저 산이라 함은 그 당시의 사회에서 반드시 해결되어야 하나 보통 방법으로는 해결하기가 어려운 큰 문제를 산으로 비유한 것이라고 나는 해석했다. 그리고 믿음이 이루어진다는 뜻은 성경을 외우고 교역자의 전도를 듣고 그것이 옳은 말이라 생각하는 마음만의 신앙이 아니라 반드시, 즉 성경의 말씀은 반드시 세상에서 이루어지도록 모든 것에 우선하여 성경의 가르침에 따라 반드시 실천하라는 말이다. 다시 말해 그 당시 인간을 불행하게 하는 사회적 큰 모순을 해결하는 데 기독교 신자들이 성경의 가르침에 따라 생활하면서 하나님의 말씀이 하나인 것과 똑같이 조금의 차별도 분별도 없이 한마음으로 하나가 되어 힘을 합친다면 해결하지 못할 사회 문제는 없다는 뜻으로 해석했다.

겨자씨만큼의 믿음도 갖고 있지 않다는 구절은 그 당시의 기독교 신자들의 신앙생활이 사회성과 민족성을 망각하고 자기 중심, 자기 본위로 하고 있음을 지적하며 하나님의 모든 사람은 똑같이 살아야 하고 똑같이 구제받는다는 의미를 가진 하나님의 뜻에 크게 어긋난 것이라고 꾸짖는 말이다. 이 가르침은 오늘 우리 민족이 당면하고 있는 사회의 산덩이와 같은 범죄 지향의 무질서 해결에 있어서 기독교인의 신앙이 사회성과 민족성 위에 서서 적극적으로 실천해야 한다는 말로 받아들였다. 그리고 '산이 너에게로 걸어올 것이다'라는 말은 그러한 노력의 결과를 구체적으로 볼 수 있다는 뜻으로 이해했다.

즉 성경의 이 말씀에 대해서는 인간의 모든 행위와 활동은 역사적이고 사회적인 것이므로 객관적인 역사와 사회현실에 맞추어 이해해야 한다고 생각한다. 이 성경 말씀에 비추어 오늘 천 만 명 이상의 신자와 정글 밀림의 나무처럼 많이 서있는 교회가 하나님의 말씀을 겨자씨만큼이라도 받아들여 생활화하면서 단결했다면 오늘 정치적으로도 사법수단으로도 해결하지 못하고 있는 사회의 부조리가 완전히 해결되지는 못했을지라도 해결될 수 있는 방법과 방향이 제시되어 절망하고 있는 국민에게 밝은 희망을 주고 우리 사회는 훨씬 더 명랑하고 평화로운 분위기가 조성되어가기 시작했을 것이다.

오늘날 우리 기독교 교회와 신자들이 성경을 어떻게 받들고, 여기에 따라 생활과 행동 및 처세와 이웃관계를 맺고 있느냐 그렇지 않느냐에 대해서는 외부 사회가 더 잘 알고 있다. 신자 중 일부분은 형식적으로 요식화된 부분만을 지키며 자신의 생활수단으로서 기독교를 믿고 있다. 그 중 일부분은 신자가 아닌 일반인보다 더욱 세속화되어 인간미가 전무한 이해관계 일변도로 살고 있는 사람들도 있다. 이 점에 대해 나는 기독교가 민족 내에서 불가분의 연관성을 갖고 존재하고 있으며 앞으로도 이 연관성을 떠나서는 존재할 수 없는 민족적인 존재임을 깨닫고 기독교인과 더불어 일반 국민도 이에 대해 반성적인 고찰을 해야 한다고 생각한다. 특히 기독교인이라면 이러한 태도는 진실한 신앙과 함께 반드시 돌아봐야 할 민족적인 책임이라는 점을 강조해 둔다.

성경의 또 다른 구절을 보면 예수님이 어떤 잔칫집에 초대되어 갔을 때 떡이 떨어져 초대 손님들에게 줄 수 없게 된 것을 보고 돌한 광주리를 가져오라 하여 기도를 드리니 돌이 떡으로 바뀌어 전 손님들이 다 먹고도 한 광주리가 남았고, 포도주가 떨어지자 물이 부족한 사막지대이므로 발 씻고 남겨둔 물을 가져오라 하여 기도를 올리니 그 전 주인의 포도주보다 더욱 좋은 포도주로 변했다는 내용이 있다. 또 문둥이를 어루만지니 멀쩡한 사람이 되었고 장님과 앉은뱅이를 만지니 눈을 뜨고 일어서 걸었다는 구절도 있다.

기독교인들 사이에서는 이런 내용들이 오로지 예수님만이 할 수 있는 기적으로 받아들이고 있으나 당시까지 신화나 설화의 전승 형태로 전해진 비슷한 얘기들이 남아있다. 이러한 사실들이 성경에서는 예수님의 말로 압축시켜 표현된 것이라고 생각한다.

그래서 나는 위의 성경 구절들을 신앙 차원이 아닌 인류의 역사 발전이라는 객관적 현실에 비추어 풀이해 보았다. 당시 이 지역은 곡물과 물이 부족한 사막지대였으므로 예수는 식량난과 식수난에 고통 받고 있는 민중에게 식량 증산을 위한 노력과 방법 및 지하수 개발 등의 물 문제를 해결하는 데 있어 선지자적인 지도자의 역할을 했다는 말로 해석된다. 즉 떡은 식량 문제를, 발 씻은 물이 포도주가 된 것은 물 문제를 해결했음을 상징하는 표현으로 보았다. 그리고 환자의 병을 고쳐주었다 함은 앞에서 말한 세 명의 환자뿐만이 아니라 당시 전 인민이 고통 받고 있는 질병과 함께 다른 고통의 해결에 선도적 역할을 했다는 말로 풀이된다. 성경의 한 구절 한 구절은 문자 그대로의 글과 말뿐만이 아니라 인민의 현세적인 고통을 덜어주고 해결하는 데 앞장서라는 실천의 지침으로 받아들여야 할 것이다.

예수가 이 땅에 나타난 것은 인간으로 하여금 죄를 짓지 않고 살도록 하여 영혼을 구원하는 데 목적이 있다. 인간이 저지르는 죄악의 주된 원인은 물질적인 이유에서 비롯되는 것으로 예수는 이를 해결하기 위해 앞장섰다. 만일 영혼이 구원받아 천당에 가는 것만이 목적이라면 현세에서 굶어죽거나 목말라죽거나 병으로 죽거나, 또는 먼저 죽거나 나중에 죽거나 하늘나라에 가면 그만이지 무슨 관계가 있느냐는 논리가 성립될 것이다.

그러나 속세인 현세에서 죄를 짓지 않아야만 천당에 가기 때문에 현세의 인민들이 가지고 나온 원죄의 속죄는 현세에서 죄를 짓지 않고 정직하고 선량하게 살아야만 한다는 것을 가르쳐주기 위해 예수님이 이 땅에 내려왔다고 보아야 할 것이다. 이상에서 나는 예수가 이 세상에 나타나 남긴 말씀인 성경의 구절들은 당시 그 지역의 객관적 현실에 비추어 이해하라는 실천적 지침이라 생각하며 위와 같이 해석해보았다.

4) 오병이어의 기적에 대한 재해석

나는 기독교에 대한 관심을 갖던 초기에 이 구절이 경제 문제에 관한 중요한 가르침으로 보고 되풀이해서 읽어 보았던 기억이 있다. 이 당시는 기독교에 대한 부정적인 관점에서 즉, 꼬투리를 잡기 위해 읽으면서 나만의 해석을 하려고 했다. 그러다가 사회주의 국가들이 자유민주 체제로 전환한 이후 종교가 부활하여 급속도로 발전하는 모습을 보며 종교에 대해서도 부정 일변도의 생각에서 마음을 열고 긍정적인 면을 받아들이려고 노력했다.

이때부터 기억에 남았던 불경 구절은 물론 성경 구절에 대해서도 우리 현실과 결부시켜 검토하기 시작했다. 그중에서도 내가 가장 관심을 가졌던 성경 대목은 오병이어(五餠二漁)의 기적에 대한 내용이었다. 떡 다섯 개와 물고기 두 마리로 오천 명을 먹였다는 기적을 다룬 얘기다. 참고로 마태, 마가, 누가, 요한복음에 나와 있는 원문을 기록한다.

> 예수께서 나오사 큰 무리를 보시고 불쌍히 여기사 그 중에 있는 병인을 고쳐 주시니라. 저녁이 되매 제자들이 나아와 가로되 이곳은 빈 들이요 때도 이미 저물었으니 무리를 보내어 마을에 들어가 먹을 것을 사 먹게 하소서.
>
> 예수께서 가라사대 "갈 것 없다. 너희가 먹을 것을 주어라." 제자들이 가로되 여기 우리에게 있는 것은 떡 다섯 개와 물고기 두 마리뿐이다. 가라사대 "그것을 내게 가져오라" 하매 무리를 명하여 잔디 위에 앉히시고 떡 다섯 개와 물고기 두 마리를 가지사 하늘을 우러러 축사하시고 떡을 떼어 제자들에게 주시매 제자들이 무리에게 주니 다 배불리 먹고 남은 조각을 열두 바구니에 차게 거두었으며 먹은 사람은 여자와 아이 외에 오천 명이 되었더라.

나는 이 구절을 부의 사회적 가치와 균등 분배의 원칙을 가르친 것으로 받아들였다. 예수님이 이 말씀을 한 연대는 A.D. 30년경으로 추정된다. 당시 인구는 오늘의 인구와 비례하면 0.5%로 추정된다.

그러므로 오늘 인구에 비례하여 추정해보면 5천 명은 대략 백만 명에 해당하는 대군중이라 할 수 있다. 예수님이 순례하는 지방은 중동의 사막 지대였으므로 그곳에 모인 5천 명이 모인 곳은 광범위한 지역에서 모여든 사람들이었을 것이다. 그 중에는 몇 백리 밖에서 온 사람들도 있었을 것이다.

이 구절의 내용으로 보아 이 벌판의 모임은 적어도 6개월 이전에 결정하고 알려진 것으로 보인다. 당시에는 통신 시설도 전혀 없고 사람의 입을 통해서 전하는 것 밖에 없으므로 넓은 지역에 흩어져 살고 있는 오천 명이 이 모임을 알게 되기까지는 6개월 이상의 시간이 필요했을 것이다. 위의 구절 중에 "날이 저물었으니 집에 돌려보내라고 하지 않고 마을에 들어가서 음식을 사먹게 하라"는 말이 이것을 증명해 주고 있다.

그리고 예수님이 이 무리를 불쌍히 여기시고 병자를 고쳤다는 말은 전부가 병자가 아니고 그 가운데 몇 사람이 병자였다는 것을 표현한 것이다. 불쌍히 여겼다는 말은 그 무리들의 대부분이 헐벗고 굶주린 모습을 보고 한 말이라고 해석할 수 있다. 제자들이 때가 저물고 배고플 것이니 마을로 보내어 음식을 사먹게 하자고 말하자 "갈 것 없다. 너희들이 가진 것을 내 놓으라"고 하니 원문과 같이 떡 다섯 개와 물고기 두 마리뿐이었다.

예수님은 거기에 모인 무리들 중에는 먼 거리에서 며칠을 걸려 왔으므로 잘 사는 사람으로서 많은 음식을 가진 무리들도 많으리란 것을 충분히 추측했을 것이다. 성경에는 떡과 물고기를 가지고 하늘을 우러러 축사했다고 씌어있으나 이것은 종교적인 표현이다. 나는 무리들 가운데 한편에는 음식물을 많이 가지고 있고 다른 한편에서는 부족할 것임을 알고 굶주린 사람을 돕기 위해 남아도는 음식을 내놓으라고 설교했으며 이것이 하나님의 뜻이자 예수님이 바라는 바라고 설득했을 것으로 추정한다. 수 백리를 걸어 예수님의 말씀을 듣기 위해 온 열성적인 무리들이므로 많이 가지고 있는 자들이 감동하여 자기들이 필요한 것 이외의 음식을 내놓았다고 본다. 이것을 모으니 여자들과 어린이들 5천여 명이 먹고 남은 조각이 열두 바구니에 차게 남아돌았던 것이다.

당시 중동 사회의 생산력과 발전 단계는 고대 공동체사회가 마무리된 시기로 평등한 분배는 끝나고 생산수단인 토지의 사유화가 진행되면서 봉건사회로 넘어가는 초기 단계에 있다고 봐야 할 것이다. 이집트에서는 B.C. 2000년 전부터 토지의 사유화가 시작되었으니 그것이 중동에 이르고 에게해 문화권과 그리스로 전파되었을 것이다. 토지의 사유화는 동시에 토지의 소유주인 지주 대 소작인의 생산관계를 성립시키고 그 결과로 빈부의 차가 발생하기 시작하는 계기가 된다.

기독교 교리의 핵심은 지상 모든 인류를 차별 없이 사랑하는 철저한 박애에 있다. 마음속의 믿음만이 아니라 물질생활에 있어서도 차별 없게 한다는 뜻이 내포되어 있는 것이다. 물질에 있어 한편에서는 남아돌고 다른 한편에서는 헐벗고 굶주리는 것은 하나님의 뜻도 예수님의 바람도 아니었을 것이다. 예수님은 이런 것을 거부하고 배격했다. 예수님이 말한 전도는 마음으로만 나누는 복음이 아니라 물질적 생활을 나누어 고루 안정해야 한다는 뜻이 담겨 있다고 생각한다. 신약에 많이 등장하는 병자들의 치유 사례나 잔칫집에 가서 포도주가 떨어지자 발 씻은 물을 포도주로 만들어 고루 마시게 하는 사례 등에서 차별 없는 평등의 정신이 뚜렷이 나타나고 있다.

오병이어의 기적에 담겨 있는 교훈은, 사회의 부는 그 사회 구성원의 직접 간접의 노력으로 이루어진 사회적 생산이므로 특정 계급 몇 사람이 부를 독점하는 것을 배격하며 노동의 정당한 대가인 합리적인 보수 형태로 사회에 고루 환원하여 차별 없는 물질생활로 모두를 안정시키는 것이 하나님의 뜻이자 예수님의 바람이라는 것을 밝혀주고 있다고 생각한다.

오늘날 우리 사회에 꼬리를 물고 일어나고 있는 정치, 경제, 사회 모든 분야에서 부정과 부조리, 부도덕, 불법적인 사건들과 불공평한 사회 질서의 근본 원인은 독점 재벌 중심의 자본의 힘에 의한 부의 편재와 권력형 치부에서 오는 불공평이 원인이 되고 있음은 누구나 알고 있는 상식이다.

성경에 나오는 오병이어의 기적은 조금 깊이 들어가 보면 부의 독점과 편재를 배격하고 사회 생산적인 노동의 대가를 정당하게 지급하는 사회만이 불평, 불만이 없고 평화로운 민주주의 사회를 이루는 유일한 기본 동인이자 동시에 복음을 생활화할 수 있는 토대라는 것을 가르쳐 준 것이다. 이것은 바로 우리 민족이 추구하고 있는 정치 사회적 민주주의가 이뤄지려면 경제적 민주주의가 먼저 이루어져야 한다는 것과 동일한 진리이며 바로 이것이 오늘 우리 민족이 추구하고 있는 경제민주화의 논리이다.

그러므로 기독교 신자뿐만 아니라 종교의 진실한 신자라면 모든 악과 부조리의 원인인 부의 독점과 권력형 치부의 척결에 자기희생적으로 앞장서서 사회적 노동에 대한 정당한 대가가 보장되는 사회 건설에 앞장서는 것이 절대자의 뜻이며 신자들의 사명임을 알아야 한다. 내가 이 글을 쓴 것도 그런 것을 촉구하기 위해서이다. 그럼에도 불구하고 우리나라 종교는 앞에서 언급한 불교와 기독교의 일부를 제외하면, 우리 민족의 절대 다수가 민주주의 사회를 이룩하려고 몸부림치고 있는 현실을 도외시하고 개인 또는 교회와 사원 중심으로 신앙생활을 하고 있다. 이는 절대자의 뜻에도 어긋나고 종교인의 기본 사명에서 이탈한 것이라고 본다.

오병이어의 기적에는 또 하나의 큰 민주적 원리가 담겨있다. 거기에 모인 5천 명은 넓은 지역에서 모인 사람들이지만, 이 집회에 참가하지 않고 남아있던 사람이 더 많을 것임은 오늘의 집회 참가인의 경우와 마찬가지이다. 참가자 중 열성적인 사람들은 모래와 돌멩이 투성이인 사막의 길을 힘들게 고생하며 걸어와서 참가한 사람들이다. 즉 노력한 사람들이다.

그들이 사는 곳에는 여전히 가난하여 굶주린 사람이 있기 마련이다. 그럼에도 예수님은 남아도는 떡 조각이 열두 바구니에 가득 차 있었음에도 이것을 가지고 가서 이웃에 있는 굶주린 사람에게 나누어 주라는 말을 하지 않았다. 거기에 있는 사람들만 배불리 먹으라고 했다. 이 말의 그 이면에는 노력하는 사람만이 정당한 대가를 받을 권리가 있다는 가르침이 담겨져 있다. 즉 사회적 노동만이 그 대가로 정당한 보수를 받을 수 있는 권리가 있다는 말이다.

그리고 자기가 먹고 남는 것은 내놓아 부족한 사람에게 나누어 먹게 한 것은 오늘에 비유하자면 부의 독점과 편재는 배격하여 경제적 균등사회를 이루는 것이 하나님의 뜻이고 예수님이 바라는 뜻이라는 의미도 동시에 담겨져 있다. 여기에 모인 사람들 중에는 그 고향의 모든 생활에서 솔선하는 지도자적 위치에 있는 사람들이 다수 있었을 것이다. 그들이 예수님을 만나보고 복음을 들어 올바른 생활에 솔선할 사람이므로 예수님의 말씀을 듣고 돌아가 생활과 행동을 여기에 맞추어 산다는 것은 충분히 추측할 수 있는 일이다.

당시 빈부격차가 더해가고 있는 봉건사회의 초기로 넘어가고 있는 그 지방의 경제를 평균화시켜 이를 방해하는 토지의 독점 척결에 앞장섰을 것임도 추측할 수 있다. 그 결과는 5천명이 살고 있는 광범위한 지역에 경제 균등이라는 사회혁명을 가져왔을 것이다. 이것을 성경에서는 기적이라고 표현했다. 나는 이것은 사회혁명을 종교적으로 표현한 것이라고 보았다.

종교의 교리와 신앙이 신자들의 생활과 밀착되어 사회 활동의 기준이 되고 지침이 되면 그 사회의 불법과 부정과 부도덕이 배제되어 혁명적인 변화를 필연적으로 가져온다는 것을 가르쳐 준 것이다. 나는 기독교 사상이 영혼의 구제에만 그치지 않고 만민이 정치, 경제, 사회적으로 평등한 지상천국을 건설하는 주역이 될 수 있다는 것을 성경이 제시해 주었다고 본다. 이는 당시의 객관적인 현실을 감안하여 내린 결론이다. 물론 나의 결론은 어디까지나 신앙인이 아닌 민족주의자의 입장에서 본 신앙 외적인 견해임을 말해둔다.

5) 하나님의 뜻과 예수님의 말씀은 하나

종교의 분파 분열은 절대자의 뜻과 정면 배치된다. 내가 본 성경에는 하나님도 예수님도 하나일 뿐이지 둘이 아니다. 하나님의 뜻도 예수님의 말씀도 성경에 나타난 그대로이고 그 이외의 다른 뜻과 말은 없다. 그리고 기독교 신자와 교회의 임무도 하나님의 가르침을 사람들에게 전도하고 자신도 여기에 따라 생활화하면서 실천을 통해 하나님의 뜻에 따라야 한다는 것도 하나뿐이다. 그 외의 다른 길은 허용되지 않는 것이 성경의 가르침이다.

그러므로 기독교뿐만 아니라 불교 역시 여러 갈래의 계파로 분열되어 분파적인 운영을 하고 있음은 민족의 한 사람으로 안타깝게 생각한다. 하나님의 뜻이 하나면 그 뜻을 받들어 전도하는 것을 기본 임무로 하고 있는 교회가 여러 갈래로 분파 분열되는 것은 하나님 뜻에 어긋난 것으로 본다. 이 분열과 분파의 원인은 하나님의 뜻만을 진실하게 받아들이지 않고 여기에서 이탈하여 그 외에 다른 목적 추구를 위해 신앙과 교회의 운영을 여기에 맞추고 있기 때문에 필연적으로 일어나는 분열이라고 본다.

기독교와 불교의 분파 분열은 단지 종교 문제에만 국한되어 영향을 미치는 것이 아니다. 우리 민족이 해결해야 할 통일과 외세로부터의 완전 자주독립을 통해 만인 평등의 민주주의 국가를 건설하는 것은 전 민족의 공통된 최고 목표다. 이를 이루기 위해서는 국민 간의 모든 차이와 차별을 초월하여 민족 차원에서 단결하여 반민주세력에 대항해야 하며, 이것을 뒷받침하는 힘은 전 민족의 역량을 하나로 결집하는 민족통일전선의 형성에서 나온다. 여기에서 종교인이 앞장서야 한다는 것은 각 종교의 교리에서 분명히 제시되고 있다.

그러므로 종교의 분파 분열은 종교에만 국한되지 않고 민족 통일에도 부정적인 영향을 주는 일이다. 우리나라의 종교인은 성년인 20세 이상의 인구의 85%를 차지하고 있다. 기독교와 불교 신자만도 성인 남녀의 70%를 차지하고 있다. 이 두 종교가 3·1 독립운동에서 보여준 바와 같이 민족을 위해 하나로 결합한다면 오늘 우리 앞에 제기되고 있는 민족적 난제를 손쉽게 해결할 수 있을 것이다. 이러한 주장은 과장도 허구적인 공상도 아니다. 종교인들이 가진 신앙의식의 밑바닥에는 이러한 역량을 충분히 구현해낼 수 있는 잠재된 민족의식이 있기 때문이다.

기독교 교회의 통일의 결과 이루어진 역량은 교회 하나하나가 가진 능력과 역량을 산술적으로 합한 총화가 아니다. 단일 체제로 조직화하면 여기에서 나타난 역량은 곱하기와 같은 상승의 누적이 되어 막강한 역량이 창조적으로 조성된다. 나는 항일투쟁을 하면서 이와 같은 조직이 창출하는 역량을 충분히 경험했다. 조직의 역량은 수학 방정식과 같은 정확한 것임을 여기에 말해둔다.

　　이상 기독교에 대한 나의 견해와 바람은 신자가 아닌 민족의 입장에서 보는 것이므로 이 내용이 조금이라도 기독교 교리와 정신에 위배된다면 이것은 나의 유식, 무식의 소치이므로 지적하면 서슴치 않고 바꾸어 교리와 정신에 맞출 것을 분명히 말해둔다.

제2장 종교와 민족의 관계

1. 종교와 민족역량의 상관성

1) 종교는 민족 내부의 다원성을 통일하는 힘

하나의 민족이라 하더라도 민족 구성원 각자의 존재 방식과 생활은 다양하고 다원적이다. 각자는 정치, 경제, 사회적으로 처해 있는 위치와 이해관계가 서로 동일하지 않으며 각이하고 다양한 집단에 소속되어 있는 다원성을 갖고 있다. 따라서 조국이 존재해야 국민이 존재할 수 있다는 애국의식을 동일하고 갖고 있을지라도 그 표현과 실천에는 각각의 차이가 있을 수밖에 없다. 개개인에 따라 적극성과 소극성, 열성과 행동의 차이는 불가피하다.

민족 구성원이 지닌 다양성과 각이성(各異性)을 조국과 민족에 최우선으로 종속시킬 때 통일적인 민족역량이 형성되며 이것은 자각과 각성에 의해 역량화된다. 따라서 다양성과 각이성이 결집되어 만들어지는 민족역량은 평면적이 아니라 기복이 있는 것이며, 효율적인 직선의 형태가 아니라 굴곡진 곡선의 형태를 갖게 된다. 이것을 통일시킬 때 민족역량의 최대치가 만들어진다.

굴곡은 직선에 비해, 기복은 평지에 비해 비능률적인 것임은 누구나 알 수 있는 사실이다. 이러한 문제를 극복하는 절대적으로 중요한 힘이 민족종교다. 기복과 굴곡 또는 다양한 차이와 다원성을 민족종교라는 용광로에 집어넣어 신앙을 통해 발휘되는 고열로 용해하여 하나로 바꾸어낼 때, 자각과 교육 교양을 통한 각성으로 만들어진 민족역량보다 더욱 큰 엄청난 역량을 조성하게 된다. 이것은 마치 크고 작은 수많은 가닥의 구불구불한 강철선을 펴서 하나의 로프로 만든다면 강철선 한 가닥 한 가닥의 강도를 합친 산술적인 총계보다 몇 십 배 몇 만 배의 강도를 형성하는 것과 같은 논리이다.

민족종교와 민족역량의 관계를 이론과 학설로 설명하려면 학자와 이론가에 따라 다양한 주장이 나오면서 국민의 인식에도 혼란을 가져올 수 있으므로 여기에서는 분명하고 확실한 객관적 사례 몇 가지를 들어 종교와 민족역량 관계를 설명하겠다.

2) 티베트 민족과 라마교

티베트 민족은 중국에 공산정권이 수립된 1949년까지는 명목상으로만 중화민국에 편입되었을 뿐 명실상부한 독립국가를 유지하고 있었다. 티베트 민족은 생불(生佛)로 받드는 달라이라마를 구심점으로 공고하게 단결하여 일체의 외침을 막고 발전했다. 라마교가 남긴 세계 문화재적인 건축과 유물은 지금도 남아 있다. 티베트 민족의 종교개혁은 철저했고 이 민족의 신앙은 완전히 생활과 밀착되어 신앙이 생활이고 생활이 곧 신앙으로 된 신앙생활의 토대를 확고하게 갖고 있었다.

중국에 들어선 공산정권은 강력한 종교집단인 티베트 민족에 대해 지금까지의 형식적인 예속관계를 넘어 티베트를 명실상부한 중국 영토의 일부로 편입시켜 정치, 경제, 사회 권력과 조직을 북경 정권에 예속시켜 지배하기 시작했다. 그러나 티베트 민족은 여기에 반발하여 북경 정권의 지시에 따르지 않고 달라이라마의 라마교 교리만을 따르면서 중국과의 갈등이 본격화되었다.

여기에 대한 중국 정부의 기본 정책은 티베트 민족의 단결 상태를 부수어 분열시키고 약화시키는 것이었다. 중국은 티베트 지역에 한민족을 대거 이주시켜 정착시키는 한편, 티베트 민족에 대해서는 타 지역으로의 이주를 강요하였다. 이처럼 티베트 민족의 단결을 약화 분열시키면서 종교 시설에 대해서는 파괴하거나 종교 행사에 대해서도 이런저런 이유를 붙여 금지시켰다.

신앙의 자유마저 빼앗긴 티베트 민족은 중국의 압박에서 벗어나기 위해 외지로 이주하기 시작했고 마침내는 달라이라마도 탄압과 간섭을 견디다 못해 티베트를 떠나 세계 각지를 유랑하게 되었다. 뉴스에 의하면 달라이라마는 지금 인도에 있다고 한다. 티베트 민족은 중국 내 각지와 세계 여러 나라에 분산되어 살고 있으나 라마교를 중심으로 강철 같이 단결하여 민족세력을 유지하고 독립을 이루기 위해 범민족적인 노력을 계속하고 있다. 오늘날 티베트 민족에 대한 탄압은 국제적으로 문제가 되어 UN에서도 주목하여 다루는 사안이 되었다.

티베트 민족은 중국이라는 거대 세력의 압력에도 굴하지 않고 자신들만의 독립적 민족국가 건설을 위해 수십 년째 대내외적으로 힘겨운 싸움을 계속하고 있다. 만약 티베트 민족에게 민족종교인 라마교가 없었더라면 오늘날 구심점을 찾지 못하고 산산조각으로 분산되어 민족으로서의 존재 형태 자체가 희석되었을 것이다. 중국은 여전히 티베트 민족을 완전히 굴복시켜 자국으로 편입시키고 있지는 못하고 있다. 티베트 민족과 라마교는 민족종교 없는 민족의 존재는 미래를 기약하기 어렵다는 것을 웅변하고 있다.

3) 아랍민족과 이슬람교

오늘날의 중동을 거점으로 발전한 아랍민족은 세계적 세력으로 강화되면서 1600년경에는 유럽 남부와 아프리카 북부, 중동에 걸친 사라센제국을 건설한 대민족이 되었다. 이 민족은 사라센제국 몰락과 함께 부침을 겪으면서 뿔뿔이 나뉘어졌고, 제2차 세계대전 이후 거주하고 있던 각지에서 분리 독립한 54개의 나라들이 오늘날 아랍연맹을 형성하고 있다.

아랍민족도 초기에는 교조인 마호메트에 의해 창설된 이슬람교를 민족종교로 삼아 알라신과 코란을 중심으로 단결하여 사라센이라는 거대 제국을 건설한 역사가 있다. 이들은 오늘날 지중해 서쪽에서 동남아시아에 이르기까지 54개 국으로 분리 독립되어 있으나 단일 민족세력과 같은 공고한 아랍연맹 세력을 결성하여 한 나라 한 민족같이 국제사회에서 세력을 과시하는 아랍민족의 역량을 형성하고 있다.

아랍민족에게 이슬람교가 없었더라면 사라센제국의 건설도 불가능했을 것이고, 이 제국의 멸망 후 각지로 분산되어 수백 년 동안 따로 존재하던 민족이 오늘날 같은 강력한 단결을 다시 이루어내는 것도 불가능했을 것이다.

민족의 존재와 발전을 뒷받침해주며 강력하고 통일된 민족역량을 형성해주는 핵심 요인은 민족종교의 여부다. 아랍민족들이 지역에 따라 각각 독립하고 있으면서도 단일 민족과 같은 강력한 아랍연맹을 형성하여 아랍 국가들의 독립과 발전을 뒷받침하는 국제적 배경이 되고 있는 것도 오랜 세월에도 불구하고 유지하고 있는 이들만의 통일된 신앙인 이슬람교가 있었기에 가능한 일이었다.

4) 이스라엘 민족과 유대교

여기에 대해서는 앞에서도 상세히 언급했지만 종교와 민족의 관계를 폭넓게 입증하기 위해 다시 요약 설명하겠다.

이스라엘 민족은 기원전 수천 년 전에 형성된 이래 당시의 국제 정세에 따라 고국에서 추방되어 중동과 이집트, 지중해 연안을 거치는 동안 견딜 수 없는 박해와 고난을 극복하면서도 멸망하지 않고 존재했다. 이스라엘 민족은 특유의 생명력을 발휘하여 자신들이 정착한 지역에서 살아남았고 19세기에 들어오면서 유럽을 중심으로 세계 각지에 분산되어 50여 개의 타 민족국가 속에서 생존을 유지했다. 그 과정에서 견디기 어려운 박해와 멸시를 받으면서도 거주지의 공간을 초월하여 한 생활권에서 사는 것과 같은 강력한 민족적 유대를 유지했다. 제2차 세계대전 중 히틀러의 유태인 말살 정책에 의해 지구상에 존재하던 전 민족의 약 1/3인 600만 명이 학살되는 절체절명의 위기를 겪으면서도 끝내 살아남았다.

유태인은 어느 민족도 당해보지 못한 고난의 역사와 분산된 거주지의 공간을 초월하여 한 덩이의 바위와 같이 단결하여 존속해 오다가 제2차 세계대전 후 히틀러 파쇼세력이 멸망하자 기원전에 그들의 선조가 자리 잡고 있던 지역으로 돌아와 처음으로 조국인 이스라엘 국가를 건설하였다. 그 후 작지만 강한 나라로서 막강한 수적 세력적 우위에 있던 아랍 국가들과 싸우며 강화 발전하고 있다.

이스라엘 민족의 2천 년에 걸친 수난사와 극복의 역사는 자신들만이 갖고 있던 선민신앙인 유대교와 떼려야 뗄 수 없는 관계에 있다. 종교가 없는 민족은 존재도 발전도 없다는 것을 수천 년 역사를 통해 분명하게 보여주는 본보기라 할 수 있다.

5) 조국을 빼앗긴 원주민들과 종교

UN의 통계에 따르면 오늘날 지구상에는 그들의 생활권인 조국을 빼앗긴 원주민으로 불리는 민족이 약 9억 2천만 명이라고 한다. 이들은 차별과 민족 존재가 부정되는 박해 속에서 그 수가 증가해 가고 있다. 9억 2천만 명은 현재 세계 범위의 최대 단일 종교인 가톨릭 신자의 수와 맞먹는 숫자다. 오늘날 45억 명으로 추산되는 세계 인구 중 전체의 20%를 차지하는 엄청난 비중을 점한다.

원주민이라 함은 문자의 뜻처럼 그 생활권에 살기 시작하면서부터 그곳을 개척하고 그 민족의 독자적인 문화를 남기며 살아온 종족을 말한다. 이 민족들의 생활과 문화는 동일 지역에서 발달해왔으므로 질서정연한 계통을 이어오면서 발자취를 남겼다. 이들이 남긴 유적과 유물은 오늘날의 문화수준에서 보더라도 놀라움을 자아낸다. 그러므로 그런 생활과 문화의 흔적은 인류사적 발전이 쌓아온 역사의 연륜이라 해도 과언이 아니다.

이들의 운명은 서방세계의 세력 확장이 시작되면서 위기에 처했다. 특히 산업혁명 이후 자본주의 국가들은 식민지 확장을 진행하면서 지구상에 인류가 거주하는 생활권의 구석구석까지 무력을 앞세워 그 영향력을 넓혔다. 칼과 궁시밖에 모르는 원주민들을 현대화된 총과 대포로 위협 강탈하여 식민지로 점령하고 원주민을 노예로 삼아 정치적 예속과 경제적 수탈을 감행했다.

제국주의 국가들은 식민지 민족들이 존재해야 지속적인 수탈이 가능함에도 불구하고 그들 민족이 단결하여 세력화하는 것을 막기 위해 가혹한 탄압으로 이들을 절멸 위기로 몰고 갔다. 소수 원주민들 중에는 이 과정에서 흔적도 없이 사라진 경우도 있고, 살아남은 민족들도 그 후에 약소민족으로서 고단한 과정을 거쳐야 했다.

제2차 세계대전 후 대부분의 식민지 민족들은 독립하여 해방을 맞았으나 이것은 식민지 민족 중에서도 독자적인 세력을 갖고 있었던 강력한 민족에 해당되었지, 아주 미미한 존재로 남아있던 약소민족에게는 그 기회가 주어지지 않았다. 그런 민족들은 독립한 식민지 민족 내부에서도 소수자로 남아 원주민으로서 극심한 차별 대우를 당하고 있다. 오늘날 남북아메리카 각국과 호주 및 아프리카 그리고 인도네시아를 비롯한 동남아 각국에는 크고 작은 규모의 수많은 원주민들이 인종 차별 및 종족 차별과 함께 정치적, 경제적, 사회적 억압을 벗어나지 못하고 있다. 이들은 그 나라 안에서도 또 다른 말살의 위기에 처하고 있어 오늘날 세계 인권 문제의 주요한 사안이 되고 있다.

인권이 가장 잘 보장된 자유민주주의 국가의 상징 국가처럼 자랑하고 있는 미국 내에는 아메리카 인디언을 비롯한 기타 원주민이 천만 명 가까이 있다. 하와이의 경우에도 이 섬을 지켜오다가 미국에 강점당하여 주권을 빼앗긴 원주민이 오십여 만 명이 있고 이 원주민들 역시 여러 가지 형태의 차별을 받고 있다. 이 원주민들은 그 민족의 빼앗긴 주권을 찾기 위한 모든 행동이 철저히 억압되었을 뿐 아니라 그러한 목적의 행동은 범죄로 처벌되고 있다. 사회적 경제적 차별은 더욱 당연한 일이다. 한 국가 안에 있는 원주민에 대한 차별과 탄압은 그 민족 말살 지향이라는 것은 강대 민족 간에 정립된 원칙이다.

원주민이 결집할 민족세력을 약화시키고 말살시키기 위한 첫 번째 정책은 원주민을 분산, 분열시키는 정책이다. 이러저러한 이유를 붙여 그들의 집중을 막고 분산시켜 힘을 결집시킬 상황을 차단하는 것이다. 현실적 권력이 없는 원주민은 여기에 따라 분리될 수밖에 없다. 동시에 원주민의 생활권내에 자국 국민들을 계속 이주시켜 일선 생활권의 구석구석에 이르기까지 주도권을 장악하면서 그 민족의 존재 형태를 희석시키고 있다. 이러한 정책을 노골적으로 적용한 것이 티베트 민족과 내몽골, 기타 중국 내 다수 원주민 생활권에 대한 한족의 대량 이주였다. 자국 민족의 이주라는 방식을 통해 원주민의 비중을 낮춤으로써 그들이 주도하는 동질성을 희석시키는 것이다.

그럼에도 불구하고 이러한 소수 민족들이 지역적 공간을 초월하여 단결하면서 자신들의 정체성을 유지하고 있는 원동력은 바로 그 민족에게 자신들만의 종교가 있기 때문이다. 이러한 관계는 앞에서 언급했듯이 호주에 있던 수천여의 원주민 중 동족이 여러 지역에 분산되어 연대성을 갖지 못하고 자기 생활권에만 국한되었던 종족은 예외 없이 사라져버렸던 반면, 분산된 동족들을 포괄하는 씨족 종교를 갖고 신앙을 유지한 부족은 오늘날까지도 살아남았다. 그러한 부족의 숫자는 6백여 부족에 달한다고 한다.

이 절의 주제인 민족과 종교의 관계에 대한 설명은 학설과 이론적인 전개보다 객관적으로 분명한 구체적인 사례를 들어 증명하는 것이 실감적인 이해와 인식에 도움이 되므로 여기에서 다루었다. 이상에서 알 수 있듯이 민족의 생존과 종교의 존재 여부는 불가분의 관계에 있다. 이 관계는 위에서 언급한 민족에게만 국한되는 것이 아니라 지구상에 모든 국가와 민족에게 적용되는 필연적인 관계다. 다만 그 민족의 역사와 세계정세에 따라 구체적인 상황이 조금씩 달라질 뿐이지 근본적으로는 분리될 수 없는 연관성을 갖고 있다.

2. 사회주의 국가들에서의 종교 부활

1) 종교 없이는 민족의 존재도 불가능

사회주의 국가가 탄생한 이래 종교는 반계급적이고 반혁명적이며 반사회적이라 하여 철저히 부정되고 일체의 종교 활동도 금지되었다. 그러다가 소비에트 연방의 붕괴와 함께 민주주의로 전환한 종전 사회주의권의 민족국가들에서 종교가 급속도로 부활하기 시작했다. 소비에트 연방에 통합되었던 크고 작은 130여 개의 민족들과 유고 사회주의 연방이 붕괴되어 각각의 민족으로 분열된 국가들 그리고 체코슬로바키아가 두 민족으로 분열된 다음에 각 민족들의 종교는 기다렸다는 듯이 폭발적으로 부활하여 종교 형태의 민족세력이 형성 강화되어 가고 있다.

70여 년간이나 철저히 종교 생활이 금지되었던 지역이라고는 상상할 수 없는 놀라운 종교의 부활이었다. 이 결과는 사회주의 국가에서 종교가 부정되어 없어졌던 것이 아니고 각 국민의 의식 속에 잠재 형태로 존재해오다가 억압 장치가 제거되자마자 종교 본연의 모습으로 나타나 신앙 형태의 민족세력으로 부각된 것이라 볼 수 있다. 이와 같은 민족종교의 부활은 종교 자체가 그 민족을 강력하게 단결시키는 최고의 민족의식임을 증명해주고 있다.

사회주의 국가에서 독립한 민주국가들의 종교 부활은 종교 없이는 모든 민족국가의 존재와 발전이 불가능하다는 것을 입증하는 역사적 사례다. 인류 역사에서 종교는 필연적으로 없어진다는 것이 ML사상이 말하는 종교의 미래였고, 사회주의 체제 내에서 종교의 부정은 필연적인 진리로 받아들여졌다.

ML사상과 그 이론을 영구불변한 과학적인 진리로 단정하여 신앙 형태로 확신해 오면서 아직도 ML사상의 진리성을 바탕으로 고정관념에 사로잡혀 있는 일부 ML주의자들의 입장에서 이 글을 본다면, 종교가 민족의 존속과 발전을 위해 불가결한 긍정적인 것으로 평가하는 내 견해에 대해 필자가 객관적인 사회과학자의 입장을 벗어나 ML사상을 정면으로 부정하며 종교 신앙 지향으로 사상을 바꾸어가고 있다고 비판할지도 모른다. 동시에 이러한 전환은 과학적인 이성을 이탈하여 과학과 대립하는 의식론으로 사상을 바꾼 것으로서 종교를 긍정하는 나의 사고에 대해서는 정상적인 사고와 판단을 벗어난 정신이상적 표현으로 일고의 가치가 없는 것이라고 냉소를 보낼 사람도 있을 것이다.

ML사상에 충실하려는 사람들의 이와 같은 반론이 과학적인 근거를 가진 정당한 것이 되려면 앞에서 말한 바와 같이 1917년 소련 사회주의 혁명을 시작으로 제2차 세계대전 후 지구상에 수립된 20여 개의 사회주의 국가 중에서 오늘 남아 있는 4~5개의 사회주의 국가를 제외한 인구 2억 8천만의 소련을 비롯한 18개 사회주의 국가가 각각 민족국가로 독립하여 자본주의 시장경제 도입과 함께 사회주의적인 통제를 폐기하고 ML사상을 던져 버리며 민주주의로 돌아서면서 혁명적인 전환을 해가고 있는 역사적 현실에 대해 합당한 설명이 있어야 할 것이다. 사회주의를 폐기한 나라들에서 종교가 부활하여 종교의 완전한 자유가 허용되고 종교 신앙이 국민생활의 전 분야에 확대되어 가고 있는 사실을 보면서 종교를 긍정적인 것으로 평가하는 나의 주장에 대해 반진리적이라고 비판하는 논리를 이 나라들에 적용한다면, 그 나라들의 종교 자유 확대를 지지하고 도와주는 정부와 여러 정당의 고위층을 비롯한 종교 신자들은 예외 없이 정신이상자로 판단해야 할 것이다.

나는 외신 보도에서 루마니아 언론들이 루마니아 국민 중 예전과 같은 1인 지배하의 1당독재 사회주의의 부활을 바라는 사람이 있다면 그런 사람은 정신병원의 환자 중에서나 찾아볼 수 있는 일이라는 보도를 들은 적이 있다. 종교를 부정하는 사고가 정신이상인지, 긍정하는 사고가 정신이상인지에 대한 결론은 신앙과 함께 발전해온 인류 역사 그리고 사회주의에서 독립한 민족국가들에서 종교가 부활 확대되어가고 있는 이유와 근거가 합법적인 객관성이 있느냐 여부를 통해 결국 역사가 판결해줄 것이라 본다.

2) ML사상의 종교관은 진리가 아님

지구상에 있는 소련을 비롯한 전(前) 사회주의 국가들의 헌법에는 예외 없이 종교 신앙의 자유 및 비판의 자유가 헌법으로 명시되어 있다. 종교뿐만 아니라 국민의 자유는 국가의 법이 허용하는 한도 내에서 모든 국민의 정치, 경제, 사회, 문화, 예술 활동 및 의사의 표시와 언론의 자유가 차별 없이 공평하게 허용되는 조건하에서만 이루어진다. 그러므로 자유는 평등과 공평의 보편성을 내용으로 한다. 사회주의 국가들의 헌법이 예외 없이 규정하고 있는 종교와 신앙의 자유도 자유의 보편성 원칙에 따라야만 진정한 자유라 할 것이다.

그러나 사회주의 국가들이 내세운 종교 신앙의 자유와 비판의 자유는 종교의 부정과 신앙을 금지로 한 내용에 자유라고 표시된 포장지를 씌워 은폐된 탄압과 부정을 실제의 내용으로 하고 있었다. 사회주의 국가들이 내세운 종교 및 신앙의 자유와 비판의 자유라 함은 종교에 대한 탄압과 억압을 합리화시키려는 위장된 선전이었다. 이것은 사회주의 국가의 종교에 대한 상식화된 평가다.

사회주의 국가가 종교를 부정하는 것은 ML사상의 기본 이론에 속한다. 사회주의는 종교가 부정되어야 존재·발전할 수 있고 종교는 사회주의 사회가 부정된 조건하에서만 존재하고 발전할 수 있는 것이다. 즉 양자 간에는 즉 추호의 타협도 허용되지 않는 극단적 대립이 본질이므로 사회주의 사회에서 종교 신앙의 자유라는 논리는 종교를 자유롭게 허용하는 세계 각국의 여론 비판에서 벗어나기 위한 전술적인 위장정책에 불과했다.

러시아 동방정교는 차르 정권이 가장 발전했던 시대에 풍부한 재정 지원에 의해 러시아 각지에 대규모의 화려하고 웅장한 사원을 건립했다. 이 사원들은 500년 전 러시아 문화를 후대에 전해주는 문화재들이다. 1917년 11월 혁명으로 사회주의 사회를 건설한 레닌 중심의 소비에트 정권은 중세 사원을 크레믈린 궁과 함께 문화재로 남기고 보호해 왔다. 이 사원들을 중심으로 하여 러시아정교의 성직자와 신자 일부는 계속 교회를 지켜왔다. 소비에트 정권은 교회를 지키고 있는 극소수의 러시아 정교 성직자들에 대해 종교인으로서가 아니라 사원을 보호하고 있는 문화재 관리자로 평가하여 그들의 신앙생활과 함께 존재를 인정했던 것이다.

반면 문화재적 가치가 없는 농촌 벽지의 소규모 사원들은 폐기하여 종교 신앙의 근거를 말살해 버렸다. 대규모 사원 관리자에 국한하여 종교를 허용했다. 소련 국내에 있는 대규모 사원들은 신앙의 자유가 보장되고 있다는 대외 선전의 목적에 이용되어 왔다. 소련의 종교정책은 대규모 사원을 관리하고 있는 성직자들에 대해 신앙생활을 허용했으나 극도로 국한된 범위에 그치고 있었다. 당시 시민 중 신앙심이 독실한 노인의 일부도 미사에 참가했다고 하나 그 수는 극소수였다. 성직자와 신자 일부의 종교 생활은 허용되었지만 이 사람들이 공직을 갖거나 사회단체의 임원이 되는 것은 불문율로 금지되었다. 소련 내에는 동방정교 외에도 이슬람교와 불교인 라마교의 거대한 사원이 군데군데 존재했으나 위에서 언급한 동일한 제한된 조건 속에서 존재해 왔다고 할 수 있다.

사회주의 국가의 국민들의 경우 소련에서는 70여 년간, 제2차 세계대전 후 성립된 사회주의 국가에서는 근 반세기 동안 마르크스-레닌주의를 바탕으로 하는 학교 교육을 받아왔고 모든 국민은 반드시 국민 조직에 가담하여 그 조직을 통한 사상교육을 일생 동안 받게 되어있었다. 공산주의 이론 교육에서는 종교를 부정적으로 비판하는 것이 주요 내용의 하나다. 그러던 사회주의 국가가 고르바쵸프의 페레스트로이카에 따라 사상의 자유가 허용되면서 공산주의에 대한 부정이 급진전해오다가 1990년 말 소련 연방의 폐지와 함께 사회주의는 막을 내리고 붕괴되었다.

사회주의 연방에 통합·예속되었던 소련의 크고 작은 130여 개의 민족들은 민족국가로 돌아서면서 인권과 민주주의적 자유가 허용되는 민주주의 정책을 폭넓게 받아들여 민주 지향으로 변화되었다. 사상과 신앙의 자유가 허용된 이 민족국가들 내부에서는 국민들이 믿기 어려울 정도로 종교가 폭넓게 부활하고 급속도로 발전하여 광범위한 국민이 그 민족 종교의 신앙으로 돌아서고 있다.

이러한 일은 오랜 세월이 아니라 불과 3년 내외의 짧은 시간 동안에 벌어진 일들이다. 이전 사회주의 국가에서 공산주의 이론과 함께 반종교 교육을 철저하게 받아온 사회주의 국가의 국민들이 자기 민족의 독립과 함께 민주주의를 폭넓게 도입하면서 신앙과 사상의 자유가 보장되자 민족종교의 신앙을 받아들여 확대한 결과였다. 이 국민들은 그 나라에서 사회주의 시절에 살았던 동일한 국민들이다. 독립한 민족국가의 구성원으로서 국가의 명칭과 제도가 바뀌었을 뿐 국민은 그 때 그 사람들이었다. 단지 민주주의 민족국가로 전환되었다는 한 가지로 인해 생겨난 놀라운 변화였다.

이와 같은 결과는 사회주의 국가의 반종교 교육이 과학적인 진리가 아니라 모든 인간이 본능적으로 태어날 때부터 가지고 있는 신앙의식을 체제에 의해 강제적으로, 일시적으로 억제했을 뿐이지 신앙의식을 완전히 없앨 수 없었다는 것을 객관적으로 증명해준 사실이다. 즉, 민족종교는 그 민족의 존재와 발전에 필수적인 신앙 형태의 강도 높고 동질적인 통일된 민족의식을 바탕으로 하고 있었다는 사실이다. 사회주의에서 민주주의 국가로 전환하자마자 국민들은 기다렸다는 듯이 잠재되어 있던 민족의식을 분출시켜 폭발적으로 민족적 종교 신앙을 찾게 되었다는 사실은 어떠한 이론으로도 부인될 수 없는 민족사적인 명 판결이라 할 수 있다. 영원한 진리로 무조건

받아들였던 ML사상에 근거한 종교 부정은 분명히 진리가 아님을 사회주의에서 민주주의 민족국가로 바뀐 국민들의 신앙이 증명해주고 있다.

3) 종교 부활의 몇 가지 사례

사회주의를 폐기한 국가에서 급속도로 발전하고 있는 종교의 부활에 대해서 이론적인 것 보다는 구체적인 사실 몇 가지를 들어본다. 여기에서는 내가 뉴스로 듣고 소련을 방문했던 사람들이 전하는 전 소련 내에서 일어나고 있는 종교 부활 사례를 들어보려 한다. 이것이 확실하고 분명한 객관적인 증거가 되기 때문이다.

소련에서 거의 폐기되었던 사원은 1985년 시작된 고르바쵸프의 개혁 정책과 함께 폭발적으로 증가되기 시작했다. 공산주의 사상이 점차 폐기되는 가운데 민주주의를 수용하면서 1988년경에는 그동안 폐지되었던 사원 중 8천여 개가 재건되었고, 1989년에는 재건된 사원의 수가 1만 2천 개로 늘어났다. 농촌 산간 지역까지 사원의 재건이 급속히 진행되면서 이 숫자는 1990년에는 2만여 개에 달했다고 한다. 신앙생활의 자유와 출판물 및 대외 활동의 자유도 폭넓게 허용되었다. 이와 관련하여 페레스트로이카 이후 한국교회가 소련 내에 설립한 교회는 17개에서 22~23개로 증가했다고 한다.

1990년 한국의 여당인 민자당의 김영삼 대표 최고위원이 모스크바를 방문했을 때 모스크바 대성당의 종교행사에 초청을 받아 연설한 적이 있었는데 이 행사에 5만여 명의 청중이 모여들었고 청중의 대부분은 30세에서 50세까지의 청장년층이 주류를 이루었다고 한다.

이러한 청장년 세대가 종교 행사에 적극 참여했다는 사실이 시사하는 바는 무척 크다.

혁명 이후 수립된 대부분의 사회주의 국가들은 처음부터 반종교 정책을 국민생활의 전 분야에 강행해왔다. 볼셰비키 혁명이 1917년에 일어났으므로 1990년까지는 대체로 75년이 된다. 보통 인간의 비판력이 형성되기 시작하는 나이, 우리말로 철이 드는 나이를 15세로 본다면, 15세 이후 75년 동안 종교가 부정당하는 사회 속에서 살아온 셈이 된다. 간단히 말해 소련 국민 중 당시 90세가 되는 사람까지는 종교생활의 금지와 함께 철저한 반종교 교육을 받았다는 결론이 나온다.

때문에 30세에서 50세의 사이의 국민이라면 어렸을 때부터 철두철미한 반종교 교육을 받은 투철한 무신론자로 봐야 합당하다. 그럼에도 불구하고 김영삼 씨가 초청받은 모스크바 대성당의 종교행사에 모인 군중의 대부분이 30세에서 50세였다는 사실은 인간에게 종교 신앙의식은 본능적인 것으로 어떠한 힘으로도 뿌리 뽑을 수 없는 것임을 웅변해준다. 사회적 이유로 갇혀있던 억압이 풀리자마자 그 안에 눌려있던 의식이 폭발적으로 부활한 것으로서 신앙의식은 인간이 태어나면서부터 형성된 본능의식임을 증명하는 증거로 봐야 할 것이다.

제3장 우리민족과 종교의 사명

1. 우리 민족과 불교

1) 불교를 받아들인 배경

우리 민족의 신앙도 다른 민족과 같이 고대의 선조에서부터 이어져 내려왔으므로 앞에서 말한 원시적 신앙의 과정을 거쳐 발전해왔을 것이다. 단군 건국 이후에 전해진 신화적 전설과 삼국유사의 기록, 그리고 그 이전에 존재했으나 없어진 옛 전승에 따른 무속 신앙이 우리 민족의 신앙으로 이어져 내려왔다.

고등종교인 불교는 삼국시대에 들어와 고구려를 시작으로 전래되었다. 고구려에는 17대 소수림왕(327년) 때 승려 순도에 의해 중국으로부터 불교가 전래되어 고구려는 종교국가로 발전하였다. 백제는 12년 뒤인 침류왕 1년(384년)에 동진으로부터 불교가 전래되었다.

고구려와 백제에 비해 신라에 불교가 전래되는 과정은 험난했다. 서기 510년경 고구려 승려 묵호자는 비밀리에 신라에 들어가 포교 활동을 했지만 당시 부족의 연합국인 신라 각 부족의 신앙과 대립하면서 불법화되어 탄압을 받았다. 불교를 거부하던 신라 지증왕이 죽고 난 뒤에도 여러 부족 신앙과 대립 마찰이 격심하여 통치에 막대한 지장을 초래하고 있을 때, 법흥왕이 왕위에 오른 뒤 위대한 신라 불교 승려인 이차돈이 순교하여 이적을 보이자 이것을 계기로 신라는 불교 탄압을 금지하고 불교를 국교로 삼았다.

여러 부족이 통합하여 형성된 신라는 각 부족의 전통으로 이어져 내려온 부족 신앙이 그 부족 생활권 내의 생활과 풍습 및 신앙을 지배하고 있었다. 신라 형성 이전에 갈라져 있던 부족들은 대립 관계였으므로 정치적으로는 신라 국민으로 통일되었지만 신앙과 생활은 여전히 부족적인 단계에 머물러 있었으므로 국가의 통일적인 정책 수행에 지대한 영향을 주었다. 이에 따라 신앙을 통일하는 것이 절실하다고 여겼던 법흥왕은 국민의 공통적인 신앙이자 종교로서 불교를 국교로 정한 것이었다.

이것은 마치 로마가 유럽 대륙을 정복한 후 민족 간의 종교 대립 및 마찰로 각기 다른 민족과 인종의 구별을 초월하는 만민 평등적이고 박애적인 신앙이 요청되었을 때, 기독교가 사해동포와 전 인류의 박애를 외치고 나오자 기독교를 로마의 국교로 받아들여 로마 통치권 내의 종교 대립과 마찰을 제거하고 통일된 로마 왕국의 발전에 정신적 뒷받침으로 삼았던 것과 같은 것이었다. 고구려를 비롯한 삼국이 국가의 주도 계층인 왕족을 중심으로 불교를 받아들여 지배세력의 선도하에 전 국민에게 보급시킨 것도 국가 내부의 사상적 통일이라는 맥락에서 보아야 한다.

2) 불교의 살생금지에 대한 유물사관적 평가

기원전 6세기에 불교가 등장하기 이전까지의 아시아 국가사회는 인도, 중국, 동남아 전역, 한국과 만주 대륙, 일본에 이르기까지 철저한 계급사회였다. 이 계급사회에서 현세의 신분은 죽은 뒤까지도 그대로 이어진다고 믿어졌다. 즉 영혼이 살게 되는 내세에서도 현세의 계급이 고스란히 재현된다는 것이었다. 또한 영혼이 현세로 환생한다고 해도 타고난 본래의 계급 신분 그대로 다시 태어나 왕족, 귀족, 평민과 노예로 정해진 계급 신분으로 삼세를 윤회한다는 것이 불교 이전의 종교인 바라몬교의 교리와 신앙의 핵심 내용이었다.

왕족과 귀족들은 내세에서도 타고난 계급에 맞는 똑같은 영화를 누리므로 현세의 생활처럼 많은 노예가 필요하다고 생각했다. 순장(殉葬)이라는 제도는 그러한 내세관의 반영이었다. 왕이나 왕족이 죽으면 현세에서 거느리던 수많은 노예를 죽은 자 옆에 생매장하여 그들의 영혼을 저승으로 데리고 갔다. 귀족의 경우도 신분의 고하에 따라 몇 십 명씩을 순장했다. 인도와 중국을 비롯한 동남아시아 각국에서 매년 순장으로 생매장당하는 인원만 수십 만 명에 달했다. 우리나라 역시 예외가 아니었다.

그 증거로 들 수 있는 것이 1992년 6월 가야국의 김해고분에서 발굴한 귀족의 묘지에 건장한 젊은 남녀와 어린이의 유골 27구가 나온 사례가 있다. 이것은 명백한 순장의 증거였다. 기록에 따르면 불교가 국교로 공인된 법흥왕 이전 신라의 경우 청장년에 대한 지나친 순장으로 인해 병력 충원에 어려움을 겪어 국방에 큰 차질이 빚어지고 있다는 내용이 나온다. 불교가 국교로 인정되면서 이러한 순장의 전통도 사라지게 된다. 불교 교리 중에서 어겨서는 안 될 첫 번째 계율은 살생 금지다. 모든 생물의 생명을 끊는 것, 그 중에서도 사람의 생명을 끊는 살인은 가장 크고 무거운 계율 위반이었다.

불교의 중심 교리는 인간의 신분과 사회적 처우는 현세의 것이 내세로 이어지는 것이 아니라 각자가 지은 업, 즉 원인에 따라 내세에 바꾸어진다는 인과응보의 원리를 기초로 하고 있다. 내세의 영혼이 현세로 환생한다는 환생론 역시 인과응보의 법칙에 바탕을 두고 있다. 즉 각자가 지은 업보에 따라 축생, 아귀, 인간, 성문왕, 그리고 부처의 6도를 윤회한다는 것이 불교의 기본인 윤회설이다.

이 교리에 따르면 생전에 살아있는 것들을 많이 죽이고 노복을 천대하고 억압한 왕족과 귀족은 예외 없이 지옥 중에서도 최악의 지옥인 무간지옥으로 떨어졌다가 현세로 환생하면 틀림없이 인간 이하의 축생으로 태어날 것이고, 인간으로 환생해도 아귀로 태어나는 것이 의심할 수 없는 원리였다.

그래서 불교의 도입과 함께 가장 먼저 불교를 믿고 노복을 가축 이하로 취급하던 학대를 금했던 계급이 바로 왕족과 귀족이었다. 후일에 대한 두려움을 가장 많이 느끼던 계급이었기 때문이었다. 법흥왕은 순장 금지령을 내리고 시체 매장 시에는 사람 대신에 허수아비 또는 토기로 구운 인형인 토우(土偶)로 바꾸어 매장하도록 하는 엄격한 왕명을 내렸다. 이것은 고구려나 백제의 경우도 마찬가지였다.

우리나라의 불교는 이러한 배경에서 왕족과 귀족 중심으로 먼저 받아들여져 일반 중생에게 포교, 전파되었다. 만일 불교가 들어오지 않았더라면 우리나라뿐만 아니라 중국과 인도, 그리고 그 인접 각국을 포함한 전 아시아의 인구는 오늘날의 3분의 1도 남아있기 어려웠을 것이라고 나는 생각한다.

내세에는 현생과 달리 모든 것이 바뀔 수 있다는 불교적 사고는 특히 생산계급인 평민과 노예들에게 완전히 새로운 지평을 열어주었다. 영원히 벗어날 수 없는 최하위 신분의 운명에 매달려 작은 희망도 갖지 못하고 운명에 끌려가며 살아가던 이들의 소극적 생활 태도는 일말의 희망을 갖게 됨으로써 달라질 수 있었다. 내세의 존재와 윤회의 원리를 확신하게 된 인민들은 종전의 체념적인 삶의 태도를 벗어나 나름 적극적인 현세 생활을 해야 할 이유를 찾았던 것이다. 유물사관적인 입장에서 볼 때 이러한 요인이 생산력의 후퇴를 막고 사회의 발전적인 동인이 되었다는 점에서 불교가 타종교에 비해 개혁적이고 발전지향적인 역할을 했다고 설명할 수 있겠다.

3) 우리 민족종교가 된 불교

불교는 인도에서 발생하여 중국을 거쳐 우리나라에 전래되었는데 이 과정은 순수한 포교 차원에서 이루어졌다. 즉 다른 나라의 국가 권력이나 세력의 뒷받침하에 특정한 목적 달성을 위한 수단으로서 의도적으로 강요한 전래가 아니었다는 점이다. 우리나라에 남겨진 과거의 역사 기록이나 불교 자체의 기록을 살펴보아도 그러한 흔적이 전혀 없다. 오로지 불교 승려가 불교의 자비라는 교리를 전파하기 위한 순수한 목적의 포교 차원에서 들여온 것이 우리나라 불교의 출발점이었다.

당시 고구려, 백제, 신라의 삼국은 샤머니즘적인 부족 신앙에 머물러 있던 때였으므로 신앙의 내용이나 외형적인 형식이 각각 달랐고, 고등종교라 할 만한 확고한 기반은 없는 상태였다. 따라서 형식에 구애받지 않고 부처님의 가르침을 전하면 되는 불교 자체의 관용적인 교리를 통해 우리 재래 신앙의 각이한 형식들과 타협하고 이를 수용함으로써 다양한 부족 신앙들을 포섭해낼 수 있었다.

부처님은 그릇의 크고 작음에 따라 물을 부으라고 했다. 이는 형식과 수단에 대해 고정된 생각을 버리고 대상에 따라 얼마든지 다른 접근을 통해 포교의 방편으로 삼으면 된다는 뜻으로 해석할 수 있다. 그렇게 불교는 민속 신앙과 함께 어우러지고 민족의 생활과 밀착되면서 우리의 민족불교가 되어갔다.

신라 지증왕 시대에 이르면 자장율사에 의해 불교의 자비정신에 입각하여 국가의 안녕을 도모하는 호국불교의 전통이 세워졌다. 법흥왕 시대에 오면 샤머니즘적인 주문식 불교에서 벗어나 불법승(佛法僧)의 삼보만을 내세운 불교 본래의 모습으로 돌아와 혁신적인 발전을 했다. 불교는 고려시대에 들어와 국교로 정해져 모든 백성들의 생활 속으로 들어갔고, 몽골 침입 시에는 부처님의 원력으로 침략자를 몰아내기 위해 팔만대장경을 주조하는 등 민족불교의 모습을 잃지 않았다. 조선시대에는 불교가 박해를 받는 가운데도 임진왜란 시 불교 승려로 조직된 승병이 혁혁한 전공을 세운데서 알 수 있듯이 민족과 함께 하는 민족불교의 모습을 면면히 이어갔다.

임진왜란이 끝나고 일본은 강화 문제와 함께 왜군에게 끌려간 엄청난 수의 우리 남녀 포로 문제를 다루기 위한 강화사를 보내라고 요구했다. 당시 지배계급이자 충신의 집단인 유림 양반사회에서는 포로로 끌려간 우리 민족을 단 한 사람이라도 더 구출하기 위해 목숨을 걸고 일본에 가겠다고 하는 사람이 없었다. 이때 자진하여 분연히 나선 사람이 고승이자 대학자인 사명당이었다.

조선의 유림 양반사회는 억불승유 정책을 철저히 강행하며 승려들을 사회의 해충으로 격하시키고 천대를 일상화했으며 승려를 죽여도 불문에 붙이는 것이 상례가 된 당시의 사회법도였다. 불교에 대한 냉대와 탄압이 어느 정도였는지, 오늘날 경주에 있는 박물관에 가보면 수많은 불상 중 목이 달린 불상이 하나도 없음은 이를 입증해준다.

사명당은 "국가가 없으면 불교도 있을 수 없다"는 국가와 민족 우선의 우리 불교 본래의 정신으로 일본에 건너가 삼천여 명의 우리 포로를 데리고 왔고 추가 송환까지도 약속받았다. 아울러 일본 체류 중 해박하고 수준 높은 학문과 예술성 높은 서예로 일본의 지도층들을 문화적으로 압도하였다.

사명당과 관련된 하나의 일화를 들어보자. 왕명을 받고 일본에 건너간 사명대사는 승려의 신분이었지만 왕의 특사로 가는 국가 사절이었다. 그런데도 당시 부산부사는 그가 중이라는 이유 때문에 일본으로 떠날 때도 내다보지 않았고, 공적을 세우고 부산에 도착했다는 소식을 듣고도 기생들을 데리고 술과 노래판을 벌이고 있었다.

이 소식을 들은 사명당은 자신의 이번 임무가 승려로서가 아니라 왕의 특사 자격으로 행하는 것인데 부산부사의 이와 같은 태도는 왕을 모욕한 것이나 다름없고 이런 자를 처치하는 것은 왕명을 받은 자신이 당연히 해야 할 의무라 여겨 부산부사의 목을 단칼에 쳤다. 조정에 올라와 임금 앞에서 자신이 저지른 살인의 대죄를 아뢰니, 임금은 진정한 충신이라 치하하며 영의정 겸 병조판서의 벼슬을 내렸다. 사명당은 사흘간 이 관직을 받든 뒤 돌려드리고 시 한 수를 남기고는 홀연히 산사로 돌아갔다.

이러한 일화는 국가가 종교보다 우선하므로 종교의 존재는 국가에 도움과 보탬이 되는 종교라야 그 국가 내에서 존재 가치가 있다는 것을 몸으로 보여준 본보기이다. 불교가 전래된 이후 우리 민족의 생활과 문화 발달에 큰 공헌을 했음은 오늘 남아있는 고대 사찰과 불상 탑파 등의 유물이 웅변으로 증명해 주고 있다. 사원 건축과 유물의 제작 기술 및 발달 과정은 불교에만 그치지 않고 우리 민족 생활 전체에 파급되어 생산력과 문화 발전에도 큰 도움이 되었다.

이렇게 우리 역사 속에서 불교는 민족의 모든 정신적 물질적 생활에 밀착되어 민족불교로 확고하게 자리 잡았다.

오늘날 우리 민족이 세계에 자랑스럽게 내놓을 수 있는 것은 불교문화와 관련된 것 이외에는 거의 없다는 사실이 우리 민족문화와 불교와의 교호적인 밀착 관계를 말해준다. 또 한 가지 민족적 공헌은 불교가 한용운 선생을 필두로 3·1 독립만세운동의 주동세력의 하나였고 이후에도 계속 독립운동을 하였다는 사실이다.

식민지 치하에서 민족불교는 억압당해 오다가 8.15 이후 사원과 신도 수가 크게 늘어 장족의 발전을 이루었다. 하지만 많은 승려들이 염불에는 뜻이 없고 젯밥에만 관심이 있다는 말처럼 자기 사원과 자기 본위의 소승적인 태도를 취하고 있음은 민족의 입장에서 한탄스런 일이다. 그런 가운데도 민족불교의 본래 사명에 충실하고 있는 일부 승려들에 대해서는 앞으로 불교에 대한 민족적인 희망과 함께 존경을 바친다.

오늘날 유명, 무명의 여러 사찰에 다양한 형태로 우리 국민경제에서 나오는 재정의 일부가 들어가고 있다. 사원의 유지와 승려의 생활과 포교에도 재정적 뒷받침이 있어야 하지만 간간이 언론에 보도된 내용에 따르면 일부 승려의 축재로 이런 돈들이 빠져나가고 있음도 부인할 수 없다. 불교 관계자들은 우리 전 국민의 피땀 흘린 경제의 일부가 들어간다는 것을 명심하여 재정에 대해서도 민족적인 입장에서 관리해야 할 것이다.

2. 기독교의 성장과 민족적 사명

1) 교세 확장에 비례하여 늘어나는 사회악의 증가

불교와 함께 기독교를 논하는 것은 종교 교리에 대한 설명을 하고자 함이 아니다. 3·1 운동의 교훈 가운데 가장 위대한 교훈은 모든 종교는 각이한 교리와 형식을 초월하여 민족 앞에 종속해야 한다는 것이었다. 이러한 차원에서 오늘날 우리 사회에서 영향력을 갖고 있는 종교에 대해 민족문제와의 연관성을 조명해 보려는 것이다.

기독교가 우리나라에 전래된 과정, 대원군 치하의 박해와 희생, 일제 치하의 박해 사실에 대해서는 많은 사람들이 알고 있다. 기독교는 우리나라에 들어온 이후 문맹퇴치와 미신타파 등 민중에 대한 계몽의 역할을 했을 뿐만 아니라 3·1 독립만세운동에서 주동세력의 하나로 싸웠다. 민족운동에 있어 기독교의 역할이 두드러지기 시작한 것이 이때부터였다. 아래에서 다룰 내용들도 3·1 독립운동이 남긴 교훈을 오늘에 이어받아 현재 우리나라의 각계 각 분야에서 국민 전체가 개탄하고 있는 부정적 현상들을 민족적인 입장에서 정리 평가하고 영원불멸의 민족 본위의식인 민족의식을 바탕으로 민족의 희망적인 내일을 열어가는 데 도움을 주기 위한 목적이다. 따라서 기독교의 전래나 활동의 역사에 대해서는 참고로 요점만의 기록에 그치고 오늘의 기독교 활동을 현실과 결부 대비하여 분석, 평가하려 한다.

기독교 교세에 대해 기독교 자체 또는 정부의 구체적인 통계숫자를 알지 못하지만, 내가 알기에 기독교의 교인들은 일제 강점기와 비교한다면 거의 천문적인 숫자로 확대되고 있다. 언론 보도에 따르면 서울과 5개 직할시, 기타 대도시의 교회와 성당의 수는 그 지방의 다방 수보다도 많다고 한다.

　내가 광주보고에 입학한 1928년에 광주에는 양림리에 교회 두 곳과 일본인 교회가 하나뿐이었고, 가톨릭 성당이 있었는지 없었는지는 기억에 없다. 당시 나의 고향인 완도에는 읍내에 하나, 고금면의 분도에 하나, 그렇게 세 개의 교회가 전부였다. 각 교회의 신자도 20명 내외였다. 그러나 지금 광주에는 동 단위로 빠짐없이 교회가 있고, 완도에도 조금 큰 동리에는 거의 교회가 서 있어 섬 어느 구석에서도 교회의 종소리가 들리지 않은 곳이 없을 정도다. 각 교회의 신도 수도 도시의 경우 거의 100명 이상 수천 명이고, 농촌에도 거의 100명에 가깝다. 그러므로 교회수와 신자 수를 합하면 엄청난 숫자가 된다. 정부의 통계에 따르면 오늘날 개신교와 가톨릭을 합한 신자 수는 1,200만 명으로 추산하고 있다.

　이와 같은 교세의 확대는 우리나라에 하나님의 복음이 급속도로 전파되었음을 의미한다. 일제 치하에서는 교역자 양성 교육기관인 신학대학이 단 하나도 없었고 소규모의 성경학교가 겨우 몇 개 있을 뿐이었다. 현재 국내의 신학대학과 성경학교는 손꼽아 헤아릴 수 없을 정도로 많다. 매년 엄청난 수의 신부와 목사가 배출되어 전국 각지의 산간벽지는 물론이고 도서에 이르기까지 빠짐없이 건립된 교회로 공급되고 있다. 이는 기독교 교리와 복음에 대해 해박하고 수준 높은 교역자가 크게 증가했음을 뜻한다. 기독교 교세 확대와 다양한 형태의 선교활동을 감안한다면 8.15 이후 기독교 교세의 확대와 복음의 보급 범위의 확산은 양적으로 천문학적인 증가가 이루어졌다고 말해도 과언이 아니다. 그런 반면 기독교를 둘러싸고 현실에서 벌어지고 있는 일들은 복음 본래의 의미가 퇴색한 반대의 방향으로 역전되고 있어 우려를 하지 않을 수 없다.

하나님의 말씀인 성경에 따르면 하나님은 무엇 하나 할 수 없는 것이 없고 뜻만 있으면 즉각 창조해 낼 수 있는 전지전능한 분이며, 타 우주는 모르되 우리 지구상에 있는 모든 무생물, 생물의 구별 없이 하나님의 뜻에 따라 만들어진 피조물이라고 분명히 말했다. 동시에 하나님의 가장 위대한 피조물인 인간을 비롯한 모든 피조물 어느 것과도 항상 함께 하고 있으며 특히 인간의 마음속에는 깊이 자리 잡고 있다고 했다. 지상의 모든 정치, 경제, 사회, 군사, 외교, 문화, 예술, 언론 등 사회의 전 분야와 각 개인의 사회활동과 대인관계와 사생활의 구석구석에 이르기까지 나타난 모든 것은 하나님의 뜻 아닌 것은 단 하나도 없다고 했다. 즉 세상의 모든 현상과 사태는 하나님의 뜻에 따라 이루어진다는 것이다.

이것이 절대적인 진리이고 현실사회의 모든 존재의 근원적인 섭리라고 한다면 복음의 전달과 정비례하여 세상은 사랑과 이해와 동정이 넘쳐흐르면서 일체의 범죄가 발붙일 곳 없는 사회로 되었을 것이다. 그러나 오늘의 현실은 성경의 말씀을 정면 부정, 부인하는 정반대의 결과가 현실로 나타나고 있다.

태고 원시시대의 자연물 신앙에서부터 오늘의 고등종교에 이르기까지 불변의 진리로 내려오는 종교의 본질과 목적은 한마디로 말해 권선징악이다. 형식에 있어 주문이나 경전 또는 포교 행위를 통한 말과 문자의 범위에 국한되지 않고 자신의 종교를 널리 알리려는 종교의 궁극의 목적은 모든 인간에게 포교하여 악을 물리치고 선을 따르는 것을 생활화하여 영혼을 구하는 것이다. 그리고 종교 활동은 교리만을 전하는 요식 행위가 아니라 그 교리를 철저히 지켜 생활화하는 데 그 핵심이 있다. 그 교리가 반드시 이루어진다는 확신을 갖고 행하는 것이 곧 선교활동이다.

현재 우리나라 국민 중 종교를 갖고 있는 신자 수는 기독교가 1,200만 명, 불교가 1,500만 명, 유교가 500만 명인 것으로 공칭되고 있으며, 그 외에 천도교, 대종교를 비롯한 여러 외래 종교를 합하면 총 3천만 명이 되는 것으로 추산된다. 이 중 유교는 현실사회의 정치, 경제, 사회의 윤리 도덕과 예의 규범을 규정한 실천 윤리 규범이므로 종교의 범주에는 들어갈 수 없다. 종교는 현세를 떠난 영혼의 구원과 함께 영혼이 들어가 살아야 하는 천당 또는 극락으로 표현된 내세가 설정되어야만 성립한다. 유교는 영혼 문제도 내세 문제도 다루고 있지 않으므로 종교가 될 수 없다는 말이다. 그러나 오늘의 유고의 본산인 향교의 운영 형태가 기존 종교들과 유사하므로 여기에 포함한 것이다.

공맹사상인 유교가 들어온 이후 전국 각지에서 공자, 맹자 외에도 중국의 대표적인 유학자 12현을 함께 모시는 제사를 춘추로 나뉘어 지내왔다. 유교는 조선 왕조의 정치권력을 뒷받침으로 하여 국민에 대해 상당한 강제성을 갖는 생활 규범이 되었다. 조선 말기부터 오늘에 이르는 동안 제사의 핵심 대상인 공자와 맹자가 신앙의 대상으로까지 격상되면서 신앙에 버금가는 형식을 갖추었다. 내세가 아닌 현세에 대한 실천 윤리 규범으로 도덕 생활의 지표가 된 유교는 정치, 경제, 사회 각 분야에서 국민의 도덕적, 실천적 규범의 역할을 했다. 유교는 종교는 아니지만 종교 이상으로 민족의 정신을 지배하면서 현실 생활에서는 신앙을 초월하는 영향력을 미쳐왔다.

정리하자면, 오늘날 우리나라 각 종교의 신자 수를 합하면 3천만 명 이상으로 보아야 할 것이다. 총 인구 사천삼백만 명에 비하면 약 70%에 달한다. 30%만이 무종교로 나타나지만 신앙인의 가족 중 신앙이 확립되지 않은 소년이나 유년들도 부모가 갖고 있는 종교의 영향을 받기 때문에 신앙인의 비중은 더 높아진다. 나는 오늘 남한의 각종 종교 신앙 인구를 90%로 추산한다. 이 숫자는 종교의 교리인 복음의 전달이 놀라울 정도로 확대 보급되었다는 것을 의미하며 우리 민족 구성원 거의 대부분이 어떤 형태로든 신앙생활을 하고 있다는 것을 반증한다.

전체적으로 보아 기독교의 신장세에는 따르지 못하지만 우리나라에 있는 모든 종교가 나름으로 교세를 확장하고 있는 것만은 사실이다. 종교 교리에 대한 보급이 전 국민에 걸쳐 확대되었다는 얘기다. 이렇게 대부분의 국민이 종교 생활을 하고 있을 정도로 종교와 접하는 범위가 넓어졌음에도 불구하고 모든 종교가 교리에서 내세우고 있는 착함, 선함, 정의로움 등은 오히려 우리 현실에서 후퇴한 채 나타나고 있다. 각 종교의 왕성한 복음 전파와는 반대로 우리 사회는 더욱 부도덕한 상태로 악화되어 가고 있다. 종교의 외형적 성장 이면에 무엇인가 빠진 것이 있다는 반증이라고 생각되는 것이다.

2) 비인간적, 반사회적 범죄 만연의 근본 원인

오늘날 자행되고 있는 범죄 사실들은 입에 담고 글로 쓰는 것조차도 끔찍한 내용들의 연속이다. 내가 85세까지 살아오면서 다른 사람보다 비교적 광범위한 생활권에서 대중과 함께 사회를 경험하고 관찰해 왔으므로 6·25 전까지는 상상도 할 수 없었던 끔찍한 범죄들이 수시로 벌어지고 있다. 몇 가지 사례를 들어본다.

생활력을 상실하고 의지할 곳 없는 노부모를 관광여행 명목으로 제주도 같은 낯선 곳에 버리고 돌아와서는 외국으로 나가버리는 자식들이 수두룩하다. 자식이 부모를 살해하는 일도 비일비재하다. 반대로 자식을 죽이고 버리는 일도 꼬리를 물고 일어나고 있다. 돈 몇만 원을 털기 위해 택시기사를 살해하는 일도 하루가 멀다 하고 벌어지고 있다. 철부지 어린아이들을 꼬여내어 인질로 삼아 금품을 요구하다가 죽이거나 미리 죽여 놓고 금품을 요구하는 철면피와 같은 일, 애정관계로 상대 여성을 살해하여 마치 도축장에서 죽인 가축의 사지를 자르듯이 토막토막 잘라놓은 토막살인 사건도 드물지 않다. 강도로 침입하여 금품을 강탈하고 자식과 남편 눈앞에서 주부를 성폭행하는, 금수의 무리에서도 찾아볼 수 없고 있을 수도 없는 비인간적인 끔찍한 범죄가 계속되고 있다.

국민들은 이런 범죄에 면역성을 갖고 있을 정도로 웬만한 범죄에 대해서는 충격도 받지 않고 있다. 사정이 이러니 절도와 사기 같은 것은 범죄로 취급하지도 않고 고발도 하지 않는다. 범죄가 전국적으로 또 뒤를 이어 그치지 않고 계속되는 요인의 하나로 물론 치안부재를 지적하지 않을 수 없다. 현재 우리나라에는 현대화된 장비를 갖춘 경찰과 검찰 및 기타 수사기관의 인원이 20만 명에 가깝다고 한다. 그러고도 부족하여 더 많은 증원이 요구된다고 한다.

그러나 범죄가 경찰의 수사력보다 앞서가고 있음은 1990년에 노태우 대통령이 범죄와의 전쟁을 선포한 이후의 결과가 증명해주고 있다. 범죄와의 전쟁 선포 이후 2년이 지나 다소 성과가 있다고 하나 그것은 극히 미미한 현미경적인 것에 불과하며 범죄는 여기에 아랑곳하지 않고 한층 수법이 진화되고 잔인한 흉악 범죄는 갈수록 증가해 가고 있다. 이와 같은 비인간, 비윤리, 반사회적인 범죄의 증가는 하늘에서 내려 왔거나 땅속 또는 물속에서 솟아나 우리나라를 덮친 돌발적인 것이 아니다. 인류사회가 역사 이래 오늘에 이르기까지 생멸을 계속해 오면서 형성된 역사의 현상과 그 속에 내포된 사건들은 독자적으로 발생한 것이 아니라 분명한 원인이 있다는 것, 즉 인과관계가 있는 것이다.

나는 시종일관 오늘 우리나라의 정치, 경제, 사회 각 분야를 휩쓸고 있는 불법 부정과 무질서의 궁극적인 근본 원인은 우리 민족 분노의 대상인 친일 인사들이 외국을 등에 업고 정치 세력화하여 조국의 주권을 장악하고 국가와 사회 모든 것을 그들의 이권과 세력 강화에 종속시켜 온 데 있다고 주장하였다. 그러므로 정치, 경제, 사회, 문화 기타의 모순 부조리뿐만 아니라 무질서도 이 원천에서 파생된 필연적인 결과를 보아야 할 것이다. 또 그 외에 여러 원인이 가세하여 복합적인 원인을 형성하게 된다. 우리 국민의 정신생활에 밀착되어 큰 영향을 주고 있는 우리나라 종교들의 행태와 현실도 이러한 사정을 악화시키는 데 상당한 기여를 했으리라고 본다.

병이란 발병 후 치료하는 것보다 발병 이전에 예방이 우선되는 게 효과적이라는 것은 상식이다. 사회의 무질서와 범죄도 발생 후에 검거 처벌하는 방식은 범죄와의 전쟁 결과에서 보듯이 한시적이고 제한된 효과밖에는 거두지 못한다. 또 사후 처벌은 범죄자 본인은 물론이고 그 가족의 불행과 고통을 초래하여 사회에 또 하나의 무질서의 원인을 조성하게 된다. 무질서와 범죄도 사후의 처벌보다 그 원인을 제거하여 범죄 발생을 예방하는 것이 가장 현명한 정책이다.

오늘날 정부는 무질서와 범죄를 미리 막기 위해 막대한 예산을 투입하여 국민 의식개혁에 역점을 두고 노력하고 있다. 의식개혁을 위해 중추적 역할을 하는 것이 교육이다. 우리의 각급 학교의 설치 수준은 이미 세계 최고이고, 초중등 교육은 우리나라 학령(學齡) 아동 거의 전부를 수용하고 있다. 대학도 그 학생 수에 있어 세계 수준이며 그 외의 교양기관도 남아돌 정도로 많다.

우리 청년의 거의 대부분이 입대하여 받는 군사 훈련도 애국정신의 교양을 바탕으로 이루어지고 있다. 군사력과 애국심은 국방력의 양 측면이기 때문이다. 그 외에도 국민의식 교양을 목적으로 설치된 사회단체들의 활동은 전 국민생활에 계속 영향을 주고 있다. 여기에 관한 출판물은 홍수처럼 쏟아져 나와 국민생활의 전 분야에 보급되고도 남아돌고 있다. 모든 언론기관도 국민의식 교양을 위해 귀에 못이 박힐 정도로 보도를 계속해 오고 있다.

이처럼 모든 국민이 연령과 직업과 생활의 차이에 관계없이 전국에서 울려퍼지는 국민의식 개혁 즉 애국심 함양의 교향악을 들으며 살고 있는 것이 오늘의 현실이다. 교육과 교양이 놀라울 정도로 양적으로 증대되고 질적으로 심화되어 국민생활 전반에 파급되고 있으나, 그 효과는 미미하다. 이러한 교육 및 교양이 시행한 만큼의 효과를 거두었다면, 우리나라의 불법 부정에 따른 모든 비리와 무질서에 따른 범죄는 일부 성격파탄자나 정신이상자에게서나 찾아볼 수 있어 수사기관과 수사요원 및 범죄자를 수용하는 형무소와 교도관들은 연중 거의 휴무 상태일 것이다. 형무소에 수감자가 한 사람도 없다는 표시의 백기를 올리는 나쁜 뉴스도 간간이 있어야 할 것이다. 그러나 현실은 그와는 달리 설명이 필요 없을 정도로 악화일로에 있다.

우리나라의 모든 교육기관은 독재정권의 중추적인 부서인 교육부의 관장하에 엄격한 지시와 감독을 받고 있다. 국민의식 교양을 담당하고 있는 문화, 사회단체의 대부분은 관변 단체들이다. 언론도 6공화국에 이르기까지 독재정권의 직간접적인 지배를 받아왔다. 때문에 교육과 교양의 기본 정책과 방향은 독재정권과 그 정책의 합리화 및 안전에 맞추어져 왔다. 이러한 여건에서 교육이나 의식개혁의 효과가 기대했던 목적과는 정반대의 현상으로 나오고 있는 것은 당연하고 인과법칙에 따른 필연적인 결과이기도 하다. 그 원인의 근본적인 제거 없이는 교육과 교양이 소기의 목적을 달성하지 못하고 부정적인 현상으로 나타나고 있는 것은 피할 수 없는 일이다.

양의 증대는 질의 변화를 가져온다는 변증법 이론에 의거하면, 변화는 전형적이고 발전적인 변화를 말하는 것이지만 교육 교양의 양적 증대에 따른 오늘의 변화는 그와는 반대로 퇴폐적인 뒷걸음으로 나타나고 있으므로 문제의 심각성이 있다. 원인 없는 결과는 없다. 오늘날의 무질서와 다양한 형태의 범죄도 돌발적인 것이 아니고 그 원인 조성이 선행되어 있기 때문이다. 그 근본 원인은 민족정기가 감추어지고 민족사가 발전 진행해야 할 민족적 궤도에서 멀어지고 이탈되어 민족에 등을 돌린 방향으로 거꾸로 진행되고 있는 데 있다. 거기에 그 외의 부차적인 원인들이 가세했기 때문에 더욱 부정, 비리 무질서는 증폭되면서 심도를 깊이 해 오고 있다.

3) 민족의식 결여가 양산하는 부도덕과 범죄

나는 오늘날 우리 사회에서 범죄 지향으로 확대되고 있는 무질서가 민족의식이 결여된 종교의 문제와 무관치 않다는 측면을 주목하고 있다. 이 문제는 어떤 학설이나 교리의 논리적 전개의 문제가 아니기 때문에 구체적 현실을 들어 설명하려 한다.

일제 치하에서 오늘날 상상조차 할 수 없는 민족 말살적인 압박과 수탈을 받으며 생활의 극한을 헤매다 더 이상은 살 수 없어 만주의 허허벌판 미개지로 또는 가장 힘들고 비참한 일본의 값싼 노동시장으로 팔려가는 숨 막히는 생활을 하면서도 우리 민족 내부에서 오늘날과 같은 끔찍한 범죄가 이어지는 경험을 목격하지는 않았다. 우리 사회에서 벌어지는 범죄와 무질서를 보면 우리 민족이 지구상 어느 민족보다 선량하고 정직하며, 범죄에 대해서는 크고 작은 것에 관계없이 멀리하고 양심을 바탕으로 살면서 범죄에 빠지지 않았던 훌륭한 인간성을 가진 민족이었다는 사실이 믿기지 않을 정도다.

그러나 지금은 보기 힘든 그것이 우리 민족의 본래적인 모습이었다. 일제 치하에서도 살인, 강도 같은 범죄는 몇 년 만에 한 번씩 벌어졌기에 톱뉴스가 되었다. 절도 범죄 역시 아편쟁이나 걸인 생활을 하는 일부의 어쩔 수 없는 소행 정도로 국한되었고, 죄를 저지르면 그것의 크고 작고의 여부를 막론하고 그 사람은 그 부락에서는 물론 그 면에서도 살기 어려울 정도로 양심과 선량함이 지배하는 사회 분위기가 우리의 민족사회 모습이었다. 범죄자에 대해 생활권 내에서 어떤 징벌적인 규제를 가해서가 아니라 범죄자 스스로 양심의 가책을 받아 자신이 생활하던 지역을 떠날 정도로 전반적으로 선량한 사회상을 이루고 있었다. 양심의 기본 바탕인 민족의식이 모두에게 가슴 깊이 뿌리를 내리고 있었기 때문이다.

이러한 사실은 일제 치하에서 대중과 더불어 투쟁한 경험이 있는 사람이라면 누구라도 알 수 있는 자명한 내용이다. 당시의 대중이라면 소작인과 농업노동자인 머슴과 빈농 등 우리 민족의 70~80%를 차지하고 있던 가난한 사회층을 말한다. 이 사람들은 유무식간에 독립운동을 하는 애국투사에 대해 예외 없이 존경하고 있었고 자신들 각자의 생활 여건 내에서 이런 인사들에 대해 가능한 한 도움을 주고 지지를 아끼지 않았던 사람들이었다.

이러한 과거 경험들로 비추어볼 때 오늘날 종교를 갖고 있는 신앙인들이 엄청나게 늘었음에도 우리 사회가 점점 부정직하고 범죄적인 사회가 되고 있음은 다름 아니라 서로를 하나로 생각해왔던 민족의식 측면에서 심각한 결함이 생기고 있다는 반증이라고 볼 수 있다. 민족 범위 내에서 모든 존재의 가치판단을 위한 유일한 기준은 민족적인 것이다. 민족의식은 시대를 초월하여 민족 구성원 개개인의 양심과 정의감의 기반이 되어왔으며 모든 것의 평가 기준이 되었다는 사실은 그 민족사와 함께 지켜져 내려온 영원불변의 진리다.

이 진리를 이론적으로 정리한다면 공동운명체의 모체인 조국과 민족을 최우선으로 하고 개인 또는 사회 집단의 생활과 이해관계는 여기에 종속해야 한다는 말이다. 민족의식만이 정의와 정직을 생활화하는 양심의 기반 의식이다. 그러므로 민족과 무관하거나 민족과 대립한 모든 것은 민족적 존재가치가 없을 뿐만 아니라, 반민족적 행위로 이어진다. 민족의식을 부정하고 배척하는 사람은 조국과 민족보다 자신을 우선하는 자기 본위의 생활로 전락하게 된다. 민족의식에 등을 돌린 생활은 작게는 대인관계에서 크게는 사회생활의 모든 영역에서 비양심, 비도덕을 일삼으면서 무질서와 범죄의 온상이 되는 것이다.

여기에서부터 민족에 대한 최대 부정이자 범죄인 매국 반역의 싹이 트고 자라나는 것이다. 이러한 자들이 규합되어 형성된 반민족세력이 외세의 침략에 영합하여 그 수족이 되었고 자신들의 매국 행위를 합리화시켰다는 사실은 일제 식민지 36년의 역사가 웅변적으로 설명해주고 있다. 반대로 민족의식만이 양심과 정의감을 창조적으로 조성하여 각자가 생활화하는 지침이 되어왔다는 것은 36년간 전국 방방곡곡에서 중단 없이 계속되었던 독립운동 지도자의 활동과 여기에 따랐던 우리 민족 구성원들이 숨 막히는 가난한 생활 속에서도 양심과 정직을 생명과 같이 지켜왔던 사실이 여실히 증명해주고 있는 것이다.

그 구체적 사례를 들어 보자. 내가 다른 동지들과 함께 청춘을 바친 농민운동에서 지도했던 전남운동협의회 산하 5개 군의 농민 조직원은 3개년 간 진행된 농민 야학생과 합하여 연인원 4만 명이 넘는다. 당시 농민운동 지도 요강 중 가장 중심이 된 문제는 조직원 각자가 생활권 내에서 여하히 모범적인 생활을 하느냐의 문제였다. 그래서 조직원 하나하나가 다른 사람의 모범이 되면서 대중을 위해 부지런한 심부름꾼이 되어야 대중의 신망과 지지를 받게 되어 조직의 저변이 확대되고 조직이 강화된다는 사실을 군과 면 지도부에서 역점을 두고 지도했다. 조직원들은 이를 철저히 충실하게 지켰으므로 양심에서 벗어난 부정직한 생활은 있을 수 없었다는 것이 내 경험이고 기억이다.

이러한 내용은 조직 규율과 직결되는 것이므로 중앙에서 보내온 보고서에도 분명히 나타나있고, 이러한 조직의 생활 규범은 당시 전국 각지에서 예외 없이 실행되었다.

앞에서 본 바와 같이 오늘날 사회 각 분야에서 자행되고 있는 부도덕과 불법 비리 및 범죄가 만연하고 있는 현실을 보면 양심에 충실했던 우리 민족의 우수성과 순수성이 사라져버린 것처럼 보이는 것이 사실이다.

오늘날 우리 사회의 모든 분야를 뒤덮고 있는 불법 비리의 근본 원인은 민족의 최대 악인 친일세력이 나라의 주권을 장악하여 민족 정기와 민족사를 짓밟으면서 친일세력과 거기에 추종하는 세력을 본위로 권력형의 범죄적 부의 축적과 이들의 정치세력 강화에 국가 권력을 집중시키는 현실이 용인되는 것에서 찾아야 한다. 이들은 여기에 대항하여 민족자주를 지향하며 싸우는 민주세력을 범죄자로 규정하고 탄압을 계속하여 반민족적 정세를 강력하게 조성하는 한편, 유일한 비판세력인 민족세력에 대해 입에 재갈을 물려 말문을 막아놓고 군사 독재정권의 고위층과 그 지지 세력들은 마음 놓고 공개적 반공개적으로 범죄적인 부정비리를 일삼아왔던 것이다.

불법 부정의 본산인 반민족세력에 대한 유일한 감시자인 민족세력의 민주운동이 범죄시되어 탄압받고 있는 틈을 타서, 권력의 줄을 잡지 못한 극소수의 불량배들이 폭력과 살인, 사기 등 막다른 수단과 방법으로 국민의 생명과 재산이 강탈당하고 있는 것이 우리의 현실이다. 이에 대해서는 요즘 언론이 우리 사회의 질서가 범죄 지향으로 문란해져가고 있다며 요란스럽게 보도하고 있는 내용이다. 문제의 선후가 엄연히 바뀌어 있는 언론의 보도 행태다.

나는 우리 민족이 지니고 있는, 양심의 바탕인 민족의식을 따라 조국을 위한 것이 곧 자기를 위한 것임을 믿고 실천하는 전통은 친일 반민족세력이 점령한 독재정권 치하에서 한시적으로 가려 있을 뿐 엄연히 존재하고 있다고 믿는다. 민족의식의 생활화를 가로막고 있는 군사독재의 둑이 무너지면 그 동안 차곡차곡 쌓여온 민족의 양심이 폭포수와 같이 쏟아져 나와 그간 말라 붙어있던 대 호수에 가득 차 넘실거리며 모든 것을 민족적으로 바꾸어 새로운 흐름이 역사와 함께 도도히 흘러 내려갈 것이다. 민족적이 아닌 것과 민족을 반대하는 모든 것은 민족국가에서는 설 자리가 없게 될 날이 한 걸음 한 걸음 다가가고 있음을 자신 있게 말할 수 있다.

4) 사회적 악에 대한 무관심은 악과 동일

종교는 종교 이외의 어떤 것에 의해서도 종교의 자율성에 간섭을 받거나 지배당해서는 안 되고 종교의 교리에만 따르고 충실해야 하는 완벽한 독자성과 자율성을 갖는다. 이것이 종교 활동의 본질적인 속성이다. 만일 종교가 외부 권력에 의해 지배적인 간섭을 받는다면 자율성을 상실하여 진정한 종교와는 거리가 먼 속물단체로 격하되어 버린다.

그리고 모든 종교의 존재 형태와 활동은 그 나라의 민족적 토대인 국토와 정신적 물질적 환경 속에서만 가능하다. 현세에서 종교 활동의 궁극의 목적은 복음을 배우고 이해하고 타인에게 전도하며 모든 생활을 절대자의 가르침에 따르게 함으로써 영혼의 구제를 받는 것이다. 우리나라에 들어와 있는 모든 종교는 우리 민족에 직접 간접으로 영향을 주었다. 특히 외래 종교인 불교와 기독교도 전래된 이래 우리 민족의 생활 속에서 민족과 더불어 밀착되어 발전해왔으므로 우리 민족의 정신문화에서 매우 중요한 부분이 되었다. 종교 활동은 민족의 입장에서 이루어질 때만 비로소 민족적 존재가치가 있고, 민족의 발전에 도움이 되지 않는 종교라면 부정되어야 한다.

8.15 이후 6공화국에 이르기까지 우리나라의 모든 분야는 군사독재 정권의 강력한 지배와 영향 속에서 반자주인 강제를 당해왔다. 종교 분야 역시 그러한 영향력하에 있었다. 그러나 종교는 어떠한 간섭도 지배도 받지 않는 독자성과 자율성을 갖고 있을 때 신앙의 테두리 안에서 민족의 오늘과 내일을 위해 도움을 주는 역할을 할 수 있다. 종교가 민족의 발전에 기여하는 역량 역시 종교의 자율성에 입각한 신앙생활이 저변에 깔려있을 때 비로소 조성된다.

우리나라 종교 중 그 규모와 세력이 가장 큰 불교는 들어온 지 2000년이 지났고 기독교는 100여 년에 지나지 않지만, 근현대에 들어와 급속히 신장한 종교는 기독교다. 이 글에서 역사가 길고 신도 수가 가장 많은 불교 대신 기독교를 다루는 것은 선교의 수단과 방법이나 그 영향력에 있어 기독교는 타 종교와 비교되지 않을 적극적이고 큰 파급력을 발휘하고 있기 때문이다.

불교의 경우 국민의 생활권과 멀리 떨어져 있는, 산수경관이 수려한 산중에 사찰을 건립하여 여기에 찾아오는 신도들만을 상대로 한 설법 포교를 주된 방법으로 택해왔다. 그 외에 민가를 방문하여 설법하는 탁발도 있으나 큰 비중은 아니었다. 특히 불교는 현실 문제에 대해 거의 등을 돌리고 소용돌이치고 있는 사회악을 외면하면서 산중의 사찰을 중심으로 승려 본위로 운영되는 한편, 연중 정해진 행사들이나 특정한 목적으로 내방한 신도들을 대상으로 접촉했기 때문에 사회에 대한 영향력도 극히 제한적이었다고 할 수 있다.

현대에 들어와서는 불교도 대중화를 위해 학생을 비롯한 대중을 상대로 교리 강연과 대외 행사도 과거에 비해서는 크게 증가시키고 있고 정기간행물을 비롯한 일반 서적 출판에 의한 포교 활동을 확대하고 있다. 몇 년 전부터는 방송국을 통한 대중화 작업도 진행하고 있지만 초창기에 지나지 않아 전국 단위의 방송은 아직 아니다.

이에 비해 기독교의 일선 선교기관인 교회와 성당은 예외 없이 처음부터 사람들의 거주지인 도시 한복판에 건립되었고 확산 속도도 놀랍게 진행되어 오늘날에는 산간벽지 부락마다 교회 없는 곳이 없을 정도로 생활권 내에 있는 전 대중에 직접적인 영향을 주고 있다. 그 외에도 기독교가 설립한 기독교 계통의 학교와 신학대학을 포함하는 각급 교육기관은 헤아릴 수 없을 정도로 많다.

기독교 계통의 초, 중, 고등학교에서는 일반 교육과 함께 성경 교육도 하는 종교 교육을 겸하고 있다. 그 외에도 크고 작은 병원을 비롯한 각종 의료기관과 양로원, 고아원을 비롯하여 지체 부자유자와 극빈자를 위한 구제기관 등이 전국 각지에 고루 설립되어 구제를 통한 선교를 하고 있다. 그리고 기독교방송을 비롯하여 주요 도시마다 지국 격인 지방 방송국이 설립되어 전국에 기독교 방송이 들리지 않는 곳은 한 곳도 없다. 정기간행물을 비롯한 기독교 관련 출판물은 우리나라의 지가를 올릴 정도로 홍수처럼 쏟아져 나오고 있다. 전 국민에게 무료로 배포되고 있는 소책자와 선교 문건은 전국을 도배하고도 남아돌 정도다. 이상의 사실들은 기독교가 오늘 어떤 종교보다 전 국민의 생활 속에서 선교를 하고 있으므로 국민 생활에 대한 막대한 영향력이 잠재하고 있는 실제적인 역량을 가지고 있음을 증명해 주고 있다.

한 민족 내부에 존재하고 있는 모든 종교의 중요한 사명 중 하나는 선교와 함께 그 민족의 완전 자주독립과 생활의 복지를 위해 적극적으로 노력하여 발전시키는 일이다. 종교의 적극적인 노력 여부에 따라 민족국가의 흥망이 좌우되었음은 세계사가 말해주고 있다. 식민지 지배하에 있는 민족이 싸워 독립을 이루고 또 독재정권과 싸워 이겨 국민의 인권과 자유가 보장되고 민족 본위의 정책으로 국민 생활이 상대적인 차별 속에서도 균형 있는 복지가 보장되는 민족 자주민주 정권의 확립은 종교의 정상적인 발전에도 크게 도움이 된다. 종교 활동의 자율성과 자유가 확대되어 종교에 생명력이 불어넣어지게 되고 그로 인해 더욱 풍성해진 결과는 곧 그 종교에게로 다시 환원된다.

여기에서 종교가 민족의식에 바탕을 두고 민족을 위한 활동을 하는 것이 곧 종교 발전의 관건이자 불가분의 사명이라는 귀결이 나온다. 종교는 민족 구성원과 함께 가는 것이므로 그 민족 내에서 존재 가치를 발휘할 수 있어야 해당 종교의 설 자리가 있다는 논리가 형성된다.

따라서 독재정권 치하에서 조성되어 독버섯처럼 늘어나고 있는 오늘날의 모든 불법 및 무질서와 범죄의 만연은 국민의 투쟁 대상일 뿐만 아니라 종교의 교리에도 어긋나고 선교를 가로막는 암적 요소이므로, 종교의 신앙인들에게는 돈독한 자기만의 신앙에 그치는 것을 넘어서 악의 제거에 앞장서야 할 당위적인 사명과 임무가 부여되어 있다는 결론이 나온다. 사회적 악에 대한 무관심의 결과는 각자가 저지른 죄악과 동일한 악으로 직결된다.

이 문제에 대해서는 이론적인 것보다 비근한 농사에서 예를 들어 그 원리를 설명하는 것이 실감적인 인식을 하는 데 도움이 될 것이다. 풍년을 맞으려면 비옥한 토양에 적당한 농업용수가 공급되고 기상과 기온이 농작물의 생육에 적당해야 한다. 그러나 우리는 흔히 폭풍우나 홍수로 인해 비옥한 토양이 유실되고 농작물이 넘어져 결실을 맺지 못하거나 늦은 봄과 이른 가을에 뜻하지 않는 서리가 내려 농작물이 얼거나, 한 여름에 주먹 같은 우박이 내려 작물이 죽는 일을 겪곤 한다. 또 이상기온으로 인해 작물의 생육 기간인 여름에 기온이 지나칠 정도로 내려가 생물의 발육에 지장을 주어 수확량이 놀라울 정도로 감소되는 냉해의 피해도 자주 발생한다.

여기에서 나타나는 흉작의 범위는 자연현상에 의한 것들이다. 인간은 자연이 주는 피해를 늘 겪으며 살아왔기 때문에 여기에 무작정 굴복하지 않고 이것을 미리 방지하는 기술을 영농기술과 함께 발전시켜온 존재다. 오늘날 눈부시게 발전하고 있는 기초과학과 산업

기술이 기업체는 물론 타 분야에 응용되어 생산성을 높이고 있는 것과 마찬가지로 농업 분야에도 동일하게 활용되어 자연의 변덕 앞에서도 굴하지 않고 전천후 영농을 가능하게 하고 있다.

그러므로 자연현상에 의한 농사 피해의 원흉은 비정상적으로 변덕을 부린 자연이지만, 동원 가능한 수단을 사용하지도 않은 채 손을 놓고 자연만을 탓하면서 아무 조치도 취하지 않는다면 이는 능히 막을 수 있는 것을 막지 못하는 결과가 초래된다. 당연히 했어야 할 의무를 다하지 않고 방관했기 때문에 피할 수 있었던 자연의 피해를 고스란히 입게 되는 결과가 되는 것이다.

우리나라 형법에는 부작위에 대한 처벌 규정이 있다. 당연히 해야할 일을 방관하고 하지 않은 행위에 대한 처벌이다. 예를 들면 폭풍으로 고압전선이 절단되어 지상에 떨어져 있어 비가 올 경우 인명피해가 발생할 위험이 분명히 있는데도 그 앞을 지나던 전기기술자가 한전에 알리거나 가능한 조치를 취하지 않은 경우, 또 수영선수가 물에 빠진 사람을 보고도 그냥 지나침으로써 그 사람을 죽음에 이르게 한 경우 부작위로 처벌한 규정이다. 이 법의 정신은 사회인으로 또 국민의 한 사람으로 어떤 대가도 조건이 없어도 양심에 따라 했어야할 행위를 하지 않은 것을 처벌한 것이다. 바꾸어 말하면 비양심 행위를 처벌한 것이다.

나는 이 법조문을 보고 우리의 과거와 현실 속에서 양심에 따르지 않은 부작위가 얼마나 많았던가를 생각하며 한숨과 함께 고개를 숙인 적이 있다. 이 글에서 내가 비중을 두고 설명하는 기독교는 우리 종교 중에서도 사회악의 원인 제거를 위해 종교활동과 결합된 사회활동을 가능하게 뒷받침할 수 있는 엄청난 잠재 역량을 갖고 있는 종교다. 정의와 양심에 벗어난 불법 부정에 따른 부조리가 사회를 뒤덮고 있는데도 이것은 종교 활동 외적인 것이고 신앙이나 선교에 직접적인 관계가 없다고 하여 무관심을 당연하게 여기고 모른 체하며 문제 삼지 않는 것은 종교인으로서 당연히 해야 할 기본 의무를 포기해 버린 민족적, 사회적 부작위라고 나는 생각한다.

과거 우리 종교인들이 자신들의 종교가 서 있는 기반이자 활동 무대가 되고 있는 조국의 위기 앞에서 종교적 양심과 똑같은 사명감으로 민족적 양심과 의무감에 따라 집단적 행동으로 민족의식 각성을 촉구하며 앞장선 빛나는 사례가 바로 3·1 독립만세운동이다. 3·1 운동을 주도한 기독교, 불교, 천도교의 인사들은 각각의 교리와 신앙의 차이를 초월하여 민족적 차원에서 신도들과 함께 만세운동을 주도하여 엄청난 희생을 치렀다. 이는 앞으로 우리 민족 안에 존재하며 활동하고 있는 모든 종교인들이 자신들의 신앙을 민족 사명의 수행과 결합 밀착시켜야만 조국이 독립하고 독립된 조국 아래에서 비로소 종교가 민족 앞에 빛을 내며 발전할 수 있다는 대원칙을 마치 전시에 군 사령관이 장병에게 전투 명령을 내린 것과 같은 무게로 제시한 것으로서 민족사적으로 종교사적으로 엄격한 가르침과 교훈이 되고 있다.

나는 어떤 특정 종교의 신자가 아니지만 민족과 운명을 같이 해야 할 종교에 대해 어려서부터 지금까지 팔십 년 넘는 세월 동안 배우고 들으며 갖고 있던 생각이 많았다. 모든 종교 특히 기독교를 중심으로 이런 글을 쓰는 것은 민족적 과업을 수행하는 데 있어 종교의 의무와 역할이 크다고 믿기 때문이다. 따라서 이 글은 추호도 종교의 교리나 신앙에 대한 비판이나 평가가 아니다. 민족이라는 기반이 있어야 종교도 존재하고 발전할 수 있다는 전제 아래 민족과의 공감대를 갖고 선도하는 역할을 종교가 해주기를 하는 바람이 있을 뿐이다. 민족적 토대 위에서 종교가 자리 잡을 때 그 종교의 교리와 신앙의 진리가 생활화되어 더욱 폭넓고 뿌리 깊은 종교 기반이 마련된다는 점을 종교인들에게 간곡히 얘기해 두고 싶다.

5) 기독교는 민족 문제 해결에 앞장서야

오늘날 우리나라의 각 종교는 유교를 제외하고는 전 종교의 교세가 8.15 이후 양적으로 질적으로 비약적인 성장을 하고 있다. 그 중에 외래 종교인 기독교는 다른 종교와 비교할 수 없을 만큼 가장 급속도로 교세가 확장되었다. 이 글에서 대표적인 종교로 기독교를 드는 것도 그런 이유 때문이다.

되풀이하여 강조하지만 나는 이 글에서 종교 문제 자체에 대해서는 단 한 마디의 언급도 하지 않는다. 다만 종교 역시 다른 존재와 마찬가지로 우리 민족국가의 테두리 안에서 함께 더불어 존재하며 유기적인 연관성을 갖고 서로 직간접의 영향을 주고받기 때문에 민족적 입장에서 다뤄야 할 부분에 대해서 문제를 삼는 것이다.

종교가 공중이나 물속이나 다른 우주 천체에 존재하면서 교리를 전달하고 있다면 우리 민족 밖의 일이므로 문제로 삼을 이유도 필요도 없다. 우리 민족 테두리 안에서 엄연히 존재하며 함께 맞물려 돌아가기 때문에 다루지 않을 수 없는 것이다.

오늘의 대표적인 종교인 기독교는 다른 종교와 비교가 안 될 정도로 우리 국토와 국민들의 생활 구석구석에까지 보급되고 있다. 우리 국민들은 교회의 종소리와 찬송가와 기도소리의 우렁찬 오케스트라 속에 살고 있다. 전국 각지의 경관 좋은 산 속에는 교회와 성당의 기도원 및 그 부속시설이 헤아릴 수 없을 만큼 많이 건립되어 있다. 기독교는 이미 우리 전 국토와 생활권의 상당 부분을 점하고 국민 각자는 그 영향을 받고 있는 것이다.

이러한 현실을 기독교 측의 입장에서만 바라본다면 복음이 국토의 끝까지 전해진 것이므로 교세의 확장 측면에서 크게 경하해야 할 일이다. 그러나 종교 외적인 것을 포함하여 지금의 기독교가 우리 사회에 주는 영향을 들여다보면 긍정적인 측면만이 있는 것이 아니다. 내가 알고 있는 기독교에 대한 지식에 따르면 현세에서 십계명에 따라 죄를 짓지 않고 정직하고 선하게 살아야 영혼이 구제된다고 알고 있다. 기독교의 교세 확장은 그런 생각을 실현하고 있는 사람들이 그만큼 늘어났다는 것을 수치상으로 반증한다. 이렇게 복음에 따라 생활하는 사람들이 교세의 확장에 따라 늘어났다면 우리나라는 그만큼 범죄와 무질서가 설 자리가 없는 나라가 되어 사회는 예전보다 훨씬 더 안전하고 평화로운 나라가 되었으리라는 것이 상식적인 귀결이다. 그러나 현실은 이와는 정반대다.

기독교뿐만 아니라 모든 종교에서 전도와 포교는 귀중한 덕목이다. 자기 개인에 국한하지 않고 깨닫지 못한 사람들을 신앙으로 인도하는 것은 자신의 기쁨이자 종교적 의무이기도 하므로 이렇게 많은 신도들이 주위에 복음을 전파했다면 이미 지상은 천국적인 상태로 발전했을 것이다. 종교에서 전도는 다른 인간을 교양하는 최고 형태의 모습이다. 한편 모든 종교의 경전은 생활화와 실천의 지침이기도 하다. 말과 글만으로는 상대방에게 감명을 주지도 못하고 근본적인 영향력도 미치지 못한다는 것은 교육의 대원칙이다.

교육자인 교양자와 종교 전도자는 평소의 말과 행동이 일치할 때 비로소 상대방에게 감명을 주고 공감을 불러일으킨다. 언행이 일치하지 않는 전도는 상대방에 감동을 주지 못한다. 특히 절대자의 복음을 전하는 신앙인은 생활의 모든 부분을 복음에 맞추어 살면서 타의 모범이 될 때 비로소 그것을 보고 들은 타인은 감명을 받아 신앙심이 야기되어 진정한 신자가 된다.

우리 현실에서 기독교의 교세 확대와는 무관하게 혹은 반비례하여 우리 사회에서, 그리고 기독교인들의 세계 안에서 패악이 만연하고 있는 현실은 많은 것을 생각하게 해준다. 그 원인을 복음이 전파되지 못한 사회에 있다고 책임을 돌려버리고 전도에만 열중한다면 종교는 끝내 사회와 유리되게 마련이다. 모든 이들의 모범이 될 만큼 사회인에 대한 선도를 통해 사회를 안정시키는 역할을 하고 있는지 스스로 자문해 보아야 한다.

기독교를 비롯한 우리나라의 모든 종교는 우리 민족의 기반 위에서 존재하면서 역사와 맞물려 민족의 편에 서서 민족 사명의 수행과 결합된 신앙을 발전시켜 왔다. 종교의 존재는 민족 문제와 불가분으로 결합될 때 비로소 민족적 존재가치가 있다. 이를 증명해 준 것이 3·1운동에서 보여준 종교의 역할이었다. 민족을 최상위의 가치로 두고 각이한 종교 차이를 초월하여 단결한 모습이었다.

기독교를 비롯하여 우리나라에 존재했던 모든 종교는 사회적, 민족적 측면과 밀착되었을 때 발전했다. 종교는 사회와 민족과 떼려야 뗄 수 없는 관계에 있다. 우리 민족이 여러 난제를 풀며 앞으로 더욱 발전하기 위해서는 종교의 역할이 지대하다. 여기에 대한 우려와 함께 기대 역시 크다. 민족이 갖는 신앙은 민족역량을 좌우하는 큰 힘이기 때문에 이 역량에 대한 분석, 검토는 절대적으로 필요하다. 종교가 갖는 신앙은 민족 문제 해결과 발전에 있어 다른 무엇보다 강력한 역량이라고 생각하며 그러한 역할의 각성을 바라는 뜻에서

이 글을 썼다. 특히 기독교에 대해서는 올바른 방향으로 나아가 중요한 역할을 해주길 바라는 기대가 나 역시 크다고 말해두겠다.

6) 민족경제에서 나온 헌금은 투명하게 유통돼야

이 글에서 언급한 기독교에 대한 여러 문제는 외적으로 현실에서 드러난 사실들을 들어 기독교의 교세와 복음 전도가 비약적으로 보급되고 있는 사실과는 상반되게, 사회는 타락하고 악화일로에 있는 현실을 연관시켜 그 원인을 찾아보기 위해서였다. 이러한 관점에서 기독교와 우리 사회의 밀접한 연관 사실 중 뚜렷한 몇 가지를 들어 종교와 사회가 별개의 존재가 아니라는 것을 얘기하려 한다.

기독교는 성경을 비롯한 경전이나 책이나 또는 교역자 및 전도사의 말만으로 존재할 수는 없는 것이므로, 이를 실행하기 위한 수단으로 교회와 부속기관을 설립하였고 이러한 건축물들은 우리 생활권의 많은 부분을 차지하고 있다. 오늘날 전국 어디에서도 눈을 들어 교회를 표시하는 십자가를 보기 어려운 지역은 없을 정도로 전국 방방곡곡에 교회 건물이 많이 있다.

교회를 유지하고 선교 등의 활동을 하기 위해서는 재정적인 투입이 불가피하다. 그 자금들은 하늘에서 온 것이 아니라 온전히 우리 민족경제의 내부에서 순환하는 자금의 일정 부분이 들어온 것이다. 전국의 밀림처럼 산재한 엄청난 수의 교회에서 매주 거둬들이는 십일조와 헌금 및 기타 명목의 헌금들은 교회의 수입임에도 불구하고 과세 대상이 되지 않기 때문에 그 액수에 대해서는 내부인이 아니고는 그 누구도 알 수 없다. 그 액수에 대한 파악은 할 수 없더라도 그

돈들이 모두 우리 국민경제를 유지하는 누군가들의 주머니에서 나왔다는 것은 부인할 수 없는 사실이다.

나는 언론 보도를 통해 매주 천만 원 이상 혹은 수억 원씩의 헌금을 거둬들이는 교회가 대도시에 여럿 있음을 알았다. 불교의 사찰 중에서도 몇몇은 막대한 수입을 올리고 있을 것이다. 이러한 재정 수입이 종교의 존립 기반이 된다. 기타 종교의 경우도 신자들의 헌금이나 각종 행사를 통한 수입이 없이는 존재도 활동도 불가능할 것이다. 모든 조직의 활동에서 재정적 기반이 없으면 적극적인 행동도 존속도 어렵다. 일제시대의 항일 독립투쟁에 있어서도 재정 문제가 70% 이상을 좌우한다는 얘기가 공공연한 비밀이자 고민이었다.

모든 것이 돈으로 운영되는 자본주의 사회에 있어 오늘날 종교시설의 활동은 재정의 역할이 더욱 절대적이다. 모든 활동의 80% 이상은 재정의 힘으로 운영된다고 보아도 된다. 재정적 여유가 없는 조직은 아무런 대외 활동도 하기 어렵다. 교회에서 거둬들이는 엄청난 액수는 신도들이 우주에서나 외국에서 가져온 돈들이 아니다. 우리 민족 전체가 피땀 흘려 생산한 부의 화폐적 표현인 현금 형태의 돈은 민족경제의 어딘가에서 창출되어 교회 안으로 들어간 것이다.

화폐는 그 나라 경제 유통을 뒷받침하고 활력을 불어넣는 인체의 혈액과 같은 것이다. 화폐는 일정한 액수가 원료 구입 및 생산과정에 투입되어 제품 제조에 사용되고 이것은 유통 소비 과정을 거쳐 여러 배수로 증가하면서 국민경제를 돌아가게 하는 국가경제의 생명선이다. 화폐는 투입과 재투입의 과정을 반복하며 국민경제의 생산 및 유통 과정에 들어가 흐르면서 국민 생활을 유지시켜 준다. 화폐는 어느 한 곳에 머물지 않고 흐르면서 혈액의 역할을 한다. 그런데 종교단체에 들어간 돈은 국가경제적 차원의 유통에 투입되고 있는지 어디에 축적되어 사장되고 있는지 아무도 알지 못한다. 이 문제가 가장 심각하게 논란이 되는 것은 종교계 중에서도 기독교 대형 교회들의 경우다.

7) 현실 개선을 위한 실천이 진정한 기독교정신

이 문제에 대해 현실과 불가분으로 밀착되어 있는 인류의 범죄를 막고 예방하기 위한 기준 규범인 기독교의 십계명과 불교의 계율에서 찾아본다. 성경을 많이 읽고 기도와 전도를 많이 하고 십일조를 꼬박꼬박 바치는 신앙생활도 중요하지만 거짓말, 망언, 미움과 질투, 도둑질, 폭행, 간음 등 현실 세계의 죄, 즉 천당에서도 죄가 되는 현실 세계의 죄를 짓지 않는 것이 더 중요하다. 불교의 계율도 다르지 않다.

현세에서 죄를 지으면 영원한 구원을 받지 못한다. 지금 살고 있는 오늘의 사회가 천당 또는 극락의 현관으로 통하는 통행로다. 인간 사회의 모든 분야에 걸친 생활과 활동은 마치 대학에 입학하기 위한 입학시험과 같이 십계명과 계율에 얼마나 충실했느냐의 여부가 천당과 지옥행을 결정한다. 여기에서 말하는 현세의 죄악은 그 사회의 정치, 경제, 사회적 환경과 정세하에서 인과적인 연관성을 갖고 일어난다. 모든 범죄는 현실과 연관된 부도덕한 불법 행위다. 그 사회 질서와 환경을 떠나서 발생하는 범죄는 있을 수 없는 것이기 때문이다.

사람이 정당한 방법으로는 소기의 목적 달성이 불가능할 때 불법과 부도덕한 수단을 동원하여 목적을 달성하는 것이 곧 범죄다. 이러한 범죄가 벌어지는 원인은 두 가지로 나눌 수 있는데, 하나는 지나친 욕심 때문이고 다른 하나는 살기 위해 불가피한 경우다. 양심과 도덕성 정도가 부차적인 원인으로 작용하기도 한다.

사흘 굶어 담 안 넘을 사람 없다는 속담이 있다. 참을 수 없을 정도로 배가 고프면 이성을 잃고 남의 집에 들어가 도둑질을 할 수밖에 없다는 말이다. 이것은 현실과 범죄와의 관계를 정확히 나타내주는 진리가 담긴 속담이다. 사흘간 굶는다는 말을 반대로 풀이하면, 즉 생활이 안정되면 죄를 짓지 않는다는 말이 된다. 사회 범죄의 대부분은 생활고가 원인이라는 것이 현실이다.

부지런하고 정직하게 일하는 사람은 누구나 자기 노력에 따른 대가를 얻을 수 있고 경제적 생활과 교육, 보건, 노후생활이 보장되는 사회라면 일반인들의 범죄는 놀라울 정도로 감소될 것이다. 기껏 과한 욕심을 가진 자나 성격파탄자, 정신이상자에 의한 범죄 정도로 범죄의 발생 범위는 국한될 것이다.

정직하게 부지런히 일하는 사람의 생활이 보장된다면 국민의식과 사회질서는 필연적으로 양식과 도덕이 지배하는 모습이 될 것이다. 국가의 정책이 국민 본위로 국민 복지 지향으로 이루어지고 사회질서가 이러한 추세를 반영하여 정착된다면 범죄 발생의 주요 원인들이 제거된다는 말이 된다. 범죄와 사회질서는 불가분의 관계를 맺고 있다. 도덕도 범죄도 그때그때의 사회질서가 좌우한다는 것은 명백한 사실이다.

도덕과 양심의 최고의 상징은 종교의 신앙이다. 이때의 신앙생활은 저 세상인 천당이나 극락만을 찾는 신앙이 아니라 인간이 발을 디디고 살며 온갖 사람들과 일로 뒤범벅이 되어있는 현실에서의 신앙생활이다. 그러므로 기독교뿐만 아니라 모든 종교의 신자들은 선량한 인간을 범죄로 빠지게 하는 부도덕한 현실을 도덕 지향으로 개조하는 데 가장 앞서야 할 책임이 있다. 대중을 범죄로 빠지게 하는 현실의 개선에 대해서는 등을 돌린 채 신자 자신만의 신앙생활을 한다면 이는 절대자의 가르침을 정면으로 외면하는 일이 될 것이다.

이처럼 종교와 현실은 밀착된 관계라고 볼 때 기독교는 영혼 구제의 전제조건인 죄를 짓지 않도록 하기 위해 과연 어떤 노력을 얼마나 했는지 묻고 싶다. 사회에서 금기로 되어 있는 일체의 죄악은 현실의 사회적 조건과 결합될 때 비로소 발생한다. 때문에 그러한 범죄 예방에 기독교가 얼마나 노력했는지를 물어보는 것이다.

자신이 살고 있는 현실을 평화와 민주적인 생활이 보장되는 복지사회로 만들기 위해 가장 앞장서야 할 사람들은 권선징악을 기본 목적으로 하는 교리를 받들고 있는 종교인들이다. 인권 및 민주적 권리의 보장과 함께 일정한 생활수준이 유지되는 복지사회 건설을 위해 가장 앞장서 그 실현을 가능케 하는 정치, 경제, 사회활동에 적극 참여하는 것이 모든 종교인들이 해야 할 일차적인 임무라고 본다.

이러한 관점에서 볼 때 남미에서 시작된 산업선교는 진실한 기독교인의 기본 임무와 사명을 깨닫고 하나님의 복음 전달의 본질 문제를 각성함으로써 나온 것이라고 본다. 현실을 하나님의 말씀에 맞추어 개선하려는 산업선교에 대해 우리나라에서는 노동법 위반이라 하여 범죄시하고 있다. 우리나라의 기독교도들 역시 불합리한 현실과 복지지향적인 개조를 목적으로 한 정치, 경제적 활동에 대해 이는 정치 문제에 속하므로 야당에서나 다뤄야 할 사안이기 때문에 기독교가 간여할 바가 아니라 하여 대부분이 도외시하고 있다.

이러한 무관심한 태도는 기독교인이 취해야 할 마땅한 자세가 아니다. 현실에서 죄를 지으면 하늘에 가서도 죄인이 된다는 성경 말씀에 모순되지 않으려면, 죄의 원인과 배경이 되고 있는 사회 현실을 적극적으로 개조하는 일에 나서는 것이 정상적인 기독교인의 모습이다.

기독교인이 하나님의 말씀을 받들어 인민을 선도하여 자기와 더불어 모든 사람들의 영혼 구제에 도움을 주려면 교회에서 기도하고 찬송가를 부르며 설교하고 듣는 것에만 그치면 안 된다. 제일 먼저 오늘 사회의 모순과 불합리를 바로잡아 복지에서 소외된 대중을 죄에 빠지게 하는 제도화된 모순 제거에 누구보다도 앞장서서 실천하는 것이 하나님의 가르침에 충실한 기독교인의 모습이다. 그들은 모든 것에 우선하여 앞장설 의무를 가진 선택된 사람들이기 때문이다

오늘날 모든 것에 우선하여 해결해야 할 모순은 군사독재를 물리치고 자주조국의 수립과 민주사회를 건설하는 일이다. 이것은 국민 절대다수인 대중의 생활고에 의한 범죄의 원인을 제거하는 일이기도 하다. 8·15 이후 계속된 반독재 자주 민주운동은 노동자 농민과 지식인 학생이 주동이 되어 줄기차게 계속해 왔고 앞으로도 계속될 것이다. 이 자주 민주운동의 궁극의 목적은 독립한 국민을 본위로 하는 복지 지향 사회의 건설이다. 이것은 동시에 기독교를 비롯한 모든 종교가 바라는 사회이므로 종교인들은 동조나 지지의 간접적인 차원을 넘어 자기희생적으로 앞장서는 것이 마땅하다. 그것이 오늘날 종교인들의 신앙생활의 기본 임무의 하나라고 본다.

특히 기독교를 창시한 구세주인 예수님이 인간의 원죄를 속죄하고 더 이상 죄에 빠지지 않도록 구원하러 내려와 어떠한 권력과 박해에도 굴하지 않고 복음을 끝까지 전하다가 이것을 이단시하고 막으려는 로마 독제정권에 의해 십자가에 못 박힌 것은 앞으로 기독교인들이 인민의 구제를 위해 어떠한 권력과 방해에도 굴하지 않고 신

앙을 생활화하면서 모든 것을 바치라는 희생의 가르침이다.

이를 현실 속에서 지속시키려면 정의와 진리를 위한 자기희생적 자세가 있어야 한다. 십계명이나 성경의 도처에 나오는 가르침을 보면 현실을 떠나 천당에서 선을 행하라는 말은 단 한 군데도 없고 처음부터 끝까지 오늘의 현실인 지상에서 선을 행하라는 가르침이 전부다. 오늘 우리 사회의 모든 것이 하나님의 뜻에 따라 양심과 도덕이 지배하는 평등한 복지가 이루어진다면 단 한 사람도 가르침을 거슬러 범죄를 저지를 사람이 없을 것이므로 내세에서의 영혼 구제와 직결된다는 이야기가 된다.

그러므로 기독교인이 세상에서 해야 할 기본 임무는 정치, 경제, 사회를 비롯한 모든 것이 하나님의 뜻에 맞게 이루어지도록 현실을 정의 도덕 지향으로 개조하는 데 누구보다도 앞장서야 한다는 사명을 갖고 이것을 생활화하며 실천하는 일이다. 그러나 오늘날 한국의 기독교인 대부분은 기독교와 관련된 부분적인 인권 문제만을 문제로 삼고 있다. 그것도 교회 전체의 입장도 아니고 극히 일부분에서만 문제를 제기하고 있을 뿐이다.

나는 반독재민주 운동에 앞장서고 있는 사회단체 지도자들에 못지않게 목사와 신부 중에도 희생적으로 앞장서고 있는 이들이 있으며, 그 외에 신학 대학생 일부와 사제단도 거리로 나와 대중 민주운동에 앞장서 투쟁을 하고 있고 여기에 따른 희생도 많았음을 알고 있다. 이와 같은 교역자 중에는 나와 친분이 있는 사람도 몇 명 된다. 그러나 이런 행동에 참여하는 기독교인들은 오늘날 1,200만 명에 달한다는 기독교인의 규모에 비하면 너무 적은 숫자에 지나지 않는다.

말씀의 생활화를 촉구하는 성경의 가르침과 예수님이 보여준 희생에도 불구하고 범죄로 뒤덮여 있는 사회를 외면하는 모습은 기독교가 가야 할 바른 방향이 아니다. 이 나라에서 기독교 존재의 기반인 민족의 문제와 사회의 문제에 대해서는 남의 일과 같이 무관심하고 하나님과 직결하는 영혼 구제만을 목적으로 하는 신앙생활이 우리 기독교인의 일반적인 모습이다.

만일 우리나라 모든 교회와 1,200만 명의 기독교인들이 지상에 하나님의 뜻을 이루기 위해 일치단결한다면 우리나라가 해결해야 할 난제는 무난하게 해결할 것이다. 더욱이 3·1 운동의 교훈을 받들어 불교와 연합한다면 친일 전통을 이어받은 군사독재는 더 이상 설 자리가 없고 자주조국이 수립되어 국민의 인권과 자유가 보장되고 복지 지향으로 발전하는 자주 민주의 꽃이 피기 시작했을 것이다.

신자가 아닌 내가 민족의 한 사람으로서 가장 안타깝게 생각하며 종교에 바라는 것은 하나님의 뜻도 예수님의 가르침도 여러 개가 아니라 하나일 뿐이라는 점이다. 이것이 진리의 표현이라면 이해와 해석도 여러 가지로 나타날 수 없이 하나일 뿐일 것이다. 그럼에도 오늘 우리나라의 기독교인들은 크게 여러 교파로 분열되어 있고 각 교파는 또 자기 교단 중심으로 운영되고 있음은 하나님의 뜻과 예수님의 말씀에도 정면 위배된 것으로 본다.

불교 역시 교파로 분열되어 사원 중심으로 운영되어 민주운동에 소극적이다. 불교 스님 중에도 민주운동에 앞장선 지도자도 많고 희생도 많았으나 오늘날 우리나라 불교의 대체적인 모습은 대중운동과 유리된 소극적인 테두리에서 벗어나지 못하고 있다. 만일 기독교와 불교가 분열되지 않고 하나로 단결하여 연합했더라면 오늘날 우리나라가 맞이하고 있는 어려운 문제들이 분명히 국민 대중 본위로 일찍이 해결되었을 것이다.

이상과 같은 나의 주장과 바람은 우리 민족역량 중 가장 큰 역량이 종교에 잠재되어 있다고 믿기 때문에 나온 것이다. 종교인들이 교리에 충실하여 신앙과 생활을 교리에 맞춘다면 언제라도 어떤 역량도 따를 수 없는 거대한 민족역량이 형성되어 군사독재에 따른 불법 부정 부조리와 여기에 근거한 사회의 범죄 지향적인 무질서는 빛을 가렸던 안개와 같이 사라지고 태양과 같은 민족정기가 우리 생활의 구석구석까지 조명할 것이다. 그렇게 될 때 민주 지향의 속도와 폭을 넓혀 우리나라는 심도 있는 발전을 이룰 것이라 믿는다.

8) 민족성을 이탈하고 있는 오늘의 기독교

기독교에서 민족성의 문제는 이론적 설명보다 신앙생활의 현실에서 분석 검토하는 것이 더욱 실감적인 객관성을 갖기 때문에 내가 보고 느낀 몇 가지 사례를 들어 본다.

오늘날 우리 기독교인들의 신앙과 생활은 영혼 구제에만 초점을 맞추고 육체에 담긴 영혼과 함께 민족의 한 사람으로서 생활하고 있는 현실에 대해서는 무관심한 경향이 갈수록 심해지고 있다. 현실 속에서 살면서도 현실에 대해 무관심한 것은 정신적인 사고 형태로는 가능한 일이다. 그러나 정신의 주인공인 인간 그 자체는 무엇으로도 부정할 수 없는 현실과 그 현실의 영향력 속에서 살고 있다는 것은 부인할 수 없는 객관적인 사실이다.

육체적인 존재인 모든 인간은 생존의 토대인 현실에 발을 디디며 신앙생활을 비롯한 모든 생활을 하고 있다. 따라서 자신이 그 안에 몸담고 생존하면서 신앙생활을 하고 있는 현실을 초월하여 구세주와 직결하려는 태도는 현실을 떠나서는 살아갈 수 없는 인간의 자기 부정적 사고와 다름없다. 이는 현실적인 존재인 자기를 부정하는 것인 동시에 현실과 괴리되고 단절된 신앙생활로 이어질 뿐이다.

기독교를 비롯한 불교 및 기타 모든 종교는 우리나라에 들어오면서부터 오늘에 이르기까지 교세 확장을 지향해 오면서 비약적으로 발전해 왔다. 그 과정은 민족사와 별개로 이루어진 것이 아니라 민족사의 영욕과 발전과 함께 한 과정이었다.

모든 종교의 신앙이 정신적인 영역이라고 하여 우리 민족사와 사회 현실을 떠나 절대자가 존재하는 천당이나 극락 또는 저세상 속에서 신앙생활을 하는 것은 아니다. 신앙생활은 온갖 모순과 불법과 무질서가 뒤범벅이 된 현실 속에서 개개인이 갖는 신앙 행위이다.

외래종교인 기독교는 100여 년 전에 우리나라에 들어온 이래 탄압과 박해 속에서도 역사의 고비마다 민족의 비운과 수난을 함께 하며 오늘에 이르기까지 발전해 왔다. 민족의 비운은 곧 기독교의 비운이었고 민족의 수난은 곧 기독교의 수난이었다. 민족 문제의 해결 없이는 정상적인 신앙생활이 불가능하고 교세의 확장도 가로막힌다는 것이 역사의 경험이었다. 민족과 종교는 공동운명체적인 것이었다. 기독교 역시 민족사의 영욕에 따라 영욕을 거듭했던 만큼 기독교가 민족적이어야 한다는 것은 당연한 귀결이다. 즉 민족이 처한 현실 위에서만 기독교의 신앙생활도 이루어진다는 것이다.

기독교뿐만 아니라 모든 종교는 정신의 영역인 신앙에 머무르는 것만으로는 복음의 전파가 불가능하다. 일반 신도가 지도자인 목사를 비롯한 교역자로부터 성경의 교리를 배우고 기도하고 찬송하는 것은 신앙인이 가져야 할 기본 자세다. 또한 성경을 많이 읽고 기도하고 전도하고 십일조를 지키는 것 등도 신자가 반드시 해야 할 의무다. 기독교인의 이와 같은 임무 수행은 말과 글로만 이루어지지 않는다. 그것을 뒷받침해 줄 시설과 수단과 방법이 있어야 한다.

예배를 볼 수 있는 교회 시설의 건설과 유지에는 많은 비용이 든다. 비신도를 대상으로 하는 전도는 아직 복음을 모르는 일반인을 주님 앞으로 인도하는 사회활동이므로 여기에도 재정적 뒷받침이 있어야 하고, 출판물이나 광고나 방송 등의 기타 활동에 의한 전도 역시 막대한 재정적 부담이 있어야 한다. 여기에 필요한 재정은 신도들이 납부하는 십일조와 기타 헌금으로 거의 전액 채워진다. 교회의 유일한 수입이 그것이기 때문이다. 기독교 종파에 따라 외부로부터 재정적 도움을 받는 경우도 있으나 그 비중은 미미하다.

신도들의 손을 통해 교회나 성당에 납부된 일체의 금액은 민족경제의 흐름 속에서 나와서 해당 종교기관으로 흘러들어간다. 종교기관의 운영과 활동을 80% 이상 좌우하는 것이 재정이다. 돈이 없이는 대부분의 종교 활동이 수행되지 못한다는 뜻이다.

기독교뿐만 아니라 모든 종교는 그 나라의 정치 경제, 사회, 문화를 토대 위에서만 존재와 활동이 가능하다. 이것은 객관적 현실이다. 기독교인의 일부가 자신들의 신앙생활을 뒷받침해주고 있는 현실에 무관심하고 영혼 구제만을 내세워 구세주와의 직거래에만 신앙생활을 국한시키는 것은 기독교의 존재 기반이자 자기 생활의 발판을 부인하는 것과 같다. 이것은 동시에 민족과 함께 가는 기독교 신앙의 부정, 즉 민족사명을 부인하는 반민족적 신앙으로 될 여지가 크다. 종교의 신자도 민족의 한 사람인 민족 구성원이며, 민족이 조성한 성과의 토대 위에서 민족과 밀착된 생활을 하고 있으므로 여기에 무관심한 것은 민족에 대해 무관심한 것이므로 그러한 종교는 민족적인 존재가치가 없다는 얘기가 된다.

기독교는 발생 초기부터 세계 전 인류를 차별 없이 구원하기 위한 박애정신을 내세우면서 어느 한 국가의 종교가 아닌 세계 종교로 출발했다. 기독교의 핵심 내용에는 인류의 보편적인 가치가 담겨 있었고, 특히 각 나라 안에 살고 있던 다수의 피압박 세력에게는 자유와 평등과 해방을 약속하는 복음이 되었다.

한편 각 민족에 정착되는 과정의 기독교는 예외 없이 그 민족의 옷을 입는 민족종교의 형태를 갖추었다. 교리의 통일성과 민족의 다양성, 인류의 보편성과 민족의 독자성이라는 차별요소들이 결합되어 통일을 이룸으로써 세계적이면서도 민족적인 자기들만의 민족종교가 되었던 것이다.

따라서 민족을 내세우는 것이 기독교의 본질과 반한다고 생각하는 것은 기독교의 역사에 대한 무지이자, 민족적 과제를 외면하기 위한 그럴듯한 도피의 논리일 뿐이다. 민족을 내세우는 것이 마치 기독교의 신앙을 저버리고 순수한 신앙을 퇴색시키는 것처럼 주장하는 한국의 일부 기독교 지도자들은 위와 같은 사실을 분명히 인식해야 한다는 점을 말해두고 싶다.

4. 종교가 수행한 민족사명 실천의 사례

누구보다 철저했던 종교 부정론자였던 내가 종교에 대해 긍정적인 평가로 급선회한 배경은 소련의 붕괴와 함께 분리 독립한 수많은 민족들의 국가에서 예외 없이 민족종교가 부활하여 급속도록 확대 발전해 가는 현실이었다. 그 후 나는 종교와 민족과의 관계를 사회과학자의 객관적 입장에서 분석 검토한 끝에 민족 신앙만이 민족의 발전을 뒷받침해주는 가장 큰 동질적인 통일적 역량을 형성하며, 또 그러한 가능성이 잠재되어 있다는 사실을 신앙 외적인 민족의 입장에서 확인하고 파악했다. 이 글에서 다룬 내용들도 전부 그러한 내 인식 변화에 따른 새로운 관점을 반영하여 자신 있게 쓴 것들이다.

종교와 민족 문제의 필연적인 연관성은 객관적 현실이 증명하고 있다. 종교는 민족적인 종교이므로 신앙생활은 민족성과 결합되어 민족종교가 된다. 이에 관해서는 이론적 설명보다 종교가 우리 민족 사의 과정에서 수행한 역할의 구체적 사례를 들어 종교는 반드시 민 족적이라야만 그 민족 내부에서 존재가치가 있다는 사실에 대해 앞에서 다룬 것으로 대신한다. 다음으로는 우리 조국이 위기에 처했을 때 종교가 수행한 민족사명 실천의 역사적 사례를 들어보겠다.

1) 임진왜란과 승려의 항전

1592년 4월(선조 25년)에 왜군 21만여 명의 대군이 물밀듯이 침입하여 급속도로 북진하면서 임진왜란은 시작되었다. 불과 2개월 만에 선조와 중신들은 의주로 피신하고 왜군은 함경도까지 도달하여 한반도 전체를 거의 점령했다. 왜군들은 우리 민족에게 견딜 수 없는 약탈과 살인을 감행했고 특히 부녀자들에 대한 폭행은 말로 표현할 수 없을 정도였다. 국토의 대부분은 왕권의 지배에서 벗어나 왜 군의 수탈과 유린, 살상에 맡겨진 상태였다.

여기에 대해 분연히 일어나 싸운 것은 정부군이 아니라 민간인인 애국세력 중심의 의병이었다. 왜병의 유린하에서도 국민의 일선 생활권에는 아직도 왕권 질서에 충실한 세력이 저변에 깔려 있었다. 이들은 민족의식을 바탕으로 하고 있는 왕권 지향의 잠재세력이었다. 의병은 이 세력의 바탕 위에서 병력과 물자의 공급을 받으며 왜군과 싸울 수 있었다. 최소한의 후방 지원세력을 갖고 있었던 것이다.

이에 비해 불교의 스님만으로 구성된 승병의 입장과 처지는 전혀 딴판이었다. 유교를 통치이념으로 한 조선왕조는 건국과 함께 억불숭유(抑佛崇儒) 정책을 국가의 기본 정책으로 삼아 이를 강력하게 밀고나갔다. 승려의 신분은 상민계급 이하로 격하되었고 사원과 불상의 파괴는 일상사가 되었다. 승려를 죽이는 일은 살인죄가 성립되지 않을 정도로 불교에 대한 탄압은 심했다. 따라서 승병을 위한 병력 보충이나 전쟁물자 공급은 독실한 신자들의 지원 외에는 기대할 수 없었다. 이런 열악한 여건에서도 승병들은 모든 것을 자급자족하면서 곳곳에서 왜군들을 물리치고 혁혁한 공을 세웠으나 임진왜란이 끝난 다음 논공행상에서는 이들이 승려라 하여 다 제외시켜버렸다. 그래서 오늘날 구체적인 기록이 거의 없을 정도다. 조선사회는 이처럼 불교에 대한 천대와 멸시가 극에 달해 있었다.

전란 중 엄청난 수의 우리 남녀 동포들을 포로로 데려간 일본은 전쟁이 끝난 후 임진왜란의 마무리를 위해 강화사 파견을 우리 조정에 요청했다. 선조 조정에는 유교 출신의 중신과 장군과 대학자가 남아돌 정도로 많았으나 침략했던 왜군의 잔학성에 질려 강화사로 나서기를 자처한 사람은 한 명도 없었다. 일본에 끌려간 엄청난 수의 동포들을 한 사람이라도 더 고국으로 데려오기 위해서는 이를 협상할 강화사의 조속한 파견이 절대적으로 필요한 시점이었다.

이 때 자진하여 나선 사람이 불교의 고승이자 대학자인 사명당이었다. 사명당은 준비 기간을 거쳐 일본에 가서 수천여 명의 남녀포로를 데리고 왔다. 뿐만 아니라 수준 높은 학설의 개진과 명필의 시연으로 일본 조야의 인사들에게 감탄과 존경의 대상이 되어 그 앞에 무릎을 꿇고 가르침을 받으려는 인사들이 문전성시를 이루었다고 한다. 사명대사 단 한 사람이 일본에 가 임진왜란에서 의기양양했던 왜군 장군과 정부 고관의 콧대를 꺾고 땅에 떨어져있던 조선의 국위를 선양했던 것은 당시 포로의 가족들 및 수많은 일화가 말해주고 있다.

인도에서 발생하여 중국을 거쳐 우리나라에 들어온 외래종교인 불교는 완전히 우리 민족의 종교가 되어 그 신앙이 승려의 영혼 구제에만 그치지 않고 불교 존재의 토대가 되어준 조국과 민족을 위해 헌신하는 것을 사명으로 인식하고 이를 실천하는 종교가 되었다. 조국이 존망의 위기 앞에 서게 되자 불제자들은 불교신앙과 결합한 민족의식의 실천력을 그대로 발휘하여 조국에 충성을 다하였다. 그것이 임진왜란 당시 승병과 사명당의 태도였다.

3·1 독립만세운동에서 불교가 기독교와 천도교와 긴밀하게 결합하여 이 운동의 준비와 만세운동의 중심이 되었음은 다 아는 사실이다. 또 일제의 우리 민족 말살정책이 숨 막히게 강행되는 가운데 한용운 선생을 비롯한 뜻있는 승려들은 지원병과 학도병에 자진 참여할 것을 권하는 격려문을 쓰라는 일제의 강요를 거절했을 뿐만 아니라 지하조직과 출판을 통해 독립운동을 쉬지 않았다. 또한 많은 승려들이 포교를 통해 일본은 반드시 망하고 우리 민족은 반드시 독립한다는 민족의식과 희망을 신자들에게 심어주며 민족불교의 승려로서 많은 선례들을 남겼다.

2) 기독교의 독립운동과 신사참배 거부

기독교는 지금으로부터 100년 전 우리나라의 주권이 열강의 쟁탈 대상이 되어 열강의 국력에 따라 이리저리 흘러가고 있던 때 외래 종교로 들어왔다. 당시 조국의 장래를 걱정하던 일부 지식인들은 표류하고 있는 우리 국권의 수호와 국난 해결에 기독교가 도움이 되며 민족의 희망이 된다고 보고 기독교인이 되었다. 그들은 이후 가혹한 탄압을 이겨내면서 국민 속에 기독교를 전파하기 시작하여 오늘날 한국 기독교의 소중한 역사를 만드는 기초를 놓았다.

당시의 정세에서 기독교가 신앙인의 영혼 구제만을 내세우는 개인 본위로 국한되었다면 이를 받아들이는 국민들의 폭은 크게 축소되었을 것이다. 망국을 눈앞에 둔 정세하에서 전 국민이 사회 신분의 상하를 막론하고 조국의 장래에 대해 걱정하며 외세의 지배에서 벗어나기를 바라는 위기의식이 고도로 높아있을 때 기독교는 민족을 계몽하고 의식을 일깨움으로써 어떤 희망을 던져주었다. 기독교는 우리 민족에게 전래된 초기부터 민족과 생활과 의식에 긴밀한 연결점을 갖고 있었기 때문에 외래 종교로 들어왔으면서도 빠른 시간에 민족종교로 발전해갈 수 있는 가능성을 내재하고 있었다.

일제는 통감부 설치와 함께 우리 민족 내부의 친일세력을 조직화하기 위해 악명 높은 친일단체인 일진회를 설립하였고, 여기에 전국적 망을 갖고 있던 보부상을 수하조직으로 활용하였다. 일본 헌병들은 자국의 실질적인 산하 조직원들이었던 이 보부상들을 적극적으로 보호해주었다. 8.15 후 내가 어느 월간지에서 읽은 기사에 따르면, 보부상 조직에 기독교 신자와 불교 신자는 단 한 사람도 없었다는 내용이 있었다. 보부상 조직에 가입하면 헌병대의 지지 보호를 받아 편의를 제공받을 뿐만 아니라 헌병보조원으로 채용되는 특권을 얻을 수 있었으나 단 한 사람의 기독교인과 불교인도 여기에 가입하지 않았다는 사실은 외래 종교인 기독교가 민족이 처한 문제에 공감하며 민족종교로 정착되어가고 있음을 말해주는 예다.

이러한 사실은 우연한 결과가 아니다. 그 나라에 있는 종교는 민족종교가 되어야 존재할 수 있다는 원리로부터 교리와 민족이 결합하여 자연스럽게 나타난 신앙생활의 발현으로 보아야 할 것이다. 기독교보다 150년 정도 일찍 우리나라에 들어온 천주교가 교단 차원에서 민족화된 신앙보다는 보편적 신앙을 고수했던 데 비해 기독교는 일찍부터 민족 문제와 결합하면서 민족종교화되어 갔고, 그러한 잠재력이 3·1운동 당시 기독교계의 적극 참여로 반영되었다고 할 수 있다. 그리고 1930년대 중반 이후 일제의 신사참배 강요에 대해 기독교계는 적극적인 반대를 함으로써 민족종교로서의 확고한 자리매김을 하였다.

일제는 만주 침략 이후 전선을 중국으로 확대하면서 중국 일부와 동남아시아 일대를 점령 지배하고 식민지 조선에 대해서는 국민총동원령을 내렸다. 이와 함께 1940년에는 악명 높은 관제단체인 국민총력조선동맹(國民總力朝鮮聯盟-약칭 총력동맹)을 설립하여 도, 군, 면과 부락 단위까지 조선인 전부를 강제로 가담시켜 말단 행정과 개인 생활에 이르기까지 전 국민의 모든 것을 세밀하게 통제했다. 이를 토대로 조선반도의 질서를 전시체제로 재편 통제하면서 우리 민족의 어떤 권리도 자유도 꼼짝 못하게 묶어놓고 총독부가 하급관청을 통해 전달하는 지시에 무조건 따르도록 했다. 이 조직을 앞세워 일제는 노무 징용, 강제 모집 등 생명의 공출과 쌀의 강제 공출을 비롯하여 농우와 개는 물론, 금, 은 등 귀금속의 소지를 불법화하였고 식기와 제기를 비롯한 일체의 금속을 공출 형식으로 강탈해갔다. 동시에 황국신민화를 강력하게 강요하면서 물질과 생명뿐만 아니라 우리 민족의 문화와 정신까지도 본격적인 말살에 나섰다.

그 중에서 우리 민족정신을 최종적으로 말살하여 일본의 민족정신으로 바꾸려고 강요한 것이 바로 신사참배였다. 총독부는 도 단위, 군 단위는 물론이고 전국의 각 면에 빠짐없이 신사를 설치하여 말단 부락의 주민 전부에게 빠짐없이 참배를 하도록 행정적으로 강요했다. 이것을 강요하고 체크한 것은 부락 총력연맹의 이사장을 비롯한 간부진이었다. 여기에 나가지 않으면 당시 우리 민족의 공포의 대상인 노무 징용의 대상이 되기 때문에 이를 피하기 위해서는 꼼짝 못하고 여기에 따라야 했다.

총독부가 각 면에 이르기까지 설치한 신사에는 일본의 개국시조인 천조대신의 신위를 받들어 놓았고 조선인으로 하여금 여기에 합장 예배하도록 하며 악명 높은 황국신민선서를 큰 소리로 외치게 했다. 이것은 우리 민족의 민족정신을 신앙에 이르기까지 말살하고 일본색으로 칠하여 일본화하겠다는 최후의 발악이었다. 우리 민족의 말과 글과 이름까지 없애더니 마지막으로 신앙까지 없애겠다는 일제의 민족정신 말살 책동에 우리 민족은 분개했다.

일제가 우리 전 민족에게 신사참배를 강요하고 나서자 여기에 집단으로 거부한 것은 종교계 중에서도 기독교계 일각뿐이었다. 신사참배를 거부한 직접적인 배경은 기독교 신앙의 생활지침인 십계명의 제1계명인 "나 이외의 다른 신을 섬기지 말라"는 계명을 지키기 위한 것이었다. 하지만 그 이면에는 기독교 신앙과 결합되어 있던 민족의식인 애국심이 자리 잡고 있었다. 신사참배를 끝내 거부한 기독교계 지도자 중 여럿은 순교를 당하였고 그 외에도 수많은 기독교인들이 옥고를 치렀다.

오늘날의 기독교인 중에는 선배 기독교인이 목숨을 걸고 싸웠던 신사참배에 대해 단지 기독교인이 지켜야 할 요식적인 행위였다며 폄하고 독립운동과의 연관성은 애써 외면하려는 자들이 있다. 참으로 뻔뻔하고 부끄러운 일이다. 종교는 개인의 정신 영역이므로 현실에 대해서는 외면하고 현재 권력에 대해 무조건 복종하는 것을 기독교인의 미덕으로 삼으라고 설교하던 이들은 독재정권하에서도 똑같은 논리로 신도들을 오도했다. 그러한 견해를 갖고 설파하는 자들의 논리가 오늘날까지 이어지며 기독교계의 지도자로서 행세하는 현실은 개탄스럽다.

나는 기독교의 신사참배 거부, 즉 신사불참배가 당시 가혹한 정세에서 분연히 일어난 항일 독립운동임을 내가 겪었던 경험을 통해 입증할 수 있다. 일제의 지배가 막바지에 달하던 때, 나는 일제가 낙인찍은 소위 비전향자로 분류되어 광주에 거주제한 조치를 당하고 있던 차에 같은 일제가 마련해 놓은 서울의 대화숙(大和塾)에 불려가 일종의 세뇌교육을 받은 적이 있다. 그때 소집된 인사들은 민족 독립운동을 하다가 일제에 발각되어 요주의 인물로 시찰받고 있던 전국의 인사들이었다.

그 중에 신사불참배로 투옥된 경력이 있던 한 기독교인과의 만남은 매우 인상 깊었다. 이 사람의 사상을 통해 기독교인의 투철한 민족의식이 여타의 독립운동을 하는 인사들과 전혀 다르지 않다는 점에 감명을 받았다. 이때의 경험은 종교의 본질에 대해 부정적인 생각을 갖고 있던 철저한 ML주의자였던 내가 훗날 종교와 민족의 관계에 대해 다시 돌아보게 되는 하나의 계기가 되었다는 점을 말해둔다. 이 만남에 대한 얘기는 이 선집의 1권에서 다루었다.

3) 종교인들의 민족적 각성을 촉구

종교와 민족의 문제에 대해서는 이 글의 여러 곳에서 기록했는데 그것은 우리 민족의 통일된 역량 형성에 있어 종교의 역할이 어느 때보다도 절실히 요구되기 때문이었다. 종교는 민족역량 형성에 있어 가장 큰 가능성을 잠재적으로 가지고 있으므로 민족적인 관심을 기울여야 한다는 차원에서 다시 한 번 재정리하게 된 것이다. 그러므로 중복된 구절이 많이 있겠으나, 이 문제는 종교인뿐만이 아니라 우리 민족이 더욱 깊은 관심을 갖고 민족역량 조성 지향으로 자각하고 평가해야 하는 중요한 문제이기 때문에 종합하는 것이다.

종교와 민족의 밀착된 함수 관계에 대해서는 앞에서 구체적 사례를 들어 설명했으므로 객관적 입장에서 이 문제를 보는 사람이라면 누구나 종교와 민족과의 관계를 이해했을 것이다. 그럼에도 현재 우리나라의 2대 종교인 불교와 기독교의 현실을 보면 내 설명들이 공허하게 느껴진다.

오늘의 한국 사회에서 불교와 기독교는 민족적 입장에서 이탈하여 교파 중심, 교단 중심, 교회와 사찰을 중심으로 운영되고 있다. 민족 속에서 민족의 바탕 위에서 평상생활은 물론 신앙생활을 하고 있음에도 여기에 대해서는 무관심하고 개인의 영혼 구제만으로 목적으로 구세주에 집중하고 있는 모습이다. 민족과 조국이 완전 자주독립하여 민주사회가 이루어질 때 종교가 설 수 있는 장도 무한대로 넓혀지고 미래가 활짝 열린다는 것을 잊은 채 민족성과 민족적 입장을 도외시하고 있는 두 종교의 경향은 통탄할 일이다.

종교인도 민족 구성원의 하나다. 그 외에 정치와 민주운동에 종사하는 사람들뿐만 아니라 조국의 존재와 발전을 위해 생활하고 있는 모든 개개의 국민도 민족 구성원의 하나다. 우리 민족의 미래 발전을 위해서는 정치, 경제, 사회 각 영역에서 정돈된 질서가 절실하다. 이러한 질서를 가장 강력하게 조성하는 역량은 신앙과 직결된 종교의 힘만큼 큰 것이 없다.

종교와 민족 문제에 대한 정확한 인식과 평가는 우리 민족이 반드시 달성해야 할 자주 민주 조국 건설을 뒷받침하는 역량 조성을 위해 필요한 기본 의식이므로, 내가 실천을 통해 직접 보고 느꼈고 또 여러 민족의 역사를 통해 인식한 지식을 근거로 이 글을 썼다. 우리 종교인들의 민족적인 각성과 민족에 기반을 둔 신앙의 생활화를 촉구하고 기대하며, 그 외의 국민들도 종교가 필연적으로 지녀야 할 민족성과 그 역할을 민족적 입장에서 평가하여 제대로 인식해줄 것을 바라마지 않는다. 그것이 내가 이 글을 쓴 목적이자 이유다.

역사의 피가 마르지 않는 상처의 기록

아버님이 돌아가신 지 올해로 20년이 다 되어간다. 타계 후 아버님의 삶의 흔적을 조금이라도 남기려는 마음에서 광주학생독립운동에 대해 그동안 지방지에 발표했던 글들을 모아 이듬해인 1997년에 『광주학생운동은 전국학생독립운동이었다』를 발간했다. 당시 주변에 책을 돌리면서도 마음 한편에는 무거운 과제가 남아있었다. 왜냐하면 그 책에서 다루지 못한 많은 내용들, 아버님이 오랫동안 구술해 온 원고를 정리해서 출판할 일이 마치 유업처럼 주어졌기 때문이었다. 타계하기 마지막 10여 년은 외출도 거의 하지 못한 채 아버님은 오직 이 일에만 전념하셨기에 이를 출간하는 일이 커다란 짐으로 남아 있었다.

차일피일 미루다가 이렇게 20년 가까이 지나 뒤늦게 유고집을 발간하게 된 데는 누구보다도 불민한 유족의 잘못임을 자인한다. 세상이 온통 복고주의로 되돌아가는 그런 세월이 이어지면서 이 책을 어떻게 만들고, 또 누가 읽을 것인가에 의구심이 들어 원고를 그대로 방치해 놓았기 때문이기도 하다. 김대중, 노무현 정권 당시, 아버님의 항일독립운동 부분이 수용되길 기대했는데도 아무런 변화가 없었고 다만 완도, 고금도 주민들이 전남운동협의회 사건을 기리는 공덕비에 아버님의 이름을 새겨 넣는 정도였다. 그러다가 4,000여 매를 넘는 원고가 마침내 빛을 보게 되었는데, 이 과정에 대해서는 안종철 선생님의 〈이 책이 나오기까지〉에 자세히 나와 있다. 거의 불가능한 작업을 가능케 한 데는 많은 분들의 아낌없는 지원과 격려에 힘입은 것임은 두말할 나위가 없다.

아버님이 아무런 흔적을 남기지 못한 채 돌아가신 동지들을 일일이 찾아 공적서를 작성할 무렵, 판결문 등을 곁에서 읽어드린 막내딸 여고생은 세월이 아득히 흘러 이제 올해 8월이면 그간 몸담았던 대학 강단에서 정년퇴임하게 된다. 돌이켜보면 내 기억 속에 남아있는 아버님의 첫 모습은 서대문 형무소를 출감해서 광주역에 도착했을 때였다. 빡빡 깎인 머리와 비쩍 마른 모습은 어린 아이인 내가 곁에 가기에 저어되었고, 셋째 오빠를 보고는 작은 집 아무개냐고 물어보셔서 무척 서운했던 기억이 난다. 유고집에도 나와 있듯, 이어지는 구금과 투옥, 보호감찰, 연좌제 등으로 인해 가족 모두가 많은 시련을 겪어왔다.

작은 일례로, 국내 주요 인사들이 행사차 광주에 오게 되면 우리 집 근처에는 어김없이 형사들이 여럿 배치되었다. 이들은 종일 집 주변에서 감시하였다. 박정희 정권 시절에는 김대중 선생 탄압의 일환으로 중앙정보부에 끌려간 아버님이 심한 고문을 당하고 돌아온 적이 있었다. 아버님의 피 묻은 셔츠를 보고 가족들은 모두 경악했지만 누구에게도 말 한마디 하소연 할 수 없는 상황이었다. 이처럼 감시와 처벌이 이어지는 폭력적 환경 속에서 자라나는 자식들은 그 생채기를 자신들 내부에 은밀히 감추고 살아가야 하게 마련이다.

가장 아픈 기억은 1980년~81년에 걸쳐 있었다. 말기 암을 선고받고 투병 중이던 큰 오빠가 광주항쟁 다음 달인 6월에 세상을 뜬 데 이어, 다음 해 5월에는 가족 모두가 기대던 언덕이자 하늘이었던 어머님마저 세상을 떴다. 그 와중에 큰 오빠 병수발 하느라 고생했던 어린 올케가 중병에 걸려 거동조차 할 수 없게 되었다. 평생 강인하게 살아오셨던 아버님께도 남겨진 가족의 상황은 차마 견디기 힘든 모습이었겠지만, 가족들이 잇달아 무너지던 그 시절이 내게는 지금도 선홍색 아픔으로 깊게 각인되어 있다.

아버님은 생전에 아들 셋을 앞세운 불행한 분이시다. 아버님의 고보 후배이기도 한 세 아들들은 장년을 살지 못한 채 스스로 쓰러져 갔다. 아들들은 아버님처럼 당당하고 의연한 삶도 살지 못했고, 사상범을 아버님으로 둔 자신들의 삶을 원망도 못한 채, 스스로 상해 갔던 것 같다. 유독 아버님의 존재가 대한민국 사회에서 크게 금기시된 인물이라 자식들의 삶은 연좌제의 멍에에서 자유롭지 못한 채 좌절과 자학 속에서 한 발짝도 나아가지 못한 못난 삶이었다. 자식들의 신원조회는 '빨갛게' 나와 어디에도 취업을 할 수 없을 정도로 연좌제는 혹독했다. 지금도 세 오빠의 친구 분들을 보면 요절한 그 오빠들에 대한 연민으로 마음 한편이 아려온다. 나 역시 대학 졸업 후 지역개발연구소에서 번역사 직을 얻었지만 신원조회에서 부녀가 다같이 '빨갛게' 나와 2개월 만에 잘렸다. 물론 내 경우는 유신에 항거한 '함성'지 사건과 연계되어 그 죄과가 배가되었던 탓도 있다.

그러나 아버님에 관련된 기억의 다른 편은 따뜻하고 평화로운 모습이다. 12년 이상 옥고를 치루면서 형무소에서 배운 원예와 목공 기술 덕분에 아버님은 시간만 나면 화단을 가꾸셨다. 평생 셋집을 전전하면서도 그 집에 마당이 조금만 있어도 여기에 뭔가를 심고 퇴비도 열심히 만들어 이내 풍성한 화단으로 바꾸어 놓으셨다. 머지않아 다른 셋집으로 옮길지라도 개의치 않은 모습에 우리는 자존심 상해했다. 새벽이면 부지런히 남의 집 마당을 정성스레 가꾸셨던 모습이 지금도 눈에 선하다. 그런 부지런함은 우리의 등록금을 마련하느라 친구 분의 도움으로 신안군 비금면의 산판에서 고된 노동을 할 때도 즐겁게 일하시는 모습에서 엿볼 수 있었다. 또한 충장로에 어머님이 〈삼성당서점〉을 운영할 수 있었던 것도 당신의 유고 시 가족의 생계를 위한 대비였겠지만, 한편으로는 손에서 책을 놓지 않는 아버님의 남다른 독서열 때문이기도 했다. 내가 아버님으로부터 어린 시절 들었던 『장 크리스토프』, 『레미제라블』, 『고요한 돈강』 등의 얘기는 아마도 훗날 내가 문학을 전공하게 하는 데 있어 무의식적인 영향을 미쳤을 것이다.

아버님은 비 소식이 있거나 추운 겨울철이 되면 고문 후유증으로 인해 몹시 고통스러워하셨다. 어머님은 아버님의 어깻죽지를 두꺼운 타월로 감싸주었고, 어린 우리 형제들은 아버님의 허리와 다리를 주물러야 했다. 우리들은 주어진 일을 열심히 하고 아버님 건강을 걱정하면서도, 얼마나 악랄한 고문이었으면 그 후유증이 이리도 길게 갈까 하며 분개했던 기억이 엊그제 같다.

찢어지게 가난한 독립운동가 후손들이란 말이 있지 않은가. 서점을 운영할 때는 그런대로 나았지만 박정희 정권 이후는 어려움이 더욱 심해졌다. 그것은 박 정권이 군사쿠데타의 방패용이자 희생양으로 아버님을 포함해 진보계 인사들을 용공분자로 만들기 위해 혈안이 되어 잡아들였기 때문이다.

초등학교 6학년 때의 어느 날 교장실에 불려갔는데 중앙정보부 고위급 인사가 제게 부드럽게 말을 걸었다. 생각해보면 아버님의 행방을 알고자 아이들까지도 이용한 유도심문이었다. 이와는 대조적으로, 교장실에 들어가기 전 담임선생님은 아버님에 대해 물으면 일체 모른다 하라고 일러주셨다. 당시를 돌아보면 담임선생님의 제자에 대한 지혜로운 사랑에 절로 고개가 숙여진다. 그 뒤 아버님은 오랫동안 피해 다니시다 뒤늦게 체포되었고 아버님의 오랜 부재 중 그나마 가족들이 근근이 연명할 수 있었던 것도 동지 분들의 도움 덕분이었다.

아버님은 타계하기 수년 전부터 당신이 살아온 삶을 중심으로 우리의 근·현대사를 비롯한 여러 주제에 대해 기록을 남기기 시작했다. 시력은 거의 상실된 상태라 구술하는 식으로 진행된 이 기록물은 기록자가 구술자의 내용을 받아 적는 형식으로 진행되었다. 내가 곁에서 지켜볼 때 돌아가시기 직전까지 작업을 이어갔던 아버님은, 기억을 구술하는 것으로 하루하루를 연명해가던 『아라비안나이트』의 세헤라자데 같았다. 다시 읽고 고치고 그렇게 해서 노트에 기록된 내용 위에 다른 종이를 덧대고 또 다시 내용을 보완, 수정하였다. 아버님의 기억력은 주변이 다 인정할 정도로 비상하였다. 사상범 가족은 노상, 가택수색을 당하기 일쑤였고 그로 인해 집에 남아있는 것은 아무 것도 없어 기억에 전적으로 의존해야 했을 것이다.

아버님이 남긴 이 유고집을 보면 어떻게 그 많은 내용을 기억할 수 있었을까 하는 놀라움이 우선 들 것이다. 그러나 '기억하기'는 아버님의 몸에 배인 습성으로 당신의 평생이 '기억하기'로 버텨낸 삶이 아니었을까 싶다. 흥미로운 것은 아버님의 글에서 아버님의 지치지 않는 불굴의 정신을 일관되게 볼 수 있다는 점이다. 억압받고 침묵당하는 사람들과 달리 아버님의 '기억하기'를 구술하는 작업은 아무런 목소리를 갖지 못한 동지들을 대신하는 의식적이고 힘찬 이야기로 드러나기도 한다. 어쩌면 구술서사라는 장르가 거꾸로 아버님의 탄력적인 회복력과 지칠 줄 모르는 정의감을 반증한다고 볼 수 있다.

자식으로서 아버님의 글을 읽으면서 나는 성장영화에서나 볼 법한, 한 소년의 의식이 깨어나는 모습을 소름 돋게 떠올렸다. 우리 가족이 형성된 뒤 겪었던 시련의 장면을 읽을 때는 부모님의 혼백을 대면하는 듯 한 착각마저 들었다. 일제 강점기부터 당신의 삶이 끝날 때까지 당신이 직접 참여해서 겪었던 일들을 기록한 이 책의 중심에는 식민 지배와 그에 대한 민족주의의 저항, 그리고 식민사가 청산되지 않은 오늘의 대한민국 역사에 대해 준엄하게 비판하는 내용이 들어있다.

우연찮게도 나 역시 영문학을 가르치면서 대영제국과 미국의 패권주의로 인해 주변에 배치된 국가들, 이른바 영어권 탈식민문학을 전공으로 하게 되었다. 그러다보니 자연스레 우리 근·현대사의 맥락과 닿게 되어 식민사가 국민국가에 미치는 영향에 더욱 관심을 갖게 되었다. 주지하다시피 전 세계 85% 이상이 작든 크든 식민 경험을 안고 있고, 이것이 청산되지 않은 국민국가에서 식민사에 대항하는 탈식민서사와 문화에 대한 연구는 21세기 들어 점차 활성화되고 있다. 이들 주변부 서사들은 중심부 문학에서는 볼 수 없는 것으로, 기억 구술하기를 통한 노예들의 해방서사로부터 식민 경험이 있는 소수/주변부/이산민들이 수행하는, 식민문화를 탈각하는 의식의 혁명과 자신들의 문화적 정체성을 추구하는, 그야말로 전 지구적 서사들을 아우른다.

이 서사들은 중심부에서는 볼 수 없는 여러 감정을 자극하고 촉발하는데, 그것은 이들의 '기억하기'가 남다른 서사들을 생산하기 때문이다. 내가 관심 갖는 부분도 바로 자신들의 기억을 통해 부당한 역사에 도전하는 기억담론에 관한 것이다. 따지고 보면 역사학의 전면에 기억담론이 성행하게 된 것도 역사 자체가 일부 지배세력의 일방적이고 폐쇄적인 자기 정체성에 불과하고 그로 인해 주변화시킨 기억주체를 수용하지 못한다는 비판이 제기되면서부터이다.

이 유고집에서도 특히 제 1권은 아버님의 삶에 대한 글쓰기로, 일종의 자전적 글쓰기에 해당된다. 그러나 개인의 일생의 투쟁을 기록하여 우리 역사가 외면하고 금기시한 내용들을 다루고 있다는 점에서 유명인사의 삶을 대필해서 쓴 자서전과는 다른 것이다. 고향 고금도의 어린 시절부터 광주로 옮긴 이후 86세가 되기까지의 삶을 구술 기록하는 아버님의 글쓰기는, 내게는 '기억하기'를 통해 몸으로 재현하는 글쓰기로 여겨진다. 생각해보면 기억하고 구술하고 다시 정리하는 형식도, 그리고 온몸으로 투쟁해 온 일생 자체도 몸으로 쓰는 글이기 때문이다. 스피박(G, Spivak)이라는 탈식민비평가는 이러한 자전적 글쓰기란 "역사의 피가 마르지 않은 상처"라 했다. 지금껏 살아 온 내용을 글로 쓰는 것 자체가 한쪽으로만 치우친 우리 역사에 대한 대항서사이자 역사로의 진입을 꾀하고 있기 때문이다. 이는 지배역사가 외면하지만 지배역사의 내부에서 중단 없이 피가 흐르는 역사의 봉합되지 않은 상처의 글쓰기다.

일제 강점기부터 시작하는 아버님의 글은 이른 바 '객관적'인 역사에 부재하는 내용이 무엇인가를 밝히는 데 주력한다. 그것은 넓은 의미의 역사적 비애라기보다는 깊숙한 개인적 기억과 상처이지만, 그 상처는 다음 세대가 짊어지고 가야 할 역사적 유산이자 과제이기도 하다. 역사의 기능은 특정한 시각에서 선택과 배제를 통해 '역사적 사실' 자체를 구성한다는 점에서 기억의 작용과 다르지 않다. 특히 지배적인 역사서술이 오랜 세월 동안 기억에 대한 조직적 은폐와 강요된 망각을 수행해 옴에 따라 기억을 둘러싼 정치적 충돌은 현재도 계속되고 있다. 현 정부의 역사 국정화 사업도 '역사 바로 세우기'라는 미명하에 진정으로 기억하기보다는 망각하기를 조장하기 때문이다. 그러므로 아버님의 '기억하기'는 현재에도 여전히 해결되지 않고 진행 중인 식민 폭력과 국가 폭력의 공모의 역사를 겨냥한다. 그런 의미에서 역사를 다시 쓰는 글쓰기는 우리 자신을 기억의 일부로 성찰하는 비판적 역사학이라 할 수 있다.

이 책은 '기억되지 않고 설명되지 않은' 존재, '외면당하고 보이지 않은' 존재를 아버님의 기억을 통해 역사에 다시 각인시키려고 한다. 그동안 잘못 강요되어 온 대한민국의 역사를 반드시 수정해야 한다는 아버님의 의도는 몸소 역사의 현장을 함께 걸었던 수많은 동지들의 망각된 이야기를 당신의 경험으로 현재화하는 데서 잘 드러난다. 역사의 뒤안길로 사라진 분들의 혼을 불러내어 이들의 봉합되지 않은 상처를 대면해서 역사로 기록하려는 의도 말이다. 역사에 의해 배제된 그 분들은 물 위에 이름을 쓴 채 흔적 없이 사라졌다. 역사는 이들을 폐기처분한 지 오래지만 아버님은 이들을 망각 속에 묻혀두길 용납지 못하셨고 영원히 잊히지 않을 글쓰기로 통해 남겨두려 하셨던 것이다. 때문에 이 책을 읽어갈수록 사라진 그 분들은 우리에게 여전히 살아 있는 생생한 존재로 다가오는 것 같다.

그런 의미에서 이 책은 독자로 하여금 주류 역사 바깥에서 울려나오는 '말로 할 수 없는' 타자의 호소에 응답해야 하는 윤리적 가치 문제도 제기한다. 특히 타자성을 가장 극명하게 드러내주는 '외면당한' 사람들에 대한 관심은 그동안 역사의 영역에 쉽게 편입될 수 없는, 그들이 겪은 고통의 심연에 대한 진지한 공감과 책임의 문제를 야기한다. 이처럼 생전에 함께 했던 여러 혼백들을 불러내어 그 분들의 치열한 삶과 지혜를 우리에게 전달하는 아버님의 기억서사는 이야기가 진행됨에 따라 개인적 기억에서 역사라는 집단적 기억으로 나아간다.

한국전쟁 다음해에 태어난 나는 어린 시절부터 돌아오지 않은 부모, 형제들 이야기를 무수히 들어왔다. 부당한 세상과 불화한 죄로 아직도 그 주검을 찾을 수 없는 분들의 삶에 대해 기억을 통해 이야기하는 것이야 말로 식민 청산 문제와 연관하여 지금까지의 역사쓰기가 비판적으로 성찰되어야 할 필요성을 제기한다. 그런 의미에서 이 책은 이러한 고통, 폭력, 상처가 우리 사회에서 여전히 진행 중임을 암시하는 글쓰기로 고통스런 과거에 대한 비가이자 증언이라고도 할 수 있다. 한민족과 대한민국의 공식 역사에서 제외된 이들의 존재를 그림자처럼 역사 바깥으로 사라지게 하려는 보이지 않는 강력한 원심력에 대항하여, 이들을 역사에 다시 각인하려는 이 책은 바로 오늘의 우리들에게 대화적 소통을 요구하며 윤리적 말걸기를 하고 있는 셈이다.

광주항쟁이 발발한지 10년 째 되던 해에 여성 민우회의 지원을 받아 광주전남여성회에서 나를 포함해 여성학자 세 사람이 『광주민중항쟁과 여성』을 발간했다. 영문판으로도 나온 이 책의 헌사는 "국가폭력에 희생된 이름 없는 꽃들에게 바친다"라고 적혀있다. 아버님의 유고집도 마찬가지로 역사가 배제하고 삭제한 이름들에 대해 당당하게 이름을 요구하는 것, 그것이야말로 대한민국의 역사 바로 세우기라는 생각을 다지는 계기가 되었으면 한다. 그럼으로써 일제 강점기, 해방공간, 한국동란, 그리고 이후의 삶에서 국가폭력에 희생된 분들께 이 책이 작은 위로가 되었으면 한다.

무엇보다도 글은 독자에 의해 비로소 탄생된다. 하마터면 묻힐 뻔한 글쓰기는 여러 선생님들 덕분에 그 생명을 되찾아 독자에게 찾아가게 되었다. 유고집이 탄생할 수 있도록 그러한 전달 공간을 마련하는 데 있어 많은 도움을 베풀어주신 강정채 간행위원장님을 비롯해 간행위원 여러분 모두에게 깊은 감사를 올리고 싶다. 또한 이 책을 발간하는 데 견인차 역할과 많은 조언을 해 주신 이홍길, 전홍준 두 분 선생님께도 머리 숙여 감사드린다. 은사이신 이홍길 선생님은 1997년 『사회문화』에 아버님에 대한 평론과 이 책의 간행사를 써주셨다. 아버님 생존 시 물심양면으로 도움을 주셨던 전홍준 선생님은 투병 중인 제 가족을 헌신적으로 치료해주셨는데 그 깊은 배려심을 잊지 못할 것이다. 특히 안종철 선생님은 이 책의 기반이 된 구술 작업 처음부터 책의 발간까지의 그 긴 시간 동안 그야말로 혼신의 힘을 다해 훌륭한 결과물을 만들어 낸 장본인으로, 안 선생님의 '역사바로세우기'의 열정이 없었다면 이런 작업들은 애초부터 불가능했을 것이다. 자식 복이 없었던 아버님에게 자식의 도리를 대신해준 선생님께 죄송한 마음과 함께 최고의 찬사를 드리고 싶다.

그리고 그간 아버님께 저도 알지 못하는 도움을 주신 동지 분들과 여러 선생님들, 혈육보다 진한 당신들의 사랑을 잊지 않을 것이다. 끝으로, 긴 시간 힘든 작업 과정을 거쳐 이렇게 근사한 책을 만들어 준 선인출판사 여러분들, 그리고 미지의 독자 여러분들에게도 감사의 말씀을 전하고 싶다.

2016년 5월
유족대표 불민한 女息 이경순

▌ 저자 이기홍

1912년 전남 완도에서 출생하여 1929년 광주고보 2년 재학중 광주학생독립운동에 참가했고, 이듬해에는 백지동맹을 주도하여 퇴학당했다. 낙향 후에는 농민운동에 투신, 1934년에 전남운동협의회 사건으로 2년 6개월 복역했고, 일제 말기인 1939년부터는 거주제한 조치를 당했다. 해방 직후 건국준비위원회 광주시위원을 지냈으며 1949년에는 이승만 정권에 의해 동생, 매제가 살해되는 아픔을 겪었다. 6·25 발발 후 보도연맹 사건으로 체포되어 처형 위기에서 구사일생으로 살아났고, 인민군 진주 후에는 인민 정권에 의해 반당분자로 몰려 체포되어 2개월여 구금되었다. 종전 후 1954년에는 구국동맹 사건으로 3년여의 옥고를 치렀고, 1960년에는 광주 4·19 시위로 체포 구금되었다. 5·16 군사쿠데타 이후에는 사회대중당 사건으로 6년형을 선고받았다. 이후 독재정권하에 지속적으로 민주화운동에 참여했다. 일제 강점기 이후 매 정권마다 15회 이상 검거, 12년 6개월 투옥생활을 거쳤고, 자녀들은 지긋지긋한 연좌제에 시달렸다. 생애 말년 실명 상태에서 구술로 자신의 삶과 사상에 대한 기록을 남겼다. 1996년 12월 7일 사망, 망월동 묘역에 안장되었다.

민족운동가 이기홍 선집 간행위원회

간행위원회 공동위원장

강정채, 전남대학교 전 총장
김시현, 전남대학교 민주동우회 회장
박석무, 다산연구소 이사장
안병욱, 가톨릭대학교 명예교수
이홍길, 전남대학교 명예교수
인재근, 국회의원
지　선, 백양사 방장 스님

간행위원회 집행위원장

안종철, 전 국가인권위원회 본부장

간행위원

강삼석, 광주학생독립운동기념사업회 이사장
고재득, 전 서울특별시 성동구청장
기세문, 전 6·15공동선언 광주전남 상임고문
김남표, 들불열사기념사업회 이사장
김대현, 전남대학교 교수
김동근, 전 공무원교육원 초빙교수
김병균, 목사
김병욱, 광주민주화운동동지회 고문
김상윤, 윤상원기념사업회 이사장
김상집, 필암서원 청년유도회장
김선홍, 외교통상부 전 대사
김　성, 정의화 국회의장 비서실장
김성종, 우리밀본부 이사장
김성철, 서영대학교 교수
김성환, 광주광역시 동구청장
김수복, 도서출판 함께사는세상 대표
김순흥, 민족문제연구소 광주지부장
김영집, (사)지역미래연구원 원장
김영태, CBS 보도국 선임기자

김완기, 전 청와대 인사수석비서관
김용대, 전 전남대학교 교수
김정길, (사)시민의소리 이사장
김정례, 전남대학교 교수
김종술, 전남대학교 명예교수
김풍호, 완도문화원 부원장
김홍길, 전남대학교 연구교수
김환호, 광주학생독립운동기념사업회 이사
나간채, 5·18민주화운동기록관 관장
나백희, 조선대학교 평생교육원 강사
나상기, 광주전남민주화운동 동지회 고문
남평오, 강릉영동대학교 기획조정실장
문찬기, 경희한의원 원장
박동기, 남녘현대사연구회 회장
박동환, 조국통일범민족연합 중앙위원
박민서, 전 전남도청 서기관
박석률, 6·15공동선언실천 남측위원회 전 공동대표
박영규, 세무사
박오복, 순천대학교 교수
박용수, 정치학 박사
박주선, 국회의원
박화강, 광주환경공단 이사장
박현옥, 상무중학교 교장
배종렬, 전 전국농민회 의장
서경원, 전 국회의원
서명원, 한국학호남진흥원 이사장
선현주, 광주학생독립운동기념사업회 상임이사
송문제, 무등산국립공원 도원명품마을 운영위원장
송선태, 전 5·18기념재단 상임이사
송인동, 호남신학대학교 교수
송정민, 전남대학교 명예교수
안성례, 알암인권도서관 관장
안 진, 전남대학교 교수
안평환, 광주YMCA 사무총장
양득승, 조국통일범민족연합 광주 고문
양철호, 동신대학교 교수
염민호, 전남대학교 교수
오수성, 전남대학교 명예교수
오재일, 전남대학교 교수
오종렬, 한국진보연대 총회의장
위인백, 전 광주여자대학교 교수

윤경원, 순천대학교 교수
윤장현, 광주광역시장
은우근, 광주대학교 교수
이 강, 광주전남민주화운동동지회 상임대표
이경순, 전남대학교 교수
이국언, 근로정신대 할머니와 함께하는 시민모임 대표
이명한, 6·15공동선언 광주전남 상임고문
이문교, 사월혁명회 이사장
이윤정, 고구려대학교 겸임교수
이은규, 주식회사 메인개발 회장
이재의, 경영학 박사
이종범, 조선대학교 교수
이철우, 전 광주YMCA 이사장
이학영, 국회의원
임낙평, 국제기후환경센터 대표
임추섭, 광주교육희망네트워크 상임대표
임현모, 전 광주교육대학교 총장
장휘국, 광주광역시 교육감
전용호, 작가
전홍준, 광주전남민주화운동 동지회 고문
정구선, 5·18민중항쟁행사위원회 위원장
정규철, 인문학연구소 학여울 대표
정동년, 전 광주광역시 남구청장
정상용, 전 국회의원
정용화,(사)광주민화운동기념사업회 이사장
정찬용, 전 청와대 인사수석비서관
정해숙, 전 전국교직원노동조합 위원장
조순자, 전 성남 송현초등학교 교사
차명석, 5·18기념재단 이사장
천정배, 국회의원
최권행, 서울대학교 교수
최기혁, 들불기념사업회 이사
최연석, 목사
최영태, 전남대학교 교수
최정기, 전남대학교 교수
최 철, 광주학생독립운동기념사업회 부이사장
최 협, 전남대학교 명예교수
홍경표, 광주광역시 의사회 회장
홍기춘, (사)민생평화광장 상임대표
홍영기, 순천대학교 교수